Architekturführer
Ostfriesland

Schiefer/Kiesow

ARCHITEKTURFÜHRER OSTFRIESLAND

Architekturfotografien im Vorspann
Seite 4: Ref. Kirche in Campen (Hans-Joachim Budeit)
Seite 6: Gemeindegestühl in der luth. Kirche St. Marien in Buttforde
(Hans-Joachim Budeit)
Seite 8: Rathaus und Waage in Leer (Hermann Schiefer)
Seite 10: Kreuzkirche in Pilsum (Hans-Joachim Budeit)

Wir danken dem H.-J. und Anita Budeit-Fonds
in der Deutschen Stiftung Denkmalschutz.

Architekturführer
Ostfriesland
Handbuch für Kulturreisende

Neu konzipiert und überarbeitet von
Hermann Schiefer
Landesdenkmalpfleger i. R.

Begründet von
Prof. Gottfried Kiesow
Gründungsmitglied der Deutschen Stiftung Denkmalschutz

3. überarbeitete Auflage 2018

ARCHITEKTURFÜHRER OSTFRIESLAND

ARCHITEKTURFÜHRER OSTFRIESLAND

Inhalt

GRUSSWORT 7

VORWORTE 9

Geschichte Ostfrieslands 12
Kunstgeschichtliche Einführung 18
Elemente der ostfriesischen Kulturlandschaft 28
Wurten und Eindeichungen, Aufstrecksiedlungen, Sielhafenorte, Fehnsiedlungen
Landschaftsprägende Gebäude 34
Kirchen, Gulfhäuser, Steinhäuser, Windmühlen

Landkreis WITTMUND 44
Stadt Wittmund mit Wittmund, Asel, Eggelingen, Berdum, Funnix, Burhafe, Blersum, Carolinensiel, Leerhafe und Ardorf
Gemeinde Friedeburg mit Friedeburg, Reepsholt, Etzel, Horsten und Marx sowie die Herrlichkeit Gödens mit Neustadtgödens
Samtgemeinde Esens mit Stadt Esens, Neuharlingersiel, Werdum, Thunum, Stedesdorf, Dunum und Fulkum
Samtgemeinde Holtriem mit Ochtersum, Schweindorf, Westerholt und Nenndorf

Landkreis AURICH 86
Das geografisch-kulturelle Zentrum Aurich mit dem Sitz der Ostfriesischen Landschaft. Ein Rundgang durch die Straßen zum Schloss, zur Lambertikirche mit dem Ihlower Altar und zur reformierten Kirche. Engerhafe, Marienhafe, Middels und der Archäologische Park von Ihlow sind neben zahlreichen Dorfkirchen die Besonderheiten rund um Aurich.

Stadt EMDEN 214
Die kriegszerstörte Hafenstadt wurde mit Respekt vor der historischen Substanz wieder aufgebaut. Sehenswertes Beispiel einer Kirchenumnutzung ist die Johannes-a-Lasco-Bibliothek. Emdener Stadtgeschichte mit Wallanlagen, Emder Wasserkunst und Kesselschleuse, mit Kirchen im Stadtgebiet, Gebäuden bis 1850, aus Historismus und Expressionismus und Gebäuden des Wiederaufbaus. Rundreise durch die zur Stadt gehörenden Dörfer Larrelt, Tixlum, Logumer Vorwerk, Wybelsum, Borssum, Widdelswehr/Jarßum, Petkum, Wolthusen und Uphusen.

Landkreis LEER 252
Die kunsthistorisch wertvollste Altstadt Ostfrieslands mit typischen Giebelhäusern und Historismusbauten wie dem Rathaus und der Evenburg mit dem weitläufigen Park.

OSTFRIESISCHE INSELN 328
Seebad- und Urlaubsarchitektur prägen die Silhouette der sechs Inseln Spiekeroog, Langeoog, Baltrum, Norderney, Juist, Borkum.

ANHANG
Stadtpläne Esens und Weener 346

Ortsregister 348

Hinweise zu Literatur und Netzadressen 353

Bildnachweis 354

Um den Lesern die Reiseplanung zu erleichtern, sind viele im Text dargestellte Objekte gekennzeichnet.

*** von überregionalem Rang
** regional bedeutend
* sehenswert

ARCHITEKTURFÜHRER OSTFRIESLAND

Grußwort

Ostfriesland, das Land der Marschen zwischen Meer und Moor, das den Menschen immerzu zum nie endenden Kampf gegen die Naturgewalten herausfordert, ist etwas Eigenes. Historische Zeugnisse und Denkmale belegen die besonderen Freiheiten und Rechte, mit denen man in Friesland im Gegensatz zur feudalen Struktur in Europa lebte. Häuptlingsburgen stehen neben bäuerlichen Anwesen in einmalig erhaltenen Ortsstrukturen, Windmühlen neben Gulfhäusern, die sich in der Landschaft der Brücken und Kanäle spiegeln. Von Sturm und Regen gezeichnete Kirchen, lutherisch oder reformiert, bewahren ihre reiche Ausstattung seit dem Mittelalter oder dem Barock noch heute. Glockentürme dienen als Landmarken in der weiten Fläche, die vielmehr flache Weite ist.

Viele der Denkmale, denen wir bereits helfen konnten, wie Schloss Lütetsburg, die Neue Inselkirche auf Spiekeroog oder die Dorfkirche in Campen sind öffentliche Kulturschätze. Für den Urlaubs- und Kulturtourismus von Städten und Gemeinden sind sie prägende Marken. Der von dem ehemaligen niedersächsischen Denkmalpfleger Hermann Schiefer aktualisierte Architekturführer Ostfriesland, den Professor Gottfried Kiesow erstmals 2009 vorlegte, verzeichnet zusätzlich weniger bekannte „Perlen" privater Denkmaleigentümer. Diese vorbildlich wiederhergestellten denkmalgeschützten Häuser werden immer öfter als Feriendomizile aufgesucht. Generationenübergreifend kommen so viele Menschen in den Genuss, das Flair historischer Gulfhäuser, Landarbeiterkaten oder Schlossanlagen hautnah zu erleben.

Als private, unabhängige Kulturstiftung wollen wir mit unserer Arbeit noch mehr Denkmaleigentümern Mut zum Denkmal machen und andere zur Mithilfe bewegen. Denn Denkmale prägen unser Land und unser Selbstverständnis. Wenn es diesem Buch nun erneut gelingt, den Wert ostfriesischer Kulturdenkmale an Küste und im Binnenland sichtbar zu machen, ist vieles erreicht. Wir danken Hermann Schiefer für seine bedachtsame und instruktive Überarbeitung der Urfassung. Allen Kulturreisenden wünschen wir mit dem neuen Architekturführer im Gepäck viele interessante Begegnungen und Anregungen auf der Spurensuche in Ostfriesland!

Dr. Steffen Skudelny
Vorstand Deutsche Stiftung Denkmalschutz
im August 2018

ARCHITEKTURFÜHRER OSTFRIESLAND

Vorwort zur 3. Auflage

Das Buch von Professor Kiesow über die Architektur Ostfrieslands hat in der nicht gerade armen Buchlandschaft über den Naturraum und über die Kulturgeschichte dieser Region eine breite Leserschaft gefunden. Schwerpunkt des Buches war die kunsthistorische Beschreibung der über hundert mittelalterlichen Kirchen dieses Landes mit ihren Ausstattungen, hier insbesondere die der Orgeln, die in ihrer Bedeutung europäischen Rang einnehmen.

Auch hat Gottfried Kiesow die vielfältigen Kulturlandschaften und profanen Baudenkmale beschrieben. Hier schien bei einer Neuauflage eine Vertiefung zur besseren Gewichtung der Denkmalgattungen erforderlich. Neue Erkenntnisse und die aktuelle Literatur fanden entsprechende Berücksichtigung.

Wer die Bauleistungen der Ostfriesen bewerten will, darf nicht vergessen, dass wichtige Gebäude die Zeit nicht überdauert haben. Rund 30 Klöster wurden infolge der Reformation aufgegeben und niedergelegt. Nach der Übernahme Ostfrieslands ließ Friedrich der Große aus Kostengründen gut ein Dutzend landesherrlicher Burgen und Schlösser abreißen. Und mit dem Bombenhagel des Zweiten Weltkrieges auf die Stadt Emden ging auch ihr reiches bauliches Erbe von über dreihundert Gebäuden der Renaissance unter. Mit rund 3.000 Baudenkmalen ist Ostfriesland aber immer noch ein Schwerpunkt in der denkmalpflegerischen Arbeit im nordwestlichen Niedersachsen.

Es war für mich eine Ehre, das Buch über die Architektur Ostfrieslands aktualisieren und ergänzen zu dürfen. Als langjähriger Denkmalpfleger des Landes Niedersachsen, der unter anderen auch die ostfriesischen Landkreise betreuen durfte, habe ich die historischen Bauten dieser Region kennenlernen und deren Erhaltung und Pflege mit beeinflussen dürfen. Die Treffen mit Professor Kiesow waren stets anregend und wertvoll. Hier sprach jemand mit viel Wissen, aber ohne Fachallüren über historische Gebäude. Sein Engagement war ansteckend. Er überzeugte Menschen für die Geschichte und führte die Aufgaben der Denkmalpflege aus dem Elfenbeinturm der Denkmalbehörden hin zu einem breiten bürgerschaftlichen Engagement für den Erhalt unseres gebauten kulturellen Erbes. Seine Verdienste für Ostfriesland sind auf diesem Gebiet überragend. Möge die Neuauflage dieses Standardwerkes über die ostfriesische Architekturgeschichte die Erinnerung an ihn wach halten.

Mein Dank für die Hilfe bei der Entstehung dieses Buches geht an die Bibliothekarin Monika van Lengen und ihren Ehemann, den Historiker Dr. Hajo van Lengen. Für ihre fachliche Unterstützung danke ich auch den beiden Denkmalpflegern Jan Smidt und Niels Juister.

Hermann Schiefer
Landesdenkmalpfleger i.R.
im Juli 2018

Vorwort zur 1. Auflage

Mit der Kunst Ostfrieslands wurde ich seit 1961 vertraut, als ich dort unter der Leitung von Dr. Gustav Andre für die niedersächsische Denkmalpflege tätig war. Daraus ergab sich für mich der Auftrag, für die Vereinigung zur Herausgabe des Dehio-Handbuches, die von Ernst Gall 1935 nur sehr summarisch behandelten Bereiche des nördlichen Niedersachsen völlig neu zu bearbeiten. Dafür war eine systematische Bereisung aller Orte mit Baudenkmalen in Ostfriesland erforderlich, die ich 1961–63 durchführte. Auf diese Weise erwarb ich mir vor Ort die direkte Anschauung des reichen Denkmalbestandes, woraus die Texte für Ostfriesland im 1977 neu herausgegebenen Dehio-Handbuch Bremen/Niedersachsen hervorgegangen sind. Aus dieser Arbeit entstand eine tiefe Zuneigung zu dieser wunderschönen Kulturlandschaft und schließlich auch 1969 das Buch „Ostfriesische Kunst" als Band IV im Sammelwerk „Ostfriesland im Schutze des Deiches".

Professor Gottfried Kiesow im März 2010

Vertieft wurden meine Kenntnisse durch bisher 25 Reisen mit Spendern der Deutschen Stiftung Denkmalschutz für jeweils vier Tage durch Ostfriesland, die 2010 mit weiteren drei fortgesetzt werden und so begehrt sind, dass auch für die kommenden Jahre eine Fortsetzung gesichert ist. [...]

Für die Neubearbeitung meiner Texte konnte ich auf zwei neuere wichtige Publikationen zurückgreifen. Zum einen auf das 1997 in 3. Auflage erschienene Werk „Orgellandschaft Ostfriesland", ohne das ich nicht in der Lage gewesen wäre, nicht nur wie bis dahin üblich, lediglich die Prospekte zu behandeln, sondern erstmals auch auf die Orgelwerke einzugehen, was in Ostfriesland als der bedeutendsten Orgellandschaft Europas unerlässlich ist.

Zum anderen war ich froh, durch das 2007 in 3. Auflage veröffentlichte Buch „Gulfhöfe und Arbeiterhäuser in Ostfriesland" eine Vorstellung von der Bedeutung der ostfriesischen bäuerlichen Kultur erhalten zu haben und so weit es ging in meine Texte aufzunehmen.

Da es mir darauf ankam, nicht nur wie im Dehio die Baudenkmäler für sich zu würdigen, sondern sie in die unterschiedlichen natürlichen Landschaftsräume einzuordnen, habe ich dafür auf den „Führer durch Ostfriesland und seine Seebäder" von Heinrich Siebels aus dem Jahr 1955 zurückgreifen können. Die ausführliche Würdigung des Wiederaufbaus von Emden wäre mir ohne die von mir betreute Magisterarbeit von Anja Engbrodt nicht möglich gewesen.

Nun hoffe ich, dass etwas von meiner Begeisterung für die Kunstlandschaft Ostfriesland auf den Leser dieses Reiseführers überspringen möge, damit neben dem Badetourismus auch der steigende Bildungstourismus dazu beiträgt, die wirtschaftliche Grundlage zur Erhaltung der Bau- und Kunstdenkmäler sichern zu helfen.

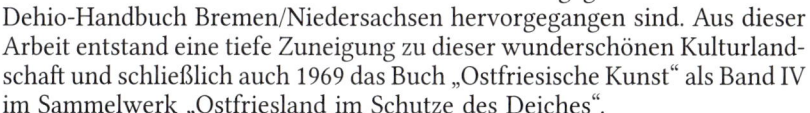

Professor Dr. Dr.-Ing. E. h.
Gottfried Kiesow
im November 2009

Geschichte Ostfrieslands

Die ostfriesische Halbinsel besteht in ihrer Mitte aus einem breiten Geestrücken und an ihrem Rand aus der Küstenmarsch der Nordsee und den Flussmarschen der Ems. Diese Geest **(Abb. 1)** stellt eine Grundmoräne aus Ablagerungen der zweiten von den drei für Norddeutschland nachweisbaren Eiszeiten dar. Sie taucht zur Küste hin unter die Marsch und das Watt ab. Die Marsch **(Abb. 2)** gehört in den jüngsten Abschnitt der Erdgeschichte, der noch heute andauert, und ist aus Ablagerungen des Meeres in mehreren Schichten entstanden. Die am Rande des Festlandsockels vor der Küste liegenden Inseln sind keine Festlandreste, sondern vor über 2.000 Jahren aus einem Sandwall entstanden. Zwischen Küste und Inseln erstreckt sich das Wattenmeer, seit 1986 Nationalpark und seit 2009 UNESCO Weltnaturerbe. Weite Strecken der Geest waren bis in das 20. Jahrhundert hinein mit riesigen Flächen mächtigen Hochmoors **(Abb. 3)** bedeckt, das sich vor rund 7.000 Jahren zu bilden begonnen hatte. Die Moore sind meist ganz abgetorft, denn die oberen helleren Schichten des Weißtorfs werden bis heute als Düngetorf zur Auflockerung von Pflanzerde verwendet, die dunklen unteren des Schwarztorfs waren als Brennmaterial sehr begehrt.

Nur wenige, meist voneinander getrennte Teile der Geest blieben von Mooren frei und konnten dauerhaft besiedelt werden. Während der mittleren Steinzeit waren es noch Jäger und Sammler, die diese Bereiche durchstreiften, erst seit rund 5.000 Jahren wurden die Menschen als Bauern, Handwerker und Händler hier sesshaft. Seit dem Mittelalter befanden sich die Siedlungen bevorzugt am Rand der Geest, meist an kleinen Flussläufen, deren Ränder als Grünland genutzt wurden. Die Ackerflächen, sogenannte Gasten, lagen auf den Sandrücken der Geest. Zur Verbesserung der Bodenqualität wurden regelmäßig Heideplaggen und Stallmist auf die Flächen aufgetragen, sodass sie ständig aufgehöht wurden. Nach Auflösung der Gemeinflächen im 19. Jahrhundert entstanden zusätzlich Blockflure, die durch Wälle und Hecken gegen Sandflug und Austrocknung geschützt wurden. Diese landschaftlich reizvollen Wallheckenlandschaften prägen noch heute weite Bereiche der ostfriesischen Geest und sind für die Erholung und den Naturschutz von hohem Wert. Die Marsch wurde dagegen erst vor 2.500 Jahren besiedelt. Als um Christi Geburt der Meeresspiegel anstieg, suchten die Menschen sich und ihre Habe dadurch zu sichern, dass sie für ihre Bauten Wurten aufschütteten. Die Zunahme der Überflutungen führte zu Vernässung der Nutzflächen, sodass viele Bewohner der Marsch gegen 500 n. Chr. abwanderten. Ostfriesland gehörte damals zum Siedlungsgebiet der Chauken, Von Westen siedelten sich zunehmend an der Küste entlang die Friesen neben den Chauken an. Im frühen Mittelalter konnte der ostfriesische Küstenraum wieder stärker besiedelt werden. Die Bebauung alter Wurten wurde wieder aufgenommen und verdichtet, neue Wurten kamen hinzu. Die bis heute andauerte Siedlungskontinuität nahm hier ihren Anfang. Neben den radial angelegten Rundwurten, wie z. B. Rysum, mit ihren ausgegeprägten landwirtschaftlichen Betrieben wurden nun auch vereinzelt linear ausgerichtete Langwurten, wie z. B. Nesse, angelegt, die man vorrangig mit einer Reihe gewerblicher Gebäude dicht bebaute. Deren Besitzer waren offenbar besondere Nutznießer des ausgedehnten Seehandels der Friesen im frühen Mittelalter.

Politisch erlag der sich von der Rhein- bis zur Wesermündung erstreckende friesische Küstenraum bis zum 9. Jahrhundert schrittweise der fränkischen Expansion und der christlichen Mission und wurde unter Karl dem Großen vollends in das Frankenreich einverleibt. Ostfriesland wurde durch zwei Missionsgebiete geteilt, die des Friesen Luidger und des Angelsachsen Willehad, und so fiel der östliche Teil an das Bistum Bremen, während der westliche Teil in das Bistum Münster überging.

1 Geest

Die Friesen hatten in der Abwehr der Normannen und später durch den gemeinschaftlichen Deichbau ihre erprobte Selbsthilfeorganisation soweit entwickelt, dass sich die Vertreter des Reiches und der Kirche bei der Durchsetzung ihrer Machtansprüche schwertaten. Am Ende dieser Auseinandersetzung am Ende des 11. und in der 1. Hälfte des 12. Jahrhunderts hatten sich die genossenschaftlichen Verbände zu fast 30 Landesgemeinden formiert und sich so zu einer territorialen Einheit zusammengefunden. Diesen gegenüber sahen sich die auswärtigen Inhaber der Grafenrechte nach einer Reihe von militärischen Niederlagen gezwungen, ihre herrschaftlichen Ansprüche auf formale Hoheit und fiskalische Rechte zu reduzieren. Selbst einen Mann wie Heinrich den Löwen haben die Östringer schließlich in die Grenzen gewiesen.

2 Marsch

Mit den Siebzehn Küren und Vierundzwanzig Landrechten, die sich die Friesen um 1100 als allgemeinverbindliche Grundlage des Landfriedens und der Gemeinschaft festsetzten, legitimierten sie zugleich ihre Verhältnisse als von Karl dem Großen begründet und vom Papst für ihre Verdienste für die Kirche gestützt. Die Friesen sahen zudem den besonderen Segen der Heiligen auf ihrem Gemeinwesen ruhen, die sie zu ihren Schutzpatronen erkoren und denen zu Ehren sie viele

3 Hochmoor

große Kirchen und Klöster als sakrale Zeichen und Zentren ihrer Gesellschaftsform bauten.

Die Landesgemeinden haben tiefe Spuren im Gedächtnis der Friesen hinterlassen: Ihre Namen sind größtenteils noch heute für die einzelnen Gebiete im Gebrauch, z. B. Harlingerland, Brookmerland, Rheiderland.

Von den steinernen Zeugen der Hochblüte dieser Friesischen Freiheit im 13. Jahrhundert, der Glaubensstärke und Wirtschaftskraft der freien Friesen, sind über 30 Klöster im heutigem Ostfriesland nach der Säkularisation leider mitsamt ihrem Schriftgut der Vernichtung anheimgefallen, während von der Vielzahl romanischer und gotischer Kirchen, wenn auch unter Veränderungen und Verstümmelungen, immerhin über einhundert erhalten geblieben sind.

4 Gefangennahme Ockos II. tom Brok durch Focko Ukena 1427 (Tjarko Meyer Cramer, 1803)

Diese bäuerliche Gemeindebildung in den Friesischen Landen war ein Gegenstück zur den Bürgergemeinden in den deutschen Städten. Sie schlossen aber das Städtewesen ebenso wie das Lehnwesen prinzipiell aus und ließen weder adlige noch bürgerliche Eigenständigkeit zu. Der, wenn auch lose, Zusammenschluss aller friesischen Landesgemeinden erfolgte als Landfriedensbund, der sich am Upstalsboom bei Aurich zusammenfand und dort versuchte, Frieden und Freiheit durch Verhandlungen und Beschlüsse sicherzustellen. Infolge einer zunehmenden sozialen Differenzierung spitzten sich aber die Verhältnisse innerhalb der bäuerlichen Oberschicht bis 1300 soweit zu, dass sich hier ein enger Kreis von besonders Reichen und Mächtigen herausbildete, die man nicht mehr einschränken konnte und die zunehmend das Geschehen im Lande bestimmte. Mittel und Zeichen der selbstherrlichen Stellung dieser Großen war der Bau und der Besitz von Steinhäusern als Burgen, den die Landesgemeinden lange Zeit zu verhindern suchten. Als sich die sogenannten Häuptlinge durchsetzen konnten, blieb die Friesische Freiheit weitgehend auf der Strecke. An die Stelle der Landesgemeinden traten nun die Häuptlingsherrlichkeiten mit Stammburgen. Diese Herrschaften waren so groß, wie die persönliche Macht der jeweiligen Häuptlinge reichte. 1370-1420 gelang es einer Dynastie, den tom Brok **(Abb. 4)**, die übrigen Häuptlinge in zahlreichen Kämpfen um die Vorherrschaft auszuschalten und schließlich die Oberhoheit diesseits der Ems zu erlangen. Aber die Erinnerung an die Friesische Freiheit war nicht verblasst und ermutigte die abhängig gewordenen Häuptlinge und Bauern unter Führung von Focko Ukena, dem langjährigen Sachverwalter der tom Brok im südlichen Ostfriesland, zur Gegenwehr. Bei der Schlacht auf den Wilden Äckern im Jahre 1427 obsiegten sie, der Sturz der tom Brok war vollständig und endgültig. Doch der Wunsch nach der Rückkehr zu den Rechten und Freiheiten der alten friesischen Landesgemeinden blieb unter der neuen Herrschaft unerfüllt. Die Oppositionskräfte unter der Führung der Häuptlinge von Greetsiel, der Cirksena **(Abb. 5)**, schlossen sich innerhalb der sich neu konstituierenden Landesgemeinden zu einem Freiheitsbund zusammen und besiegten 1430 die Kräfte Focko Ukenas. Die Burg der Ukena in Leer wurde belagert und zerstört, Focko floh auf seine Besitzungen im Groningerland.

5 Wappen der Cirksena mit dem Jungfrauenadler

Nachdem die Hansestadt Hamburg als Verbündete der Cirkena Emden eingenommen hatte, wurde die Herrschaft über die stark befestigte Stadt 1439 den Brüdern Edzard und Ulrich Cirksena übertragen. Damit hatten die Cirksena fast den gesamten Westen Ostfrieslands in ihrer Hand. Nach dem Tod Edzards ging Ulrich systematisch daran, seine Herrschaft über die verschiedenen Teile Ostfrieslands mittels Erb- wie Heiratverträge und anderer Übereinkommen rechtmäßig weiter zu untermauern. Die Hamburger wehrten sich, nach Rechtsstreitigkeiten kam es zu Kriegshandlungen, die Hamburg schließlich zwangen, aufzugeben und Ulrich die Herrschaft 1453 zu verpfänden. Um seine Landesherrschaft dauerhaft abzusichern, benötigte er einen höher stehenden Rechtstitel. Diesen erhielt er von Kaiser Friedrich III., der ihn 1464 zum Reichsgrafen und das von ihm beherrschte Gebiet zur Reichsgrafschaft in Ostfriesland erhob. Damit war die Landesherrschaft nunmehr vom Reich formal anerkannt. Zugleich bestätigte der Kaiser den gemeinen Ostfriesen ihre überkommenen Rechte und Freiheiten, womit die Bildung einer sogenannten Landschaft als ständische Vertretungskörperschaft Ostfrieslands ermöglicht wurde.

Ulrichs Sohn, Edzard I. **(Abb. 6)**, betrieb zunächst eine expansive Erweiterungspolitik nach Osten bis an die Weser, der zwar zeitweise, aber keine dauerhaften Erfolge beschieden waren. Die junge Grafschaft wurde unvermittelt in ihrem Bestand gefährdet, als der Kaiser Herzog Albrecht von Sachsen zum Statthalter über ganz Friesland bestellte und Edzard ihn als Lehnherrn anerkennen musste. Als Albrecht in Emden starb, sah Edzard für sich die Chance gekommen, um sich mit Groningen zu verbinden. Dagegen wehrte sich der Sohn Albrechts. Er, Herzog Georg von Sachsen, erwirkte beim Kaiser die Reichacht gegen Edzard und wollte sie mit Verbündeten vollstrecken. Nur durch Glück entging Edzard in der folgenden Sächsischen Fehde von 1514-17 einer Katastrophe und konnte am Ende seine ostfriesische Grafschaft im alten ererbten Umfang behalten. Die Machtansprüche auf das Harlingerland, das Jeverland und weiter bis an der Weser konnte er nicht durchsetzen.

6 Graf Edzard I. von Ostfriesland (Jacob Cornelisz van Amsterdam, um 1520/30)

Mit der Reformation veränderte sich auch das Machtgefüge im Inneren. Emden wurde durch den niederländischen Freiheitskrieg und die zahlreichen Glaubensflüchtlinge zur Hochburg des niederländischen Calvinismus sowie zu einem der bedeutendsten Handelshäfen in Westeuropa. Die unklare Haltung Edzards und seiner Nachfolger in den Glaubensfragen schwächte die Position der Landesherrschaft nachhaltig. Die prosperierende Stadt Emden und die Landstände erlangten zunehmend Autonomie gegenüber der gräflichen Obrigkeit, die sich dann in der Emder Revolution von 1595 entlud. Der unter Vermittlung und auf Druck der Generalstaaten 1611 abgeschlossene Osterhusische Akkord sicherte den Ständen, der Ostfriesischen Landschaft, die erlangten Rechte zu und schränkte die des Grafen erheblich ein. Seitdem war die Landeshoheit in Ostfriesland zweigeteilt. Nachdem der Graf seine Residenz nach Aurich verlegt hatte, wurde Emden Hauptstadt des ständischen Ostfrieslands.

Mit der Rückkehr zahlreicher Glaubensflüchtlinge in ihre niederländische Heimat und den Folgen des Dreißigjährigen Krieges durch die Ein-

7 Denkmal Friedrichs des Großen, Siel- und Schöpfwerk Knock (Joseph Uphues, 1901)

quartierungen durchziehender Truppen setzte im Land ein wirtschaftlicher Niedergang ein, von dem sich Ostfriesland nie wieder so recht zu erholen vermochte. Die zum Absolutismus neigende Landesherrschaft lag im ewigen Streit mit den renitenten Ständen, der 1726-27 zu einem regelrechten Bürgerkrieg, dem sogenannten Appellkrieg, ausartete. Als 1744 Fürst Carl Edzard von Ostfriesland früh verstarb, ohne Nachkommen zu hinterlassen, ergriff der preußische König Friedrich II. **(Abb. 7)** unverzüglich und ungehindert Besitz von dem ostfriesischen Fürstentum und der Herrschaft Harlingerland. Mit einem selbstständigen Territorium Ostfriesland war es nun ein für alle Mal vorbei, von nun an wurde Ostfriesland zur Provinz.

Mit den Preußen änderten sich die Verhältnisse. Zwar wurden die in den alten Landesverträgen festgeschriebenen Rechte weitgehend bestätigt, aber für diese Rechte mussten die Landstände nicht unerheblich bezahlen und die Kontrolle der königlichen Finanzaufsicht hinnehmen. Um die Schulden des Ostfriesischen Fürstenhauses zu begleichen, wurde dessen Besitz verkauft. So wurden die Kunstsammlungen versteigert und die fürstliche Bibliothek veräußert, gut ein Dutzend Schlösser, Burgen und Landhäuser wurden dem Boden gleichgemacht. Dieser nach der Reformation mit der Säkularisation der Klöster zweite große Kulturverlust wirkt bis heute merklich nach. Um die schwache Wirtschaft zu beleben, trieb Preußen die Neulandgewinnung an der Küste und die Fehnkolonisierung im Moor voran, auch verlieh Friedrich II. dem Seehandel von Emden sowie Leer neue Impulse. Dazu gehörte unter anderen die Privilegierung der 1751 gegründeten Königlichen Preußischen Asiatischen Companie, einer Aktiengesellschaft, die mit eigenen Schiffen Handel mit Tee und Porzellan aus China betrieb, allerdings nach wenigen Jahren der Blüte dieses Geschäft wieder aufgab. Auch der Walfang, der insbesondere von den Borkumern betrieben wurde, musste wieder aufgegeben werden. Nur die 1768 in Emden gegründete Heringsfangkompanie konnte sich dank des Protektionismus Preußens auf Dauer behaupten. Auch nur eingeschränkt erfolgreich war das Urbarmachungsedikt von 1765, das die Moorkolonisation befördern sollte, jedoch weitgehend zur Verarmung der Kolonisten beitrug. Unter der napoleonischen Herrschaft wurde Ostfriesland in ein Departement des Königreiches Holland eingegliedert, es hatte unter den Zahlungsauflagen und der Kontinentalsperre wirtschaftlich schwer zu leiden. Unglücklich waren die Ostfriesen auch, als sie überraschend auf dem Wiener Kongress dem Königreich Hannover zugeordnet wurden. Die Selbstverwaltung des Landes wurde weiter eingeschränkt, auch fehlte es der hannoverschen Regierung an Kraft und Durchsetzung, um die wachsenden wirtschaftlichen Probleme in den Griff zu bekommen. In diese Zeit fällt der Verlust historischer Bausubstanz durch unterlassene Baupflege, so der Teilabbruch der Marienhafer Kirche und die Abbrüche der großen Kirchen in Esens und Leer. Erst zur Mitte des 19. Jahrhunderts verbesserte sich die Lage. Mit dem Bau der Eisenbahn und einiger Landchausseen, ebenso durch die Hafenverbesserung in Emden, kam es zum langsamen wirtschaftlichen Aufschwung. Auch die Landwirtschaft profitierte vom gründerzeitlichen Aufschwung, zahlreiche Neubauten von modernen Gulfhäusern kurz nach 1860 belegen die Entwicklung.

Als nach dem deutsch-österreichischen Krieg im Jahre 1866 Preußen sich Hannover einverleibte, war die Freude der Ostfriesen groß. Jedoch wurden sie enttäuscht, ihre alte, freiheitliche Selbstverwaltung wurde auch jetzt nicht wiederhergestellt. Jedoch versuchte Preußen nach dem deutsch-französischen Krieg 1870-71, die Landesstruktur zu verbessern. So wurde der ehemals bedeutende Hafen der Stadt Emden, der auf provinzielles Niveau abgesunken war, durch den Bau des Ems-Jade-Kanals mit Wilhelmshaven verbunden und des Dortmund-Ems-Kanals zum Erzeinfuhr- und Kohleausfuhrhafen für das Ruhrgebiet ausgebaut. Hier wie auch anderswo im Deutschen Reich schlugen sich die Folgen des Ersten Weltkrieges in eine tiefe Rezession nieder, die den Nationalsozialisten regen Zulauf brachte. Von den Zerstörungen des heraufbeschworenen Zweiten Weltkrieges blieb auch Ostfriesland nicht verschont, gegen Ende des Krieges erreichten die Fronten das abseits gelegene Ostfriesland. Folgenschwer waren die Luftangriffe auf Emden und Esens, die zahlreiche Opfer forderten. Unwiederbringlich ging die Altstadt von Emden unter der Bombardierung verloren, die zahlreichen überdauerten Renaissancegebäude aus der goldenen Zeit der Stadt, allen voran das bedeutende Rathaus und die Große Kirche der Reformierten fielen in Schutt und Asche. Ostfriesland blieb in der Nachkriegszeit eine strukturschwache Region, wovon es sich bis heute noch nicht ganz erholt hat. Es verlor zudem mit der Aufgabe des Regierungsbezirkes mit Sitz in Aurich 1978 auch noch die Zentralbehörde für das Land. Seit dieser Zeit verkörpert allein noch die Ostfriesische Landschaft als Kulturinstitution die historische Einheit Ostfrieslands als ungebrochenes Kontinuum.

Kunstgeschichtliche Einführung

Romanik

8 Arle, Tuffsteinkirche

9 Buttforde

In kaum einem anderen Land wird die Abhängigkeit der Baukunst von den naturräumlichen Gegebenheiten so deutlich wie in Ostfriesland. Die Marschen hatten zunächst nur Holz für den Kirchenbau zur Verfügung. Allen Orten, die an Meeresbuchten, direkt an der Küste oder an größeren Flüssen lagen, war es möglich, Baugestein, wie den rheinischen Tuff aus der Gegend bei Andernach, mit Schiffen über den Rhein und die Nordsee heranzuschaffen.

So hat man in der Zeit um 1150 in Arle auf der sehr hohen Wurt eine Tuffsteinkirche (Abb. 8) erbaut. Dieses Material ist so weich, dass man es beim Abbau im Steinbruch mit Schrotsägen schneiden konnte. Es war deshalb möglich, eine Wandgliederung durch Pilaster, einen Bogenfries und die Trichterlaibungen der romanischen Rundbogenfenster herzustellen.

Auf der Geest gab es Granitfindlinge, die in der Eiszeit auf den Rücken der Gletscher aus Skandinavien hierher gelangt waren. In Ostfriesland und im nach Osten anschließenden Landkreis Friesland hat man aus den Granitfindlingen Quadersteine geschaffen und zu Granitquaderkirchen vermauert. Davon gibt es im Landkreis Friesland 13, von denen einige durch schriftliche Nachrichten in die Mitte des 12. Jahrhunderts datiert werden können. In Ostfriesland sind diese Kirchen noch in Asel, Marx und Buttforde (Abb. 9) im Landkreis Wittmund sowie in Middels, Landkreis Aurich, komplett überliefert. Außerhalb des jeverländisch-ostfriesischen Raumes kommen Granitquaderkirchen hauptsächlich an der von Nordfriesen besiedelten Westküste von Schleswig-Holstein und in Jütland (Dänemark) vor.

Mauerwerk aus Granitquadern ist von besonderer Schönheit durch den Maßstab der rechteckig zugehauenen Blöcke, die in Middels im Durchschnitt 0,60 Meter hoch und bis zu 0,80 Meter breit sind, in Buttforde sogar bis zu 1,25 Meter breit. Es muss sehr mühsam gewesen sein, aus dem harten Granit der großen runden Findlinge Quadersteine zu meißeln. Zunächst hat man den kugelförmigen Findling gespalten, indem man ihn angebohrt hat. Es wurden primitive Drillbohrer verwendet, die aus einem Stab mit einer unteren Eisenspitze und einer um den Stab geschlungenen Schnur bestanden. Die Eisenspitze hatte zwar durch ständiges Schmieden die Härte von Stahl erhalten, musste aber ständig nachgeschärft werden, bis das Bohrloch tief genug war. In dieses schlug man trockene Holzkeile, die man nass machte. Die folgende Ausdehnung erzielte eine Sprengwirkung, ähnlich wie sie auch durch eingefülltes Wasser und Frost erreicht wird. Die sehr großen Findlinge stammen wohl häufig von vorgeschichtlichen Großsteingräbern, wie eines davon in Tannenhausen erhalten geblieben ist.

Die Granitquadermauern sehen wegen der großen Härte der Steine unvergänglich aus, sind aber dennoch für Schäden anfällig. Das liegt vor allem daran, dass man die gespaltenen Findlinge keineswegs an allen sechs Seiten sorgfältig behauen hat, sondern nur an der Sichtseite. Die daran anschließenden Flächen wurden nur in einer Tiefe von etwa 20 Zentimeter geglättet, um ein Auflager nach oben und unten zu gewinnen. Beim Teileinsturz von Quadermauerwerk in Waddewarden (Landkreis Friesland) wurde sichtbar, wie wenig die Granitquader mit dem Füllmauerwerk aus Steinbrocken mit Mörtel verbunden sind. Bei den heruntergestürzten Steinen erkennt man ihre Form, die ungefähr einem romanischen Würfelkapitell entspricht. Wegen des schlecht auf der dichten Granitoberfläche haftenden Mörtels und des geringen Auflagers neigen die schweren Steine dazu, zu verkanten und fallen schließlich heraus. Am besten sind die Nordseiten der Granitquaderkirchen bewahrt geblieben, da sie dem Wechsel von Regen und der Sonnenerwärmung am wenigsten ausgesetzt sind.

Für die in großen, ungegliederten Mauerstärken und einfachen Innenräumen empfindende romanische Baukunst waren Granitquader durchaus geeignet, nicht aber für die in Gliedersystemen gestaltende Gotik, für die rechtzeitig die Backsteinbauweise nach dem Vorbild Oberitaliens entstand. Bei der Frage, wie die Backsteinbaukunst nach Ostfriesland gelangt ist, darf man die Rolle der Klöster nicht vergessen. Es waren einst rund 30, von denen kein einziges mehr steht. Nur das Zisterzienserkloster Ihlow ist im vergangenen Jahrzehnt ergraben und erforscht worden. Die ersten ostfriesischen Backsteinbauten glichen vom Bautyp den Tuffsteinkirchen. Es waren, wie in Arle, rechteckige Apsissäle, bei denen die Längswände durch Lisenen in Felder gegliedert wurden.

10 Hage

Ein neues architektonisches Motiv findet sich in Hage (Abb. 10), wo über den unorganisch abbrechenden Lisenen ein Kreuzbogenfries und darüber ein doppeltes Deutsches Band als Traufgesims liegen. Der Kreuzbogenfries entsteht aus der Durchdringung zweier Rundbogenfriese mit je der Hälfte ihres Durchmessers, woraus sich wiederum Spitzbögen ergeben. Die Wanderung dieses Motivs kann man von Toledo 999 n. Chr. über Fidenza südlich von Mailand um 1100 weiter zum Prämonstratenserkloster Jerichow (Elbe) (Abb. 11) ab 1148 verfolgen.

11 Jerichow

Zu den frühesten Backsteinbauten in Norddeutschland gehörte außer der Johannes- und der Andreaskirche in Verden aus der Zeit um 1150 auch die Kirche des 1132-37 vom Stader Grafen Rudolf II. gegründeten Prämonstratenserklosters St. Georg. So könnte der Kreuzbogenfries statt über Jerichow auch über Coldinne oder Stade nach Hage gelangt sein, und vieles spricht dafür, dass bereits gegen Ende des 12. Jahrhunderts der erste erhaltene Backsteinbau Ostfrieslands errichtet wurde. Danach breitete sich die Backsteinbaukunst rasch in ganz Ostfriesland aus, vor allem im 13. Jahrhundert in den Marschen, die auch abseits der Häfen jetzt über ein festes Baumaterial verfügten. Denn Lehm gibt es in den stark tonhaltigen Böden überall. Durch den Deichbau hörten die ständigen Überflutungen auf, sodass der allmählich durch Regen und künstliche Entwässerung entsalzte Boden reiche Ernteerträge erbrachte. Dennoch findet man die stattlichsten Kirchen in den küstennahen Dörfern, wo zu dem Wohlstand aus Ackerbau und Viehzucht auch der aus dem Überseehandel kam.

Typisch für Ostfriesland sind die als getrennte Baukörper aufgeführten Glockentürme, die in ganz Ostfriesland zu finden sind. Im Westen befinden sich die meisten Türme des Parallelmauertyps, sie bestehen aus mehreren Mauern, zwischen denen die Glocken hängen. Diese Konstruktion brachte oft statische Probleme mit sich, sodass die Schalllöcher später häufig zur Aussteifung vermauert werden mussten. Neben den Glockentürmen des geschlossenen Typs, der im Harlingerland gehäuft vorkommt, findet man auch vereinzelt Durchgangstürme. Einige der mittelalterlichen Kirchen haben einen Westturm, der wie bei den Kirchen in Marienhafe oder Osteel ein beträchtliches Ausmaß erreichen kann, vereinzelt sind zudem Ost- oder Chortürme zu finden sowie bei kreuzförmigen Kirchengrundrissen noch Reste von Chorflankentürmen.

Die baugeschichtliche Entwicklung vollzog sich in der Blütezeit des 13. Jahrhunderts in drei Phasen: In der ersten waren es flachgedeckte Apsissäle mit einer ähnlichen Wandgliederung wie in Hage. Weitere vereinfachte Nachfolgebauten von Hage stehen in Ardorf, Bagband, Freepsum und Horsten. In der zweiten Phase wurden die romanischen Saalkirchen gewölbt, meist in drei Jochen durch Domikalgewölbe, die auf den Einfluss Westfalens zurückzuführen sind. Ab Mitte des 13. Jahrhunderts begann mit der Frühgotik die dritte Entwicklungsphase im Kirchenbau. Die Kirche in Eilsum aus der Zeit um 1240-60 ist das am besten bewahrte Bauwerk an der Grenze zwischen Romanik und Frühgotik.

Von der Ausstattung romanischer Kirchen blieben vor allem Taufsteine übrig. Diejenigen aus dem 12. Jahrhundert wurden meist in der Gestalt eines umgedrehten Kegelstumpfes aus Granit gearbeitet, überwiegend unverziert, mit Ausnahme der verwandten Taufsteine aus Granitfindlingen in Funnix, Dunum und Fulkum aus der Zeit um 1200. Groß ist die Zahl der aus Gildehaus bei Bad Bentheim importierten Taufsteine, die von den dortigen Sandsteinbrüchen aus wohl als Fertigprodukte im ganzen Küstengebiet verbreitet wurden. Die größte Verbreitung in Ostfriesland fanden die Taufsteine des Bentheimer Typs mit 39 Exemplaren, insgesamt sind rund 120 Taufsteine aus Bentheimer Sandstein bekannt. Der Grundtyp besteht aus einer quadratischen Fußplatte, auf deren Schrägflächen vier stilisierte Löwen hocken, die mit ihren Köpfen das zylindrische Becken abstützen. Die Wandung des Beckens ist durch stilisierte Rankenfriese und Taustäbe verziert. Um die Mitte des 13. Jahrhunderts werden die Schmuckformen vielfältiger, plastischer und naturalistischer, dann lässt der Import aus Bentheim nach.

Neben den romanischen Taufsteinen verdienen auch die trapezförmigen Grabplatten vorwiegend des 12. und frühen 13. Jahrhunderts besondere Aufmerksamkeit. Sie deckten wohl gleich große Steinsärge ab, von denen nur wenige erhalten sind. Einer steht vor dem Nordeingang der Kirche von Remels. Wenn es nur noch so wenige gibt, liegt dies wohl daran, dass sie gern, wie auch einige Taufsteine, als Tränken oder Pflanzbeete missbraucht wurden. Da die Steinsärge und ihre Deckel aus Sandstein gefertigt waren und dieser in Ostfriesland nicht ansteht, nennt man ihn heute vielfach noch Sargstein. Die Sargdeckel verwendete man gern als Treppenstufen, benutzte sie ein zweites Mal mit einer neuen Inschrift oder man hob sie in den Kirchen auf, weil sie an historische Persönlichkeiten erinnerten. Mehrfach kommt als Gestaltung der Oberfläche das Keulenkreuz vor, so in Buttforde, Marienhafe, Petkum, Nortmoor und

Suurhusen. Beiderseits des Keulenkreuzes steht je ein Lebensbaum, den man fälschlich auch für eine Abtskrümme halten könnte, doch kommt das Schneckenmotiv auch im Grabhügel und auf anderen Grabplatten vor. Außer den Keulenkreuzen werden auf den romanischen Grabplatten auch Rautenmuster, vom Rand ausgehende Halbkreise und andere geometrische Formen verwendet.

Eine dritte Gruppe zeigt auf dem Sargdeckel die lebensgroße Gestalt des Verstorbenen. Davon gibt es allein drei in Larrelt, weitere in Simonswolde und Ditzum. Darüber hinaus existiert als romanischer bildhauerischer Schmuck nur noch das Tympanon der Dorfkirche von Larrelt, das insofern eine Besonderheit ist, als es nicht, wie sonst in der Romanik üblich, den Salvator oder einen Apostel darstellt, sondern entsprechend den Inschriften den Bauherren Ippo, seine Baumeister Ludbrud und Menulfus als Bildhauer und Schöpfer des Tympanons abbildet.

Frühgotik

Als ersten Bau, der von der Romanik zur Frühgotik überleitete, kann man die Kirche von Eilsum ansehen, weil sie eine neue Art der Außengliederung nach dem Vorbild des Domes in Osnabrück einführte. Zwar sind die Einzelformen mit Rundbögen überwiegend noch romanisch, die stärkere Plastizität der Wand im Vergleich zu allen älteren Bauten deutet jedoch den ersten Schritt zu frühgotischem Gestalten an, wie es dann auch in Pilsum zu sehen ist. Im Innenraum der Kirche von Eilsum ist der frühgotische Charakter noch stärker spürbar, denn die Wandvorlagen sind mit Runddiensten und Abtreppungen profiliert und die Domikalgewölbe haben spitze Gurt- und Schildbögen sowie Wulstrippen.

Die Kirche von Pilsum vertritt dieselbe frühgotische Stilstufe der Zeit um 1240-60, auch wenn sie mit dem kreuzförmigen Grundriss und dem Vierungsturm einen anderen Bautyp vertritt. Das trifft auch für die frühgotische Kirche von Stapelmoor zu, die den seltenen Grundriss eines griechischen Kreuzes mit vier gleichlangen Armen aufweist. Zugleich gehört sie, zusammen mit Eilsum, Pilsum und Campen, zu der Gruppe ostfriesischer Kirchen mit einer reichen ornamentalen Ausmalung der Gewölbe in geometrischen Mustern. Die Vorbilder dafür sind einerseits, wie bei den Domikalgewölben, in Westfalen zu suchen, andererseits jenseits der Ems im Groningerland.

Unter dem Einfluss des ab 1218 neu erbauten Domchors von Osnabrück wagt die Kirche von Engerhafe in ihren Westjochen zum ersten Mal, auch auf dem schwankenden Boden der Wurt die Wände im Geist der Frühgotik in mehrere Schichten aufzulösen und zwischen der Außen- und der Innenschale einen Laufgang zu legen. Ihre Außengliederung hatte ohnehin einen weiteren Schritt zur Auflösung der Wände in ein System von Blendbögen getan. Dem Beispiel von Engerhafe aus der Zeit um 1250 folgten bald die Nordwand des Chores und das Nordquerschiff in Bunde **(Abb. 12)** sowie der jüngst wiederentdeckte Chor der Kirche von Rysum. Das Urbild dieser Auflösung von Mauermassen in

12 Bunde

ein System von Gliedern und Raumschalen ist die normannische Baukunst des 11. Jahrhunderts, die als Wiege der Gotik gilt, wo nicht mehr die geschlossenen Mauermassen der Romanik das Ideal waren, sondern das Gliedersystem, wie man es vom Schiffsbau der Normannen mit den Wanten als Skelett und den darauf befestigten Planken kennt.

Leider haben der unsichere Baugrund und die Absenkung des Grundwassers dazu geführt, dass keine der drei genannten ostfriesischen Kirchen ihre Gewölbe behalten hat. Tragisch ist, dass der vierte und größte Bau dieser Gruppe – die Kirche von Marienhafe mit ihren Laufgängen und Gewölben – noch stehen könnte, hätte man sie nicht 1829 bis auf den Rest des Mittelschiffes abgebrochen, um nicht die Last der Bauunterhaltung für eine Kirche zu haben, die so groß war wie der Dom von Osnabrück. Bis vor kurzem war sie die einzige bekannte dreischiffige Basilika auf ostfriesischem Boden. Nach den Ausgrabungen in Ihlow mit der Entdeckung einer Basilika des 13. Jahrhunderts weiß man, dass man die Kirchen der 28 verschwundenen Klöster in die Betrachtungen zur Baukunst Ostfrieslands einbeziehen muss. Welche Überraschungen würde es geben, wenn man weitere Grundmauern ostfriesischer Klosterkirchen freilegen könnte!

Wenn man die bedeutendsten Kirchen der Frühgotik in Ostfriesland aufführt, darf man die von Osteel, Reepsholt und Hatzum nicht vergessen. Auffallend ist, dass alle großen und kunstgeschichtlich bedeutenden Kirchen der Frühgotik am Randstreifen zwischen Geest und Marschen liegen, wohl weil zum Wohlstand aus dem Fernhandel die landwirtschaftlichen Erträge auf den fetten Böden kamen. Dabei darf man bezüglich der Entfernung zum Meer nicht von der heutigen Situation ausgehen, denn dieses wurde durch Landgewinnung immer weiter zurückgedrängt und Hafenorte wurden zu Binnenorten. In der Zeit um 1300 setzte sich im Kirchenbau der Bautyp einer Saalkirche aus drei Gewölbejochen mit geradem Ostabschluss durch, wie er in Campen und in Dornum vertreten ist.

Bezüglich der Bauplastik hat die Frühgotik vor allem in Marienhafe und in Norden bei der untergegangenen Andreaskirche ihre Spuren hinterlassen. Von letzterer sind wesentliche Teile in die Ludgerikirche gerettet worden. Es war wohl eine größere Bauhütte mit meisterhaften und weniger begabten Bildhauern, die aus Baumberger Sandstein Reliefs und Statuen gemeißelt haben. Dabei ist die Gruppe der Verkündigung des Engels an Maria im Chorumgang der Ludgerikirche ohne Zweifel die Spitzenleistung dieser wohl in Frankreich geschulten Steinmetztruppe. Vielleicht ist diese auch für die drei frühgotischen Taufsteine aus Baumberger Sandstein verantwortlich, da der Taufstein von Nesse enge Verwandtschaft zu dem Tympanon der Andreaskirche in Norden – jetzt am nördlichen Querschiff der Ludgerikirche – zeigt. Der in der Bewegung zum Niederknien dargestellte König weist in die Richtung der immer stärkeren Belebung der Figuren hin, wie sie ihren dramatischen Höhepunkt um 1250 im Taufstein von Middels fand. Zwischen den noch getrennt in Arkaden stehenden Gestalten des Taufsteins von Nesse aus der Zeit um 1230 und dem Bruchstück des Taufsteins von Eggelingen mit der Bewegung des niederknienden Königs um 1240 liegt das gleichzeitig entstandene Tympanon von Norden. Den Schlusspunkt und zugleich Höhepunkt bildet dann um 1250 der Taufstein von Middels.

An Wandmalereien hat die Frühgotik nur die, allerdings erstklassige, Ausmalung der Apsis von Eilsum hinterlassen. Mehr war wegen des Bilderverbots der Reformierten nicht möglich – manches mag noch unter dicken Schichten von Übermalungen schlummern. Im 14. Jahrhundert wurde Ostfriesland von Sturmfluten mit großen Meereseinbrüchen heimgesucht – und auch von inneren Streitigkeiten unter den sich bildenden Herrlichkeiten mit einem Häuptling an der Spitze. An die Stelle des Kirchenbaus trat nun die Errichtung zahlreicher Häuptlingsburgen, von denen aber, mit Ausnahme des Steinhauses in Bunderhee aus der Zeit um 1400, keine mehr erhalten ist.

Spätgotik und Renaissance

Mit dem Chorbau der Ludgerikirche von Norden ab 1445 wurde eine letzte Phase mittelalterlicher Baukunst in Ostfriesland eingeleitet. Das Besondere des polygonalen Chores ist es, dass nicht ein Fenster, sondern ein Strebepfeiler in der Mittelachse liegt. Damit folgt der Chor den vielen Beispielen für ähnlich malerische Überschneidungen in ganz Europa. Die Chorbauten von Nesse und Leerhafe folgen mit einem Strebepfeiler in der Mittelachse dem Vorbild von Norden. Ein völlig neuer spätgotischer Kirchenbau entstand um 1500 in Hinte. Er bildet dort, zusammen mit der Häuptlingsburg von 1436, ein einmalig schönes Ensemble.

Die einst sicher sehr reiche Ausstattung aller, auch der romanischen und frühgotischen, Kirchen mit Altären, Sakramentshäusern und Andachtsbildern sind durch die reformatorischen Kräfte auf wenige Reste in den lutherischen Kirchen reduziert worden. Bei den Schnitzaltären zeichnet sich mit den großen, weit ausschwingenden Baldachinen eine typisch ostfriesische Gruppe mit Beispielen in Norden, Hage und Buttforde ab. Bei weiteren Altären, wie dem in Arle, könnte der Baldachin später beseitigt worden sein. Künstlerisch ragen unter den ostfriesischen Schnitzaltären zwei besonders hervor: derjenige in Loquard mit deutlichen Hinweisen auf Beziehungen zur Bildschnitzerschule am Niederrhein sowie der aus dem Kloster Ihlow stammende in der Lambertikirche von Aurich. Es wurde eine ganze Reihe von Triumphkreuzgruppen überliefert, von denen die in Middels von besonderer Qualität ist. Taufbecken wurden in der Spätgotik überwiegend aus Bronze gegossen, das älteste für Groothusen 1454 von Gert Klinghe, weitere 1474 für Uttum und Esens, 1463 für Pilsum, 1472 für Eilsum und 1496 für Wiegboldsbur.

Die Reformation und die niederländischen Freiheitskriege gegen Spanien machten Emden zur Hochburg des calvinistischen Glaubens. Seit 1528 strömten Glaubensflüchtlinge nach Emden und in das westliche Ostfriesland. Zahlreiche Kaufleute und Handwerker, besonders die Tuchmacher, ließen sich hier nieder und blieben in Kontakt mit ihrer Heimat. Die engen Beziehungen zu den Niederlanden hatten einen starken Einfluss auf die Baukultur und das Kunstleben. Emden glich bis weit in das 19. Jahrhundert hinein einer niederländischen Stadt, bis dann die Altstadt im Bombenhagel des Zweiten Weltkriegs vollends verloren ging.

So sind von den einst zahlreichen Bürgerhäusern Emdens nur drei, die Gebäude Pelzerstraße 11 und 12 und Lilienstraße 17, erhalten geblieben. Auch das berühmte Rathaus ist nur eine freie Nachbildung von

1959-62. Wie einst die stattlichsten Bürgerhäuser Emdens ausgesehen haben, kann man jetzt nur noch am Schöningh´schen Haus in Norden von 1576 nachempfinden. Die Architektur dieser Zeit ist in reduzierter Form an den erhaltenen ländlichen Steinhäusern mit ihren Staffelgiebeln und Sandsteinelementen ablesbar.

Im 16. Jahrhundert liegen die Anfänge des Ostfriesischen Gulfhauses, einer eigenständigen Bauernhausform, die bis in die 1960er Jahre in fast unveränderter Form errichtet wurde. Erst die industrielle Landwirtschaft brachte das Ende dieses Bautyps. Das Gulfhaus war eine neue Scheunenform, die für die entstehenden Großbetriebe entwickelt wurde, die durch die wachsende und exportorientierte Landwirtschaft zu Beginn der Neuzeit entstanden waren. Dieser Bautyp breitete sich rasch an der Nordseeküste von Nordholland bis Eiderstedt in unterschiedlichen Bauformen aus und wurde auf der ostfriesischen Halbinsel zur einzigen und landschaftsprägenden Hausform.

Die Schlösser und Burgen, die sich die zu Reichsgrafen aufgestiegene Familie Cirksena errichtete, ließ Friedrich der Große nach dem Übergang an Preußen 1744 abbrechen. Die kleineren Häuptlingsburgen in Pewsum, Groothusen und Dornum (Beningaburg) sowie die Vorburg von Lütetsburg sind die wenigen Reste einer einst größeren Gruppe von Renaissanceschlössern.

Wesentliche Leistungen im Kirchenbau blieben wegen der religiösen Unruhen, die in den Dreißigjährigen Krieg mündeten, aus. Umso größer ist der Schatz an Grabdenkmalen, vorwiegend von niederländischen Bildhauern geschaffen – so die Grabplatten mit dem Motiv des Totentanzes in Eilsum und Uttum, die großen Grabdenkmale als freistehende Sarkophage in Emden für Graf Enno II. in der Johannes a Lasco Bibliothek Große Kirche Emden oder in der Kirche von Esens für den Ritter Sibet Attena.

Klassizistischer Barock

Der klassizistisch geprägte Barock war vor allem in den protestantischen Gebieten Nordeuropas seit Mitte des 17. Jahrhunderts verbreitet und blieb bis zum Beginn des 19. Jahrhunderts vorherrschend. In Ostfriesland hinterließ er immerhin über 25 Kirchenbauten, davon entstanden mehr als 20 im 18. Jahrhundert. Es sind meist kleine Saalbauten, wie die 1668 erbaute Kirche von Marienchor oder die Mennonitenkirche in Neustadtgödens von 1741, beide durch äußere Pilaster gegliedert. Bedeutend war dagegen die Errichtung der Neuen Kirche in Emden im Jahre 1648, der erste Neubau einer reformierten Predigerkirche in Nordwestdeutschland. Vorbild dafür war die reformierte Noorderkerk in Amsterdam von 1623. Nachfolgend besitzt auch die reformierte Kirche von Leer, ein Neubau von 1785-87, den gleichen Grundriss, der die Predigt von der Kanzel als die Verkündigung des Wortes Gottes in das Zentrum der Kirche stellt. Die Lutherkirche in Leer konnte sich dem Vorbild der damals feindlichen Reformierten nicht ganz entziehen und fand durch Anbauten von 1738 bis in das frühe 20. Jahrhundert zu einer ähnlichen Raumform.

In den Kirchen aller Stilepochen entstanden im 17. und 18. Jahrhundert zahlreiche Altäre, Kanzeln, Emporen und Gemeindegestühle. Nur die lutherischen Kirchen haben bebilderte Altäre, unter denen es gemalte und geschnitzte gibt. Eine größere Anzahl verdankt den Meistern Jacob und Hinrich Kröpelin aus Esens ihre Entstehung, so in Engerhafe und Dornum, dort gilt dies auch für die Kanzel. Starke formale Übereinstimmungen zwischen den Altären von Strackholt 1654, Collinghorst 1659, Remels 1667 und Völlen 1674 lassen auf die Werkstatt von Tönnies Mahler aus Leer schließen.

Die Kanzeln des 17. bis 19. Jahrhunderts in lutherischen Kirchen folgen in der Mehrzahl einem allgemeinen Typus: Der polygonale Kanzelkorb wird durch Blendbögen zwischen den Ecksäulen gegliedert, in den Feldern finden sich entweder Malereien oder die Statuetten der vier Evangelisten. Die Schalldeckel sind meist achteckig und mit Statuetten sowie geschnitztem Rankenwerk geschmückt, das im Umriss die Form einer Pyramide hat. Unter den Meistern ist vor allem Jacob Kröpelin aus Esens zwischen 1649 und 1678 mit sieben Kanzeln vertreten, zwischen 1683 und 1699 sein Sohn Hinrich mit fünf Werken. Die Kanzeln der reformierten Kirchen haben ungewöhnlich große Schalldeckel entsprechend der Bedeutung der Predigt.

In Eilsum weicht die Kanzel von 1738 vom üblichen Schema durch ihre bauchige Barockform und die Tatsache ab, dass sie mit den geschnitzten Darstellungen der Tugenden Glaube, Liebe und Hoffnung geschmückt ist, und das trotz des strikten Bilderverbotes der Reformierten. Aus dem ganz anderen Kulturkreis einer Weltstadt kam die Kanzel in die Ludgerikirche von Norden: Bildhauer Rudolf Garrels aus Hamburg schuf sie 1712 mit einem aufwändigen figürlichen Schmuck.

13 Funnix, Orgel

Ein ganz besonderer Schatz sind in Ostfriesland die Orgeln, von denen es in dem prächtigen Bildband Orgellandschaft Ostfriesland auf Seite 8 heißt: „Ostfriesland gehört mit einem Bestand von weit mehr als einhundert bedeutenden Orgeln aus sechs Jahrhunderten zu den reichsten Orgellandschaften Europas." Von der ältesten gotischen Orgel in Rysum über die Renaissance-Orgel in Osteel und die großartige Arp-Schnitger-Orgel in der Norder Ludgerikirche spannt sich der Bogen bis zu den spätbarocken Werken eines Hinrich Just Müller aus Wittmund, wie die Orgel in Funnix (Abb. 13). Bei ihrer Betrachtung kommt es darauf an, den Zusammenhang zwischen der Gestaltung des Prospekts und dem Aufbau des Klangkörpers zu beachten. Bei den Prospekten halten die Orgelbauer bis weit in das 19. Jahrhundert an barocken Formen fest, ähnlich wie dies beim Kirchenbau und den Bürgerhäusern mit einem kaum wahrnehmbaren Übergang vom Barock in den Klassizismus erfolgte.

Eine ungewöhnliche Baugeschichte hat die Mennonitenkirche in Norden, denn sie wurde 1662 als zweigeschossiges Patrizierhaus mit Kolossalpilastern und Festons errichtet. Vorbild für diese in Ostfriesland neue Architektur waren die Bauten des klassizistischen Barocks in den Niederlanden, wie beispielsweise das Mauritshuis in De Haag von 1644 des Architekten Jacob van Campen, eines der renommiertesten Architekten seiner Zeit. Ähnliche Bauten entstanden später in Leer mit der Waage von 1714, in Wittmund mit dem Groot Hus von 1733 oder in Greetsiel mit dem von Halem´schen Haus aus dem Jahre 1794.

Vom barocken Glanz zeugt noch die Neue Kanzlei von 1731 des Schlosses in Aurich, die im Erdgeschoss den Marstall des 16. Jahrhunderts aufnahm. Im Schlossbau gibt es nur zwei nennenswerte Zeugnisse des Barock: Die Norderburg in Dornum, die Haro Joachim von Closter zwischen 1698 und 1707 zu einem Wasserschloss ausbaute. Im Inneren befindet sich ein über zwei Geschosse hohe Festsaal, der zu den wertvollsten Innenräumen in Ostfriesland zählt. Das zweite Wasserschloss der Barockzeit ist das Schloss Gödens, das zwischen 1671 und 1689 durch Freiherr Haro Burghard von Frydag errichtet wurde. Darin enthalten sind mehrere kunsthistorisch bedeutende Räume mit der ursprünglichen Raumausstattung.

Das 19. und 20. Jahrhundert

Die gewaltsame Eingliederung Ostfrieslands in das französische Herrschaftsgebiet, die Kontinentalsperre und der Übergang 1815 von Preußen an das Königreich Hannover bis 1866 waren keine günstigen Voraussetzungen für eine kulturelle Blüte. Zudem führten schlechte Getreideernten 1815 und 1817, die Flutkatastrophe von 1825 und ein wirtschaftliches Desinteresse Hannovers an der am Rande liegenden Provinz Ostfriesland zur Stagnation, die erst zur Mitte des 19. Jahrhunderts überwunden werden konnte. Entsprechend gering war die Bautätigkeit im Lande.

Auf der Insel Norderney ließ der König Georg V. von Hannover in den Jahren 1837-38 als Sommerresidenz das Große Logierhaus und das Conversationshaus erbauen. In Aurich formte der autodidaktische Architekt Conrad Bernhard Meyer (1755-1830) mit seinen klassizistisch geprägten Bauten nachhaltig das Stadtbild. Neben Privathäusern am Marktplatz und in der Burg- und Hafenstraße entwarf er die 1812-14 errichtete reformierte Kirche, einen Zentralbau mit einer eingestellten Rotunde auf Säulen. Auch für die erst 1835 fertiggestellte lutherische Kirche zeichnete er die Pläne.

Ab Mitte des 19. Jahrhunderts mit der beginnenden Industrialisierung entstanden in Ostfriesland Neubauten, die man der Hannoverschen Schule zurechnet. Der historisierende Baustil dieser Schule umfasst sowohl den Rundbogenstil als auch den neugotischen Stil und ist bis in die späten 1870er Jahre im Nordwesten prägend. Einflussreich war insbesondere Conrad Wilhelm Hase, der 45 Jahre an der Technischen Hochschule in Hannover lehrte. Zahlreiche Bahnhofsbauten der Westbahn, die Emden mit Westfalen verband, wie das Empfanggebäude in Leer (1855) und das Bahnhofsgebäude in Neermoor (1856), sind maßgeblich auf ihn zurückzuführen. Gute Beispiele der Hannoverschen Bauschule befinden sich in Esens mit der 1848-54 von Friedrich Ludwig August Hellner erbaute lutherische St.-Magnus-Kirche und mit der unmittelbar nördlich anschließenden Schule von 1866. In Aurich ersetzte man 1852/53 die verfallenden Schlossgebäude durch ein neues Regierungsgebäude und bekrönte den Haupteingang durch einen Turm.

Imposant sind die langgestreckten Lager- und Zollgebäude dieser Zeit. In den Detailformen aus Backsteinen ist das Hafengebäude von 1857 am alten Norder Hafen verhältnismäßig aufwändig gestaltet. Es wurde aber noch von den Zollgebäuden in Emden, das leider im Zweiten Weltkrieg schwer beschädigt wurde, und Leer aus dem Jahr 1862 in der Formenvielfalt der Neugotik übertroffen.

In Loga ließ 1862 Graf von Wedel sein Barockschloss, die Evenburg, von dem Architekten Richard Stüve aus Hannover durch einen Neubau im Stil der englischen Neugotik ersetzen. Diesem Beispiel der Wiederaufnahme gotischer Bauformen folgten einige Bürgervillen in Leer und Weener.

Der Wohnungsbau in der 2. Hälfte des 19. Jahrhunderts bis zum Beginn des Ersten Weltkrieges entwickelte sich in den Gestaltungsmerkmalen über den romantischen Klassizismus, die Neugotik und die Neurenaissance zum späten Historismus, bei dem sich alle verfügbaren Stilformen vermischen. In dieser Zeit ist das giebelständige Wohnhaus mit Drempel und Satteldach vorherrschend, das über die seitliche Eingangstür erschlossen wird. Während im Oldenburger Land dieser Bautyp fast immer als Putzbau ausgeführt wurde, ist er in Städten Ostfrieslands häufiger als sichtbarer Backsteinbau errichtet worden.

Beispiele für die expressionistische Architektur der 1920-30er Jahre findet man in Emden mit der Herrentorschule (1930, Architekten Hassis und Luckau), dem Ensemble der AOK und des Apollo-Theaters und dem Chinesentempel **(Abb. 14)**, einem Kiosk in der Nähe der Kunsthalle Emden.

Nach dem Zweiten Weltkrieg war der Wiederaufbau der Stadt Emden sicherlich die bedeutendste Bauleistung. Die rasche Entwicklung des Wohnungsbaus hat die Bauflächen einzelner Städte und Dörfer mehr als verdoppeln lassen. Die Hinwendung zum Fortschritt und zum Wachstum hatte den Abriss zahlreicher historischer Gebäude zur Folge, erst mit dem Denkmalschutzjahr 1975 erfuhr diese Abrissmentalität eine Gegenbewegung. Die Städte und Dörfer in Ostfriesland, die sich um den Erhalt der historischen Bausubstanz bemüht haben, sind heute lebenswerte Wohnorte und touristisch attraktiv. Zu nennen sind da die Städte Leer und Norden, die Sielhafenorte Greetsiel, Ditzum, Neuharlingersiel und Carolinensiel, die Gemeinde Großefehn und einige Wurtendörfer in der Krummhörn. Dazwischen liegen zahlreiche Einzelbaudenkmale und kleinere Ensembles wie Inseln, auch manches Kleinod, das von privater Hand sorgsam gepflegt wird, ohne dass die Öffentlichkeit hier das Engagement mit einer entsprechenden Beachtung und Anerkennung oder einer finanziellen Hilfe unterstützt. Diese engagierten Privateigentümer leisten für die Bewahrung der Eigenart der ostfriesischen Landschaft große Dienste. Ihnen sei an dieser Stelle herzlich gedankt.

14 Emden, Chinesentempel

Elemente der ostfriesischen Kulturlandschaft

Wurten und Eindeichungen

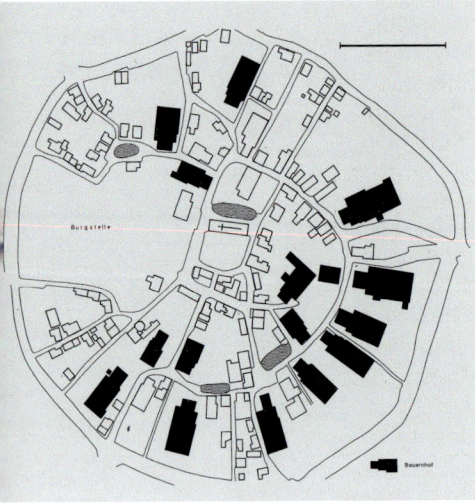

15 Dorfwurt Rysum

Aufgrund der kalkreichen und deshalb fruchtbaren Böden zog es die Bauern schon früh in die Seemarschen. Vor dem Bau der Seedeiche waren schon zu vor- und frühgeschichtlichen Zeiten Flachsiedlungen an den natürlichen Wasserläufen angelegt worden. Mit der Zunahme der Sturmfluten und mit dem Anstieg des Meeresspiegels (Dünkirchen-III-Transgression) bis zum Mittelalter bestand die Notwendigkeit, die Siedlungsplätze ständig zu erhöhen. Die aus Klei, Stallmist und Siedlungsschutt aufgeworfenen Erhebungen nennen die Ostfriesen Warfen, auf hochdeutsch als Wurten bezeichnet. Diese in Gemeinschaftsarbeit geschaffenen Wurten in unterschiedlichen Größen und Formen prägen in den dicht besiedelten Marschenbereichen das Bild der Kulturlandschaft in beeindruckender Weise. Herausragend sind die großen Dorfwurten wie Rysum **(Abb. 15)** oder Eilsum von einer Größe bis zu 14 ha, die neben einer Kirche und rund einem Dutzend großer Höfe auch noch zahlreichen Landarbeiter- und Handwerkshäusern Platz boten. Daneben bestehen auch mittlere Wurten mit Hofgruppen und Einzelhofwurten, deren Anlage meist im frühen Mittelalter von den nahe gelegenen Dörfern aus erfolgte. Während diese Wurten eine mehr oder weniger ausgeprägte runde Form besitzen, haben die wenigen Langwurten eine andere Siedlungsstruktur. Hier siedelten vorrangig Händler, Handwerker und Landarbeiter längs einer Dorfstraße, an deren Beginn die Dorfkirche errichtet wurde und die meistens mit einer Burganlage abschloss. Besonders gut nachvollziehbar ist dies in Nesse im Norderland und in Grimersum in der Krummhörn. Hier in der Krummhörn findet man auch die größte Ansammlung der Wurten. Eine ähnliche Dichte besitzt noch das Wangerland im Landkreis Friesland.

Durch die steigende Zahl der Bewohner reichte die Größe der Wurten zum Schutz von Hab und Gut nicht mehr aus. Es wurden zusätzlich Ringwälle um die Agrarflächen eines Dorfes herum angelegt, damit die Ernte vor sommerlichen Überflutungen geschützt war. Später, etwa um das Jahr 1000 n. Chr., wurde daraus ein durchgehendes System von Deichen. So heißt es in dem sogenannten Asegabuch, einer Rechtsurkunde des Rüstringer Landes um 1300: „Das ist friesisches Landrecht, daß wir Friesen eine Seeburg stiften und stärken müssen, einen golden Reif, der um ganz Friesland liegt". Der Deichbau, die ständige Unterhaltung und Sicherung der Deiche vor den Sturmfluten und die Entwässerung des Binnenlandes ist nur in einer straff organisierten Gemeinschaftsleistung zu bewältigen. Diese Organisation in Deichachten und Entwässerungsverbänden, an deren Spitze mit Autorität ausgestattete Deich- und Sielrichter stehen, ist ohne Zweifel eine der großen Kulturleistungen der Friesen.

Zum Teil mussten die frühen Seedeichlinien durch die verheerenden Sturmfluten, besonders im 14. Jahrhundert durch den Einbruch des Dollarts und des Jadebusens, wieder zurückgenommen werden. Durch neue Eindeichungen vor dem Festland in den nachfolgenden Jahrhunderten konnten diese Landverluste jedoch wieder ausgeglichen werden. So wurden die Harlebucht und die Sielmönkener Bucht vollkommen eingedeicht, die Leybucht und der Dollart konnten deutlich verkleinert werden. Die Leybucht vor Greetsiel sollte nach dem Zweiten Weltkrieg eigentlich komplett geschlossen werden. Diese Pläne scheiterten jedoch zugunsten des Naturschutzes, der an dieser Stelle den Erhalt des Wattenmeeres durchsetzen konnte. Seit 1989 ist das ostfriesische Wattenmeer als wertvoller Lebensraum für Pflanzen und Tiere Teil des Nationalparks Niedersächsisches Wattenmeer und wird seit 2009 in der Liste der UNESCO als Weltnaturerbe geführt.

Das eingedeichte Land bezeichnet man im westlichen Ostfriesland wie in den Niederlanden als Polder, im östlichen Bereich nennt man es Groden. Die kalkreichen Böden der Polder sind sehr ertragreich. Entsprechend wohlhabend waren auch die Besitzer („Polderfürsten") dieser Flächen. War genügend Vorland durch die Kultivierung der Salzwiesen vor den Deichen vorhanden, konnte ein neuer Deich vor dem alten Deich errichtet werden. Dadurch befinden in den ehemaligen Buchten zahlreiche Deiche hintereinander. In der alten Harlebucht liegen seit der Landrückgewinnung ab 1613 rund dreizehn Groden mit den mehr oder weniger erhaltenen Altdeichen, Sommerdeich genannt, beieinander. Noch größer ist die Anzahl der Polderflächen von fast 10.000 ha in der ehemaligen Leybucht. Bis 1950 wurden der Nordsee hier fast zwanzig Polderflächen abgerungen. Auch ist die Anzahl der erhaltenen und hintereinander liegenden Altdeiche hier entsprechend hoch und zum Teil sehr anschaulich erhalten. Wer diese Abfolge von Deichen erleben möchte, sollte von Schoonorth – die Straße dort liegt auf einem Altdeich von 1604 – Richtung Greetsiel bis zum Störtebekerdeich von 1950 fahren.

Aufstrecksiedlungen

Charakteristisch für das Siedlungsbild Ostfrieslands sind die am Rand der Geestbereiche liegenden gleichförmigen und bandartigen Hofreihen längs einer Straße. Auch wenn dieser Siedlungstyp heute nicht mehr durchgängig erhalten ist – die Aufgabe zahlreicher bäuerlicher Betriebe und neue Wohnsiedlungen veränderten das Bild in den letzten Jahrzehnten erheblich – so ist diese Baustruktur noch in rund 40 Orten nachvollziehbar erhalten.

Mit der Anlage der Aufstrecksiedlungen ist im 11. Jahrhundert im großen Umfange begonnen worden; die Neubesiedlung kam zu Beginn des 14. Jahrhunderts zu einem Abschluss. Nicht ganz sicher ist, wer diese Siedlungsvorgänge organisiert und in Gang gebracht hat. Es spricht einiges dafür, dass es noch die örtlichen Schulten der ortsfernen Grafen, beispielsweise die der Grafen von Calvelage-Ravensberg, waren. Die gräfliche Macht auf dem friesischen Gebiet wurde zu dieser Zeit stark zurückgedrängt. Dafür bildeten sich nun selbstständige Landesgemeinden, die die feudalen Strukturen durch genossenschaftliche Zusammenschlüsse ersetzten.

Die Siedlungswilligen – in der Regel waren es Menschen, die in der Erbfolge keinen Anspruch auf Landbesitz der im hohen Mittelalter schon dicht besiedelten Geestbereichen erheben konnten – begannen von einer

Grundlinie aus, die Moorgebiete trockenzulegen und landwirtschaftlich zu nutzen. Dabei stand die Breite der Parzelle von vornherein fest; meist 80-100 Meter breit und durch seitliche Entwässerungsgräben klar markiert. Die Länge der Parzelle war zu Beginn der Kolonisierung offen. Erst wenn die Kultivierung der Parzelle so weit vorangetrieben worden war, dass die Kolonisten auf eine künstliche oder natürliche Begrenzung stießen, z. B. an einen Wasserlauf oder an eine Parzelle, die gegenläufig ins Moor getrieben worden war, war der Aneignungsvorgang abgeschlossen. Dieses Prinzip der konkurrierenden Kultivierung von Moorgebieten zum Zweck der landwirtschaftlichen Nutzung nennt man in Ostfriesland upstrecken, auf hochdeutsch aufstrecken, und danach erhielten diese Siedlungen in Streifenverbänden die Bezeichnung Aufstrecksiedlungen. Damit sind nicht die in Norddeutschland bekannten Moorhufensiedlungen gemeint, bei denen die Flächengröße der Hofstelle von Anfang an festlag.

Wirtschaftlich waren die ostfriesischen Siedlungsentwicklungen schnell erfolgreich. Insbesondere im Brokmerland kam es durch den regen Handel mit Vieh nach Westfalen, in das Rheinland und nach Bremen zu einem ansehnlichen Reichtum der Kolonisten. Beindruckende Beispiele dieses wirtschaftlichen Aufschwungs bezeugen die überdimensionierten und dicht beieinander stehenden Backsteinkirchen in Osteel, Marienhafe, Engerhafe und Victorbur aus dem 13. Jahrhundert.

Aufgrund von Vernässungsproblemen wurden vielfach die Standorte der Hofreihen in mehreren Phasen auf den rückwärtigen trockeneren Besitzstreifen verlegt. Dadurch kam es zur Auflockerung, manchmal sogar zur Auflösung der ursprünglichen linearen Siedlungsreihen. Anschauliche Beispiele der ostfriesischen Aufstrecksiedlungen findet man in Osteel, Bangstede, Fehnhusen (Landkreis Aurich) und in Ayenwolde, Hatshausen, Potshausen und Boen/Wymeer (Landkreis Leer).

Sielhafenorte

An der Seeseite der ostfriesischen Küstenmarsch liegen an den Mündungsstellen größerer Gewässer in die Nordsee ein gutes Dutzend Sielhafenorte, die in den Jahren zwischen 1500 und 1870/80 angelegt wurden. Heute sind diese Orte, die ihre Funktion in ihrem Namen tragen, wie Greetsiel, Carolinensiel oder Neuharlingersiel **(Abb. 16),** von unterschiedlicher Größe und Aussehen. Alle haben bzw. hatten eine Gemeinsamkeit: Sie bestehen oder bestanden aus einer Deichlinie, einem Tief (so nennt man in Ostfriesland einen Wasserlauf zur Entwässerung des Binnenlandes), einem Sielbauwerk und einem Muhdehafen.

Mit dem Deichbau entstand das Problem, wie das überschüssige Binnenwasser durch den Deich abgeleitet werden könne, gleichzeitig musste es auch gegen Hochwasser von außen abgeschlossen werden können. Waren es zu Anfang noch hölzerne Klappsiele, die diese Funktion übernahmen, wurden mit Hilfe der im Wasserbau erfahrenen Niederländer daraus massive Torsiele. Diese Sielbauwerke bestanden aus einem gemauerten Tunnel, der durch den Deich geführt wurde, und der mit drei Stemmtoren verschlossen werden konnte. Die Stemmtore öffneten sich bei auflaufenden bzw. ablaufenden Wasser selbstständig; lediglich das mittlere Stemmtor musste als zusätzlicher Schutz bei Sturmfluten manuell betätigt werden.

ARCHITEKTURFÜHRER OSTFRIESLAND
Elemente der ostfriesischen Kulturlandschaft

16 Neuharlingersiel

Es ist äußerst schwierig, an dem sich verändernden Küstensaum der Marschen einen dauerhaften Hafen anzulegen. Durch Verschlammung oder durch Sturmfluten wurden diese Anlagen immer wieder vernichtet. Ein drastisches Beispiel ist die Stadt Emden, die durch die Verlagerung des Flussbettes der Ems ihre bedeutende Hafenfunktion für zwei Jahrhunderte verlor. Bei den Sielhäfen ist durch das ausströmende Wasser des Binnenlands eine Fahrrinne (Außentief) offen, die den Weg durch das Watt zur offenen See hin gewährleistet. Vor dem Sielbauwerk legte man einen Muhdehafen mit circa 30 Metern Breite und circa 50 Metern Länge an, der sich zur Seeseite wieder auf die Breite des Außentiefs verjüngt. Dadurch wurden die an der Kaje liegenden Schiffe vor den großen Wellen der Nordsee geschützt. Es konnten die Hafenbecken jedoch nicht beliebig vergrößert werden, da sie sonst durch die Sedimente des Watts sehr schnell zu verschlammen drohten. Bei der beschriebenen Größe und Form des Hafenbeckens stehen die Schlicklieferung durch das Meer und die Spülung durch abfließendes Wasser aus dem Binnenland in einem ausgeglichen Kräfteverhältnis. Das Hafenbecken war durch einen etwas zurückgelegten Deich für den Hochwasserschutz umschlossen. Auf der Deichkrone errichtete man im engen Abstand die Wohn- und Speichergebäude der Schiffer und Kaufleute.

Häfen waren für die Ausfuhr von landwirtschaftlichen Gütern, wie Getreide, Raps und Bohnen, in die Niederlande und Käse und Butter nach Bremen und Hamburg wirtschaftlich wichtig und notwendig. Eingeführt wurde dagegen aus dem Nord- und Ostseeraum hauptsächlich Holz, von den

Fehnsiedlungen der Brennstoff Torf und unterschiedliche Nahrungsmittel und Kulturgüter aus den Städten Amsterdam, Hamburg und Bremen.

Das Leben am Hafen hatte durchaus städtischen Charakter. Schiffer und Kaufleute brachten die Lebensart und Kultureinflüsse aus fremden Ländern mit. Dies stand oftmals im krassen Gegensatz zu den selbstbezogen und ruhig lebenden Marschenbauern in der näheren Umgebung.

Ende des 19. Jahrhunderts endete die große Zeit der Segelschifffahrt in Ostfriesland. Die neuen Dampfschiffe übernahmen die wichtigen Seefahrtslinien und verdrängten die kleineren Segelschiffe. Heimathäfen waren nunmehr die größeren Städte an den Flussmündungen, wo auch die Schiffsneubauten vom Stapel liefen. Bis zum Ersten Weltkrieg kam die Seefahrt in Ostfriesland fast vollkommen zum Erliegen.

Einige der ostfriesischen Sielhafenorte sind heute Heimathäfen für Kutter zur Krabbenfischerei sowie Ausgangspunkte für den Fährverkehr zu den Inseln. Andere liegen nunmehr im Hinterland und haben im Zuge der Landgewinnung durch Neueindeichungen ihre Hafenfunktion verloren.

Zunehmend ist jedoch die Bedeutung der erhaltenen Sielhafenorte als touristischer Erholungs- und Erlebnisraum. Greetsiel steht hier durch den restaurierten Ortskern in der Gunst der Touristen weit vorn. Carolinensiel mit dem *Deutschen Sielhafenmuseum* und auch der attraktive Sielhafen in Neuharlingersiel verzeichnen steigende Besucherzahlen.

Fehnsiedlungen

Große Teile des ostfriesisch-oldenburgischen Geestrückens waren noch in der Neuzeit von Hochmooren überdeckt. Sie entstanden auf den nährstoffarmen Mineralböden (Saaleeiszeitlichem Moränensand) durch das Wachstum von Torfmoos (Sphagnum). Zuerst wuchsen diese Sphagnum-Polster nur in vernässten Mulden. Dann vereinigten sich diese wachsenden Inseln zu größeren Einheiten.

Zuerst versuchten die Menschen, durch Trockenlegung der Moore und durch anschließenden Moorbrand Kulturflächen zu gewinnen. Erfolgreicher war jedoch die Fehnkultur. Das Wort Fehn oder Venn wird in Nordwestdeutschland als Bezeichnung für eine Sumpflandschaft oder ein Moor verwendet. Voraussetzung für diese Art der Moorbesiedlung war die vollständige Abtorfung der Moorschichten. Danach wurde der sandige Untergrund mit der oberen Schicht (Weißtorf) des Torfmooses vermengt. Die untere Torfschicht (Schwarztorf) hingegen wurde getrocknet und als Brennmaterial genutzt. Torf als Brennstoff war in Ostfriesland sehr begehrt, da in der baumarmen Region kaum Holz zur Verfügung stand.

In den Niederlanden, insbesondere in der benachbarten Provinz Groningen, begann man schon Ende des 14. Jahrhunderts damit, die Moore durch Fehnanlagen zu erschließen. Dazu wurde ein Hauptkanal (Hauptwieke) in das Moor hineingegraben. Davon zweigte ein Netz von Seitenkanälen (Wieken) ab, sodass das Moor entwässert werden konnte. Gleichzeitig dienten die Kanäle als Transportwege. In Ostfriesland wurden die ersten Fehnanlagen Anfang des 17. Jahrhunderts als wirtschaftliche Unternehmungen angelegt. Die Unternehmer, meistens in einer Kompanie organisiert, sicherten sich durch Erbpachtverträge mit dem Landesherrn ein Moorgebiet, das sie durch den Bau des Hauptkanals mit den dazugehörigen Brücken und Schleusen erschlossen, um dann die einzelnen Parzellen an Untererbpächter weiterzugeben. Schon kurze Zeit später begannen diese Siedler auf den teilkultivierten Parzellen gleichförmige Wohnhäuser zu errichten. Aus den Landpächtern wurden mit zunehmender Kultivierung der Moore kleine aber eigenständige Torfgräberunternehmer. Im Laufe der nächsten 200 Jahren entstanden rund zwanzig solche Fehnsiedlungen.

Um den abgestochenen Torf in die benachbarten Städte und in die Marschen verkaufen zu können, mussten die notwendigen Transportmöglichkeiten geschaffen werden. Da die Kanäle oft die einzigen Verkehrswege auf den Fehnen darstellten, wurden kleinere Holzschiffe für die Torfmärkte und für die Grundversorgung der Fehnsiedlungen vor Ort auf kleinen Werften gebaut. In der 2. Hälfte des 18. Jahrhunderts entwickelte sich daraus nicht nur eine rege Torfschifffahrt, sondern die Fehnschiffe (sogenannte Mutten, Tjalken und Kuffen) befuhren auch das Wattenmeer, transportieren Waren in den gesamten Nord- und Ostseeraum. Gelegentlich überqueren diese Segelschiffe auch den Atlantik. Neben der Torfgräberei und der Landwirtschaft wurden so aus dem Schiffsbau und der Schifffahrt eigenständige Erwerbszweige. Ab Mitte des 19. Jahrhunderts löste sich die Schifffahrt von den Fehnen und wandte sich den Häfen an der Küste zu. Sie blieben jedoch als Reederstandort erhalten und bildeten an den Seefahrtsschulen in Papenburg, Westrhauderfehn und Timmel den Nachwuchs aus den umliegenden Fehnsiedlungen für die Seefahrt aus. Nicht wenige dieser „Fehntjer Jungs" wurden Kapitäne, die die Weltmeere mit den großen Segelschiffen befuhren.

Die Entwicklung der Fehnsiedlungen endete in den 1930er Jahren. Der Torf wird nunmehr von Maschinen abgegraben, auch der Transport des Torfes als Brennmaterial erfolgte zunehmend mit Landfahrzeugen. Das über Jahrhunderte entwickelte Prinzip der Fehnkolonisierung wurde unwirtschaftlich. In der Nachkriegszeit wurden dann die Torfschiffe abgewrackt, die Schleusen verfielen, die Klappbrücken wurden durch feste Dämme ersetzt, zahlreiche Kanäle wurden zugeschüttet (z. B. in Warsingsfehn und Rhaudermoor). Die bandartige gleichförmige Bebauung rechts und links vom Kanal wurde durch neue Siedlungsschwerpunkte abgelöst. Nur wenige Gemeinden erkannten den Wert ihrer alten Siedlungsstruktur und sanierten einige der historischen Bauwerke. Auch ersetzten sie die festen Brücken durch landschaftsprägende Klappbrücken **(Abb. 17)** und erhalten bis heute die letzten Torfschiffe, um sie an städtebaulich interessanten Plätzen wieder in den Fehnkanal zu verankern. Wer diese Fehnsiedlungen erfahren möchte, sollte eine Fahrt über Ostgroßefehn, Mittegroßefehn nach Westgroßefehn unternehmen. Auch empfehlenswert ist eine Erkundung der Kanäle (Wieken) in Westrhauderfehn.

17 Spetzerfehn, Fehnkanal-Brücken

Landschaftsprägende Gebäude

Kirchen

Die Christianisierung der friesischen Bereiche, die im spätem 7. Jahrhundert begann, endete erst gegen Ende des ersten Jahrtausends. Sie lief parallel mit der Eingliederung des friesischen Küstenraumes in das fränkische Reich. Die Bekehrung der Friesen erfolgte nicht ohne Widerstand und mit Rückschlägen, wie die Erschlagung des Bischofs und Missionars Bonifatius 754 bei Dokkum zeigte. Deutlich wird diese Zeit der Glaubensveränderung auch an den archäologischen Befunden der friesischen Gräberfelder. Waren die Bestattungen im 7. und 8. Jahrhundert noch Urnengräber, die von Familienverbänden in Grabhügeln angelegt wurden, folgten dann Körperbestattungen, die zunehmend im Glauben der christlichen Wiederauferstehung in West-Ost-Richtung angelegt wurden. Der heidnische Brauch der Grabbeilagen wechselte zu Beigaben mit christlicher Symbolik. Ende des 10. Jahrhunderts wurden die heidnisch-frühchristlichen Gräberfelder aufgegeben und in der Nähe der ersten Kirchen angelegt.

Bei diesen frühen Kirchen handelte es sich um reetgedeckte Holzbauten. Sie besaßen nach den Grabungsbefunden von rund zwei Dutzend in Ostfriesland nachgewiesenen Bauten einen rechteckigen Grundriss mit einer Breite zwischen drei und sieben Metern und einer Länge zwischen zehn und zwanzig Metern. Die Holzkonstruktion aus Pfosten, Schwellbalken und eingestellten Stabhölzern war auf Findlinge gegründet. In den Geestbereichen konnte gestampfter Lehm als Estrich nachgewiesen werden. Die Fundamentreste der ausgegrabenen Kirchen wiesen häufig Brandschichten auf; die Brandgefahr durch Feuer bei kriegerischen Auseinandersetzungen, Gewitter oder beim fahrlässigen Umgang mit offenem Feuer muss groß gewesen sein. Aufgefundenes verkohltes Getreide lässt darauf schließen, dass im Mittelalter Getreide in den Kirchen gelagert wurde.

Im Laufe des 12. Jahrhunderts entstanden die ersten Steinkirchen. Die Mehrzahl dieser Kirchen wurde auf künstlich aufgeworfenen Wurten errichtet. Über die Initiatoren und über die Träger der Kirchenbauten sind keine klaren Strukturen erkennbar, einige Kirchen besitzen im westlichen Teil Logen für eine Herrschaft (z. B. in Reepsholt), andere Kirchbauten sind wohl auf Initiative der Landesgemeinden errichtet worden.

Besonders eindrucksvoll sind die im Osten Ostfrieslands und in dem anschließenden Jeverland anzutreffenden Kirchen aus eiszeitlichen Findlingen, überwiegend aus Granitsteinen, die aus den Moränenablagerungen in den Geestbereichen der ostfriesischen Halbinsel gewonnen werden konnten. Für den Bau einer kleinen Kirche wurden 1.000 bis 1.200 größere Findlinge benötigt, die gespalten, rechteckig zugehauen und an der Vorderseite geglättet werden mussten. Ein eindrucksvolles Beispiel dieser Kirchenarchitektur ist die in der 2. Hälfte des 12. Jahrhunderts gebaute, fast unverändert erhaltene Kirche in Marx.

In den Gebieten mit Anbindung an die See, wie an der Harlebucht, in der Stadt Norden, in Nesse und Arle sowie in der Krummhörn, kam es seit dem 12. Jahrhundert zu Importen von Tuffstein, der im Nettetal in der Eifel gebrochen und über Andernach den Rhein abwärts in die

Niederlande transportiert wurde. Tuffstein ist eine Ablagerung von vulkanischen Strömen, die seit mehr als 10.000 Jahren erkaltet sind. Mit den kleineren Steinformaten war es möglich, die Fassaden architektonisch mit Lisenen und Friesen zu gliedern. Dieser romanische Bautyp, dessen Vorbilder man im Rheinland findet, war an den beiden Langseiten mit hoch sitzenden Fenstern in Lisenenfeldern und in der Sockelzone mit Seitenportalen ausgestattet.

Mit der Fähigkeit, ab dem späten 12. Jahrhundert Backsteine in der Region herzustellen, kam die Verwendung von teuerem Tuffstein und des schwer zu bearbeitenden Granitsteins zum Erliegen. Lehm und Torf für den Brennvorgang standen in Ostfriesland reichlich zur Verfügung. Je nach Vermögen der Kirchengemeinden entstanden im 13. Jahrhundert in einer enormen Kirchenbaukonjunktur zahlreiche Neu- und Erweiterungsbauten. Frühe Beispiele dieser Backsteinbauten sind das Langhaus der Kirche in Bunde (um 1200) und die Kirche in Hage, die zwischen 1200 und 1220 erbaut wurde. Überwiegend wurden die Kirchen als Apsissäle errichtet, wobei der Chorabschluss als halbrunde Apsis ausgebildet wurde. Für eingewölbte Kirchen wählte man dagegen häufiger einen geraden Chorabschluss und gestaltete den Ostgiebel besonderes aufwändig mit Blendbögen und reichem Ziermauerwerk, wie bei den Kirchen in Dornum, Grimersum und Uphusen. Zu den eindrucksvollsten Bauten dieser Zeit zählen die Kreuzkirchen, von denen die Kirchen in Pilsum, Stapelmoor, Bunde und Reepsholt erhalten blieben. Die älteste Kreuzkirche in Pilsum **(Abb. 18)** ist zugleich mit dem mächtigen Vierungsturm eine der imposantesten Kirchen Ostfrieslands. Die ehemalige Kreuzkirche in Marienhafe, die als Basilika eine Sonderstellung unter den ostfriesischen Dorfkirchen einnimmt, hat Chor und Querarme ebenso verloren wie die Kirchen in Osteel und Hatzum. Die große Kreuzkirche in Esens und die Andreas-Kirche in Norden sind restlos abgerissen worden.

Im 14. Jahrhundert kam der Kirchenbau fast vollständig zum Erliegen, er erfuhr jedoch im 15. Jahrhundert eine Belebung. Insbesondere in der Krummhörn wurden einige Kirchen, wie in Groothusen, Twixlum und Hinte, neu errichtet. Durch eine gesteigerte Bedeutung der Liturgie kam es in ganz Ostfriesland zu einer Reihe von Chorneubauten und Lettnerbauten. Unter den gotischen Choranbauten ragen die Neubauten hervor, die durch den Reichsgrafen Ulrich I. von Ostfriesland veranlasst wurden, so die Choranbauten in Weener, Esens und Norden. Der Neubau des basilikalen Hochchores in der Ludgerikirche von Norden, dessen Vorbild der Chor der Martinikerk in Groningen war, stellt sicherlich einen Höhepunkt des Kirchenbaus dieser Zeit dar. Auch die reich gegliederten Stern- und Netzgewölbe der Chorneubauten in Petkum, Hinte

18 Pilsum

und Larrelt sind beeindruckende Belege der mittelalterlichen Baukunst in Ostfriesland.

Nach der Reformation gab es kaum Kirchenneubauten. Zumeist wurden in den folgenden drei Jahrhunderten baufällige mittelalterliche Kirchengebäude durch schlichte Neubauten ersetzt. Lediglich der Neubau der beiden reformierten Zentralbauten in Emden (1642-48) und Leer (1785-87), die nach dem Vorbild der Norderkerk in Amsterdam als Predigtraum geplant und errichtet wurden, sind beachtlich.

Bedeutender sind dagegen die Neuausstattungen der vorreformatorischen, nunmehr lutherischen oder reformierten Kirchen mit Altären, Kanzeln, fester Bestuhlung und Orgeln im 17. und 18. Jahrhundert. In vielen lutherischen Kirchen verblieben die mittelalterlichen Altäre, wurden jedoch mit einem neuen Altarretabel ausgestattet. Insgesamt vollzog sich die Umwandlung der Kirchen bei den Lutheranern behutsamer als bei den Reformierten. Dort wurden die Altäre entfernt und durch hölzerne Abendmahlstische ersetzt. Darstellungen der Heiligen wurden beseitigt oder übermalt. Durch die stärkere Bedeutung der Predigt bei den Reformierten erhielten die Kanzeln nun einen Platz an der Längswand des Kirchenraums.

Die meist kunstvoll gestalteten Kanzeln trugen an den Brüstungen nun häufig Darstellungen der Evangelisten und schlossen oben mit zum Teil recht ausladenden Schalldeckeln ab.

Es ist den schlechten wirtschaftlichen Verhältnissen der letzten Jahrhunderte zu verdanken, dass sich bis heute ein beachtlicher Bestand an historischen Orgeln, insbesondere aus dem 17. und 18. Jahrhundert, in den ostfriesischen Kirchen erhalten hat. Von den zahlreich vorhandenen Barockorgeln sind einige aufgrund ihrer Qualität und ihres Originalzustandes, wie in den Kirchen in Norden, Weener und Dornum, zu Kulturdenkmalen von nationaler Bedeutung erhoben worden.

Unter den Kirchbauten des 19. Jahrhunderts sind die reformierte Kirche (1812-14) und die lutherische Kirche (1833-35) in Aurich als klassizistische Bauten von Bedeutung, weiterhin die große Kirche in Esens (1848-54), die anstelle der abgängigen mittelalterlichen Basilika errichtet wurde und im Inneren durch die Eleganz einer neugotischen Hallenkirche überrascht.

Evangelische Kirchen in Ostfriesland

In diesem Buch werden vielfach die Begriffe „reformierte Kirche" und „lutherische Kirche" genutzt. Damit sind hauptsächlich Kirchen bzw. Gemeinden gemeint, die der Synode evangelisch-reformierter Kirchen in Bayern und Nordwestdeutschland (kurz: reformierte Kirchen) oder der Evangelisch-lutherischen Landeskirche Hannovers (lutherische Kirchen) angeschlossen sind.

Die Synode evangelisch-reformierter Kirchen in Bayern und Nordwestdeutschland (oft auch nur: Evangelisch-reformierte Kirche) hat ihren Sitz in Leer und ist eine der 22 Landeskirchen der Evangelischen Kirche Deutschlands. Auch ist sie Mitglied in der Union Evangelischer Kirchen, einem Zusammenschluss hauptsächlich reformierter und unierter deutscher Landeskirchen.

Regional ist die Evangelisch-reformierte Kirche am stärksten im äußeren westlichen und südwestlichen Teil Ostfrieslands, also der Krummhörn mit Emden, dem Rheiderland und der Gegend um Leer sowie in der Grafschaft Bentheim. Etwa 80.000 Einwohner Ostfrieslands bekennen sich zu dieser Kirche. Als einzige Landeskirche der EKD hat sie kein festgelegtes, geschlossenes Kirchengebiet, sondern umfasst Gemeinden im gesamten Bundesgebiet.

Der überwiegende Teil der Gemeinden war ursprünglich dem Königreich Hannover zugeordnet, das 1866 preußische Provinz wurde und 1882 den zahlreichen Einzelgemeinden per Dekret eine gemeinsame Synodalordnung erließ, die sie als Evangelisch-reformierte Kirche der Provinz Hannover zusammenfasste. Eine Hannoversche Provinzialkirche mit dem preußischen König als Oberhaupt vereinigte zusätzlich lutherische und unierte Gemeinden. Nach dem Ersten Weltkrieg wurde diese Konstruktion aufgelöst und 1925 trat für die Reformierten eine neue Ordnung für die jetzt Evangelisch-reformierte Landeskirche der Provinz Hannover in Kraft. Weitere Gemeinden, auch aus Süd- und Südwestdeutschland, schlossen sich an. 1949 wurde sie in Evangelisch-reformierte Kirche in Nordwestdeutschland umbenannt. Nach dem Anschluss der Evangelisch-reformierten Kirche in Bayern 1989 war der heutige Name gefunden.

19 Hollen

Als weiterer Zweig der reformierten Kirchen sind die sogenannten Altreformierten Gemeinden in Ostfriesland vertreten, die sich in der Mitte des 19. Jahrhunderts wegen von ihnen beklagter liberaler Tendenzen von der reformierten Kirche trennten und sich stark an die niederländische reformierte Kirche anlehnten. Es gibt in Ostfriesland fünf altreformierte Gemeinden in Campen, Emden, Bunde, Ihrhove und Neermoor. 2007 schlossen sie einen Kooperationsvertrag mit der Evangelisch-reformierten Kirche.

Die Evangelisch-lutherische Landeskirche Hannovers **(Abb. 19)** ist mit rund drei Millionen Gemeindegliedern, davon über 250.000 in Ostfriesland, die mitgliederstärkste Landeskirche der EKD und umfasst im Wesentlichen das Gebiet Niedersachsens. Sie ist Mitglied der Vereinigten Evangelisch-lutherischen Kirche Deutschlands und des Lutherischen Weltbundes. Hauptkirche der Evangelisch-lutherischen Landeskirche Hannovers ist die Marktkirche in Hannover. In Ostfriesland ist sie vor allem in der Mitte, im Norden und im Osten der Region vertreten.

Die reformierten Kirchen gehen stark auf das Wirken von Ulrich Zwingli und Johannes Calvin zurück, die den Vorrang des Wortes im Gottesdienst betonten. Als ein wesentliches Werk der Reformation wirkt hier der Heidelberger Katechismus bis heute. Differenzen zu den lutherischen Gemeinden bestanden vor allem in der Wertung des Abendmahls, das die Reformierten als Erinnerungs- und Gottesbekenntnis ansehen und Brot und Wein als Symbole betrachten, während die lutherische Konfession von der Realpräsenz von Blut und Leib Jesu Christi in den gereichten Abendmahlsgaben ausgeht.

Landschaftsprägende Gebäude

Fast alle evangelischen Kirchen, darunter alle Landeskirchen der EKD, haben sich aber der Gemeinschaft Evangelischer Kirchen in Europa und damit der 1973 verabschiedeten Leuenberger Konkordie angeschlossen, die die gegenseitige Anerkennung der Praxis von Taufe, Abendmahl und Evangelium beinhaltet und die Gemeinden zu gegenseitiger Kanzel- und Abendmahlsgemeinschaft verpflichtet.

Ostfriesische Gulfhäuser

20 Ulbargen, Gulfhaus

Noch kann man sie in allen Gegenden Ostfriesland in mehr oder wenigem gutem Zustand anschauen: die ostfriesischen Bauernhäuser mit dem markant seitlich liegenden Dielentor. Von den Hausforschern wurden sie zur Unterscheidung der anderen Bauernhaustypen Gulfhäuser **(Abb. 20)** genannt. Der Ostfriese bezeichnet sie schlichtweg als Hoff, die größeren Gulfhäuser als Plaatsen. Sie sind ebenso wichtige kulturgeschichtliche Zeugnisse dieses Landes wie die beeindruckenden mittelalterlichen Kirchen und die alten Steinhäuser. Man trifft sie in den ertragsärmeren Geestbereichen in kleinerer Größe an, ebenso längs der ostfriesischen Fehnkanäle in gleichförmiger Reihung und Größe. Imposant und landschaftsbestimmend sind sie besonders in den baumarmen Marschen. Die Gulfhäuser hier erreichen eine Länge von 50 Metern und mehr. Mit den großen, tief heruntergezogenen Dachflächen wirken sie wie massive Ziegelberge, die durchaus mit den Dorfkirchen in der Größe konkurrieren können.

Die Dächer des Wirtschaftsteils der Gulfhäuser werden von einem hohen Zweiständergerüst getragen. Darüber erhebt sich ein Sparrendach. Darunter überdachen lange Aufschieblinge (Uplangers) die Kübbungen. Im Mittelschiff werden im Geviert der Ständerpaare (Gulfen) erdlastig die Erntevorräte aufgenommen, während in den Seitenschiffen sich jeweils der Viehstall und die Dresch- und Durchfahrtsdiele befinden.

Ein Blick auf den schmaleren Wohnteil der Gulfhäuser zeigt in aller Regel wenig Wandschmuck, dafür jedoch wohlproportionierte Fenstergestaltungen durch Blockrahmen-Schiebefenster. Insbesondere im westlichen Teil Ostfrieslands ist der architektonische Einfluss der benachbarten Niederlande deutlich spürbar. Erst in der 2. Hälfte des 19. Jahrhunderts wurde sparsam die Formensprache des Historismus übernommen.

Nach dem bisherigen Erkenntnisstand sind die ersten großen Gulfscheunen Mitte des 16. Jahrhunderts auf der ostfriesischen Halbinsel errichtet worden. Zuerst bei den großen Häuptlingsfamilien des Landes, die wohl diese Großscheunen von den Domänen und Klöstern in den südlichen Niederlanden kennengelernt hatten. Die neuartigen, sogenannten friesischen Scheunen, die wegen der größeren Ernteerträge der marktwirtschaftlich erfolgreichen bäuerlichen Oberschicht notwendig wurden, ersetzten die bis dahin üblichen Weidebauernhäuser. Häufig fügte man sie an die schon bestehenden, aus Backstein errichteten Wohnhäuser an. Schon im späten 17. Jahrhundert vereinigte man dann

Wohnhaus und Scheune unter einem firstgleichen Dach. Es ist gleichsam die „Geburtstunde" des ostfriesischen Gulfhauses, das Wohnen und Wirtschaften unter einem Dach ermöglichte. Die Konstruktion und die Nutzung der Gulfhäuser änderte sich im Laufe der nachfolgenden drei Jahrhunderte nur wenig.

In der Nachkriegszeit brachten die Technisierung und die zunehmenden Betriebsgrößen in der Landwirtschaft die bäuerlichen Familienbetriebe unter Wettbewerbsdruck. Dieser zunehmenden Industrialisierung war auch das sonst so vielseitig nutzbare und anpassungsfähige Gulfhaus nicht mehr gewachsen. Seitdem stehen viele Gulfhäuser leer und verfallen zusehends, oder sie werden durch Umbauten zu Boxenlaufställen und Maschinenhallen ihrer Eigenart und Schönheit beraubt. Es scheint so, als ob in einer kurzen Zeitspanne ein Jahrhunderte altes Kulturgut und ein landschaftsprägendes Element Ostfrieslands vor unseren Augen verschwindet. Dies geschieht jedoch nicht ohne Widerstand und Gegenbewegung. Einige Liebhaber wagen sich an die Restaurierung dieser kostenintensiven Großbauten und nutzen sie fantasievoll und vielfältig um: zu Museen, Restaurants, Ferienwohnungen und Schulen. So bleibt die Hoffnung, dass wenigstens einige der so eng mit der ostfriesischen Geschichte und Landschaft verbundenen Bauernhäuser auch für die Zukunft erhalten bleiben.

Steinhäuser

Turmartige Steinhäuser des Spätmittelalters

Unter den grundbesitzenden freien (Ost)friesen gab es eine besonders begüterte Oberschicht, die Anfang des 14. Jahrhunderts in den bis dahin genossenschaftlich organisierten Landesgemeinden nach Führung und Herrschaft strebte. Dies dokumentierten die sogenannten Häuptlinge mit dem Bau von meist über Gewölberäumen errichteten, zweigeschossigen Turmbauten aus Backsteinen, den ersten profanen Backsteinbauten auf friesischem Boden. In der Regel besaß ein solches Steinhaus einen rechteckigen Grundriss von circa 8 x 12 Metern und war von einem Wassergraben umgeben. Ihre Anzahl muss im späten Mittelalter beträchtlich gewesen sein: Fast jedes Dorf in den Marschen besaß ein oder gar mehrere solcher „Geschlechtertürme". In Westfriesland (NL) wird die Zahl dieser Steinhäuser auf fünf- bis sechshundert geschätzt. Ähnliche Verhältnisse sind auch für Ostfriesland anzunehmen. Nach dem Verlust ihrer Herrschafts- und Wehrfunktion sind diese Turmbauten aufgrund des wertvollen Backsteinmaterials in der baustoffarmen Region nach und nach abgetragen worden. Nur Weniges ist erhalten geblieben: so das Steinhaus in Bunderhee und die Harderwykenburg in Leer. Baureste sind in der Burg Hinta, im Steinhaus Upgant und im Gut Fiekensholt in Thunum nachweisbar.

Langhäuser

Mit der gewachsenen Macht der Häuptlinge, die ihre Herrschaftsbereiche als Herrlichkeiten bezeichneten, stieg auch der Wohn- und Repräsentationsanspruch. Im 15. Jahrhundert wurden nun eingeschossige, langgestreckte Saalbauten über einem hohen Keller errichtet, die mit zahlreichen Fenstern gut belichtet werden konnten und mit prächtigen

Sandsteinkaminen ausgestattet wurden. Im Laufe der Jahrhunderte erweiterten sich einige dieser Sitze zu schlossartigen Anlagen, die aus zwei bis vier Flügeln bestanden und von einem Grabensystem umschlossen wurden. Anschauliche Beispiele dafür bieten die Schlösser Dornum und Gödens, die Burg Hinta und die Osterburg in Groothusen.

Pfarrhäuser

21 Stapelmoor

Eine besondere Baugruppe bilden die zweigeschossigen Pfarrhäuser **(Abb. 21)** des 15. Jahrhunderts. Diese Häuser dokumentieren den hohen gesellschaftlichen Status der Kleriker in der spätmittelalterlichen Gesellschaft. Erhalten geblieben sind die Pfarrhäuser in Stapelmoor, im Giebel datiert 1429, in Nesse, Dornum und Engerhafe.

Handelshäuser

Von den frühen Handelshäusern in den Städten Ostfrieslands, die bis zum Ausgang des Mittelalters errichtet wurden, ist keines erhalten geblieben. Wie in den benachbarten Handelsstädten auch, vollzog sich der Übergang vom Holz-/Lehmbau zum Backsteinbau innerhalb einer Stadt über einen langen Zeitraum, auch konnte sich die „Versteinerung" eines Hauses etappenweise vollziehen. Wegen der immer drohenden Brandgefahr in den eng bebauten städtischen Quartieren dürften vorrangig die Reith- und Strohdächer untersagt worden sein. Auch wurden steinerne Brandmauern, wie in Bremen (das städtische Statut von 1433, Art. 33, forderte bei Neubauten zu den Nachbarseiten eine Mauer), errichtet oder nur Teile des Gebäudes massiv ausgeführt. So stand in der Altstadt Emdens in der Großen Straße noch bis 1902 das mit gotischen Giebeln versehene sogenannte Alte Rathaus, dessen Ober- und Drempelgeschoss aus verbrettertem Fachwerk bestand. Bei dem ebenfalls in Emden stehenden Wohnhaus Osterstraße 74 besteht noch heute die südliche Traufwand aus einer zweigeschossigen Fachwerkwand (Mitte 16. Jahrhundert). Mit dem Untergang der historischen Altstadt Emdens im Zweiten Weltkrieg sind auch die letzten gotischen Backsteingebäude, so wie man sie als Dielenhäuser aus Lüneburg und Lübeck kennt, verloren gegangen (Große Deichstraße 25 und Große Burgstraße 20, beide Ende des 15. Jahrhunderts erbaut).

Ländliche Steinhäuser

Erst in den letzten Jahrzehnten ist eine größere Gruppe von eingeschossigen Steinhäusern in das öffentliche Bewusstsein gerückt, die ab Mitte des 16. Jahrhunderts bis zum Ende des 17. Jahrhunderts sowohl in den Marktorten als auch als Wohngebäude der reichen Bauern in den Marschen errichtet wurden. Backsteinbauten in dieser Zeit waren noch selten. In seiner Landesbeschreibung des Harlingerlandes schrieb Pastor Balthasar Arend noch 1684 über die dortigen Wohngebäude: „Die wenigsten sind von Steine, die meisten aber von Lehm und Klei, niedrig wider die starken Winde, doch inwendig bequem und wohl verbauet". Die erhaltenen Steinhäuser aus dieser Zeit sind mit mittel- bis kleinformatigen Klosterformatsteinen errichtet worden, bestehen aus einem rechteckigen Baukörper mit Schornsteinen und einem Satteldach sowie zwei freistehenden Giebeln. Erschlossen werden die Steinhäuser von der Langseite und verfügen über zwei bis drei Räume, wobei der Raum über dem Keller (Upkamer) mit einem Sandsteinkamin ausgestattet ist. Durch die Verwendung von Sandsteinbändern und Gesimsen werden die Fassaden in den Stilformen der Niederländischen Renaissance belebt. Insbesondere werden die gestaffelten oder geschweiften Giebel durch Aufsätze betont und durch Maueranker verziert. Typisch sind zweigeteilte schmale Fenster, die oberhalb der Sandsteinstürze halbkreisförmige Entlastungsbögen aufweisen. Diese Fenster, die in der repräsentativen Upkamer (Saal) auch als Kreuzstockfenster ausgebildet sein können, wurden unten mit Holzluken geschlossen, während die oberen Öffnungen mit einer Bleiverglasung ausgestattet waren. Fast alle Dachstühle der Steinhäuser sind auf einem Kniestock errichtet und aus dauerhafter Eiche hergestellt, die nach dem 30jährigen Krieg in Ostfriesland nicht mehr verwandt und durch Kieferhölzer aus dem Ostseeraum ersetzt wurden. Um einen weitgehend stützenfreien Lagerraum im Dachgeschoss zu erhalten, wurden krumm gewachsene Stuhlhölzer, hier Krommers genannt, verwendet, die die Mittelpfette und die filigran dimensionierten Eichensparren tragen. Gute Beispiele dieser Bauart sind in der Krummhörn zu finden: das Rentmeisterhaus in Uttum, Kreuzstraße 8 von 1597, das Wohnhaus eines Bauernhofes von circa 1560 in Wirdum, Am alten Friedhof, und das auch im Inneren gut rekonstruierte Steinhaus in der Bahnhofstraße 1 in Greetsiel aus der Zeit um 1600.

Giebelständige Stadthäuser

In den ostfriesischen Städten, weitaus überwiegend in der damals bedeutenden Stadt Emden durch den Zustrom von Glaubensflüchtlingen aus den Niederlanden, sind im 16. und 17. Jahrhundert mehrgeschossige Wohn- und Geschäftshäuser errichtet worden, die in der zum Teil prunkvollen Giebelgestaltung den Reichtum der flandrischen und niederländischen Renaissance-Architektur widerspiegelten. Nur wenige Bauten sind nach dem Bauboom der Gründerzeit, den Zerstörungen des Zweiten Weltkrieges und des Wiederaufbaueifers der Nachkriegszeit unbeschadet in unsere Zeit gekommen. Für die bauhistorisch besonders Interessierten sind die im Literaturanhang aufgeführten Bücher von Heinrich Siebern (erschienen 1927) und von Karl Mählmann (erschienen 1913) zu empfehlen.

Die Backsteingebäude bestanden aus einem Vorderteil, in dem sich das Kontor bzw. die Werkstatt befand, und einem den Wohnzwecken dienenden Hinterhaus. Hier war, zum Fußbodenniveau um einige Treppenstufen vertieft, die Kellerköken, ein Alltags- und Speiseraum mit Kamin, darüber die Upkamer, der für Ostfriesland so typische Repräsentationsraum für Feierlichkeiten und Besucher. In den Geschossen darüber konnten sich je nach Größe des Hauses noch weitere Räumlichkeiten befinden. In der Regel waren hier jedoch die Speichergeschosse. In der Altstadt Esens, Steinstraße 20, steht noch heute ein gepflegtes Kaufmannshaus, erbaut um 1580 und 1788 modernisiert, das zu den Geschäftszeiten betreten werden darf. In der Eingangdiele mit der schweren Barocktreppe und der sichtbaren Balkendecke lässt sich die Lebenswelt der vorindustrialisierten Zeit gut nachvollziehen. Einen prachtvollen Renaissancegiebel von 1575 besitzt noch das Schöningh'sche Haus in Norden, Osterstraße 5. Weitere Ziergiebel mit reicher Sandsteinplastik kann man sich in Emden an den Renaissancehäusern Pelzerstraße 12 und Lilienstraße17 ansehen.

Windmühlen

Zählt man die erhaltenen Windmühlen des Jeverlandes hinzu, so bestehen auf der ostfriesischen Halbinsel noch etwa achtzig mehr oder weniger intakte Mühlen. Damit zählt Ostfriesland zu den mühlenreichsten Regionen in Deutschland.

Um 1900 waren es deutlich mehr, etwa 175 Windmühlen, und es gab sie für die unterschiedlichsten Nutzungen. Da Fließgewässer für Wassermühlen in Ostfriesland kaum vorkommen, wurden sie alle mit dem angetrieben, was es hier an der Küste reichlich gibt, nämlich mit Wind. Damit konnten die Windmühlen ganz unterschiedliche Leistungen erbringen.

So gab es früher hier rund zwei Dutzend Sägemühlen, wie in Emden, Leer, Norden und Esens, Ölmühlen zur Herstellung von Raps- und Leinöl (Stadt Norden), oder die Stalling´sche Mühle in Aurich zur Papierherstellung. Häufiger dagegen waren die Wasserschöpfmühlen, die dringend benötigt wurden, damit die tiefer gelegenen Altmarschen und Niedermoorzonen entwässert werden konnten. Mit ihren Archimedischen Schrauben schlugen sie das Wasser von den Landflächen in höher gelegene Entwässerungsgräben, die dann über die sogenannten Sieltiefs das Binnenwasser in die Nordsee weiterleiteten. In einigen Gegenden waren diese kleineren Erdholländermühlen so zahlreich, dass sie landschaftsbestimmend waren. Der langjährige Präsident der Ostfriesischen Landschaft, Peter Elster (1913-88), berichtete aus seiner Kinderzeit in Riepe, dass er von dort auf gut zwanzig Wasserschöpfmühlen schauen konnte. Heute sind nur noch fünf dieser Windmühlen vorhanden, und zwar in Riepe (Kokermühle), Wirdum (Doppelkolbenmühle), Jemgum (Wynhamster Kolk), Neustadtgödens (Wedelfelder Wassermühle) und in Wiegboldsbur (Mühle Agnes am Großen Meer).

Alle anderen erhaltenen Windmühlen in Ostfriesland sind Getreidemühlen. Sie dienten zum Schroten (für das in Friesland bevorzugte Schwarzbrot aus Roggenschrot), zur Herstellung von Feinmehl aus Weizen (unter anderem für das Weißbrot) und zum Schälen des Korns (Peldeoder Graupenmühlen) **(Abb. 22)**. Manche Mühlen hatten die Mahlgänge für zwei Mahlarten, wenige für alle drei Möglichkeiten. Nur wenige Mühlen sind heute noch in Lage, Getreide zu mahlen.

Waren zu Beginn der Neuzeit die Mühlen ausschließlich als Bockwindmühlen konstruiert, so änderte sich das im Verlauf des späten 18. und des 19. Jahrhunderts zugunsten der um 1700 in Holland entwickelten

22 Neustadtgödens, Peldemühle

Kappenwindmühlen. Ostfrieslands letzte Bockwindmühle in Dornum aus dem Jahre 1626 ist gleichzeitig die älteste erhaltene Windmühle. Die technisch fortschrittlicheren, sogenannten Holländermühlen konnten als Erdholländer gebaut werden, bei diesen kleineren Mühlen konnte vom Erdboden aus die Segel gesetzt und die Mühle in den Wind gestellt werden. In der Regel wurden die Holländermühlen aber auf einem Unterbau mit zwei bis fünf Geschossen aus Backsteinen errichtet und mit einer Galerie umgeben. Dadurch erhielt man zusätzliche Lager- und Arbeitsflächen, gleichzeitig konnte man den Wind besser nutzen. Zu Anfang waren alle Kappen der Holländermühlen mit einem Steert versehen, mit dem der Müller das Flügelkreuz in den Wind stellen musste. Sonst bekam die Mühle möglicherweise Wind von hinten und die Kappe drohte samt Flügelkreuz abzustürzen. Deshalb erfanden deutsche Techniker Ende des 19. Jahrhunderts das kleine Windrad, das hinten anstelle des Steerts die Mühle automatisch in den Wind dreht. Die meisten Mühlen in Ostfriesland besitzen diese technische Neuerung. Die Niederländer jedoch blieben bei der traditionellen Kappenverstellung. Wie gefährdet die Mühlen nicht nur bei Blitzeinschlägen sind, zeigte der Orkan Christian im Oktober 2013 bei den bekannten Zwillingsmühlen in Greetsiel. Bei Windstärke 16 (ca. 172 km/h) wurden Kappe, Flügelkreuz und Galerie von der Mühle gerissen. Über dieses Ereignis, bei dem glücklicherweise kein Mensch zu Schaden kam, berichteten bundesweit die Medien, so auch die Tagesschau und die Tagesthemen der ARD.

Dass viele der alten Windmühlen mit der Einstellung des Windmahlbetriebes nach 1950 überhaupt überlebt haben, grenzt an ein kleines Wunder. Mühlen sind komplizierte und wartungsintensive Gebäude. Stillstand zieht den schnellen Schädlingsbefall der Hölzer nach sich; kleine Löcher in der Außenhaut führen zu Fäulnis in der Innenkonstruktion. Mühlen müssen arbeiten und bewegt werden.

Historische Windmühlen faszinieren durch ihre kraftvolle Mechanik immer wieder neu. Es gibt immer wieder Menschen, die bereit sind, ihr Vermögen und ihre Zeit für die Erhaltung einer Mühle einzusetzen. Allein gelingt es jedoch nur selten. Viele Vereine und Gemeinden helfen nach ihren Kräften, diese Bauwerke, die auch wichtige Landmarken sind und für unverwechselbare Ortsbilder sorgen, zu erhalten und zu pflegen. Es bleibt eine fortwährende gesellschaftliche Aufgabe, hinreichend Geldmittel für die bauliche Unterhaltung dieser ländlichen Kulturzeugen bereitzustellen.

Zu den historischen Windmühlen gesellten sich in den letzten Jahrzehnten moderne Windkraftanlagen, erst von Bewohnern und Heimatschützern argwöhnisch beäugte Einzelanlagen. Dann, als der Ausbau ungeregelt überhand nahm, wurde die Errichtung weiterer Anlagen nur noch in konzentrierten Windparks genehmigt. Auch diese haben inzwischen, wie beispielsweise im Bereich zwischen Dornum, Arle und Westerholt, eine solch erdrückende Größenordnung erreicht, dass eine weitere „Verspargelung" der ostfriesischen Kulturlandschaft kaum vorstellbar ist. Mit dem beschlossenen Ausstieg aus der Kernenergie im Jahre 2011 ist der Druck auf die Vergrößerung der Windenergieleistung noch einmal gestiegen. Bestehende Anlagen werden nunmehr durch stärkere und höhere Windkraftanlagen (Repowering) ersetzt und vor der Küste entstehen Offshore-Windparks mit noch größerer Leistung.

Geschichte des Landkreises Wittmund

Das heute im Landkreis Wittmund liegende, ehemals selbstständige Harlingerland besteht aus den alten Herrlichkeiten Esens, Stedesdorf und Wittmund. Noch der letzte deutsche Kaiser Wilhelm II. bezeichnete sich in seinem Namen unter anderem als Herr dieser Ortschaften. Dazu kam im 19. Jahrhundert das Amt Friedeburg mit der Herrlichkeit Gödens, über welches das ostfriesische Grafenhaus die Lehnhoheit besaß.

Um 1075 erscheint erstmalig in einer Beschreibung des Erzbistums Bremen für den friesischen Bereich der Name Herloga für das Harlingerland. Es trat vom 13. Jahrhundert an als selbstständig handelndes Gebiet auf, das Verträge mit den Städten Hamburg und Bremen abschloss. Seit Mitte des 15. Jahrhunderts setzte es sich aus den drei oben genannten Herrlichkeiten zusammen, vereinigt durch den bedeutenden Häuptling Sibet Attena. Als dessen Nachfolger Hero Omken und Balthasar von Esens den Führungsanspruch der ostfriesischen Grafen aus dem Hause Cirksena über dieses Gebiet nicht anerkannten, kam es zu ständigen Fehden. Der besonders aggressive Balthasar nahm sein Land schließlich vom Herzog von Geldern zum Lehen. Im Jahre 1540 gelangten die westfälischen Grafen von Rietberg durch Heirat in den Besitz des Harlingerlandes. Als die Erbin dieses Grafenhauses Enno, den ältesten Sohn des Grafen Edzard II. von Ostfriesland, heiratete, wurde das Harlingerland mit Ostfriesland zusammengeführt und ging durch den Berumer Vertrag von 1600 endgültig in Ostfriesland auf. Das ostfriesische Grafen- und spätere Fürstenhaus der Cirksena betrachtete das Harlingerland als Eigentum. Hier wurden sie nicht durch das Mitregieren der Stände in ihrem absolutistischen Anspruch beeinträchtigt. Dadurch lag auf diesem ruhigen Land ein gewisses Wohlwollen des Herrscherhauses. Erst Friedrich II., der Große, hob nach der Übernahme Ostfrieslands 1745 die landesherrlichen Einrichtungen, wie die Esenser Kanzlei und die dortige Münze, auf und verlegte sie nach Aurich. Als 1815 Ostfriesland an das Königshaus Hannover fiel, wurde das Harlingerland in die Ämter Esens, Wittmund und Friedeburg geteilt. Die Umwandlung der Ämter in den Landkreis Wittmund erfolgte 1884/85. Im Rahmen der Neustrukturierung der Gemeinden im Jahre 1972 wurde dann die ehemalige Herrlichkeit Gödens in die Nachbargemeinde Sande, Landkreis Friesland, eingegliedert. Aufgrund der Jahrhunderte langen Zugehörigkeit des Gödenser Schlosses und des Ortes Neustadtgödens zu Ostfriesland wird die alte Herrlichkeit Gödens in diesen Band mit aufgenommen.

Stadt Wittmund
mit Wittmund, Asel, Eggelingen, Berdum, Funnix, Burhafe, Buttforde, Blersum, Carolinensiel, Leerhafe und Ardorf

Dank seiner günstigen geografischen Lage am Geestrand hatte **Wittmund** nicht nur Anbindung an die friesische Heerstraße, die übers Ammerland bis nach Oldenburg führte, sondern auch über die Harle eine Schiffsverbindung in die vorgelagerte Marsch und zur Nordsee. Schon früh fanden hier Holz-, Vieh- und Pferdemärkte statt: auf dem Ammermarkt, aber auch in den Straßen rund um den Kirchplatz. Durch die Regentin Agnes Gräfin Rietberg erhielt der Marktflecken 1567 die Stadtrechte, die 1929 erneuert werden mussten. Im Zentrum des Ortes steht eine der drei Sendkirchen des Harlingerlandes. Der Ursprung des Kirchbaus liegt vermutlich im 9. Jahrhundert. Ein erster klarer Hinweis auf die Altersgeschichte ist eine archäologisch erfasste Tuffsteinkirche aus dem 12. Jahrhundert. Die mittelalterliche Kirche wurde von der Häuptlingsfamilie Kankena als Verteidigungsanlage ausgebaut. Als Wehrkirche war sie zusätzlich mit drei Steinhäusern verstärkt sowie mit einem Wassergraben umgeben. 1457 eroberte der Esenser Häuptling Sibet Attena die Kirchburg, wodurch er das ganze Harlingerland beherrschte und somit vereinte. Er errichtete 1461, so berichtet der Chronist Beninga 1550, eine neue „ borch up een ander stede (…) van grundt up int veerkante (…)". Noch heute erhebt sich südöstlich des Marktplatzes der zum großen Teil erhaltene, mächtige Wall mit Wassergraben und vermittelt eine Vorstellung von der Größe der Gesamtanlage. Auch diese Burganlage ließ Friedrich der Große, wie gut ein Dutzend anderer landesherrlicher Burgen und Schlösser in Ostfriesland, aus Kostengründen abreißen. Heute besteht die Kreisstadt Wittmund aus 14 Ortschaften und ist damit flächengrößte Stadt in Ostfriesland.

1 Luth. St.-Nikolai-Kirche

Den Mittelpunkt der Stadt bildet nach wie vor die ***lutherische St.-Nikolai-Kirche (Abb. 1)** (Am Kirchplatz 3), ein mittelgroßer barocker Saalbau aus Backstein mit geradem Ostabschluss, erbaut 1775/76 mit einem Westturm, auf dessen Haubendach eine durchbrochene Laterne sitzt. In der Mitte der Langseiten des Schiffes sind schmale Querarme für die Eingänge angeordnet, nach Süden durch ein besonderes Sandstein-

Landkreis Wittmund   ARCHITEKTURFÜHRER OSTFRIESLAND

2 Kirchenschiff   3 Kanzel

4 Taufständer

portal als Haupteingang hervorgehoben. Pilaster mit zarten Pflanzenornamenten tragen den eigenartig gebrochenen Segmentbogengiebel, in dessen Mitte sich eine Inschriftentafel mit Spruch und dem Erbauungsjahr 1775 befindet.

Den breiten Innenraum rahmen an drei Seiten Emporen und überdeckt ein hölzernes Tonnengewölbe **(Abb 2)**. Vor der Ostwand steht die Kanzel von 1667, für den Vorgängerbau von Hinrich Julfs aus Wittmund gearbeitet und später in eine neue hölzerne Rückwand eingefügt **(Abb 3)**. Der Kanzelkorb hat zwischen den gewundenen Ecksäulen Bogenfelder ohne die sonst üblichen Statuetten oder Gemälde. Vor der Altarwand stehen zwei hübsche Kniebänke von 1653. Der bauchige **Taufständer (Abb. 4)** aus Holz trägt die Bezeichnung J. M. Hoppen und das Datum 1777. Seine elegante, schwungvolle Barockform lässt auf eine Arbeit aus dem durch das Haus Anhalt-Zerbst regierte Jeverland schließen, durch das mitteldeutsche Einflüsse nach Friesland gelangten.

Von der einst bedeutenden, 1684 von Arp Schnitger gebauten **Orgel** waren das alte Pfeifenwerk und die Brustwindlade 1775/76 in den Neubau durch Hinrich Just Müller übernommen worden, doch auch von dessen Werk blieb nur ein Neubau übrig, mit dem die Firma Führer, Wilhelmshaven, 1981-84 die Zerstörung des Instruments durch zwei Umbauten wieder gut zu machen versuchte. Wie traurig ist es, dass vom Werk Hinrich Just Müllers ausgerechnet in seiner Heimatstadt Wittmund nur der prachtvolle Prospekt übrig geblieben ist. Er baut sich in sieben Achsen mit dem breiten Mittelturm für Basspfeifen, den flankierenden Pfeifenbündeln, den doppelgeschossigen Flachfeldern und den äußeren Pfeifentürmen in der für Müller typischen Weise auf. Das üppige Rankenwerk der Schleierbretter und der seitlichen Ohren ist für den Anfang des 18. Jahrhunderts typisch, woraus erneut die konservative Grundhaltung ostfriesischer Orgelbauer hervorgeht.

ARCHITEKTURFÜHRER OSTFRIESLAND

Landkreis Wittmund

Wer sich zu einem Stadtrundgang entschließt, sollte den Marktplatz mit der dahinter liegenden Wallanlage der ehemaligen Burg aufsuchen und sich die auffallenden Bürgerhäuser mit barocken Giebeln, Wappen und Inschriften in der Mühlenstraße, nordöstlich der vier Straßen um die Kirche, ansehen. Sie gehörten der Familie Brants, einer angesehenen und begüterten Kaufmannsfamilie, die neben zahlreichen Gebäuden in der Stadt Wittmund

5 Groot Hus   6 Wetterfahne

auch die ehemals adligen Güter Ihnkeburg und Westerhusen besaßen, die in der Nähe von Funnix liegen. Ahnherr dieser Familie war Christoffel Brants (1664-1732), der es in Amsterdam zu einem großen Vermögen brachte und 1717 durch Zar Peter den Großen in den Adelsstand erhoben wurde. Da er ohne Nachkommen blieb, fiel das Erbe an die in Wittmund verbliebene Familie. Sie baute 1733 das ***Groot Hus (Abb. 5)** (Mühlenstraße 14), einen mächtigen zweigeschossigen Backsteinbau mit Kolossalpilastern und zweifach gebrochenem Barockgiebel, der mit Voluten und Sandsteinabdeckungen gerahmt wird. Über dem Sandsteinportal ist das Adelswappen der Familie, in der Giebelspitze eine Sandsteintafel mit Datierung, darüber eine mächtige schmiedeeiserne **Wetterfahne (Abb. 6)** zu sehen. Der Eigentümer hat die Gebäude vor wenigen Jahren vorbildlich instand setzen lassen. Weitere erhaltene Gebäude der Familie Brants sind die Häuser **Mühlenstraße 9 (Abb. 7)** von 1748 (umgebaut circa 1910), **Mühlenstraße 15** aus dem Jahre 1747 (mit Giebelinschrift) und **Mühlenstraße 17** von 1735. Auch das restaurierte Haus **Brückstraße 1a (Abb. 8)** mit dem geschweiften Giebel, der schönen Haustür und dem Doppelwappen (3 Hopfenreben der Familie Hoppe/Brants) von 1777 gehört in diese Gruppe.

7 Mühlenstraße 9

Auf dem Gang zum Marktplatz lohnt sich ein Blick auf den wuchtigen Klinkerbau **Drostenstraße 46** von 1929. Das Gebäude der ehemaligen Kreissparkasse, entworfen von dem Architekten Pramann, ist ein interessantes Beispiel für den norddeutschen Backstein-Impressionismus aus hartgebrannten dunkelvioletten Torfbrand-Klinkern, wie sie auch bei den Bauten von Fritz Schuhmacher oder auch Fritz Höger in Hamburg bevorzugt angewandt worden sind. Besonders charakteristisch ist der mittlere Dachaufbau mit den kleinen Dreiecksgiebeln.

Den südöstlichen Rand des Marktplatzes, den ehemaligen Ammermarkt, schließen zwei städtebaulich bedeutsame Gebäude ab. Rechts das *****Amtsgericht (Abb. 9)** (Am Markt 11) aus dem Jahre 1827, ein stattlicher, zweigeschossiger klassizistischer Backsteinbau. Ein breites Giebeldreieck krönt seinen Mittelrisalit mit der hübschen biedermeierlichen

8 Brückstraße 1a

Landkreis Wittmund

ARCHITEKTURFÜHRER OSTFRIESLAND

9 Amtsgericht Am Markt

10 Kreishaus Am Markt

11 Luth. St.-Dionysius-Kirche

Haustür. Links daneben erhebt sich das *Kreishaus (Abb.10) (Am Markt 9), erbaut 1899-1901 vom Architekten Ludwig Klingenberg aus Oldenburg als ein monumentaler historischer Backsteinbau mit polygonalem Mittelturm, Sandsteingliederungen und hohem, schiefergedecktem Walmdach, das malerisch durch das Zwerchhaus und die seitlichen Dachaufbauten (Lukarnen) belebt wird. Innen im Eingangsbereich und Treppenhaus sieht man Rankenmalereien des Hofmalers Wilhelm Mohrmann aus Oldenburg. Die Räume des Landrats und der Sitzungssaal, der in den Wandverkleidungen mit 44 Ansichten aus dem Kreisgebiet ausgestaltet wurde, sind ebenfalls ausgemalt und im historistischen Stil des 17. und 18. Jahrhunderts eingerichtet.

Auf dem Weg Richtung Jever nach Asel liegt nördlich der Bundesstraße die ehemalige **Hofanlage Klinge** (Asel, Klinge 1), heute Seniorenwohnheim. Die Giebelmaueranker, die als Jahreszahlen ausgeschmiedet sind, datieren den Bau der Hofanlage auf das Jahr 1724. Der Wohnteil ist jedoch deutlich älter. Hier ist ein spätmittelalterliches Steinhaus, das ursprünglich der Landesherrschaft gehörte, mit der damals neuartigen friesischen Scheune zu einem Gulfhaus vereinigt worden.

Das heute nach Wittmund eingemeindete Dorf **Asel** besitzt in der ****lutherischen St.-Dionysius-Kirche (Abb.11)** (Zum Freizeitheim 2) eine vorzüglich erhaltene Granitquaderkirche aus der Mitte des 12. Jahrhunderts, deren originales Mauerwerk aus vielen großen Granitquadern an den drei Seiten des Saalbaues erhalten ist. Von den romanischen Rundbogenportalen wurde das südliche später zugemauert. Auf jeder Langseite gibt es drei hoch sitzende Rundbogenfenster, deren Trichterlaibungen weiß verputzt wurden. Versprünge in den Fugen der Ostwand zeigen, dass es hier einst eine halbrunde Apsis gab, nach deren Einsturz die Wand mit den alten Granitquadern gerade mit zwei breiteren Rundbogenfenstern geschlossen wurde. Südlich neben der Kirche erhebt sich der Glockenturm des geschlossenen Typs, der 1661 neu aufgeführt wurde. Er trägt unter anderem eine Glocke aus dem Jahre 1454.

Der schlichte Innenraum **(Abb. 12)** mit Balkendecke und den ursprünglichen Fensteröffnungen hat den Charakter einer romanischen Saalkirche gut bewahrt. Vor der Ostwand steht ein Schriftaltar aus dem 1. Viertel des 17. Jahrhunderts. Über einer in fünf Bogenfelder geteilten Predella liegt das rechteckige, in fünf senkrechte Streifen geteilte Hauptfeld. Die gemalten Schriftfelder mit den Worten des Katechismus haben als oberen Abschluss die Halbfiguren von Christus, Petrus, Paulus, der Taufe Christi und des Abendmahls. Im oben abschließenden Dreiecksgiebel sieht man die Auferstehung Christi. Über dem Taufstein hängt

12 Kirchenschiff

ein entzückender barocker **Taufengel (Abb. 13)**, den David Benjamin Opitz 1752/53 schuf. Die Kanzel von 1608 hat einen schlichten Korb mit kannelierten Eckpilastern, zwischen denen sich die Malereien von 1752 mit Blumengehängen und den Darstellungen der vier Evangelisten und Martin Luthers befinden. Dort ist auch der Maler Claes Röttger aus Wittmund inschriftlich vermerkt. Auf der Orgelempore des 17. Jahrhunderts mit gemalten Aposteln und Stifternamen in den Feldern steht die Orgel des ostfriesischen Orgelbauers Gerd Sieben Janssen von 1855, deren Prospekt immer noch in barocken Formen gestaltet ist.

Verlässt man Asel in Richtung der Stadt Jever, so liegt hart an der Grenze zum Landkreis Friesland kurz nach dem Bahnübergang das äußerlich nahezu unverändert bewahrt gebliebene ****Steinhaus Scheperhusen** (Scheperhuser Weg 4). Bauherr des 1555 errichteten Hauses war der humanistisch gebildete Kanzler und Rentmeister Remmer von Seediek, der in Diensten der Regentin Maria von Jever stand. Im circa 9 x 6 Meter großen Saal über dem gewölbten Keller steht nach der Restaurierung um 2006 wieder der originale spätgotische Sandsteinkamin.

13 Taufengel

Von Wittmund in nordöstlicher Richtung führt eine Straße nach **Eggelingen**. Der romanische Saalbau der ***lutherischen St.-Georg-Kirche (Abb. 14)** (Kirchlandweg 6) aus Backstein über einem Granitsockel wurde nach dem Einsturz eines Teils der Kirche im Jahr 1836 wiederaufgebaut. Südwestlich des Kirchenbaus steht ein Glockenstuhl aus dem Ende des 15. Jahrhunderts. Die Verbindung zwischen den Parallelmauern ist im 19. Jahrhundert zur statischen Sicherung vermauert worden.

Im flachgedeckten Innenraum **(Abb. 15)** steht vor der Ostwand mit ihren neugotischen Fenstern der hohe, dreigeschossige **Altaraufsatz** von 1659, den Meister Jacob Kröpelin aus Esens schuf. Im unteren Geschoss rahmen Säulenpaare das Gemälde des Abend-

14 Luth. St.-Georg-Kirche

15 Kirchenschiff

16 Taufstein

mahls, in der Ebene darüber ist die Kreuzigung zwischen gewundenen Säulen zu sehen. Der kreisförmige Aufsatz darüber zeigt die Auferstehung und den oberen Abschluss bildet Christus mit der Siegesfahne. Dazu kommen die Statuetten der vier Evangelisten seitlich über den Säulen und Engel in den aus Knorpelwerk gebildeten Ohren.

Leider ist der romanische ***Taufstein (Abb. 16)** nur als Torso erhalten. An dem Bruchstück sind auf dem unteren Rand noch die Basen der Säulen erkennbar, die die Wandung des Beckens in sechs Bogenfelder teilte, unter denen Szenen aus dem Leben Christi dargestellt waren. Deutlich abzulesen sind noch die Flucht nach Ägypten und die Taufe Christi im Jordan. Im Vergleich zum Taufstein in Nesse sind die Falten der Gewänder deutlich plastischer gestaltet und die Figuren stärker bewegt dargestellt. Beide zählen, wie auch die formal ähnlichen Taufen in Stedesdorf und Hohenkirchen, zu den Baumberger Sandsteintaufen des westfälischen Typs und sind wahrscheinlich im 3. Viertel des 13. Jahrhunderts entstanden.

Ein Kreuzigungsrelief mit einer Inschrift trägt das Datum 1567. Außer den beiden Grabplatten aus dem 16. Jahrhundert ist nur noch die Orgel von Interesse. Sie wurde 1843-46 von Gerd Sieben Janssen aus Aurich geschaffen. 1997-99 wurde das Instrument grundlegend saniert.

Etwa drei Kilometer nördlich von Eggelingen liegt das Straßendorf **Berdum**, das im Osten von einer **Erdholländermühle** (Grünhofweg 3), einer 1820 erbauten Mühle mit Steert, an städtebaulich wichtiger Stelle abgeschlossen wird. Rechts führt eine kleine Straße vorbei zum **Haus Berdum** (Grünhofweg 7), einem alten Häuptlingssitz. Vom Steinhaus ist nur wenig erhalten. Eine Sandsteintafel an der Traufseite des ehemaligen adligen Sitzes mit den Wappen der Familie von Oldenburg von 1729 zeugt vom alten Glanz. Auch die *****lutherische Maria-Magdalena-Kirche** (Dorfstraße 18) in der Dorfmitte ist nicht mehr die mittelalterliche. Sie wurde nach Abriss der Vorgängerkirche von Landbaumeister Ludwig Franzius 1800/01 neu erbaut. Es handelt sich um eine rechteckige Saalkirche mit einem Westturm, deren Schlichtheit dem Klassizismus entspricht. Der von einer Brettertonne überwölbte Innenraum enthält die einheitliche Ausstattung aus Kanzel, Priechen, Empore und Gemeindegestühl aus der Erbauungszeit. Älter sind nur der Taufstein aus dem 13. Jahrhundert in Gestalt einer umgekehrten Faltkuppel, der Sockel und die Fußplatte wurden in Zement erneuert, und zwei kleine Evangelistenfiguren, die von einer Kanzel des 17. Jahrhunderts stammen könnten. Jünger sind der Altar aus der Mitte des 19. Jahrhunderts und die Orgel von 1878.

Westlich von Berdum liegt rund drei Kilometer entfernt das Wurtendorf **Funnix**. Bevor man die bedeutende Kirche im Ort betritt, lohnt ein Blick auf die älteren Hofanlagen in Westerhusen, am westlichen Ortsrand von Funnix unmittelbar an der Harle gelegen. Hier war ein Sitz der Häuptlinge von Middoge, von denen eine Grabplatte aus dem Jahre 1545 in der Funnixer Kirche erhalten ist.

Die Gulfhäuser, die auf einer Wurt liegen, stammen aus dem 18. Jahrhundert. Der südlichste Hof **Westerhusen 3** zeigt einen breiten Wohngiebel, der durch zwei Kolossalpilaster gegliedert wird und in den Maueranker die Jahreszahl 1733 als Baudatum ausweist. Es ist eines der ältesten Beispiele eines Gulfhauses, bei dem Wohnhaus und Gulfscheune gleichzeitig unter einem First errichtet wurden. Bei dem kleineren Gulfhaus **Westerhusen 1** besteht der Wohnteil aus einem überbauten Steinhaus des 16. Jahrhunderts, von dem der Keller mit Kreuzgratgewölbe und ein spätgotischer Eingang auf die Upkamer, bei dem der Korbbogen und die Gewände aus Formsteinen bestehen, besonders erwähnenswert sind.

Die ****lutherische Kirche St. Florian (Abb. 17)** (Funnix 1) wurde auf einer hohen Einzelwurt als einschiffiger rechteckiger Backsteinbau in der Zeit um 1300 erbaut, die originalen schlanken Spitzbogenfenster sind auf der Nordseite und in der Chorwand erhalten, die übrigen um 1500 stark vergrößert. Damals wurde die Kirche auch um etwa drei Meter verkürzt, wovon noch das spätgotische Westportal zeugt. Dessen Türblatt ist datiert auf das Jahr 1788. Direkt an der Südwestecke erhebt sich der Glockenturm des geschlossenen Typs aus der Zeit um 1400.

17 Luth Kirche St. Florian

Im Inneren **(Abb. 18)** sieht man an den Wänden noch die Spuren der Schildbögen von der einstigen Wölbung in drei Jochen. Nach deren Einsturz wurde sie durch eine flache Bretterdecke ersetzt. Die hölzerne Ostempore mit der Orgel war 1953-55, wie leider bei anderen Kirchen in Ostfriesland auch, an die Westseite versetzt worden. Dieser Eingriff wurde 1984-86 wieder zurückgenommen, seitdem wird der Chor wieder durch die lettnerartige Orgelempore abgetrennt. Deren Brüstung ist durch gewundene Säulen in Felder geteilt, die mit Rokokomotiven und Wappen bemalt sind. Die ****Orgel** wurde 1760 von Johann Friedrich Constabel aus Wittmund begonnen und nach dessen Tod von dem gerade aus Oldenburg nach Wittmund zugezogenen Hinrich Just Müller 1762 vollendet. Der Prospekt folgt immer noch dem von Arp Schnitker in der Ludgerikirche von Norden 1686-88 eingeführten Typ mit dem hochgezogenen, polygonalen Mittelturm, dem äußeren dreieckigen Seitenturm und den doppelgeschossigen Flachfeldern dazwischen. Die Schleierbretter, die seitlichen Ohren und die Bekrönungen der Türme zeigen die zeittypische Ornamentik des Rokoko. 1953-55, zu einer Zeit, als die Bedeutung originaler Instrumente den Verantwortlichen noch nicht bewusst

18 Kirchenschiff

Landkreis Wittmund ARCHITEKTURFÜHRER OSTFRIESLAND

19 Altar

war, kam es bei der Versetzung der Orgel auf die Westempore durch die Orgelwerkstatt Führer (Wilhelmshaven) zu massiven Eingriffen in das Orgelwerk. Bei der Rückversetzung des Instruments auf die Ostempore wurde bei einer gründlichen Restaurierung durch dieselbe Werkstatt der ursprüngliche Zustand der Orgel weitgehend wiederhergestellt.

Die *Kanzel mit Schalldeckel und die Galerie von 1650 ist als Arbeit von Meister Jacob Kröpelin aus Esens belegt. Der Kanzelkorb besteht aus kannelierten ionischen Ecksäulen und dazwischen in Rundbogenfeldern stehenden Statuetten der Evangelisten. Der urtümlich aus Granit gearbeitete *Taufstein mit Rundbogendiensten am quadratischen Fuß und vier Köpfen am halbkugeligen Becken muss von einem Vorgängerbau stammen, denn er ist um das Jahr 1200 herum zu datieren und mit dem Taufbecken in Dunum vergleichbar. Ebenso alt ist das Weihwasserbecken aus Granit.

Im durch die Ostempore abgeteilten Chor steht ein großer spätgotischer **Kreuzigungsaltar (Abb. 19), ein Schnitzaltar mit Schrein und zwei Flügeln aus dem 3. Viertel des 15. Jahrhunderts, wohl aus einer niederdeutschen Werkstatt. Im Mittelfeld des Schreines sieht man die vielfigurige Kreuzigung, zu beiden Seiten je zwei übereinanderliegende Felder: im linken oberen Christus im Garten von Gethsemane, darunter die Gefangennahme Christi, rechts unten die Dornenkrönung und darüber die Auferstehung. Die farbige Fassung wurde um 1668 von Jacob Kröpelin aus Esens erneuert. Er schuf auch die Szenen der Verkündigung, der Ausgießung des Heiligen Geistes und die Himmelfahrt Christi auf den Seitenflügeln sowie fünf der sechs Statuetten von Aposteln zwischen den Relieffeldern und ergänzte die Inschrift auf der Predella. Der unbekannte mittelalterliche, vielleicht niederdeutsche Bildschnitzer hat sich wohl – ähnlich wie der Altmeister der Altäre von Hage und Arle – an niederländischen Vorbildern orientiert, erreicht aber nicht deren Qualität, wie man an der Szene der Verspottung **(Abb. 20)** auf dem rechten Seitenflügel feststellen kann. Die Derbheit der Gestalten ist zwar vom Thema bestimmt und durch die Fassung von Kröpelin verstärkt, doch gleichen sich die Physiognomien all zu sehr, auch das Antlitz von Christus wirkt roh.

Von den mittelalterlichen ****Holzbildnissen** ist die Figur einer stehenden weiblichen Heiligen mit einem Buch **(Abb. 21)** die älteste und könnte schon in der 1. Hälfte des 13. Jahrhunderts entstanden sein. Sie ist mit einer thronenden Mutter Gottes eng verwandt, die sich im Original,

20 Szene der Verspottung

ebenso wie die anderen Schnitzfiguren, heute nicht mehr in der Kirche, sondern im Schlossmuseum Jever befindet. Auf das Ende des 15. Jahrhunderts ist die farbig gefasste, anmutige Anna Selbdritt **(Abb. 22)** zu datieren. Eine zweite größere, ohne Fassung **(Abb. 23),** kann ebenfalls kurz vor 1500 gearbeitet worden sein, wofür die starke Schüsselfaltung der Gewänder spricht. In diesen Stilzusammenhang gehören auch die ungefasste stehende Heilige Gertrud **(Abb. 24)** (kurz nach 1500) mit dem Kirchenmodell und die ältere, stehende weibliche Heilige **(Abb. 25)** mit einer großen Krone, entstanden um 1380.

Die Existenz eines großen Schnitzaltars und sieben gotischer Bildnisse in einer mittelgroßen Dorfkirche kann kaum auf deren ursprüngliche Ausstattung im Mittelalter zurückzuführen sein. Schon beim großen Flügelaltar ist zweifelhaft, ob er für Funnix geschaffen wurde, denn allgemein gingen dem Wunsch nach einem gotischen Altar der Neubau eines größeren Chores oder eines Lettners voraus, wie dies in Norden, Hage, Petkum, Nesse oder Buttforde geschah. Noch ungewöhnlicher ist die große Anzahl der sieben Einzelbildnisse. Da hier zweimal das Motiv der Anna Selbstdritt vertre-

St. Florian,
Holzbildnisse (v.l.n.r)
21 Heilige mit Buch
22 Anna Selbdritt
23 Anna Selbdritt
24 Heilige Gertrud
25 Gekrönte Heilige

ten ist, kann dies als Beweis gelten, dass aus anderen Kirchen oder Klöstern Kunstwerke nach Funnix geholt wurden, vermutlich nach der Reformation, um sie vor der Vernichtung durch calvinistische Bilderstürmer zu retten.

Im Westen des Wittmunder Stadtgebietes liegt **Burhafe**, dessen **lutherische St.-Florian-Kirche** (Hauptstraße 3) ein klassizistischer Saalbau von 1821 aus Backstein ist. Im Südwesten steht ein hölzerner Glockenstuhl. Vom Vorgängerbau wurde ein Teil der alten Ausstattung übernommen: der Altaraufsatz von 1744 in kräftigen Barockformen, der achteckige Taufständer von 1657 und die Orgel aus dem 18. Jahrhundert. Die übrigen Ausstattungsstücke, wie die klassizistische Kanzel und die Westempore, entstanden mit dem Kirchenbau 1821.

Von Burhafe sind es auf der nach Nordosten führenden Straße nur zweieinhalb Kilometer nach **Buttforde**, das eine der schönsten Dorfkirchen im Nordseeraum besitzt, weil hier nicht nur das romanische Bauwerk, sondern auch die reiche Innenausstattung von besonderer Schönheit und kunstgeschichtlicher Bedeutung sind. Die ***lutherische Kirche St. Marien** (Neudorfer Weg 3) wurde als ein Saalbau mit Ostapsis aus mächtigen Granitquadern errichtet. Die späte Datierung im Dehio-Handbuch in die Zeit um 1230 geht darauf zurück, dass die Innenwände aus Backsteinen bestehen. Diese weitere Innenschale könnte aber auch eine zusätzliche Wandverstärkung darstellen, als man um die Mitte des 13. Jahrhunderts die Kirche nachträglich in drei Jochen wölbte, wie die Spuren der Schildbögen an den Innenwänden verraten. Derartige zusätzliche Mauerschalen hat man auch in der Gotik bei der nachträglichen Einwölbung der romanischen Liebfrauenkirche in Magdeburg und beim Dom in Havelberg eingebracht. Das Granitmauerwerk **(Abb. 26)** zeigt bei den Längswänden in der Größe der bis zu 1,25 Meter breiten und bis zu 70 Zentimeter hohen Quader seine ganze Schönheit im wechselnden Farbspiel von Rot-, Violett- und Grautönen. Man fühlt sich an die Monumentalität von griechischem Zyklopenmauerwerk erinnert. Leider demonstriert die Südseite des Bauwerks zugleich den Schwachpunkt der Granitquadertechnik durch das geringe Auflager der nur an der Vorderseite geglätteten kugelförmigen Findlinge. Da sie an den Seiten nur bis zu 20 Zentimeter geglättet sind, verkanten sie sich und mussten gegen das Herausdrücken aus dem inneren Füllmauerwerk durch kreuzförmige Eisenanker gesichert werden. Die Apsis **(Abb. 27)** musste nach einem Teileinsturz 1685 fast ganz in Backsteinen polygonal erneuert und dabei erhöht werden, die Westwand bereits 1636. Sie erhielt 1672 den Vorbau für den Haupteingang, die romanischen Rundbogenportale an den Längswänden wurden nachträglich zugemauert, die hoch sitzenden Rundbogenfenster wesentlich vergrößert.

Der Glockenturm vor der Südwestecke der Kirche ist schwer zeitlich einzuordnen, könnte aber noch im 13. Jahrhundert entstanden sein. Er wurde 1760 nachweislich grundsaniert. Im Turm hängt die Marienglocke von 1475 von Berend Klinghe, die ursprünglich für die Kirche in Fulkum, wohl im Auftrag des Klosters Marienkamp, gegossen wurde.

26 Luth. Kirche St. Marien

27 Apsis

Der von einer Balkendecke überdeckte Innenraum **(Abb. 28)** begeistert durch seinen Gegensatz zwischen dem einfachen romanischen Raum mit dem von oben einfallenden Licht und der reichen Ausstattung, bei der als Erster der spätgotische ****Lettner** den Blick auf sich lenkt. Er wurde im späten 15. Jahrhundert zwischen dem Schiff und dem Chor aus zwei jeweils in drei Rundbögen geöffneten Mauern und auf diesen lastenden kuppeligen Gewölben dazwischen aufgeführt. Dass er nun nur einen eingeschränkten Blick in das Allerheiligste des Chores mit dem gleichzeitig beschafften Altar ermöglicht, liegt ganz im Bestreben der Spätgotik zu malerischen Überschneidungen, aber auch zum Geheimnisvollen, das entsteht, wenn man nicht alles gleich den Blicken aussetzt. Der Lettner diente im Mittelalter zum Lesen der sonntäglichen Epistel und als Sängertribüne. Nach der Reformation wurden 1681 auf den steinernen Lettner die Orgel und der hölzerne Apostelböhn – die Brüstung mit den Apostelbildern – aufgesetzt. Sie ist mit Traljengittern und Malereien in den Feldern verziert. Der Mittelteil aus fünf Feldern ist vorgekragt und zeigt im breiten Mittelfeld das Allianzwappen des ostfriesischen Fürsten Christian Eberhard Cirksena und seiner ersten Frau, Prinzessin von Oettingen. In den übrigen Feldern sind Apostel und biblische Szenen sowie Sprüche zu sehen.

28 Kirchenschiff

Die *****Orgel** von 1681 ist eine Schöpfung von Joachim Richborn aus Hamburg. Der Prospekt hat die von Arp Schnitger weit verbreitete fünffachsige Gliederung in den hohen polygonalen Mittelturm, der weit in das ohnehin für die Orgel geschaffene hölzerne Muldengewölbe ragt, je einen dreieckigen äußeren Pfeifenturm und verbindende Flachfelder. An den Seitentürmen hängen die hier besonders breiten, aus durchbrochenen Ranken gebildeten Ohren. Von den ursprünglich neun Registern sind noch acht original, sodass das Instrument, nachdem es 2011/12 vom Orgelbauer Hendrik Ahrend aus Loga umfassend restauriert und rekonstruiert wurde, wieder seine unverfälschte barocke Klangqualität besitzt.

Der schlichte romanische Taufstein aus Granit wurde zur Bauzeit der Kirche am Ende des 12. Jahrhunderts beschafft. Am Korb der Kanzel von 1655 sind neben den Stifterwappen Gemälde von Johannes dem Evangelisten und Martin Luther zu sehen, die anderen Evangelisten sowie fünf Propheten befinden sich an der 1695 hinzugefügten Treppe und der Galerie. Das **Gemeindegestühl** mit seinen Traljengittern und einst reich bemalten Türen gehört zu den schönsten in Ostfriesland. An einigen Türen **(Abb. 29)** konnte die ursprüngliche Farbfassung mit der Jahreszahl 1667, dem Namen des Inha-

29 Gemeindegestühl

bers und weißen Blumenornamenten auf dem rotbraunen Grund freigelegt werden. Bei anderen Bänken ist man auf eine jüngere Schicht mit weißen Rokoko-Ornamenten auf flaschengrünem Grund zurückgegangen.

Das Gemälde mit der Bekehrung des Paulus ist eine spiegelverkehrte Kopie nach Peter Paul Rubens, die offensichtlich nicht direkt auf das Gemälde, sondern auf einen seitenverkehrten Kupferstich zurückgeht, bei dem der Abdruck automatisch spiegelverkehrt wird. Ferner gibt es noch zwei weitere Gemälde des 18. Jahrhunderts mit der Darstellung von Daniel in der Löwengrube und einem Porträt Christi. An den Wänden des Schiffs befinden sich zwei Totenschilde von 1664 und 1652 der Eigentümer des Hauses Buttforde sowie die beiden Epitaphien für Anna Magdalena Hoyer von 1682 und für Margareta Brunken (+ 1691), hier mit dem Gemälde der aufgebahrten Toten. Im Mittelgang des Schiffes hängen zwei prächtige Messingkronleuchter von 1650 und 1693.

30 Altar

Erst wenn man durch einen Bogen des Lettners den Chor betreten hat, entfaltet der **Schnitzaltar (Abb. 30)** seine ganze Schönheit. Wie in Norden und Hage besitzt auch dieser Altar einen für Ostfriesland typischen Baldachin. In die mit Faltwerk verzierte Rückwand mit dem Baldachin um 1500 wurde ein kleiner, einst frei aufgestellter spätgotischer Flügelaltar aus der Zeit 1470-80 einbezogen. Möglich ist, dass er vorher als Seitenaltar gedient hat. Der Altar ist der einzige Marienaltar in Ostfriesland, der noch vollständig erhalten ist. Alle anderen sechzehn vorreformatorischen Altäre, die während des protestantischen Bildersturms nicht aus den Kirchen entfernt wurden, sind Kreuzigungsaltäre. Der Buttforder Altar überlebte unbeschadet, weil darauf Maria als Mutter Jesu und nicht als Himmelskönigin dargestellt wurde. Die Predella mit den gemalten Evangelisten, die in Rankenwerk aufgelösten seitlichen Ohren wie auch die aufgemalten Sprüche auf der Unterseite des Baldachins entstanden laut Inschrift 1656. Im Mittelschrein des Schnitzaltars **(Abb. 31)** erscheint im Relief die Anbetung der Heiligen Drei Könige als lebhaft bewegte Szene, man beachte nur den Knappen ganz rechts, der den Pferdekopf hält und das Christuskind, das den Arm nach dem Geschenk des ältesten Königs ausstreckt. Auf dem linken Flügel sieht man die Geburt Christi, auf dem rechten seine Beschneidung im Tempel. Die Holzreliefs haben ihre einstige farbige Fassung verloren, wodurch die Feinheit der Schnitzereien deutlich zum Ausdruck kommt. Der Goldhintergrund ist modern, die Baldachine sind original.

Drei bedeutende spätmittelalterliche **Holzfiguren** sind auf Konsolen an den Wänden angebracht beziehungsweise in die Fensterlaibung gestellt worden: eine Thronende Madonna aus der Mitte des 14. Jahrhunderts, Maria mit dem Kind auf einer Mondsichel, die von einem Engel im Gewand eines Diakons getragen wird und eine Pietà. Die beiden letzteren Plastiken stammen aus der 2. Hälfte des 15. Jahrhunderts.

31 Schnitzaltar, Detail

An der Westseite des Kirchenschiffes sieht man den Junkerstuhl von 1703 für den Patron der Kirchengemeinde, Edzard von Specht, aus dem adligen Gut Erichswarfen. In der Südostecke des Chores steht an der Wand eine romanische trapezförmige Grabplatte **(Abb. 32)** des späten 12. Jahrhunderts aus gelbem Sandstein mit einem Keulenkreuz, wie es ähnlich in Suurhusen, Marienhafe und Petkum vorkommt. Eine zweite romanische Grabplatte des 12. Jahrhunderts wurde 1642 für Friedrich Hinrichs Hilgemann wiederverwendet, dabei rechteckig behauen und unter Beibehaltung des romanischen eingeritzten Kreuzes mit einer neuen Randschrift versehen. Weiterhin besitzt die Kirche einen Taufstein und ein Weihwasserbecken aus Granit, welche wegen der einfachen Formen schwer zu datieren sind. Sie werden vermutlich noch dem 12., spätestens aber dem frühen 13. Jahrhundert zuzurechnen sein.

Blersum erreicht man von Buttforde aus, indem man nach Burhafe zurückfährt, in der Ortsmitte nach links abbiegt und nach zweieinhalb Kilometern dort ankommt. Die *****lutherische Kirche (Abb. 33)** (Notiser Weg 9) liegt nördlich abseits der Hauptstraße nach Wittmund. Sie wurde um 1250–60 auf einem Granitsockel als rechteckiger Backsteinbau mit Ostapsis erbaut. Sowohl den Ost- als auch den Westgiebel hat man im Barock durch Walme ersetzt. Das Innere war bis 1698 in drei Jochen gewölbt, die starken, reich profilierten Wandpfeiler und die Schildbögen sind noch zu großen Teilen vorhanden. Dicht vor die Apsis setzte man 1698 einen Glockenstuhl aus zwei Parallelmauern und einem Pyramidendach.

32 Grabplatte

Nach dem Einsturz der Gewölbe erhielt das Schiff eine Balkendecke und die Apsis eine neue, gedrückt wirkende Kalotte. In ihr ragt auf der mittelalterlichen Mensa **(Abb. 34)** der Altaraufsatz von 1649 empor, der von Meister Jacob Kröpelin aus Esens geschaffen wurde. Sehr kräftige ionische Säulen flankieren das Mittelbild mit dem gemalten Abendmahl, darüber die Kreuzigung und die Grablegung, als Bekrönung die Statue des Auferstandenen mit der Siegesfahne. Der Knorpelstil beherrscht noch die Ornamentik. Der zylindrische Taufstein des Bentheimer Typs aus dem 1. Viertel des 13. Jahrhunderts ähnelt mit den vier stilisierten Löwen am Fuß und den beiden Rankenfriesen am Becken stark denen in Suurhusen und Manslagt. Der einfache Kanzelkorb ist eine Arbeit des 18. Jahrhunderts.

33 Luth. Kirche

34 Altar

Das Stadtgebiet Wittmund endet im Norden in Carolinensiel-Harlesiel. Der Ort bildet den Abschluss der über Jahrhunderte erfolgten Eindeichung der Harlebucht. Das Marschengebiet längs der Harle, ein Fluss, der im Broekzeteler Moor entspringt, wurde durch den steigenden Meeresspiegel und die zahlreichen Sturmfluten im 13. Jahrhundert vollkommen überflutet und machte Wittmund zeitweise zur Hafenstadt. Mit der Schließung der großen Flutrinne durch die Anlage eines Siels um 1400 begann die Phase der Landrückgewinnung. Nach und nach wurde neues Land eingedeicht und durch ein neues Sielbauwerk abgeschlossen: Berdumer Großriege 1570, Berdumer Altengroden 1637, Enno-Ludwig-Groden 1658, Klein- und Groß-Charlottengroden 1679 und Carolinengroden 1729. Bei den drei letztgenannten Groden war die ostfriesische Landesherrschaft Namensgeber. Nördlich von Carolinensiel schließen sich noch Friedrichsgroden von 1765, benannt nach Friedrich den Großen, und Schwerinsgroden (1833) an. Auch die an den Sielbauwerken errichteten Häfen mit der umschließenden Hafenbebauung wurden nach einer Eindeichung jeweils neu gegründet, so Altfunnixsiel (Mitte 16. Jahrhundert), Neufunnixsiel (1658), Carolinensiel (1729), Friedrichschleuse (1765) und abschließend Harlesiel im Jahre 1956. Innerhalb der eingepolderten Harlebucht sieht man Reste von ehemaligen Deichen, streckenweise verlaufen heute Straßen auf den Altdeichen. Am Fuß dieser Dämme bauten die Landarbeiter ihre kleinen Häuser, da die fruchtbaren Marschen als Siedlungsfläche nicht zur Verfügung standen.

35 Carolinensiel

Der Sielhafenort **Carolinensiel (Abb. 35)** ist eine Gründung aus dem Jahre 1729 auf dem neuen Carolinengroden, unmittelbar westlich der alten Harle, die hier in die offene Nordsee mündete. Veranlasst wurde der Hafenneubau durch den vorletzten Fürsten Ostfrieslands, Georg Albrecht (1690-1734), der dadurch eine wirtschaftliche Belebung „seines" Harlingerlandes bewirken wollte. Benannt hat er den Ort nach seiner zweiten Ehefrau Sophie Caroline von Brandenburg-Kulmbach. Begann der Hafenort mit 23 Wohnplätzen, zählte er 1758 bereits 204 Einwohner und besaß im Jahre 1793 dann schon 749 Einwohner. Mit der Eindeichung des Friedrichsgrodens 35 Jahre nach Gründung des Sielortes wurde das Sielbauwerk wiederum um rund einen Kilometer vorverlegt, der Hafen Carolinensiels blieb aber durch das offene Siel der Friedrichsschleuse auch für größere Segelschiffe gut erreichbar. Die Blütezeit des Hafens lag in der Mitte des 19. Jahrhunderts, als hier gut 60 seetüchtige Schiffe beheimatet waren und drei Windmühlen, vier Brauereien und zwei Werften das Ortsbild belebten.

Dazu zählt auch die auf einem Altdeich errichtete ** **lutherische Deichkirche (Abb. 36)** (Mühlenstraße 2), die zu den schönsten Dorfkirchen des Barocks in Ostfriesland zählt. Weniger durch das Äußere des 1776 erbauten rechteckigen Saalbaus aus Backstein mit einem Westturm, sondern wegen des mit einer Brettertonne abgeschlossenen Innenraums.

Die ursprüngliche Ausstattung aus dem Erbauungsjahr ist lückenlos erhalten und vermittelt deshalb mit dem Kanzelaltar, den Kniebänken, der Westempore mit Orgel von Hinrich Just Müller (1780/81), den Priechen und dem schlichten Kastengestühl am besten den Eindruck vom Inneren einer Dorfkirche des 18. Jahrhunderts in Ostfriesland. Drei schöne Votivschiffe werden in der Kirche aufbewahrt: die Venus von 1776, die Fregatte Alje Mehrings von 1921 und die Dreimastbark Marie Emilie, die 1985 in die Kirche kam. Historisch interessant sind auch die Grabsteine mit Schiffsdarstellungen und Namen hier ansässiger Kapitäne, die am Glockenturm platziert worden sind.

36 Luth. Deichkirche

Sehenswert wegen der maritimen Ausstellungen, aber insbesondere wegen der Gebäude, ist das ***Deutsche Sielhafenmuseum* in Carolinensiel, das sich auf vier Häuser verteilt und den alten Hafen und die umliegende Bebauung mit einbezieht. Gerd Schlechtriem, der damalige Direktor des Schifffahrtsmuseums Bremerhaven, regte 1978 die Schaffung eines Museumshafens an, der exemplarisch für die Sielhäfen der Nordseeküste im historischen Zustand erhalten werde sollte.

Die vom Museum genutzten Gebäude repräsentieren recht gut die Wohn- und Arbeitswelt Ostfrieslands vor der Reichsgründung 1871. Danach gerieten die regional geprägte Architektur, die Sitten und Gebräuche stark in den Einfluss des deutschen Nationalstaats.

Das größte Haus am alten Hafen ist das 1840 gebaute **Groot Hus** (Am Hafen Ost 8), ein Kornspeicher mit Lager-, Wohn- und Geschäftsräumen, die sich auf insgesamt fünf Geschosse verteilen. Die sichtbaren Backsteinfassaden sind nach einem Umbau 1924 verputzt worden. Innen beeindrucken die mächtigen Geschossbalkendecken und die alten Aufzüge zu den Speicherböden sowie eine original erhaltene Getreidesortier- und -reinigungsanlage. Seit 1984 beherbergt das Gebäude einen Teil der Sammlung des Sielhafenmuseums. 1994 kam die **Alte Pastorei** (Pumphusen 3) als weiterer Bestandteil zum Ensemble des Sielhafenmuseums hinzu. Um 1800 als zweigeschossiges, traufenständiges Wohnhaus mit einem dahinter liegenden, langen Getreidespeicher erbaut, diente es seit dem Ende des 19. Jahrhunderts, als die Zeit der Handelsschifffahrt mit Segelschiffen langsam zu Ende ging, als Wohnhaus der hiesigen Pastoren. Weiter westlich, Am Hafen Ost 3, liegt am Kopf des Hafens ein **Kapitänshaus** von 1803 (seit 1997 Teil des Sielhafenmuseums). Zum Hafen hin ist es eingeschossig mit fünf Achsen, davon in der Mitte eine schöne Haustür. Wie alle Gebäude am Hafen ist es auf der Deichkrone errichtet worden und besitzt zum äußeren Deichfuß noch ein Untergeschoss, das als Wirtschaftsteil genutzt wurde. Der freistehende Giebel hat als Giebelohren kleine Sandsteine mit einer Datierung und wird in der Giebelspitze durch einen Sandstein-Aufsatz bekrönt. Interessant sind insbesondere die Innenräume, da sie weitgehend original erhalten bzw. rekonstruiert sind. Der Besucher bekommt einen Eindruck von der anheimelnden Atmosphäre eines solchen Wohnhauses, das mit knarrenden Holzdielen, niederländischen Wandfliesen, alten Möbeln und Butzen ausgestattet ist. Man kann sich vorstellen, wie wohltuend die Rückkehr für die Bewohner war, die den kalten Winden der Nordsee ausgesetzt waren. Weitere Wohn- und Geschäftshäuser am alten Hafen, die fast alle einen historischen Kern besitzen, warten auf ihre fachgerechte Instandsetzung und hafenbezogene Neunutzung. 2005 konnte das Museum mit der **Rettungsstation** an der Friedrichsschleuse ein viertes Haus in Betrieb nehmen. Das bestehende Klinkergebäude ersetzte 1910 eine erste Rettungsstation, die noch ganz aus Holz gefertigt war. Die Station mit hölzerner Ablaufbahn war bis 1945 in Betrieb und beherbergt heute ein restauriertes Ruderrettungsboot mit Zubehör.

37 Luth. Cäcilien- und Margarethenkirche

Verlässt man die Kreisstadt Wittmund Richtung Süden nach Friedeburg, folgt nach etwa fünf Kilometern die Ortschaft **Leerhafe**. An der Kreuzung im Ortskern liegt auf der rechten Seite ein Bauernhaus wohl aus dem 19. Jahrhundert, dessen Wohnhaus deutlich niedriger ist als die anschließende reetgedeckte Gulfscheune. Es handelt sich hier noch um eine ältere Gulfhausform, die im östlichen Ostfriesland anzutreffen ist und als leegbockt Hus bezeichnet wird. In der örtlichen *****lutherischen Cäcilien- und Margarethenkirche (Abb. 37)** (Brinkerstraße 2) sind mehrere Vorgängerbauten ausgegraben worden, darunter auch eine Granitquaderkirche des 13. Jahrhunderts, aus der eventuell noch die Granitquader im unteren Mauerbereich stammen könnten. Der vorhandene spätgotische Saalbau aus Backstein mit einem polygonalen Ostchor wurde in der Zeit um 1500 erbaut. Dabei besteht der Chor aus einem Polygon von vier Seiten, sodass ein Strebepfeiler in der Raumachse liegt, anstelle des üblichen Fensters. Diese für die Spätgotik beliebte Form von Überschneidungen ist auch bei den Chorbauten der Ludgerikirche in Norden und der Kirche in Nesse anzutreffen. Die nördliche Langseite weist ein vermauertes, spitzbogiges Portal mit Blendmaßwerk sowie rundbogige Fenster auf, die Südseite breitere, spitzbogige Fenster. Das Westportal wurde 1861 eingebrochen. Im Westen erhebt sich ein Glockenturm des geschlossenen Typs, ein Bauwerk des 17. Jahrhunderts. Das Kirchenschiff, insbesondere der Chor, und der Glockenturm sind um 1985 umfangreich erneuert worden.

Der Innenraum wird durch eine Balkendecke abgeschlossen. Beim Altaraufsatz **(Abb. 38)** aus der Mitte des 17. Jahrhunderts konnte 1981 die Originalfassung freigelegt werden. In einem Säulenrahmen befindet sich als Mittelbild eine Darstellung der Kreuzabnahme, eine als Stiftung 1889 angefertigte Kopie nach dem berühmten Bild von Rubens. Auf der Altarmensa steht ein Kruzifix als Altarkreuz aus dem Ende des 15. Jahrhunderts. Die beiden Kniebänke vor dem Altar müssen aufgrund ihrer Rokokoformen um 1760 gearbeitet worden sein, die schlichte Kanzel ist datiert auf 1655. Ein trapezförmiger romanischer Grabstein aus dem Ende des 12. Jahrhunderts ist mit dem Keulenkreuz zwischen zwei Stäben ausgeschmückt und ähnelt damit Grabplatten in Buttforde, Funnix, Petkum und Marienhafe. Weiterhin ist noch die Orgel von 1863 zu erwähnen, die von der Orgelwerkstatt der Gebrüder Rohlfs aus Esens unter Verwendung der geschnitzten Ohren einer Vorgängerkirche von 1797 gebaut wurde. In diesen Prospekt kam 1956 ein neues Instrument von Alfred Führer aus Wilhelmshaven unter Verwendung einiger Orgelpfeifen.

Etwas abseits, rund acht Kilometer westlich von Leerhafe, liegt noch das Kirchdorf **Ardorf**. Die dortige **lutherische Kirche** (Bei der Kirche 10) ist ein schlichter Saalbau mit Walmdach. Apsis und Giebel wurden bereits 1844 abgetragen. Die untere Zone des Backsteinbaus ist noch aus Granitsteinen, ebenso die vermauerten mittelalterlichen Portale. Den Bau vollendete man mit Backsteinen, wobei die Wandflächen durch Lisenen gegliedert wurden. Nördlich der Kirche steht ein kleiner geschlossener Glockenturm von 1807. Die Ardorfer Kirche wurde um 1220-40 erbaut, aus dieser Zeit ist wohl auch der auf sechs Säulen gemauerte Taufstein. Kanzel und Prieche stammen aus dem 17. Jahrhundert. Der Altar mit acht Bildtafeln, die ganz auf die Erzählung der Heilsgeschichte verzichten, wurde 1997 von dem Leeraner Künstler Hermann Buß geschaffen. Die Orgel baute Johann Gottfried Rohlfs aus Esens 1844-47. Sie wurde 2003 restauriert.

38 Altar

Gemeinde Friedeburg
mit Friedeburg, Reepsholt, Etzel, Horsten und Marx sowie die Herrlichkeit Gödens mit Neustadtgödens und Dykhausen

Während die Gemeinden Esens und Wittmund zum Harlingerland gehörten, kam das damalige Amt Friedeburg erst im 19. Jahrhundert zum damals neu gebildeten Landkreis Wittmund. Das Gebiet der heutigen Gemeinde Friedeburg lag im friesischen Gau Östringen. Zur Friedeburg, ein befestigtes Steinhaus, gehörten die Kirchspiele Marx, Wiesede, Etzel und Horsten. Im Rahmen der Gebietskämpfe mit den Oldenburgern wurde die Friedeburg als Grenzfeste ausgebaut und 1481 in die Grafschaft Ostfriesland eingegliedert. Das damals noch selbstständige Harlingerland kam erst im Jahre 1600 durch den Berumer Vertrag zur Reichsgrafschaft Ostfriesland. Nach dem Aussterben des ostfriesischen Fürstenhauses 1744 fiel auch Friedeburg unter preußische Verwaltung, danach aufgrund der Abmachungen des Wiener Kongresses von 1814/15 an das Königreich Hannover. König Georg III. gliederte die Provinz Ostfriesland in 12 Ämter auf. Eines davon wurde das Amt Friedeburg. Das Amt wurde 1884/85 in den neuen Landkreis Wittmund eingegliedert. Mit der Gemeindereform 1972 wurde die Herrlichkeit Gödens, die zum östlich gelegenen Friedeburger Gemeindebereich zählte, aufgrund der Nähe zu Sande an den Nachbarkreis Friesland abgetreten. Wegen der langen ostfriesischen Geschichte des Schlosses Gödens und des Ortes Neustadtgödens soll dieser Bereich jedoch noch mit behandelt werden.

Von der südlich des Ortes **Friedeburg** gelegenen, ehemaligen Friedeburg, eine der größten landesherrlichen Burgen Ostfrieslands, sieht man nach der Schleifung der Festungsanlage im Jahre 1763 nur noch einige Erhebungen in den Grünflächen. Auf dem höchsten Burghügel stand bis 1981 eine Wallholländermühle. Heute dient der erhaltene Unterbau als Aussichtsplattform. Daneben steht das stark restaurierte ehemalige Müllerhaus. Es lohnt ein Gang durch die Hauptstraße des Ortes. Das **Rathaus** (Friedeburger Hauptstraße 96/98) besteht in den Hauptbestandteilen aus zwei symmetrisch gegliederten, zweigeschossigen Backsteinbauten. Ursprünglich waren die beiden in den Jahren 1835-37 erbauten klassizistischen Häuser der Verwaltungssitz des Amtes Friedeburg: Das nördliche Gebäude war das Amtsgericht, im südlichen Gebäude waren Verwaltung und die Wohnungen für die höheren Beamten untergebracht. Empfehlenswert ist auch ein Besuch der historischen **Gaststätte Oltmann** (Friedeburger Hauptstraße 79), die sich seit 1804 im Familienbesitz befindet. Neben einer guten Gastronomie findet man hier zahlreiches altes ostfriesisches Mobiliar, besonders schön der originale offene Kamin mit allerlei Zierrat. Es handelt sich bei dem Gebäude um ein typisches ostfriesisches Gulfhaus, welches noch die originalen Blockrahmen-Schiebefenster aus dem zweiten Drittel des 19. Jahrhunderts besitzt. Gleich mehrere sehenswerte Gulfhäuser aus der Zeit 1860-70 sind an der Hauptstraße erhalten, so das Informations- und Gästehaus (**Friedeburger Hauptstraße 60**) am südlichen Ausgang der Straße, welches im Wirtschaftsteil ein kleines Museum beherbergt, oder das privat genutzte Gulfhaus **Friedeburger Hauptstraße 75**. Gegenüber des Rathauses liegt die ehemalige **Gaststätte Altdeutsche Bierstube** (Friedeburger Hauptstraße 91), ursprünglich Poststation und gehobene Schankwirtschaft für die Beamten des Amtssitzes, in der äußeren Erscheinung ebenfalls ein Gulfhaus des 19. Jahrhunderts, jedoch mit einem älteren Zweiständergerüst in Ankerbalkenzimmerung von 1707, das wohl einem Hallenhaus zuzurechnen ist und später zu einem Gulfhaus-Ständergerüst erweitert wurde.

Gut drei Kilometer nördlich von Friedeburg erreicht man **Reepsholt**. Der Ort wurde als Ripesholt bereits im Jahr 988 erwähnt. Um diese Zeit vermachten die Schwestern Reingard und Wendila ihre Höfe in Hripesholt und Moore der Kirche, um ein Kloster zu stiften. Erzbischof Adaldag von Bremen sicherte diese Stiftung 983 sowie 988 rechtlich ab und bestimmte für sie die Augustinische Regel. Über vier Jahrhunderte hindurch waren hier zwölf Kanoniker tätig. Sie widmeten sich dem geistlichen Amt, mehr aber noch den Wissenschaften und Künsten, bis das Stift so verarmt war, dass Erzbischof Nikolaus von Bremen es 1434 auflöste. Die nahe der Kirche stehenden Kloster-

39 Luth. St. Mauritius-Kirche, Turmruine

bauten verschwanden schon vor der Reformation. Als Gräfin Theda 1474 die Kirche belagern ließ, in der sich Cirk von Friedeburg verschanzt hatte, wurde der Turm zur Ruine (Abb. 39), so wie er heute noch dasteht.

Aus der Propsteikirche wurde nach der Reformation die **lutherische St.-Mauritius-Kirche (Abb. 40)** (Frieslandstraße 1), eine beachtlich große Saalkirche mit einem Querschiff und einem polygonalen Chor im Osten sowie der Turmruine im Westen. Ein Neubau als Ersatz für einen Vorgängerbau aus der Zeit um 1200 wurde offensichtlich vom späten 13. Jahrhundert an von Westen nach Osten neu erbaut. Während am Turm noch die romanischen Formen mit Rundbogenfenstern und Bogenfriesen dominieren, treten am Langhaus bereits große, schlanke Spitzbogenfenster auf, die fast die ganze Backsteinwand über dem Sockel aus Granitquadern einnehmen. Die Portale sind hier wie auch im Querschiff immer noch rundbogig aus Granit, sodass man vermuten muss, die Kirche sei bis zur Mitte des 13. Jahrhunderts in ihrer gesamten Ausdehnung bereits in Granit angelegt gewesen, als man sich danach entschloss, in Backstein weiter zu bauen. Das Querschiff erhielt dann schon um 1300 breite Spitzbogenfenster mit einfachem Maßwerk, wie es sich bei den Chorfenstern des Polygons aus sieben Seiten eines Zehnecks fortsetzt. Die Kanten des Polygons sind mit dreieckigen Strebepfeilern besetzt, wie dies in der Zeit um 1300 bei der St. Petrikirche in Soest, bei der Kirche in Holwierde (Provinz Groningen) oder in Niederhaslach (Elsass) vorkommt.

40 Südseite

41 Kirchenschiff

Man betritt das Innere von Süden durch einen dunklen, holzverkleideten Vorraum von 1855 und gelangt dann in den 1887 ebenfalls in dunkler, ornamentaler Farbgebung gehaltenen, 1990/91 restaurierten Kirchenraum (Abb. 41), der im Westen durch den Vorraum und einen anschließenden Zwischenraum zum Turm hin fast um die Länge eines Joches verkürzt wurde. Die Gewölbe sind durch eine hölzerne Flachdecke ersetzt worden. Die aus kräftigen Runddiensten bestehenden Wandvorlagen und die Schildbögen der drei Joche des Schiffes, der Querschiffarme und des Chorpolygons gliedern den Raum nach wie vor. Die ansteigenden Blendbögen beiderseits der Fenster in den Ostjochen folgen wohl dem Vorbild der Klosterkirche von Hude.

Im Dreißigjährigen Krieg forderten in Ostfriesland marodierende Truppen, die hier ihre Winterquartiere aufschlugen, einen hohen Blutzoll und ließen die Bevölkerung verarmen. Die Kirche in Reepsholt wurde von Soldaten des Grafen Mansfeld geplündert und verwüstet. Die verarmte Kirchengemeinde konnte den Kirchenraum kaum nutzen, sie trennte deshalb den Westteil der Kirche ab und stattete nur den zum Gottesdienst genutzten Ostteil neu aus. So stiftete der Friedeburger Drost

Warnier von der Hude 1647 das große Altarretabel, das ebenso wie die beiden Kniebänke, vom Tischler und Bildschnitzer Jacob Kröpelin aus Esens 1646/47 geschaffen wurde. Kräftige kannelierte Säulen rahmen das Relief mit dem Abendmahl, darüber eine Kreuzigung mit der Silhouette Jerusalems im Hintergrund, vor der sich Gebäuderuinen erheben, von denen die Überlieferung meint, es handele sich um die Kirche und andere Gebäude Reepsholts. An der Südseite des Chores steht ein einfacher Taufstein aus Granit um 1200. Daneben befindet sich eine um 1650 entstandene hölzerne Verkleidung des Beckens, die nun abgenommen wurde. Sie zeigt zwischen Eckpilastern gemalte Tugenden.

An der Bohlentür der um 1300 eingerichteten Sakramentsnische verdienen die prächtigen Beschläge besondere Beachtung. Das qualitätvolle Epitaph für den Amtmann J. H. Stammler trägt das Datum 1667 und zeigt in der Mitte die Kreuzigung mit der betenden Stifterfamilie, an den Seiten die Symbolfiguren von Glaube, Liebe und Hoffnung.

Besondere Schmuckstücke sind die ***Kronleuchter**. Der schmiedeeiserne Leuchter im südlichen Querschiff, in dessen Mitte ein Hirschgeweih befestigt ist, ist der älteste. Er stammt aus dem 15. Jahrhundert. Der Messingleuchter vorm Altar ist eine verkleinerte Nachempfindung des Hezilo-Leuchters von 1061, der im Dom zu Hildesheim hängt. Er wurde der Kirche 1889 von einer Witwe aus Reepsholt gestiftet. Der im Stil des 19. Jahrhunderts reich verzierte Leuchter trägt auf seinem Reif die zwölf Türme und zwölf Tore des himmlischen Jerusalem, frei nach der Offenbarung des Johannes. Die übrigen Leuchter sind flämische Arbeiten, der mittlere ebenfalls eine Stiftung. Die Kanzel von 1845 ist eine freie Nachbildung der Arbeiten von Jacob Kröpelin.

Die **Orgel** auf der Empore vor dem nördlichen Kreuzarm entstand 1788/89 durch Johann Friedrich Wenthin aus Emden. Ihr Prospekt ist stärker als ältere Beispiele von spätbarocken Gestaltungsformen geprägt. Dies äußert sich im Vor- und Zurückspringen der neun Achsen, im Auf- und Abschwingen der Abschlussprofile. Er ist durchweg zweigeschossig angelegt als Konsequenz aus der Existenz zweier Werke, dem Hauptwerk unten und dem Oberwerk darüber. Ähnlich ist der Aufbau der ebenfalls von Wenthin geschaffenen Orgel in Groothusen. Einziger Hinweis auf den nahen Klassizismus sind die bekrönenden Vasen auf den Pfeifentürmen und die sparsame Ornamentierung mit dem Verzicht auf Schleierbretter. Die Prospektpfeifen sind erneuert worden, desgleichen wurde die Farbgebung rekonstruiert. Viele der Register stammen noch von Wenthin. Nach Auffassung der Orgelfachleute ist die Orgel in Reepsholt nach der Restaurierung durch den Orgelbauer Bernhardt Edskes 1992/93 das klangvollste Instrument Wenthins. In den Jahren 2002 und 2003 wurde die Turmruine in der Substanz gesichert und in dem abgetrennten Westteil entstand unter dem Namen Oll´Kark ein Ort der Stille und des Gebets. Hier wird ein Weihwasserbecken aus Granit aufbewahrt, das lange Zeit in einem Garten in Abickhafe seinen Platz hatte.

Die Fahrt führt weiter in das östliche Gemeindegebiet nach **Etzel**, rund drei Kilometer von Friedeburg entfernt. Wie viele andere Kirchdörfer in Ostfriesland war auch Etzel im späten Mittelalter Sitz eines Häuptlings mit einem befestigten Steinhaus. Unter Etzel liegt ein großer Salzstock, der heute als Kavernenspeicher genutzt wird. Mit circa 40

Kavernen für die Einlagerung von Erdöl und Erdgas gilt diese Anlage als eine der größten der Welt.

Die dortige ***lutherische St.-Martinus-Kirche** (Abb. 42) (Kirchweg 4) wurde als romanische Saalkirche in der Zeit um 1240 auf einem Granitsockel mit Backsteinen erbaut. Ursprünglich hatte sie eine Apsis. In ihrer Ostwand sind noch zwei Rundbogennischen mit einer Tiefe von circa 60 Zentimetern erkennbar, die neben dem Triumphbogen vermutlich Altäre aufnahmen. Auf der südlichen und nördlichen Langseite wurde später je ein einfach abgetrepptes Rundbogenportal vermauert. Die Fenster sind alle 1829 verändert worden. Der Glockenturm von 1660 im Südwesten ist zugleich als Torturm ausgebildet und hat ein Pyramidendach mit einem Dachreiter.

42 Luth. St. Martinus-Kirche

Der Innenraum war wohl immer flachgedeckt. Das aufwändigste Ausstattungsstück ist das **Altarretabel, (Abb. 43)** das zwar nicht signiert ist, aber sofort wegen der großen Ähnlichkeit mit dem von 1698 in Engerhafe als Arbeit von Meister Hinrich Kröpelin aus Esens, dem Sohn des Jakob Kröpelin, der unter anderem den Altar in Reepsholt schuf, zu erkennen ist. In der Predella ist Christi Geburt dargestellt, im Hauptfeld zwischen gewundenen Säulen das Abendmahl mit vollfigurigen Gestalten um den Tisch gruppiert, darüber die Kreuzigung und oben die Auferstehung. Auch Ornamentik und die Kniebänke sind fast identisch mit denen in Engerhafe. Das Datum 1714 erscheint recht spät für die Herstellung. Vielleicht wurde das Altarretabel um 1680–90 für die Kirche in Esens gearbeitet und 1714 nach Etzel übertragen, als man dort einen neuen Altar aufstellte. Eine andere Quelle besagt, dass der Altar 1714 gestiftet und von Meister Andreas Schnörwangen aus Aurich geliefert worden ist. Möglicherweise hat er den Altar aus einer anderen Kirche übernommen und weiter veräußert. Die Kanzel zeigt ebenfalls die Handschrift von Hinrich Kröpelin aus Esens, auch sie wird um 1680-90 gearbeitet worden sein. Zwischen den Ecksäulen des Korbes sieht man in den Feldern die vier Evangelisten. Von einem älteren, auf 1617 datierten Retabel blieb ein Beschlagwerkrahmen mit Inschriften erhalten, heute an der Nordwand des Kirchenschiffes angebracht. Der aus Etzel stammende Apotheker Albertus Seba, einer der bedeutendsten Naturwissenschaftler des Barocks und wohlhabender Bürger in Amsterdam, stiftete 1713 den achteckigen hölzernen Taufständer, der mit Evangelisten und Aposteln bemalt ist und einen Messingdeckel hat. Auch die beiden Gemälde mit der Signatur „Petter van Alfem den 30. Oct 1713" verdankt die Gemeinde ihm. Von der 1864 durch Gerd Sieben Janssen aus Aurich gelieferten Orgel blieb nur der Prospekt erhalten, das Werk wurde 1928 durch Furtwängler & Hammer erneuert und 2007 vom Orgelbaumeister Bartelt Immer restauriert.

43 Altar

Gegenüber der Kirche liegt ein von der Dorfgemeinschaft in den Jahren 1986/87 restauriertes **Landarbeiterhaus** (Haferlander Weg 2), das anschaulich die Wohnverhältnisse der kleinen Leute im 19. Jahrhundert widerspiegelt. Der Kern des Hauses ist älter, das Hausgerüst wird wohl dem 17. Jahrhundert zuzurechnen sein.

Landkreis Wittmund — ARCHITEKTURFÜHRER OSTFRIESLAND

44 Luth. St. Mauritius- Kirche

Rund dreieinhalb Kilometer weiter östlich liegt das Dorf **Horsten,** ein seit über 5.000 Jahren genutzter Siedlungsort auf einem Geestsporn. Bekannt ist der dort 1963 aufgefundene Sonnenstein von Horsten aus der Bronzezeit, der um ein Mittelloch 17 konzentrische Kreise aufweist. Er wird in der Horster Schule aufbewahrt. Die dortige *lutherische St.-Mauritius-Kirche (Abb. 44) (Kirchstraße) ist als eine romanische Saalkirche aus Backstein über einem Sockel aus Granitquadern um 1250 erbaut worden. Bei ihren Längswänden setzen in drei Fünfteln der Höhe Lisenen an, durch die je drei querrechteckige Felder gebildet werden. In jedem Feld sitzt relativ hoch ein mit einem Wulst profiliertes Rundbogenfenster, die in der Südwand wurden später vergrößert. Die Apsis weist ebenfalls eine Lisenengliederung auf, die ungegliederte Partie oberhalb des Gesimses stammt von der Aufstockung 1786. Der Glockenturm des geschlossenen Typs mit Zierankern, datiert 1645, aus dem 13. Jahrhundert steht im Osten der Kirche. Dort wird auch ein altes Uhrwerk, wohl aus dem 17. Jahrhundert, aufbewahrt.

45 Kirchenschiff

Der Innenraum **(Abb. 45)** hatte wohl von Anfang an eine hölzerne Flachdecke und entspricht in seiner Schlichtheit noch den Intentionen der Romanik. Aus dieser Zeit ist der Steinaltar aus Granitblöcken erhalten. Ebenfalls fand man 1981 Reste eines Lettners und eines Seitenaltars an der nördlichen Chorgrenze. In der Apsis befinden sich noch vier Aufbewahrungsnischen. Die Wölbung der Apsis wurde 1786 abgebrochen, die halbrunde Wand bis unter die Decke hochgeführt. Der Altaraufsatz aus der Mitte des 17. Jahrhunderts besteht aus einem unteren Gemälde des Abendmahls und einem oberen der Kreuzigung zwischen rahmenden Säulen und seitlichen Ornamentohren. Die Kniebänke tragen das Datum 1684. Die Raumecken beiderseits der Apsis füllen der Beichtstuhl und die Prieche, beide sind datiert auf 1698. Die Kanzel an der Südwand ist wohl gleichzeitig mit ihrer Galerie und Treppe, also 1655, entstanden und stammt von Meister Jacob Kröpelin aus Esens. Den Kanzelkorb schmücken zwischen Ecksäulen Reliefs mit den Darstellungen der Anbetung der Könige, der Kreuzigung, Auferstehung (hier befindet sich das Meisterzeichen IK) und Himmelfahrt Christi. Auf dem Schalldeckel stehen die Statuetten der vier Evangelisten. Eine Inschrifttafel aus der Zeit um 1730 mit Bandelwerk stellt zwei Pastoren dar. Der Messingkronleuchter ist datiert auf 1732.

Die *Orgel auf der gleichzeitig entstandenen Westempore ist das einzige Werk des Meisters Samuel Schröder aus Jever, der 1731 den Auftrag erhielt und ihn 1733 erfüllte. Der seit 1985 von späteren Übermalungen befreite Prospekt lässt seitdem die Qualität seiner Schnitzereien in Eichenholz wieder sichtbar werden. Der Prospekt hat einen Mittelteil im klassischen Aufbau von polygonalem Mittelturm, seitlich anschließenden, doppelgeschossigen Flachfeldern und dreieckigen Seitentürmen, an die hier jedoch die großen äußeren Pedaltürme anschließen. In großzügigem, durchbrochenem Rankenwerk sind die Ohren und Schleierbretter geschnitzt. Das Instrument erlitt eine Beeinträchtigung, als 1907 barocke Register durch solche der Romantik ersetzt wurden und 1917 die Prospektpfeifen abgeliefert werden mussten. Sie wurden 1927 durch Zinkpfeifen ersetzt. Alfred Führer aus Wilhelmshaven rekonstruierte die barocke Disposition 1955/56. Vom Hauptwerk Schröders sind nur noch fünf von neun Registern erhalten, vom Brustwerk die Hälfte der sechs Register.

Am Rande des Friedhofes steht das **Alte Pfarrhaus** (Kirchstraße 2) aus der Mitte des 19. Jahrhunderts, das im Kern ein älteres Hausgerüst aufweist. Es ist 2017 vorbildlich instand gesetzt worden und hat auch im Inneren einige interessante Baudetails aufzuweisen. Sehenswert ist die zweistöckige **Galerieholländermühle** (Hauptstraße 5) von 1838 der Müllerfamilie Erks. Sie ist die einzige erhaltene Windmühle im Landkreis Wittmund, in der noch Mahlbetrieb stattfindet.

Um zum letzten, weit südlich gelegenen Dorf des Landkreises Wittmund zu gelangen, muss man über Horsten auf der B 436 zurück in westlicher Richtung bis zur Einmündung in die B 437 fahren, in diese nach links einbiegen und ist dann nach anderthalb Kilometern in **Marx**. Der Abstecher lohnt sich, denn mit der *****lutherischen St.-Marcus-Kirche** (Abb. 46) (Hauptstraße 31) erwartet den Besucher eine der am besten erhaltenen Granitquaderkirchen, bei der sich sogar die halbrunde Apsis noch ganz in der originalen romanischen Gestalt erhalten hat. Der Saalbau wird in der 2. Hälfte des 12. Jahrhunderts erbaut worden sein. Von seinen kleinen, hoch sitzenden Rundbogenfenstern ist auf der Südseite nur das westlichste unverändert geblieben, die anderen wurden später mit neuer Backsteinlaibung vergrößert. Auf der Nordseite ist der Befund stets besser. Beide Rundbogenportale wurden, wie vielfach bei ostfriesischen Kirchen, vermauert. Die Westwand und ein Teil der Mauerkrone wurden 1841 in Backstein erneuert. Die Apsis hatte ursprünglich ein tiefer sitzendes Dach in Form eines halben Kegels. Sie wurde mit Granitquadern bis auf die Höhe des Schiffes hochgemauert und dessen Dach in gleicher Höhe als polygonaler Walm fortgesetzt.

46 Luth St. Marcus Kirche

Das Innere (Abb. 47) mit der Balkendecke und dem von oben einfallenden Licht hat seine romanische Raumform vorzüglich bewahrt. In der Nordwand des Chores befindet sich eine Nische, die als Sakramenthäuschen gedient haben könnte. Sie wird durch ein rot gemaltes Mäanderband eingefasst und trägt als oberen Abschluss ein Kreuz. Das älteste Ausstattungsstück ist ein Weihwasserbecken aus dem 12. oder frühen 13. Jahrhundert. Seit 1695 benutzt die Gemeinde einen hölzernen Taufständer in der Gestalt eines Kelches mit einem gewölbten Deckel und einer sechseckigen Fußplatte auf sechs Käsefüßen, wie sie bei barocken Schränken üblich sind. Der Kruzifixus auf dem Altar, der schmucklose Kanzelkorb und ein kleines Gemälde des Abend-

47 Kirchenschiff

mahls wurden gleichzeitig mit dem Taufständer beschafft. Die Westempore aus der 1. Hälfte des 17. Jahrhunderts wurde 1797 neu mit der Darstellung von Christus und den Zwölf Aposteln bemalt. Die dort stehende Orgel in zierlichen Biedermeierformen trägt das Datum 1830. 2002 wurde das Instrument umfassend restauriert und sein ursprünglicher Klang wiederhergestellt. An der Nordostecke des Kirchhofes steht der kleine Glockenturm des geschlossenen Typs, wohl aus dem 13. Jahrhundert, mit großen Schallöffnungen nach allen vier Seiten. Die Glocken stammen aus dem 18. und 19. Jahrhundert.

48 Schloss Gödens

Herrlichkeit Gödens

Obwohl seit 1972 nicht mehr verwaltungsmäßig zum Landkreis Wittmund zählend, gehört die ehemalige **Herrlichkeit Gödens** mit dem Wasserschloss Gödens und dem von dort aus gegründeten Ort Neustadtgödens eng zur ostfriesischen Geschichte. Der Begriff Herrlichkeit leitet sich von Herrschaft ab und bezeichnet den Herrschaftsbereich eines friesischen Häuptlings. Das erste Steinhaus der Gödenser Häuptlinge stand in Altgödens. Nach der Zerstörung dieses Steinhauses in der Sächsischen Fehde (1514-17) begann der Besitzer der Herrlichkeit, Hicko von Oldersum, 1517 mit dem Bau einer neuen Burg. Sie bestand aus zwei Flügeln mit einem im Winkel platzierten Treppenturm. Diese Bauten bilden noch heute den Kern des ***Gödenser Schlosses (Abb. 48)** (Gödens 1). Das Wasserschloss ist von einer dreifachen Wasseranlage umgeben: dem inneren Wassergraben um das Schloss, einem weiteren breiten Graben, der die Wirtschafts- und Verwaltungsgebäude umschließt und dem äußeren Grabensystem, das auch den Park umfasst und gliedert. Die Schlossanlage wird über ein farbig gefasstes Torgebäude mit einem Chronogramm erschlossen. Aus den Großbuchstaben, als römische Zahlen gelesen, ergibt sich das Erbauungsjahr 1653. Gleich auf der rechten Seite befinden sich Wirtschaftsgebäude, dahinter im Park eingebettet ein Mausoleum aus dem Jahre 1789, weiterhin eine größer Freifläche (Teil des ehemaligen Schlossgartens), die von einer Küchenmauer und einer Orangerie aus der Zeit um 1700 gerahmt wird. 1669 brannte der Westflügel der alten Burg ab, wurde aber im repräsentativen Stil eines Schlosses durch Freiherr Haro Burghard von Frydag, der als Reichshofrat in Wien über entsprechende Geldmittel verfügte, in den Jahren 1671-89 wiederaufgebaut. Auch ließ er den neuen Flügel mit einem über zwei Geschosse laufenden, reich geschmückten Sandsteinportal ausstatten. Zur Parkseite wurde der Neubau mit vorspringenden Seitenrisaliten betont. Hinter dem südlichen Risalit befindet sich der Barocksaal. Dieser rund neun Meter hohe Saal zählt mit der großen Eingangshalle zu den beeindruckenden Repräsentationsräumen des Schlosses. Die Wände im Saal sind mit bemalten Leinwänden aus der Zeit um

1690 ausgestattet. Sie zeigen neben Architekturdarstellungen jeweils an drei Wänden übergroße Szenen aus der griechischen Mythologie und an der Kaminwand eine gleichfalls überdimensionierte Darstellung der Justitia als Hinweis auf die eigenständige Gerichtsbarkeit der Herrlichkeit Gödens. Diese prachtvollen Darstellungen, die in den letzten Jahren mit erheblichen Mitteln, unter anderem mit Hilfe der Deutschen Stiftung Denkmalschutz, restauriert wurden, werden dem Maler Augustin Terwesten (1649-1711) zugeschrieben, vielleicht hat auch sein Bruder Matthäus (1670-1757) daran mitgewirkt. Augustin Terwesten war in Den Haag tätig und wurde ab 1692 Hofmaler des preußischen Königs Friedrich I. in Berlin. Mit seinem Bruder hat er dort unter anderem das Schloss Charlottenburg ausgestattet. Diese Werke in Berlin gingen im Bombenhagel 1943 verloren. Ebenfalls überraschend und imposant ist die erst 1883-86 in dieser Größe geschaffene Eingangshalle mit einer Galerie und der erhaltenen Barocktreppe. Geprägt wird das Vestibül, das vor allem den Jagdgesellschaften diente, von den schweren friesischen Barockschränken und den zahlreichen Familienportraits aus vier Jahrhunderten. Auch die weiteren Räumlichkeiten im Schloss sind mit Kaminen, frühen Kachelöfen, Deckengemälden, Gobelins und altem Inventar reich ausgestattet. Das Schloss wird für Veranstaltungen, wie die seit Jahren erfolgreiche Landpartie und den stimmungsvollen Weihnachtsmarkt, aber auch für klassische Konzerte für Besucher geöffnet. Auch die restaurierte Orangerie kann für Feierlichkeiten oder Seminare genutzt werden.

Religiöse Toleranz hat die Gödenser Herrlichkeitsbesitzer stets ausgezeichnet. Schon 1544 gestatteten sie flüchtigen Taufgesinnten eine Niederlassung am neu erbauten Gödenser Siel, das über eine 1511 entstandene Bucht Zugang zur Nordsee hatte. Die kleine Ansiedlung am Sielhafen, **Neustadtgödens** genannt, entwickelte sich durch den Zuzug weiterer Glaubensflüchtlinge zu einer niederländisch anmutenden Kleinstadt mit giebelständigen Häusern, dicht nebeneinander in drei Straßenzügen aufgereiht. Dieses geschlossene städtebauliche Bild hat sich bis heute erhalten. Nicht zu Unrecht ist Neustadtgödens als schönster Ort des Landkreises Frieslands mehrfach ausgezeichnet worden. Insgesamt waren fünf Glaubengemeinschaften im neu gegründeten Ort vertreten, die dort auch ihre Gotteshäuser errichten durften. Alle Kirchengebäude sind erhalten geblieben. An städtebaulich wichtiger Stelle, dort, wo die heutige Kirchstraße eine Biegung macht, wurde 1695 die *lutherische Kirche (Kirchstraße 36) erbaut, die 1714 den ortsprägenden Eingangsturm mit offener Laterne und einem prächtigen Sandsteinportal erhielt. Ein Jahr später, im Jahre 1715, durften dann die Reformierten einen Kirchenbau in der Staustraße errichten. Ebenfalls 1715 wurde die *katholische St. Joseph-Kirche (Paterei 4) als erste katholische Kirche Ostfrieslands nach der Reformation gebaut. Sie liegt nördlich des Ortes etwas abgelegen am Sieltief. Lange Zeit mussten die **Reformierten** im Ort die benachbarte Dykhausener Kirche besuchen, bis sie dann in der **Staustraße 6** ihr eigenes Gotteshaus errichten konnten. Nach dem Zweiten Weltkrieg wurde die Kirche aufgegeben und der markante Dachreiterturm demontiert. Heute ist das alte Kirchengebäude mit dem angefügten kleinen Pfarrhaus in Privatbesitz. An der **Brückstraße 33** bauten dann 1741 die **Mennoniten** ihr hübsches, an der Straßenfassade mit sechs Pilastern gegliedertes Kirchengebäude. Dort ist nunmehr ein Café untergebracht. Als in der Mitte des 19. Jahrhunderts die jüdische Gemeinde auf fast 200 Personen angewachsen war, sie lebten schon seit 1639 im Ort, baute sie sich 1852 ein *****Synagoge** (Kirchstraße 37). Das Gebäude hat die Pogromzeit nur deshalb überstanden, weil es vorher verkauft werden musste. Die Straßenfassade wurde, nachdem sie für die Nutzung als Kraftfahrzeughalle entstellt worden war, 1987 weitgehend wiederhergestellt. In der Synagoge ist heute eine Stätte der Erinnerung an das jüdische Leben in Friesland eingerichtet.

Ein Rundgang durch den Ortskern, der ja nur aus drei Straßen besteht, ist empfehlenswert. Neben den Kirchenbauten, von denen die lutherische und die katholische Kirche noch gottesdienstlich genutzt werden und sich eine Innenbesichtigung empfiehlt, seien noch einige profane Gebäude erwähnt. Von den anfänglichen Wohnbauten, meist Leinenweberhäuser, sind nur wenige erhalten. Sie bestanden aus giebelständigen Häusern mit einem Zweiständer-Innengerüst und schmalen Kübbungen, wie z. B. das Haus **Kirchstraße 27**, das dendrochronologisch auf das Jahr 1664 datiert werden konnte. Durch diese Konstruktion konnten die Traufseiten in niedriger Höhe errichtet werden, dadurch wurden weniger von den teuren Backsteinen benötigt. Auch die Giebel waren lediglich mit Bohlen senkrecht verbrettert. An zahlreichen Häusern kann man anhand der Maueranker, die als Zahlen ausgebildet sind und die Jahreszahl der Erbauung abbilden, das Baualter ablesen. In der Regel stammen sie aus der Blütezeit des Ortes im 18. Jahrhundert.

Am kaum noch zu erkennenden alten Hafen am südlichen Ende der Kirchstraße steht die **Alte Waage**, im Kern aus der Zeit um 1580. Ein weiteres öffentliches Gebäude ist das *****Landrichterhaus** (Brückstraße 19), erbaut 1. Hälfte des 17. Jahrhunderts und bis 1743 Sitz des Gerichtes der Herrlichkeit. Heute beherbergt das Haus, das kurz nach 1800 baulich verändert wurde, das *Museum im Landrichterhaus* und besitzt neben einer schönen, bemalten Barockdecke im südlichen Saal zahlreiche Objekte zur Geschichte der Herrlichkeit Gödens. Neben dem Landrichterhaus ist eine Informationstafel mit Informationen für einen Rundgang durch den Ort zu finden. Mühlenfreunde wird der Besuch der beiden Windmühlen am Rande von Neustadtgödens empfohlen. Sowohl die *****Wedelfelder Wassermühle (Abb. 49)** (Timpweg 35), ein Erdholländer von 1844, als auch die *****Oberahmer Mühle** (Abb. auf Seite 42) (Sanderahmer Straße 34), eine 1764 erbaute zweistöckige Galerieholländermühle, sind voll funktionsfähig und werden von engagierten Mühlenfreunden betrieben und gepflegt.

Zur ehemaligen Herrlichkeit Gödens gehörte auch das Dorf **Dykhausen**, hier ist die **reformierte Kirche** (Gödenser Straße 28) von Interesse, die durch ihre Lage auf

49 Wedelfelder Wassermühle

einer steilen Wurt weithin sichtbar ist. Die Saalkirche ist um 1150 als Granitquaderkirche errichtet worden, wurde aber bereits 1385 in einer Fehde zerstört. Beim Wiederaufbau erhielt sie ein Gewölbe, das jedoch wegen Einsturzgefahr 1631, nach anderen Quellen 1707, durch eine Holzbalkendecke ersetzt werden musste. Die Kirche war bis zur Einführung des reformierten Glaubens 1530 dem Heiligen Jakobus gewidmet. 1911 erhielt die Kirche als Ersatz für den einsturzbedrohten Glockenstuhl einen in den Baukörper eingestellten, hohen Westturm. Das Dach und das Kircheninnere wurden 1942 durch eine Brandbombe zerstört. 1950 ist die Kirche dann in schlichter Form wiederhergestellt worden.

Samtgemeinde Esens
mit Esens, Neuharlingersiel, Werdum, Thunum, Stedesdorf, Dunum und Fulkum

Durch die günstige Lage zur Nordsee mit einem Hafen bei Hayungshaus und als Endpunkt dreier Handelswege, dem Holtriemerweg zur Stadt Norden, einem Weg über Dunum zur Stadt Aurich und dem Falsterweg nach Wittmund hatte **Esens** gute Voraussetzungen als Marktort, in dessen Mittelpunkt bereits Mitte des 12. Jahrhunderts eine Kirche stand. Gleichzeitig wurde Esens Hauptort des Harlingerlandes und Sitz einer Vizepropstei. Nachdem der Landeshäuptling und spätere Reichsgraf Ulrich I. Cirksena die Tochter des Häuptlings Wibet von Esens geheiratet hatte, erbte er die Herrschaften Esens und Stedesdorf. Er übertrug sie seinem Neffen und Gefolgsmann Sibet Attena. Dieser wurde wegen seiner Treue zum Hause Cirksena 1464 zum Ritter geschlagen. Ihm war es gelungen, 1456 Burg und Herrschaft Wittmund zu erobern und mit Esens zum Harlingerland zu vereinen. Sein Sohn Hero Omken und noch mehr sein Enkel Balthasar lehnten sich jedoch gegen die Herrschaft der Cirksena auf, wodurch das Harlingerland und besonders Esens in Kriegshandlungen verwickelt wurden. Nach dem Tod von Balthasar erbte dessen Schwester Onna das Harlingerland und der mit ihr verheiratete Graf von Rietberg wurde zu seinem Herrscher. In dieser Zeit erhielt Esens die Stadtrechte (vor 1540). Onnas Enkelin Walpurgis wiederum heiratete 1581 den Grafen Enno III. Cirksena, der durch den Berumer Vertrag das Harlingerland endgültig mit Ostfriesland vereinigte, mit dessen Schicksal von da an Esens verbunden war. Unter den Cirksena wurde Esens Münzstätte. Im Jahre 1755 erließ Friedrich der Große den Befehl, die zum Schloss ausgebaute Esenser Burg abzubrechen und die Befestigungsanlagen zu schleifen. Ein schwerer Luftangriff im Zweiten Weltkrieg vernichtete rund 80 Häuser in der Stadt Esens, unter anderen das Waisenhaus, allein darin kamen 93 Schulkinder und Landjahrmädchen ums Leben. Heute bildet die Stadt mit den umliegenden Orten eine Samtgemeinde.

Stadtplan auf Seite 346

Die ****lutherische St.-Magnus-Kirche** (Am Kirchplatz) ist benannt nach Bischof Magnus von der Trani, der um 250 n. Chr. als Märtyrer starb und dessen Reliquien der Legende nach um 1160 ins Harlingerland kamen. Die Kirche ist 1848-54 durch den hannoverschen Konsistorialbaumeister Friedrich August Ludwig Hellner neu erbaut worden, nachdem man 1847 die alte, zu Teilen aus Tuffstein erbaute Kirche wegen Baufällig-

Landkreis Wittmund   **ARCHITEKTURFÜHRER OSTFRIESLAND**

50 Luth. St. Magnus Kirche

keit abgebrochen hatte. Man behielt den Standort auf dem baumbestandenen Friedhof im Süden bei, der im Norden durch den langgestreckten Backsteinbau der ehemaligen Schule von 1866 begrenzt wird. Die neue Backsteinkirche **(Abb. 50)** trägt die Stilformen des Romantischen Historismus, wie er in Berlin durch die Schinkel-Nachfolge eines Friedrich August Stüler oder Johannes Stracke aus dem Klassizismus durch Verschmelzung mit romanischen und gotischen Elementen entwickelt worden war, das kommt in Esens besonders bei der Apsis zum Ausdruck. Es ist eine stattliche dreischiffige Hallenkirche mit einem breiten östlichen Querschiff, an dem die Apsis liegt. Im Westen ragt der 52 Meter hohe Turm mit seinem spitzen Helm empor. Alle Raumteile des Inneren **(Abb. 51)** haben hölzerne Kreuzgewölbe mit ganz zarten Rippen auf sehr schlanken Bündelpfeilern aus Gusseisen, sodass ein weiter, eleganter Raum entsteht, an den Seiten begrenzt durch die in die Bündelpfeiler eingebundenen Emporen. Der

51 Kirchenschiff

ungewöhnlich gestaltete, auf 1714 datierte Altaraufsatz **(Abb. 52)** wurde, wie die meisten Stücke der Ausstattung, aus dem abgebrochenen Vorgängerbau übernommen. Über der Predella mit der geschnitzten Darstellung des Abendmahls von Jacob Kröpelin aus Esens ragt ein Kruzifix empor, dessen Schnitzer unbekannt geblieben ist. Das Kruzifix, auf einem Totenschädel als Hinweis auf Golgatha stehend, wird von einem großen Rahmen aus durchbrochenen Weinranken umkränzt. Als krönender Abschluss darüber ist die Taube als Symbol des Heiligen Geistes zu sehen. Auch die Marterwerkzeuge sind dargestellt. Unter dem Kreuz stehen trauernd Maria und Johannes. Die Kniebänke mit den Darstellungen von Moses und Luther vor dem Altar schuf Jacob Kröpelin in der für ihn typischen Art mit reicher Ornamentik, wie sie auch am Schalldeckel der von ihm 1674 gearbeiteten Kanzel vorkommt. Am *****Bronzetaufbecken** ist der Name des Gießers vermerkt: 1474 Hinrik Klinghe. Die ursprünglich das Becken tragenden Bronzefiguren sind irgendwann verloren gegangen, sie wurden um 1600 durch vier hölzerne Sphinxen ersetzt, zugleich auch der hölzerne Deckel angefertigt. An der Wandung des Beckens sieht man unter baldachinartigen gotischen Verzierungen ein Kreuzigungsrelief und weitere fünfzehn Darstellungen von Heiligen.

52 Altar

Im nördlichen Seitenschiff wurde der ausgezeichnet gestaltete ****Sandsteinsarkophag (Abb. 53)** des 1473 verstorbenen Häuptlings Sibet Attena aus der Vorgängerkirche aufgestellt. Auf der Deckplatte mit der umlaufenden Inschrift ruht die Gestalt, mit dem Haupt auf einem Kissen liegend. Der Häuptling trägt die Rüstung eines Ritters, zu dem er 1464 von einem Abgesandten des Kaisers in Emden geschlagen wurde. Zu seinen Füßen sitzen zwei wappenhaltende Löwen mit den Wappen der Attena und der Cirksena. Weitere Wappen tragende Löwen sitzen auf den vier Ecken des Sarkophags. Die Seitenwände des Steinsarges sind mit gotischem Maßwerk versehen.

72

Gegenüber im südlichen Seitenschiff hat man mit einer freien Rekonstruktion versucht, das Grabdenkmal **(Abb. 54)** für die 1586 verstorbene Gräfin Walpurgis von Ostfriesland nachzubilden. Dafür verwendete man sechs Figuren, die nach dem Abbruch des Denkmals 1791 am Haus Jücherstraße 11 angebracht waren, dort jetzt durch Kopien ersetzt worden sind. Zwei bedeutende Epitaphe befinden sich auf der Orgelempore. Das aus Sandstein gearbeitete Epitaph aus dem Jahr 1586 für die Gräfin Walpurgis ist in der Form eines Wandgrabes gestaltet, bei dem man die Verstorbene auf einem Sarkophag ruhen sieht, darüber in einem Relief die Auferstehung Christi. Das zweite Sandsteinepitaph ist Johann II., Graf von Rietberg, gewidmet, der 1562 starb. Dargestellt ist die ganze gräfliche Familie, die unter einem Kruzifix betet. Weitere Epitaphe gelten dem Konsul Wiardus Hayen (+ 1642), Armenvorsteher Meinharts (+ 1642), Bürgermeister Wilke Henrichs (+ 1637), Bürgermeister J. B. Hegeler (+ 1693) und Ulrich Scheibler (+ 1650).

53 Sarkophag

An Gemälden wurden aus der alten Kirche die folgenden übernommen: Ein Abendmahl des 17. Jahrhunderts, eine Darstellung von Christus am Kreuz mit Adam und Eva, gestiftet 1637, eine 1815 gestiftete Kreuzigung, die ursprünglich über dem Altar in der Schlosskapelle Berum hing, zwei große Gemälde mit alttestamentlichen Szenen aus dem 17. Jahrhundert und 37 gleichgroße Gemälde von Aposteln und Propheten. Die Bilder waren in der Vorgängerkirche am sogenannten Apostelböhn, was Rückschlüsse auf die beachtliche Größe erlaubt, angebracht und wurden wahrscheinlich vom 1674 in Esens verstorbenen, aus den Niederlanden eingewanderten Maler Johann Heymann gemalt.

Der Prospekt der *****Orgel** von 1848-60 wurde vom Schöpfer der Kirche, Konsistorialbaumeister Hellner, entworfen, ganz im Sinne des zu dieser Zeit beginnenden Anspruchs der Architekten auf Gestaltung auch aller Ausstattungsstücke. Das Werk schuf Orgelbauer Arnold Rohlfs aus Esens. Im Gegensatz zu dessen im Stil des Spätbarock gehaltenen Orgelprospekt in Westerholt von 1840-42 verwendete Hellner spätklassizistische Formen. Ein breites, flaches Mittelfeld schließt oben mit einem Rundbogen ab und enthält im oberen Stock das Oberwerk, darunter das Hauptwerk. Dazwischen

54 Detail

erstrecken sich bis zu den Außentürmen eingeschossige Flachfelder. Die Ornamentik ist eine Mischung von flachen, klassizistischen Formen und fleischigem, eher noch barockem Rankenwerk. Hinter dem wie eine Fassade wirkenden Prospekt verbirgt sich das größte Orgelwerk, das Arnold Rohlfs je gebaut hat. Es besteht aus einem Hauptwerk mit zwölf Registern, von denen noch zehn original sind, einem Oberwerk mit neun Registern, von denen noch vier original sind und einem selbstständigen Pedal mit neun Registern, von denen noch acht original sind. Im Ersten Weltkrieg mussten die Prospektpfeifen abgeliefert werden, beim Einbau von deren Nachbildungen kam es zu einem bedenklichen Eingriff in das

Werk mit dem Austausch von zwei Registern und 1966 erneut zu einer unsachgemäßen Restaurierung. Erst die Instandsetzung durch die Firma Führer aus Wilhelmshaven 1980-83 hat den Originalklang der Orgel zurückgewinnen können.

Auch wenn bedeutende Bauwerke, wie die mittelalterliche Kirche, das Schloss und das schöne barocke Waisenhaus, das nach Vorbild der Franke'schen Anstalten in Halle 1714 errichtet wurde und 1860 einem Stadtbrand zum Opfer fiel, nicht mehr vorhanden sind, weist die **Esenser Altstadt** einige interessante Einzelgebäude auf. Vergleichsweise gut erhalten ist auch das Gesamtbild des Stadtkerns, das im Wesentlichen durch giebelständige Wohn- und Geschäftshäuser des 19. Jahrhunderts geprägt wird. Wie anderswo auch, droht dieses städtebaulich geschlossene Bild durch eine ungesteuerte Bautätigkeit zerstört zu werden. Um auch für den Tourismus attraktiv zu bleiben, sollte die Stadt bauleitplanerische Regelungen treffen, damit der bauliche Wildwuchs, wie bereits in der als Fußgängerzone genutzten Steinstraße zu sehen, gestoppt wird. Von der ehemaligen Stadtbefestigung sind nach den regen Straßenausbauten der letzten Jahrzehnte nur noch Teilstücke der ehemaligen Umwallung vorhanden. Recht anschaulich ist der Süderwall mit einer Baumallee erhalten.

Abschluss des Marktplatzes bildet das heutige ****Rathaus (Abb. 55)** (Am Markt 2), ein stattlicher zweigeschossiger Putzbau mit einem von Kolossalpilastern hervorgehobenen und einem Dreiecksgiebel abgeschlossenen Mittelrisalit. Dieses Bauwerk hat der Kanzleiverwalter Wilhelm von Heespen (1669-1742) kurz nach 1700 errichten lassen, im Kern ist der Vorgängerbau aus dem frühen 16. Jahrhundert erhalten, das Dachwerk wird dendrochronologisch auf die Zeit 1610/15 datiert. Als einer der ganz wenigen adligen Palaisbauten in Ostfriesland hat dieses Barockgebäude einen besonderen Stellenwert. Die Tochter Wilhelm von Heespens, Adelheid Auguste von Wangelin, starb 1758 kinderlos, mit den Mitteln ihres umfangreichen Erbes hatte sie in dem Barockgebäude eine Stiftung für Witwen errichtet, die noch heute besteht. Rund zweihundert Jahre nutzten jeweils vier adlige Damen das Witwenstift. Dann übernahm die Stadt Esens das Gebäude für ihre Verwaltung. Vieles vom Inventar, unter anderem rund 70 Gemälde, ist erhalten. Im Inneren des ehemaligen Witwenstiftes ist der Saal im Obergeschoss, der heutige Ratssaal, mit Kamin, Wandbespannungen und Möbeln besonders sehenswert. In den vergangenen Jahren ist auch die Eingangshalle mit der Barocktreppe fachgerecht restauriert worden. Im Vorraum des Saales steht ein auf Leinen gemalter, drei Meter hoher Stammbaum des ostfriesischen Fürstenhauses, entstanden kurz nach 1700 im Auftrage des Fürsten Christian Eberhard, der wohl ursprünglich in der Kapelle des Esenser Schlosses hing und nun restauriert wurde.

Weitere sehenswerte öffentliche Gebäude sind die **alte Schule** (Kirchplatz 5/7) von 1866, sie wurde wie die St. Magnus Kirche ganz im Stil

55 Rathaus

der Hannoverschen Schule errichtet, und das **Stadthaus** (Am Markt 1) aus dem Jahre 1839: ein schöner biedermeierlicher Bau mit Mittelrisalit und zentralem Eingang mit Sandsteinrahmung. Aus der gleichen Zeit steht noch am südlichen Ausgang der Altstadt das ehemalige **Amtsgericht** (Vor dem Drostentor 2) von 1827. Nach Aufgabe der Nutzung und langem Leerstand hat es nun ein Architekturbüro in der Nutzung.

Über das jüdische Leben in Esens gibt das *August-Gottschalk-Haus** (Burgstraße 8) Auskunft. Das ehemalige jüdische Gemeindehaus, das knapp vor dem Abriss stand, beherbergt eine informative Gedenkstätte im authentischen Ambiente. Hier war bis zum Pogrom auch die jüdische Schule untergebracht. Bei den Restaurierungsarbeiten an dem Gebäude in den 1980er Jahren fand man das zugeschüttete Ritualbad (Mikwe) und setzte es instand. Von der **Synagoge** (Burgstraße 10) aus dem Jahre 1827 ist nur noch das Umfassungsmauerwerk erhalten, heute bedauernswerter Weise eine Autogarage. Auch der jüdische Friedhof (Mühlenweg) wurde geschändet, einige Grabsteine und Fragmente wurden um einen Gedenkstein neu aufgestellt.

An der Umgehungsstraße liegt die intakte **Galerieholländermühle Bogena** von 1850, gleich am Beginn der Straße nach Bensersiel. Darin befindet sich das *Museum am Meer* mit dem Sammlungsschwerpunkt Siedlungsgeschichte des Harlingerlandes und die Geschichte der Stadt Esens.

Von den Bürgerhäusern der Stadt ist das Gebäude ***Steinstraße 20** besonders erwähnenswert, da es sich um eines der letzten Kaufmannshäuser in Ostfriesland handelt. Ursprünglich war es ein zweigeschossiger Renaissancebau, erbaut etwa 1580-85, das von der Familie Eucken im Jahr 1788 im Barockstil umgebaut wurde. Die alte Kaufmannsdiele blieb dabei erhalten und wurde durch eine farbig gefasste, zweiläufige Treppe bereichert. Neben der Diele liegen zwei Upkamern über einem eingewölbten Keller, die alte Küche liegt im Hinterhaus. Vor ein paar Jahren ist das Haus sorgfältig restauriert worden. Seitdem besitzt es wieder die feinversprossten, barocken Schiebefenster. Zu den Öffnungszeiten des Geschäftes kann die Diele besichtigt werden.

Stadtbildprägend ist die geschlossene Bebauung am ***Marktplatz**. Sie umfasst die Wohn- und Geschäftshäuser **Am Markt 3** (im Kern 16. Jahrhundert, Umbau 1. Hälfte des 19. Jahrhunderts), **Am Markt 5** (um 1900), **Am Markt 6** (Volutengiebel, 18. Jahrhundert), **Am Markt 7** (Ende 16. Jahrhundert, Umbau um 1880), **Am Markt 9** (Ende 18. Jahrhundert) und **Am Markt 11** (um 1900). Weitere Kleinbürgerhäuser stehen in der **Jücherstraße** (**8-12** und **14**), meist aus dem Anfang des 19. Jahrhunderts und in der Westerstraße, die nach dem Stadtbrand von 1860 neu errichtet werden mussten. Dort ragt der wuchtige, zweigeschossige Backsteinbau **Westerstraße 9** des damaligen Bürgermeister Becker heraus, ebenfalls wie Kirche und Schule im Stil der Hannoverschen Schule errichtet.

In Bensersiel ist von der alten Sielhafenbebauung nichts mehr vorhanden. Hier wurde stattdessen für den Tourismus eine schnelllebige Urlaubsarchitektur geschaffen. Man ist geneigt, schnell zum 1693 gegründeten **Neuharlingersiel** weiterzufahren. Die Gemeinde hat sich dort in den vergangenen Jahren sehr bemüht, ihre alte Bausubstanz für kulturinteressierte Besucher

Landkreis Wittmund

ARCHITEKTURFÜHRER OSTFRIESLAND

56 Sielhof

zu erhalten. Angefangen hat dieses Engagement mit der Restaurierung und Neunutzung des *Sielhofes (Abb. 56) (Bürgermeister-Dirksen-Platz 8), eines barocken Herrenhauses von 1755, das die Familie von Eucken-Addenhausen 1899 durch die Anfügung von Mittelturm und zwei Eckpavillons zu einem Adelssitz ausgebaut hat. Heute nutzt der Kurverein das Gebäude, im Erdgeschoss ist ein Café untergebracht. Dazu gehört eine Parkanlage mit einer Brücke, deren Geländer aus Walknochen besteht. Sehenswert im Inneren des Sielhofes sind die wandfesten Einbauten aus dem 18. Jahrhundert: Kamine, Butzenwand, geschnitzte Innentüren und zahlreiche niederländische Fliesen aus Harlingen, darunter über 900 Bibelfliesen, die den größten Bestand dieser Art in Ostfriesland bilden.

Lohnend ist der Besuch des **Hafens** wegen der ein- und auslaufenden Fährschiffe zur Insel Spiekeroog und besonders wegen der dort liegenden Krabbenkutter. Auf der Westseite des Hafens (Nr. 13) liegt das *Haus Dattein,** eine Hafenkneipe, bei der sich ein Besuch schon wegen der besonderen Deckenbalkenkonstruktion lohnt. Die Balken liegen hier nicht, wie sonst üblich, auf dem Mauerwerk auf, sondern sind an den Längsrähmen mit Bolzen aufgehängt. Die Ostfriesen bezeichnen diese Häuser als Schwimmdachhäuser, da den Erzählungen nach bei Sturmfluten die Dächer dieser Gebäude wie Flöße auf dem Wasser treiben können. Diese Bauart kommt nur im östlichen Ostfriesland vor, gehäuft auf der Insel Spiekeroog.

57 Seriemer Mühle

Wer gern zu Fuß oder mit dem Fahrrad unterwegs ist, dem ist der Weg zur *Seriemer Mühle (Abb. 57) über die kleine Straße Mühlenstrich zu empfehlen, die gleich hinter dem Sielhof beginnt. Vorbei an einem kleinen **Landarbeiterhaus** (Mühlenstrich 14), datiert 1780, kommt man zur landschaftlich reizvoll an einem Wasserlauf gelegenen Galerieholländermühle (Seriemer Mühle 2) von 1804 mit dem ebenso alten Müllerhaus. Die Mühle, in den letzten Jahren von einem rührigen Mühlenverein restauriert und von der Deutschen Stiftung Denkmalschutz mitfinanziert, ist voll funktionsfähig. Mit etwas Glück ist auch die anheimelnde Teestube geöffnet.

58 Luth. St.-Nicolai-Kirche

Um nach **Werdum** zu gelangen, fährt man von Neuharlingersiel nach Süden in Richtung Esens, biegt nach zwei Kilometern nach Osten links ab und folgt dann der Friesischen Mühlentour, einer Touristikroute für Mühlenfreunde, die durch Werdum und zur dortigen **Erdholländermühle** (Edenserlooger Straße 13) führt. Sie ist zwar ohne großen Unterbau, zählt aber zu den ältesten Windmühlen Ostfrieslands. Die Mühle wurde 1748 anstelle einer Bockwindmühle für den Burgherrn von Edenserloog erbaut und 2002 restauriert.

Das alte Dorf Werdum liegt frei in der Marschenlandschaft auf einem Ausläufer der Geest. Es wird überragt von der weithin sichtbaren *lutherischen St.-Nicolai-Kirche (Abb. 58) (An der Kirche 8), eine gotische Saalkirche aus Backstein, die in zwei Abschnitten erbaut wurde. Das Langhaus entstand, wie eine Quelle berichtet, im Jahre 1327. Seine Längswände haben an den Ecken Lisenen und am Dachansatz ein reich verziertes Gesims. Die Fenster wurden 1869 als große Rundbogenfenster erneuert. In der

Nordwand sieht man zwei vermauerte Portale: Bei dem einen umschließt ein Rundbogen mit umlaufendem Wulstprofil einen Siebenpass, das andere mit einem Segmentbogen dürfte spätgotisch sein. Der Chor wurde laut einer inzwischen stark verwitterten Inschrift am Strebepfeiler 1476 vom Häuptling Hicko Boyngs von der Burg Edenserloog hinzugefügt. Er besteht aus einem Vorjoch und einem Polygon aus fünf Seiten eines Zehnecks. Als letzten Bauteil fügte man 1756-63 den Westturm hinzu. Auf dem flachen Pyramidendach erhebt sich eine offene Laterne mit spitzem, achteckigem Helm. Eine Inschrift über dem Westportal nennt einen Meister L R als Erbauer.

Im Inneren (Abb. 59) verraten Spuren der Wanddienste mit dem Ansatz von Bandrippen am nordwestlichen Übergang von der Wand zur jetzigen Holzdecke, dass die Kirche einst überwölbt war. Ein schlanker Spitzbogen in der Ostwand verbindet das Schiff und den Chor, der ein Kreuzrippengewölbe besitzt, dessen Rippen auf polygonalen Konsolen ansetzen.

59 Kirchenschiff

Bei der Restaurierung 1982-89 wurden im Chorgewölbe spätgotische, überwiegend ornamentale *Malereien freigelegt, in einer Gewölbekappe auch die Darstellung des Schweißtuches der heiligen Veronika. Das Chorpolygon wird beherrscht vom stattlichen *Altaraufsatz (Abb. 60) von 1796 mit dem Abendmahlsgemälde im Architekturrahmen, der Kopie des Altargemäldes der Hamburger St. Michaelis-Kirche, das 1908 verbrannte. Es wurde von Antoinette Röntgen, der Frau des Esenser Konsistorialrates und Oberpastors Ludwig Röntgen, einer Tochter des Lübecker Malers Johann Jacob Tischbein, gemalt. Qualitätvoll ist auch der *Taufständer von 1760, der mit seiner bauchig geschwungenen Form mit dem in der Kirche von Wittmund starke Ähnlichkeit aufweist. Weiterhin ist ein sehr alter Taufstein aus Granit aus der Zeit um 1200 in einfacher Form erhalten, der schon in der Vorgängerkirche gestanden haben müsste und nun im Turm seinen Platz gefunden hat.

Die Kanzel mit der langen Galerie ist ungefähr um das Jahr 1670 entstanden, der Schalldeckel etwa 100 Jahre später. Zwischen den gewundenen Ecksäulen des Korbes befinden sich die Schnitzfiguren der vier Evangelisten und von Paulus. Aus der Mitte des 17. Jahrhunderts stammt die große, auf Holzbohlen gemalte Darstellung des Abendmahls im Chor, wahrscheinlich einst Mittelbild eines älteren Altars. Vor dem Chorbogen hängt ein Votivschiff, im Mittelgang des Kirchenschiffes ein prächtiger Messingkronleuchter, gestiftet 1692, der mit Figuren und als Bekrönung mit der Statuette einer Mutter Gottes mit dem Christus- und dem Johannesknaben ausgeschmückt ist.

Noch im Dehio-Handbuch von 1992 ist zu lesen, die *Orgel auf der Westempore sei das Werk von Valentin Ulrich Grotian aus dem Jahr 1690. Tatsächlich ist das Werk ein völliger Neubau von 1897/98 durch den Orgelbauer Johann Diepenbrock aus Norden. Beim Prospekt hat er sich, wohl dem Zeitgeschmack des Neubarock entsprechend, an der Vorgängerorgel orientiert.

60 Altar

Die Ähnlichkeit mit dem von Grotian 1694 gestalteten Orgelprospekt in Pilsum ist beträchtlich. Es ist der von Arp Schnitger in Norden eingeführte Aufbau in einem breiten und höheren Mittelturm, verbindenden zweigeschossigen Flachfeldern und äußeren Spitztürmen, die in Pilsum und Werdum durch seitlich angesetzte Felder mit Blindpfeifen bereichert werden. Die ausgesägten Ornamente in Formen von Beschlagwerk an den Schleierbrettern und Ohren sowie die klassizistischen Vasen auf den Pfeifentürmen waren sicher nicht beim Prospekt von Grotian vorhanden. Das Instrument wurde 2008 restauriert.

Dicht am östlichen Ortsrand von Werdum liegt die ***Burg Edenserloog** (Edenserlooger Straße 32), die einzige erhaltene Häuptlingsburg im Landkreis Wittmund. Als erster bekannter Besitzer des befestigten Steinhauses wird Reent der Ältere erwähnt, der 1420 starb. Um 1460, das Datum wurde durch eine Untersuchung der Deckenbalken dendrochronologisch ermittelt, wurde an der Westseite des Burgplatzes ein Saalbau von circa 30 Metern Länge hinzugefügt, der heute den Hauptflügel der Anlage darstellt. Gegen Norden ist dann 1561 anstelle eines Stallgebäudes ein weiterer Flügel errichtet worden, der aus einem Wohnraum mit Kamin und einem Wirtschaftsteil, der circa 1974 abgebrochen wurde, bestand. Dort wo der mittelalterliche Steinturm stand – er wurde Anfang des 19. Jahrhunderts abgebrochen – steht heute eine Gulfscheune von fast 50 Metern Länge, die quasi den Südflügel der hufeisenförmigen Burganlage darstellt. Im Inneren des Hauptflügels sind zwei Keller von Interesse: einer mit einem Tonnengewölbe und vier Schießscharten ähnlichen Fensteröffnungen, der zweite mit einem böhmischen Kappengewölbe, das anstelle einer Tonne kurz nach 1712 eingebaut wurde. Die Keller werden durch einen fast 14 Meter langen, gewölbten Wehrgang verbunden. In den darüberliegenden Wohnräumen befindet sich ein hübscher Fayencenofen mit Bibelszenen aus dem Alten Testament. Der vordere geschweifte Giebel trägt das Allianzwappen Bottlenberg/Werdum sowie die Jahreszahl 1737. Im sogenannten grünen Salon befindet sich das älteste Ausstattungsstück der Burg: ein spätgotische Kamin mit umlaufendem Birnstabprofil. In den drei bogenförmig abschließenden Feldern des vorderen Frieses unter einem halben Sechspass sind Wappenschilde zu sehen. Links und in der Mitte sind jeweils ein links- bzw. rechtsdrehender Wappenschild zu erkennen, sowie im rechten Feld ein Allianzwappen. Der berühmteste Eigentümer der Burg Edenserloog war Ulrich von Werdum (1632-1681). Er verfasste 1667 die für die ostfriesische Geschichte wertvolle Haus- und Familienchronik Series Familiae Werdumanae.

Auf der Rückfahrt nach Esens liegt links an der Landesstraße der kleine Ort **Thunum**. Dort steht an der Straßenkreuzung inmitten des Ortes die **lutherische St.-Marien-Kirche** (Hauptstraße 66), die als Neubau von 1842 das mittelalterliche Patrozinium der Muttergottes beibehalten hat. Sie ist eine schlichte Saalkirche aus Backstein, die offensichtlich einen Vorgängerbau aus dem 13. Jahrhundert hatte, denn südwestlich von ihr erhebt sich aus dieser Zeit ein Glockenturm des geschlossenen Typs. Die Ausstattung in dem mit einer Voutendecke abgeschlossenen Innenraum stammt überwiegend aus der Erbauungszeit. Vom Vorgängerbau wurden zwei Ölgemälde des 17. Jahrhunderts, der Grabstein des 1394 verstorbenen Häuptlings Edo Reentzen, der an der Südwand des Glockenturmes steht, sowie zwei Totenschilde der Familie Glan aus dem späten 18. Jahrhundert übernommen.

Gegenüber der Kirche liegt das ***Gut Fiekensolt** (Hauptstraße 53). Hier stand ein am Ausgang des Mittelalters errichtetes, turmartiges Steinhaus, das um 1740 bis auf den tonnengewölbten Keller abgetragen wurde. Aus den alten Klosterformatsteinen baute man ein Herrenhaus, welches an den Traufseiten durch jeweils vier Pilaster gegliedert wird. Die Anlage steht beispielhaft für zahlreiche kleine Adelssitze in der Region, die zumeist im 18. Jahrhundert aufgegeben wurden. Bei der jüngsten Restaurierung wurden die 4,30 Meter hohen Räume wieder freigelegt und die barocken feinversprossten Fenster rekonstruiert. Zum Gut gehört eine Gulfscheune aus dem Jahre 1936, die nach einem Brand im gleichen Abmessungen wieder errichtet wurde, und ein großer, teilweise mit einer Graft begrenzter Garten mit alten Bäumen. Fiekensolt scheint im Mittelalter im kirchlichen Besitz gewesen zu sein. Nach der Reformation war Cordt von Brawo, Kammerherr beim ostfriesischen Grafen Edzard I., erster weltlicher Eigentümer. Er starb 1538 und vererbte das Gut an seine Tochter, die 1549 einen Jost von Fiekensholt, der aus altem oldenburgischen Adel stammte, heiratete. Das Anwesen blieb bis 1702 in der Familie, danach kam es an die Familien von Bielsky und von Glan, letztere baute das Gut in der heute erhaltenen Form aus. Um 1790 kam es in den Besitz der Familie Kettler, einer in Ostfriesland begüterten Beamtenfamilie, die es bis 1965 im Eigentum hatte. Heute beherbergt das Haus einen kleinen Laden mit einem Café.

Etwas weiter südlich liegt **Stedesdorf**, das zusammen mit Dunum und Thunum eine Herrlichkeit bildete. Die Häuptlingsburg lag südlich der ****lutherischen St.-Aegidien-Kirche** (Abb. 61) (Hauptstraße 7). Hier existierte bereits eine 1962 ergrabene Holzkirche, bevor man sie in der ersten Hälfte des 12. Jahrhunderts durch einen Neubau aus Tuffstein auf einem Fundament aus Granitsteinen ersetzte, der im Westteil der heutigen Saalkirche noch vorhanden ist. Die Längswände sind hier durch vom Boden aufsteigende Lisenen gegliedert, die je drei schmale, dann ein breites und dann wieder ein schmales Wandfeld begrenzen.

61 Luth St. Aegidien Kirche

Auf der Nordseite sind noch zwei, auf der Südseite eines der kleinen, hoch sitzenden romanischen Fenster erhalten. Ihre Rundbögen und die der vermauerten Portale sind aus keilförmig zugehauenen Tuffsteinen, die zur Mitte sichelbogenförmig schmaler werden, gemauert worden. Um 1350 brach man die romanischen Ostteile aus Chorquadrat und halbrunder Apsis ab, verlängerte das Schiff und errichtete einen neuen, gerade geschlossenen Chor aus Backstein, teils unter Wiederverwendung der alten Tuffsteine. Die jetzt typischen großen und breiten Spitzbogenfenster mit reich profilierten Laibungen wurden zugleich auch in das romanische Schiff eingefügt. Der Glockenturm des geschlossenen Typs wurde 1695 östlich des Chores neu errichtet.

62 Kirchenschiff

Im Inneren (Abb. 62) weisen Spuren der Schildbögen darauf hin, dass der östliche, in der Gotik hinzugefügte Teil des Schiffes einst gewölbt war, jetzt wird das ganze Langhaus von einer Balkendecke abgeschlossen. Das Kuppelgewölbe im Chor stammt aus dem 17. Jahrhundert. Seit dem Neubau der Ostteile um 1350 wird das Schiff mit dem Chor durch einen großen Spitzbogen verbunden. Die beiden spitzbogigen Nischen in der Ostwand sind für Seitenaltäre bestimmt gewesen. Die unteren Teile der Nischen sind als Block ausgebildet, auf denen die Altäre angebracht waren. In den Nischen stehen auf Konsolen kleine Holzfiguren, die Teile der Altäre gewesen sein könnten. Es handelt sich um eine leider unvollständige Pietà aus der 1. Hälfte des 15. Jahrhunderts und um zwei gute Schnitzfiguren von Johannes dem Täufer und einer weiblichen Gestalt aus der Zeit um 1520. Zwei kleine Segmentbogennischen, die sich rechts bzw. links neben den ehemaligen Seitenaltären befinden, weisen auf Kredenznischen hin, in denen man die Messkännchen für Wein und Wasser abstellte. Als weitere mittelalterliche Ausstattung ist eine Piscina, ein schräger, offener Ablauf zum Waschen der Hände und des liturgischen Geräts, erhalten sowie eine Sitzbanknische an der Südwand des Choranbaus, in der Priester und Diakone während der Messfeier Platz nahmen. Eine trapezförmige Grabplatte aus dem 12. Jahrhundert, die sich hinter dem Altar in einer Kammer befindet, ist leider so abgetreten, dass man kaum noch das Keulenkreuz erkennen kann. Auf dem Grabstein für Pfarrer Johannes Becker (+ 1598) an der Nordwand des Chors ist der Verstorbene in einem Bogenfeld im Talar dargestellt.

Die ganze Ostwand des Chores nimmt der gemalte evangelische Flügelaltar von 1613 ein. Im breiten Mittelfeld sieht man das Abendmahl zwischen Feldern mit niederdeutschem Text, die auch die Predella und die Stirnseite des Stipes bedecken, desgleichen die inneren Felder der Flügel, auf denen außen rechts die Kreuzigung, links die Auferstehung dargestellt sind.

Der **Taufstein (Abb. 63) wurde in der Form eines umgekehrten Kegelstumpfes im 3. Viertel des 13. Jahrhundert aus Baumberger Sandstein gearbeitet. Seine Wandung ist in acht Rundbogennischen gegliedert, in denen Einzelfiguren stehen, die wegen der starken Beschädigungen, vermutlich nach dem protestantischen Bildersturm, insbesondere an den Köpfen und den Attributen, nicht mehr sicher zu identifizieren sind. Vermutlich handelt es sich um eine Reihe von Aposteln. Am oberen Rand der Kuppa ist ein Rankenfries mit Vögeln eingearbeitet. Der verloren gegangene Sockel wurde in schlichter Ausführung ergänzt. Ähnliche Taufsteine findet man in den Kirchen Nesse und Hohenkirchen (Wangerland).

63 Taufstein

Der *Kanzelkorb (Abb 64) von 1635 ist besonders reich verziert mit Ornamenten, dem Ostfrieslandwappen, Engelsköpfen und Grotesken in den Bogenfeldern zwischen den Ecksäulen. Der Schalldeckel wurde 1662 hinzugefügt. An der Nordwand des Ostjoches hängt ein Kruzifix, dessen Corpus als Viernageltyp noch aus der 1. Hälfte des 13. Jahrhunderts stammen könnte. Weitere Kunstwerke in der Kirche sind: das Gemälde des Pfarrers Johannes Ludovicus Cadovius, der 1685 in Stedesdorf geboren wurde und bis zum 81. Lebensjahr dort gewirkt hat, die gemalte Gedenktafel von 1699 für Johannes Becker Junior und seine Frau Tida Eiben, die als Besonderheit an der linken Hand sechs Finger besitzt. Auf der Westempore neben der Orgel hängen an der Westwand Gemälde des Salvators, der vier Evangelisten und von Aposteln, wohl von einer abgebrochenen älteren Ostempore, auf denen die Orgeln in Ostfriesland meist standen. Die Orgel baute Valentin Ulrich Grotian aus Aurich 1697. 1847-49 wurde sie von der Orgelwerkstatt Rohlfs aus Esens umgebaut, wie die vereinfachte Form mit halbrundem, hohem und breitem Mittelturm, anschließenden zweigeschossigen Flachfeldern und äußeren halbrunden Seitentürmen sowie die sparsame Ornamentik zeigt. Das Instrument wurde 1986 restauriert.

64 Kanzel

Von Stedesdorf kehrt man zur Fahrt nach **Dunum** nach Esens zurück, biegt dort nach links in Richtung Aurich und nach vier Kilometern erneut links Richtung Dunum ab und erreicht den Ort nach weiteren zweieinhalb Kilometern. Seine *lutherische Kirche (Abb. 65) (Hauptstraße 34) ist ein romanischer Apsissaal, erbaut in der Zeit um 1230. Ihre Westwand ist 1712 neu verkleidet worden. Alle Fenster wurden wohl 1861 in vergrößerter Form rundbogig erneuert. Der Glockenturm des geschlossenen Typs im Südwesten stammt aus dem 13. Jahrhundert. Im Jahre 1698 war der Turm „ganz und gar baufällig" und wurde daher im Jahr 1700 instand gesetzt. Weitere Restaurierungen erfolgten 1960 und An-

65 Luth. Kirche

Landkreis Wittmund

66 Kirchenschiff

67 Taufstein

fang der 1990er Jahre. Im Turm hängt eine alte Glocke von 1501, wahrscheinlich stammt sie aus einem aufgelösten Kloster.

Der Innenraum **(Abb. 66)** der Kirche besitzt eine vermutlich ursprüngliche Balkendecke, deren Bemalung der Bretter mit geometrischen Mustern wohl aus dem Jahr 1861 herrührt, als man die Apsiskalotte erneuerte. Ältestes Stück der Kirchenausstattung ist der romanische **Taufstein**, der um 1200 aus Granit gearbeitet wurde **(Abb. 67)**. An seinem zylindrischen Becken sieht man vier archaisch wirkende Relieffiguren, deren Unterkörper eher wie Runddienste gestaltet sind, wie sie in schwächerer Form zwischen ihnen erscheinen. Aus der gleichen Zeit stammt ein Weihwasserbecken, das lange Zeit im Pfarrgarten profanen Zwecken diente. Als Gegenstück zur Sakramentsnische an der Nordseite befindet sich an der Südseite des Chores eine Piscina, von denen fast dreißig in ostfriesischen Kirchen erhalten sind. Das Kruzifix hinter dem Altarblock in der Apsis erweckt auf den ersten Blick den Eindruck, mittelalterlich zu sein, erweist sich aber bei genauerem Hinsehen als eine eindrucksvolle Arbeit des Bremer Bildhauers Klaus Bücking, der es 1957 aus einem alten Mühlenbalken schuf. An der Nordwand gegenüber der Kanzel wurden zwei trapezförmige romanische Grabplatten aus dem Ende des 12. Jahrhunderts angebracht. Die eine ist mit einem Kreuzstab, die andere mit einem Rankenfries ausgeschmückt. Der Zimmermann G. Behrens schuf 1769 die Kanzel, deren Gemälde in den Feldern zwischen den gewundenen Ecksäulen Christus und die vier Evangelisten darstellen, wie sie 1770 von Claes Röttger aus Wittmund geschaffen worden sind. Laut aufgemaltem Datum wurde die Westempore 1758 und 1764 mit Blumenmustern bemalt.

Die ****Orgel** schuf Hinrich Just Müller aus Wittmund 1760-65. Der Prospekt setzt direkt auf der Empore auf und reicht mit seinem hohen Mittelturm bis unter die Balkendecke. Der siebenachsige Aufbau hat neben dem Mittelturm je ein schmales, schräg stehendes Pfeifenfeld, an das doppelgeschossige Flachfelder und die schmalen Seitentürme anschließen, an denen die Ohren aus durchbrochenem Rankenwerk angebracht sind.

Die Mitgliedsgemeinde Holtgast, unmittelbar westlich der Stadt Esens gelegen, besitzt keine nennenswerte historische Bausubstanz. Es interessiert lediglich die **lutherische Maria-Magdalena-Kirche** (Kirchstraße 4) in **Fulkum**. Schon im Mittelalter besaß dieser Ort eine Kirche, die eine Außenstelle des Klosters Marienkamp war. Sie wurde 1861 abgebrochen und durch einen schlichten Saalbau mit eingezogener Apsis ersetzt. Auf der Empore im Westen der neuen Kirche wurde eine neuromanische Orgel von Arnold Rohlfs, Esens, aufgestellt. Sie entstand 1866. Von der alten Kirche ist lediglich ein romanischer Taufstein aus der Zeit um 1200 übernommen, der zur Gruppe der Granittaufen zählt, die man auch in den Kirchen in Dunum und Funnix vorfindet. Weiterhin ist ein schöner Kronleuchter aus dem Jahre 1698 erhalten. Der Glockenturm im Nordwesten des Kirchhofes neigt sich, wie bei zahlreichen ostfriesischen Kirchtürmen zu sehen, zum Wurtenrand. Er ist mit altem Steinmaterial im 17. Jahrhundert neu aufgerichtet worden.

ARCHITEKTURFÜHRER OSTFRIESLAND **Landkreis Wittmund**

Samtgemeinde Holtriem
mit Ochtersum, Schweindorf, Westerholt und Nenndorf

Über Holtgast erreicht man **Ochtersum**, ein Straßendorf, das aus zwei Ortsteilen besteht. In Ostochtersum, Esenser Straße 134, steht etwas überraschend ein fünfstöckiger massiver Turm. Da Kappe und Windflügel dieser einzigen **Turmwindmühle** Ostfrieslands fehlen, mutet das Bauwerk, das als oberen Abschluss ein Glashaus trägt, wie ein Leuchtturm an. Rund anderthalb Kilometer weiter steht in Westochtersum die *****lutherische St.-Materiani-Kirche** (Hammerweg 11). Sie war eine der drei Sendkirchen im Harlingerland, daher ihre Größe mit einst vier anstelle der sonst üblichen drei Gewölbejochen. Der Saalbau aus Backstein wurde über einem Granitsockel um 1274 erbaut. Die 1675 durch Blitzschlag zerstörte Ostapsis kann man noch an den Spuren in der Ostwand ablesen. Die romanischen Rundbogentüren sind mit Granitsteinen eingefasst, die originalen frühgotischen Spitzbogenfenster mit Rundstäben in der Laibung sind noch auf beiden Langseiten erhalten. Ungewöhnlich gut ist der Gesamtzustand des Mauerwerks. Insbesondere die Nordseite ist frei von Verwitterungen und Frostschäden, was für eine sehr gute Qualität der dort verwandten Backsteine spricht. Der Glockenturm ist eines der ältesten Beispiele eines Durchgangsturms. Unter dem Gewölbe, das einsturzgefährdet war und 1825 demontiert werden musste, war bis zu diesem Zeitpunkt die Schule des Ortes. Von den drei Glocken im Turm ist eine 1814 umgegossene Glocke, deren ursprüngliches Datum 1274 auch für die Entstehungszeit von Glockenturm und Kirche zutreffen könnte.

Das Innere überspannt eine Balkendecke, war aber einst in vier Joche gewölbt. Die kräftigen, mehrfach abgestuften Wanddienste und die Schildbögen zeugen noch davon. Von einem spätgotischen Lettner, wie er in Buttforde oder Nesse zu finden ist, blieb ein Wandstück zwischen dem Chorjoch und Schiff erhalten. Ungewöhnlich ist die breite gemauerte Retabelwand mit überhöhtem Mittelteil und flachen Nischen, die sich auf der Rückseite des mittelalterlichen Altarstipes erhebt. Davor steht ein dreigeschossiger Flügelaltar mit Gemälden von 1740: unten das Abendmahl, darüber die Kreuzigung und ganz oben die Auferstehung, weitere vier Szenen aus der Kindheit und Jugend Christi in den vier Seitenfeldern. Der zylindrische Taufstein des Bentheimer Typs, der oben mit einem Rankenfries und unten einen Fächerfries ornamentiert ist, stammt aus der 1. Hälfte des 13. Jahrhunderts und hat große Ähnlichkeit mit dem Taufstein in Hage.

Die ****Orgel** stand bis 1966/68 auf dem einstigen Lettner, der unverständlicherweise bis auf einen Meter Höhe abgetragen wurde. Der Lettner besaß bogenförmige Öffnungen in den Seitenteilen, die mit Holzgittern versehen waren, durch die man auf den Altar sehen konnte. Für die Orgel, die 1734-37 von Christian Clausing aus Herford geschaffen wurde, baute man im Westen eine neue Empore. Der siebenachsige Prospekt entspricht der typischen westfälischen Bauweise. Vom höchsten und breitesten Mittelturm mit den Basspfeifen verlaufen, nach außen abgestuft, von kräftigen Profilen abgedeckt, die zweigeschossigen Flachfelder, an die schmale Dreieckstürmchen mit den kleinsten Pfeifen in zwei Geschossen anschließen. Nach außen folgen dann die niedrigen, polygonalen Seitentürme, an denen die Ohren aus kräftigen, durchbrochenen Akanthusranken hängen, aus denen, ganz im Geist des Hochbarock, auch die Schleierbretter gebildet sind. Nach Veränderungen 1757 und 1865 blieb das Werk bis zur Reparatur im Jahr 1900 unverändert, dann mussten 1917 alle Prospektpfeifen abgeliefert werden. Sie wurden 1919/20 durch minderwertige Zinkpfeifen ersetzt. In den Jahren 1972/73 gelang es Jürgen Ahrend aus Loga, den ursprünglichen Zustand wiederherzustellen. In der Nähe befindet sich auch das ehemalige **Pfarrhaus** (Siefke-Kunstreich-Straße 6), ein Gulfhaus mit Rundbogenfenstern aus dem Jahre 1865.

Auf dem Weg nach Westerholt, wo sich wieder eine mittelalterliche Kirche befindet, fährt man durch **Schweindorf**, wo es sich lohnt, die beiden Mühlen am Ort anzusehen. Die größere **Windmühle Wiebersiek**, eine dreistöckige Galerieholländermühle (Esenser Straße 19) von 1907 besitzt keine Kappe und Windflügel, das Innenwerk ist jedoch weitgehend vorhanden. Besser instandgesetzt ist dagegen die **Klaashen´sche Mühle** (Mühlenweg 1), eine zweistöckige Galerieholländermühle aus dem Jahr 1907. Die **alte Schule** mit Lehrerwohnung (Esenser Straße 38) von 1913 dient heute als Dorfgemeinschaftshaus.

68 Luth. Friedenskirche

Wenige hundert Meter weiter westlich stößt man in **Westerholt** auf einen großen Kreisverkehr. Nördlich davon liegt, meist vom Lindenkranz verdeckt, auf einer besonders hohen Wurt die *****lutherische Friedenskirche (Abb. 68)** (Dornumerstraße 1). Sie wurde im 15. Jahrhundert stark befestigt und war mehrfach Ort kriegerischer Auseinandersetzungen. Häuptling Hero Omken stationierte in der Kirche eine Besatzung und unternahm von hier Raubzüge in andere Kirchen auf dem Gebiet des Grafen Edzard Cirksena. Dieser belagerte die Kirche und wäre beinahe getötet worden, hätte ihn nicht ein treuer Diener im letzten Moment vor der heransausenden Kugel zurückgerissen, wobei der Retter ein Bein verlor. Dank dieser wundersamen Hilfe war Edzards Kriegszug erfolgreich. Heute sind solche Berichte von Bedeutung, zeigen sie doch, dass die Häuptlinge Kirchen nicht nur aus Frömmigkeit förderten.

Der rechteckige Saalbau aus Backstein aus der Zeit um 1260-70 hatte einst eine halbrunde Apsis, deren Abbruchspuren von 1642 an der Ostfassade noch zu sehen sind. Die Langseiten sind durch breite, auf einem Mauerabsatz aufsetzende Lisenen in drei Felder geteilt, in jedem sitzt ein Fenster, dessen Laibung mit einem Rundstab profiliert ist. Den Westgiebel gliedern flache Blendbögen und ein Okulus. Zwei niedrige Seitenfenster an der Südseite sind Indiz dafür, dass hier Seitenaltäre vorhanden waren, für die eine Lichtquelle für die liturgischen Handlungen geschaffen werden musste. Ein Konsolfries bildet das Dachgesims.

Der ehemalige Durchgangs-Glockenturm in unmittelbarer Nähe zur Kirche hat seinen Ursprung im 13. Jahrhundert. 1961-63 fand eine Instandsetzung des Bauwerkes statt. Dabei wurde die Holzbalkendecke durch eine Betondecke ersetzt und eine Heizungsanlage mit Schornstein eingebaut.

Im Inneren der Kirche lassen die breiten Wanddienste mit dem Ansatz der Schildbögen erkennen, dass der Raum einst in drei Jochen gewölbt war; jetzt schließt ihn eine flache Bretterdecke mit Voute ab. In der Ostwand erkennt man noch den romanischen Verbindungsbogen zur ehemaligen Apsis, davor steht das Altarretabel aus der Mitte des 17. Jahrhunderts. Gerahmt von

Säulen und Rankenohren erscheint im Mittelfeld das Abendmahl, darüber die Kreuzigung und oben im Giebeldreieck die Auferstehung Christi.

Der achteckige Kanzelkorb ist über die volle Breite mit spätgotischem Faltwerk als Füllungstafeln versehen, nur die mittlere Tafel trägt oben noch einen vergoldeten Adler. Möglicherweise handelt es sich um das Wappen des Hauses Rietberg, das in der Zeit das Harlingerland beherrschte. Aufgrund der rein gotischen Ornamente spricht vieles für eine Entstehungszeit noch in der katholische Zeit, wohl im 1. Viertel des 16. Jahrhunderts. Der Schalldeckel wurde laut Datum 1754 hinzugefügt.

Die *Orgel stand bis 1897 auf der Ostempore, den Altar verdeckend und wurde deshalb nach Westen versetzt. Arnold Rohlfs aus Esens schuf sie erst 1840-42, was man angesichts des barocken Prospekts zunächst nicht annehmen würde. Er hat große Ähnlichkeit mit dem Prospekt der Orgel in Roggenstede, die 1827-33 von seinem Vater Johann Gottfried Rohlfs ebenfalls noch barock gestaltet wurde. Der breite, hochgezogene Mittelturm wird mit den niedrigen, schmaleren Seitentürmen durch die abschwingenden Profile der doppelgeschossigen Flachfelder verbunden. Das Rankenwerk der Ohren mit den Pfeifenattrappen und die Schleierbretter sind noch ganz barock, einziger Hinweis auf den Klassizismus ist die Vase in der mittleren Bekrönung. Hier zeigt sich wieder einmal, dass sich der sogenannte niederländische Barock-Klassizismus in Ostfriesland in einen Zeitraum 2. Hälfte 17. Jahrhundert bis Mitte des 19. Jahrhunderts fast unverändert erhalten hat. Die Orgel wurde 1988/89 von Martin Haspelmarth aus Walsrode umfassend restauriert.

Dicht auf der Grenze zur Gemeinde Nenndorf steht am Gastweg 2 das **Müllerhaus** der Nenndorfer Mühle. Das Wohnhaus wurde Mitte des 19. Jahrhunderts mit Schiebefenstern errichtet und erhielt einige Jahre später eine Gulfscheune. Nur wenige Meter daneben, jedoch schon in der Nachbargemeinde **Nenndorf**, steht die dazugehörige ***Galerieholländermühle** (Gastweg 3), der Unterbau zwei Geschosse hoch, erbaut im Jahre 1872. Sie ist komplett restauriert und kann besucht werden.

Etwas außerhalb des Ortskerns liegt die ****Nenndorfer Ziegelei Wittmunder Klinker** (Ziegeleistraße 7-8) von 1896, die als letzte Fabrik in Europa den berühmten Torfbrandziegel herstellt, aus dem in Norddeutschland zahlreiche Klinkerbauten vom Expressionismus der 1920er Jahre wurden und die auch heute noch gern für moderne Architektenhäuser verwandt werden. Ein Brand im Jahre 2015 hat die Fachwerkhalle, in der der Ringofen steht, vernichtet. Glücklicherweise konnte der Tunnelofen gerettet werden. Inzwischen wurde die Halle einfühlsam neu errichtet, sodass dort auch wieder gearbeitet werden kann. Der Ringofen aus dem Jahre 1903 mit 18 Kammern wird durch Schüttlöcher von oben mit Torf beheizt und das Feuer von Kammer zu Kammer geführt. Die Wärmeenergie wird nicht nur zum Brennen selbst, sondern auch zum allmählichen Abkühlen oder in entgegengesetzter Richtung zum Vorwärmen genutzt. Gleichzeitig können in den vom Feuer weit genug entfernten Kammern die gebrannten Ziegel entnommen und neue Rohlinge eingesetzt werden. Nach der Erkaltungsphase werden die Ziegel, die als Außenverblendung wie als Architekturklinker Verwendung finden, aus dem Ofen geholt und von Hand nach Farben und Qualität sortiert. Das ist eine schwere und kostenintensive Arbeit.

Landkreis Aurich

ARCHITEKTURFÜHRER OSTFRIESLAND

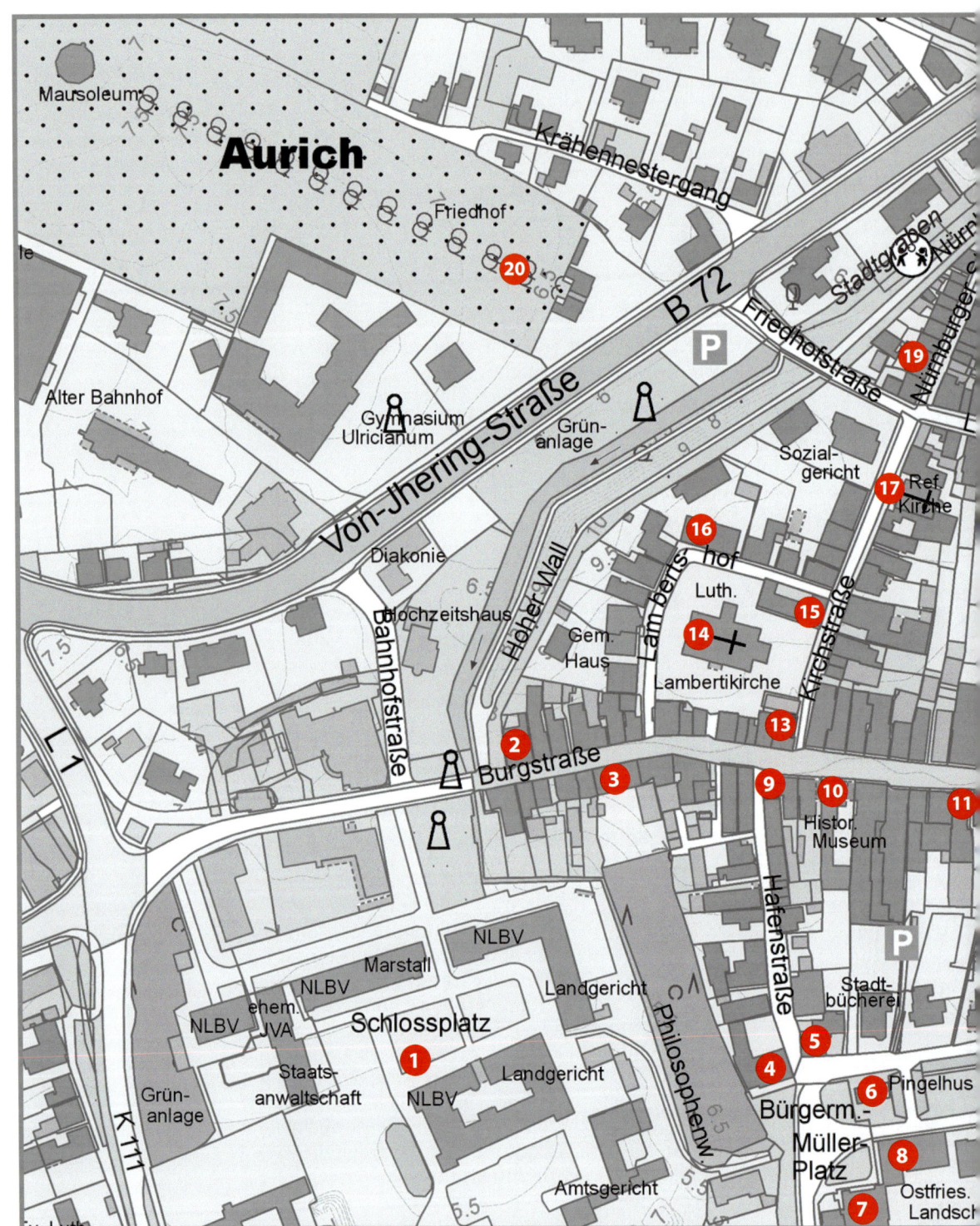

Quelle: Auszug aus den Geobasisdaten des Landesamtes für Geoinformation und Landesvermessung Niedersachsen, 2018

ARCHITEKTURFÜHRER OSTFRIESLAND

Landkreis Aurich

Aurich

1. Schloss, Schloßplatz 3
2. Gaststätte „Zur Börse", Burgstraße 50
3. Conring´sches Haus, Burgstraße 43
4. Wohn- und Geschäftshaus, Hafenstraße 14
5. Wohn- u. Geschäftshaus, Hafenstraße 9
6. Pingelhus, Georgswall 2
7. Landschaftsgebäude, Georgswall 1 – 5
8. Ständesaal der Ostfriesischen Landschaft, Georgswall 5
9. Haus Hanstein, Burgstraße 33
10. Alte Kanzlei, Burgstraße 25
11. Evert´sches Haus, Burgstraße 17
12. Apotheke, Burgstraße 11
13. Lambertiturm, Kirchstraße 1
14. Luth. Kirche, Lambertshof 12
15. ehemalige Schule, Lambertshof 11
16. ehemaliges Gymnasium, Lambertshof 9
17. Ref. Kirche, Kirchstraße 20
18. Knodt´sche Haus, Marktplatz 33
19. Wohnhäuser, Nürnburger Straße 1-17
20. Friedhof, von-Jheringstraße 19

Landkreis Aurich

ARCHITEKTURFÜHRER OSTFRIESLAND

Stadtgeschichte

Auch wenn **Aurich** der politische und ungefähr auch der geografische Mittelpunkt Ostfrieslands ist, tritt es geschichtlich doch recht spät in Erscheinung, zum ersten Mal in der 2. Hälfte des 13. Jahrhunderts als Affricå/Aurika (nach der feuchten Umgebung des Hoch- und Niederungsmoors). Es ist wohl in der 1. Hälfte des 12. Jahrhunderts als Marktort im Schutze eines befestigten Hofes durch einen Grafen von Oldenburg gegründet worden. In der 2. Hälfte des 14. Jahrhunderts baute das Häuptlingsgeschlecht der tom Brok hier an der Stelle des späteren Piqueurhofes eine Burg. Nach dem Sturz der tom Brok nahmen die Ukena 1427 Besitz vom Ort und der Burg, aus der sie aber knapp zehn Jahre später von den Cirksena vertrieben wurden. Die Burg wurde vollkommen niedergerissen, auf dem Platz konnten bei Grabungen 1986 noch Reste der Grabenanlage und Steinschutt entdeckt werden.

1438 wurden die Cirksena Häuptlinge von Aurich und bauten zur Sicherung ihres Herrschaftsgebietes 1447 eine größere, stark befestigte moderne Burganlage dort, wo heute sich das Schloss befindet. Als die 1464 zu Reichsgrafen von Ostfriesland aufgestiegenen Cirksena in Emden von den selbstbewussten Bürgern bedrängt wurden, verlegten sie ihre Residenz 1565 nach Aurich, von wo aus sie, ab 1654 als Fürsten, bis 1744 Ostfriesland beherrschten. In der Sächsischen Fehde wurde Aurich 1514 niedergebrannt, danach auf dem heutigen schachbrettartigen Grundriss wiederaufgebaut. Nur der Turm der Lambertikirche ist von dem alten Aurich sichtbar geblieben. Mit der Verleihung städtischer Privilegien durch Graf Enno II. 1539 entstand auch die Stadtbefestigung, von der sich Teile der Wallanlagen noch erhalten haben.

Nach dem Aussterben der Cirksena 1744 und dem Übergang an Preußen wurde Ostfriesland preußische Provinz mit einem Regierungspräsidenten in Aurich. 1815 kam Ostfriesland unter die Herrschaft des Königreichs Hannover und bildete in diesem bis 1866 eine Landdrostei. Von da an bis 1945 fiel es wieder an Preußen. Als niedersächsischer Regierungsbezirk der Bundesrepublik Deutschland wurde es 1978 mit den Regierungsbezirken Oldenburg und Osnabrück zusammengefügt, doch nach Auflösung aller Regierungsbezirke in Niedersachsen gehört die Bezirksregierung Weser-Ems seit 2005 nunmehr auch der Vergangenheit an. Heute ist Aurich Mittelzentrum und Kreisstadt des gleichnamigen Landkreises. Geblieben sind nach wie vor die Gerichte und einige Behörden als Außenstelle der Landesverwaltung, vor allem aber ist sie Sitz der Ostfriesischen Landschaft als vormaliges Ständeparlament. Sie entstand im Mittelalter aus der Versammlung der Landstände und vertrat die ostfriesische Bevölkerung gegenüber den Landesherrn. Die moderne Ostfriesische Landschaft hat sich während des 20. Jahrhunderts zu einem zeitgemäßen Kulturparlament entwickelt. Die Ostfriesische Landschaft als höherer Kommunalverband nimmt im Auftrage der ostfriesischen Kommunen und des Landes Niedersachsen Aufgaben auf den Gebieten der Kultur, Wissenschaft und Bildung wahr und hat dafür entsprechende wissenschaftliche Einrichtungen geschaffen.

Wirtschaftlich hatte die Stadt zunächst als Vieh- und Pferdemarkt Bedeutung. Für die Binnenschifffahrt und den Handel verbesserte sich 1880-86 die abseitige Lage durch den Ausbau des Treckfahrtstiefs zum Ems-Jade-Kanal. In den 60er Jahren des 20. Jahrhunderts war Aurich noch eine beschauliche Residenzstadt mit einem harmonischen Stadtbild. Der Abzug der Regierung war ein wirtschaftlicher, vor allem aber gesellschaftlicher Verlust, den die Stadt durch den Ausbau als Einkaufsstadt auszugleichen versuchte. Dies geschah mit den fragwürdigen Mitteln modischer Bauten, wie dem Turmgerüst und der Markthalle auf dem Marktplatz, durch auffallende Werbung und allerlei Schnickschnack in der Fußgängerzone. Nur in den Seitenstraßen und um die Lambertikirche herum lebt die Beschaulichkeit der alten Residenzstadt weiter.

Den eigentlichen wirtschaftlichen Aufstieg verdankt Aurich der Ansiedlung eines Herstellers für Windkraftanlagen zum richtigen Zeitpunkt, als alternative Energien immer stärker politisch gefordert wurden. Für den Transport der sperrigen Teile, der bisher den Verkehr auf den Straßen stark behinderte, wurde im Jahr 2008 die stillgelegte Bahnstrecke Richtung Emden reaktiviert. Ob damit auch der Personenverkehr der nur über eine Busanbindung erreichbaren Stadt verbessert wird, bleibt abzuwarten. Die Stadt Aurich hat seit der Jahrtausendwende mehr als 40.000 Einwohner mit steigender Tendenz, sie ist damit nach Emden die zweitgrößte Stadt in Ostfriesland. Zur Stadt Aurich gehören seit der Gebietsreform 1972 insgesamt umliegende 20 Ortschaften.

Stadt Aurich
mit Sandhorst, Middels, Tannenhausen, Haxtum, Rahe und Wiesens

Städtebaulicher Schwerpunkt der Stadt **Aurich** ist immer noch der Schlossbereich, der unmittelbar südwestlich an die Altstadt anschließt. Hier beginnt man den Rundgang. Parkmöglichkeiten findet man südlich des Schlossbereiches, mehr Parkplätze gibt es bei der Sparkassen-Arena, Emder Straße 4. Man betritt den Schlossplatz von der Burgstraße aus und begibt sich auf den Vorplatz. Hier wachen auf der Rasenfläche zwei Sandsteinlöwen, die Fürst Georg Albrecht 1729 vor der Hauptwache (1861 abgerissen) postieren ließ. Nach Westen erstreckt sich als ältester und baukünstlerisch wichtigster Teil der ****Marstall** / die **Neue Kanzlei (Abb. 1)** (Schloßplatz 5), ein lang gestreckter, dominanter Backsteinbau mit einer Schaufassade zum Innenhof hin. Im älteren Erdgeschoss von

Landkreis Aurich

ARCHITEKTURFÜHRER OSTFRIESLAND

1 Marstall / Neue Kanzlei

1588 war der fürstliche Marstall untergebracht. 1731/32 wurde der Bau nach den Plänen des Hofarchitekten A. H. Horst um ein Geschoss erhöht und mit zwei seitlich flankierenden Treppenhäusern barock umgestaltet. Von besonderem Reiz ist das schmiedeeiserne Gitter der Galerie über dem Bogengang, der auf Konsolen des Vorgängerbaus aus der Renaissance ruht. In der Mitte prangt das Wappen der ostfriesischen Fürsten. Während im Obergeschoss die fürstliche Verwaltung untergebracht war, befanden sich im Erdgeschoss die Pferdeställe. Davon sind noch zwei Säulenreihen aus Sandstein erhalten und in jüngerer Zeit wieder teilweise freigelegt worden. Die Pferde waren der Stolz der ostfriesischen Hofhaltung, so bekam 1608 König Jakob I. von England vier Pferde als Geschenk, auch Kaiser Leopold I. in Wien erhielt 1658 eine Anzahl kostbarer Friesenpferde.

Das sogenannte *Schloss (Abb. 2) (Schloßplatz 3) wurde 1852-55 anstelle der Burg und des späteren Schlosses der Cirksena nicht mehr als Residenz eines Herrschers, sondern lediglich als Verwaltungssitz erbaut, dementsprechend als ein schlichter Putzbau des Romantischen Historismus mit einfachen Segmentbogenfenstern. Der Hauptakzent des vom Landbau-Inspektor Blohm geplanten Neubaus liegt auf dem Turm in der Mittelachse mit dem Eingangsportal. Teile der seit 1448 erbauten und bis in das 18. Jahrhundert mehrfach erweiterten und veränderten Burg- und Schlossanlage, so beispielsweise im Südflügel und im Südwest-Turm, sind im heutigen Verwaltungsbau erhalten geblieben. Bewahrt blieb im Schlossgebäude auch eine Gemäldesammlung der ostfriesischen Herrscher bis hin zum letzten deutschen Kaiser Wilhelm II.

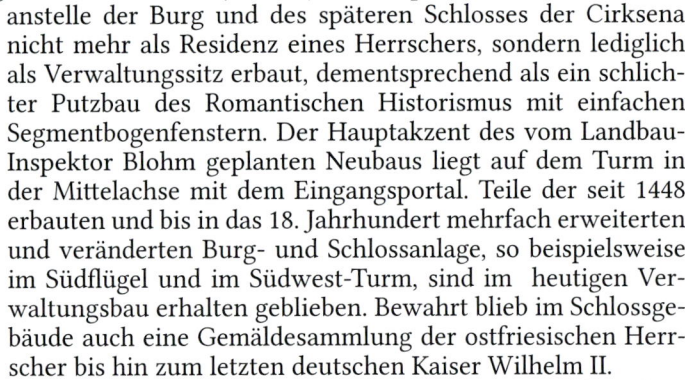

Südlich schließt sich das sogenannte **Schlösschen** (Schlossplatz 1) an, das als Putzbau im Stil des Historismus 1885/86 als Wohnsitz mit Parkanlage für die Regierungspräsidenten errichtet und so auch bis 1974 genutzt wurde. Ältere Bausubstanz von 1713 steckt auch im Kernbau des **Amtsgerichtes** (Schloßplatz 2) im Südosten des Schlossbereiches, das ursprünglich das Wohnhaus des Landdrosten war. Daran wurden 1885 ein Nordflügel und 1953 und 2008 weitere Anbauten angefügt.

2 Schloss

Vom Schloßplatz begibt man sich in die **Burgstraße (Abb. 3)**, eine belebte Fußgängerzone, die zum Marktplatz führt. Die Burgstraße hat an ihrem westlichen Ende noch einen feierlichen historischen Auftakt in zwei steinernen, 1708 datierten Torpfeilern, die die Sandsteinfiguren von Pallas Athene und Bellona tragen. Es sind Bremer Arbeiten, die aus dem ehemaligen Lustgarten der Fürstin Juliana, der westlich des

Schlosses lag, hierher versetzt wurden. Links beginnt der Hohe Wall, der in seiner Höhe und Mächtigkeit ein gutes Zeugnis der alten Stadtbefestigung darstellt. Danach folgt das ***Gasthaus Zur Börse** (Burgstraße 50), das im Straßengiebel auf das Jahr 1823 datiert ist, im Kern jedoch aus der Zeit um 1600 stammt. Hier ist noch die alte Gaststätteneinrichtung erhalten, auch sind die dahinter liegenden Wohnräume mit Upkamer, Kamin und Butzen noch vorhanden. Das Ganze, einschließlich der im Sommer attraktiven Außenplätze auf dem Wall, wird gastronomisch genutzt und bietet ein besonderes, altertümliches Ambiente.

Das alte Bürgerhaus **Burgstraße 48,** das jetzt als Gaststätte genutzt wird, besitzt eine wiederaufgebaute Fassade aus der Zeit um 1630. Beim Abbruch des Hauses 1963 entdeckte man im Haus eine dekorative Deckenbemalung mit Beschlagwerk und in den Feldern die Darstellungen der Evangelisten Lukas, Markus und Matthäus. Das vierte Feld mit der Darstellung des Johannes war schwer beschädigt. Der Verbleib der Decke ist unbekannt. Bei dem Wohn- und Geschäftshaus **Burgstraße 44**, das in seiner heutigen Erscheinung aus der 1. Hälfte des 19. Jahrhunderts stammen müsste, gibt es in der Traufwand eine Datierung auf das Jahr 1616. Auf ihrer rechten Seite beansprucht das ***Conring´sche Haus (Abb. 4)** (Burgstraße 43) als stattliches klassizistisches Palais sogleich besondere Beachtung. 1804 wurde es von Kommerzienrat Conrad Bernhard Meyer als zweigeschossiger, breit gelagerter Backsteinbau von sieben Achsen erbaut. Die drei mittleren mit dem Portal sind zu einem nur schwach vorragenden Risalit zusammengefasst und werden über dem Kranzgesims durch einen flachen Dreiecksgiebel betont. Trotz napoleonischer Besetzung und Kontinentalsperre muss Aurich im frühen 19. Jahrhundert wirtschaftlich floriert haben, denn in diesem Zeitraum und auch noch im Übergang an das Königreich Hannover 1815 entstanden nicht nur die beiden Kirchen, sondern auch viele Bürgerhäuser in dem einfachen, aber durch gute Proportionen und das Farbbild aus rotem Backstein mit weißen Fenstern harmonisch wirkenden Gesamtbild, wie es in der Zeile Nürnburger Straße, zu der man noch später kommt, auch heute noch anzutreffen ist.

Beim Kirchturm biegt man in die Kirchstraße ein. Hier liegt linker Hand, umgeben von Bäumen des ehemaligen Friedhofs und mit einer ungestörten Randbebauung, die ****lutherische Lambertikirche (Abb. 5)** (Lambertshof 12), die an der Stelle eines mittelalterlichen Vorgängerbaus 1833–35 erbaut wurde. Es ist ein klassizistischer Saalbau, der unter Aufsicht des Bauinspektors Reinhold aus Leer aufgeführt wurde, geplant hatte das Bauwerk der vielseitig begabte Kommerzienrat Conrad Bernhard Meyer. Der Haupteingang liegt in der Mitte der südlichen Langseite.

Betritt man das Innere **(Abb. 6)**, steht der Altar gegenüber auf der Nordseite. Im Zeitalter der Aufklärung hat man den Zwang zur Ausrichtung nach Osten aufgegeben und den längsrechteckigen Raum quer nach Norden ausgerichtet. Das Gemeindegestühl und die an drei Seiten umlaufende Empore sind auf den Altar und die Kanzel ausgerichtet. Der konsequent gestaltete Predigtraum gewinnt seine Helligkeit durch große Segmentbogenfenster und

3 Burgstraße

4 Conring'sches Haus

5 Luth. Lambertikirche

Landkreis Aurich

ARCHITEKTURFÜHRER OSTFRIESLAND

6 Innenraum

eine zusätzliche obere Reihe sogenannter Lünettenfenster, halbrunde Öffnungen, die besonders in der römisch-antiken Thermenarchitektur beliebt waren und vom Klassizismus gern aufgenommen wurden.

Kostbarstes Ausstattungsstück ist der *****Ihlower Altar (Abb. 7),** ein etwa 1500-10 in Antwerpen geschaffener, 1517 vom Zisterzienserkloster Ihlow bestellter Kreuzigungsaltar, der 1529 vor der Zerstörung des Klosters nach Aurich in die Schlosskapelle überführt wurde. Graf Ulrich II. vermachte den Altar 1630 der Auricher Kirchengemeinde. Das Retabel besitzt einen vollständig erhaltenen geschnitzten Schrein sowie die dazugehörigen bemalten Doppelflügel. Zwar hatte die Kirchengemeinde nach 1835 die bemalten Flügel durch Schrifttafeln ersetzt, zum Glück aber die alten Flügelgemälde aufbewahrt, sodass sie 1911 wieder angebracht werden konnten.

Der Altar weist mehrfach, wenn dort auch nur schwer auszumachen, die eingeritzte, offene Hand auf, das Zeichen der Lukas-Gilde der Bildschnitzer von Antwerpen. So sind die stark abgegriffenen Marken auf der Rückseite des Retabels und auf der Außenseite des rechten Flügels zu finden. Für die flandrischen Altäre des frühen 16. Jahrhunderts sind der

7 Ihlower Altar

Figurenreichtum der Szenen und die sehr starke Vergoldung charakteristisch, im Unterschied zur gleichzeitigen deutschen Bildschnitzkunst, die großfiguriger und mit vielfarbiger Fassung arbeitet, auch mit der Einbeziehung von Elementen der Natur. Es handelt sich beim Ihlower Altar um ein Kunstwerk von hoher künstlerischer Qualität, aber auch von einer gewissen Routine, denn in Antwerpen wurden die Altäre als Exportartikel in großer Zahl hergestellt und über ganz Europa verbreitet.

Der Mittelschrein hat den für die Antwerpener Altäre typische Form mit einem hohen Mittelteil und zwei niedrigen Seitenteilen. Alle Figurengruppen werden von mehrschichtigen, feinen Baldachinen überspannt, die aus Kreisausschnitten mit Krabben zusammengesetzt sind, dahinter erscheinen Bögen mit Maßwerk. Beim Retabel beherrscht die Kreuzigung Christi und der Schächer das obere, stark überhöhte Mittelfeld, darunter sind die Grablegung, im linken Flügel die Kreuztragung und im rechten die Auferstehung dargestellt. Jeder Flügel hat zwei kleine untere Felder, im linken gehört der Engel zu einer Verkündigungsszene, die Maria ist verloren, daneben die Heimsuchung, im rechten die Geburt (das fehlende Jesuskind wurde ersetzt) und die Darbringung im Tempel mit der Szene der Beschneidung Christi.

Die großen gemalten Klappflügel stellen auf den Innenseiten vom Betrachter aus gesehen von links nach rechts Christi Gefangenschaft und Christus vor Pilatus, die Himmelfahrt und die Ausgießung des Heiligen Geistes dar. Auf den kleinen oberen Klappflügeln sieht man auf den Innenseiten von links nach rechts Christus vor dem Hohen Priester und als Gärtner mit Maria Magdalena.

Klappt man die Flügel zu, erkennt man auf der Werktagsseite der großen Flügel die Gregormesse auf den beiden mittleren, unteren Tafeln. Links kniet Papst Gregor mit weiteren Priestern vor einem Kreuzigungsaltar, darüber sind Christi Leidenswerkzeuge dargestellt. Auf den darüber befindlichen Bildtafeln sieht man rechts Christus in einem roten Umhang, links daneben einen Engel mit dem Schweißtuch der Heiligen Veronika. Links außen ist auf der Tafel die Szene des Besuchs Abrahams bei Melchisedek dargestellt. Es ist das alttestamentarische Pendant zur Abendmahlsszene, die auf der äußeren rechte Tafel gezeigt wird.

An den Seiten der geschnitzten Felder befinden sich auf Konsolen kleine geschnitzte Gruppen, die die sieben Sakramente darstellen: Taufe fehlt (hier: Eheschließung), Firmung, Priesterweihe, Ehe, Beichte, Eucharistie und als letztes Sakrament die Krankensalbung. Die erneuerte Predella des Altars wurde mit Bibelsprüchen bemalt.

Östlich neben dem Altar steht die ebenfalls aus dem Vorgängerbau übernommene **Kanzel** von 1692. Zwischen den Ecksäulen des Kanzelkorbes erblickt man in flachen Rundbögen die Schnitzfiguren von Propheten. Aus der Vorgängerkirche ist auch ein flämischer Kronleuchter aus Messing, der 1630 entstand. Daneben gibt es noch zwei kleinere Leuchter, die aus dem 18. Jahrhundert stammen.

Die **Orgel** auf der Westempore schufen die Orgelbauer Jürgen Ahrend und Gerhard Brunzema aus Loga 1960/61, die sich vor allem als Restauratoren historischer Werke hervorgetan haben. Bei der Gestaltung des Prospekts nahm Oberregierungsrat Müller-Stüler vom Regierungspräsidium Aurich wesentlichen Einfluss. Sie wurde in traditioneller

Handwerkstechnik gefertigt: Die Orgel erhielt Flügeltüren und vergoldete, ziselierte und bossierte Pfeifen. Die Vorgängerorgel von 1760, erbaut vom Orgelbauer Johann Friedrich Constabel aus Wittmund, wurde nach mehreren Umbauten verkauft, der Prospekt befindet sich seit 1959 in der Kirche St. Marien in Niederbreisig (Rheinland-Pfalz). Der wuchtige **Lambertiturm** (Kirchstraße 1) des geschlossenen Typs südwestlich an der Ecke Kirchstraße/Burgstraße trägt die Glocken und ist wohl noch im 13. Jahrhundert erbaut worden. Seine jetzige Gestalt mit achteckigem Aufbau, Galerie und spitzem Helm erhielt der Turm in den Jahren 1656-62. Der Lambertiturm ist heute das Wahrzeichen der Stadt. Er wurde 1994/95 grundlegend renoviert, leider wurden dabei die zahlreichen, recht markanten Maueranker, die in den letzten Jahrhunderten dort angebracht worden sind, entfernt.

Auf dem ehemaligen Kirchhof der Lambertikirche steht noch die **alte Schule** (Lambertshof 11), ein zweigeschossiger Backsteinbau um 1880, der heute als Hotel genutzt wird. Folgt man der mit Kopfsteinen gepflasterten Straße Lambertshof, die noch eine geschlossene alte Baustruktur besitzt, liegt auf der Nordseite das **ehemalige Gymnasium** (Lambertshof 9) von 1820, ein breit gelagerter zweigeschossiger Putzbau, dessen Erdgeschoss eine in den Putz eingetiefte Rustika aufweist. Die beiden Portale werden mit kräftigen Pilastern gerahmt, die vier mittleren Achsen der Fassade durch einen Dreiecksgiebel betont. Weitere Wohnhäuser des 19. Jahrhunderts liegen auf der Westseite: so das hübsche biedermeierliche Wohnhaus **Lambertshof 2**, dann **Lambertshof 6**, ein verputztes, fünfachsiges Gebäude mit einem Sandsteinportal aus dem 17. Jahrhundert, und **Lambertshof 7,** erbaut um 1890.

Zurück auf der Burgstraße wendet man sich nach links und sieht auf der Südseite der Straße die ***Alte Kanzlei** (Burgstraße 25), heute ist hier das *Historisches Museum Aurich* beheimatet. Der zweigeschossige, traufenständige Putzbau mit seitlicher Durchfahrt ist im Kern ein Bau von 1530 und diente über 250 Jahre als Dienstsitz und Dienstwohnung des gräflichen Kanzlers. Ab 1870 war er Sitz des Landrats und bis 1983 Verwaltungsgebäude des Landkreises Aurich. Vor der linken Traufgasse ist ein 1568 datiertes Relief der Justitia angebracht. Das **Haus Evert** (Burgstraße 17) ist ein zweigeschossiger Putzbau mit erhöhtem Mittelteil und seitlichen Voluten. Er wurde um 1664 erbaut. Die Fassade ist gelb gehalten und mit Festons in Gestalt bogenförmig durchhängender Gewinde aus Blättern und Früchten verziert. Weiterhin interessieren die Wohn- und Geschäftshäuser **Burgstraße 13,** ein Gebäude um 1820 mit einem Zwerchhäuschen vorm Walmdach, und die **Fürstliche Hofapotheke** (Burgstraße 11), die 1608 erstmalig urkundlich erwähnt wird. Damals, zu Beginn des 17. Jahrhunderts, stand der Apotheker Johannes Petrus Scofius im Dienste der Landesherrschaft unter Graf Enno III. von Ostfriesland und stellte hauptsächlich für die gräfliche Familie und deren Bedienstete Heilmittel her, die er nur mit Genehmigung des Hofes an Fremde ausgeben durfte. Seit dieser Zeit ist die Apotheke unter zahlreichen Eigentümern kontinuierlich im Betrieb. Wenn man zur Biegung in die Hafenstraße umkehrt, liegt an der Ecke das nach seinem langjährigen Besitzer benannte **Hanstein´sche Haus** (Burgstraße 33). Es ist im Kern wohl noch mittelalterlich, hat aber am Ende des 17. Jahrhunderts eine neue Fassade mit einem durch Festons (stilisierte Blumengewinde) verzierten, barocken Schweifgiebel erhalten.

Der Rundgang führt über die Hafenstraße zum Georgswall. Gleich auf der linken Seite der Hafenstraße sieht man auf die **Gaststätte Zur ewigen Lampe** (Hafenstraße 1), die in einem geschlämmten, traufständigen Ziegelbau untergebracht ist, der wohl auf die Mitte des 18. Jahrhunderts zu datieren ist. Das Geschäftshaus **Hafenstraße 10** hatte bis vor wenigen Jahren noch die originalen, feinversprossten Blockrahmen-Schiebefenster, das Gebäude dürfte Anfang des 19. Jahrhunderts errichtet worden sein. Zum Abschluss der Hafenstraße stehen in einer Torsituation zwei schöne klassizistische, zweigeschossige Wohn- und Geschäftshäuser: **Hafenstraße 9**, erbaut um 1800, und **Hafenstraße 14**, datiert 1807, beides Schöpfungen von Conrad Bernhard Meyer. Auf dem Bürgermeister-Müller-Platz wundert man sich über die Platzgestaltung. Hier befinden sich eingefasste Wasserflächen, in denen mit Großbuchstaben auf den hier ehemals vorhandenen Hafen hingewiesen wird. Diese pflegeaufwändige Platzgestaltung wirkt nicht sehr überzeugend, hier hätten die umliegenden Baudenkmale weiterhin die „erste Geige" spielen müssen. Eine ruhige Platzgestaltung wäre der bessere Umgebungsschutz gewesen.

Der alte Hafen wurde 1932 nicht ohne Widerspruch für neue Verkehrsflächen zugeschüttet, nachdem er seine Funktion an den neuen Hafen am Ems-Jade-Kanal abgeben musste. Der Südwestrand des Platzes wird vom repräsentativen Gebäude der ****Ostfriesischen Landschaft (Abb. 8)** (Georgswall 1-5) eingenommen. Es wurde 1898-1901 als Backsteinbau mit Werksteingliederungen im Stil der niederländischen Renaissance winkelförmig aus zwei Flügelgebäuden erbaut, deren Mitte ein schlanker Treppenturm mit einer dreifach geschweiften Haube bildet. Dieser und die Schweifgiebel der Zwerchhäuser schaffen eine malerisch bewegte Silhouette. Der Architekt war Hermann Schaedtler aus Hannover, der auch das Lütetsburger Schloss nach dem ersten Brand entwarf. Die prachtvoll gestalteten Innenräume sind reich mit Kulturgütern von künstlerischer und vor allem historischer Bedeutung ausgestattet, jedoch kein Museum, sondern der Verwaltungssitz der aus der mittelalterlichen Ständevertretung hervorgegangenen Ostfriesischen Landschaft.

8 Ostfriesische Landschaft

Vom alten Hafen blieb das sogenannte ***Pingelhus** (Georgswall 2) von 1803. Das kleine, malerische Gebäude mit dem hübschen Dachreiter mit Glocke und Zwiebeldach ist an beiden Schmalseiten mit abgeschleppten Dächern erweitert worden. Es war sowohl Speditionsgebäude als auch Hafenwärterhaus. Von hier aus fuhren die Schuiten genannten Binnenschiffe auf dem Treckfahrtskanal nach Emden. Ihre Abfahrt wurde durch pingeln angekündigt, daher ist es in Aurich bekannt als Pingelhus (plattdeutsch: pingeln = klingeln).

Hinter dem Verwaltungsgebäude der Ostfriesischen Landschaft schließt sich der bedeutende ****Ständesaal** (Georgswall 5) von 1847 an. Er enthält neben dem repräsentativen Versammlungsraum mit der Gemäldegalerie der Herrscher über Ostfriesland auch zwei Prunkzimmer mit großen dekorativen Fenstern. Es folgen zwei traufständige, zweigeschossige Wohngebäude mit Eckrisaliten (**Georgswall 7** und **9**), die 1887/88 für die höheren Regierungsbeamten gebaut wurden. Südlich davon steht das neue Gebäude der **Landschaftsbibliothek,** das 1992 nach Plänen der Architekten Arnke, Göken und Häntsch (Berlin/Oldenburg) gebaut wurde und mehrere Architekturauszeichnungen erhielt. Über die Marktpassage, die etwa gegenüber der **katholischen St. Ludgeruskirche** (Georgwall 13) von 1903 liegt, kommt man zum Marktplatz. Von den zahlreichen repräsentativen Häusern des 17. bis frühen 19. Jahrhunderts am Markt ist fast nichts geblieben. Nicht wenige wurden bereits um 1900 verändert und aufgestockt, auch hat ein Bombentreffer 1943 den großen, klassizistischen Bau der Apotheke total zerstört, gleichwohl: Die großen Veränderungen traten erst in der Zeit nach dem Zweiten Weltkrieg ein, genannt sei hier nur der Abbruch des Rathauses von 1846 zugunsten eines Bankgebäudes im Jahre 1976. Geblieben ist lediglich das *****Knodt´sche Haus** (Marktplatz 23), ein schmaler, zweigeschossiger Backsteinbau aus der Zeit um 1735. Erbaut hat es der fürstliche Hofbaumeister Anton Heinrich Horst für sich selbst, er war auch für den Bau der Neuen Kanzlei am Auricher Schloss verantwortlich. In seiner Fassade ist das Portal hervorgehoben, seine Rahmung geht in den darüberliegenden Balkon über. Zwischen beiden Geschossen befinden sich Sandsteinfelder mit Blüten- und Fruchtgehängen. Das hübsche Gebäude wird von der naheliegenden Markthalle, die die ruhige Marktplatzfläche vollends zerstört hat, übertönt. Nirgendwo in Ostfriesland ist der Wandel von einer historisch gewachsenen Stadt hin zu einem Kommerzzentrum so drastisch verlaufen, wie hier auf dem Auricher Marktplatz.

Am Nordende des Marktplatzes biegt man etwas ernüchtert in die Lilienstraße ein, um zum Friedhof zu gelangen. Zuvor kreuzt man jedoch die nach Süden verlaufende Kirchstraße. Gleich auf der linken Seite taucht der Portikus der ****reformierten Kirche (Abb. 9)** (Kirchstraße 20) auf. Vier kräftige toskanische Säulen tragen das Gebälk und den breiten Dreiecksgiebel, Elemente, die sogleich ihre Herkunft aus der römischen Antike zu erkennen geben. Kommerzienrat Conrad Bernhard Meyer hat sich 1812-14 in der Tat am Pantheon in Rom orientiert, einem um 110 n. Chr. allen Göttern geweihten Tempel, der bis heute vorzüglich erhalten geblieben ist. Sein vorgelagerter Säulenportikus und dahinter liegender kreisförmiger Zentralraum überdeckt mit einer Kuppel, deren Halbkugel sich in einem runden Oberlicht öffnet, sind immer wieder im späten 18. und frühen 19. Jahrhundert als Vorbild aufgenommen worden. Betritt man das Innere **(Abb. 10)** der reformierten Kirche, wird man von dem streng axial ausgerichteten Kuppelraum überrascht. Die in acht Segmente gegliederte Kuppel wird von acht kannelierten korinthischen Säulen getragen. Der Raum besticht durch die konsequente, einheitliche Gestaltung von Raum und Ausstattung mit halbkreisförmiger Westempore, Orgel, Gestühl,

9 Ref. Kirche

10 Innenraum

Kanzel, Taufständer und Abendmahlstisch. Der bewussten Schlichtheit des Klassizismus kam die von den Reformierten angestrebte Einfachheit entgegen. So gibt es zwar schmückendes Dekor, jedoch in feiner, sehr zurückhaltender Form. Die **Orgel** auf der Westempore wurde 1836-38 von Gerd Sieben Janssen aus Aurich geschaffen. Der Prospekt zeigt die für ostfriesische Orgeln seltenen Formen des Klassizismus mit seinen flach gerundeten Seitentürmen und dem breiten mittleren Flachfeld, zwischen einem unteren halbrunden Bogen und einer oberen Lyra. Die originalen Pfeifen des Prospekts mussten 1917 als Kriegsrohstoff abgeliefert werden und wurden später durch Zink ersetzt. 1838/39 erfolgte durch die Firma Hammer aus Hannover ein durchgreifende Veränderung der Orgel, die im Rahmen der 2001-03 durchgeführten, umfassenden Restaurierung von Kirche und Orgel weitgehend in den originalen Zustand zurückversetzt wurde. Die Rekonstruktion und angepasste Erweiterung des Instruments erfolgte durch den Orgelbauer Winold van der Putten aus Winschoten. Im Kirchenraum wurde die alte Farbigkeit der Wandoberflächen nach Farbbefunden rekonstruiert. Links neben der Kirche erbaute die Kirchengemeinde 1859 ihr **Pfarrhaus** (Kirchstraße 22), ein biedermeierliches Gebäude, das mit der Kirche ein kulturhistorisch bedeutsames Bauensemble bildet. Zwischen Kirchstraße und Hoher Wall stand von 1810-1938 die **Synagoge** (Kirchstraße 13). Heute ist dort eine Gedenkstätte.

Es lohnt ein Blick in die **Nürnburger Straße 1-17**, die nach dem Wiederaufbau eines Stadtbrandes ab Mitte des 19. Jahrhunderts einheitlich erhalten geblieben und als städtebauliches Ensemble denkmalrechtlich geschützt ist. Über die Friedhofstraße erreicht man den bedeutenden **Friedhof** (von-Jhering-Straße 19) der Stadt. Conrad Bernhard Meyer ist der Schöpfer der beiden klassizistischen Torgebäude von 1805. Folgt man der von hier ausgehenden Allee, gelangt man zu dem Mausoleum der Fürsten Cirksena von Ostfriesland, das erst 1876 als zehneckiger Zentralbau aus Backstein errichtet worden ist, als das fürstliche Haus bereits 132 Jahre erloschen war. Die 20 Sarkophage, darunter zwei prachtvoll verzierte Zinnsarkophage aus der Zeit um 1700 aus der Fürstengruft unter der mittelalterlichen Lambertikirche, sind hierher übertragen worden. Hier endet der Stadtrundgang.

Zu den weiteren bedeutenden Bauwerken der Stadt zählt die ****Stiftsmühle (Abb. 11)** (Oldersumer Straße 28) von 1858, sie ist mit annähernd 30 Metern Höhe die zweithöchste Galerieholländermühle Ostfrieslands. Zuvor stand an dieser Stelle ein 1731 erbauter Erdholländer, den der Müller Hermann H. Knoop 1855 kaufte und drei Jahre später durch den heutigen fünfgeschossigen Galerieholländer ersetzen ließ, dessen Höhe er damit begründete, dass „inzwischen die Stadt gewachsen ist und die entstandenen Häuser und heranwachsenden Bäume der Mühle den Wind wegnehmen". Das Sethesche Fräuleinstift erwarb 1932 die Mühle und verpachtete sie. Der Betrieb wurde 1968 eingestellt. Seit der Zeit betreut der Heimatverein Aurich e.V. die Mühle und hat zahlreiche Restaurierungen und Erneuerung von Flügeln, Windrose, Galerie und Reetdeckung durchgeführt, unterstützt auch von der Deutschen Stiftung Denkmalschutz. In der Stiftsmühle, die noch ihr gesam-

11 Stiftsmühle

tes gehendes Werk besitzt, befindet sich ein sehenswertes Museum zur Mühlentechnik und -geschichte. Im Müllerhaus gibt es Tee nach ostfriesischem Ritual.

Die zweite Auricher Stadtmühle, die **Vossberg´sche Mühle** (Egelser Straße 18), ist eine dreigeschossige Galerieholländermühle aus dem Jahr 1884. Sie wird von der Müllerfamilie Vossberg in der fünften Generation betrieben. Leider fehlen an dieser Mühle die Flügel, die aus Geldmangel bis auf Weiteres nicht wieder angebaut werden können.

Ebenfalls von dem schon erwähnten Kaufmann und Architekten Conrad Bernhard Meyer stammt das reizvolle **Gartenhaus** (Am Ellernfeld 8) aus dem Jahr 1803, das der Landschaftssekretär C. B. Conring in Auftrag gab. Das sogenannte Teehaus ist ein kleiner, langgestreckter Putzbau mit Walmdach, vor dem ein Portikus mit vier Säulen steht. Seit 1992 nutzt der Kunstverein Aurich das Gebäude für Kunstausstellungen.

Gepflegt und fachgerecht instand gehalten, was bei den Verwaltungsbauten des Landes Niedersachsen nicht immer der Fall ist, erscheint das ehemalige **Lehrerseminar** (Oldersumer Straße 48). Hier hat man bei der Neuverfugung des Backsteinbaus den beim Bau 1880 rot eingefärbten Fugmörtel wieder eingebracht. Durch die einheitliche Farbe von Backstein und Fugmörtel wirkt der dreiflügelige Backsteinbau deutlich massiver. Während das mittlere Treppenhaus repräsentativ und großzügig angelegt worden ist, wirken die beiden äußeren Treppen dagegen leicht und fast filigran in der Ausführung. Es hat Mühe gekostet, diese leichten Konstruktionen den heutigen Brandschutzbestimmungen entsprechend baulich anzugleichen.

Mit der Niedersächsischen Kommunalreform 1972 sind 20 kleine Umlandsgemeinden dem Stadtgebiet Aurichs zugeschlagen worden. Einige dieser Ortschaften, wie Wallinghausen oder Rahe, sind in eine reizvolle Geestlandschaft mit Wallhecken und Eichenbeständen eingebettet. Hier interessieren jedoch mehr die wenigen bedeutenden Bauwerke dieser Dörfer. In **Sandhorst**, der Ort schließt unmittelbar nördlich an Aurich an, stößt man bei der Abzweigung der Straße nach Dornum auf die traditionelle **Gaststätte Sandhorster Krug** (Am Schlingholz 2). Sie ist eine typische Landgaststätte, die häufig auch Poststationen waren und wo auch die Pferde ausgespannt wurden. Bei dem Gebäude handelt sich um ein Gulfhaus von 1829, das mit der Reeteindeckung des Daches und den Blockrahmen-Schiebefenstern eines der letzten, weitgehend unveränderten Geestbauernhäuser dieser Region darstellt. Gegenüber liegt in einem waldähnlichen Park ein zweigeschossiges Wohnhaus **(Landratsholz 2)**, das das Gästehaus einer in Aurich angesiedelten Firma für Windenergieanlagen ist. Hier stand bis 1764 ein Lustschloss der ostfriesischen Fürsten, ein Flügelbau des Schlosses von 1647 bildet den Kern des jetzigen Hauses. Lange Jahre war das 1871 in dieser Form gebaute Wohnhaus mit dem schwach hervortretenden Mittelrisaliten und dem zierlichen Balkon auf Holzstützen Sitz des Staatlichen Forstamtes. Gegenüber liegen die futuristisch anmutenden Gebäude des **EEZ** (Osterbusch 2), des Energie-, Bildungs- und Erlebnis-Zentrums Aurich. Hier wird insbesondere jungen Menschen das Thema Energie in Form von Sonne, Wind und Wasser erlebnisreich nähergebracht. Am nördlichen Ortsrand steht eine intakte zweigeschossige **Galerieholländermühle** (Esenser Straße 190) von

ARCHITEKTURFÜHRER OSTFRIESLAND   **Landkreis Aurich**

1908, die nach schweren Sturmschäden 1986 durch den Heimatverein Sandhorst wiederaufgebaut wurde.

Rund zehn Kilometer vom östlichen Stadtrand entfernt liegt **Middels,** dorthin fährt man über die B 210 Richtung Wittmund. Ein Schild „Granitquaderkirche" am Abzweig nach Südosten gibt den Hinweis zum Abbiegen. Zwischen den zwei Kilometer voneinander entfernten Ortsteilen Middels-Osterloog und Middels-Westerloog liegt etwas versteckt in der reizvollen, von Wallhecken besetzten Landschaft der Kirchenhügel, der wahrscheinlich schon von Heiden als Friedhof benutzt worden ist, denn man fand dort zwei Urnen mit Leichenbrand des 8. oder 9. Jahrhunderts.

Die ***lutherische Kirche (Abb. 12)** (Alter Heerweg 24) gibt als Apsissaal am besten den Charakter einer romanischen Granitquaderkirche sowohl außen und seit der Restaurierung in den 70er Jahren auch innen wieder. Granitquaderkirchen auf der Geest sind die ältesten Kirchen Ostfrieslands. Die Bauzeit der romanischen Kirche in Middels wird allgemein mit um 1200 oder gar Anfang des 13. Jahrhunderts angegeben, was im Vergleich zu den urkundlich datierten Granitquaderkirchen im Jeverland (Oestringfelde 1147, Schortens 1153) zu spät erscheint, sodass man bei Middels von einer Erbauung in der 2. Hälfte des 12. Jahrhunderts ausgehen sollte. Nur im Bereich eiszeitlicher Endmoränen gab es Granit als Findlinge unterschiedlicher Größe. Die kleinen in der Größe von Fußbällen hat

12 Luth. Kirche

man im übrigen Küstengebiet von Nord- und Ostsee zu Feldsteinkirchen vermauert, die es in Ostfriesland nicht gibt. Hier müssen viele große Granitblöcke vorhanden gewesen sein, teilweise vielleicht schon zu Großsteingräbern verarbeitet, die man in christlicher Zeit der Steine beraubte. Außer Middels gibt es in Ostfriesland Granitquaderkirchen in Asel, Marx und Buttforde sowie den Westteil der Kirche von Remels und Teile von Ardorf, Arle, Leerhafe und Reepsholt.

Die Nordseite **(Abb. 13)** der Kirche ist komplett als Granitfassade erhalten, während die Südfassade im westlichen Bereich schon Backsteinausbesserungen aufweist. Bei der Kirche in Middels sind die Granitquader im Durchschnitt 60 Zentimeter hoch und bis zu 80 Zentimeter breit. Diese großen Maße, die sorgfältig geglätteten Oberflächen mit exakt rechteckigem Umriss und die dünnen Fugen schaffen ein elegantes Mauerwerk von monumentaler Wirkung. Die gleiche Sorgfalt wie bei den Oberflächen ist auf die Kanten der Eckquader verwandt worden, und es ist erstaunlich, mit welcher Genauigkeit die bogenförmigen Einfassungen der Portale und Fenster aus dem spröden Material herausgehauen wurden, und das mit primitiven Werkzeugen. Allerdings darf man bei der Betrachtung der Eckquader nicht den falschen Schluss ziehen, es handele sich um allseitig behauene Blöcke. In Wirklichkeit sind nur die Vorderseiten und von den auflagernden Seiten 20 bis 40 Zentimeter eben geglättet worden, nach innen blieb die halbkugelförmige Hälfte des großen Findlings unbearbeitet, sodass die Gesamtform einem Würfelkapitell ähnelt. Wie bei

13 Nordseite

fast allen mittelalterlichen Mauern wurde auch bei den Granitquaderkirchen eine äußere und eine innere sorgfältig bearbeitete Schale geschaffen und der Hohlraum dazwischen mit Steinbrocken in Muschelkalk gefüllt. Von den sorgfältig gearbeiteten Portalen, die in späterer Zeit vermauert wurden, ist das Nordportal wieder geöffnet worden. Die einst halbrunde Apsis ist schon bald nach der Fertigstellung der Kirche eingestürzt und im 13. Jahrhundert polygonal sowie überwiegend in Backsteinen und mit großen, noch romanisch wirkenden Fenstern wiederaufgebaut worden. Dazu kommt, dass man nach der Reformation in die Südmauern meist neue große Fenster eingebrochen hat, um mehr Licht für das Lesen des Gesangbuches zu haben, wozu jetzt auch die bäuerlichen Familien aufgrund der allgemein gestiegenen Bildung in der Lage waren.

Der **Glockenturm** aus Backstein des geschlossenen Typs stammt aus dem 14. Jahrhundert. Er erhielt 1805 ein neues Dach in Zeltform. Die Süd- und Westseite sind bei den letzten Sanierungsmaßnahmen 2003 komplett neu aufgemauert worden, auch das Dachwerk wurde erneuert. Eine Glocke von 1502 zersprang beim Trauergeläut für den letzten ostfriesischen Fürsten Carl Edzard von Ostfriesland und wurde in preußischer Zeit umgegossen.

14 Innenraum

Im Vergleich zu allen anderen Kirchen dieser Zeit ist in der Kirche in Middels der romanische Raumcharakter gut erhalten **(Abb. 14)**. Das liegt vor allem an der unveränderten Lichtführung allein aus den hoch sitzenden kleinen Rundbogenfenstern, die mit ihren tiefen, trichterförmigen Laibungen ein feines, mystisch wirkendes Streulicht verbreiten. Durch die Reduzierung auf die wenigen Ausstattungsstücke von Taufstein, Altarmensa, Kanzel und Triumphkreuzgruppe wird die Einfachheit des romanischen Raumes betont. In den 1960er Jahren war der Innenraum noch mit einer Längsempore an der Nordwand und einer Ostempore vor der Apsis ausgestattet. Sie wurden, wie das schöne alte Gemeindegestühl mit Türen und Traljengittern, entgegen denkmalpflegerischen Belangen zugunsten der gewünschten Raumwirkung entfernt.

15 Taufstein

16 Detail

Der *****Taufstein** aus dem 3. Viertel des 13. Jahrhunderts ist bezüglich der künstlerischen Qualität in der Ausdruckskraft von hoher Qualität. Er gehört zu einer Gruppe von sechs Taufsteinen auf der ostfriesischen Halbinsel, die biblische Szenen aufweisen und zum westfälischen Typ zählen. Die meisten Taufsteine dieses Typs stammen aus den Steinbrüchen bei Billerbeck nahe Münster (Baumberger Sandstein). Sehr eindrucksvoll sind auf der Wandung die Taufe im Jordan, die Kreuzigung, die Höllenfahrt Christi und die Wiederauferstehung dargestellt.

Ungewöhnlich ist in Middels die starke Bewegung der Figuren. Bei der Darstellung der Christus-Taufe **(Abb. 15)** eilt von rechts ein Engel mit dem Gewand herbei. Auch die rechts unmittelbar anschließende Kreuzigungsszene **(Abb. 16)** beeindruckt durch die Dramatik, mit der die vom Schmerz getroffene Maria zusammenbricht, gerade noch von Johannes vor dem Sturz bewahrt. Ungewöhnlich ist auch bei der Auferstehungsszene am Ostermorgen die plastische Bewegung im Schreiten der beiden Engel. Am stärksten wirkt aber bei der Niederfahrt Christi in die Hölle **(Abb. 17)**

die Heftigkeit, mit der er dem Teufel die Lanze in den Rachen stößt.

Die herausragende Bedeutung ist auch die *****Triumphkreuzgruppe** vor dem Chor der Middelser Kirche. Es ist davon auszugehen, dass sich solche Triumphkreuzgruppen am Ende des Mittelalters fast in jeder ostfriesischen Kirche befunden haben. Lediglich fünf dieser Gruppen sind in den Kirchen erhalten geblieben, die alle im Landkreis Aurich liegen. Die starke Wirkung der Kreuzigungsszene liegt an der zentralen Aufstellung auf dem Balken vor der Apsis und an der 1985 erfolgte Freilegung der ursprünglichen farbigen Fassung. Das rote Untergewand und der blaue Mantel der Muttergottes wie auch das grüne Untergewand und der rote Mantel des Johannes gehören zum Standard der Farbgebung spätgotischer Kreuzigungsgruppen, diese hier in Middels wird in die Zeit um 1480 zu datieren sein.

17 Detail

Von schlichter Form ist die **Kanzel** von 1650 mit gemalten Evangelistenfiguren am Korb. Die spätbarocke ****Orgel** von 1784-86, seit 1971 von der Ost- auf die Westempore versetzt, ist das Werk des bedeutenden Orgelbauers Hinrich Just Müller aus Wittmund. Ihr in Rot und Gold gefasster Prospekt zeigt die für ihren Erbauer typische Gliederung, nämlich einen großen Mittelturm, der von zwei hohen Flachfeldern mit je vier Pfeifen umgeben ist, an welche sich dann zweigeschossige Flachfelder und die kleinen Seitentürme anschließen, ausschwingend in den mit Pfeifenattrappen ausgefüllten seitlichen Ohren. Nach Veränderungen im 20. Jahrhundert wurde die Restaurierung in mehreren Etappen von 1973-89, zuletzt durch die Firma Alfred Führer (Wilhelmshaven), durchgeführt.

In **Tannenhausen** steht die kleinste Mühle Ostfrieslands. Die **Erdholländermühle** (Am Hügelgrab 16) wurde 1867 in Endzetel bei Wittmund erbaut und 1923 an diese Stelle versetzt. Ganz in der Nähe in der Straße Am Hügelgrab befindet sich das letzte **Großsteingrab** Ostfrieslands. Es handelt sich um rund 5.000 Jahre alte Megalith-Grabanlagen der Trichterbecherkultur. Seit 1962 wurde das Großsteingrab unter Leitung der Ostfriesischen Landschaft erforscht, die dabei aufgefundenen Stücke, wie Schalen, Trichterbecher und Steingeräte, werden im *Historischen Museum Aurich* ausgestellt. Die drei ursprünglich erhaltenen Findlinge werden im Volksmund auch Butter, Brot und Käse genannt. Im Jahre 2014 wurden fehlende Steine ergänzt, um die ursprünglichen Ausmaße des Großsteingrabes zu veranschaulichen.

Haxtum schließt sich fast nahtlos an den südlichen Stadtrand Aurichs an, dort sieht man die **Steen'sche Mühle** (Oldersumer Straße 139). Sie wurde 1853 erbaut, brannte 1885 ab und wurde als zweigeschossige Galerieholländermühle wiederaufgebaut.

Nach Haxtum folgt das Dorf **Rahe**, dem man keine größere Bedeutung beimessen würde, wäre hier nicht die historische Stätte **Upstalsboom** (Am Upstalsboom). Hier fanden von der Mitte des 12. bis ins frühe 14. Jahrhundert die jährliche Versammlung aller friesischen Landesgemeinden statt, die jeweils zwei Vertreter schickten, um ein gemeinsames friesisches Handeln abzustimmen und den Landfrieden sicherzustellen. Zur Erinnerung an die Zeit der sogenannten Friesischen Freiheit errichtet man 1833 dort auf einem kleineren Grabhügel eine Feldsteinpyramide.

Die Gedenkstätte wurde 1879 von der Ostfriesischen Landschaft durch den Ankauf weiterer Ländereien bis an die heutige Landesstraße vergrößert und mit einer Allee und einem Einfahrtstor versehen. Die 1886 erbaute **Schleuse Rahe** (Boomweg 26) am Ems-Jade-Kanal ist mit dem Ausflugslokal *Kukelorum* ein beliebtes Ausflugsziel. Bekannt wurde die Gaststätte durch den ostfriesischen Liedermacher Hannes Flessner (1928-1984). Durch rege Bürgerbeteiligung konnte der Verfall und die Aufgabe der Schleuse verhindert werden. Sie wurde 2005-07 grundlegend erneuert und vergrößert. Das Ambiente des Schleusenensembles blieb jedoch erhalten.

Der letzte Ort, den man im Gemeindegebiet der Stadt Aurich aufsuchen sollte, ist das 1400 als Wiesede erwähnte Dorf **Wiesens.** Auf ein hohes Alter der Siedlung deutet der sagenumwobene **Tjedestein** (Langfeldweg/Wiesener Straße) in einem Eichenhain inmitten des Dorfes hin. Rätsel gibt das auf dem Granitstein eingearbeitete Zeichen auf: Durch Verlängerung der Balken von vier Quadraten ist ein lateinisches Kreuz herausgearbeitet, das sich unten aus einem stilisierten Grabhügel erhebt. Hinter den Weihekreuzen und der Hügeldarstellung kann man eine Paradiessymbolik vermuten, sodass es sich hier wohl um einen mittelalterlichen Grabstein handeln könnte. Im Ort stehen einige ältere Gulfhäuser, so das Gulfhaus **Langfeldweg 85**, datiert 1848, das Gulfhaus von circa 1820 an der **Osterfeldstraße 43** und das Gulfhaus **Osterfeldstraße 100**.

Die *****lutherische Johannes-der-Täufer-Kirche (Abb. 18)** (Wiesenser Straße 32) wurde als spätromanischer Apsissaal in der Mitte des 13. Jahrhunderts erbaut. Aus den großen Rundbögen an den Längswänden könnte man schließen, es handele sich um die zugemauerten Arkaden einer einst dreischiffigen Basilika. Bei näherem Hinsehen wird jedoch klar, dass es sich lediglich um Blendbögen einer zweizonigen romanischen Wandgliederung handelt, die im oberen Teil aus flach eingetieften Rechteckfeldern mit hell-dunklen Ziegelmustern besteht. Diese Gliederung wurde 1818 zerstört, als man die Mauern bis auf die oberen Bögen der Fenster abtrug. Im Osten gab es ursprünglich eine halbrunde romanische Apsis,

18 Luth. Johannes-der-Täufer-Kirche

an ihre Stelle trat im 15. Jahrhundert der eingezogene Rechteckchor. Nordöstlich von ihm erhebt sich ein gedrungener, schräg versetzter **Glockenturm**, wohl aus dem 14. Jahrhundert, das Glockengeschoss stammt aus dem 16. Jahrhundert. In der Westwand befindet sich eine zweifach gewendelte Treppe zum Glockenstuhl. Das Dachwerk mit der Hakenverblattung und den Abbundzeichen ist noch in der mittelalterlichen Zimmermannstechnik ausgeführt. Zwei alte Glocken hängen dort: Die Marienglocke aus dem Jahr 1447 von Ghert Klinghe aus Bremen und eine kleine undatierte Glocke, die eine der ältesten Glocken in Ostfriesland ist.

Der Innenraum **(Abb. 19)** war ursprünglich in drei Jochen gewölbt, die Wanddienste aus drei Runddiensten tragen noch den Ansatz von Wulstrippen. Das **Altarretabel** wurde 1715 gestiftet und trägt die Handschrift eines Nachfolgers der Werkstatt des Meisters Hinrich Kröpelin aus Esens, da dieser bereits 1699 verstorben war. Es zeigt das Abendmahl, die Kreuzigung und Christus als Weltenherrscher. Die räumliche Gruppierung der vollplastischen Gestalten von Christus und seinen Jüngern um den Tisch des Abendmahls ist typisch für Kröpelin. Ungewöhnlich ist der übrige Aufbau in nur ein von gewundenen Säulen gerahmtes Hauptfeld und die bekrönende Kreuzigung unter einem geschweiften Abschlussbogen. Die erst 1735 gestiftete **Kanzel** trägt ebenfalls die Handschrift der Kröpelin-Werkstatt durch den üblichen Aufbau mit den Figuren von Christus und Propheten vor Rankenornamenten in den Feldern zwischen gewundenen Ecksäulen. Von einem **Taufstein** des 13. Jahrhunderts blieb nur ein Fragment, ein zweiter mit achteckiger Kuppa auf einen gleichförmigen Fuß stammt aus dem späten 15. Jahrhundert. Die **Orgel** erbaute 1820-22 Johann Gottfried Rohlfs aus Esens. Im Prospekt setzt sich endlich in Ostfriesland der Klassizismus durch. Es bleibt zwar beim bewährten fünfachsigen Aufbau mit breitem Mittelturm, verbindenden zweigeschossigen Flachfeldern und seitlichen Außentürmen, jedoch sehr flach gehalten, es dominieren die ionischen rahmenden Säulen und das die Horizontale betonende Gebälk, auf deren flachen Dreiecksgiebeln Posaune blasende Engel auf Kugeln balancieren. Bei einer Erweiterung der Orgel von zehn auf dreizehn Register in den Jahren 1909/10 blieb das alte Pfeifenwerk weitgehend unangetastet. Die Erweiterung wurde zugunsten des historischen Klangbildes von der Werkstatt Alfred Führer, Wilhelmshaven, im Zuge einer umfassenden Restaurierung 1979-81 rückgängig gemacht.

19 Altar

Stadt Wiesmoor
mit Wiesmoor und Marcardsmoor

Wiesmoor ist mit rund 13.000 Einwohnern die jüngste Stadt Ostfrieslands und eine der jüngsten Städte Niedersachsens. Sie liegt am südöstlichen Zipfel des Landkreises Aurich. Bis ins späte 18. Jahrhundert war diese Region völlig unbewohnt, weil sich hier über eine große Fläche das Ostfriesische Zentralhochmoor ausgebreitet hatte. Über Jahrhunderte war dieses weite Moorgebiet Barriere zwischen Ostfriesland und dem Oldenburger Land und dem Münsterland. Die Gründung des Ortes Wiesmoor begann mit der ab 1906 einsetzenden industriellen Abtorfung des Moores. Torf nutzte man zur Stromerzeugung, der durch Turbinen entstand, die durch die Hitze bei der Verbrennung des Torfes angetrieben wurden. Die entstehenden Abgase verwendete man zur Erwärmung von Gewächshäusern. Insbesondere durch die Aufzucht von Blumen entstand ein für die Region neuer, blühender Wirtschaftszweig. Obwohl einige durchaus reizvolle Kanäle das Stadtgebiet durchkreuzen, erinnert die lange Durchfahrtsstraße der Stadt Wiesmoor eher an eine amerikanische Kleinstadt im mittleren Westen. Zahlreiche Geschäftsbauten, die sich zufällig und ungeordnet an der Straße entwickelt haben, prägen das heutige Ortsbild. Wegen der jungen Stadtgeschichte gibt es verständlicherweise nur wenig historische Bausubstanz.

Wer Interesse hat, kann die Kanäle (Großefehnkanal, Nordgeorgsfehnkanal und Ems-Jade-Kanal) abfahren, an die sich recht schöne Naturräume angliedern. An den Kanälen liegen zahlreiche Schleusenanlagen und Brücken, die mit der Anlage der Wasserbauwerke um 1885 entstanden sind oder aus der Ausbauphase in den 1920/30er Jahren stammen.

Die ältesten Kirchen in Wiesmoor sind die neugotische **lutherische Kirche** (Wittmunder Straße 217) in **Marcardsmoor** von 1906 und die **lutherische Friedenskirche** (Mullberger Straße 9) in Wiesmoor. Diese Kirche ist ein schlichter Saalbau mit einer westriegelartigen Turmfront. Der Bau von 1930 beeindruckt durch die formale Strenge des Ziegelmauerwerkes und spiegelt den expressionistischen Architekturstil dieser Zeit wieder. Im Zentrum der Stadt gruppieren sich einige gute Ziegelbauten aus der Zeit um 1937 und 1950, die zu repräsentativen Zwecken für die Wiesmoor-Gärtnerei entstanden sind. Zu nennen wäre da der 12 Hektar große **Nielsenpark,** in dem sich mittig ein **Pavillon** (Am Nielsenpark 10a) von 1937 befindet, auf dessen gemauerter Brüstung acht Säulen stehen, die das Reetdach tragen. Aus dieser Zeit stammt auch die **Gedenkstätte** (Hauptstraße 176) für die Gründer des Ortes Wiesmoor, eine an zwei Seiten geöffnete Ehrenhalle an einer Mauer mit einem bepflanzten Vorplatz. Am Eingangsbereich der **Wiesmoor-Gärtnerei** stehen ein Torhaus, ein Kaffeehaus mit Walmdach, ein sechseckiger Pavillon und ein Wärterhaus mit Durchfahrt und Toilettentrakt (Hauptstraße 195-199). Alle Gebäude sind 1950/51 mit dem buntgebrannten Torfbrandziegel der Region errichtet worden.

Gemeinde Großefehn
mit West-, Mitte- und Ostgroßefehn, Spetzerfehn, Strackholt, Bagband, Timmel, Aurich-Oldendorf, Wrisse, Felde und Holtrop

Westlich der Gemeinde Wiesmoor schließt sich die Gemeinde Großefehn mit rund 13.800 Einwohnern an. Sie besteht aus insgesamt 14 ehemaligen kleinen Gemeinden, die sich im Zuge der Gemeindereform 1972 zusammenschlossen. Als Name wurde Großefehn bestimmt, das zentral liegt und in Ostgroßefehn auch die größte Einwohnerzahl besitzt. Großefehn ist die älteste Fehnkolonie Ostfrieslands. Ihre Anfänge im Jahre 1633 lagen in Westgroßefehn, als vier Emder Kaufleute von Graf Ulrich II. von Ostfriesland die Erlaubnis erhielten, eine Fläche von 400 Hektar nach niederländischem Vorbild abzutorfen. Das geschah durch die Anlage von Kanälen, die das Hochmoor entwässerten, und durch die Verpachtung von Kolonatstücken, auf denen Kolonisten als Erbpächter Torf abgruben und mit Schiffen zu den Verbrauchern transportierten. Torf war in der baumarmen Region ein begehrter Brennstoff. Das *Fehnmuseum Eiland* (Leerer Landstraße 59) in Westgroßefehn zeigt anschaulich die Entstehung und Entwicklung Großefehns, anschließend lädt das Museum in die dortige Teestube ein.

In **Westgroßefehn** sind die Elemente einer Fehnsiedlung recht anschaulich erhalten. Kern des Ortes bildet der Fehnkanal, der dort in ein natürliches Gewässer, die Flumm, mündet. Zur Wasserhaltung im Kanalsystem sind Schleusen erforderlich. Anschaulich erhalten und vor Jahren grundlegend instand gesetzt ist die **Schleuse 1** (Leerer Landstraße) am Beginn des Großefehnkanals. Gleich in der Nähe steht eine der zahlreichen fehntypischen weißen Klappbrücken, die meisten sind im Rahmen der Dorferneuerung in den letzten Jahrzehnten erneuert worden. Gegenüber dem

Schleusenbauwerk erhebt sich die **Mühle Onken** (Leerer Landstraße 57), eine zweistöckige Galerieholländermühle mit einem Müllerhaus aus der Mitte des 19. Jahrhunderts. Schon 1773 stand hier eine gleiche Mühle, sie brannte jedoch im 19. Jahrhundert zweimal ab. Die jetzige Mühle wurde 1889 erbaut und ist seit dieser Zeit im Besitz einer Müllerfamilie. Beiderseits des Fehnkanals stehen einige ältere Gulfhäuser, so in der Linksbiegung des Kanals die Gulfhäuser **Leerer Landstraße 48**, erbaut um 1780, und **Leerer Landstraße 47** aus der Zeit um 1880, dann, dicht an der Fahrbahn stehend, das Gulfhaus **Leerer Landstraße 45,** errichtet um 1830. Dieses fehntypische Haus sollte 1980 für eine Straßenverbreiterung abgerissen werden, die anschließenden Verhandlungen zwischen Straßenbauamt, Gemeinde und Denkmalbehörden um den Erhalt des Gebäudes waren der Beginn einer Revitalisierung der historischen Bausubstanz in Großefehn. Im Verlauf des Fehnkanals folgen weitere mittelgroße Gulfhäuser, die sowohl landwirtschaftlich betrieben wurden, als auch als Wohnsitz eines Schiffers dienten. Nicht wenige dieser Schiffer im 18. und 19. Jahrhundert waren Anteilseigner von seegehenden Segelschiffen oder Kapitäne. Dies traf für das Gulfhaus **Raiffeisenstraße 15** zu, ein auf das Jahr 1835 datiertes Fehnhaus mit einer schönen alten Haustür. Ebenso war das Gulfhaus **Schrahörnstraße 41**, datiert 1807, Wohnhaus eines Kapitäns. Ein Wohnraum mit einer gemalten Landschaftstapete zeugt noch vom ehemaligen Reichtum des Hausbesitzers.

Etwas abseits vom Fehnkanal liegt das ehemalige Schulgebäude des Ortes, datiert 1871. Die **alte Schule** (Achterlangsweg 9) mit einem Turmaufsatz wird seit 1999 vom Verein De Weevstuv unterhalten, der dort die Tradition der Handweber zeigt und Kurse an Webgeräten erteilt.

Der Weg nach Ostgroßefehn führt über **Mittegroßefehn,** wo man die B 72 kreuzt. An der Kirchstraße 13 steht die **lutherische Kirche** des Ortes, ein Apsissaal, der im Januar 1857 eingeweiht wurde. Während der Außenbau im Stil der Hannoverschen Schule mit Rundbogenfenstern aus Gusseisen ausgestattet ist, wurde der Innenraum neugotisch gestaltet. Die Ausstattung ist einheitlich aus der Entstehungszeit der Kirche erhalten. Die **Orgel** schuf der Orgelbaumeister Brond de Grave Winter aus Emden in den Jahren 1859/60, sie ist 2004 wegen des schlechten Zustandes stillgelegt worden.

In **Ostgroßefehn** kann man auf einer Strecke von über sechs Kilometern längs des Hauptkanals fahren, begleitet von gleichförmigen, fehntypischen Gulfhäusern, ab und zu unterbrochen von Klapp- bzw. Drehbrücken und Schleusenanlagen. Im baulich verdichteten Ortskern trifft man auf die 1804 erbaute zweigeschossige **Galerieholländermühle** (Kanalstraße Nord 82), die für das Mahlen von Buchweizen eingerichtet war, die einzige Getreidesorte, die auf den mageren Moorböden wachsen konnte. Heute dient die intakte Mühle als Kunstgalerie und Touristik-Information. Gegenüber vom Rathaus auf der Höhe der Kanalschleuse III liegt die **historische Schmiede Striek** (Kanalstraße Nord 66), eine kleine Huf- und Wagenschmiede mit alter Ausstattung. Dazu gehört das Wohnhaus des Schmieds, ein Gulfhaus aus dem Jahr 1920. Beide werden vom örtlichen Heimatverein unterhalten und gepflegt.

Eine dritte Mühle von insgesamt fünf Mühlen der Gemeinde Großefehn steht in **Spetzerfehn**. Die **Mühle Steenblock** (Postweg 5), eine

Landkreis Aurich

20 Luth. Barbara-Kirche

21 Chor mit Kanzel

22 Orgel

dreistöckige Galerieholländermühle, wird als einzige Mühle Ostfrieslands auch heute noch gewerbsmäßig mit Windkraft betrieben. Sie wurde 1885 nach einem Brand wiederaufgebaut und gehört seit 1955 der Müllerfamilie Steenblock, die auf Anfrage gern einen Blick in ihren Betrieb gewährt.

Von Spetzerfehn kommt man nach wenigen Kilometern zum Dorf **Strackholt**, das im Mittelalter zwei Burgen gehabt haben soll, die eine im Ort, die andere am östlichen Ortsrand.

Die *****lutherische Barbara-Kirche (Abb. 20)** (Lindenstraße 20) ein ursprünglich gewölbter Saalbau aus Backstein, besitzt als seltene Ausnahme noch ihre romanische halbrunde Apsis mit den originalen, kleinen Rundbogenfenstern aus der Mitte des 13. Jahrhunderts. Das Langhaus wurde durch einen nördlichen Anbau 1853 und durch einen südlichen 1881 zur Kreuzform erweitert. Im Norden steht der dreijochige Glockenstuhl des Parallelmauertyps aus dem 1. Viertel des 14. Jahrhunderts.

In der Kuppel der Apsis befinden sich lateinische Inschriften aus dem 15. Jahrhundert. Diese dokumentieren einen Überfall auf Strackholt durch Graf Gerd von Oldenburg im Jahre 1473, wobei auch die Kirche ausgeraubt wurde. Am Mittelfenster der Apsis wurden 2008 Teile einer mittelalterlichen Ornamentumrahmung freigelegt. Neben einigen Nischen ist im Chor auch eine Piscina, ein Sandsteinbecken mit Abfluss, erhalten. Spuren im Kirchenschiff deuten auf die einstige Wölbung hin, heute bildet eine Balkendecke den oberen Raumabschluss. Der auf 1654 datierte **Flügelaltar (Abb. 21)** wurde, wie die Altäre von Rhaude (1663), Remels (1667) und Collinghorst (1659), von Tönnies Mahler aus Leer gemalt und hat den gleichen Aufbau mit den vier Evangelisten in der Predella, dem Abendmahl im Hauptfeld und den Szenen aus der Kindheit Christi auf den Flügeln. Die zierlich ornamentierte **Kanzel** trägt die Inschrift „Joachim C. Hessemius, gemacht a Loga 1801", der eigentlich Hessemeier hieß und von den Kanzeln in Loga, Rhaude und Collinghorst her bekannt ist. Der **Taufstein** des Bentheimer Typs aus der Mitte des 13. Jahrhunderts gleicht denen in Petkum und Roggenstede mit ihren naturalistischeren Weinranken zwischen Taustäben und ornamental geritzten Flächen. Die **Triumphkreuzgruppe** aus dem Ende des 15. Jahrhunderts erhielt 1881 ein neues Kruzifix und der Johannes 1956 einen neuen Kopf, gleichzeitig wurden alle drei neu farbig gefasst.

Prospekt und Werk der **Orgel (Abb. 22)** wurden von Gerhard Janssen Schmid aus Oldenburg 1798/99 über den Altar gebaut. Sie wurde 1883 auf die Südempore umgesetzt. Der Prospekt zeigt das Festhalten an bewährten Formen des Spätbarock mit dem breiten, halbrunden Pfeifenturm in der Mitte, den schmaleren seitlichen und den zweigeschossigen, diese durch ihre herabschwingenden Profile verbindenden Flachfeldern. Die seitlichen Ohren und Schleierbretter sind ganz in den typisch spätbarocken Rankenornamenten gehalten, nur die bekrönenden Vasen und ihre Festons weisen auf den nahenden Klassizismus hin. Die mehrfach veränderte Orgel wurde zuletzt 1973 und 1986 von dem Orgelbauunternehmen Hillebrand aus Altwarmbüchen restauriert. An der Lindenstraße Richtung Wiesmoor reihen sich noch einige gepflegte Gulfhäuser, hier besonders die Höfe **Lindenstraße 26 und 34,** beide um 1900 erbaut.

Gut drei Kilometer weiter südlich kommt man in das Dorf **Bagband**, das auf einem Geestrücken liegt und von Wasserläufen umgeben ist. Die ***Martin-Luther-Kirche (Abb. 23)** (Dorfstraße 26) hatte als rechteckiger romanischer Saalbau aus Backstein ursprünglich zur Erbauungszeit Mitte des 13. Jahrhunderts eine halbrunde Apsis. Im Giebel sind die Mauerreste der im 16. Jahrhundert abgetragenen Apsis noch gut zu erkennen. Die Längswände waren über einem Mauerrücksprung durch Lisenen in drei Felder geteilt, in denen ursprünglich jedes ein hoch sitzendes Rundbogenfenster enthielt. Insbesondere an der Südseite sind nun jedoch größere Fenster eingebrochen worden. Der neugotische Westturm, als Ersatz für den abgängigen freistehenden Glockenturm, entstand 1895.

23 Martin-Luther-Kirche

Den Innenraum überdeckt eine Balkendecke. Einst trennte ein steinerner Lettner den Chor vom Schiff, 1773 wurde er durch die Ostempore ersetzt. Die Brüstung der Ostempore schmückt ein Bilderzyklus aus dem 17. Jahrhundert von Christus und den Aposteln, der einst am steinernen Lettner angebracht war. Die auf 1654 datierte Kanzel hat den damals üblichen Aufbau mit Evangelistenreliefs zwischen Ecksäulen. Der stark beschädigte Taufstein aus der 1. Hälfte des 13. Jahrhunderts wiederholt die für den Bentheimer Typ üblichen Formen.

Die Kirche birgt als besonderen Schatz spätgotische Holzskulpturen. An der Westwand befindet sich eine farbig gefasste **Triumphkreuzgruppe (Abb. 24)** aus dem Ende des 15. Jahrhunderts. Neben dem Gekreuzigten stehen trauernd Maria und Johannes. Drei kleine Engel mit Kelchen fangen das aus den Wunden fließende Blut Christi auf. Bemerkenswert ist auch die auf der Mondsichel im Strahlenkranz stehende **Doppelmadonna (Abb. 25)** mit zwei (ein dritter ist verloren)

24 Triumphkreuz-Gruppe

25 Doppelmadonna und Orgel

über ihr schwebenden Engeln, ebenfalls ein Werk des späten 15. Jahrhunderts. Zwei Holzplastiken, die betende Maria, umfangen von Johannes, sowie einen kreuztragenden Christus darstellend, stammen auch aus dem späten 15. Jahrhundert: Sie befinden sich heute im Ostfriesischen Landesmuseum Emden.

Prospekt und Werk der **Orgel** schuf Heinrich Wilhelm Eckmann aus Quakenbrück 1774/75. Er gehört zu den bedeutenderen Orgelbaumeistern des späten Barock in Nordwestdeutschland. Es ist das letzte Werk in der Tradition

der Schnitger-Familie mit dem polygonalen Mittelturm der Basspfeifen, den geschwungenen Profilen über den seitlichen Flachfeldern und den spitzen Dreckstürmen außen. Die daran angebrachten Ohren und die Schleierbretter sind in der zeitgemäßen spätbarocken Ornamentik gehalten. Durch modische Tendenzen verlor die Orgel 1850 die originalen Zungenpfeifen, auch wurde der Zimbel beseitigt. Die Veränderungen wurden bei der Restaurierung 1973-75 durch die Orgelbaufirma Alfred Führer, Wilhelmshaven, so weit wie möglich rückgängig gemacht.

Von den noch zahlreich im Ort vorhandenen Gulfhäusern ist das nahe der Kirche liegende Gulfhaus **Krummhörn 10** das am besten erhaltene. Original ist der Wohnteil von 1811, der noch seinen ursprünglichen Grundriss und die alte Raumausstattung besitzt, so die Upkamer über einem Keller, die Butzenanlage und die Blockrahmen-Schiebefenster. Der reetgedeckte Scheunenteil ist mit Hilfe des Landkreises und der Gemeinde in den 1990er Jahren neu aufgerichtet worden, dabei wurde auch der Wohnteil restauriert.

Durch die markante Lage an der B 72 ist die Bagbander Mühle weithin bekannt. Zur reetgedeckten einstöckigen **Galerieholländermühle** (Mühlenstraße 1) von 1812 gehören das Müllerhaus aus der Zeit um 1830 und in kleines, freistehendes Backhaus. Im historischen Ambiente ist eine Gastronomie untergebracht, die gern für gesellschaftliche Veranstaltungen genutzt wird.

Um zum nächsten Ziel zu gelangen, fährt man von Bagband auf die B 72 bis Ulbargen, dort muss man links abbiegen. Nach etwa drei Kilometern ist das Dorf **Timmel** erreicht. Um 1200 wurde in Timmel ein Vorwerk für das Kloster Klaarkamp, Westfriesland, errichtet, das 1468 dem Kloster Ihlow unterstellt wurde. Das Vorwerk ist im Dreißigjährigen Krieg wie der Ort selbst verwüstet worden. 1717 beschädigte die Weihnachtsflut die **lutherische Petrus- und Paulus-Kirche** (An der Kirche 1) aus dem 13. Jahrhundert derart, dass sie 1727 gänzlich abgerissen werden musste. Als Ersatz erbaute Maurermeister Andreas Lampert aus Tirol einen langgestreckten, rechteckigen Saalbau aus Backstein mit großen spitzbogigen Fenstern, der 1736 eingeweiht werden konnte. Den niedrigen Westturm fügte man 1850 hinzu.

Der Innenraum schließt mit einer Balkendecke ab, in den Chorfenstern sind Fragmente barocker Wappenscheiben erhalten geblieben, die in den 1970er Jahren restauriert und neu zusammengefügt wurden. Das alte Inventar wurde übernommen. Das Altarretabel aus der 1. Hälfte des 17. Jahrhunderts hat man an die Nordwand versetzt. Von der Datierung sind nur die drei ersten Ziffern 164 zu lesen. Über der Predella mit den vier Evangelisten sieht man im Hauptfeld das Abendmahl. Der jetzige holzsichtige **Altar** besteht aus Lindenholz. Auf der linken Seite steht auf einer Tafel: Pastor Siemens 1884. Es daher wohl anzunehmen, dass der Altar in diesem Jahr in die Kirche kam. Im Zentrum ist unter einem giebelförmigen Aufbau eine Kreuzigungsgruppe zu sehen, flankiert von Weinreben. Neben dem Altar stehen auf Säulen die Apostelfiguren Petrus und Paulus, die der Kirche ihren Namen gaben.

Die auf 1695 datierte Kanzel schuf der Tischlermeister H. Vellage aus Aurich. Sie hat den damals üblichen Aufbau mit gedrehten Halbsäulen an den Ecken des Korbes und Reliefs von Christus und den vier Evangelisten in den Rundbogenfeldern dazwischen. Von der 1740 durch Johann Friedrich Constabel aus Wittmund gebauten Orgel ist leider nur der Prospekt erhalten geblieben. Das neue Orgelwerk im alten Gehäuse stammt von der Orgelbaufirma Hillebrand, Altwarmbüchen, aus dem Jahr 1962.

Überörtlich bekannt wurde Timmel durch die 1852 gebaute und 1876 aufgestockte **ehemalige Seefahrtsschule** (An der Seefahrtsschule 8). Der mächtige, zweigeschossige Backsteinbau sprengte mit seinen dekorativen Ziegelsetzungen im Mauerwerk und seinen ausladenden Dachüberständen den dörflichen Maßstab. Hier konnten bis 1918 die meist aus den Fehnsiedlungen stammenden Schiffer ihre nautischen Patente erwerben. Heute ist hier das Haus des Gastes untergebracht. Im Ort befinden sich mehrere gepflegte Gulfhäuser (**Ulbarger Straße 7, 17** und **30, Timmeler Hauptweg 1, Leeraner Landstraße 31**). Besonders gut erhalten ist der Wohnteil eines Gulfhauses am **Bültweg 5** mit einer hübschen Haustür aus der Erbauungszeit 1789.

Über Großefehn wendet man sich nach **Aurich-Oldendorf**, das nördlich von Ostgroßefehn liegt. Der Ort besaß eine Burg, von der 1725 noch Reste vorhanden waren.

Die *l**utherische St. Petri Kirche** (Abb 26) (Börgtun 1) ist eine romanische Saalkirche aus der Mitte des 13. Jahrhunderts mit einem eingezogenen, rechteckigen Chor. Die Backsteine sind hier gelblich, abweichend von den allgemein verwandten, da der Lehm kein Eisen enthielt, sodass sich beim Brennen kein Eisenoxidrot bilden konnte. Willkürlich eingestreut sind in das Mauerwerk dunkle glasierte Backsteine. Der verkürzte Wiederaufbau des Westteils der Kirche mit roten Backsteinen erfolgte laut Ankerziffern 1755 nach einem Einsturz.

Der Glockenturm des geschlossenen Typs vor der Nordwestecke ist um 1300 erbaut worden. Die Dachkonstruktion wurde 1518 erneuert, 1955 sind dann die West- und Südmauer neu aufgeführt worden.

26 Luth. St. Petri Kirche

Das **Kirchenschiff** (Abb. 27) war zuvor in drei Jochen überwölbt, wie die Spuren im Innenraum beweisen, seit 1755 wird er von einer Flachdecke mit Voute überdeckt. Der Chor öffnet sich in einem vielfach abgestuften Spitzbogen. Das Chorgewölbe blieb erhalten, an seinen Bandrippen und im Scheitel sind Reste der ursprünglichen dekorativen Bemalung freigelegt worden. 1969 wurde an der Nordwand der Kirche die Darstellung der Kreuztragung Christi aus der Zeit um 1500 entdeckt und restauriert.

Der relativ kleine **Taufstein** des Bentheimer Typs aus dem 3. Viertel des 13. Jahrhunderts mit drei Taustäben zwischen zwei Rankenfriesen ist am oberen Rand stark beschädigt, weil er im Freien stehend als Vogeltränke benutzt wurde. Die auf 1698 datierte **Kanzel** könnte wegen ihrer Ähnlichkeit mit den Kanzeln in Timmel und Weener von H. Vellage gearbeitet worden sein. Geschnitzte Relieffiguren von Christus und den Evangelisten stehen in Rundbogenarkaden zwischen den gewundenen Ecksäulen des Korbes,

27 Kirchenschiff

Landkreis Aurich

28 Orgel

über der Volutenkrone des Schalldeckels erscheint der Auferstandene. Das 1697 datierte freistehende Lesepult wurde wohl zusammen mit der Kanzel beschafft.

Von der **Orgel** (Abb. 28) im Chorbogen wurde 1916 das kostbare Orgelwerk entfernt und durch ein neues Werk ersetzt. So blieb leider nur der Prospekt erhalten. Ihn schuf 1691-93 Valentin Ulrich Grotian aus Aurich immer noch in der bewährten, schon auf Arp Schnitgers Orgel in Norden zurückgehenden Form mit höherem, polygonalem Mittelturm zwischen doppelgeschossigen Flachfeldern, flankiert von den spitzen Seitentürmen mit den Ohren aus Rankenwerk. Sie war für die reformierte Kirche in Bunde bestimmt, wurde aber von dort 1792 nach Aurich-Oldendorf verkauft und 1794 aufgestellt, wie die Inschrift auf dem Mittelturm bezeugt.

Zwei Kilometer weiter auf der Straße Richtung Nordwesten fahrend gelangt man in den Ort Holtrop, der 1431 erstmalig urkundlich erwähnt wird. Vorher, in der kleinen Bauernschaft **Wrisse,** steht ein unverändertes Gulfhaus, **Heerweg 26**, von 1912, das insbesondere durch einen prächtigen Wohnhausgiebel auffällt. Im Giebeldreieck ist kunstvoll ein Freigespärre aus Holz zu einem sogenannten Schweizer Giebel angebracht, ein in der damaligen Zeit beliebtes Architekturelement im Deutschen Reich. Weiterhin ist das Mauerwerk mit Ziegelformsteinen verziert und die Fenster werden durch feinversprosste Oberlichter betont.

Es lohnt, noch einen Abstecher zu fünften Mühle der Gemeinde Großefehn in **Felde** zu machen, die gepflegt in der reizvollen Wallheckenlandschaft liegt. Die zweigeschossige **Galerieholländermühle** (Mühlenweg 1) stammt aus dem Jahre 1866, das dazugehörige Müllerhaus, das mit einem Zwischenbau mit der Mühle verbunden ist, wurde 1860 errichtet.

29 Luth. St. Jürgen-Kirche

Die *****lutherische St. Jürgen-Kirche** (Abb. 29) (Kapellenweg 2) in **Holtrop** zeigt an den Längswänden noch Reste einer Pilastergliederung, die in halber Höhe auf einem Mauerabsatz ansetzen. In den Wandfeldern saßen auf jeder Seite drei kleine Rundbogenfenster. Durch den Einbruch größerer Fenster ist diese Teilung unterbrochen worden. Auch wurde im 19. Jahrhundert das Mauerwerk erhöht, sodass vom ursprünglichen Dachgesims nur noch die herausstehenden Konsolsteine erhalten geblieben sind. An der Ostwand des Rechteckbaus aus der Mitte des 13. Jahrhunderts markieren die beiden Schrägstrebepfeiler noch die einst hier ansetzende, halbrunde romanische Apsis.

Der dreijochige Glockenstuhl des Parallelmauertyps aus der Mitte des 15. Jahrhunderts weist eine starke Neigung nach Süden auf. Zur Sicherung wurde der Traufbereich im 20. Jahrhundert neu vermauert und mit einem Ringanker aus Beton versehen.

Deutliche Spuren im Innenraum (Abb. 30) beweisen, dass er einst in drei Jochen gewölbt war. Heute schließt ihn eine hölzerne Spiegeldecke ab. Vielleicht gleichzeitig mit dem Abbruch der Apsis erfolgte der Bau des **Lettners** vor der Ostwand gegen Ende des 14. Jahrhunderts. Der Lettner zeigt zum Schiff drei Rundbogenarkaden. Während in der Mitte ein Durchgang zum Chor möglich ist, sind die beiden Seitenbögen geschlossen. Dort befinden sich aber schmale Öffnungen, die einen Blick auf den Chor ermöglichen. Von den fünf in ostfriesischen Kirchen erhaltenen Lettnern ist der Holtroper Lettner der Älteste.

Auf dem Lettner steht die lebensgroße Triumphkreuzgruppe aus dem 15. Jahrhundert. Sie musste 1772 einer Orgel weichen und wurde an die Nordwand umgehängt. 1977 erhielt sie wieder ihren abgestammten Platz zurück. Unter dem Lettner befindet sich ein mittelalterlicher Altarblock, auf dem der Altaraufsatz aus der Mitte des 17. Jahrhunderts steht. Der Aufsatz ist mit einer typisch lutherischen Ikonographie in den Gemälden ausgestattet: im Hauptfeld das Abendmahl, darüber die Kreuzigung, oben die Auferstehung. Gewundene Säulen, Ranken- und Beschlagwerk sowie Obelisken dienen zur Ausschmückung des dreistufigen Rahmens.

Die **Kanzel** könnte aufgrund ihres Schmucks aus gemalten Evangelisten zwischen reichem Beschlagwerk aus derselben Zeit wie der Altaraufsatz stammen. Die beiden Messingkronen wurden im 16. Jahrhundert gegossen.

Die zierliche **Orgel** auf der Westempore lieferte 1772 der bedeutende Orgelbauer Hinrich Just Müller aus Wittmund. Der Prospekt besitzt den für Müller typischen Aufbau in sieben Achsen, wie er ihn ähnlich in Middels und Nortmoor eingesetzt hat. An einen breiten polygonalen Mittelturm schließen sich nach beiden Seiten die doppelgeschossigen Flachfelder, die reich profilierten Gesimse und das rankende Schnitzwerk an, das an den Seiten je drei hölzerne Blendpfeifen einschließt. Zwei Trompete blasende Engel bekrönen das Gehäuse, das eine Farbfassung mit Nussbaumholzmaserung erhielt. Nachdem das Orgelwerk bis in das 20. Jahrhundert hinein unverändert blieb, kam es leider 1933 zu Verlusten an originaler Substanz, vor allem der beiden Zungenregister. Bei der gründlichen Restaurierung 1976/77 durch die Firma Rudolf von Beckerath aus Hamburg anlässlich der Umsetzung der Orgel vom Lettner auf die Westempore und abschließend im Jahr 2000, als auch die beiden Zungenregister rekonstruiert wurden, sind diese Veränderungen rückgängig gemacht worden.

30 **Kirchenschiff**

Gemeinde Ihlow
mit Ihlowerfehn, Simonswolde, Riepe, Ochtelbur, Bangstede, Westerende-Kirchloog, Barstede und Weene

In der Großgemeinde Ihlow sind bei der Kommunalreform 1972 die Dörfer Bangstede, Barstede, Ihlowerfehn, Ihlowerhörn, Ludwigsdorf, Ochtelbur, Ostersander, Riepe, Simonswolde, Weene, Westerende-Holzloog und Westerende-Kirchloog zusammengefasst worden. Man war so geschichtsbewusst, ihr statt eines neuen Retortennamens den des berühmten Zisterzienserklosters Ihlow zu geben. Dies wurde inmitten der Einöde des 303 Hektar großen Forstes Ihlow im 13. Jahrhundert gegründet.

Landkreis Aurich

31 Klosterstätte Ihlow

32 Raum der Stille

33 Rekonstruktion

Man erreicht den ***Archäologischen Park Klosterstätte Ihlow** (Zum Forsthaus 1) zu Fuß über einen Waldweg, der von einem Parkplatz an der Straße von Aurich nach Simonswolde abgeht. Über den Weg gespannt ist die Installation der Künstlerin Monika Kühling aus Funnix. Auf Bannern und Fahnen stehen Auszüge aus den friesischen Küren, dem Grundgesetz der freien Friesen, sie sollen mental auf die Ihlower Geschichtsstätte vorbereiten. Nach circa 600 Metern öffnet sich eine große Lichtung **(Abb. 31)**, auf der einst das Kloster lag, von dem man lange Zeit keine Vorstellung hatte, bis es seit 1977 in immer wieder unterbrochenen Kampagnen der Ostfriesischen Landschaft gelang, eine umfangreiche Ausgrabung durchzuführen. Auch die Deutsche Stiftung Denkmalschutz war mit einer Förderung beteiligt.

Ausgangsort für die Klostergründung an dieser Stelle in der Einöde war das Benediktinerdoppelkloster Meerhusen nördlich von Aurich, das 1216 den Antrag auf die Aufnahme in den Zisterzienserorden stellte. Voraussetzung für die Aufnahme war die räumliche Trennung der Konvente. Der zuständige Erzbischof von Bremen bestätigte 1228 den Wechsel zum Zisterzienser-Orden. Das Ihlower Kloster erlangte, insbesondere bei Rechtsstreitigkeiten, eine für Ostfriesland führende Rolle. 1529 wurde das Kloster von den Grafen Enno II. und Johann von Ostfriesland aufgelöst, der Altar und die Orgel der Klosterkirche wurden nach Aurich überführt. Bauschäden durch Kriegseinwirkungen der Truppen des Balthasar von Esens 1533/34 veranlassten den Landesherrn, die Klosterkirche und einen Teil der Klausurbauten abbrechen zu lassen.

Von der Kirche wurden die Grundmauern einer dreischiffigen Basilika mit dreischiffigem Querschiff und halbrundem Chor freigelegt. Aufgrund der Befunde kann man davon ausgehen, dass die Basilika die größte Kirche zwischen Bremen und Groningen war. Um den interessanten Befund nicht wieder zuschütten zu müssen, jedoch vor der Verwitterung zu schützen, hat man über den nördlichen Kreuzarm und die Apsis eine Betondecke gelegt und einen unterirdischen Raum geschaffen, der der Präsentation der Fundamente und der Geschichte des Klosters Ihlow, aber auch als sogenannter Raum der Stille **(Abb. 32)** der Andacht dienen kann.

Im Bereich des ehemaligen Langhauses wurden auf einer neu entstandenen Ebene über den originalen Fundamenten einige Pfeiler rekonstruierend aufgemauert **(Abb. 33)**. Die Umfassungsmauern sind zum Teil durch Heckenpflanzungen innerhalb von Metallgittern gekennzeichnet.

Die Freilegung der Fundamente der Klausurbauten südlich und südwestlich der Klosterkirche erbrachten die Erkenntnis, dass die ostfriesischen Grafen Teile der Klausur als Wirtschaftsgebäude weitergenutzt haben. 1608 errichten sie auf dem Gelände ein kleines barockes Jagdschloss, das 1763 abgebrochen wurde.

Die historisch so bedeutsame Stelle war bis 1977 nur mit einem 1850 erbauten Forsthaus besetzt, das jetzt als Informationszentrum nicht nur von Ihlow, sondern auch zu den anderen rund 30 ostfriesischen Klöstern dient und zudem ein Café beherbergt. Wenigstens von diesem Kloster und von dem um 1990 archäologisch untersuchten Kloster Barthe weiß man nun etwas, nachdem, wie in keiner anderen Kulturlandschaft Deutschlands, die gesamte klösterliche Kultur nach der Reformation ausgerottet ist. Für die Höhenmaße der Kirche gab es am Ort keinerlei Anhaltspunkte. In Analogie zu holländischen Klosterkirchen hat man als freie Imagination ein Stahlgerüst über dem östlichen Teil des Kirchengrundrisses aufgeführt. Diese aus Mitteln der Europäischen Union geförderten Maßnahmen sollen den Fremdenverkehr beleben, zugleich der neu geschaffenen Großgemeinde eine historische Identität geben.

Unmittelbar westlich des Klostergebietes schließt sich das Gemeindezentrum im Ortsteil **Ihlowerfehn** an. Von der alten Bausubstanz des Fehnortes ist wenig erhalten. Zu nennen wären hier die Gulfhäuser **Alte Wieke 10**, um 1850 erbaut und restauriert, und **Alte Wieke 26,** dessen Wohnteil um 1900 erbaut und original erhalten, dessen Wirtschaftsteil jedoch älter ist. Sehenswert ist auch das **De Groot'sche Hus** (Moorweg 35), ein reetgedecktes Fehnhaus aus der Zeit um 1800, das museumsartig ausgestattet ist und in dem eine Teestube eingerichtet wurde. Die **lutherische Kirche** (Plaggenfelder Straße 4) ist eine Saalkirche, die 1902 mit eingebautem Westturm errichtet wurde. Reizvoll sind die zahlreichen weißen Blendfelder und Rundbogenfriese am Außenmauerwerk, harmonisch ist auch die einheitlich holzsichtig gestaltete Innenausstattung. Am südlichen Ortsausgang steht eine einstöckige **Galerieholländermühle** (Klapphörn 7) aus dem Jahr 1870. Nachdem die Mühle ganz dem Verfall preisgegeben war, hat die Gemeinde Ihlow seit den 1980er Jahren daran umfangreiche Instandsetzungsarbeiten durchführen lassen.

Rund drei Kilometer weiter in südwestlicher Richtung erreicht man **Simonswolde,** das auf einem Geestvorsprung in dem weiten Flussmarschengebiet der Ems liegt, umgeben von Hoch- und Niederungsmoor. Der früher einen Kilometer weiter gelegene, 1431 als Simiswalde erwähnte Ort musste wegen des Wasseranstiegs verlegt werden. In seiner Nähe erstreckt sich das Sandwater, ein seichter, nur knietiefer Binnensee. Am Uferrand liegt malerisch eine einstöckige, 1813 erbaute **Galerieholländermühle** (Oldersumerstraße 24), die schon vor geraumer Zeit einen Wohnanbau erhielt und als Feriendomizil dient.

Die *reformierte Kirche (Ihlower Straße 16) wurde in der 2. Hälfte des 15. Jahrhunderts als spätgotischer Saalbau aus Backstein mit einem polygonalen Chor errichtet. Sie hat aus dieser Zeit im Süden noch ihre breiten Spitzbogenfenster, die Nordseite ist fensterlos. Die Westwand wurde 1791 völlig erneuert und erhielt einen Vorbau. Das ursprünglich aus vier Parallelmauern bestehende Glockengerüst wurde wohl gleichzeitig mit der Kirche gebaut. Der Abriss der nördlichen Parallelmauer dürfte mit der Neigung des Glockenstuhl nach Süden zusammenhängen, dabei erhielt das Bauwerk neue Giebel und eine Stützmauer.

Der Chor der Kirche wird durch eine Ostempore abgeteilt. In dem durch eine Balkendecke abgeschlossenen Kirchenschiff steht an der Nordseite eine schlichte, dunkelbraun gefasste Kanzel von 1598. Sie wird durch Bogenarkaden verziert, die Ecken sind durch Säulen betont. Das Gemeindegestühl könnte ebenfalls vom Ende des 16. Jahrhunderts stammen.

Auf der Orgelempore vor dem Chor steht mit breitgelagertem Prospekt die 1777 von Hinrich Just Müller aus Wittmund gebaute **Orgel**. Da sie direkt auf der Brüstung der Empore ansetzt und auch nur eine geringe Deckenhöhe besteht, wird sie von der Seite her bespielt. Trotzdem ist der Prospekt wohlproportioniert mit polygonalem Mittelturm, seitlichen Erweiterungen, Seitentürmen und zweiteiligen Flachfeldern. Die an den Seitentürmen angebrachten Flügelbretter und die Schleierbretter bestehen aus kräftigem Rankenwerk. Glücklicherweise ist das Orgelwerk kaum verändert worden. Nach der behutsamen Restaurierung 1979/80 durch Jürgen Ahrend aus Loga und einer weiteren Restaurierung 2001 durch die Orgelwerkstatt Bartelt Immer aus Norden gehört die Orgel zu den wenigen alten Instrumenten, deren Pfeifenwerk vollständig erhalten ist und das eine originale Intonation besitzt. Im Kirchenraum steht ein trapezförmiger romanischer Sargdeckel aus der Mitte des 12. Jahrhunderts aus rotem Sandstein. Wie in der Kirche in Riepe ist darauf eine betende Menschengestalt dargestellt.

Neben der Kirche stehen zwei kleinere Wohnhäuser (**Ihlower Straße 16 und 18**) aus der Zeit um 1860, die den Maßstab der alten Dorfbebauung widerspiegeln. Unter den Gulfhäusern des Dorfes sind die Höfe **Ihlowerstraße 23 und 87, Oldersumer Straße 27** und **Weelinger Straße 2** erwähnenswert, deren Baudaten zwischen 1799 und 1922 liegen, was zumeist an den Mauerankern der Giebel ablesbar ist.

Um nach **Riepe** zu gelangen, fährt man nach Süden Richtung Oldersum, dabei kreuzt man die A 31. An der folgenden Kreuzung muss man rechts nach Riepe abbiegen. Der Ort ist eine typische Upstrecksiedlung, die auf einem schmalen Geestrücken längs des kleinen Flusses Ridding ihren Anfang nahm. Dieser Geestrücken wurde als de hooge Rype bezeichnet, daher leitet sich auch der Ortsname Riepe ab. Bis Mitte des 20. Jahrhunderts war im Winter die Umgebung Riepes überschwemmt, sodass der Verkehr nur mit Hilfe von flachen Booten, den Riepster Jollen, aufrecht erhalten werden konnte. Die Flächen unmittelbar am Ridding waren Gemeinschaftseigentum, dort wurden auch die regional bekannten Riepster Gänse gehalten. Zwischen Ridding und der Dorfstraße siedelten in kleinen Häusern die Landarbeiter, Fischer und Reetschneider. Auf der höheren gegenüberliegenden Seite reihten sich an den Abschnitten der Upstrecken die Gulfhäuser der Landwirte.

Leider hat sich diese Jahrhunderte alte Baustruktur in den letzten Jahrzehnten aufgelöst. Kaum eines der „Kleine-Leute-Häuser" ist erhalten geblieben und auch die

34 Luth. Vincenz und Gertrud Kirche

Landkreis Aurich

Gulfhäuser verfallen und verschwinden zusehends. Für Mühlenfreunde gibt es jedoch hier noch Erfreuliches: zwei Mühlentypen, die sonst in Ostfriesland nicht mehr bestehen. Da ist zum einen eine **Kokermühle** (Leegmoor 6), die als eine der einst zahlreichen Wasserschöpfmühlen um Riepe herum erhalten geblieben ist. Sie wurde Mitte des 19. Jahrhunderts erbaut, erhielt 1906 ein neues Mahlwerk und war bis 1958 in Betrieb. Eine zweite Wasserschöpfmühle wurde 1936 als Kornmühle in ein Scheunengebäude versetzt. Die sogenannte **Windmühle Wrantepott** (Emder Straße 7) ist eine einstöckige Holländermühle, deren Unterbau im Inneren der Scheune steht und deren Flügel das Gebäude überragen.

Die ****lutherische Vincenz und Gertrud Kirche (Abb. 34)** (Friesenstraße 171) liegt auf einer steil aufgeschütteten hohen Wurt, davor stehen eng gestellt einige kleinmaßstäbliche Wohnhäuser. Der wuchtige **Glockenturm** wurde bei der fürchterlichen Weihnachtsflut 1717 schwer beschädigt. Den höchsten Wasserstand hat man damals mit einer heute noch vorhandenen Flutmarke markiert. Der Turm **(Abb 35)**, im Wesentlichen ein Bauwerk von 1554, hat noch wenige Mauerteile aus dem 14. Jahrhundert und trägt unter anderen eine Glocke von 1400. Wegen der Form seiner geschweiften Barockhaube von 1730 nennt die Bevölkerung den Helm die Teebüs (hochdeutsch: Teebüchse).

35 Glockenturm

Die spätgotische Saalkirche wurde im 15. Jahrhundert anstelle eines Kirchenbaus des späten 13. Jahrhunderts errichtet. Dieser Vorgängerbau war eine größere Kreuzkirche, ähnlich wie der Kirchenbau in Stapelmoor, und mit einem Lettner ausgestattet. Vom Vorgängerbau blieb lediglich ein Teil der jetzige Nordwand. Eine hohe Spitzbogenblende bekrönt das korbbogige Südportal, im Tympanon mit drei Spitzbogennischen, vielleicht ursprünglich für Figuren gedacht. Da im Inneren **(Abb. 36)** keine Spuren von Wanddiensten zu sehen sind, war der Bau wohl von Anfang an mit einer Holzdecke abgeschlossen, seit dem Barock ist es eine Brettertonne mit frei im Raum stehenden Ankerbalken.

Die mehrfach dynamisch geschwungene **Ostempore** und der Prospekt der **Orgel (Abb 37)** aus den Jahren 1776-85 stammen beide von Johann Friedrich Wenthin aus Emden, das Instrument wurde 1900 vollkommen erneuert. Der Altar ist

36 Kirchenschiff

37 Orgel

38 Grabplatten

unter der Empore nur schwer wahrzunehmen, auf ihm steht ein Gemälde des Abendmahls. Die Westempore und das Gemeindegestühl wurden im 17. Jahrhundert eingebaut. Die **Sakramentsnische** im Chor aus dem 15. Jahrhundert mit ihrem originalen Gitter wird von einem Kielbogen mit Kreuz aus Sandstein bekrönt. Ebenfalls aus dem 15. Jahrhundert stammt die Piscina an der nördlichen Seite des Chorabschlusses.

Der **Taufstein** gehört wegen seiner Grundform eines von vier recht artigen Katzenköpfen getragenen zylindrischen Beckens zwar zum Bentheimer Typ, weicht aber von den üblichen Schmuckformen durch die drei Friese mit naturalistischer gewordenen Blattfriesen stark ab und dürfte deshalb erst in der Mitte des 13. Jahrhunderts gearbeitet worden sein.

An der Wand aufgestellt sind zwei romanische **Grabplatten (Abb. 38)**. Die eine zeigt ganzfigurig den Verstorbenen mit anbetenden Händen, gerahmt von Halbbogenfriesen, die andere ein Keulenkreuz zwischen zwei Krummstäben, für die es auch in anderen Kirchen, wie Petkum, Beispiele gibt.

Die Siedlungsreihen von Riepe und **Ochtelbur** gehen nahezu nahtlos ineinander über. Der Name des Ortes könnte ursprünglich Osterburen gelautet haben, sinngemäß die Bauernschaft östlich von Riepe.

Vom romanischen Saalbau der **lutherischen Kirche** (Friesenstraße 27) aus der 1. Hälfte des 13. Jahrhunderts ist kaum noch etwas zu erkennen, denn er wurde häufig verändert. So verkürzte man das Kirchenschiff im Jahre 1742, dann erneuerte man 1861 die Nordwand. Auch der Glockenturm kam erst 1897 hinzu.

Den Innenraum überdeckt eine gewölbte Holzdecke. Die **Kanzel** entstand 1678; mit ihren gewundenen Ecksäulen und der zwischen ihnen stehenden Evangelistenfiguren unter Rundbögen mit Schuppenmuster sowie der ausgesägt wirkenden Rankenornamente stammt sie aus der Werkstatt des Jacob Kröpelin aus Esens. Der Predigtstuhl ist aus der gleichen Zeit wie der Stuhl in der Kirche Bangstede von 1703. Von beachtlicher Größe ist der **Taufstein** des Bentheimer Typs aus der Mitte des 13. Jahrhunderts. Er zeigt zwischen zwei Tauornamenten eingerahmte, wellenförmige Ranken mit Trauben und Blättern, darunter erkennt man stehende Palmetten. Er gleicht dem in Arle, beide Taufsteine werden von vier stilisierten Löwen getragen.

Um nach **Bangstede** zu kommen, fährt man am nördlichen Ortsausgang von Ochtelbur rechts ab.

Dort steht die **lutherische Kirche** (Loogstraße 103), ein im Kern romanischer, rechteckiger Saalbau aus Backstein aus der 2. Hälfte des 13. Jahrhunderts. Das Kirchenschiff wurde 1856 nach Westen verlängert, auch wurden alle Fenster in späteren Jahrhunderten verändert. An den spätromanischen Zustand erinnert noch das vermauerte Rundbogenportal, das mit Spitzbogenblende, Kleeblattmotiv und Formsteinen verziert ist. Der Glockenstuhl des Parallelmauertyps im Nordwesten wurde 1823 erneuert.

Reich profilierte Wandvorlagen im Innenraum beweisen, dass der Kirchenraum einst steinerne Gewölbe hatte. Seit deren Einsturz übernahm eine flache hölzerne Segmentbogendecke den oberen Raumabschluss. Auf der Mensa des Altars steht ein **Kruzifix,** der ausdrucksvolle, mit Resten einer Farbfassung versehene Korpus auf dem neuen Kreuz ist eine gute Arbeit aus der 2. Hälfte des 13. Jahrhunderts. Aus der Mitte des 14. Jahrhunderts stammt die Schnitzfigur des Heiligen Georgs, der zu Pferde sitzend mit dem Drachen kämpft. Die Figur steht heute im Ostfriesischen Landesmuseum Emden, wie auch weitere Skulpturen aus der Kirche: eine thronende Muttergottes (1. Hälfte des 14. Jahrhunderts), ein heiliger Bischof (Mitte 14. Jahrhundert) und eine stark beschädigte Anna Selbdritt (Ende 15. Jahrhundert). Der hölzerne Predigtstuhl trägt das Datum 1703 und gleicht dem von Ochtelbur von etwa 1700. Der schöne Messingkronleuchter trägt die Bezeichnung „O. B. Fraterma 1754", der aus Emden stammte und auch drei Kronleuchter für die Kirche in Engerhafe gegossen hat. Die bedeutende *Orgel auf der gleichzeitig in den Jahren 1794/95 erbauten Westempore fertigte Johann Gottfries Rohlfs aus Esens. Der Prospekt gleicht der ebenfalls von ihm erbauten Orgel in Veenhusen mit dem hohen, halbrunden Mittelturm, den schmaleren Seitentürmen und den verbindenden doppelgeschossigen Flachfeldern. Im Jahre 2009 wurde die Orgel gründlich durch den Orgelbauer Bartelt Immer aus Norden restauriert und auf den Originalzustand hin rekonstruiert.

39 Luth. St. Martinskirche

Das nächstes Ziel ist das rund drei Kilometer nördlich liegende Dorf **Westerende-Kirchloog**. Im Ortsteil Fahne überquert man den 1880-86 gebauten Ems-Jade-Kanal, wo neben einem Bootshafen auch die traditionsreiche Schiffbaufirma Voß beheimatet ist. In der Loogstraße 41 befinden sich eine Traditionsgaststätte und ein Schleusenwärterhaus, der **Fahnster Krug**, ein Gulfhaus aus der Zeit um 1850, mit unterkellerter Upkamer, Deckenmalerei und historischem Kamin. In der Ortsmitte steht die *****lutherische St.-Martinskirche (Abb. 39)** (Auricher Straße 15), ein romanischer Saalbau mit einer halbrunden, im 19. Jahrhundert außen erneuerten Apsis. Die heutigen großen Rundbogenfenster sind jüngeren Datums, Spuren der vermauerten romanischen sind noch zu finden, desgleichen der Portale, von denen das eine wieder geöffnet wurde **(Abb. 40)**. Sein dreifacher Bogen wurde noch ohne Formsteine gemauert, woraus sich eine Entstehungszeit der Kirche im 13. Jahrhundert ergibt. Die Westwand wurde völlig erneuert. Der Haupteingang befindet sich

40 Detail

41 Kirchenschiff

jetzt hier. Auch der Glockenstuhl ist nicht mehr der ursprüngliche aus dem frühen 15. Jahrhundert. Wegen der bedrohlichen Schieflage wurde er kurz nach 1962 abgerissen und in alter Form neu errichtet.

Den Innenraum (Abb. 41) der Kirche überdeckt eine gut gestaltete hölzerne Flachdecke in großflächiger Kassettierung. Die Apsis wird vom dreigeschossigen **Altarretabel** von 1652 beherrscht, den Jacob Kröpelin aus Esens fertigte und der vom Westerender Pastorenehepaar de Werve gestiftet wurde. Im unteren Hauptfeld sieht man die bei gemalten Altären des 17. Jahrhunderts seltene Darstellung einer Fußwaschung, bei der eine Sünderin Jesu Füße wäscht, küsst und salbt. Darüber ist das Abendmahl zu sehen, im obersten Feld die Kreuzigung und als Bekrönung die Figur des Christus als Weltenherrscher mit der Siegesfahne. Ungewöhnlich sind hier die Figuren von Tod und Teufel zu seinen Füßen neben der Erdkugel. Die Gemälde werden unten von paarig stehenden, kannelierten Säulen, oben von einfachen flankiert, die Ornamentik besteht aus kräftigen Ohrmuschelranken.

Die **Kanzel** fertigte der Auricher Schnitzer Andreas Schnörwange im Jahre 1737. In den Feldern, die von gewundenen Ecksäulen gerahmt werden, sind die Evangelisten und der Apostel Paulus dargestellt. Eine Halbfigur des Moses dient als Kanzelfuß.

Der **Taufstein** hat an seinem romanischen, halbkugelförmigen Becken aus der 2. Hälfte des 13. Jahrhunderts schwer erkennbare Gesichter im Flachrelief. Er stand lange im Pfarrgarten und kam in den 1950er Jahren in die Kirche zurück. Der Fuß aus Sandstein ist neu.

Die **Orgel** auf der Westempore schuf Johann Friedrich Wenthin aus Emden 1793. Im zierlichen Prospekt fasst ein schwungvolles Abschlussprofil alle sieben Felder zusammen, die breite Mitte wird stark betont durch die hohen Basspfeifen. In der Flachheit des Prospekts und den bekrönenden Vasen machen sich hier wie sonst kaum in Ostfriesland Tendenzen des Klassizismus bemerkbar. 1885 wurde die Orgel von einer Ost- auf die jetzige Westempore umgesetzt und klanglich verändert. Diese Disposition wurde im Rahmen einer Restaurierung 1959-61 durch die Orgelbaufirma Alfred Führer im Sinne des ursprünglichen Klangbildes zurückgebaut.

In Westerende-Holzloog zweigt man nach rechts in die Nebenstraße zu dem nahe gelegenen Dorf **Barstede** ab, dessen **lutherische Kirche** (Barsteder Straße 22) ein Neubau von 1953 ist. In der Gestalt ist es eine Nachbildung, wenn auch um fünf Meter verkürzt, des baufälligen mittelalterlichen Vorgängerbaus. Der rechteckige Saalbau aus Backstein lässt im Innenraum (Abb. 42) ein Skelett aus Stahlbeton erkennen und wird von einer nahezu halbkreisförmigen Brettertonne abgeschlossen. Der mittelalterliche **Glockenstuhl** des Parallelmauertyps aus dem frühen 15. Jahrhundert blieb südlich der Kirche bestehen. Am Turm erinnert ein Halseisen an das örtliche Strafrecht, früher befand sich das Eisen an der Kirche.

Die wichtigsten Ausstattungsstücke wurden aus der alten Kirche übernommen, auch wählte man wieder ein traditionelles Kastengestühl mit Türen. Der protestantische **Flügelaltar** von 1644 folgt der gotischen Tradition des Wandelaltars. Das stark vertiefte Mittelfeld enthält das Gemälde des Abendmahls. Auf den Flügeln ist links die Kreuzigung, rechts

42 Luth. Kirche

die Grablegung dargestellt, im geschlossenen Zustand sind Christus am Ölberg und die Kreuzigung, im Aufsatz die Auferstehung zu sehen. Die seitlich angebrachten, wie ausgesägt wirkenden weiblichen Gestalten symbolisieren zwei der Tugenden, die rechte kann als Hoffnung identifiziert werden. Am Altar befinden sich die Wappen Ulrich II. von Ostfriesland und seiner Frau Juliane von Hessen-Darmstadt als Stifter. Das Ostfriesische Grafen- und Fürstenhaus besaß in Barstede ein Schatthaus.

Durch die Ähnlichkeit der **Kanzel (Abb 43)** zu der in Westerende-Kirchloog darf man ebenfalls auf die Werkstatt des Andreas Schnörwange aus Aurich schließen, sie dürfte Anfang des 18. Jahrhunderts entstanden sein. Auch hier sieht man die gewundenen Ecksäulen, dazwischen die geschnitzten Evangelisten in den Rankenfeldern sowie die geflügelten Engelsköpfe an der Basis der Säulen.

Der zylindrische **Taufstein** des Bentheimer Typs, aus Sandstein und mit runder Sockelplatte, besticht durch die Einfachheit seiner romanischen Formen aus der Zeit um 1200.

Johann Gottfried Rohlfs aus Esens lieferte 1801 die **Orgel,** deren Prospekt von der Langlebigkeit barocker Formen im ostfriesischen Orgelbau kündet. Der spätbarocke Aufbau der Barsteder Orgel mit einem hohen, vorgewölbten Mittelturm und doppelgeschossigen Flachfeldern, die die schmaleren Seitentürme schwungvoll einbinden, erscheint fast rückständig im Vergleich zur Orgel in Westerende-Kirchloog, die Wenthin schon acht Jahre früher schuf. Das Werk wurde bei der Aufstellung im neuen Kirchenbau durch die Orgelwerkstatt Alfred Führer, Wilhelmshaven, restauriert.

In der Nähe der Kirche steht das **alte Pfarrhaus** (Barsteder Straße 18), das 1813 anstelle eines abgebrannten Gulfhauses von 1777 entstand. Das jetzige Gemeindehaus

43 Kanzel

ist nach der letzten Bewohnerin Marie Antoinette Riese (1898-1988) benannt, die lange Jahre Organistin in der Kirche war.

Das letzte Kirchdorf der Gemeinde Ihlow ist **Weene**, zu dem die südlich gelegene Bauerschaft Ostersander und das nur einen Kilometer entfernte Westersander gehören. Hier findet man noch einige, für die Geest typische Gulfhäuser, so an der **Burghörner Straße 9** (von 1860) und **17**, am **Ullansweg 2** (um 1800) und in der **Holtroper Straße 5** (von 1932). Der Kirchort Weene ist keine bäuerliche Siedlung, sondern liegt zwischen drei Dörfern. Diese schon im Hochmittelalter existierenden Dörfer gründeten gemeinsam auf einer Wurt einen Kirchbau. Die **lutherische St.-Nikolaus-Kirche** (Weener Weg 13) wurde in der 2. Hälfte des 13. Jahrhunderts mit Hilfe des Zisterzienser-Klosters Ihlow errichtet. Die Saalkirche erhielt 1499 einen polygonalen Choranbau, der 1890 durch eine halbrunde Apsis ersetzt wurde. Zwei Jahre zuvor, im Jahre 1888, hatte man die Nordwand der Kirche abgebrochen und daran einen Anbau angefügt. Schon 1790 hatte man den Lettner abgebaut. Weitere Entkernungen erfolgten 1964, als man die drei Emporen und das Gestühl entfernte. Das mittelalterliche dreijochige Glockengerüst ist mehrfach erneuert worden, so 1855 und 1904.

In der Einschnürung zum Chor ist eine **Sakramentsnische** von 1499 eingebaut, die sich innerhalb eines Sandsteinrahmens befindet und mit einer Gittertür verschlossen wird. Bedeutend ist der Bestand an mittelalterlichen **Holzbildwerken**. So ein Kruzifix des 14. Jahrhunderts, bei dem der Gekreuzigte an ein Astkreuz genagelt ist. Dann eine ebenfalls farbig gefasste Pieta, bei der Maria den auf ihrem Schoß sitzenden Jesus in die Augen blickt, ein Werk aus dem Ende des 14. Jahrhunderts. Weiterhin die Figur der Anna Selbdritt, bei der Maria auf einem Stuhl sitzt und das Jesuskind auf dem rechten Knie hält, dahinter stehend Anna. Die aus Eichenholz geschnitzte Gruppe wurde 1897 auf dem Pfarrhausboden gefunden und wieder aufgestellt. Die **Kanzel** schuf 1689 H. Vellage aus Aurich. Sie zeigt auf dem Kanzelkorb Christus und die vier Evangelisten. Von der **Orgel** von Valentin Ulrich Grotian aus Aurich blieb nur der Prospekt von 1699 erhalten. Das Orgelwerk wurde 1912 erneuert, dann wiederum 1966 durch Alfred Führer, Wilhelmshaven. Letztlich soll noch ein Opferstock von 1656 Erwähnung finden.
Hier endet die Besichtigungsfahrt durch den Altkreis Aurich.

Gemeinde Dornum
mit Resterhafe, Dornum, Nesse, Nessmersiel, Westeraccum, Dornumersiel, Westeraccumersiel, Westerbur und Roggenstede

Das durch die Hilgenrieder Bucht vom Norderland abgegrenzte Gebiet der heutigen Gemeinde Dornum gehörte im Mittelalter zum Harlingerland. Im Laufe des 15. Jahrhunderts gelang des der Häuptlingsfamilie Kankena, aus Dornum und den umliegenden Kirchspielen eine Herrlichkeit mit Gerichtsbarkeit herauszubilden, die sich eine gewisse Autonomie gegenüber der ostfriesischen Landesherrschaft sicherte. In der Sächsischen Fehde (1514-17) wurden die Häuptlingsburgen in der Gemeinde durch Hero Omken, Häuptling des Harlingerlandes, zerstört. Stark beschädigt wurde das Gemeindegebiet auch in der Weihnachtsflut 1717, bei der hier 262 Menschen und fast alles Vieh in den Fluten ertranken. Die Naturkatastrophe, die an dieser Stelle Ostfrieslands am stärksten wütete, vernichtete alle Sielorte. Seit 1885 gehörte Dornum zum neugebildeten Landkreis Norden, der 1977 im Zuge der Kreisreform aufgelöst und dem Landkreis Aurich zugeschlagen wurde. Heute lebt die Gemeinde weniger von der einst dominierenden Landwirtschaft, sondern zunehmend vom Tourismus. Mehrere große Windparks haben das Landschaftsbild der Gemeinde, in der rund 5.000 Einwohner leben, stark verändert und werden zunehmend als störend empfunden.

Von der Stadt Aurich sind es 22 Kilometer in Richtung Norden nach Dornum. Gut einen Kilometer vor Dornum biegt man in Schwittersum nach Nordwesten ein, um **Resterhafe** zu erreichen. Die dortige ***lutherische St.-Matthäus-Kirche** (Abb. 44) (Ubbo-Voss-Straße 2), ein kleiner rechteckiger Saalbau, liegt malerisch auf einer hohen Wurt. Erbaut wurde sie aus Backstein in der Zeit um 1270 mit Steingewölben, die sie ebenso verlor wie 1806 die Giebel im Osten und Westen, die durch Vollwalme ersetzt wurden. Die ursprünglichen Fenster mit einem eingelegten Rundstab im Laibungsprofil sind auf der Nordseite erhalten, die anderen wurden ohne Profil erneuert. Die Ostwand zeigt in der Mitte zwei einst höhere Fenster mit stark profilierten Laibungen. Dort ist im linken Wandfeld ein Ziegelmuster erhalten. Die beiden vermauerten Portale in den Längswänden haben eine kleeblattförmige Einfassung.

44 Luth. St.-Matthäus-Kirche

Etwas jünger als der Kirchbau, etwa um 1300, dürfte der gedrungene, zweigeschossige **Glockenturm** an der Südostecke der Kirche sein. Nur an der Nordwand ist die bauzeitliche Gestaltung noch ablesbar. Im Turm hängen zwei ältere Glocken von 1473 und 1757.

Den Innenraum (Abb. 45) der Kirche überdeckt eine Balkendecke, von der ursprünglichen Steinwölbung sind Gewölbedienste in der Südostecke zu finden. Eine Besonderheit ist das spätgotische ***Chorgitter**, das mit den Gitterstäben und den seitlichen Balustern aus der Zeit um 1500 stammt. Im 17. Jahrhundert ist es unter Verwendung der älteren Teile erneuert und der obere Abschluss aus durchbrochenen Ranken hinzugefügt worden.

45 Kirchenschiff

Im Chor steht der **Schriftaltar** mit Seitenflügeln aus dem Anfang des 17. Jahrhunderts. Um 1800 wurde das gesamte Retabel blau überstrichen, erst nach der Freilegung 1987 sind die Schrift auf den Flügelseiten und die Stifterwappen wieder erkennbar. Das zentrale Gemälde von Pastor Kittel mit der Kreuzigung Christi wurde erst 1830 hinzugefügt, die darunterliegende Schrift ist verdorben. Es ist eine Kopie nach dem Altargemälde in Dornum, seinerseits eine Kopie nach Anton van Dyck. Der Aufsatz ist mit zwei Wappen verziert. Es sind die Wappen von Closter/Ripperda (links) und Frydag (rechts), die Eheleute aus diesen Familien stifteten den Altarretabel zwischen 1624-29. Aus derselben Zeit stammt die an der Nordwand stehende Empore, die als **Herrensitz** der Dornumer Adligen diente. An der Brüstung der Empore sieht man auf 13 Kassetten Gemälde des 17. Jahrhunderts mit der Darstellung von Christus und den Aposteln. Unter den Apostelarstellungen befinden sich niederdeutsche Texte, ebenso auf einem Schriftband über den Bildern.

Neben dem Altar ist vor der Nordwand eine gotische **Sakramentsnische** auf einem Mauervorsprung aufgesetzt worden. Der Schrein aus dem 15. Jahrhundert besitzt ein Pultdach, die Nische selbst wird mit einer Gittertür verschlossen. Unweit davon ist eine weitere Nische im Mauerwerk eingelassen, die wohl ehemals als Piscina diente. Der achteckige **Taufstein**, dessen Kuppa in Kelchform gestaltet ist, stammt aus dem Ende des 15. Jahrhunderts. Darauf liegt ein hölzerner Deckel mit einer Volutenkrone aus dem 17. Jahrhundert. An der Südwand befindet sich ein Gedenkstein zur Erinnerung an den Astronomen und Kartografen David Fabricius, der fast zwei Jahrzehnte Pastor dieser Kirche war. Die Orgel auf der Westempore wurde im Jahre 1963 von der Orgelwerkstatt Alfred Führer, Wilhelmshaven, angefertigt.

46 Luth. St Bartholomäuskirche

Dornum liegt auf einem in die Marsch ragenden Geestausläufer. Es war Sitz einer Herrlichkeit, deren Besitzer von circa 1300-1420 die Attena, bis 1554 die Kankena und bis 1728 die von Closter waren. Zwischen 1350 und 1400 wurden die Wester-, Oster- und Norderburg erbaut, die in der Sächsischen Fehde (1514-17) vollständig zerstört wurden. Während die Westerburg nicht wiederaufgebaut wurde, errichteten die Beninga die Osterburg neu. Unter den späteren Besitzern von Closter ist die Norderburg zu einem repräsentativen Wasserschloss ausgebaut worden. Sie waren gleichzeitig auch die Kirchherren der St. Bartholomäuskirche. Der historische Ortskern ist auch Dank einer guten Dorferneuerung ansprechend hergerichtet, ihm fehlt jedoch die wirtschaftliche Vitalität. Bei der Vielzahl der interessanten Baudenkmale in Dornum wäre eine kulturtouristische Belebung des Ortes mehr als wünschenswert.

Am südlichen Ortsrand an der Schatthauser Straße gibt es Parkplätze, von denen man in wenigen Schritten zur ***lutherischen St. Bartholomäuskirche** (Kirchstraße 20) gelangt. Vor der Nordwestecke der Kirche steht eine wunderbare Blutbuche mit reichem Wurzelwerk und weit ausladender Krone, darunter sind malerisch ein paar ältere Grabsteine und Metallkreuze platziert. Die rechteckige Saalkirche wurde Ende des

13. Jahrhunderts aus Backstein erbaut. Ihre alte Außengestaltung ist am besten an der Ostseite (Abb 46) erhalten. Dort ist die Wand in fünf mit Kleeblattbögen schließende Blendfelder geteilt. Die mittleren drei öffnen sich in schlanken Spitzbogenfenstern, die äußeren haben Ziegelmuster. An den Langseiten gibt es je drei nachträglich vergrößerte Spitzbogenfenster. An der Ostwand und teilweise an der Südwand sind die Granitfundamente sichtbar.

Neben der Nordostecke steht der wuchtige **Glockenturm** des geschlossenen Typs aus der Zeit um 1300, der 2005 umfassend restauriert worden ist. Die ursprünglichen Giebel wurden im 17. Jahrhundert abgetragen, das Dach wurde mit einem Walmdach versehen. Alle drei Glocken sind historisch bedeutsam: zwei schlichte Glocken des 13. Jahrhunderts und eine barocke Glocke, die auf das Jahr 1647 datiert ist und zusammen mit der Glocke im Schlossturm von Hero Mauritz von Closter in Auftrag gegeben wurde.

47 Kirchenschiff 48 Altar

Beim Betreten des Inneren (Abb. 47) ist man beeindruckt von der Pracht der Ausstattung, die in den wesentlichen Teilen vom Kirchherrn und Schlossbesitzer Haro Joachim von Closter gestiftet wurde. Die Schildbögen an den Wänden verraten, dass der Raum einst in drei Jochen gewölbt war. Jetzt schließt ihn seit dem Ende des 17. Jahrhunderts ein hohes hölzernes Tonnengewölbe ab, das zusammen mit den doppelgeschossigen Emporen den Raum prägt. Die derzeitige farbenfrohe Bemalung des Innenraumes geht auf eine Restaurierung 1962 zurück, davor war die Fassung eichensichtig. Den prachtvollen, hoch aufragenden *****Altaraufsatz (Abb. 48)** schuf Meister Hinrich Kröpelin aus Esens 1683. Das bemalte Mittelfeld ist reich mit gewundenen Säulen, geflügelten Engeln und Statuetten ausgestattet. Die Gemälde stellen in der Predella das Abendmahl, im Mittelfeld die Kreuzigung als eine Kopie nach Anton van Dyck, darüber die Auferstehung und oben im Medaillon die Himmelfahrt Christi dar. Als Bekrönung dient das Wappen des Stifters Haro Joachim von Closter, ein weiteres Wappenfeld befindet sich oberhalb der Kreuzigungsszene. Der ****Taufstein (Abb. 49)** des westfälischen Typs aus Baumberger Sandstein entstand zur Erbauungszeit der Kirche, also zwischen 1270 und 1290. Mit den naturalistisch gestalteten Weinranken im Fries des oberen Randes und den Rundbogenarkaden auf zierlichen Säulchen am Becken ist es bereits eine Arbeit mit ausgereiften gotischen Formen.

49 Taufstein

Die Werkstatt von Meister Jacob Kröpelin aus Esens hat 1660 die prachtvolle *****Kanzel** mit dem Eingangsportal des Zugangs geschaffen. Gewundene Ecksäulen am Korb, Statuetten der Evangelisten in den Ornamentfeldern dazwischen, geflügelte Engelsköpfe und Rankengehänge gehören zu den typischen Gestaltungselementen der Werkstatt Kröpelins. Darüber bekrönen Wappenschilde der Stifterfamilie von Closter/Fränking die Spitze des Schalldeckels. Auf die Werkstatt Kröpelin geht auch die aufwändiger verzierte Prieche der Familie von Closter zurück. Dort befinden sich auch seltene Stühle und eine geschnitzte Bank aus dem 17. Jahrhundert, die wohl ursprünglich zur Ausstattung des Schlosses gehörten.

Unter den neun Grabplatten und auf Holz gemalten siebzehn Totenschilden ab dem späten 15. Jahrhundert ragt die **Grabplatte** des Gerhard von Closter (+ 1594) besonders heraus. Sie lag früher, mit Pfosten und Ketten versehen, unmittelbar vor dem Altar. Die Darstellung des Verstorbenen wurde im Relief ganzfigurig aus belgischem Syenit herausgearbeitet.

Unter dem Altarraum befindet sich eine rund 10 x 10 Meter große, ehemals eingewölbte **Gruft**, die im 17. Jahrhundert in die Kirche eingebaut worden ist. Darin standen mindestens zwölf Särge, die im Laufe der Jahrhunderte durch mangelnde Belüftung und Auslagerung stark gelitten hatten und zum Teil verfallen waren. In einer vorbildlichen Aktion verschiedener Kulturinstitutionen fand in den Jahren 2011/12 unter wissenschaftlicher Leitung der Forschungsstelle Gruft aus Lübeck eine Restaurierung der Grablegungen statt. Insgesamt acht Särge, die aus Eichenholz bestehen und farbig gefasst waren, konnten zusammengefügt werden. Durch eine Glastür kann die Öffentlichkeit Einblick in die wiederhergestellte Gruft nehmen.

50 Orgel

In der Kirche steht die größte noch erhaltene ***Orgel (Abb. 50)** des ostfriesischen Orgelbauers Gerhard von Holy. Sie ist zugleich die zweitgrößte historische Orgel Ostfrieslands und aufgrund ihrer überregionalen Bedeutung ein nationales Baudenkmal. Der Aufbau des Prospekts der Orgel auf der oberen Westempore folgt im Rückpositiv und Hauptwerk noch dem von Arp Schnitger geschaffenen Grundtyp mit polygonalem Mittelturm, zweigeschossigen Flachfeldern und dreieckigen Seitentürmen. Gerhard von Holy übernahm bei dem Orgelneubau 1710/11 auch sechs Register der Vorgängerorgel, die 1530 aus der Klosterkirche Oldekloster bei Esens nach Dornum kam. Die Schleierbretter, Ohren und Bekrönungen der Orgel zeigen die für den Hochbarock typischen Akanthusranken und Schwünge. 1883/84 ersetzte der Orgelbauer Johann Diepenbrock sieben Register durch solche im Zeitgeschmack, 1917 mussten die Prospektpfeifen abgeliefert werden. Sie wurden 1932 durch Zinkpfeifen ersetzt, dabei hat man die Dispositionsänderungen von 1883/84 rückgängig gemacht. 1952 wurde das Instrument unter Denkmalschutz gestellt. Eine umfassende Restaurierung erfolgte 1997/98 durch Jürgen Ahrend aus Loga, der den ursprünglichen Zustand wiederherstellte. Dabei wurde auch die Farbfassung von 1962 abgenommen und der Originalzustand der Oberflächen in Naturholz freigelegt und ergänzt, auch an der Empore davor wurde der Eindruck des Naturholzes durch aufgemalte Maserungen wiederholt.

Das nordwestlich der Kirche gelegene zweigeschossige **Pfarrhaus** (Kirchstraße 16) ist um 1500 erbaut worden. Um 1800 hat man die Steilgiebel abgetragen und das Dach mit Vollwalmen versehen. Zu dieser Zeit wurden wohl auch die spätgotischen Fenster durch Blockrahmen-Schiebefenster ersetzt. Gleich dahinter liegt der von Ailt Frerichs 1806 erbaute Wohnteil der Hofanlage **Schatthauser Straße 8**. Nach Aufgabe der Landwirtschaft war die große Gulfscheune verfallen und musste beseitigt werden. Heute ist dort eine Parkfläche. Das Wohnhaus nutzt der Fremdenverkehrsverein. Der Eingangbereich liegt nördlich an der Westerstraße und wird von einem hübschen alten Obstgarten flankiert.

Der Weg von der Kirche zum Schloss führt durch den historischen Flecken über den Markt, an dem rechts das **Hotel Zum Kronprinzen** (Kirchstraße 11) liegt, ein stattlicher zweigeschossiger Backsteinbau mit Walmdach aus der Zeit um 1720 in den typischen Formen des niederländischen Barock mit Kolossalpilastern. Der Marktplatz und die Kirchstraße haben noch ihren historischen Charakter bewahrt. Die ****Synagoge (Abb. 51)** (Kirchstraße 3) wurde 1841 als kleiner Backsteinbau mit Rundbogenfenstern errichtet. Sie ist mit der in Neustadtgödens die letzte erhaltene Synagoge von ehemals zwölf jüdischen Bethäusern in Ostfriesland. Wenige Tage vor der Pogromnacht 1938 wurde sie an den benachbarten Tischlermeister verkauft. Die Synagoge entging der Brandschatzung durch die Nationalsozialisten wohl auch wegen der Feuergefahr in der engen dörflichen Bebauung, jedoch wurden die Fensterscheiben eingeschlagen und das Inventar auf dem Marktplatz verbrannt. 1991 wurde das Gebäude instand gesetzt und die Straßenfassade rekonstruiert. Der Verein Synagoge Dornum betreut die Gedenkstätte mit regelmäßigen Öffnungszeiten und Ausstellungen. Rund 150 Meter in westlicher Richtung liegt am Bollwarfsweg der ***Jüdische Friedho**f mit circa 33 Grabsteinen, der älteste ist aus dem Jahr 1721.

51 Ehem. Synagoge

Auf dem Weg zum Dornumer Schloss kreuzt man die Enno-Hektor-Straße. Dort liegt der für dörfliche Verhältnisse imposante, zweigeschossige Ziegelbau einer **Apotheke** (Enno-Hektor-Straße 10), erbaut 1865. Bevor man die äußere Graft erreichen, sieht man auf der linken Seite das **Amtshaus** (Schloßstraße 1) mit Zwerchhaus und feinversprossten Fenstern liegen. In dem gut restaurierten Gebäude aus dem Beginn des 19. Jahrhunderts wurde 1820 der Schriftsteller Enno Wilhelm Hektor geboren, dem die Ostfriesen ihre Hymne „In Oostfreesland is´t am besten" verdanken.

Man betritt die Vorburg durch ein **Torgebäude (Abb. 52)** (Schloßstraße 3) von 1678, in dessen Obergeschoss die Gerichtsstube unterge-

52 Schloss, Torgebäude

Landkreis Aurich   **ARCHITEKTURFÜHRER OSTFRIESLAND**

53 Schloss

54 Detail

55 Ostflügel

bracht war. 1707 erhielt es einen Turm mit barockem Turmhelm. Die Seiten des großen Platzes der Vorburg werden von eingeschossigen Flügelbauten eingefasst. Südlich schließt hinter dem Torhaus der alte Marstall an, während der Nordflügel als Rentei diente. Mittig des Platzes betritt man die Barockachse zum Schloss, die nach Westen in eine 250 Meter lange Baumallee führt und durch ein Tor abgeschlossen wird. Über eine Holzbrücke, die von schildhaltenden Löwen auf Postamenten bewacht wird, gelangt man zum Schlossportal.

Das***Schloss (Abb. 53) (Schloßstraße 4) entstand an der Stelle der mittelalterlichen Norderburg, die seit 1481 Sitz der Herrlichkeit Dornum war. In dieser Burg spielte sich der Sage nach ein in Ostfriesland bekanntes Familiendrama ab: Lütet von Dornum und Nesse, Sohn des Hero Attena, hatte die Tochter von Foelke Kampana, der Witwe von Ocko tom Brok, geheiratet, die Tochter dann auf Rat der Mutter erschlagen, weil er sich von ihr betrogen glaubte. Doch Foelke ließ die Burg erobern und Hero wie auch Lütet Attena 1395 hinrichten. Dies brachte ihr den Namen Quade Foelke (hochdeutsch: böse) ein. In der Sächsischen Fehde (1514-17) wurde die durch Heirat in den Besitz der Kankena von Wittmund gelangte Burg zerstört, danach durch Hicko dem Jüngeren wiederaufgebaut. Auf die Kankena folgte die Familie von Closter für 200 Jahre im Regiment der Herrlichkeit. Die Burg kam 1820 in den Besitz der Grafen von Münster, die sie 1931 an den preußischen Staat verkauften. Im Dritten Reich bezog eine SA-Führungsschule die Gebäude. Nach 1945 richtete man eine private Mittelschule ein, die noch heute als Realschule in dem vom Land Niedersachsen an private Träger verkauften Schloss beheimatet ist. Das Schlossensemble wird sorgfältig gepflegt.

Das von Graften umflossene Hauptschloss wirkt auf den ersten Blick als Vierflügelbau aus weiß verputztem Backstein einheitlich, ist aber in mindestens drei Abschnitten entstanden. Von der ersten, 1534/35 durch Hicko Kankena und seiner Gemahlin Adda von Ewsum wiederaufgebauten Burg, sind noch Details am inneren Portal zu sehen, wie die zwei spätgotischen Sandsteinmedaillons und ein Wappenstein. Das heutige Aussehen bekam das Schloss mit dem umfassenden barocken Ausbau durch Haro Joachim von Closter, der 1698 mit dem Umbau begann und 1721 den Südflügel nach einem Brand neu aufbauen ließ.

Die rustizierten Pilaster mit Kerbschnittquadern und der flache Dreiecksgiebel (Abb. 54) am äußeren Portal der Durchfahrt lassen erkennen, dass auch hier trotz des Datums 1706 ältere Teile wiederverwendet wurden. Die im übrigen schlichte Eingangsfront wird bekrönt von einem breiten, den Mittelrisalit zusammenfassenden Dreiecksgiebel, in dem ein Sandsteinrelief Pallas Athene zwischen fleischigen Akanthusranken und Putten zeigt, auf den Giebelschrägen liegen allegorische Figuren. Die Bildwerke sind von sehr hoher künstlerischer Qualität, wie sie vielleicht auf niederländische Künstler zurückzuführen ist. Das Schloss erhielt um 1990 seine barocke Farbigkeit mit weißen Flächen und kräftigem Gelb oder Ocker in den Gliederungen zurück.

Im Schlosshof gibt es im Süd- und Nordflügel je ein älteres, auf 1668 und 1669 datiertes Portal aus toskanischen Säulen, breitem Gebälk mit Allianzwappen und mit Kugeln besetztem Giebeldreieck, wie es sehr ähnlich im Südflügel der Beningaburg vorkommt. Letzter von Haro Joachim von Closter errichteter Bauteil ist der Ostflügel (Abb. 55), dessen zierlicher bildhauerischer Schmuck bereits in das 18. Jahrhundert weist. In der Mitte sieht man das Portal zum Festsaal, reich mit flachen Pilastern, Blumengehängen und zwei Kriegergestalten ausgeschmückt. Links und rechts stehen auf Postamenten weibliche Statuen. Die Abgänge in die Keller beschützen zwei wachsame steinerne Doggen. Durchschreitet man das Portal, gelangt man zunächst in das Vestibül, von dem aus eine Barocktreppe mit einem prachtvollen Geländer aus geschnitzten Akanthusranken in das Obergeschoss führt.

Zur Linken führt eine Tür in den über zwei Geschosse hohen Barocksaal (Abb 56) mit einer umlaufenden Galerie, deren Brüstung wie das Treppengeländer geschnitzt ist. Im Mittelfeld der mit figürlichen und ornamentalen Malereien ausgeschmückten Decke erscheint Demeter innerhalb einer illusionistisch-perspektivisch gemalten Architektur. Die beiden großen Ölgemälde an der Südwand stellen Hero Mauritz von Closter und seine Frau Almuth mit ihren Kindern dar. Der Raum diente Jahrzehnte

56 Saal

als Schulaula. Dazu hatte man den Kamin an der Westwand entfernt und mit einem Durchbruch eine Bühne geschaffen. Im Rahmen einer notwendigen Restaurierung des Saales in den Jahren 2014/15 unter Leitung der Architekten Tonndorf, Oldenburg, wurde die alte Raumstruktur wiederhergestellt. Neben der Restauration der Deckengemälde und der raumbildenden Holzteile sind auch die Bespannungen in den Wandfeldern durch Seidendamaste erneuert worden, die speziell von der Seidenmanufaktur Eschke aus Sachsen für Dornum gefertigt wurden. Heute zählt der Dornumer Barocksaal zu einem der schönsten Innenräume in Ostfriesland.

Zurück zu Marktplatz geht man durch die Gartenstraße zur Beningalohne, um dort die *Beningaburg (Abb. 57) (Beningalohne 2), aufzusuchen. Die nach der Zerstörung von 1514 wiederaufgebaute Osterburg war bis zum Aussterben des Hauses Beninga im Jahre 1717 fast 200 Jahre

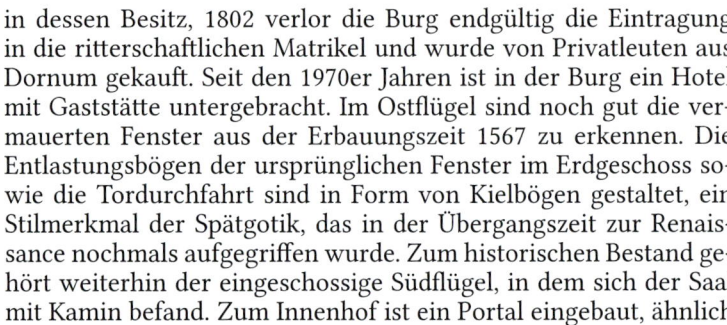

Landkreis Aurich

57 Beningaburg

in dessen Besitz, 1802 verlor die Burg endgültig die Eintragung in die ritterschaftlichen Matrikel und wurde von Privatleuten aus Dornum gekauft. Seit den 1970er Jahren ist in der Burg ein Hotel mit Gaststätte untergebracht. Im Ostflügel sind noch gut die vermauerten Fenster aus der Erbauungszeit 1567 zu erkennen. Die Entlastungsbögen der ursprünglichen Fenster im Erdgeschoss sowie die Tordurchfahrt sind in Form von Kielbögen gestaltet, ein Stilmerkmal der Spätgotik, das in der Übergangszeit zur Renaissance nochmals aufgegriffen wurde. Zum historischen Bestand gehört weiterhin der eingeschossige Südflügel, in dem sich der Saal mit Kamin befand. Zum Innenhof ist ein Portal eingebaut, ähnlich denen im Dornumer Schloss, mit der Datierung 1669 sowie den Wappen der Familien Beninga, Allena und Ehrentreuter.

Schräg gegenüber der Burg steht ein fast zweihundert Jahre altes Arbeiterhaus (Beningalohne 1), das nach der letzten Eigentümerin liebevoll **Oma Freese Huus** genannt und vom örtlichen Heimatverein genutzt wird. Im Süden der Beningalohne stehen in einer geschlossenen Baureihe fünf Wohnhäuser (**Beningalohne 6, 8, 10, 12** und **14**). In dem Haus Nr. 6 befand sich bis 1922 eine jüdische Schule mit einer Lehrerwohnung. In der Villa **Schatthauser Weg 9,** die 1842 erbaut und um 1880 im neugotischen Stil erweitert wurde, befindet sich seit 1984 die Gemeindeverwaltung. Sie zeigt damit vorbildlich, wie alte Bausubstanz für neue Zwecke umgenutzt werden kann. Mit der am Ortseingang stehenden **Bockwindmühle (Abb. 58)** (Bahnhofstraße 17), die letzte dieser Art in Ostfriesland, hat Dornum eine weitere Sehenswürdigkeit. Sie wurde 1626 mitten im Dreißigjährigen Krieg erbaut und war bis 1960 im Betrieb. 2010 ist sie grundlegend restauriert worden und wird regelmäßig von Hobbymüllern im Betrieb gehalten.

58 Bockwindmühle

Auf der in Richtung Hage führenden Straße erreicht man nach drei Kilometern **Nesse**, das auf einer in die Marsch ragenden hohen, langgestreckten Wurt liegt, die durch frühmittelalterliche Funde in das 9. Jahrhundert datiert werden kann. Ihre Form wurde durch die Funktion des Ortes als Handelsplatz bestimmt. Im Unterschied zu den runden Wurten der Bauerndörfer hatte Nesse eine Gassensiedlung, wie sie in Groothusen oder Grimersum noch ablesbar ist. Durch die Versandung der Buchten und die Eindeichung zur Landgewinnung verlor Nesse die Verbindung zum Meer, dessen unmittelbare Nähe auch den Transport des Tuffsteins ermöglicht hatte, und wurde ein reines Bauerndorf.

Man betritt den Kirchhof durch einen Torbogen aus dem Jahre 1759. Die **lutherische St.-Marien-Kirche (Abb. 59) (Cankebeerstraße 26) ist ein mittelgroßer romanischer Apsissaal aus Tuffstein aus der Mitte des 12. Jahrhunderts mit einem 1493 anstelle der halbrunden romanischen Apsis angefügten spätgotischen Chor aus Backstein. Auf jeder Langseite des Schiffes ist ein vermauertes romanisches Portal zu sehen, das südliche mit spätgotischen Segmentbögen. Die Fenster wurden alle nachträglich spitzbogig verändert, wohl schon im Zusammenhang mit der Erbauung des Chores. Bei diesem besteht das Polygon aus vier Seiten eines Achtecks, sodass ein Strebepfeiler und nicht, wie sonst üblich, ein

Fenster in der Mittelachse liegt, wie dies bereits in Norden bei der Ludgerikirche sowie der Kirche von Leerhafe der Fall ist. Wie schon bei diesen Beispielen erläutert, kommt darin die Tendenz der spätgotischen Baukunst zu malerischen Überschneidungen zum Ausdruck.

Südwestlich der Kirche erhebt sich der spätgotische Glockenturm, der wahrscheinlich vor der Erhöhung des Kirchenschiffes 1493 erbaut wurde. Im Turm hängen zwei historische Glocken: die südliche von 1589, die nördliche ist ein Umguss mit der Inschrift: „Zerbrochen im November 1813 beim Freudengeläute über den Abzug der Franzosen hat mich die Gemeinde Nesse im Jahre 1829 umgiessen lassen".

59 Luth. St.-Marien-Kirche

Der Innenraum **(Abb. 60)** wird geprägt von der malerischen Wirkung des Lettners, dessen drei breite Korbbögen einen nur begrenzten Einblick in den dahinterliegenden Chor erlauben und den dort einst stehenden mittelalterlichen Altar mit der an ihm geschehenden heiligen Handlung mehr erahnen als direkt erleben lassen. Das romanische Kirchenschiff schließt mit einer barocken Balkendecke ab, der spätgotische Chor hat ein Kreuzrippengewölbe, dessen weit nach unten in den Wandbereich gezogene Rippen auf unterschiedlich geformten Kelchkonsolen aus gebranntem Ton aufsetzen. In die Wände des Chores sind unten Spitzbogennischen eingelassen. Der ****Lettner,** der gleichzeitig mit dem Bau eines Gewölbes über dem Chor errichtet wurde, ist nach der Reformation zur Orgelempore umfunktioniert worden. Die bis 1968 an der Emporenbrüstung angebrachten Gemälde aus dem späten 17. Jahrhundert von Christus und den Zwölf Aposteln wurden an die westliche Galerie versetzt. Eine Wandmalerei

60 Kirchenschiff

oberhalb des Lettners mit der Darstellung des Jüngsten Gerichts wurde 1987 freigelegt, aber aus konservatorischen Gründen wieder übermalt.

Auf der Mensa im Chor steht ein Gemälde von 1864 mit der Darstellung der Kreuzigung Christi, das ursprünglich zu einem neugotischen Altar gehörte, den man wohl 1968 – aus den damals üblichen Vorurteilen gegenüber dem Historismus – beseitigt hat. Sollte er dieselbe künstlerische Qualität wie das Kreuzigungsgemälde besessen haben, wäre eine Zerstörung aus heutiger Sicht unverzeihlich.

Kostbarstes Ausstattungsstück der Kirche ist der romanische ****Taufstein (Abb. 61)** aus Baumberger Sandstein aus der der Mitte des 13. Jahrhunderts, der wegen der hohen Salzbelastung und zur landesgeschichtlichen Darstellung in das Ostfriesische Landesmuseum Emden überführt worden ist. An seiner Stelle vor dem Lettner steht nunmehr eine hervorragende Nachbildung. Auf der Wandung sind in Reliefs unter Blendarkaden Verkündigung, Anbetung und Taufe Christi zu sehen, am oberen Rand verläuft ein dekorativer Rankenfries mit Fabelwesen.

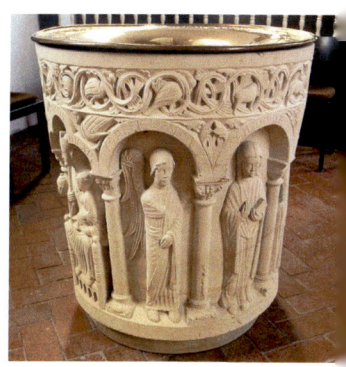

61 Taufstein

Landkreis Aurich

62 Epitaph

63 Altes Pfarrhaus

Die **Kanzel** aus der ersten Hälfte des 17. Jahrhunderts entspricht mit ihren Bogenfeldern zwischen den Ecksäulen des Korbes dem damals üblichen Aufbau, doch fehlen die Statuetten. Von einem Kruzifix des späten 15. Jahrhunderts hängt der etwas derbe Corpus an der Südwand. Dort ist auch weiter nach Westen das qualitätvolle *Epitaph (Abb 62) für den Kaufmann Kuchenbacker von 1668 angebracht. Im quadratischen Hauptfeld erblickt man das Hochrelief mit der Grablegung Christi zwischen ionischen Säulen, darunter eine kleine Kreuzigungsszene, oben die Auferstehung und als Abschluss über einem geflügelten Engelskopf Christus mit der Siegesfahne. An den Seiten des Rahmens stehen die vier Evangelisten auf Ohren aus Knorpelwerk beziehungsweise auf dem Gebälk über den Säulen.

Die Kirche hat ein auf 1706 datiertes schönes **Gemeindegestühl** in Kastenform mit Knäufen und Traljengittern. Beiderseits des Ausgangs nach Westen werden die Raumecken von zwei Patronatstühlen – wohl ebenfalls von 1706 – eingenommen.

Über dem Mittelgang hängen drei prachtvolle **Messingkronleuchter**, datiert auf 1656, 1657 und 1683. Hinter dem Prospekt der **Orgel** im Stil der Neugotik von Otto Carl Wilhelm Lorentz, erbaut 1861/62, verbarg sich ab 1921 eine neue Orgel, die in den Jahren 1986-88 durch einen Neubau der Orgelbaufirma Hillebrand, Altwarmbüchen, ersetzt wurde.

Zwei weitere Gebäude gehören zum Kirchenensemble. Westlich der Kirche liegt das **Organistenhaus** (Kirchpfad 4) aus dem frühen 19. Jahrhundert. Beim Giebel zum Kirchhof sind die Blockrahmen-Schiebefenster mit profilierten Sandsteinbänken erhalten.

Weiter nördlich schließt das **alte Pfarrhaus (Abb. 63)** (Kirchpfad 1) an, ein zweigeschossiges Steinhaus mit steilen Giebeln, erbaut im frühen 15. Jahrhundert. Der Eingang erfolgt an der Nordseite durch ein aus Formsteinen gestaltetes gotisches Rundbogenportal, neben dem der Sturz einer vermauerten Tür mit dem Datum 1727 zu sehen ist. Wie bei allen älteren Pfarrhäusern in Ostfriesland war eine Wirtschaftsscheune zur Eigenversorgung angeschlossen. Sie wurde bei der Instandsetzung des Pfarrhauses 1965 leider entfernt, auch hat man es nicht gewagt, einige der vermauerten spätgotischen Fenster wieder herzustellen.

Längs der Cankebeerstraße in Richtung Hage liegen noch einige interessante Gebäude. Am Ortsausgang steht die **Neßmer Mühle** (Cankebeerstraße 41), eine zweistöckige Galerieholländermühle von 1856 mit einem dazu gehörigen Müllerhaus. Sie war bis 1960 im Betrieb, sollte dann 1965 mit Abrissgenehmigung beseitigt werden, was glücklicherweise unterblieb, und wurde um 1995 grundlegend instand gesetzt. Es folgen einige größere Bauerhöfe, so der **Hof Ippen** am Harketief (Cankebeerstraße 46) aus der Zeit kurz nach 1800, der in der Form eines Krüsselwarks angelegt ist. Dabei liegt das Wohngebäude quer vor der Gulfscheune, meist mit einem Mittelbau verbunden. Mit einer Graft umgeben, dazu mit einer Allee und weiterem Baumbestand begrünt, liegt das Gulfhaus **Cankebeerstraße 52**, das 1855 erbaut wurde und eine besonders große Gulfscheune besitzt. Etwas abseits der Straße befindet sich die Hofanlage **Siebelshörn** (Cankebeerstraße 54). Der Wohnteil besteht aus einem Steinhaus, datiert auf das Jahr 1689, das später mit der Gulfscheune unter einem Dach vereinigt wurde.

Im Ortskern Nesse kann man über die Sielstraße nach **Nessmersiel** gelangen. Dort steht eine weitere zweistöckige **Galerieholländermühle** (Störtebeker Straße 3), erbaut 1884. Im Verlauf der Straße liegt ein restauriertes Gulfhaus, **Störtebeker Straße 6,** das nach Osten einen breiten Wohngiebel mit feinversprossten Blockrahmen-Schiebefenstern hat und in Form von Mauerankern auf das Jahr 1776 datiert ist. Auf dem Weg zum kleinen Hafen Nessmersiel kommt man an dem prächtigen Giebel des **Hofes Heykena** (Dorfstraße 29) vorbei, der eine schöne, doppelflügelige Haustür besitzt und als Giebelzier mit dekorativen Sandsteinen versehen ist. An der 1980 zum 200-jährigen Bestehen neu aufgestellten **Sielanlage** (Osterdeicher Weg) ist nur noch die Sandsteinbrüstung mit den Inschriften historisch.

64 Luth. Petrikirche

Der Weg von Nesse zurück über Dornum nach Esens führt direkt hinter Dornum durch **Westeraccum**. Die ****lutherische Petrikirche (Abb. 64)** (Sielweg 1) liegt in der Mitte des Ortes auf einer hohen, steilen Wurt und ist ein gewölbter Saalbau aus Backstein auf einem Granitsockel, erbaut um 1270. Ungewöhnlich ist die gebauchte Dachform der Apsis aus dem 17. Jahrhundert. Alle Fenster des Langhauses sind nachträglich vergrößert worden. Auf jeder Längsseite gibt es ein vermauertes Rundbogenportal mit Graniteinfassung, im Inneren sind die Eingänge unter einem Kleeblattbogen aus Backstein zu erkennen.

65 Grabstein

An der Südostecke des Kirchhofes steht ein mehrfach veränderter **Glockenstuhl**, der ursprünglich aus vier Parallelmauern bestand und aus dem 15. Jahrhundert stammen soll. Seine heutige Form mit Walmdach und Strebepfeiler erhielt der Turm im Jahre 1866.

66 Kirchenschiff

In der Nähe des Turms stehen sieben Schiffergrabsteine aus dem 18. und acht aus dem 19. Jahrhundert, zum Teil mit interessanten Schiffsdarstellungen im Relief, so unter anderen der Grabstein **(Abb. 65)** des 1699 geborenen und 1748 in Amsterdam ertrunkenen Schiffers Onne Hajen Siebels.

Im Inneren **(Abb. 66)** der Kirche ist die originale Wölbung des Langhauses in drei Jochen erhalten geblieben. Es sind tief herabreichende kuppelige Kreuzrippengewölbe mit

Landkreis Aurich

67 Kanzelaufgang

68 Schiffmodell

69 Pfarrhaus

Wulstrippen, die im östlichen und westlichen Joch in Schlussringe, im mittleren in ein quadratisches Feld münden. Die Muschelwölbung der Apsis wurde, wie die äußere gemauerte Dachhaut, die heute mit Kupfer abgedeckt ist, im 17. Jahrhundert erneuert.

Der **Altaraufsatz** von 1665 zeigt im rechteckigen Rahmen mit flankierenden kannelierten Säulen das Gemälde des Abendmahls. In dem aus Voluten gebildeten Aufsatz ist der geschnitzte Kopf einer weiblichen Heiligen aus der zweiten Hälfte des 15. Jahrhunderts einbezogen worden. Die reich mit Statuetten, gewundenen Ecksäulen und durchbrochenen Ornamentbrettern ausgeschmückte **Kanzel** ist von beachtlicher künstlerischer Qualität, außer dem noch vorhandenen Datum 1694 trug sie einst auch den Namen des Bildschnitzers Andreas Danhast. An der Tür zum Kanzelaufgang **(Abb. 67)** stehen die Figuren der Reformatoren Jan Hus und Martin Luther, darüber bekrönen Engel die verzierte Rahmung. Der pokalförmige Taufstein aus belgischem Syenit dürfte im 17. Jahrhundert beschafft worden sein. An der Westempore sieht man in den Brüstungsfeldern die fein gefertigten Gemälde der acht Tugenden, datiert auf 1743. An die Seefahrt von den Sielorten aus erinnern auch zwei Votivschiffe **(Abb. 68)** von 1932 und 1990. Ursprünglich hat Gerd Sieben Janssen aus Aurich die **Orgel** in den Jahren 1857-61 für die Kirche in Pewsum geschaffen, von der jedoch nur noch der Prospekt erhalten ist. Das Innenwerk stammt aus dem Jahr 1972 und wurde von der Orgelbaufirma Alfred Führer aus Wilhelmshaven gefertigt. Nordöstlich der Kirche liegt das **Pfarrhaus (Abb. 69)** (Johann-Dollmann-Straße 2) von 1836, das in der Form eines Gulfhauses erbaut wurde und das heute als Gemeindehaus dient.

In den Doppelsielorten **Dornumersiel** und **Westeraccumersiel** sind die historischen Hafen- und Sielanlagen leider 1965 nach der Sturmflut 1962 ohne Not und gegen den aktiven Widerstand von Einwohnern der Orte zerstört worden. Die historische Bausubstanz hat durch die Verlegung der Deiche schweren Schaden erlitten. Ein Museumsverein hat mit langjährigem Engagement das noch erhaltene **Kapitänshaus (Abb. 70)** (Am Hafen 1) instand setzen lassen, das im Kern aus dem 17. Jahrhundert stammt und noch alte, wandfeste Raumausstattungen von 1744 besitzt. Auch die Deutsche Stiftung Denkmalschutz hat sich an der Restaurierung mit einer Förderung beteiligt. Am **Oll Deep 3** steht der restaurierte Wohnteil eines Gulfhauses von 1772. Im alten Ambiente ist ein Café eingerichtet.

Zwei Kilometer weiter östlich liegt **Westerbur**. Dort steht eine im Jahre 1872 erbaute einstöckige **Galerieholländermühle** (An der Mühle 2), die als Sielmühle bezeichnet wird und früher als Seezeichen diente. Es ist die einzige erhaltene Mühle in Ostfriesland mit einem Sechskant als Grundriss. Die **lutherische Kirche** (Pumpsieler Straße 23) ist eine Saalkirche mit polygonalem Chor. Sie wurde 1753 auf mittelalterlichen Grundmauern und mit dem alten Backsteinmaterial erbaut. Der Vorgängerbau, erstmals 1530 erwähnt, wird wohl durch die Weihnachtsflut 1717 beschädigt worden sein. Vor der Westwand wurde ein niedriger, aber breiter Glockenturm errichtet, der auch als Haupteingang dient.

In dem von einer hölzernen Tonnendecke überdeckten Innenraum wurde die Ausstattung der alten Kirche in ihren wesentlichen Teilen übernommen. Auf der mittelalterlichen Mensa steht das auf 1643 datierte **Altarretabel,** dessen Abendmahlsgemälde von kannelierten Säulen und durchbrochenem Ohrmuschelwerk gerahmt wird. Der **Kanzelkorb** trägt die Jahreszahl 1642 und ist mit reicher, flächiger Ornamentik zwischen den kannelierten Ecksäulen verziert. Der Schalldeckel wurde 1793 hinzugefügt. Die kleine geschnitzte, 1885/86 restaurierte Kreuzigungsgruppe aus der Mitte des 17. Jahrhunderts verrät den Stil des Jacob Kröpelin aus Esens. Von einem Taufstein des Bentheimer Typs aus der 2. Hälfte des 13. Jahrhunderts blieben nur der achteckige Sockel und der runde Schaft mit vier stützenden Figuren erhalten. Die auf 1784 datierte Ostempore und die sehr ähnliche Westempore von 1778 ruhen auf dünnen ionischen Säulen. Ihre Brüstungen sind in 17 Feldern mit Aposteln und Tugenden bemalt. Aus der Werkstatt von Arnold Rohlfs, Esens, stammt die **Orgel** von 1860. Sie ist weitgehend erhalten und wurde zuletzt 1985 von der Orgelbaufirma Alfred Führer aus Wilhelmshaven instand gesetzt.

70 Kapitänshaus

Die letzte Station in der Gemeinde Dornum ist der Ort **Roggenstede.** Der Ortskern liegt auf einer sturmflutsicheren Sandkuppe und war schon in vorchristlicher Zeit besiedelt.

Am südlichen Ortsrand liegt an der Straße auf einer hohen Einzelwurt die *****lutherische Kirche (Abb. 71)** (Zur Haltestelle 8), ein romanischer Apsissaal, erbaut um 1260-70 über einem Sockel aus Granit. Auf einem Absatz in halber Höhe setzen auf beiden Langseiten Lisenen an, die die Wand in unregelmäßig breite Felder teilen. Die auf jeder Längsseite noch ursprünglichen beiden hohen Rundbogenfenster hatten bis zum Einsturz und der Erneuerung der Westwand eine dritte Entsprechung, der Innengliederung des Raumes in drei Joche folgend. Eindrucksvoll sind die breiten, abgestuften, jetzt zugemauerten Rundbogenportale aus großen Granitquadern. Die romanische Apsis wurde laut Inschrift 1891 mit kleinformatigen, industriell hergestellten Backsteinen ummantelt.

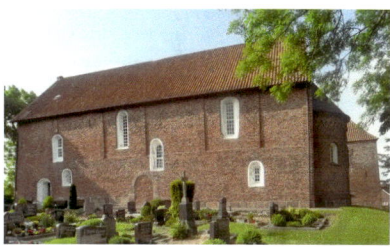
71 Luth. Kirche

Der gedrungene **Glockenturm** des geschlossenen Typs aus dem 13. Jahrhundert steht nordöstlich der Kirche. Ursprünglich bildete der Durchgangsturm den Eingang zum Kirchhof, heute sind die Tore vermauert. Im Turm hängt eine Glocke von 1627.

Das Innere der Kirche **(Abb. 72)** ist von beeindruckender Schlichtheit und Schönheit. An den Wänden prägen die breiten, mehrfach abgetreppten Wandvorlagen und Teile der erhaltenen Schildbögen der Gewölbe den Innenraum, die man um 1670 wegen des Ausweichens der Außenmauern und herabfallender Steine herausgebrochen hatte. Heute schließt eine Balkendecke den Raum ab, die Kalotte der romanischen Apsis blieb bestehen. Auf dem mittelalterlichen Stipes mit zwei vertieften Rechteck-

72 Kirchenschiff

73 Kruzifix

feldern in der Apsis steht ein ***Schriftaltar**, ein Geschenk von 1683 der Kirche in Dornum, als man dort den großen Barockaltar aufstellte. Hinter dem jetzigen mit Inschriften bemalten Altaraufbau ist der spätgotische Schrein erhalten. Dort stehen die Einsetzungsworte, das Vaterunser und die zehn Gebote, auf den Flügeln sind Bibelverse aufgebracht. Die mittelalterlichen Schnitzfiguren des Schreins wurden vor 1582 entfernt. Länger hielt sich ein bekrönender spätmittelalterlicher Baldachin, wie ihn die Altäre in Buttforde, Norden, Hage und Völlen noch besitzen, bis man ihn 1957 beseitigte – welch eine Kulturschande!

In den nördlichen Chorpfeiler wurde ein **Sakramentshaus** eingearbeitet, das noch seine originale Bemalung aus dem frühen 15. Jahrhundert besitzt, bestehend aus einem Linienmuster mit einem großen und drei kleineren Weihekreuzen.

Der **Taufstein** aus Bentheimer Sandstein gehört dem älteren Typus mit stilisierten Weinlaubranken und Taustäben am von vier Löwen gestützten Becken an. Wäre er erst aus Anlass des Kirchenneubaus um 1250-60 beschafft worden, wirkte er sehr altertümlich. Die Taufe trägt einen vierarmigen silbernen Aufsatz, in dessen Mitte sich eine kleine Taufschale befindet. Die sechseckige **Kanzel** mit den gestuften Eckfilialen und der Lanzettverzierung in den Brüstungsfeldern wurde im 15. Jahrhundert gefertigt, aber im 19. Jahrhundert verändert und neu bemalt. Dargestellt sind Moses und die vier Evangelisten.

Äußerst ausdrucksstark ist das ****Kruzifix (Abb. 73)** an der Nordwand des ersten Joches. Es ist eine vorzügliche Arbeit aus dem 14. Jahrhundert. Der ausgezehrte Körper mit den heraustretenden Rippen und verkrampften Sehnen von Armen und Beinen gibt dramatisch den Todeskampf wieder, der mit dem herabgesunkenen Haupt das erlösende Ende bezeugt. Es ist bei der Stellung der Arme zu vermuten, dass der Korpus ursprünglich an einem Gabelkreuz gehangen hat. Bei der Restaurierung 1959 wurde der rechte Arm erneuert und die Figur an einem neuen Kreuz befestigt.

74 Orgel

Die ***Orgel (Abb. 74)** von 1827-33 auf der Westempore ist das Werk von Johann Gottfried Rohlfs aus Esens. Der Prospekt ist für die Entstehungszeit erstaunlich konservativ, denn er ist noch ganz im Stil des Barock gehalten, mit seinen sieben Achsen steht er unter dem Einfluss der westfälischen Schule. Der breite Mittelturm für die Basspfeifen wird flankiert von schmalen Pfeifenbündeln, zweistöckigen Flachfeldern für die Diskantpfeifen, außen dann von den Seitentürmen, an die je drei hölzerne Attrappen und die ornamentalen Ohren anschließen. Rohlfs folgt mit diesem Prospekt seinem Lehrer Hinrich Just Müller und dessen Orgel in Middels von 1784/85, behält also nach 42 Jahren immer noch einen barocken Aufbau bei. Ursprünglich stand die Orgel nach evangelischer Gottesdienstordnung auf der Ostempore, wurde aber 1882 zusammen mit der Empore nach Westen versetzt. Dabei und bei Umbauten in den Jahren 1899 und 1953 gingen originale Pfeifen verloren. Durch eine 1988/89 erfolgte durchgreifende Restaurierung durch Martin Haspelmath aus Walsrode konnten die Veränderungen wieder rückgängig gemacht werden.

ARCHITEKTURFÜHRER OSTFRIESLAND

Landkreis Aurich

Mit den bleibenden Eindrücken der prachtvollen Herrlichkeit mit Schloss und Kirche in Dornum und die nicht weniger beeindruckende schnörkellose Dorfkirche in Roggenstede verlässt man die Gemeinde Dornum.

Gemeinde Großheide
mit Arle

Südlich von Dornum liegt das Gemeindegebiet Großheide, eine der kleinsten Gemeinden in Niedersachsen. Schon im Mittelalter war der Ort Arle durch die dortige Propsteikirche bedeutend. Von dem 1290 errichteten Kloster in Coldinne ist nichts mehr erhalten. Bis heute ist die Gemeinde überwiegend durch die Landwirtschaft geprägt, viele der rund 8.500 Bewohner haben ihren Arbeitsplatz außerhalb der Gemeinde.

Geschichtlich war **Arle** der Hauptort dieses Gebietes. Wer aus Richtung Westen in das kleine Dorf fährt, erblickt in der Straßenachse die erhaben auf einer hohen Wurt liegende ****lutherische Bonifatius-Kirche (Abb. 75)** (Am Friedhof 11). Wesentlich beeindruckender muss die Kirche gewesen sein, als noch der mächtige mittelalterliche Westturm stand. Von dieser bremischen Sendkirche und dem dazugehörigen Meierhof aus wurde das westliche Norderland beherrscht. So ist es nicht verwunderlich, dass Kirche und Dorf Ort zahlreicher kämpferischer Auseinandersetzungen wurde. Den starken Wehrturm ließ der Norder Landeshäuptling Udo, Sohn des Focko Ukena, 1430 zerstören, damit sich dort seine Feinde nicht festsetzen konnten. Bis zum Bau des heutigen neuromanischen Turmes hatte die Kirche an dieser Stelle keinen Turm mehr. Das ungewöhnlich lange und breite Kirchenschiff hatte bis 1532 ein Bleidach, das von Geldrischen Truppen geraubt wurde, weil das Blei einen hohen Materialwert besaß. Es wurde deshalb im Mittelalter nur selten verwandt, woraus sich, zusammen mit der ungewöhnlichen Größe, die besondere Bedeutung von Arle als eine der fünf Haupt- und Sendkirchen Ostfrieslands erklärt.

75 Luth. Bonifatius Kirche

76 Nordseite

Langhaus und Apsis (Abb. auf S. 18) der Bonifatius-Kirche sind in der 2. Hälfte des 12. Jahrhunderts aus Tuffstein von Andernach/Eifel erbaut worden, den man auf Schiffen über Rhein und Nordsee hierher transportieren konnte, da Arle noch über einen schiffbaren Wasserlauf erreichbar war. Leider ist der Tuffstein dem ständigen Wind, Regen und Frost auf die Dauer nicht gewachsen und wurde durch Backsteine ersetzt. Erst in den letzten Jahrzehnten werden dazu aus denkmalpflegerischen Gründen auch neue Tuffsteine verwandt. Da im Süden nachträglich einige große Fenster eingebrochen wurden, kann man die ursprüngliche Wandgliederung am besten auf der Nordseite **(Abb. 76)** ablesen. Von unten aufsteigende Lisenen teilen die Wand in sechs Felder, in jedem befindet sich ein kleines hoch sitzendes Rundbogenfenster.

77 Kirchenschiff

1789 hat man die Mauerkrone der Apsis erhöht, sodass die Balken-

78 Altar

79 Predella-Reliefs

80 Taufstein

decke komplett durchgezogen werden konnte, leider hat man sich damit vom Raumeindruck (Abb. 77) einer mittelalterlichen Kirche weiter entfernt.

Der spätgotische **Flügelaltar (Abb. 78) aus der Zeit um 1480 umfasst einen Mittelschrein mit Seitenflügeln. Er wurde von derselben Werkstatt wie der in Hage geschaffen, doch fehlt der Baldachin, den es wohl auch hier gegeben hat. Zum spätgotischen Bestand gehören die Schnitzreliefs im Schrein, die sowohl vom Bildinhalt als auch von der Komposition weitgehend mit dem Altar in Hage übereinstimmen. Das Mittelfeld mit dem Auszug wird von der figurenreichen Kreuzigungsszene beherrscht, es fehlen jedoch die vom Engel und Teufel entführten Seelen der Schächer. In den vier Seitenfeldern sind, wie in Hage, die Verspottung, Kreuztragung und Grablegung Christi dargestellt, in Arle jedoch statt der Auferstehung die Kreuzabnahme. Die originale Farbigkeit an den Baldachinen und Figuren wurde freigelegt, auch die alte Vergoldung ist größtenteils erhalten geblieben. Die heutigen Aufsätze mit Jacobus im Wimperg und den vier Evangelisten gehörten ursprünglich zu einem anderen Retabel, vielleicht zu einem Seitenaltar. Zwei möglicherweise ursprünglich zur verlorenen Predella des Altars gehörende Reliefs (Abb. 79) haben in den 90er Jahren des 20. Jahrhunderts im Zusammenhang mit der Wiederanbringung der Seitenflügel heute ihren Platz in der Nische des zugemauerten Nordportals gefunden. Sie stellen die Geburt und die Beschneidung Jesu dar. Im 17. Jahrhundert wurden die Passionsszenen auf den Flügeln gemalt, die Predella wurde 1978 ergänzt.

Den Bentheimer *Taufstein (Abb. 80), den es in dieser Form häufiger gibt, stammt aus der 1. Hälfte des 13. Jahrhunderts und ist wohl beim Bau der Kirche angeschafft worden.

Die Kanzel lieferte 1675 die Werkstatt des Meisters Jacob Kröpelin aus Esens. Sie zeigt die Figuren von Abraham, Isaak und Jakob, die Evangelisten und den Apostel Paulus. Zu der Neuausstattung der Kirche um 1480 gehört auch das große *Triumphkreuz. Nachdem es mehrfach umgehängt wurde, hat es seit 1978 den Platz an der Nordwand. Es gibt Zweifel, ob es sich nicht um eine Nachbildung des gotischen Originals handelt, möglicherweise durch den Bildschnitzer Jacob Kröpelin. Um 1480 entstand, wie sein Pendant in der Ludgeri-Kirche in Norden, das hohe, schlanke **Sakramentshaus in reichen spätgotischen Formen aus Baumberger Sandstein. Auf dem Sockel des turmartigen Aufbaus sitzen vier feingearbeitete Löwen, die, wie auch weitere Details, im 19. Jahrhundert überarbeitet wurden. Unter den aufgestellten Grabplatten befindet sich eine Platte von 1466, die zum Grab des Pfarrers Renerus gehört und in deren Mitte ein Kelch dargestellt ist. Von den drei Messingkronleuchtern trägt der eine das Datum 1669.

Die *Orgel von 1799 ist das Gemeinschaftswerk von Hinrich Just Müller aus Wittmund und Johann Gottfried Rohlfs aus Esens. Die Anlage wurde auf eine hölzerne Empore an der Stelle des ehemaligen Lettners gestellt, 1896 dann auf die Westseite umgesetzt. Letztmalig ist das

Instrument im Jahre 2000 durch den Orgelbauer Martin ter Haseborg restauriert worden.

Samtgemeinde Hage
mit Berum, Hage, Lütetsburg und Bargebur

Die Samtgemeinde Hage mit rund 11.000 Einwohnern entstand 1965 und erhielt im Jahre 1972 ihren heutigen Zuschnitt. Die attraktive Lage mit Waldungen und Parks in Lütetsburg und Berum hat Hage zu einem beliebten Wohnort gemacht. Als anerkannter Luftkurort setzt die Gemeinde zunehmend auf den Tourismus als wachsenden Wirtschaftszweig. Von Arle oder Großheide kommend sieht man im gut durchgrünten Ort **Berum** südlich der Ortsdurchfahrt die ****Burg Berum (Abb. 81)** (Burgstraße 1) liegen, eine der geschichtlich bedeutendsten Burganlagen Ostfrieslands. Sie war Stammsitz einer der ältesten und angesehensten ostfriesischen Adelsfamilien: der Tzyerza, die sich später Cirksena nannten und über 200 Jahre die Landesherren Ostfrieslands waren.

81 Burg Berum

Die erste befestigte Anlage, ein Steinhaus, wie es in Bunderhee erhalten ist, wird erstmalig 1408 urkundlich erwähnt. Graf Ulrich Cirksena erbaute 1443 auf dem Platz des Steinhauses eine Burganlage, bestehend aus einem zweigeschossigen Langhaus mit einem mächtigen Rundturm, davor eine schützende Vorburg. Im 16. Jahrhundert wurde dann die Burganlage für den Witwensitz der Gräfin Katharina, Ehefrau Edzards II. von Ostfriesland und Tochter der schwedischen Königs Gustav I. Wasa, mit einem repräsentativen Ostflügel zum Renaissanceschloss ausgebaut. Im Dreißigjährigen Krieg war das Schloss Hauptquartier des kaiserlichen Generals Gallas. Als der regierende Graf Rudolf Christian von Ostfriesland 1628 die Burg Berum besuchte, geriet er in einen Streit mit einem kaiserlichen Leutnant und wurde dabei durch einen Stich mit einem Degen ins Auge tödlich verletzt. Gegen Ende des 17. Jahrhunderts erfolgte durch die prunksüchtige Fürstin Christine Charlotte der letzte Ausbau des Schlosses. Sie fügte dem Schloss einen Südflügel hinzu und verlegte die Zufahrt zum Schloss nach Westen. Von dieser barocken Inszenierung blieb jedoch nur das stattliche, von Säulen flankierte Portal aus Sandstein, das im Giebeldreieck das Wappen der Fürstin trägt. Mit der Hochzeit des letzten Fürsten des Hauses Cirksena, Carl Edzard, mit Sophie Wilhelmine von Brandenburg-Bayreuth im Jahre 1734 endete die Glanzzeit des Berumer Schlosses. 1764 ließ Friedrich der Große, nachdem er dafür keine Käufer fand, das Schloss abbrechen. Erhalten blieben die Wälle, das Torhaus und die Vorburg, ein langgestreckter zweigeschossiger Putzbau mit einem schräg stehenden Eckturm an der Straßenseite. Rudimentär erhalten blieb auch der südlich anschließende Barockgarten mit einer Orangerie und dem Gartentor von 1721. Heute ist Berum in Privatbesitz und dient in Teilen als Gästehaus.

Längs der Straße Richtung Hage liegt verlassen und ungepflegt das nach einem Brand 1951 neu aufgebaute **Schloss Nordeck** (Berumer Allee 7) in einer parkartigen Grünanlage. Ursprünglich war es ein imposantes Herrenhaus im Stil des Historismus und ist in den Jahren 1868/69 erbaut worden. Zum Anwesen gehören ein Mausoleum, ein Forsthaus, eine Orangerie sowie größere Waldflächen.

Am Ortseingang von **Hage** steht exponiert eine der größten Windmühlen Ostfrieslands. Die fünfstöckige **Galerieholländermühle** (Hagermarscher Straße 2) wurde an einem seit dem 16. Jahrhundert bebauten Mühlenstandort im Jahre 1872 errichtet. Zurzeit ist sie ohne Flügel und müsste alsbald instand gesetzt werden. An der Hauptstraße befinden sich noch einige ältere Wohngebäude (**Hauptstraße 31, 47** und **50**). Die ältesten Gebäude im Ort sind die **Hinkena-Burg** (Hinkenaweg 1), ein Steinhaus um 1600, und das **Pfarrhaus** (St. Annenweg 1), ein zweigeschossiges spätmittelalterliches Gebäude, das 1961 weitgehend erneuert wurde.

82 Luth. Sankt Ansgari Kirche

In der Ortsmitte liegt auf einer relativ hohen Wurt die ***lutherische Sankt Ansgari Kirche** (Abb. 82) (Baantjebur 1), eine stattliche langgestreckte Apsiskirche, die in drei Bauabschnitten entstand. Im ersten errichtete man als Backsteinbau wohl noch zum Ende des 12. Jahrhunderts (andere Einschätzungen zwischen 1200-20) das romanische Langhaus, gut 50 Jahre danach den Westturm und circa 1480-90 den rechteckigen Chor nach Abriss der halbrunden romanischen Apsis.

83 Detail

Für die Datierung des **Langhauses** ist die auf der Nordseite besonders gut erhaltene Wandgliederung von Bedeutung, sie war auch als Schauwand zur Straße ausgebildet. Über dem schmucklosen unteren Teil setzen nach einem Rücksprung in dreifünftel Höhe Pilaster an, die fünf einst gleich breite Felder begrenzen. Jedes enthält ein Fenster, das von dünnen Rundstäben gerahmt wird (Abb. 83). Den Abschluss der Wand bildet ein breites Dachgesims aus einem Fries von ineinander greifenden Rundbögen und einem doppelten Deutschen Band, einem Zickzackfries aus über Eck gestellten Backsteinen. Die Backsteintechnik ist sehr sorgfältig – es wurden zahlreiche Formsteine verwendet, so auch bei den stumpfwinkligen Steinen in der Laibung der Fenster, über deren Bögen aus radialen Bindern noch ein Zierbogen aus sichelförmig gebogenen Läufern liegt. Auffällig ist, dass der Fries beziehungslos über den senkrechten Lisenen und Rundstäben aufsetzt. Beim Kreuzbogenfries überschneiden sich zwei Rundbogenfriese mit jeweils der Hälfte ihres Durchmessers.

84 Chor

Der **Westturm**, noch ganz in den romanischen Formen mit Lisenen, Bogenfriesen und Rundbogenöffnungen gestaltet, wurde um 1250-70 angebaut. Man kann aus seiner Schräglage nach Westen erkennen, dass er mit seiner Ostwand auf den bereits vom älteren Schiff vorgepressten Boden geriet, mit der westlichen dagegen auf den noch lockeren der Wurt, der sich dann durch den Druck des Bauwerkes verdichtete. Dieser Vorgang ist bei mehreren Türmen in Ostfriesland zu beobachten, besonders stark in Suurhusen.

Der Wunsch nach einem großen Flügelaltar war wohl

der Anlass, um 1480-90 die niedrige romanische **Apsis (Abb. 84)** durch einen neuen spätgotischen Rechteckchor in gleicher Breite und Höhe des Langhauses zu ersetzen.

Zur statischen Sicherung der hoch aufragenden Längswände goss man in den Jahren 1962-64 einen Betonringanker auf die Mauerkronen und versteifte das Gebäude durch Betonquerbalken. Weiterhin fügte man zwischen Chor und Schiff einen großen Rundbogen, ebenfalls aus Beton, ein und verpresste das Mauerwerk mit Mörtelinjektionen. Besonders die letzte Maßnahme ist irrreversibel und widerspricht den heutigen Grundsätzen des denkmalpflegerischen Handelns.

Dominierendes Ausstattungsstück der Kirche ist der große ***Flügelaltar (Abb. 85)** aus der Zeit um 1480, dem der in Arle so sehr gleicht, dass man beide einer unbekannten Werkstatt aus den nördlichen Niederlanden oder Nordwestdeutschland zuschreibt. Der Altar ist in allen Teilen erhalten und besteht aus einem geschnitzten Mittelschrein aus Eiche mit einem überhöhten Mittelteil und Seitenflügeln, die als Rahmen mit Füllung gefertigt sind. Die ursprünglichen Gemälde auf allen Flügeln sind im 18. Jahrhundert noch vorhanden gewesen. Bekrönt wird das Altarretabel von einem mächtigen, allseitig vorkragenden Baldachin. Er ist rundum mit Maßwerk verziert, das größtenteils zum Originalbestand gehört. Altarbaldachine sind in ostfriesischen Kirchen (z.B. in Norden, Buttforde, Völlen und ursprünglich in Roggenstede) so häufig anzutreffen, dass man sie als Besonderheit dieser Kulturlandschaft bezeichnen kann.

85 Altar

Die Kreuzigung **(Abb. 86)** im Mittelfeld zeigt im unteren Teil in einer Felsenlandschaft eine Vielzahl von handelnden Personen, im Hintergrund links die Stadt Jerusalem mit Türmen. Bei der Kreuzigung nimmt ein Engel links oben die als Baby dargestellte Seele des guten Schächers in Empfang, der Teufel mit der Seele des verstockten Schächers ist rechts oben verloren gegangen. Auf den vier Seitenreliefs sind die Dornenkrönung, Kreuztragung, Grablegung und Wiederauferstehung Christi dargestellt. Über allen Schnitzreliefs wölben sich geschnitzte und vergoldete Baldachine, die aus Kielbögen, die in eine Kreuzblume auslaufen, bestehen. Es wird vermutet, dass der Altar aus dem 1580 aufgelösten Kloster Coldinne stammt. Gestützt wird diese Vermutung durch die offensichtliche Verbreiterung der Altarplatte um über einen Meter, damit das breite Retabel sicher aufgestellt werden konnte.

86 Detail

Auf dem Balken im neuen Chorbogen steht die schöne spätgotische ****Kreuzigungsgruppe** aus der Zeit um 1500. Die Christusfigur zeichnet sich durch große Ausdruckskraft aus, das gleiche gilt für die beiden Figuren von Maria und Johannes.

Der zylindrische *Taufstein des Bentheimer Typs wurde wohl zur Erbauungszeit des Schiffes, also Anfang des 13. Jahrhunderts, angeschafft. Ähnliche Taufsteine mit den vier Löwen am Fuß und den gleichen Verzierungen am Becken stehen in den Kirchen Westochtersum und Forlitz-Blaukirchen. Nach den Ornamenten der Spätrenaissance und den ionischen Ecksäulen zu urteilen, dürfte die **Kanzel** Mitte des 17. Jahrhunderts gefertigt worden sein. Sie erhielt ihren Schalldeckel im 19. Jahrhundert. Die prächtigen geschnitzten **Levitenstühle** (Dreisitze) an der Nordwand des Chores bestechen durch ihre spätgotischen geschnitzten Baldachine und die durchbrochenen Zwischenwände. Auch hier wird vermutet, dass das wertvolle Gestühl aus dem Kloster Coldinne stammen könnte. Die an der Südwand und der neuen Orgelempore angebrachten Prophetengemälde des 17. Jahrhunderts schmückten bis 1964/65 die alte Längs- und die Ostempore, die zusammen mit dem historischen Kastengestühl beseitigt und durch eine moderne Westempore ersetzt wurden.

87 Orgel

Die *Orgel (Abb. 87) entstand unter Verwendung von Teilen aus dem 17. Jahrhundert in den Jahren 1776-83 als einziges Werk des Tischlermeisters und Orgelbauers Dirk Lohmann aus Emden, der sonst nur durch Instandsetzungen bekannt ist. Der spätbarocke Prospekt hat einen Aufbau in sieben Achsen in zwei Geschossen. Während der Mittelturm relativ schmal und flach gestaltet ist, dominieren außen die beiden Pedaltürme. Zwischen den Pfeifentürmen liegen je zwei doppelgeschossige Flachfelder, deren geschwungene Abschlussprofile dem Prospekt einen ganz eigenwilligen Charakter verleihen. Der obere Abschluss erinnert an die Schweifgiebel barocker Wohnhäuser. Mit den Restaurierungsmaßnahmen durch die Firma Alfred Führer aus Wilhelmshaven in den Jahren 1979 und 1987 wurde das Instrument wieder in den Originalzustand zurückgeführt.

88 Lütetsburg, Vorburg

Kurz nach dem westlichen Ortsausgang erblickt man südlich der Straße die Vorburg des Schlosses ***Lütetsburg** (Landstraße 40). Hier soll schon im 13. Jahrhundert ein befestigter Hof gestanden haben, der von Häuptling Lütet Manninga von Westeel aus angelegt wurde. Nach dem Untergang von Westeel in der Leybucht durch Sturmfluten 1373/77 zog das Geschlecht der Manninga nach Lütetsburg und baute die Burg aus. Sie wurde in der Sächsischen Fehde 1514 von Herzog Georg von Sachsen verwüstet. Häuptling Unico Manninga, dessen Epitaph in der Ludgerikirche von Norden erhalten ist, baute die Burg 1557-76 wieder auf, wovon die Vorburg erhalten blieb.

Die **Vorburg (Abb. 88, 90)** ist eine von Graften umflossene Dreiflügelanlage aus Backstein mit Renaissancegiebeln an den Kopfenden. Der Zugang erfolgt über eine hölzerne Brücke und durch den Torturm in der Mitte der Längsseite. Er wurde 1731 mit rundbogiger Durchfahrt, seitlichen Pilastern und geschwungenem Sandsteingiebel hinzugefügt. Über dem Bogen befindet sich das von schwarzen Löwen gehaltene Allianzwappen von 1590. Der quadratische Torturm hat über einem Mansarddach einen hohen Barockhelm.

Hat man den Torturm passiert, blickt man auf das ***Hauptschloss** (Landstraße 40a), das ebenfalls von einem Graftenviereck umschlossen ist und über eine weitere Holzbrücke betreten werden kann. Es ist mehrfach von Brandkatastrophen heimgesucht worden, zuerst Weihnachten 1893, wurde alsbald prachtvoll im Stil der Neurenaissance wieder errichtet, aber 1943 durch wahllos abgeworfene Bomben alliierter Flugzeuge schwer beschädigt. Kaum wiederhergestellt, brannte es 1956 erneut nieder. Der Neubau **(Abb. 89)** von 1957 wurde zum Teil über den alten Grundmauern aufgeführt, übernahm vom Neurenaissance-Schloss den hohen Turm und das Motiv eines runden Eckturms, im übrigen entspricht er der für die 50er Jahre typischen Schlichtheit. In der Zusammenarbeit des Bauherren Fürst Wilhelm Edzard zu Inn- und zu Knyphausen und seines Architekten Hans-Heinrich von Oppeln entstanden auch im Inneren Raumqualitäten wie der die Enge des Burghofs aufnehmende Eingangsbereich und die großzügige Halle. Die an den Wänden hängenden Bilder sind überwiegend Kopien der verbrannten. Die großen, durchgehenden Sprossenfenster der Halle prägen auch die Gartenseite des Hauptschlosses **(Abb. 91)**, flankiert von schwach vortretenden Seitenrisaliten. Vom Hauptschloss erreicht man den Park nur über ein Fährboot, das an Seilen von einem Ufer zum anderen gezogen wird. Das Schloss befindet sich in Privatbesitz und kann von innen nicht besichtigt werden.

89 Schloss

90 Vorburg, Innenhof

Der südlich anschließende ****Lütetsburger Park** gehört zu den bedeutendsten frühen Landschaftsgärten in Deutschland. Um 1710 legte man das barocke Parterre mit einer in den Wald mündenden Achse **(Abb. 92)** an, die im Zuge der Umwandlung in einen Landschaftsgarten durch vor- und zurückweichende Gruppen von Bäumen und Rhododendronbüschen ihrer axialen Strenge beraubt und zu einem „pleasureground" umgewandelt wurde.

Die Umwandlung in einen Englischen Landschaftsgarten wurde durch Reichsfreiherr Edzard Mauritz zu Inn- und Knyphausen 1790 planmäßig begonnen und nach seinem Tod 1824 vorläufig abgeschlossen. Sein Berater war Carl Ferdinand Bosse, herzoglich oldenburgischer Hofgärtner und Schöpfer der Residenzgärten in Oldenburg und Rastede. Nach seinem Tod 1793 übernahm sein Sohn Julius Bosse in Lütetsburg die Planung. Für die Ausführung war von Anfang an Gärtner Franke zuständig. Ähnlich wie in anderen in der Ebene gelegenen Landschaftsgärten wurde das Gelände modelliert, indem man den Aushub, der bei der Anlage von Wasserläufen und Teichen entstand, zum Aufschütten von Hügeln verwandte. Dazu gehört auch der nach dem Ahnherrn benannte Unico-Hügel, der sogar zu einer der höchsten Erhebungen in Ostfriesland wurde und einen herrlichen Ausblick

91 Parkseite

Landkreis Aurich　　　　　　　　　　　　　　　**ARCHITEKTURFÜHRER OSTFRIESLAND**

92 Schlosspark

93 Kapelle

94 Tempel der Freundschaft

über den Park bietet. Größere Änderungen gehen auf die Wiederherstellung des Parks 1945 nach den schweren Bombenschäden von 1943 zurück. Fürst Wilhelm Edzard entwickelte den Park in den abgelegenen Teilen weiter und ließ beiderseits des ehemaligen barocken Parterres und an der Gärtnerei Lindenalleen pflanzen.

Neben Eichen und Buchen finden sich im Park über 150 exotische Baum- und Straucharten in einer seltenen Vielfalt; neben der Bepflanzung prägen verschlungene Wege, Wasserläufe mit Brücken und kleine Seen mit Inseln die Anlage. Zum Charakter eines romantischen Landschaftsparks gehören die sogenannten Staffagebauten, kleine zweckfreie Gebäude, die zur optischen und inhaltlichen Bereicherung beitragen. So ließ Edzard Mauritz 1802 östlich des Unico-Hügels die norwegische **Kapelle (Abb. 93)** errichten, ein Rundbau aus unbearbeiteten Rundstämmen mit einem Reetdach, die heute noch zu Trauungen und Taufen von Familienangehörigen genutzt wird. Den **Tempel der Freundschaft (Abb. 94)** von 1797, ein Rundbau mit überstehendem Reetdach auf schlanken Holzstützen, widmete Edzard Mauritz seinem Freund Johann Ludwig Ransleben, dessen Marmorrelief im dekorativen Innenraum eingelassen ist. Nach dem frühen Tod seiner Tochter Caroline ließ der trauernde Vater 1811 auf einer Insel, die danach **Carolineninsel** benannt wurde, als Mittelpunkt einen Gedenkstein mit Inschriften setzen. Bereits 1797 wurde eine Insel westlich des Freundschaftstempels, die **Insel der Seligen**, zur Begräbnisstätte der Familie Knyphausen bestimmt. Darauf stehen eine Steinpyramide von 1801 und zahlreiche gleichförmige Grabplatten für die Verstorbenen. Diese Bestattungen in freier Natur gehen auf den französischen Philosophen Jean-Jacques Rousseau zurück, der sich auf einer Insel in einem Schlosspark bei Paris bestatten ließ, so wie Friedrich der Große bei seinen Windspielen auf der Terrasse von Sanssouci ruhen wollte.

Der rund 30 Hektar große Park ist öffentlich zugänglich, nur der engere Bereich um das Schloss ist davon ausgenommen. Neben einen Laden gibt es am Eingang auch die empfehlenswerte Gastronomie Schlossparkcafé, man sitzt dort auf der Terrasse oder man begibt sich in das Gewächshaus unter dem grünen Dach von mehr als 50 Jahren alten Weinstöcken.

In Richtung der Stadt Norden liegt **Bargebur**, dessen *reformierte **Kirche** (Heerstraße 52) mit der Geschichte des benachbarten Schlosses Lütetsburg eng verbunden ist. In Norden duldete die lutherische Gemeinde keinen Kirchenbau der Reformierten. So begannen diese mit der Unterstützung des Freiherrn von Knyphausen 1680 gegen den Widerstand der Norder Bürgerschaft und gegen das Bauverbot der fürstlichen Regierung in Aurich einen Neubau auf einem Gelände, das im Eigentum der reformierten Familie Knyphausen war. Die aufgehetzten Norder Bürger rissen den Bau noch vor der Vollendung nieder und zersägten sogar die Balken. Erst als man den Schutz der kurbrandenburgischen Wache in Greetsiel erreicht hatte, konnte 1684 der Kirchenbau vollendet werden. Es ist ein schlichter Saalbau mit einem Korbbogenportal von Osten und einem hübschen südlichen Anbau mit Blockrahmen-Schiebefenstern und geschweiftem Barockgiebel. Im von einem Holzgewölbe überdeck-

ARCHITEKTURFÜHRER OSTFRIESLAND **Landkreis Aurich**

ten Inneren erhebt sich an der Nordwand die Prieche der Reichsfreiherrn von Inn- und Knyphausen, unter der sich die Familiengruft befindet. Hier wurden die Angehörigen bestattet, bis 1797 im Landschaftspark die Insel der Seligen angelegt und zum Friedhof inmitten der Natur bestimmt worden war. Die Orgel von 1864 stammt vom Orgelbauer W. Beckmann aus Einbeck, sie wurde letztmalig von dem Orgelbauer Bartelt Immer aus Norden restauriert.

Stadtzentrum Norden

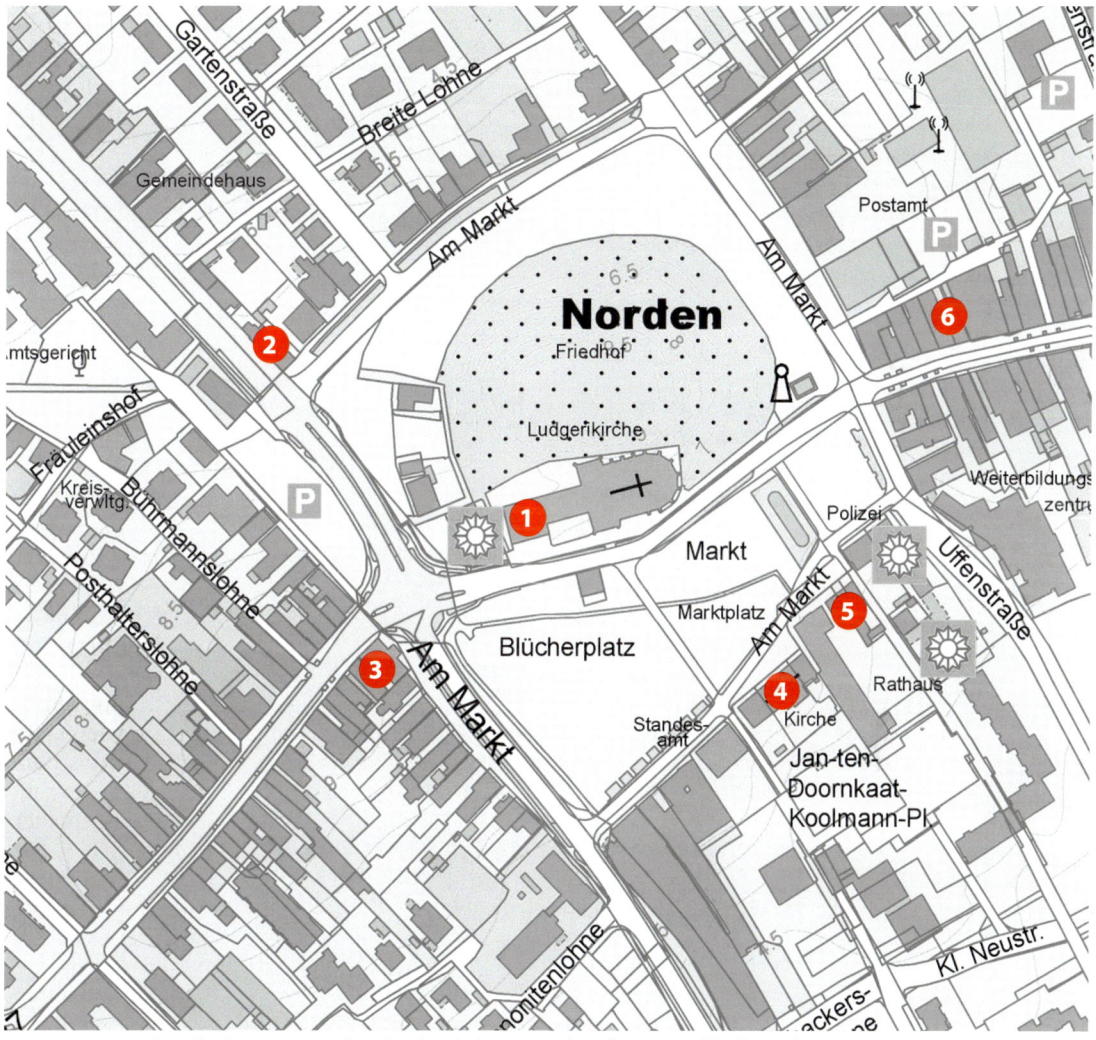

Quelle: Auszug aus den Geobasisdaten des Landesamtes für Geoinformation und Landesvermessung Niedersachsen, 2018

1. Luth. Kirche, Am Markt 37
2. Haus Vienna, Am Markt 55
3. Alte Rathaus, Am Markt 36
4. Mennonitenkirche, Am Markt 16
5. Drei Schwestern, Am Markt 12-14
6. Haus Schöningh, Osterstraße 5

Landkreis Aurich

ARCHITEKTURFÜHRER OSTFRIESLAND

Norden

95 Luth. Ludgeri Kirche

Früheste Belege für die Anwesenheit von Menschen auf dem Norder Stadtgebiet sind archäologische Funde aus der jüngeren Steinzeit (etwa 2000 v. Chr.). Ab dem 6. Jahrhundert wanderten die Friesen in das zuvor von Chauken und Sachsen besiedelte Gebiet. In der Folgezeit entwickelten sich im frühen und hohen Mittelalter regionale Marktorte, darunter auch **Norden** und Aurich. Im Jahr 1255 wurde Norden in einem Vertrag erstmals urkundlich erwähnt.

Das Stadtgebiet liegt auf einer vorgelagerten, von tiefer liegenden Marschen umgebenen Geestplatte und entwickelte sich rasch zu einer Handelssiedlung. Dafür spricht der sechs Hektar große zentrale Marktplatz, der einer der größten Plätze dieser Art in Norddeutschland ist. Von der zentralen Bedeutung des Ortes zeugt auch, dass sich hier neben zwei Kirchen auch zwei Klöster und eine Burg in enger Nachbarschaft befanden, eine Konzentration, die es so in Ostfriesland an keinem anderen Ort gab. Nach den Meereseinbrüchen des 14. Jahrhunderts geriet Norden direkt an die Nordsee und wurde eine See- und Hafenstadt mit einem lebhaften Handel. In der Zeit der Ostfriesischen Häuptlinge von 1350-1464 gehörte Norden mit seinem Umland zum Herrschaftsgebiet verschiedener Häuptlingsfamilien und gelangte zuletzt an die Grafen und späteren Fürsten von Ostfriesland aus dem Hause Cirksena. Das bedeutete für den Ort eine geringere politische Bedeutung, da sich die Machtzentren Ostfrieslands in Aurich und Emden entwickelten, weshalb Norden keine Stadtbefestigung mehr erhielt.

Im Jahr 1531 verwüstete die Harlingerländer unter Häuptling Balthasar von Esens die offene Stadt, zerstört wurden unter anderen die mächtige Andreaskirche, das Rathaus und die Klöster. Die Reformation erbrachte in Norden einen teilweise erbittert geführten Streit zwischen Calvinisten (Reformierte) und Lutheranern, letztlich setzten sich die lutherischen Geistlichen mit einer neuen Kirchenordnung durch.

Der Dreißigjährige Krieg bedeutete mit den Gewalttaten der Mansfelder 1622-24 und der Besetzung durch die kaiserlichen 1627-31 sowie hessischen Truppen 1637-50 für Norden eine Zeit großer Not, die 1717 noch durch die verheerende Weihnachtsflut verstärkt wurde.

Erst mit besseren Verkehrsanbindungen durch den Bau der Chaussee nach Georgsheil 1848 und der verspäteten Eisenbahnanbindung nach Emden in den 1870er Jahren, nach Jever 1883 und nach Norddeich 1892 erlebte Norden eine neue wirtschaftliche Blüte. 1806 entstand die berühmte Kornmarke Doornkaat, leider musste das Traditionsunternehmen in den 1990er Jahren schließen. Infolge der zunehmenden Eindeichung der Leybucht wurde Norden wieder zu einer Landstadt, profitiert aber durch den Fährhafen von Norddeich mit den Inseln Norderney und Juist. Heute hat die Stadt etwas über 25.000 Einwohner und setzt ihre wirtschaftlichen Schwerpunkte auf Tourismus/Gesundheit, Hafenverkehr und Windenergie.

Der 1968 begonnenen und bis in die 1970er Jahre dauernden Altstadtsanierung fiel eine größere Zahl historisch bedeutsamer Gebäude zum Opfer. Südlich des Marktes standen in der Kirchstraße, Sielstraße, Uffenstraße und Heringsstraße zahlreiche, hauptsächlich aus dem 18. Jahrhundert stammende Häuser von Arbeitern und Handwerkern. Lediglich an der Ostseite der Uffenstraße sowie am Burggraben konnten einige erhalten bleiben. Die Wohnungsbaugesellschaft Neue Heimat errichtete auf dem nun freien Gelände unabhängig von der alten Stadtstruktur neue Mehrfamilienhäuser. Bei der Verbreiterung von Straßen, die zum Marktplatz führen, sind weitere alte Bürgerhäuser beseitigt worden. Geplant waren auch der Abriss des Schöningh'schen Hauses (Osterstraße 5) von 1576 und des Vossenhuus (Am Markt 8) aus dem 16. Jahrhundert. Mit dem Denkmalschutzjahr 1975 änderte sich auch die Einstellung der Norder zu ihrem gebauten Erbe. Nun begann vorsichtig die Stadtreparatur: Das in den 1970er Jahren abgerissene dritte Haus des Ensembles Drei Schwestern (Alter Markt 12-14) wurde 1993 wiederaufgebaut, weitere Häuser der Altstadt sind zwischenzeitlich vorbildlich saniert worden.

Der weitläufige, mit Bäumen bestandene Marktplatz wird beherrscht von der ***lutherischen Ludgeri-Kirche (Abb. 95)** (Am Markt 37), die in mehreren Bauabschnitten vom frühen 13. Jahrhundert bis zum späten 15. Jahrhundert errichtet wurde. Die Ludgerikirche ist mit rund 80 Metern Länge der größte erhaltene mittelalterliche Sakralbau Ostfrieslands. Sie besitzt eine besonders reiche Ausstattung. Der in der Außenansicht stark zergliederte Baukörper besteht aus drei Abschnitten, die auch in der Höhe variieren, und ist vor allem durch den um 1455 fertiggestellten gotischen Chor geprägt. Er überragt das gotische Querhaus und das romanische Langhaus deutlich. Der südlich neben der Kirche freistehende Glockenturm stammt aus der 2. Hälfte des 13. Jahrhunderts. Er enthielt im Erdgeschoss die Stadtwaage. Schwere Mauerwerkschäden erforderten in den Jahren 1980-85 ein umfassende Restaurierung des Kirchenensembles.

Neben der Ludgerikirche, die ursprünglich die Kirche des Umlandes war, errichtete man auf dem Kirchgelände fast zeitgleich eine zweite, nördlich stehende Kirche, die Andreaskirche, die die eigentliche Stadtkirche war. Sie wurde 1531 bei kriegerischen Auseinandersetzungen zerstört und 1756 gänzlich abgetragen.

Der erste fassbare Bau der Ludgerikirche war ein Apsissaal aus Tuffstein, der innerhalb der heutigen Vierung bei einer Grabung 1967 festgestellt werden konnte. Er wurde vermutlich um 1230-50 umgestaltet oder ersetzt, die Fenstergliederung dieser Bauphase ist in der nördlichen Traufwand **(Abb. 96)** noch ablesbar. Der Westgiebel wurde nach einem Brand 1296 neu errichtet. Nach 1318 wurde mit dem Querschiff begonnen, das man zur Angleichung an den Chorneubau im 15. Jahrhundert erhöht hat. Die korbbogigen Querhausportale werden durch hohe Spitzbogenblenden gerahmt. Im nördlichen Portal wurde

96 Nordwand

Landkreis Aurich

97 Kirchenschiff

98 Detail

in zweiter Verwendung eine Sandsteinplatte mit giebelförmigem Abschluss eingelassen, die vermutlich von der Andreaskirche stammt. Es handelt sich um eine Arbeit von circa 1230, die die Anbetung des Jesuskindes zeigt: mittig unter Arkaden Maria mit dem Kind, links die Heiligen Drei Könige und rechts Josef und vermutlich Sankt Andreas. Der Stein dürfte wahrscheinlich als Altaraufsatz in der Andreaskirche gedient haben.

Der dreischiffige, basilikale Chor wurde 1445 vom Reichsgrafen Ulrich I. Cirksena gestiftet und 1481 fertiggestellt. Die imposante Raumwirkung des Hochchores mit einem Chorumgang diente als hervorragende Bühne für den liturgischen Bereich um den Hochaltar. Direktes Vorbild war der um 1400 erbaute Chor der Martinikirche in Groningen.

In die Kirche gelangt man durch das einst als Wohnung, jetzt als Bücherstube dienende Haus an der Südseite und ist nach diesem profanen, niedrigen Entree überwältigt vom Eindruck des Innenraumes (Abb. 97). Aus dem relativ niedrigen, durch ein auf 1746 datiertes Tonnengewölbe mit dünnen Zierrippen und Ankerbalken überdeckten Schiff wird der Blick über das höhere Querschiff in den strahlend hellen Chor geleitet. Die ihn einengenden nachmittelalterlichen Ausstattungsstücke von Kanzel, Fürstenstuhl und Orgel steigern dieses Erlebnis nochmals.

Ursprünglich stand zwischen Chor und Langschiff ein Lettner, seit 1601 wird er durch den Fürstenstuhl ersetzt, zu dessen Seiten sich Priechen befinden. Die Kreuzrippengewölbe des Querschiffes ruhen auf starken, mehrfach abgetreppten Bündelpfeilern (Abb. 98), deren originale Farbgebung in wechselnd schwarzen und roten Diensten mit weißen Fugen sowie weißen mit roten Fugen man 1980-85 rekonstruiert hat. Dadurch entstand ein Ineinander von zwei nie gleichzeitig da gewesenen Zuständen, denn die aus dunklem Naturholz gearbeitete Kanzel und Orgel waren nach dem Schönheitsideal niederländischer reformierter Kirchen auf weiße Wände berechnet, so wie es unzählige Gemälde der niederländischen Malerei des 17. Jahrhunderts darstellen. An der Südwand hängen seit 1983 die drei großen Altargemälde, die 1785 von dem Groninger Maler de Hosson für den Hochaltar geschaffen wurden. Sie zeigen das Abendmahl als großes Mittelbild, seitlich die Kreuzigung und die Kreuzabnahme. Eine Reihe schöner Messingkronleuchter schmücken das Langhaus und das Querschiff, sie sind Stiftungen Norder Bürger und stammen fast ausschließlich aus dem 17. Jahrhundert. In der gleichen Zeit sind das Kastengestühl und die Emporen an der Nordseite gefertigt worden.

Die monumentale holzfarbene **Kanzel** ist ein Werk des Hamburger Bildhauers Rudolf Garrels von 1712, der in Norden geboren wurde. Sie wurde mit einem geschwungenen Treppenaufgang um den südwestlichen Vierungspfeiler herum gebaut. Es ist als barockes Werk von ganz anderem Rang als die mehr der Volkskunst zuzurechnenden Kanzeln der Kröpelin-Werkstatt in mehreren ostfriesischen Dorfkirchen. Eine Statue des Moses trägt den Kanzelkorb, der prachtvoll mit den Figuren des Salvators, Johannes des Täufers und der vier Evangelisten, in den Nischen und an der Treppe von den zwölf Aposteln sowie von Martin Luther (Abb. 99) ausgeschmückt wurde. Auf dem übergroßen, weit vorkragenden, turmartigen Schalldeckel stehen weitere Figuren.

Vor der östlichen Arkadenwand des Hochchores befindet sich eine weitere Besonderheit der Kirche, der protestantische **Schriftaltar (Abb. 100) von 1577 mit dem spätgotischen Baldachin, der mit Kielbögen, Krabben und Filialen geschmückt ist. Darunter steht auf einem Podest ein freistehender, geschlossener Tisch mit Säulen, dahinter eine sechssitzige Bank, gefertigt von Johann Snitker. Seitliche Kniebänke schließen das Ensemble ab. Bis zur Wiederentdeckung der Schrifttafeln bei der Restaurierung des Retabels 1895 waren die Innenseiten des Triptychons mit den Barockbildern bedeckt, die nunmehr an der Südwand des Langhauses angebracht sind. Die Schrifttafeln zeigen mit vergoldeten Lettern in niederdeutscher Sprache die Abendmahlsworte, auf den Außenseiten der Flügel stehen die zehn Gebote geschrieben.

99 Kanzel, Detail

Das Prunkstück der Ludgerikirche ist die ***Orgel (Abb. 101), die malerisch auf einer Empore um den südöstlichen Vierungspfeiler herum aufgebaut wurde. Eine erste Orgel von Meister Andreas de Mare aus Emden von 1566/67 hatte wohl unter den Verwüstungen durch gräfliche Truppen 1602 so gelitten, dass man Edo Evers aus Emden 1616 den Auftrag für eine „gantz neye Orgell" erteilte, der 1618 ausgeführt war. Sie war ein ansehnliches Werk mit Flügeltüren und 18 Registern in einem Hauptwerk, einem Brustwerk und einem Rückpositiv, wohl damals schon eine der größten Orgeln in Ostfriesland. Wohl nach erneuten Verwüstungen im Dreißigjährigen Krieg bemühte man sich 1653 und 1664 mit umfangreichen, aber zwecklosen Reparaturen um ihre Wiederherstellung, bis man sich am 26. Februar 1686 zu einem Vertrag mit dem größten Orgelbauer Norddeutschlands, dem Hamburger Arp Schnitger, entschloss. Die Orgel sollte über 29 Stimmen verfügen, wobei zehn Stimmen von der alten Orgel zu übernehmen seien und auch vier vorhandene Bälge. Der ungewöhnliche Standort der Orgel beim südöstlichen Vierungspfeiler erklärt sich aus den besonderen räumlichen Verhältnissen der Ludgerikirche, wo eine Aufstellung am Westende des Langschiffes nicht sinnvoll gewesen wäre. Durch Tiefersetzen und Erweitern der alten Orgelempore an der südlichen Chorwand bis ins Querschiff hinein erreichte Schnitger in genialer Weise, dass die Orgel nun in allen Teilen der Kirche gut zu hören ist und seither ihrer damals neuen Aufgabe, der Begleitung des Gemeindegesanges, voll gerecht werden kann. Die Zusammenfassung des Pedalwerks in einem seitlichen Turm ergab sich dabei zwangsläufig. Der Pedalturm steht im Querschiff, während sich die Manualwerke noch im Hochchor befinden, aber schräg in Richtung des nördlichen Querschiffes klingen. Nochmals erweiterte Schnitger 1691/92 die Orgel um ein Oberpositiv mit acht Registern, die an das Manual des Brustpositivs angehängt wurden. Sie ist damit nicht nur das größte in Ostfriesland, sondern auch eines der bedeutendsten Barockinstrumente in Deutschland.

100 Schriftaltar

101 Orgel

102 Chorumgang

103 Chorgestühl

Leider erlitt die Orgel ab 1847 Veränderungen an der Disposition, auch mussten im Ersten Weltkrieg die Prospektpfeifen von Hauptwerk, Rückpositiv und Pedal als Kriegsrohstoff abgeliefert werden. Bei der Restaurierung 1929/30 war nur noch die Hälfte der Register original. Im Rahmen der Sicherung von Kulturgut im Zweiten Weltkrieg wurde die Orgel nach Kloster Möllenbeck bei Rinteln an der Weser ausgelagert. Beim Wiedereinbau 1948 und 1957-59 ging man bei der Behandlung des Pfeifenwerks unsachgemäß vor. So war es Jürgen Ahrend aus Loga 1981-85 vorbehalten, dem hochbedeutenden Instrument seine ursprüngliche Qualität durch eine vorbildliche Restaurierung und Rekonstruktion zurückzugeben. Die 25 veränderten Register konnten nach dem Vorbild der Schnitger-Orgeln von St. Cosmae in Stade, St. Martini in Groningen und in der Dorfkirche von Lüdingworth (Kreis Stade) zuverlässig nachgebildet werden. Es mussten ein Teil der Mechanik sowie die Prospektpfeifen der 25 Register rekonstruiert werden, damit die Orgel jetzt wieder ihrer großen Schwester, der Orgel in St. Jacobi in Hamburg, ebenbürtig ist. Um die Orgel würdigen zu können, empfiehlt sich, ein Orgelkonzert der sehr qualifizierten Organisten zu besuchen oder eine CD zu erwerben. Übrigens war Arp Schnitger zu seiner Zeit so gefragt, dass sogar in Brasilien eine Orgel von ihm zu finden ist. Die Portugiesen hatten sie als Leerfracht mit ihren Schiffen für eine der vielen Barockkirchen in das Goldgräbergebiet geschafft.

Der überragende Eindruck von Orgel, Altar und Kanzel sollte nicht das Interesse an den anderen Ausstattungsstücken völlig in den Hintergrund drängen. Beachtung verdienen die Empore, der sogenannte Herrenboden für den Norder Magistrat von 1587, über dem Nordportal des Querschiffes, weiterhin der auf 1595 datierte giebelgekrönte Windfang am Südarm des Querschiffes und die Farbfenster des Historismus mit dem Bildnis von Luther und Melanchthon darüber. Am nordöstlichen Vierungspfeiler sieht man ein *Sandsteinepitaph** für den 1588 verstorbenen Unico Manninga, der zur Erbauerfamilie der Lütetsburg gehört. Es wurde 1678, also 90 Jahre nach seinem Tod, wohl erneut errichtet, denn die lebensgroße Marmorfigur des Verstorbenen ist von einem älteren Grabdenkmal übernommen und in den schwungvollen barocken Architekturrahmen eingefügt worden. Dieser ist von besonderer künstlerischer Qualität, wie man an den personifizierten fünf Kardinal- und drei göttlichen Tugenden ablesen kann. Der **Taufstein** aus dem frühen 14. Jahrhundert ist das älteste Ausstattungsstück der Ludgerikirche. Das runde Taufbecken mit einem sechseckigen Schaft ist aus Bentheimer Sandstein gefertigt.

Erst wenn man unter dem Fürstenstuhl in den Chor **(Abb. 102)** getreten ist, erschließt sich der lichtdurchflutete spätgotische Raum in seiner ganzen Schönheit. Wenn er auch nicht die absolute Höhe seines Vorbildes in Groningen erreicht, so ist doch die Höhensteigerung zu dem niedrigen frühgotischen Langhaus sehr eindrucksvoll. Die Wände des Obergadens ruhen wie in Groningen auf mächtigen Rundpfeilern und schmalen, im Polygon stark gestelzten Spitzbogenarkaden. Es gibt in Querschiff und

Chor durchweg nur Kreuzrippengewölbe, was überrascht, weil in dieser Zeit allgemein die reicheren Stern- und Netzgewölbe verwandt wurden. Die Restaurierung und Ergänzung der spätgotischen Raumfassung des Chores ist hier sinnvoll, da die Ausmalung gleichzeitig mit dem Bauwerk entstanden ist.

Kunstgeschichtlich bedeutsam ist das auf 1481 datierte *****Chorgestühl (Abb. 103)** an beiden Seiten des Hochchores mit seinen in reichen Maßwerkformen verzierten Wangen und den qualitätvollen Schnitzreliefs der Verkündigung und der Kreuzigung, auch Tierwesen sind dargestellt. Es stammt vermutlich aus dem 1531 zerstörten Benediktinerkloster Marienthal in Norden. Den westlichen Abschluss bilden die sogenannten Grafenstühle, die zur gotischen Erstausstattung des Chores gehören. Die beiden Zweisitze tragen das Wappen der Cirksena, dazu gehört der Dreisitz in der Mitte.

Zwischen zwei Polygonpfeiler steht das 8,70 Meter hohe spätgotische ****Sakramentshaus (Abb. 104)** aus Baumberger Sandstein, das bis zum Arkadenbogen ragt. Es stellt im verkleinerten Maßstab eine der zahlreichen Idealarchitekturen dar, wie sie als Turm in Wirklichkeit nicht zu realisieren waren, zumal die durchbrochenen eleganten und zierlichen Formen aus dem weichen Stein im Außenbereich bald ein Opfer von Wind, Frost und Regen geworden wären. Es fehlt der ursprüngliche Figurenschmuck fast völlig, der jetzige ist eine Interpretationen des 19. Jahrhunderts. Im Inneren des Sakramentshauses sind vier Wandfresken erhalten, die aus der Zeit um 1500 stammen.

104 Sakramentshaus

Der wie ein niedriges Seitenschiff um das Chorhaupt herumgeführte Umgang bietet durch die dicken Rundpfeiler und aus großen Spitzbogenfenstern einstrahlendes Licht ein besonderes räumliches Erlebnis. Hier wurden die Reste jener Skulpturen aus Baumberger Sandstein aufgestellt, die bis 1957 an den Giebeln des Querschiffes angebracht und dadurch Jahrhunderte lang der Witterung ausgesetzt waren. Aus ihnen ragt die *****Gruppe der Verkündigung (Abb. 105)** durch ihre außerordentliche künstlerische Qualität heraus. Es handelt sich um Maria und den Erzengel Gabriel, dessen Kopf verloren ist, der auf sie zuzugehen scheint, um ihr die Geburt Jesu anzukündigen. Links neben der Gruppe befindet sich ein weiterer Engel. Zudem sind dort noch ein bärtiger Heiliger sowie drei stark beschädigte Figuren zu sehen. Sie sind im 2. Viertel des 13. Jahrhunderts gefertigt worden und könnten aus der 1756 gänzlich abgetragenen Andreaskirche stammen. An den Pfeilern des Chorumganges hängen zahlreiche Epitaphe, ebenso mehrere Grabplatten des 16. bis 18. Jahrhunderts, die der näheren Betrachtung wert sind.

105 Gruppe der Verkündigung

Verlässt man die Ludgerikirche, erblickt man rechts an der Westseite des Marktplatzes das ****Alte Rathaus (Abb. 106)** (Am Markt 36), einen zweigeschossigen Bau mit Treppenturm und geschweiften Treppengiebeln. Im Kern des Hauses sind Bauteile aus dem 14. Jahrhundert erhalten, die beim Wiederaufbau nach der Zerstörung 1531 weiter verwendet wurden. Der Gewölbekeller des gotischen Ursprungsbaus ist unverändert erhalten; er zählt mit dem gewölbten Keller des gegenüberliegenden **Gasthauses Alte Backstube** (Westerstraße 96) zu den ältesten Kellern der Stadt, die rund um den Marktplatz noch zahlreiche typologisch recht unter-

106 Altes Rathaus

schiedliche Keller des Spätmittelalters und der frühen Neuzeit aufzuweisen hat. Im Rathaus und den folgenden Häusern an der Westerstraße ist das jüngst modernisierte *Ostfriesische Teemuseum Norden* untergebracht. Im Erdgeschoss befindet sich die Theelkammer, der Versammlungsraum der Theelacht, einer bäuerlichen Genossenschaft mit einer über 1000 Jahre alten Geschichte.

Während zahlreiche Gebäude des 16.-18. Jahrhunderts in der Stadt ihren alten Straßengiebel durch Umbauten verloren haben, ist der Giebel des 1656 erbauten Hauses **Westerstraße 89** mit seinen Staffeln, Gesimsen und Sandsteinornamenten recht anschaulich restauriert worden. Die Traufseite zur Posthalterlohne zeigt im Mauerwerk die zahlreichen baulichen Veränderungen, die das Gebäude über drei Jahrhunderten erfahren hat.

Unter den zahlreichen sehenswerten Gebäuden am Marktplatz fällt der Giebel des Wohnhauses **Am Markt 46** auf, dessen drei Blendfelder von Lisenen aus Formsteinen gegliedert werden. Der obere Abschluss der Blendfelder besteht aus Sandsteinen mit Muschelreliefs, in dem mittleren steht die Jahreszahl 1680. Das Gebäude mit dem schönen Oberlicht über der Eingangstür wurde jedoch schon im 16. Jahrhundert errichtet. Der Gang über den weitläufigen Marktplatz beginnt an der Nordseite. An der Ausfahrt in die Norddeicher Straße liegt augenfällig das **Haus Vienna** (Am Markt 55), das mit zahlreichen schmalen Fenstern, die oben eine Bleiverglasung tragen und unten mit Luken geschlossen sind, ausgestattet ist. Noch vor zwei Jahrzehnten war das Gebäude unscheinbar mit grauem Putz und wenigen jüngeren Fenstern versehen. Erst durch eine behutsame Restaurierung, die der Landkreis Aurich durchführen ließ, wurde die alte Schönheit des Gebäudes wieder freigelegt. Erbaut wurde das Renaissancegebäude um 1600, der Giebel zum Marktplatz 1792 mit Voluten und Bekrönung neu aufgerichtet. Die weiteren Häuser Nr. 57-64 an der Nordseite des Platzes waren adlig freie Stadthäuser oder gehörten zur Kirche, das erklärt die Größe einiger Gebäude.

Für Liebhaber alter Gaststätten lohnt ein Besuch im **Hotel zur Post** (Am Markt 3) an der Ostseite des Marktes, das aus zwei Gebäuden des 17. Jahrhunderts mit Fassaden um 1900 besteht und, durch ein Hoftor erreichbar, auch Scheune und Stallungen besitzt. Die vom Abriss bedrohten Gebäude wurden in den 1980er Jahren vom Norder Arbeitskreis für Stadterhaltung instand gesetzt und in pflegende Hände weitergegeben. Vom ehemals **Hochgräflichen Haus** (Am Markt 4-6) aus dem 16./17. Jahrhundert ist wenig geblieben. 1665 wohnte dort Graf Edzard Ferdinand von Ostfriesland, der sich Graf von Norden nannte. Anstelle des nördlichen Teils des langgestreckten Gebäudes wurde 1911 das Postamt errichtet, im südlichen, veränderten Teil ist seit 1872 die Buchdruckerei Soltau beheimatet. An der Ecke zur Osterstraße liegt die 1834/35 im klassizistischen Stil errichtete und fast unveränderte **Schwanen-Apotheke** (Osterstraße 160) mit einer prachtvoll geschnitzten, vergoldeten Halbsonne im flachen Zwerchgiebel und einer hübsch gestalteten Eingangstür. Vorbei an der unscheinbaren ehemaligen **Osterpastorei** (Am Markt 7) von 1576, Geburtshaus des Universalgelehrten Hermann Conring im Jahre 1606, sieht man das **Vossenhus (Abb. 107)** (Am Markt 8), das im linken Teil ein Steinhaus aus dem frühen 16. Jahrhunderts ist. Es besitzt

107 Vossenhus

noch den ursprünglichen Dachstuhl aus Eiche mit einem Gaffelrad und einer Dachluke für den Lastenaufzug. Südlich davon wurde im Jahre 1796 ein traufenständiges Gebäude mit einem rückwärtigen Flügel errichtet, das die Fassade des gotischen Hauses mit einbezog und überformte. Zu dieser Zeit hat der Weinhändler Voss das Gebäude als Gasthof genutzt. Nach zunehmendem Verfall wurde das Bauensemble 1983 saniert und dort die Stadtbibliothek untergebracht. Das ehemals adlig freie Haus **Am Markt 10 (Abb. 108)** beherbergt seit 1974 eine Polizeidienststelle. Neben den doppelten Entlastungsbögen mit Diamantquadern sind bei dem im Jahre 1617 erbauten Haus das fein geschnitzte Oberlicht der Haustür und drei Sandsteinkartuschen mit Wappen augenfällig. Der Giebel zum Marktplatz ist um 1800 neu aufgemauert worden; der scheinbare Anbau nach Westen war ursprünglich ein eigenständiges Giebelhaus. Um die Wende zum 17. Jahrhundert wurden die drei Gebäude Am Markt 12-14 errichtet. Wegen der Gleichartigkeit der Renaissancehäuser nennt der Volksmund sie **Die drei Schwestern (Abb. 109)**. Die beiden linken Giebel gehören zu einem Doppelhaus, dessen linker Giebel noch die Herkunft aus dem gotischen Staffelgiebel erkennen lässt. In seine Abtreppungen sind Viertelkreise gestellt, woraus sich dann durch Verschleifung in dem etwas später entstandenen rechten Haus der Schweifgiebel entwickelt hat. Unter die Giebelbekrönung sind Teller eingelassen, zwei sollen aus Delft stammen, der dritte wurde bei der Wiedererrichtung des rechten Hauses, das um 1965 abgerissen worden war, im Jahre 1991 durch einen Teller mit Norder Wappen ergänzt.

108 Am Markt 10

109 Die drei Schwestern

Am Südrand des Marktplatzes zieht ein repräsentatives palaisartiges Wohngebäude (Am Markt 16) die Blicke auf sich. Seit 1795 dient das Gebäude als *****Mennonitenkirche (Abb. 110),** war aber vorher ein adlig freies Haus, das von Dr. Engelbert Kettler 1662 wohl für seine aus den Niederlanden stammende dritte Ehefrau errichtet wurde. Das frühbarocke Wohnhaus war als traufständiges Haus mit seiner feinen Pilastergliederung und den zwischen den Geschossen eingelassenen Fruchtgehängen mit dieser Architektur in Ostfriesland vollkommen neu und schließt unmittelbar an die aktuelle Architekturauffassung in den Zentren der prosperierenden Niederlande an. Der Architekturstil des klassizistischen Barocks, den man in allen protestantischen Ländern Europas findet, hat sich in Ostfriesland bis in die 1. Hälfte des 19. Jahrhunderts uneingeschränkt gehalten. Das Haus der Mennonitengemeinde bietet dafür ein gutes Beispiel: Als man 1796 den linken und 1835 den gleich gestalteten rechten Seitenflügel anfügte, übernahm man trotz des Zeitunterschiedes von bis zu 173 Jahren im Vergleich zum Haupthaus von 1662 die gleichen Architekturformen. Beide Anbauten sind zwar auch zweigeschossig, aber niedriger, da sie geringere Geschosshöhen haben und lassen somit dem Mittelbau die Dominanz. In der linken Hälfte des Haupthauses baute die Gemeinde einen über zwei Geschosse hohen Kirchensaal ein, der mit Orgel, Kanzel und Gestühl eine geschlossene Raumausstattung im Stil des Neubarocks um 1900 aufweist. Bekrönt wird die Mennonitenkirche durch einen mittigen Turmaufsatz. Gegründet vom Westfriesen Menno Simons sind die nach ihm benannten Mennoniten eine freikirchliche evangelische Gemeinde. Sie zählen

110 Mennonitenkirche

theologisch, ähnlich wie die Herrnhuter, zur Konfession der Reformierten, gehören aber keiner Landeskirche an und erhalten keine vom Staat eingezogene Kirchensteuer. Sie sind auf freiwillige finanzielle Opfer angewiesen, woraus sich ein intensiver Zusammenhalt ihrer Mitglieder ergibt.

Vom Marktplatz begibt man sich in die Osterstraße. Von allen Bürgerhäusern der Renaissance in Ostfriesland ist das **Schöningh´sche Haus (Abb 111)** (Osterstraße 5) mit Abstand das bedeutendste, ein Abglanz der einst Emden prägenden, an die Giebelhäuser von Amsterdam erinnernden Handelshäuser. Es wurde 1576 in den typisch niederländischen Formen der sogenannten Specklagen errichtet, das ist der Wechsel von Backsteinschichten mit solchen aus hellem Sandstein. Dazu kommen die kräftigen Muschelaufsätze der Fenster und die Reliefs in den Abtreppungen des Staffelgiebels, die in der Silhouette schon als Vorform eines Schweifgiebels gedeutet werden können. In der denkmalfeindlichen Zeit 1961/62 wäre fast auch noch das letzte überörtlich bedeutende Bürgerhaus der Renaissance in Ostfriesland wegen angeblicher Einsturzgefahr abgebrochen worden, um, wie in den meisten anderen Fällen, einem neuzeitlichen Geschäftshaus Platz zu machen. Zum Glück konnte durch Privatinitiative wenigstens der vordere Teil des Baudenkmals erhalten bleiben. Auf der gegenüberliegenden Seite stehen gleich drei Häuser des 16. Jahrhunderts nebeneinander: **Osterstraße 157, 158** und **159**. Alle sind durch neuere Straßenfassaden nicht gleich als historische Bauten erkennbar, von Nr. 158 ist in der Traufgasse noch gut der Westgiebel ablesbar.

111 Schöningh´sche Haus

Von der Osterstraße geht rechts der Neue Weg ab, einstmals eine Verbindungsstraße vom Altstadtkern zum Hafen, die sich aber seit dem 19. Jahrhundert zur wichtigsten Geschäftsstraße Nordens entwickelt hat. In der zur Fußgängerzone umgewandelten Straße kann man zwischen den neuen Geschäftshäuser mit aufdringlichen Auslagen noch einige historisch interessante Gebäude finden, gleich auf der rechten Straßenseite das Wohn- und Geschäftshaus **Neuer Weg 120**, eines der ältesten Gebäude der Stadt, erbaut um 1480. Auf dem rückwärtigen Grundstück befindet sich ein Innenhof mit Packhäusern des 19. Jahrhunderts, von dort kann man die vermauerten gotischen Fenster des ehemals adlig freien Haupthauses sehen. Das Kellergeschoss wird von Kreuzgratgewölben überspannt, die in der Mitte auf einem Monolithen ruhen. Auf der linken Seite liegt die **Adler-Apotheke** (Neuer Weg 23), ein klassizistischer Bau mit Putzfassade in Quaderimitation aus der Mitte des 19. Jahrhunderts. Ihr folgt das straßenprägende, traditionsreiche **Hotel Deutsches Haus** (Neuer Weg 26), das um 1900 mit einem Putzdekor erbaut wurde und leider durch die ungegliederten Fenster und den Dachausbau seinen Charme verloren hat. Stadtbaugeschichtlich bedeutend ist das **Haus Hoppe** (Neuer Weg 92), erbaut 1806 als formstrenger Backsteinbau mit fünf Achsen. Gerahmt wird das Gebäude durch die Eckquaderung und das kräftige Traufgesims mit Schmuckkonsolen. Gleich dahinter steht ein gepflegter Putzbau, **Neuer Weg 91**, erbaut um 1880 mit neugotischen Anklängen. Ausgehend von den Umbau- und Restaurierungsarbeiten an den **Sparkassengebäuden** (Neuer Weg 45-47) entwickelte sich eine fruchtbare Zusammenarbeit zwischen Architekt und Bauträger, die zu einigen reizvollen Umnutzungen alter Bausubstanz am südlichen Neuen Weg führten. Folgende Altbauten wurden dabei instand gesetzt und maßvoll mit neuer Architektur ergänzt:

Neuer Weg 66, 72, 73, 74, 77 und 82. Es ist lohnend, sich die Gebäude auch aus den Traufgassen und in den Hinterhöfen anzuschauen, hier insbesondere die schöne Innenhofssituation beim langgestreckten **Packhaus** (Neuer Weg 77) und hinter der **kleinen Schule** (Neuer Weg 78) von 1886, die von der Schülerhilfe Norden genutzt wird. Leider haben diese Maßstäbe setzenden Baunahmen noch nicht den wirtschaftlichen Aufschwung in dem etwas abgelegenen Straßenabschnitt gebracht, die er verdient hätte.

Am Stadtausgang blickt man auf die städtebaulich markante **Deichmühle (Abb. 112)** (Bahnhofstraße 1), die in der Sichtachse des Neuen Weges liegt. Die vierstöckige Galerieholländermühle ist die dritthöchste Mühle in Ostfriesland und steht an einem seit dem 16. Jahrhundert besetzten Mühlenstandort. Zum Ensemble der 1900 erbauten Windmühle gehören das Müllerhaus, ein Maschinenhaus und ein Magazingebäude. Seit 1974 ist sie im Besitz der Familie Wagener, die sich sehr für die Erhaltung dieser und anderer Mühlen in Ostfriesland eingesetzt hat. Heute ist in der Mühle ein technisches privat betriebenes Museum eingerichtet. Zusammen mit der wiederaufgebauten vierstöckigen **Frisia-Mühle** (In der Gnurre 40) haben beide Windmühlen den Charakter von Zwillingsmühlen. Die dritte Galerieholländermühle im Stadtgebiet ist die dreistöckige **Westgaster Mühle** (Alleestraße 65), die durch einen Mühlenverein vorbildlich gepflegt wird. Dort besteht ein gemütliches Café und es werden Führungen angeboten.

Der Rundgang durch die Altstadt endet am ehemaligen Hafen, von dessen einstiger wirtschaftlicher Bedeutung nur noch der prächtige **Zollspeicher** (Am Hafen 1) kündet. Er wurde 1857 als langgestreckter Bau mit reicher Ziegelsetzung und Gliederungen durch Lisenen und Rundbogenfenster errichtet. Die Gastronomie im Hause bietet einen schönen Ausblick auf das alte Hafengelände.

112 Deichmühle

Auf dem Rückweg zum Marktplatz, den man entweder durch die Fußgängerzone des Neuen Weges oder entlang der Heringstraße nehmen kann, empfiehlt sich ein Blick in die Querstraßen. In der Großen Neustraße hat der Kunstverein Norden 1990 ein älteres Wohngebäude, **Große Neustraße 13,** erworben und für Ausstellungszwecke fachgerecht restaurieren lassen. Hinter dem Straßengiebel des 18. Jahrhunderts, der mit Sandstein-Voluten und einer Giebelbekrönung verziert ist, zudem noch eine dekorative Eingangstür mit geschnitztem Türoberlicht und eingebauter Laterne besitzt, steckt ein Wohnhaus des 16. Jahrhunderts, dessen Balkenwerk und Dachkonstruktion die Zeiten überdauert haben. Eine Innenbesichtigung im Kunsthaus Norden ist wegen der dort ausgestellten Kunstwerke in Verbindung mit der alten Raumausstattung besonders zu empfehlen.

Die nächste Querstraße hieß früher Judenlohne, die nach 1945 in Synagogenweg umbenannt wurde. Neben den Bauresten der zerstörten **Synagoge** (Synagogenweg 1) sind einige Gebäude im alten jüdischen Gemeindezentrum erhalten: die Wohnung des jüdischen Vorsängers **(Synagogenweg 2)**, das Wohnhaus des Lehrers **(Synagogenweg 3)** und die ehemalige **jüdische Schule** (Synagogenweg 4).

Wer im Stadtgebiet weitere Architekturzeugnisse sehen möchte, der sollte sich die beiden Stadtquartiere **Norddeicher Straße 2-26, Norddeicher Straße 119-146** und **Linteler Straße 43-54** mit guter Bausubstanz aus der wilhelminischen Zeit um 1900 ansehen. Für die Freunde der Industriebauten dürfte ein Gang durch die **Doornkaatlohne** interessant sein. Hier stehen neben neueren Werkbauten ein Wasserturm von 1857, ein Kohlespeicher (um 1870), ein Getreidespeicher (um 1900) und zwei Fabrikantenvillen von 1897 und 1950. Vieles davon steht nach Aufgabe der Kornbrennerei leer und wartet auf neue Nutzungen.

Ein besonders prächtigen Giebel besitzt das Gulfhaus **Seldenrüst** (Alleestraße 20), auf dessen geschweiften Giebelflanken Uranus und Chronos als große Sandsteinfiguren ruhen. Der 1789 errichtete Hof wird am Eingang von zwei Löwen als Wappenträger bewacht. Die geschichtlich bedeutende Doppelhofanlage des **Westerlooger Grashauses** (Westerloog 4/5), in der noch Bausubstanz aus der Zeit als Klostervorwerk im 16. Jahrhundert steckt, verfällt, wie viele landwirtschaftliche Gebäude, und scheint verloren zu gehen.

Wer sich die Zeit nimmt und am besten mit den Fahrrad die zahlreichen kleinen Wirtschaftswege erschließt, stößt in der Wester- und Ostermarsch noch auf zahlreiche, mehr oder weniger gepflegte Gulfhäuser, in denen einst der Reichtum der Region erwirtschaftet wurde und der die Stadt Norden als Marktort bedeutend machte. Hier einige Beispiele: Hofanlage **Petersbörg** (Ostermarsch, Landstraße 7), eine Kreuzelwerkanlage mit einem Vorderhaus aus dem 16. Jahrhundert und Gulfscheune des 18. Jahrhunderts, das Gulfhaus **Pekelhering** (Süderneuland, Pekelheringer Weg) von 1865 mit großem Wohnteil, der Hof **Belverdere** (Westermarsch, Buschhauser Trift 1), eine ehemalige Gutsanlage mit Graft, Wohnteil von 1716 und neuerer Gulfscheune, und zum Schluss die Domäne **Addinggaster Grashaus** (Süderneuland, Wurzeldeicher Straße 43), ein größeres Gulfhaus von 1911.

Gemeinde Krummhörn
mit Grimersum, Eilsum, Jennelt, Uttum, Visquard, Greetsiel, Pilsum, Manslagt, Groothusen, Woquard, Pewsum, Woltzeten, Hamswehrum, Upleward, Campen, Loquard, Rysum, Canum und Freepsum

Die gesamte Landschaft nordwestlich von Emden bis zum Gebiet der Stadt Norden wird als die Krummhörn bezeichnet. Sie umfasst das Gebiet der Gemeinden Krummhörn, Hinte und die nördlichen Gebiete der Stadt Emden. Es ist eine höchst eindrucksvolle Marschenlandschaft, über Jahrhunderte dem Meer abgetrotzt, geprägt von der Weite, dem Wind und den Wolken. Den Wind spürt man nicht nur, man erkennt ihn auch ständig an den von den Stürmen gebeugten Einzelbäumen, sogenannte Windlooper, (Abb. 113) und am Drehen der modernen Windkraftanlagen. In der Region Krummhörn gibt es in dichter Folge 35 Dörfer, von denen mehrere nur einen Kilometer voneinander entfernt sind. Die meisten dieser Dörfer haben eine historische Kirche, die das Dorf in der Höhe überragen und eine prägnante Ortssilhouette bilden. Zusammen mit den im Außenbereich liegenden vereinzelten Gulfhäusern und den Windmühlen prägen sie das Bild der noch vor Jahrzehnten fast baumlosen Kulturlandschaft nachhaltig. Die Gemeinde Krummhörn besteht aus 19 Dörfern, es leben rund 12.000 Einwohner dort. Sie hat im zentral gelegenen Ort Pewsum ihren Gemeindesitz. Nach wie vor ist die Landwirtschaft im Gemeindegebiet bestimmend, gefolgt als Wohngebiet für zahlreiche Arbeitskräfte, die in Emden bei Volkswagen oder im Hafen arbeiten. Zunehmend ist jedoch der Tourismus wirtschaftlich bedeutsam, der im Siel- und Fischerdorf Greetsiel seinen Schwerpunkt hat.

113 Windlooper

Von der Stadt Norden kommend, fährt man über Süderneuland in das Gemeindegebiet der Krummhörn Richtung Grimersum, vorbei an einer Reihe eindrucksvoller Bauernhöfe des 18. und 19. Jahrhunderts. Noch im Stadtgebiet Norden liegen die Gulfhäuser **Groß-Südercharlottenpolder 1** von 1825 mit schöner Haustür und **Groß-Südercharlottenpolder 4** mit altem Hausgerüst aus dem 17. Jahrhundert und der Jahreszahl 1749 im Giebel. Nachfolgend auf der gegenüberliegenden Seite, dann auf dem Gebiet der Gemeinde Osteel, steht der Hof **Meevenburg** (Schoonorther Landesstraße 18), ein Gulfhaus mit Wohnteil von 1718 und einer mächtigen Gulfscheune von über 50 Metern Länge. Im einen Park mit großen Bäumen liegt das Gulfhaus **Schoonorther Möhlenhörn 11** aus der 1. Hälfte des 19. Jahrhunderts.

Hier nun beginnt das Gebiet der Gemeinde Krummhörn. Rechts an einer langgestreckten Rechtskurve befindet sich das Gulfhaus **Rote Scheune** (Schoonorther Straße 18), ein Domänenbau mit einem auf das Jahr 1774 datierten mächtigen Wohngiebel. Am Abzweig der Störtebekerstraße befindet sich wiederum ein Domänenbau, **Schoonorther Straße 14**, von 1780 mit asymmetrischem Wohnteil, an dem die Initialen FR für Friedrich den Großen angebracht sind. Es folgt das Gulfhaus **Schoonorther Straße 12** mit einem umgräfteten parkartigen Garten, erbaut 1864. Der 1866 erbaute **Hof Habbena** (Schoonorther Straße 10) beeindruckt durch seine feinversprossten Rundbogenfenster aus Gusseisen und durch das hervorgehobene Portal mit seiner reich verzierten Haustür. Der Hof war zum Zeitpunkt des Neubaus im Besitz des Eisengießereibesitzers Fegter aus Norden, das erklärt die ab Mitte des 19. Jahrhunderts beliebte Verwendung von Gusseisenfenstern. Weiter südlich kreuzt der Wirdumer Altendeich, auf dem reihenförmig zahlreiche Wohngebäude errichtet wurden. Wer rechts auf den Altdeich abbiegt, trifft nach gut einem Kilometer auf die Hofanlage **Grimersumer Vorwerk** (Grimersumer Altendeich 1) mit Graft und parkartigem Garten. Das Gulfhaus besitzt einen prächtigen Wohnteil mit einer aufwändigen Raumausstattung aus dem Jahr 1864, die Gulfscheune ist von 1852.

Landkreis Aurich

ARCHITEKTURFÜHRER OSTFRIESLAND

114 Ref. Kirche

115 Chor

116 Kanzel

Das auf einer Langwurt gelegene Dorf **Grimersum** wurde 1379 erstmalig urkundlich erwähnt, bestand aber bereits im 8. Jahrhundert als Handelsort, wie anhand zahlreicher Importfunde niederrheinischer Keramik nachgewiesen wurde. Über den Rücken der Wurt führt, ähnlich wie in Groothusen und Nesse, eine Straße, die im Westen von der Kirche und im Osten von einer Burg abgeschlossen wurde. Der Ort hatte eine Bedeutung als Häuptlingssitz der Beninga, die hier einst Burgen besaßen. In Grimersum wurde 1490 der Häuptling Eggerik Beninga geboren, Drost von Leerort, Ratgeber der Gräfin Anna von Ostfriesland und hervorragender Chronist. Sein Bildnisgrabmal befindet sich in der Kirche. Wegen der Versandung der Buchten und durch die Eindeichung wurde die einstige Verbindung zum Meer abgebrochen, und die Handelssiedlung verwandelte sich in ein reines Bauerndorf.

Die *reformierte Kirche (Abb. 114) (Am Ender) wurde um 1270-80 als frühgotischer Saalbau mit geradem Ostabschluss gebaut. Die Längswände sind teilweise noch durch breite, vom Boden aufsteigende Lisenen in vier Felder geteilt, in jedem befindet sich ein frühgotisches, nachträglich nach unten verlängertes Spitzbogenfenster. Besonders reich ist die Ostfassade mit drei Fenstern zwischen weiß gestrichenen Blendfeldern, darüber im Giebel paarig gestellten Rundbogenblenden, Kreisblenden und Rautenmustern gestaltet, ähnlich wie an den Chorabschlüssen der Kirchen in Uphusen und Dornum. Sie zählen zu den Höhepunkten im ostfriesischen Kirchenbau. Neben der Südecke steht der Glockenturm des geschlossenen Typs von 1641.

Der Innenraum **(Abb. 115)** hat von den einst vier Domikalgewölben nur die beiden im Osten bewahren können, die im Westen wurden 1853 durch eine Balkendecke ersetzt. Mehrfach abgetreppte Wandvorlagen tragen die spitzen Gurt- und Schildbögen. Einst besaß die Kirche einen Lettner, der 1866 abgerissen wurde. Die **Piscina** in der Ostwand des Chores muss ausweislich ihres Kielbogens in der Spätgotik des 15. Jahrhunderts entstanden sein. Zwei nur noch in Teilen erhaltene **Taufsteine** des Bentheimer Typs aus dem 13. Jahrhundert sind in den 1930er Jahren zusammengefügt worden. Das obere Becken wurde 1915, nachdem es lange im Freien stand, wieder in die Kirche geschafft. Den unteren Sockel, dessen Taufbecken abgeschlagen wurde und wohl als Steintisch fungierte, fand man auf dem Burggelände. Der hölzerne Abendmahlstisch dürfte zur selben Zeit gearbeitet worden sein wie die mit dem Datum 1639 versehene **Kanzel (Abb. 116).** Unter den zahlreichen *Grabplatten im Chor ragen zwei hervor: Besonders die für den 1562 verstorbenen Eggerik Beninga, weil der auf einem Sarkophag ruhende Tote in Rüstung und mit gefalteten Händen im Flachrelief, aber in gewagter Perspektive dargestellt ist, während die Figur des 1613 verstorbenen Eger Beninga in traditioneller Weise stehend im Gewand erscheint. Unter dem Chor befindet sich die Gruft der Beninga, leider sind die Särge weitgehend vergangen. Darin befinden sich aber noch ein Steinsarg und verschiedene mit Wappen und Jahreszahlen versehene Sandsteine.

Die **Orgel** schuf die vor allem von beispielhaften Restaurierungen historischer Werke bekannte Firma Jürgen Ahrend und Gerhard Brunzema aus Loga 1958, dabei wurde der fünfteilige Kastenprospekt mit moderner Ornamentik in den Schleierbrettern und mit Flügeltüren ausgestattet.

Im Ortskern befinden sich noch einige maßstabprägende **Landarbeiterhäuser** aus dem 18. und 19. Jahrhundert, einige davon gut restauriert, wie die Gebäude Eggerik-Beninga-Straße 8 und Krumme Lohne 1, das im Türsturz das Datum 1752 trägt.

Der Reiseweg führt in das nur zwei Kilometer entfernte Wurtendorf **Eilsum**, dessen Kirchturm schon bald zu sehen ist. Die *****reformierte Kirche (Abb. 117)** (Am Rathausplatz) zeichnet sich durch vier Besonderheiten aus: durch den Chorturm, die Außengliederung der Schiffswände, den mit seinen Gewölben und der dekorativen Ausmalung sehr gut erhaltenen Innenraum sowie durch die Wandmalereien in der Chorapsis.

117 Ref. Kirche   118 Chorturm

Chortürme sind in Norddeutschland sehr selten. Zwar haben auch die Kirchen von Rysum und Groothusen einen Ostturm, jedoch war in Rysum der Chor bereits aufgegeben, als man 1585 darauf einen Turm errichtete. In Groothusen stand der romanische Turm frei und wurde erst im 16. Jahrhundert durch Zwischenmauern mit dem Chor verbunden. Die Bezeichnung **Chorturm** trifft aber nur zu, wenn im Erdgeschoss eines Ostturmes der Chor liegt, so wie hier in Eilsum **(Abb. 118)**. Er ist um 1230-40 als der erste Abschnitt eines stattlichen Neubaus errichtet worden, wie aus den noch ganz spätromanisch gehaltenen flachen halbrunden **Blendbögen** und Bogenfriesen hervorgeht, während am Schiff die Bogengliederung der Längswände sehr viel plastischer ist und die Laibungen der Fenster stärker profiliert wurden. Die zur Mitte hin ansteigenden Blendbögen der oberen Wandzone finden sich als Motiv auch bei der Kirche von Pilsum, dort jedoch nicht so ausgeprägt. Beide variieren damit auf einmalige Weise ihr gemeinsames Vorbild, die Wandgliederung auf der Nordseite des Domes von Osnabrück.

119 Kirchenschiff

Beim Betrachten des Innenraumes **(Abb. 119)** wird die etwas spätere Entstehung gegenüber dem Chorturm in den frühgotischen Domikalgewölben mit spitzbogigen Gurt- und Schildbögen sowie schon relativ schlanken Rippen bestätigt, sodass für diesen zweiten Abschnitt eine Bauzeit von etwa 1240-60 anzusetzen ist. Neben dem vorzüglichen Erhaltungs-

120 Detail

zustand des Innenraumes unterstützt die 1966 freigelegte dekorative **Ausmalung** die dritte Besonderheit der Kirche in Eilsum. Die umfangreichen originalen Teile wurden in ihren Fehlstellen durch hellere oder neutral-graue Retuschen geschlossen, sodass die Einheitlichkeit des Raumeindrucks erzielt wurde, Original von Ergänzung jedoch schon auf den ersten Blick unterschieden werden kann. Die verputzten Backsteinrippen sind durch aufgemalte Fugen in Abschnitte von der Größe von Werkstücken geteilt, wie sie bei einem Hausteinbau üblich sind. Es lösen sich rote mit schwarzen und ockerfarbenen Teilstücken ab. Bei anderen Rippen kommt eine Marmorierung vor, die man Bohnenmarmor nennt und bereits im antiken Herculaneum findet. Vom Scheitel der Gurt- und Schildbögen gehen gemalte Lebensbäume in Form stilisierter Rankenbäume zum Scheitel des Gewölbes aus und schaffen die Illusion eines achtteiligen Gewölbes (**Abb. 120**).

In der Chorapsis wurden 1963 frühgotische figürliche **Malereien** (**Abb. 121**) entdeckt und restauriert. Leider handelt es sich um einen nur lückenhaften Befund, was mit der mittelalterlichen Maltechnik zusammenhängt. Bei ihr gibt es zwei Methoden, zum einen die Freskotechnik, zum anderen die Secco-Technik. Die Freskomalerei ist sehr haltbar, da bei ihr der nasse Feinputz mit dem Pigment durchgefärbt wird. Um dies zu erreichen, wird auf den dickeren Unterputz die Schicht des wenige Millimeter starken Feinputzes nur im Umfang eines Tagwerks aufgetragen, einer Fläche, die man am selben Tag bemalen kann. Nördlich der Alpen kommt die echte Freskotechnik im Mittelalter nur selten vor. Hier hat man gleich den gesamten Feinputz auf den Unterputz aufgebracht und dann nach und nach bemalt. Dabei entstand ein Fresko da, wo der Feinputz noch nass war. Dort, wo er mehr und mehr austrocknete, handelt es sich um die Secco-Technik, bei der die Pigmente nur durch den Kalk gebunden wurden. Da man bald merkte, dass dabei die Bindekraft vor allem bei den intensiven Farbtönen zu gering war, hat man die sonst pudernden Farbflächen mit Kasein, einem aus Quark gewonnenen organischen Bindemittel, gefestigt, das jedoch mit der Zeit ausfault und kaum noch nachzuweisen ist. Als nun die Reformierten im

121 Chorapsis

frühen 16. Jahrhundert wegen ihres Bilderverbots alle Malereien weiß überschlämmten, verband sich die nasse Schlämme mit den pudernden Farbschichten zu einem echten Fresko, das jedoch auf der falschen Innenseite sitzt. Im Verlauf der fünf Jahrhunderte hat sich durch ständiges Neuausmalen der Kirche eine dicke Kalkschicht gebildet, die beim übereilten Abnehmen die oberen Malschichten mitriss, sodass in den meisten Partien nur die Untermalung übrig blieb. Nach oben nimmt der Befund besonders zu, da hier beim Entstehungsprozess der Putz stärker ausgetrocknet war als unten, wo sich das Wasser durch die Schwerkraft staute.

Dargestellt sind in der Eilsumer Kirche oben der thronende Christus in der Mandorla, einer mandelförmigen Glorie oder Aura rund um eine ganze Figur. Er wird von den Evangelistensymbolen und Heiligen flankiert; darunter erscheinen die Zwölf Apostel (**Abb. 122**).

122 Fresco-Detail

Die hohe künstlerische Qualität wird bei der Betrachtung der reichen Faltenpartien im Gewand Christi, bei der feingliedrig gemalten Hand, beim kraftvoll bewegten Lukas-Stier deutlich. Das nervöse Spiel der zackigen Gewandfalten weist die Malereien in die Zeit des sogenannten Zackenstils, eine von der Normandie ausgehende und ganz Nordeuropa überziehende Stilrichtung der frühen Gotik. Leider haben die Malereien seit ihrer Freilegung an Farbintensität verloren. Das liegt an den Ausblühungen aufgrund der ständigen Durchfeuchtung, bei der Kalk und Salze an die Oberfläche transportiert werden und dort einen Schleier über die Malerei legen. Alle bisherigen Maßnahmen der Denkmalpflege, die Durchfeuchtung zu verringern, sind gescheitert. Man hatte dazu geplant, die Kirche außen mit einem roten Anstrich auf dem natürlichen Backstein zu versehen, was zum Glück auf den erfolgreichen Widerstand der Kirchengemeinde stieß. Um nicht noch mehr Klimaschwankungen durch den Gottesdienst zu verursachen, ist der Chor vom Kirchenschiff durch eine Wand abgetrennt worden.

Das **Bronzetaufbecken** von 1472 ist eine Arbeit von Bartold Klinghe. Vier Diakone tragen das Becken, auf dessen Wandung im Relief die Kreuzigung und das Jüngste Gericht, jeweils mit Maria und Johannes, und die Apostel dargestellt sind. Zwischen den Figuren befinden sich Engel mit Musikinstrumenten. Fast alle Bronzetaufbecken in Ostfriesland haben Ghert Klinghe und seine Söhne Hinrik und Bartold, die auch Glocken fertigten, gegossen.

123 Kanzel

Ein hervorragendes Kunstwerk ist die ***Kanzel (Abb. 123)** von 1738, die in ihrer schwungvollen Barockgestalt der aus der reformierten Kirche in Zuidbroek (Provinz Groningen) gleicht und deshalb mit Sicherheit dem dort urkundlich überlieferten Meister Caspar Struiwig zugeschrieben werden kann.

Leider hat die *Orgel (Abb. 124)** von 1709 ihr barockes Klanginstrument eingebüßt, hat aber noch den originalen Prospekt von Joachim Kayser aus Jever, der in seiner fünfachsigen Gliederung in der Tradition der Arp-Schnitger-Orgel in Norden steht. Die Mitte beherrscht der breite und hohe Turm für die Basspfeifen, flankiert von den doppelgeschossigen Flachfeldern für die hohen Stimmen und den dreieckigen Seitentürmen, die, wie auch die Schleierbretter und die Bekrönungen, mit barocken Ornamenten kunstvoll verziert sind.

Von den großen Bauernhöfen im Ort ist wenig geblieben. Reste von Steinhäusern aus der Zeit um 1600 findet man in der **Wilhelm-Beckmann-Straße 2** und am **Fuhrmannsweg 4**. Eine Gruppe älterer **Landarbeiterhäuser** steht am nördlichen Rand der Dorfwurt in der Brunnenstraße 1, Wilhelm-Beckmann-Straße 3 und 6.

Schon nach einem Kilometer ist man in **Jennelt**. Der Ort gehörte zum Machtbereich der in Grimersum beheimateten Häuptlingsfamilie Beninga. 1599 wurde die kleine Herrlichkeit, die im Besitz der Groninger Adelsfamilie von Ewsum gelangt war, an das ostfriesische Adelsgeschlecht zu Innhausen und Knyphausen veräußert, die den Ort als Fideikommiss bis ins 20. Jahrhundert führten.

124 Orgel

Landkreis Aurich

125 Ref. Kirche

Den Ortsmittelpunkt bildet die ***reformierte Kirche (Abb. 125)** (Knyphausenstraße), eine kleine spätgotische Saalkirche mit eingezogenem Chor, erbaut im 15. Jahrhundert, die jedoch in ihrem Innern einen romanischen Kern birgt. Der Kirchenraum wurde bei einem Umbau 1971 völlig verändert, diese stark beeinträchtigende Umnutzung als Gemeindehaus ist jedoch um 2011 zurückgenommen worden. Dabei wurden die alte Balkendecke wieder freigelegt und die Fenster auf ihr ursprüngliches Maß vergrößert. In der ****Gruft** von 1604 unter dem Chor befinden sich die restaurierten Särge der Familie zu Inn- und Knyphausen, darunter der Prunksarg vermutlich von Dodo zu Inn- und Knyphausen, der als Feldmarschall während des 30jährigen Krieges in Diensten des schwedischen Königs Gustav Adolf stand und in einem Kampf bei Haselünne fiel. Der zweite bedeutende Sarg ist der für dessen 1654 verstorbenen Sohn Adam, der mit gemalten Darstellungen der Tugenden und Rankenmalereien verziert ist.

Die ****Orgel** der Kirchengemeinde stammt aus dem Jahr 1738 und wurde von Johann Friedrich Constabel aus Wittmund ursprünglich für die Kirchengemeinde Norden-Bargebur erbaut. Nach Verkauf des Instruments nach Hamswehrum im Jahre 1868 gelangte die Orgel 1969 nach Restaurierung durch die Orgelbauer Ahrend und Brunzema aus Loga nach Jennelt. Sie ist das einzige erhaltene Instrument des Orgelbauers Constabel.

Einige größere Gulfhäuser des 19. Jahrhunderts liegen am Westrand des Dorfes (**Westerfennenweg 4** und **7**). Ein weiteres Gulfhaus, **Grotelandweg 3**, das jüngst vorbildlich restauriert wurde, liegt mitten in einem Windpark. Hübsch ist die **alte Pastorei** (Knyphausenstraße 2) aus der Mitte des 19. Jahrhunderts mit Blockrahmen-Schiebefenstern, die, wie früher üblich, in Form eines Gulfhauses errichtet worden ist.

Um zum Wurtendorf **Uttum** zu gelangen, muss man in Jennelt die nach Südwesten führende Straße Richtung Emden wählen. Möglicherweise deutet der langgestreckte Grundriss auf der ovalen Wurt auf einen Handelsort längs der mittleren Straßen hin. Für Uttum sind zwei Burgen überliefert. Südlich der Kirche lag in unmittelbarer Nachbarschaft die bedeutende Burgstelle der Uttumer Häuptlinge, auf der seit dem 14. Jahrhundert ein Turmhaus, später wohl ein größeres Haus gestanden haben wird. Die Häuptlinge hatten die Gerichtshoheit, waren aber zugleich auch kirchliche Pröpste. In der 2. Hälfte des 17. Jahrhunderts kam Uttum durch Heirat an Dietrich von Hane aus Leer, dessen Erben das adlig freie Gut wegen Überschuldung an den Baron Habbo von Westendorph abgeben mussten. Gegen Ende des 18. Jahrhunderts wurden die Gebäude abgerissen. Ihr Platz ist aber heute noch deutlich erkennbar, Wall- und Grabensystem der Burg sind weitgehend erhalten. Leider hat man um 1990 auf dem Burgplatz unbedarft ein Wohnhaus errichtet, das den archäologischen Zugang zum alten Burgplatz verhindert und ihn wohl auch zerstört hat.

Die **reformierte Kirche (Abb. 126)** (Lilienstraße), errichtet in der Zeit 1250-60, ist eine Saalkirche mit einem Chorjoch. Sie war im Mittelalter eine Propsteikirche, woraus sich ihre Größe mit einst vier Gewölbejochen erklärt. Sie gliedert sich außen durch später veränderte, paarig angeordnete Rundbogenfenster in Lisenenfeldern an den Längswänden, darunter sitzen die vermauerten Rundbogenportale. Durch den Bau des einst mächtigen, 1527 angebauten **Westturms**, dessen älteste Glocke aus dem Jahre 1444 stammt, wurde das Schiff um ein Joch verkürzt. Nach dem gefährlichen Absenken, wie es bei nachträglich angebauten Türmen häufig vorkommt, wurde der obere, mit einem Satteldach versehene Teil des weithin sichtbaren Turms 1930 abgetragen. Der neue Abschluss erfolgte durch ein Zeltdach, wodurch Proportionen und Gestalt des Turms und der Kirche völlig verändert wurden. Die Specklagen aus wechselnden Schichten von Backsteinen mit Natursteinen deuten auf den Einfluss der niederländischen Renaissance. Gleichzeitig zeigen die großen Spitzbogenfenster mit Fischblasenmaßwerk das Weiterleben spätgotischer Formen auch nach der Reformation.

126 Ref. Kirche

Seit der Reformation dient der Chorraum als Grablege der lokalen Häuptlinge. Auch dürfte zu dieser Zeit noch ein Lettner vorhanden gewesen sein. Im Kirchenschiff **(Abb. 127)** hat man die einst hohen Steingewölbe 1804 abgebrochen und durch eine hölzerne Segmentbogendecke ersetzt. Spätestens seit 1828 ist der Haupteingang der Kirche an die Ostseite verlegt worden und erhielt ein klassizistisch verziertes Portal. In diesem Zuge wurde auch die Ostempore eingebaut und die Orgel hierher versetzt. Dabei wurden Balustersäulen des 17. Jahrhunderts mit dem Beschlagwerk an den Postamenten wiederverwendet.

127 Kirchenschiff

Eine Kostbarkeit ist die ***Orgel (Abb. 128)**, die als historische Orgel von europäischer Bedeutung eingestuft wird und ein sehr eindrucksvolles Beispiel des vokalen Klangideals der niederländischen Renaissance-Meister darstellt. Das wertvolle Instrument wurde um 1660 unter Verwendung älteren Pfeifenmaterials aus dem 16. oder dem Anfang des 17. Jahrhunderts von einem unbekannten Meister erbaut. Sie ist wohl eine Stiftung der Familie Hane, worauf deren Wappentier auf dem hohen Mittelturm verweist. Die alten Pfeifen sind sehr bleihaltig und von einer ungewöhnlichen Klangintensität. Sie stammen zum größten Teil aus einem älteren Instrument, vielleicht

128 Orgel

aus einer Orgel eines aufgegebenen Klosters (Kloster Sielmönken?) aus der näheren Umgebung. Eine Besonderheit stellt noch die alte Trompete mit den Bleiköpfen und offenen Kehlen dar, die ungewöhnlich farbig, obertonreich und voll wie ein ganzes Bläserkonsort klingt. Sie gilt neben dem der Orgel in Westerhusen als eines der ältesten erhaltenen Trompetenregister weltweit. Die Orgel wurde von den bekannten Orgelbauern Jürgen Ahrend und Gerhard Brunzema aus Loga in den Jahren 1956/57 fachgerecht restauriert.

Das **Bronzetaufbecken** wurde 1474 von Hinrich Klinghe gegossen. Vier Diakone tragen das Becken, dessen Wandung durch Flachreliefs mit der Darstellung der Taufe und Kreuzigung Christi sowie mit zwölf heiligen Personen geschmückt ist. Die Bronzetaufe zeigt eine deutliche Verwandtschaft mit der Taufe in der Esenser Kirche, lediglich die sonst gleichen Heiligen erscheinen in anderer Reihenfolge.

Die **Kanzel** von 1580 ist mit ihren kannelierten Eckpilastern und den rundbogigen Feldern dazwischen ein typisches Zeugnis der Renaissance. Der Schalldeckel wurde erst 1830 hinzugefügt.

Ungewöhnlich für die nachreformatorische Zeit ist der auf das Jahr 1584 datierte hölzerne **Dreisitz**. Er bietet Sitzgelegenheit für den Pastor und die beiden Kirchenältesten während des Gottesdienstes. Das Gestühl besitzt kannelierte Pilaster und wird durch einen Baldachin überspannt.

129 Grabplatte

Im Chorjoch sind, ähnlich wie in Hinte, zahlreiche *Grabplatten (Abb. 129) der örtlichen Häuptlinge und Pastoren erhalten. Ein Grabstein von 1513 zeigt die Symbole des verstorbenen Priesters Henricus de Bra: Wappen und Kelch. Zwei der drei großen Grabplatten aus belgischem Syenit stellen die Ritter in voller Größe dar: die erste zeigt den 1584 gestorbenen Junker von Uttum, umrahmt von reicher Ornamentik, die zweite, eine künstlerisch besonders bedeutende Platte, stellt den 1542 gestorbenen Junker Aeildt Vrese zu Uttum dar. Sie ist datiert auf das Jahr 1548 und ist wohl aus der Werkstatt von Vincent Lukas, einem bekannten Steinmetz aus dem niederländischen Friesland.

Im Ortskern liegt das ehemalige **Rentmeisterhaus (Abb. 130)** (Am Steinhaus 1), ein Steinhaus mit einem steil proportionierten Staffelgiebel mit Sandsteingesimsen und einer Inschrift über der Haustür, die das Gebäude auf das Jahr 1597 datiert. Die Zwillingslöwenköpfe am unteren Ende der Giebelschrägen und die noch erhaltenen Renaissancefenster sind für diese Zeit charakteristisch. Die ursprüngliche innere Raumaufteilung mit Küche und Upkamer ist erhalten. Lange hat man den wenigen erhaltenen Steinhäusern keine Beachtung geschenkt. Die Restaurierung dieses Steinhauses in den 1980er Jahren war der Beginn einer Neubewertung dieses für Ostfriesland geschichtlich bedeutenden Bautyps. Gegenüber liegt ein kleiner ehemaliger **Kolonialwarenladen** (Am Steinhaus 3) mit Teilen der alten Einrichtung aus der Zeit um 1900. Westlich der Dorfwurt stehen zwei schöne Gulfhäuser des 19. Jahrhunderts: das **Uttumer Schatthaus** (Uttumer Esch 2) von 1884 mit originaler Haustür und Fenster und der **Georgshof** (Damhuser Weg 1), ein Hof mit doppelter Gulfscheune, 1863 und 1911 erbaut, und einem höchst repräsentativen Vorderende von 1869. Aufgrund der aufwändig gearbeiteten Fen-

130 Rentmeisterhaus

ster mit Wölbgläsern und des reich gestalteten Eingangsportals zählt der Wohnteil des Gulfhauses zu den imposanten Gebäuden dieser Art in Ostfriesland.

Zurückfahrend über Jennelt lohnt sich ein Abstecher nach **Visquard,** wofür man auf der Straße nach Pewsum nach rund einem Kilometer in nordwestlicher Richtung abbiegen muss. Auf der Straße nach Visquard durchfährt man Dykhusen, wo einst ein Kloster des Augustinerordens stand, das bei kriegerischen Auseinandersetzungen durch den Junker Balthasar von Esens, Häuptling des Harlingerlandes, 1531 verwüstet wurde. An dessen Stelle steht heute ein **Steinhaus** (Dykhuserstraße 7) des 16. Jahrhunderts, das wohl das Wohngebäude der nachfolgenden Domäne darstellt. Anschaulich erhalten ist die südwestliche Traufwand mit den vermauerten Renaissancefenstern, auch die Kellergewölbe stammen aus dieser Zeit.

131 Steinhaus

Die 8,5 Hektar große Wurt Visquard mit einem Durchmesser von 340 Metern ist nach den archäologischen Funden frühmittelalterlich. Im Dorfgrundriss ist immer noch die Grundordnung eines Runddorfes erkennbar, an dessen Rand radial die Höfe standen, von denen jedoch nur noch vier vorhanden sind. Seit dem 13. Jahrhundert war Visquard Häuptlingssitz mit zwei Burgstellen, auf denen wohl turmartige Steinhäuser standen. Ein großer, freier Platz gegenüber des Westgiebels der Kirche weist noch auf die Burgstelle hin. Am östlichen Rand der Wurt dicht an der Ringstraße ließ sich Unico Manninga 1567 auf der zweiten Burgstelle ein *****Steinhaus (Abb. 131)** (Spinnstraße 3) erbauen, das mit dem Scheunenteil zur Feldmark ausgerichtet ist. Der Wohnteil weist in seinem Giebel die für die Renaissance typischen horizontalen Gesimse und turmartigen Aufsätze auf und besitzt noch den originalen Keller und den eichenen Dachstuhl.

Man sollte die *****reformierte Kirche (Abb. 132)** (Kirchstraße) in der Mitte des Dorfes aufsuchen, eine Saalkirche aus der Zeit um 1260-70. Die Rundbogenportale an den Längswänden sind, wie bei den meisten mittelalterlichen Kirchen, vermauert worden, auch hat man die Kirchenfenster stark vergrößert, als breite Kreise der bäuerlichen Bevölkerung lesen konnten und Licht für die Texte im Gesangbuch benötigten. Über dem Westeingang ist eine Uhr **(Abb. 133)** mit der Jahreszahl 1598 in einem schönen Sandsteinrahmen eingebaut. Sie wurde von Graf Edzard II. Cirksena und seiner Frau Katharina Wasa gestiftet, deren Wappen auf dem Zeitmesser dargestellt sind. Zweck der Stiftung war wohl die

132 Ref. Kirche

133 Uhr

Landkreis Aurich

ARCHITEKTURFÜHRER OSTFRIESLAND

134 Glockenturm

135 Gewölbe

136 Kanzel

Durchsetzung des lutherischen Glaubens in der calvinistisch geprägten Krummhörn. Ursprünglich dürfte diese Uhr für den Innenraum geschaffen worden sein und gelangte später bei Umbauten an den Westgiebel. Neben der Kirche steht der **Glockenturm (Abb. 134)** des geschlossenen Typs, der kurz nach Fertigstellung der Kirche Anfang des 14. Jahrhunderts erbaut wurde. Die Giebel sind als Treppengiebel ausgebildet, in den Giebeldreiecken sind spitzbögige Blendbögen in Dreiergruppen zusammengefasst und mit Backsteinziermustern versehen.

Der Innenraum war einst von vier quadratischen Jochen überdeckt, von denen nur noch das östliche des durch eine Empore abgetrennten **Chores** vorhanden ist. Es handelt sich um ein Domikalgewölbe **(Abb. 135)**, dessen acht Rippen in einem achtgliedrigen Sternmuster beim Schlussring zusammenlaufen. Im Ring sah man die Darstellung des Lamm Gottes, ein Hinweis auf das Kreuzopfer Jesu und den heiligen Ort des einst darunterstehenden Altars. An der Nordwand des Chores ist eine Piscina in einer Spitzbogennische eingebaut.

Die auf das Jahr 1729 datierte **Kanzel (Abb. 136)** mit freistehenden, gewundenen Säulchen an den Ecken des Korbes und üppigen Fruchtgehängen in den Feldern ist von Albert Frerichs aus Emden geschaffen worden. Auf der Empore steht eine barocke **Orgel** von 1680 eines bislang noch nicht ermittelten Orgelbauers. Leider wurde das Werk durch die Orgelfirma Gebr. Rohlfing, Osnabrück, im Jahre 1884 restlos erneuert. Unter den vorwiegend aus dem 17. und 18. Jahrhundert stammenden **Grabplatten** im Chor ist die trapezförmige aus dem 12. Jahrhundert von besonderem Interesse.

Man kann über Appingen auf einer Feldstraße nach *****Greetsiel** kommen, empfohlen wird jedoch die Straße über Jennelt und Eilsum. Der Hafenort Greetsiel **(Abb. 137)** ist in der flachen Marschenlandschaft schon von Ferne durch die Zwillingsmühlen am Ortseingang auszumachen. Schon seit 1900 wurde Greetsiel wegen der Hafenstimmung mit den Fischkuttern und den alten Gebäuden als typisch ostfriesisch empfunden, von Landschaftsmalern festgehalten und zunehmend marktgerecht für den Tourismus umgestaltet. Zwar sieht man vom Hafen das Wattenmeer nicht mehr, doch die schöne Sielbrücke über das Tief und der Hafen, in dem immer noch die Krabbenkutter festmachen, lassen die nahe See ahnen. Es gab Pläne, die gesamte Bucht einzudeichen, damit die Deichlinie für den Hochwasserschutz deutlich verkürzt werden kann, jedoch wurden sie aufgrund des Schutzes der vorgelagerten Salzwiesen verworfen. Es wurde lediglich die Halbinsel Leyhörn mit einem Sielbauwerk errichtet, die schon kurz darauf zugunsten des Nationalparks Niedersächsisches Wattenmeer zum Schutzgebiet erklärt wurde.

Hier in Greetsiel lag seit dem 14. Jahrhundert der Stammsitz der bedeutenden Häuptlingsfamilie Cirksena. 1457 wurde die Burg in Greetsiel von Ulrich Cirksena erweitert und durch einen wuchtigen, runden Geschützturm und Wassergräben geschützt. In ihr wurde 1462 Edzard der Große geboren, der Ostfriesland zur größten Flächenausdehnung brachte, diese Machtfülle aber in der Sächsischen Fehde 1514-17 fast wieder verlor. Nachdem zunächst Emden die Hauptresidenz und Aurich Nebenresidenz der ostfriesischen Grafschaft geworden waren, fiel

137 Greetsiel

Greetsiel die Rolle des Witwensitzes zu, hier lebten und starben Gräfin Theda und Gräfin Anna. Im Jahre 1682 eroberten brandenburgische Truppen des Großen Kurfürsten die Burg, setzten sich mit einer Garnison hier fest und blieben bis 1744, als Ostfriesland ohnehin an Preußen kam. Friedrich der Große ließ Mitte des 18. Jahrhunderts die Burganlage restlos beseitigen.

Aufgrund der Dichte der historischen Gebäude und des erhaltenen Ortsgrundrisses in Greetsiel kann man hier von einem flächendeckenden Baudenkmal sprechen. Mehr als 50 Gebäude sind als Einzelbaudenkmale oder als Bestandteil eines Ensembles registriert. Zentrum des Ortes ist zweifelsohne der Hafen mit dem Sielbauwerk, das Alte Greetmer Siel von 1798 und die historische Bebauung längs der Sielstraße (Sielstraße 1-27). Hervorzuheben sind hier die Wohn- und Geschäftshäuser **Nr. 11** mit Glockengiebel, Sandsteintafel mit Wappen und Inschriften von 1741, **Nr. 13**, ein zweigeschossiger Renaissancebau, dessen geschweifter Giebel um 1800 reduziert wurde, **Nr. 15 (Abb. 138)** aus dem Jahr 1792 mit Glockengiebel, einer Giebelbekrönung mit Wappen und Inschrift sowie einer hübschen Haustür, **Nr. 17**, im Kern um 1750 mit einem rekonstruierten Giebel von 1825. Ein paar Häuser weiter folgt **Poppingas Alte Bäckerei** (Nr. 21) von 1825, im Kern aus dem 18. Jahrhundert, mit einem schönen Fenster-Erker. Das **Hohe Haus (Abb. 139)** (Nr. 27), ein ehemaliges Rentmeisterhaus mit Mauerankern, die auf das Jahr 1696 datiert sind, heute Hotel und Gaststätte, hat sehenswerte Innenräume und eine Treppe aus dem 18. Jahrhundert.

138 Sielstraße 15

Gleich dahinter steht der **Glockenturm** (Hohe Straße) der reformierten Kirche. Im Kern aus der Zeit um 1400, erhielt er seine jetzige Form im 17. Jahrhundert. Das Pyramidaldach trägt einen schmiedeeisernen Dachreiter mit einem vergoldeten Fabelwesen. Unmittelbar am Glockenturm steht die **alte Vikarie** (Am Leeger 18), ein Gebäude des frühen 17. Jahrhunderts mit Kellerköken und darüberliegender Upkamer. Nördlich davon liegt die **reformierte Kirche (Abb. 140)** (Hohe Straße), deren Längswände einen malerischen Schiefstand aufweisen. Sie wurde als Stiftung des Häuptlings Haro Edzardsna um 1400 erbaut, eine Weihe soll der Überlieferung nach 1401 erfolgt sein. An dem einfachen

139 Hohes Haus

Landkreis Aurich

140 Ref. Kirche

141 Orgel

spätgotischen Saalbau erkennt man als Wandgliederung lediglich auf der Südseite zwischen den großen Spitzbogenfenstern je ein Paar Spitzbogenblenden. Über dem Westeingang der Kirche sind die Wappen Edzards II. von Ostfriesland und seiner Frau Katharina aus dem schwedischen Königshauses Wasa zu sehen, die ursprünglich am Schloss in Pewsum angebracht waren.

Die ursprünglich schlichte Flachdecke im Kirchenschiff wurde 1852 von einer leicht gewölbten Holzdecke ersetzt. Mittelpunkt der Kirche ist die Kanzel aus dem Jahre 1738. Sie zeigt Blumengirlanden und gewundene Säulen an den Ecken des Korbes. Aus dem gleichen Jahr dürfte die Westempore stammen. Der überlieferte Bentheimer Taufstein gilt als verschollen. Schon 1549 erhielt die Kirche eine **Orgel (Abb. 141)** aus dem Kloster Aland. 1738 erfolgte ein Orgelneubau Johann Friedrich Constabels aus Wittmund. Das Orgelwerk wurde 1914 durch die Berliner Orgelbauwerkstatt Karl Schuke leider total erneuert, dabei wurden die Prospektpfeifen unpassend ausgetauscht. Die Empore und die beiden flankierenden Patronatspriechen entstanden zur selben Zeit und haben die gleiche hochbarocke Rankenornamentik wie die Schleierbretter und Bekrönungen des Orgelprospekts.

In der Hohen Straße 1 steht das ehemalige Pastorat, heute **Hotel Alte Pastorei**, in dem der für Ostfriesland bedeutende Historiker und Gründungrektor der Universität Groningen Ubbo Emmius 1547 geboren wurde. Am nördlichen Ende der Hohen Straße befindet sich im Blickpunkt der Straßenachse ein restauriertes **Steinhaus** (Kleinbahnstraße 1), ähnlich dem Steinhaus in Uttum aus der Zeit um 1600. Noch vor einigen Jahrzehnten stand hinter dem Steinhaus eine mächtige Gulfscheune des 18. Jahrhunderts. Nach Rückbau des südwestlichen Anbaus steht das Steinhaus nunmehr frei auf einer leichten Anhöhe, die nach Norden hin stark abfällt und von einem Graben eingefasst wird. Bauhistorisch interessant ist insbesondere der tonnenartige Keller unter dem vorderen Saal. Er besteht aus mehreren kräftigen Gurtbögen, zwischen denen jeweils Domikalgewölbe eingespannt sind. Nach Einschätzung niederländischer Bauhistoriker ist der Keller kurz vor 1400 erbaut worden, gehörte also zu einem älteren Steinhaus. Es ist nicht auszuschließen, dass es sich hier um Gebäude der aufstrebenden Greetsieler Häuptlingsfamilie Cirksena handelte, die 1457 durch Ulrich I. eine Burganlage auf der gegenüberliegenden Seite des Sieltiefes errichtete.

Südlich des Sieltiefs verläuft die **Mühlenstraße**, zu der man noch vor Jahren nur über eine Brücke über das Sieltief gelangen konnte. Bevor man sie durchläuft, kann man rechts in den verwinkelten Kattrepel abbiegen, ein kleinteiliges, atmosphärisch aufgeladenes Ensemble kleiner Arbeiterhäuser (**Kattrepel Nr. 8, 16, 18, 20 und 22**). In der Mühlenstraße stehen einige sehenswerte, wenn auch touristisch aufgemachte

Häuser, so das **Gasthaus Zur Börse** (Mühlenstraße 26), das Wohnhaus **Mühlenstraße 18** von 1895 oder das Doppelhaus **Mühlenstraße 12** aus der Zeit um 1820. Baulicher Höhepunkt der Straße ist das stattliche klassizistisch-barocke **von Halem´sche Haus (Abb. 142)** (Mühlenstraße 16), im Jahre 1794 durch den Landschaftlichen Administrator Johann Heinrich von Halem erbaut. Die Straßenfassade wird durch sechs Pilaster mit schlichtem Kapitell gegliedert und von einem mächtigen Gesims mit Stabfries abgeschlossen. Vor dem Haus ist die Wanderung erhalten, die vielfach vor den Häusern in den kleinstädtischen Bereichen Ostfrieslands vorhanden war und den nachfolgenden Bürgersteigen weichen musste. Neben der erhaltenen Haustür mit dem filigranen Schnitzwerk im Oberlicht hat das Haus bei der Restaurierung in den 1990er Jahren auch seine feinteiligen Blockrahmen-Schiebefenster zurückerhalten, was dem Haus eine gewisse Noblesse gibt.

142 Halem'sche Haus

Am Ortsausgang liegen landschaftsprägend am Sieltief die Greetsieler Zwillingsmühlen, die die Besucher schon beim Ankommen begrüßen. Die westlich liegende **Vereinsmühle (Abb. 143)** (Mühlenstraße 5) ist eine zweistöckige Galerieholländermühle von 1856, die bis 1972 in Betrieb war. Heute wird sie vom Verein zur Erhaltung der Greetsieler Zwillingsmühlen betreut, der dort eine Teestube und eine Kunstgalerie betreibt. Die Mühle war bundesweit in allen Medien, auch die Tagesschau und die Tagesthemen berichteten darüber, als im Oktober 2013 der Orkan Christian bei einer Windstärke von 16 Knoten (fast 180 km/h) die tonnenschwere Kappe mitsamt dem Flügelkreuz von der Mühle riss und sie am Boden zerschellte. Dabei wurden auch die Galerie und der gemauerte Achtkant schwer beschädigt. Die Instandsetzung wurde durch ein erhebliches Spendenaufkommen, an der sich auch die Deutsche Stiftung Denkmalschutz beteiligte, finanziert. Mitte 2015 waren die Wiederaufbauarbeiten abgeschlossen.

Die **Schoof´sche Mühle (Abb. 143)** (Mühlenstraße 2), gut erkennbar an dem roten Achtkant, wurde 1706 erbaut, brannte 1921 ab und wurde auf dem Unterbau neu errichtet. Die ebenfalls zweistöckige Galerieholländermühle wird noch durch die Müllerfamilie Schoof betrieben, die eine Müllerdynastie auf ostfriesischen Windmühlen bildete. Im Kornspeicher befindet sich ein Café mit Terrasse am Kanal, wo täglich frisches Brot und Vollkornprodukte angeboten werden. Diese Produkte und mehr kann man auch im Mühlenladen erwerben.

143 Zwillingsmühlen

Ähnlich wie die Zwillingsmühlen wirkt auch der massive Kirchturm im benachbarten **Pilsum** in der flachen Landschaft als weithin sichtbare Landmarke **(Abb. 144)**. Auf dem Weg dort-

Landkreis Aurich

ARCHITEKTURFÜHRER OSTFRIESLAND

144 Ref. Kreuzkirche

145 Südseite

146 Apsis

hin fährt man an den Ruinen einer Ziegelei vorbei, die bis 1972 in Betrieb war und einen eigenen Gleisanschluss an die Kreisbahn besaß. Pilsum war im Mittelalter ein bedeutender Häuptlingssitz der Familie Beninga. Die Burg stand südwestlich der Kirche und wurde 1408 von den Hamburgern zerstört. Wahrscheinlich haben die Erben, die Cirksena, die Burg nicht wiederaufgebaut. In den letzten Jahrhunderten gab es in Pilsum neben den großen Bauernhöfen auch zahlreiche Gewerbetreibende, so zählt man im 18. Jahrhundert hier 47 Kaufleute und Handwerker, dazu kamen eine Brauerei, ein Apotheker und ein Chirurg. Heute leben hier nur noch etwas mehr als 500 Einwohner.

Der Grundriss der *****reformierten Kreuzkirche (Abb. 145)** (Zur Kreuzkirche) hat die Form eines christlichen Kreuzes und ist in Ostfriesland mehrfach anzutreffen. Die besondere Monumentalität beruht auf dem Vierungsturm, der auch als Seezeichen in die Nordsee hinein wirkt. Der auf den ersten Blick einheitlich erscheinende Bau entstand in drei nacheinander erfolgten Abschnitten. Als Erstes hat man um 1240 dem Chor der Vorgängerkirche ein neues, in den Formen noch ganz spätromanisches **Langhaus** angefügt, dessen Südwand in zwei Geschossen eine flache Blendgliederung ähnlich wie in Eilsum aufweist, zurückgehend auf die Nordwand des Domes von Osnabrück. Die Nordwand ist nur im oberen Teil durch flache Blenden gegliedert. Auf beiden Seiten wurden die Fenster nachträglich nach unten verschoben und dadurch vergrößert; einst saßen sie innerhalb der Blendbogenreihe. Bei den um 1250-70 errichteten Ostteilen aus Querschiff, Chorquadrat und drei Apsiden sind die Profile kräftiger, die Fenster in der Hauptapsis noch rundbogig, die in den Kreuzarmen stumpf spitzbogig. Der Südgiebel des Querhauses ist, wie in Bunde und Grimersum, mit einem Rautenmuster aus Formsteinen gegliedert. Auffallend ist die Qualität des Backsteinmauerwerks, mit dem hier auch statt der sonst bei Apsiden üblichen Dachstühle mit Pfannendeckung die halben Kegel gemauert wurden **(Abb. 146)**.

Der **Vierungsturm** ist zwar in einem dritten Bauabschnitt dazugekommen, war aber bereits im zweiten geplant, wofür die sehr kräftigen Vierungspfeiler sprechen, die in mehreren Bauabschnitten bis 1990 statisch gesichert werden mussten, um die schweren Lasten aufnehmen zu können. Es sind mehrfach abgestufte Bündelpfeiler mit eingestellten Runddiensten. Die Formensprache ist ganz westfälisch, nur in die Backsteintechnik übertragen. Beim Vierungsturm verweisen die im Sinne der Frühgotik fortentwickelten Blenden mit Kleeblattbögen auf eine Entstehungszeit am Ende des 13. Jahrhunderts.

Einst ragte beim Turm zwischen vier dreieckigen Giebeln und Eckürmchen ein Rhombenhelm empor, der im 15. Jahrhundert für die jetzt noch vorhandene Plattform weichen musste, deren Brüstungsmauern mit Zinnen bestückt wurden. Vierungstürme sind im Küstenbereich sonst nicht zu finden; es ist ja auch kühn, bei dem künstlich aufgeschütteten oder angeschwemmten Boden die Last punktuell auf vier Fundamente zu gründen. Wegen der räumlichen Nähe zu Südengland und den intensiven Handelsbeziehungen ist anzunehmen, dass man von dort das Motiv übernommen hat, denn sowohl Salisbury, Canterbury und Winchester als auch viele andere Kathedralen des 12. und 13. Jahrhunderts haben mächtige Vierungstürme.

Das Kirchenschiff **(Abb. 147)** hat im Inneren eine hölzerne Voutendecke, die Ostteile besitzen steinerne Domikalgewölbe mit spitzbogigen Gurten und Schildbögen, in den Kreuzarmen mit vierteiligen, in der Vierung mit achtteiligen Wulstrippen. Der westfälische Einfluss äußert sich im hängenden Schlussstein des Chorquadrats wie auch in der kleeblattförmigen Ausbuchtung im unteren Bereich der Hauptapsis **(Abb. 148)**. Die in den 1980er Jahren freigelegten Wandmalereien überziehen mit einem Wechsel von Abschnitten in Schwarz, Rot und Weiß, mit Fugenstrichen dazwischen, alle Rippen, Bögen und Dienste. Der lückenhafte Befund wurde jedoch nicht wie in Eilsum ergänzt, sondern bruchstückhaft zum Teil mit dem rohen Backstein stehen gelassen. Das Gemälde aus der Zeit um 1300 in der Kalotte der Apsis stellt Christus in der Mandorla, einer mandelförmigen Glorie oder Aura rund um eine ganze Figur, dar. Die anderen Wand- und Gewölbemalereien stammen aus dem 3. Viertel des 15. Jahrhunderts, wie die Inschrift von 1470 an der Ostwand des Querschiffs aussagt: Es sind dies in der östlichen Kappe des Chorgewölbes eine Madonna im Strahlenkranz und am Triumphbogen der Rest einer Darstellung des Weltgerichts.

Bei den statischen Sicherungarbeiten und Restaurierungsmaßnahmen in den 1980er Jahren hat man leider das alte Kastengestühl und weitere Holzeinbauten ersatzlos entfernt, auch hat man die Gewölbe irreversibel mit einer Betonschale überzogen, Maßnahmen also, die man heute denkmalpflegerisch kritisch bewerten muss.

147 Kirchenschiff

148 Gewölbe

Das **Bronzetaufbecken** hat Hinrich Klinghe 1469 gegossen. Wie viele seiner Werke im norddeutschen Küstengebiet tragen vier Evangelistenfiguren das Becken, an dem im Flachrelief eine Kreuzigung, Apostel, Heilige und Engel erscheinen.

Die *****Kanzel** ist eine gute Arbeit des Emder Meisters Peter Gerkes Husmann von 1704 mit der für den Hochbarock typischen Ausschmückung des Kanzelkorbes durch Fruchtgehänge zwischen den gewundenen Ecksäulen und Puttenhermen am unteren Gesims sowie hängendem Zapfen am Boden. Die Holzoberflächen des recht großen Schalldeckels und des Kanzelkorbs sind nach der groben Reinigung aufgerissen und unbehandelt geblieben, hier wäre eine Nachbehandlung der Holzoberflächen erforderlich.

Werk und Prospekt der ******Orgel** auf der Westempore von 1694 stammen vom Meister Valentin Ulrich Grotian aus Aurich, der zwischen

1688-1708 sieben neue Orgelwerke schuf, von denen nur das in Pilsum weitgehend erhalten geblieben ist. Von den 16 Registern sind 11 noch original. 1991 wurde die Orgel durch die Orgelbauwerkstatt Ahrend, Loga, restauriert. Die Orgel von Grotian ist fast gleichzeitig mit der berühmten Schnitger-Orgel in Norden entstanden, sodass sich der Vergleich anbietet. Sie ist zwar nicht so groß und klangstark, aber als Gegenstück von nahezu gleichgroßem Wert.

Eine gewisse Berühmtheit hat der eher kleine **Pilsumer Leuchtturm (Abb. 149, 150)** (Zum alten Leuchtturm 2) erlangt, nachdem der Komiker Otto Waalkes ihn mit seinem Film bekannt gemacht hat. Markant rot und gelb gestrichen, ist er ein ostfriesisches Wahrzeichen und begehrtes Fotoobjekt geworden. Das Leuchtfeuer entstand 1891 und war bis kurz nach dem Ersten Weltkrieg in Betrieb. Heute kann man sich dort in einer kleinen Stube unterm Dach standesamtlich trauen lassen.

149 Gulfhaus mit Leuchtturm

150 Pilsumer Leuchtturm

Auf der Pilsumer Wurt liegen mehrere alte Gulfhäuser, von den einige instand gesetzt wurden. Sorgen muss man sich um die Gulfhäuser **Loogstraat 9** von 1747 und **Loogstraat 11** von 1726 machen, die neu genutzt werden sollten und dringend Erhaltungsmaßnahmen bedürfen. Restauriert und ansehnlich ist dagegen das Gulfhaus **Postlohne** 2, um 1800 erbaut und in den 1980er Jahren als eines der ersten Gulfhäuser denkmalpflegerisch instand gesetzt. Weiterhin erhalten und saniert wurden die Gulfhäuser **Zur Kreuzkirche 2** von 1855 sowie der Hof **Karkstraat 2** mit einer Gulfscheune aus dem frühen 18. Jahrhundert und einem Wohnteil von 1911. Liebevoll gepflegt und fachkundig restauriert ist auch das Wohnhaus **Loogstraat 25,** das in seiner Geschichte bis in das 17. Jahrhundert zurückzuverfolgen ist und Wirkungsstätte eines Chirurgen war. Öffentlicher Mittelpunkt des Ortes ist das Gasthaus **Die Alte Brauerei** (An der alten Brauerei 2). Sie wird von einem Schiffskoch geführt und liegt gegenüber vom Glockenturm der Kreuzkirche. Das ehemalige Brauhaus besteht aus einem Steinhaus, datiert 1673, und einer alten Gulfscheune mit einigen Anbauten um 1900. Für Liebhaber alter Häuser und guter regionaler Küche ist das Haus ein Muss, da es mit Ausnahme von Greetsiel mit einigen guten Speisemöglichkeiten sonst nur ein überschaubares gastronomisches Angebot in der Krummhörn gibt.

Das Dorf **Manslagt** gut zwei Kilometer südlich von Pilsum liegt auf einer ovalen Wurt, an deren Rand eine Ringstraße verläuft, zu der die Gulfhäuser mit dem Scheunenteil ausgerichtet sind, während die Wohnteile zur Kirche hin liegen. Von der Ringstraße gehen Feldwege nach allen Himmelsrichtungen in die Fluren aus. Auf dem höchsten Punkt der Wurt bestimmt die *reformierte Kirche (Am Friedhof) den Mittelpunkt des Dorfes **(Abb. 151).** Sie ist eine mittelgroße spätgotische Saalkirche, erbaut in der Zeit um 1400 mit großen, jetzt maßwerklosen Spitzbogenfenstern. Die beiden Giebel der Kirche sind durch weiße, spitzbögige Blenden gegliedert. Abseits im Süden steht der **Glokkenturm**, errichtet zeitgleich mit der Kirche. Ursprünglich war es ein

Glockenstuhl mit vier Parallelmauern, von denen die südliche jedoch weichen musste. Wahrscheinlich im 17. Jahrhundert wurde der Turm geschlossen und aufgestockt. Unschön ist die Verputzung des Mauerwerkes. Nach einem Blitzeinschlag 1946 wurde das Turmdach in seiner heutigen Form erneuert.

Der Innenraum war nie für eine Wölbung bestimmt, Ansätze von Strebepfeilern fehlen völlig. Seit 1772 schließt ein hölzernes Tonnengewölbe den Raum ab **(Abb. 152)**. Ungewöhnlich ist der kapellenartige Seitenraum in der Nordwand. Die rechteckige Nische seitlich in dem Raum könnte auf einen vorreformatorischen Seitenaltar hinweisen. Über dem Eingang im Westen ruht auf zwei Stützen eine **Prieche**, in deren Aufsatz eine Uhr, darüber das gräfliche Cirksena-Wappen, angebracht sind. Die **Kanzel** von 1714 ist der in Pilsum sehr ähnlich, sie kann deshalb auch dem Meister Peter Gerkes Husmann aus Emden zugeschrieben werden. Der **Taufstein (Abb. 153)** des Bentheimer Typs stammt aus dem frühen 13. Jahrhundert, wie er in ähnlicher Form häufiger in ostfriesischen Kirchen anzutreffen ist. Noch in den 1930er Jahren war die Taufe in einem Kohlenverschlag im Chor abgestellt. Der ****Chor** ist vom Schiff durch eine Wand abgeteilt, davor dürfte hier wohl ein Lettner gestanden haben. Daraus wird auch die prachtvolle **Doppeltür** aus der 1. Hälfte des 16. Jahrhunderts stammen, die in den unteren Hälften mit gotischem Rollwerk in vielgestaltigen Variationen dekoriert ist. Im ehemaligen Chorraum stehen drei romanische, mit Kreuzen und Krummstäben geschmückte **Sarkophage**, die sehr selten sind, da sie oft als Viehtränken missbraucht wurden, während man die dazugehörenden trapezförmigen Deckplatten häufiger findet. Eine hier noch vorhandene Deckplatte dürfte, wie die Sarkophage, in die Mitte des 12. Jahrhunderts zu datieren sein. Die anderen, aus dem 17. und 18. Jahrhundert stammenden Grabplatten sind mit Wappen und Inschriften ausgeschmückt.

Auf der Orgelempore von 1775 ist im vorgewölbten Mittelteil der Brüstung das Rückpositiv der ****Orgel** eingefügt worden. Sie ist das Werk des renommierten Wittmunder Orgelbauers Hinrich Just Müller aus den Jahren 1776-78. Der Prospekt ist in einen sehr breiten, dreiteilig vorschwingenden Mittelteil für die Bassflöten, zwei seitliche, polygonale Türme und dazwischenliegende Flötenfelder gegliedert. Die Schleierbretter und seitlichen Ohren zeigen die für das frühe 18. Jahrhundert typischen C-Schwünge und Akanthusranken. Im Jahre 2000 ist die Orgel von dem Orgelbauer Bartelt Immer aus Norden unter Verwendung alter Register sachgerecht restauriert worden.

In der Nähe der Kirche steht **An der alten Burg 2** ein Gulfhaus von 1715, das im Wohnteil ein quergestelltes Steinhaus des 16. Jahrhunderts in sich birgt. Man hat die Giebel des Steinhauses abgetragen und das Dach der neuen Gulfscheune über das Steinhaus gezogen. Einzelne Bauteile, insbesondere die Sandsteinteile, sind von dem alten Steinhaus übernommen worden. Ein einst offensichtlich prächtiges Rundbogenportal aus

151 Kirche in Manslagt

152 Hözernes Tonnengewölbe

153 Taufstein

Landkreis Aurich

ARCHITEKTURFÜHRER OSTFRIESLAND

dem Anfang des 18. Jahrhunderts ist entfernt worden, fünf Teile davon wurden aber wiederverwendet, darunter ein Männer- und ein Frauenkopf sowie ein Löwenhaupt, die dann etwas zusammenhanglos mit anderen Zierelementen über der jetzigen Haustür angebracht worden sind.

Unter den rund ein Dutzend Gulfhäusern am Dorfring sind einige gute Vertreter, so das Gulfhaus **Manslagter Dörpstraat 7** von 1851, das Gulfhaus **Heckenweg 2,** erbaut gegen Ende des 19. Jahrhunderts, weiterhin die Gulfhäuser **Meestereistraße 7 (Abb. 154)** von 1795, **Meestereistraße 14** von 1849 und **Meestereistraße 20** mit einem steinhausartigen Wohnteil und einer Gulfscheune aus der 2. Hälfte des 19. Jahrhunderts. Die Gulfhäuser **Zwischen den Höfen 1** und **2** sind beide um 1870 erbaut. Auf dem östlichen Teil der Dorfwurt befindet sich eine anschauliche Gruppe Landarbeiterhäuser des 18. und 19. Jahrhunderts, die recht liebevoll restauriert wurden und meist als Feriendomizile dienen.

154 Gulfhaus Meestereistraße 7, Butzenwand

An der Straße von Mansagt nach Groothusen sieht man nach etwa einem Kilometer das * **Groothuser Buschhaus** (Wiard-Meckena-Straße 4), dessen Wohnteil ein Steinhaus um 1570 ist. Bei der Restaurierung 1997 wurden die Renaissance-Formen der Kreuzstockfenster mit ihren doppelten, halbrunden Entlastungsbögen wieder stärker zur Geltung gebracht. Die Scheune war abgebrannt und wurde wiederaufgebaut. Ursprünglich war die Hoffläche durch eine Graft geschützt, zugänglich über eine gemauerte, nun wiederhergestellte Gewölbebrücke.

Groothusen hat die Form einer gebogenen Langwurt mit einer mittleren Dorfstraße, an deren Enden die Kirche bzw. Burgen lagen. Archäologische Untersuchungen belegen eine Handelssiedlung aus dem 8. Jahrhundert mit Handwerker- und Handelshäusern in Stabbauweise, die beiderseits der Ortstraße angeordnet waren. Schon im frühen Mittelalter wurde der Ort Sitz eines Münsterschen Propstes. Wegen der Versandung der Meeresbuchten von Campen und Sielmönken und durch Eindeichungen verlor Groothusen die Verbindung zum Meer und entwickelte sich zum reinen Bauerndorf. Immerhin blieb der Ort so bedeutend, dass im 14. Jahrhundert drei Häuptlingsburgen entstanden, von denen der umgräftete Standort der Westerburg noch nachvollziehbar ist und anstelle des mittelalterlichen Steinturms der Mittelburg heute dort ein hohes Herrenhaus von 1850 steht. Erhalten geblieben ist jedoch die Osterburg.

155 Ref. Kirche

Doch zuerst zur stattlichen **reformierte Kirche (Abb. 155)** (Husumer Hörn), deren Größe mit einer Länge von 37,70 Metern und einer Breite von 9,90 Metern sich aus ihrer einstigen Bedeutung als Propsteikirche erklärt. Sie ist ein langgestreckter, einschiffiger Saalbau mit einem wuchtigen Ostturm, der jedoch erst im Laufe der Bauentwicklung zum Chorturm geworden ist. Von einem romanischen Tuffsteinbau aus der Zeit um 1200 sind noch größere Partien im Westteil vor allem auf der Nordseite erhalten. Die Tuffsteine wurden damals nördlich der Kirche mit Schiffen angelandet. Dass das Wasser bis unmittelbar an den Kirchhof reichte, kann man an dem Höhenunterschied zur Feldmark heute noch deutlich spüren. Die Tuffsteine sind beim Bau des spätgotischen Schiffes in der Zeit um 1400 wiederverwendet worden. Kräftige Strebepfeiler gliedern die Längswände in acht Joche, dazwischen liegen große Spitzbogenfenster ohne Maßwerk. Das Kirchenschiff wurde noch im 15. Jahrhundert um einen Chor aus einem Joch und einem Polygon erweitert, auf das die schrägstehenden Strebepfeiler hinweisen. Dieses spätgotische Chorpolygon wurde direkt an die Westwand des bis dahin freistehenden älteren **Ostturms** angebaut und hatte einst besonders große Spitzbogenfenster, die den Chor in ein strahlend helles Licht tauchten, wie man es in der Spätgotik im Kontrast zu älteren, dunklen Kirchenschiffen schätzte. Nach der Reformation hat man den Chor vom Schiff abgetrennt, das große Fenster auf der Nordseite vermauert und die Schräge des Polygons durch eine gerade Verbindung zum Turm ersetzt. Der einst frei im Osten des Kirchenschiffes stehende Turm diente sicherlich auch als Seezeichen, was für den einstigen Handelsort mit der schwierigen Einfahrt in die versandende Bucht wichtig war. Er besteht innen aus Tuffstein und wurde beim Neubau des Kirchenschiffes mit Backsteinen ummantelt, könnte also noch aus der Zeit um 1200 stammen. Die **Uhr** links neben dem Schallloch in der Südseite des Turms ist ein Werk aus dem Jahre 1599. Sie ist mit Architekturelementen der Renaissance ausgestattet und wurde der Gemeinde während der Amtszeit des lutherischen Geistlichen Gerhard Sprangius von Edzard II. Cirksena und Katharina Wasa gestiftet, deren Wappen oberhalb des Ziffernblattes angebracht sind. Der Zeitmesser dürfte, wie in den Kirchen Manslagt und Hinte noch vorhanden, für den Innenraum geschaffen worden sein und wurde erst später für alle im Dorf sichtbar am Turm angebracht. Ungewöhnlich für eine reformierte Kirche ist auch die als Schwan gestaltete Wetterfahne, denn dieser war das Zeichen lutherischer Kirchen. Sie war aber ein Geschenk des lutherischen Predigers Sprangius.

Das **Kirchenschiff** (Abb. 156) betritt man durch das ganz in Maschinensteinen erneuerte Brauthaus auf der Südseite, dessen Vorgängerbau noch durch die Dachlinie nachgewiesen ist. Vom Brauthaus führt ein schönes altes Bohlentor in den Kirchenraum, in dem keine Spuren einer ursprünglichen Wölbung zu sehen sind und der jetzt mit einer flachen Bretterdecke überdeckt ist. Wegen der Höhe des Orgelprospekts wurde hier in den Dachraum hinein ein hölzernes Tonnengewölbe eingefügt. An der östlichen Schmalseite vor dem Chorraum ist das Herrengestühl angebracht. Es besteht aus zwei Patronatsstühlen des frühen 18. Jahrhunderts, der linke mit dem Wappen der Familie von Wingene, Besitzer der Osterburg, der rechte für die Besitzer der einstigen Westerburg. Das ältere Eichengestühl wurde bei einer Kirchenrenovierung im Jahre 1968 erneuert. Dabei konnten die geschnitzten Seitenteile und die Trennwände des Vorgängers wiederverwendet werden, sodass der Charakter des Kircheninneren erhalten blieb.

156 **Kirchenschiff mit Orgel**

Prospekt und Werk der ****Orgel** schuf Johann Friedrich Wenthin aus Emden 1798-1801. Das Instrument wurde bei der Einweihung 1801 als

„allervorzüglichste Landorgel Ostfrieslands" bezeichnet, bei den zwei Restaurierungen 1930 und 1987 auch nicht wesentlich verändert und hat noch einen hohen Anteil an originalen Pfeifen. Bei der letzten Restaurierung 1987 durch die Orgelbaufirma Alfred Führer, Wilhelmshaven, ist wieder die originale Farbgebung, Weiß mit vergoldeten Details, hergestellt worden. Der Prospekt steht stilistisch an der Grenze vom Rokoko, worauf die schwingenden Profile und ovalen Pfeifenfelder deuten, zum Klassizismus, den die bekrönenden Vasen und die Farbgebung betonen. Mit Recht darf die Orgel als ein Kunstwerk von überregionalem Rang bezeichnet werden.

Am polygonalen Korb der schlichten **Kanzel** aus dem frühen 18. Jahrhundert werden die rundbogigen Wandfelder zwischen den gewundenen Ecksäulen durch Blattgehänge ausgeschmückt. Der **Abendmahlstisch** dürfte aufgrund seiner kräftigen Balusterfüße zur gleichen Zeit wie die Kanzel entstanden sein.

Das bemerkenswerte ***Bronzetaufbecken,** von denen es in ostfriesischen Kirchen noch fünf andere gibt, goss Ghert Klinghe 1454. Vier Diakone tragen das Becken, an dessen Wandung im Flachrelief die Kreuzigung, die Madonna und Apostel zu sehen sind. Die Figuren stehen unter Kielbögen, getrennt durch zweiteilige Säulen. Die Bögen sind mit Fialen und mittig mit einer Kreuzblume verziert.

Im abgetrennten **Chorraum** befinden sich Grabsteine und Sarkophagdeckel von Bewohnern der Groothuser Burgen und der ehemaligen Pastoren. Sie lagen ursprünglich im Mittelgang der Kirche und wurden bei der Renovierung verlegt. Bedeutend ist eine romanische Grabplatte aus Sandstein, die durch dünne Wulstprofile in Kreise, Halbkreise und Stege gegliedert ist. Der auffälligste Grabstein ist der von Adda van Meckenborch. Sie starb 1590 und ist auf ihrem Grabmal aus belgischem Blaustein in der Tracht ihrer Zeit auf einem kleinen Podest unter einem Bogen mit gegliederten Pfosten dargestellt.

Nachdem man einige Grabplatten der Groothuser Häuptlinge gesehen hat, sollte der Gang unmittelbar zur erhaltenen ****Osterburg (Abb. 157)** (An der Osterburg 1) führen, die zu Recht als ein beeindruckendes Beispiel eines friesischen Häuptlingssitzes gelten kann. Über einen Stichweg, vorbei an dem Schatthaus der Burg, erreicht man den Häuptlingssitz. Vier Torpfeiler

157 Osterburg

markieren den Zugang zur Brücke über die Graft, die das viereckige Gelände mit dem Hof der Burg und dem Garten umfließt. Der hohe Mittelteil der Dreiflügelanlage enthält das Steinhaus aus dem 15. Jahrhundert. Der kleine Ostflügel wurde 1547 angebaut, 1790 verlängert und jüngst zur Wohnung ausgebaut. Westlich wurde die Gulfscheune angebaut, die im Giebel auf das Jahr 1707 datiert ist. Nach Anmeldung bei der Besitzerfamilie Kempe kann das Haupthaus bei einer Führung besichtigt werden,

ARCHITEKTURFÜHRER OSTFRIESLAND **Landkreis Aurich**

was wegen der lückenlosen Sammlung der Familienportraits aus fast fünf Jahrhunderten, der Ledertapete, der Kamine und der vielen kulturhistorisch interessanten Erinnerungsstücke sehr zu empfehlen ist, da man sonst in Ostfriesland keinen so tiefen Einblick in die Wohnkultur der Häuptlingsfamilien erhalten kann **(Abb. 158)**. Östlich an das Graftenviereck der Burg schließt ein waldartig verwachsener Park an, dessen Mittelallee mit einer qualitätvollen Sandsteinfigur eines Pan, des Gottes des Waldes und der Natur, auf hohem Postament den Blickfang nach Norden bildet. Zwei Wirtschaftshöfe der Osterburg bestehen noch, das oben bereits erwähnte **Schatthaus** (Wiard-Meckena-Straße 3), in dem sich ein Café befindet, von 1769 mit älterem Kern und das dicht an der Straßenecke stehende Gulfhaus **Wiard-Meckena-Straße 1**, erbaut im 18. Jahrhundert mit Erweiterungen um 1900.

158 Ahnengalerie

Ein Gang durch den Ortskern empfiehlt sich, da es hier einige interessante Gebäude zu sehen gibt. In der Dorfstraße an der Ecke zum Swartweg liegt das sehr große *****Gulfhaus (Abb. 159)** (Dorfstraße 7), mit dem Scheunenteil zu den Feldern ausgerichtet. Laut Inschrift wurde die Gulfscheune 1707 erbaut, an seiner Fassade vermelden fünf Inschriftentafeln die jeweiligen Eigentümer: Jan Eden Smid 1789, Jan Eden Smid 1845, Hinrich Johann Smid 1896, Hinrich Johann Smid 1952 sowie Johann Marten 1996. An den eingeschossigen Wohnteil des 18. Jahrhunderts aus Backsteinen wurde in der Zeit um 1860/70 ein zweigeschossiger, villenartiger Putzbau angefügt. Unter dem Krüppelwalm ist in zweiter Verwendung eine Sandsteintafel angebracht, die drei Wappen, die Daten 1563 und 1617 sowie die Buchstaben AE und RA enthält. Die ganze Anlage ist in ihrer Größe mehr ein Gutshof als ein Bauernhof.

159 Gulfhaus, Dorfstraße 7

Westlich der Kirche dann als Gegensatz das kleine **Landarbeiterhaus (Abb. 160)** (Meinhardistraße 7), erbaut 1859: In solchen Häusern mit nur einem Wohn- und Schlafraum fristete häufig eine vielköpfige Familie ihr Leben. Ähnlich eindrucksvoll ist das 1840 errichtete **Landarbeiterhaus** (Tide-Ubben-Straße 7 und 9), das aus zwei durch die Mitte des Giebels spiegelbildlich geteilte eigenständige Haushälften besteht und 1999 hervorragend restauriert wurde. In der Helmerslohne 3 steht das **Swanenhus** von 1843, benannt nach den Schwestern, die das Gulfhaus weitgehend ohne die zivilisatorischen Errungenschaften des 20. Jahrhunderts bewohnten. Nach ihrem Tod wurde das Haus 1999 liebevoll konserviert und restauriert, dafür erhielt die Eigentümerin den Niedersächsischen Sparkassenpreis für Denkmalpflege. Am Swartweg 4 befindet sich anstelle der **Mittelste Börg (Abb. 161)** ein hohes Gebäude von 1850 mit reich ornamentierter Putzfassade. Daneben

160 Landarbeiterhaus

161 Ehem. Mittelste Börg

steht die große Gulfscheune, die zu diesem Wirtschaftsbetrieb gehörte. Von der **Westerburg** ist das große Graftengeviert erhalten, eine Allee führt direkt auf die alte Burgstelle zu. Davor liegt der Wirtschaftshof der Westerburg, ein mächtiges Gulfhaus, **van-Wingene-Straße 7**, das um 1800 erbaut und in den 1990er Jahren restauriert wurde. Eine **alte Schmiede** samt der historischen Werkstatteinrichtung aus dem 19. Jahrhundert ist in der Schmiedestraße 4 zu sehen und kann auf Anfrage auch besichtigt werden. Letztlich sei noch auf zwei gut gestaltete und gepflegte Wohnhäuser verwiesen: auf das schöne traufenständige Gebäude **Dorfstraße 10** von 1847, das mit der originalen Haustür und den Schiebefenstern einschließlich der dunkelgrünen Fensterklappen noch ganz biedermeierlich geprägt ist und auf das winkelförmige, villenartige Wohnhaus **Bronslohne 3** mit einem parkähnlichen Garten. Der südliche Flügel stammt aus dem Jahr 1780, der nördliche ist vermutlich älter.

Von Groothusen nach Pewsum sind es keine zwei Kilometer. Dazwischen liegt rechts das Kirchdorf **Woquard**, an das die Neubaugebiete des Gemeindezentrums Pewsum fast nahtlos anschließen. Die **lutherische Marienkirche** (Karkpadd 2) wurde, nachdem die mittelalterliche Kirche einstürzte, vom Baumeister Frantzius in den Jahren 1789/90 neu erbaut. Die schlichte Kirche ist ein rechteckiger Saalbau mit rundbogigen Fenstern und einem halbrunden Ostabschluss. Nachträglich erhielt sie 1865 einen neugotischen Westturm, dessen Spitzhelm mit vier Ziertürmchen ausgestattet ist. Mit 22 Metern ist der Kirchturm der höchste in der Krummhörn. Dort hängt eine der ältesten Glocken Ostfrieslands, geschätzt um 1250, die noch aus der mittelalterlichen Vorgängerkirche stammt. Das Innere mit seiner hölzernen Segmentbogenwölbung und dem prägenden klassizistischen Kanzelaltar, der nur durch die seitlichen rankenwerkartigen Schleierbretter etwas von seiner Strenge verliert, hat seinen ursprünglichen Charakter gut bewahrt.

Bei der ***Orgel** von 1804 handelt es sich um das letzte Werk des Wittmunder Orgelbauers Hinrich Just Müller. Auffällig am Orgelprospekt ist der breite Mittelturm, der, wie auch die Außentürme, sehr flach abgerundet wurde. Das Werk ist unverfälscht erhalten geblieben, der Klang ist frisch und voll. 2006 ist die letzte Restaurierung durch den Orgelbauer Bartelt Immer aus Norden durchgeführt worden.

An der Ringstraße um die Wurt befindet sich ein gepflegtes **Landarbeiterhaus** (Laugstroat 26), im Wohngiebel auf das Jahr 1869 datiert. Dahinter biegt der Zinnerweg ab, der auf eine größere Hofanlage führt. Im mehrfach erweiterten Gulfhaus **Zinnerweg 5** verbirgt sich eines der ältesten Gufhausgerüste Ostfrieslands aus der Mitte des 16. Jahrhunderts. Es ist eine Inkunabel des ostfriesischen Gulfhauses, die in dieser Zeit erstmals als sogenannte friesische Scheune auftaucht. In späteren Jahrhunderten ist das Gulfgerüst verlängert worden. 1906 wurde ein Wohnhaus angefügt und um 1910 seitlich an die alte Gulfscheune eine weitere Gulfscheune aufgerichtet. Der Eigentümer hat die Hofanlage entgegen rein wirtschaftlichen Überlegungen in den letzten Jahren sorgsam instand setzen lassen.

Zentrum der Krummhörn ist **Pewsum.** Einst war das Wurtendorf Mittelpunkt einer Herrlichkeit, dann Sitz einer Amtsverwaltung und eines

Gerichts und schließlich ist es seit 1972 Verwaltungssitz der neuen Gemeinde Krummhörn, die aus 19 Dörfern gebildet wird und fast die Region Krummhörn umfasst. Heute ist der Ort mit über 3.000 Einwohnern weit über seine mittelalterliche Wurt hinausgewachsen.

Burg und Kirche liegen in Pewsum als ehemalige Wehr- und Machteinheit unmittelbar nebeneinander. Die **lutherische Nikolai-Kirche (Abb. 162)** (Drostenplatz 6) ist eine mittelalterliche Saalkirche mit polygonalem Ostabschluss, der freistehende Glockenturm entstand in der gleichen Zeit. Diese Kirche ist, neben Loquard und Woquard, eine von drei lutherischen Kirchen in der Krummhörn. Da die Außenhaut 1862 komplett ausgetauscht wurde, sind am äußeren Kirchenschiff mittelalterliche Bauspuren nicht mehr auszumachen. Lediglich über dem Westportal ist eine Inschriftenplatte von 1541 angebracht, die ursprünglich jedoch das Gesims eines Sandsteinkamins bildete. Auch den Glockenturm hat man 1883 mit neuen Steinen ummantelt und neugestaltet; im 20. Jahrhundert sind dann aber die vier neuen Ecktürmchen wieder entfernt worden und der obere Teil des Turmes wurde in reduzierter Form neu aufgemauert.

162 Luth. Nikolai-Kirche

Den Innenraum überdeckt eine gewölbte Holzdecke von 1862. An den Seitenwänden sind die beiden geschlossenen Eingangsportale ablesbar, darüber hinaus sieht man eine spätgotische **Sakramentsnische (Abb. 163)*, die noch ihre originale Bemalung aus dem 15. Jahrhundert besitzt.

Um 1967 fand die eingreifende Umgestaltung des Innenraums statt. Der vierflügelige Tafelaltar musste einer schlichten steinernen Mensa weichen, die mittelalterliche Lettnerarkade wurde abgerissen und das Gestühl sowie die Orgel wurden ersetzt. Der Aufsatz des demontierten Altars, ein spätgotisches **Flügelretabel** mit geschweiftem oberen Abschluss, ist wahrscheinlich der Hausaltar der Häuptlingsfamilie Manninga gewesen. Das kleine, bemalte Triptychon aus dem 1. Viertel des 16. Jahrhunderts stellt ein einzigartiges frühes Zeugnis der Reformation dar. Heute hängt der kleine Schriftaltar an der Nordwand über der Taufe. Von dem ehemaligen vierflügeligen Altar sind neben dem Aufsatz noch zwei Flügel erhalten, sie zeigen zwei barocke Gemälde mit Darstellungen der Auferstehung und der Himmelfahrt Christi.

163 Sakramentsnische

Die frei an der Südwand stehende ***Kanzel** von 1618 dominiert den Kirchenraum. Sie ist eine Stiftung der Gräfin Sophie von Ostfriesland, am Korb fallen Gemälde der vier Evangelisten auf. Längs der Wände sind Grabplatten des 16.-18. Jahrhunderts angebracht. Aufmerksamkeit verdient das Epitaph aus reich verziertem Sandstein für die 1562 verstorbene Frau des Häuptlings Hoyko Manninga, Tetta von Oldersum, mit bekrönenden Putten und Totenköpfen.

Die erste Erwähnung der ****Manningaburg (Abb. 164)** (Drostenplatz 5) in Pewsum stammt von der Pewsumer Glocke, worauf steht, dass Häuptling Poppo Manninga und seine Frau Elmerich von Jever die Burg 1458 erbauen ließen. Die zum Schloss ausgebaute Burg bestand in ihrer Blütezeit im 17. Jahrhundert aus der Oberburg, einer stattlichen Vierflügelanlage des 16. und 17. Jahrhunderts, einem bis 1769 noch stehenden Marstall mit Turm des 16. Jahrhunderts und der heute noch in drei Flügeln vorhan-

Landkreis Aurich

ARCHITEKTURFÜHRER OSTFRIESLAND

164 Manningaburg

165 Nordflügel

166 Neue Burg

denen Vorburg. Die Vorburg war im Mittelalter der Häuptlingssitz, dessen hoher Südflügel und der Westflügel in den Grundmauern noch auf den Bau von 1458 zurückgehen. Der architektonisch interessante Nordflügel **(Abb. 165)** entstand im 16. Jahrhundert unter niederländischem Einfluss, worauf der Wechsel von rotem Backstein mit hellen Sandsteinschichten, Specklagen genannt, hinweist. Die Wehrhaftigkeit der auch durch eine Graft geschützten Burg betonen die Schlüsselloch-Schießscharten im Kellergeschoss. Das große Rundbogenportal als Hauptzugang wird an der Außenseite durch bossierte Pilaster, an der Hofseite durch kräftige Säulen betont.

Rund zweihundert Jahre waren die Manniga Besitzer der Herrlichkeit Pewsum, bis der verschwenderische Hoyko Manninga die hochverschuldete Herrlichkeit mit der Burg an den Landesherrn Graf Edzard II. Cirksena und seine Gemahlin Katharina, die Tochter Gustavs I. Wasa von Schweden, verkaufen musste. Sie erhielt die Burg als Witwensitz und baute sie zu einer ansehnlichen Residenz aus. Nach ihrem Tod 1610 diente die Burg weiterhin als Sitz der Cirksena-Witwen, wurde aber auch von dem ostfriesischen Grafen- und Fürstenhaus als Sommersitz, häufig in Begleitung zahlreicher adliger Gäste, genutzt. Am Ende der ostfriesischen Fürstenzeit in der 1. Hälfte des 18. Jahrhunderts verlor Pewsum an Bedeutung und die Burg verfiel nach und nach, die wesentlichsten Teile wurden auf Abbruch verkauft. 1818 wurden die letzten Teile der Oberburg demontiert. Im Jahr 1820 erbaute man nördlich der erhalten gebliebenen Vorburg, die als Amtssitz diente, als Wohnsitz für die Beamten die **Neue Burg (Abb. 166)** (Drostenplatz 3), ein großes, zweigeschossiges Gebäude mit Mittelrisalit. Beide Gebäude wurden nach Auflösung des Amtssitzes an Privatpersonen verkauft. 1954 ist dann die verwahrloste alte Burg vom Heimatverein Krummhörn übernommen worden und wird als *Museum zur ostfriesischen Häuptlings- und Burgengeschichte* genutzt. 1980-86 fand die letztmalige Restaurierung der Gebäude statt.

Gegenüber der Burg hat die Gemeinde den Traditionsgasthof Freese, später Burghotel, erworben, restauriert und es 2015 zum **Rathaus** (Burgstraße 5) mit einem angefügten Verwaltungstrakt ausgebaut. Das platzprägende Gebäude ist Mitte des 19. Jahrhunderts errichtet worden und hat einen betonten Mittelrisalit, der oben mit einem Ziergitter abgeschlossen wird.

Auf einem größeren parkartigen Gartengrundstück mit schmiedeeiserner Einfriedigung liegt die gut erhaltene Villa **Jannes-Ohling-Straße 8** aus dem späten 19. Jahrhundert, die mit Putzquadrung versehen ist und durch einen Mittelrisalit mit Zwerchhaus betont wird. Rückwärtig ist eine ältere, später verkürzte Gulfscheune angebaut, sodass man hier eine alte Hofstelle annehmen darf. Längs der Manningastraße errichteten Landwirte ihre Altersruhesitze, darunter einige villenartige Gebäude, wie die Häuser **Manningastraße 4, 8** und **18**. An derselben Straße steht etwas zurückgesetzt eine gut erhaltene dreistöckige **Galerieholländermühle** (Manningastraße 13), erbaut 1843, mit einer Gulfscheune und einem Speicher. In der Mühle befindet sich das *Handwerks- und Mühlenmuseum Pewsum.*

Um nach **Woltzeten** zu gelangen, fährt man von Pewsum rund drei Kilometer Richtung Süden. Die durch Bodenfunde als frühmittelalterlich ausgewiesene Wurt wurde als Runddorf angelegt, der westliche Teil ist jedoch jetzt unbebaut. Durch die isolierte Lage des Dorfes fehlt es an Entwicklungsmöglichkeiten. Seit den 70er Jahren gibt es in Woltzeten keinerlei Einkaufsmöglichkeiten mehr. Auch Ärzte oder Gastronomie sucht man vergebens. Von der Ringstraße führen vier Feldwege nach allen Haupthimmelsrichtungen in die freie Feldmark.

Die kleine barocke **reformierte Kirche** (Roseneck) von 1726/27 ersetzte eine größere mittelalterliche Kirche, die vom naheliegenden Kloster Blauhaus betrieben wurde. Der schlichte Saalbau aus Backstein erhielt seine Ausstattung bei der Renovierung 1833. An die Herkunft des Ortes aus dem Mittelalter erinnert auch der Taufstein vom Bentheimer Typ mit drei übereinanderliegenden Friesen am Becken, entstanden im 13. Jahrhundert. Die Taufe wurde 1993 restauriert und das Becken vervollständigt. Man verzichtete jedoch auf die Rekonstruktion der abgeschlagenen Ecklöwen am Fuß. Zudem ist der Glockenturm aus dem 14. Jahrhundert erhalten, dessen Giebeldreiecke im 19. Jahrhundert neu aufgemauert wurden.

Unter der historischen Bausubstanz im Ort ist das **alte Pfarrhaus** (Dorfring 3) zu nennen, ein breit gelagertes Wohnhaus mit Gulfscheune aus der 1. Hälfte des 19. Jahrhunderts mit einer gut gestalteten Haustür. Westlich der Kirche befindet sich das Gulfhaus **Dorfring 19**, dessen Gulfscheune leider 1998 abgebrannt ist. Der sanierte Wohnteil ist auf das Jahr 1853 datiert, im Kern stammt er aber aus dem 16. Jahrhundert.

Nun kann man von der Woltzetener Dorfringstraße in westlicher Richtung (Dorfring, Am Hundkamp) und nach einigen hundert Metern sowie Überquerung des Groothuser Tiefs nach rechts in die Straße Auf der Meede abbiegen, die nach Groothusen führt. Dabei durchfährt man einen der zahlreichen Windparks in dieser Region.

Wieder in Groothusen, biegt man links ab und fährt zum nächsten Wurtendorf **Hamswehrum**. Das Dorf wurde vermutlich von Bewohnern einer zuvor untergegangenen Siedlung im 14. Jahrhundert neu gegründet. Die **reformierte Sankt-Maria-Kirche** (Mittellohne 8) ist Ende des 15. Jahrhundert erbaut worden, Vorgängerbauten sind nicht bekannt. Sie war eine Saalkirche mit angebautem kleinem Glockenturm, einem Ostgiebel mit drei gestaffelten Blendfeldern und niedrigen Traufwänden, in denen Rundbogenfenster eingelassen waren. Das sich stark nach Süden neigende Kirchenschiff wurde 1967 abgebrochen und durch einen Neubau ersetzt. Der alte Glockenturm hingegen blieb erhalten.

Auf dem ehemaligen Burgplatz errichtete man Anfang des 19. Jahrhunderts das große Gulfhaus **Hamswester Straße 18,** das um 1900 umgestaltet und mit einem Fassadenputz versehen wurde. Aufgrund des Farbanstriches wird es die Geele Börg genannt. In einer Querstraße befindet sich ein recht anschauliches **Landarbeiterhaus** (Alte Deichlohne 4), das als Ferienhaus genutzt wird.

Nur einen Kilometer weiter südlich erreicht man die Rundwurt **Upleward**. Hier stand auf der Nordseite der Wurt ein ansehnliches Renaissanceschloss, das 1782 restlos abgetragen wurde. Die **reformierte Kirche** (Dodo-Wiltvang-Straße) wurde in der Zeit um 1300 als rechteckiger, gewölbter Saalbau errichtet. Die im Mauerwerk noch ablesbaren originalen, sehr schmalen Spitzbogenfenster und Portale sind in frühgotischen Formen gehalten. Die steigenden Rundbogenblenden und Ziegelmuster im Ostgiebel sind den Ostfassaden der Kirchen von Campen und Dornum verwandt. Das gilt für den ganzen Kirchentyp eines gerade geschlossenen Saalbaues mit drei bis vier Jochen, nur ist das Gewölbe im Unterschied zu Campen nicht erhalten. An der Außenmauer wurden Grabplatten aufgestellt, darunter zwei mit Wappen, die auf das 16. Jahrhundert datiert werden. Das Innere des Kirchenschiffes wird mit einer Voutendecke abgeschlossen, die schlichte Kirchenausstattung stammt aus dem 18. Jahrhundert.

Ursprünglich war der **Glockenstuhl** ein Gerüst des Parallelmauertyps mit drei Glockengängen und wurde mit dem Kirchenbau um 1300 errichtet. Im Jahre 1854 ist der Glockenturm zu einem geschlossenen Turm umgebaut und verputzt worden. Die im mittleren Joch hängende Glocke ist mit Bandelwerk, Akanthusblättern und Wappenkartuschen verziert und wurde im Jahre 1752 gegossen.

Städtebaulich beeindruckend sind die Gulfhäuser **Ohlingslohne 1 und 5, Koppelstraße 1** und **Schipperslohne 5** am Südrand der Wurt. Sie sind mit dem Wohnteil radial zur Wurtenmitte ausgerichtet und nehmen mit dem Scheunenteil die Neigung der Wurt auf. Herausragend war das **Gulfhaus Nanninga** (Koppelstraße 1), das im Jahre 1701 errichtet und 1851 modernisiert wurde. Ein Brand vernichtete die wertvolle Scheune mit Karnhaus und Sommerküche, 2001 wurde die Scheune in vereinfachter Form wiederaufgebaut. Auf der anderen Straßenseite steht dem Gulfhaus Nanninga gegenüber ein gut renoviertes **Landarbeiterhaus** (Koppelstraße 2) von 1862, das jetzt als Ferienhaus genutzt wird. Jeder der ehemals zehn Höfe in Upleward hatte zahlreiche Pferde für die Feldbearbeitung und für den Transport der landwirtschaftlichen Produkte. Wie in den meisten Dörfern der Krummhörn, war auch der Uplewarder Schmied der wichtigste Handwerker im Dorf. Die **alte Schmiede** (Sportplatzweg 4) aus dem 19. Jahrhundert der Familie Göken ist samt der Werkstattausstattung sorgsam erhalten geblieben.

Es sind etwas mehr als zwei Kilometer bis zum nächsten Wurtendorf **Campen**. Bevor man das eigentliche Dorf besucht, biegt man gegenüber dem Agrarmuseum rechts in die Heiselhuser Straße ein. Diese Straße bis zur Querstraße Röttjeweg fahren, bis rechts und links die zwei Gulfhäuser von Heiselhusen auftauchen. An diesem Ort befand sich im 15. Jahrhundert eine Kommende des Johanniterordens, bestehend aus einem Doppelkloster. Die Wurt bestand aus zwei Teilen: Kirche und Friedhof lagen wahrscheinlich auf der nördlichen Hälfte, während das Schwesternhaus vermutlich auf der kleineren, südlichen Hälfte errichtet wurde. 1492 wurde die Kommende aufgelöst und die Gebäude wurden abgebrochen. Heute befindet sich auf dem Platz das restaurierte Gulfhaus **Röttjeweg 2** mit verkürzter Scheune, erbaut 1885. Das Wohngebäude ist mit aufwändigen Ziegelornamenten in den Fenster- und Gesimsbereichen ausgestattet. Der gegenüberliegende **Hof Groß-Heiselhusen** (Röttjeweg 3) ist eines der bedeutendsten Gulfhäuser der Krummhörn. Das Wohnende mit dem sandsteinbesetzten Ziergiebel wurde 1798 errichtet und ist fast unverändert überkommen. Älter ist die Gulfscheune mit einem Gerüst von 1725, die Außenwände wurden um 1900 erneuert. Wenn man am Ende des Röttjeweges links abbiegt, fährt man unmittelbar auf das Campener Leuchtfeuer zu. Der mit 65,30 Metern höchste deutsche **Leuchtturm (Abb. 167)** (Leuchtturmstraße) fällt durch seine ungewöhnliche Bauweise auf. Er besteht aus einem roten, dreibeinigen Eisengerüst und einem weißen Treppenrohr in der Mitte. Der Leuchtturm wurde 1890 zusammen mit vier weiteren Leuchtfeuern zur Sicherung der Einfahrt zum Emder Hafen errichtet. Der Leuchtturm Campen kann regelmäßig besichtigt werden, am Tag des offenen Denkmals auch das Maschinenhaus, in dem dann meistens der MAN-Dieselmotor von 1906 im Betrieb vorgeführt wird.

167 Leuchtturm

Auf der Rückkehr zum Wurtendorf Campen sieht man schon die beiden mächtigen Wirtschaftsgiebel der Gulfhäuser der **Höfe Ohling** und **Heikens** (Krummhörner Straße 7), die zu einem Agrarmuseum umgenutzt worden sind. Das *Ostfriesische Landwirtschaftsmuseum Campen* ist in vier Gebäuden untergebracht, neben den beiden Gulfhäusern gibt es noch eine Feldscheune und ein rekonstruiertes Landarbeiterhaus am Tannenweg unmittelbar hinter dem Hof Heikens. Das große **Gulfhaus Heikens** wurde 1888/89 errichtet und bekam 1912 parallel zur Gulfscheune noch eine Zweitscheune angebaut, deren Dächer über einem Dielentor zusammenlaufen.

Noch etwas größer mit rund 60 Metern Länge ist das **Gulfhaus Ohling**. Neben den Ausstellungen, die das Thema der Industrialisierung in der Landwirtschaft behandeln, sollte man hier die originale Inneneinrichtung eines ostfriesischen Gulfhauses mit Pferde- und Viehställen, Dreschdiele und Karnhaus anschauen, die so kaum noch vorhanden sind.

Im nördlichen Teil des Dorfes steht die **Altreformierte Kirche** (Am Langen Graben 9) von 1909 mit einem schiefergedeckten Dachreiter. Die altreformierte Gemeinde in Campen entstand 1854, das Einzugsgebiet der Kirchenmitglieder erstreckt sich aber über die gesamte Krummhörn. Die Altreformierten konnten sich in der Mitte des 19. Jahrhunderts mit den liberalen Strömungen der reformierten Kirche nicht anfreunden und spalteten sich ab.

168 Ref. Kirche

169 Kirchenschiff

Das relativ einfache Äußere der **reformierten Kirche (Abb. 168)** (Am Glockenturm) lässt nicht ahnen, welche Überraschung der Innenraum bietet. Wie häufig zeigt der rechteckige Saalbau aus der Zeit um 1300 auf der Nordseite besser den ursprünglichen Wandaufbau als auf der Südseite, in die nach der Reformation, wie bei vielen Kirchen, große Spitzbogenfenster eingebrochen wurden, um mehr Licht zum Lesen zu haben. Ursprünglich gliederten nur die schmalen Spitzbogenfelder die Traufwände und die Ostwand, von denen einige mit Ziegelmustern gefüllt sind. In die Westwand der Kirche wurde nachträglich ein spätgotisches korbbogiges Portal eingebrochen, durch das man die Kirche betritt.

Der gedrungene dreigeschossige Glockenturm steht dicht am Kirchenschiff. Er dürfte etwa mit der Kirche erbaut worden sein. Im Turm hängt die älteste Glocke Ostfrieslands von 1295.

Der Innenraum der Kirche **(Abb. 169)** überrascht den Besucher durch die überaus reiche **Ausmalung** der Domikalgewölbe, die in ihren Ansätzen tief herabreichen und mehr als die Hälfte der Raumhöhe einnehmen. Durch die ringförmige Mauertechnik waren keine Lehrgerüste erforderlich, die Steilheit leitet die Schwerkräfte vertikal ab, wodurch noch keine äußeren Strebepfeiler benötigt wurden und der Erhaltungszustand trotz des aufgeschütteten Bodens der Wurt erstaunlich gut ist. Die überwiegend dekorative Ausmalung wurde 1938 entdeckt, teilweise freigelegt und nach Befund komplett, jedoch wohl zuverlässig, erneuert. Inzwischen ist diese rekonstruierte Neufassung vor einigen Jahren restauriert worden, wobei allerdings die große Fehlstelle im ersten Joch von Westen nicht geschlossen wurde. Hier herrschen die gemalten Ziegelmuster vor, wie sie auch in Kirchen der Provinz Groningen anzutreffen sind. Auch die Gliederung des achtteiligen Domikalgewölbes mit den Wulstrippen, die oben bogenförmig zusammenlaufen und über einen Steg den Mittelring tragen, sieht man in der Kirche Huizinge, Groningerland. Die Gemeinsamkeiten der Kulturlandschaften von Ostfriesland und Groningerland im Mittelalter werden hiermit erneut bestätigt. Im mittleren Gewölbe von Campen ist die Maßwerkgliederung reicher, denn es ist ein zweiter großer Ring dazugekommen, auf dem jeweils eine Rippe mehr aufsetzt, sodass sich 16 Felder ergeben. Die radialen Wulstrippen enden zu zweit jeweils in einem Kleeblattbogen, auf deren Scheitel wiederum Stege stehen, die den kleineren Mittelring tragen. Die Segmente sind paarweise mit Ziegelmuster oder mit Szenen des Kampfes Gut gegen Böse auf weißem Grund ausgemalt. Die Gewölbeverzierung findet ihren Höhepunkt im östlichen Gewölbe, das einst den Altar im Chor überspannte. Eine doppelte Reihe von Kleeblattbögen ist zwischen die radialen Wulstrippen gefügt, ein großer Schlussring ist mit vier Kreisen bestückt, die jeweils ein Vierblatt enthalten. Im unteren Teil sind die Kappen mit Ziegelmustern gefüllt.

Die kleine **Orgel** zwischen den beiden Priechen auf der Ostempore wurde im 18. Jahrhundert vermutlich als Hausorgel gefertigt. Das Instrument wurde 1835 in der Campener Kirche aufgestellt. Die in dunklem Naturholz gehaltene **Kanzel** von 1794 besticht durch die sehr fein geschnitzten Rankenornamente, die den ganzen Korb überziehen, dessen Kanten mit freistehenden, sehr zierlichen, gewundenen Säulchen bestückt sind. Darüber spannt sich ein Schalldeckel, der in dieser Größe in Ostfriesland häufiger anzutreffen ist.

Das Wurtendorf **Loquard** liegt nur einige hundert Meter weiter südlich. Nordwestlich etwas außerhalb des Runddorfes befand sich die Loquarder Burg des 15. Jahrhunderts. Der letzte Häuptling im Ort war Viktor Freese II., der 1564 die Herrlichkeit Loquard und Campen an Graf Edzard II. Cirksena und seine Frau Katharina, Tochter des Königs Gustav I. Wasa, verkaufte. Die ältere Burg des 14. Jahrhunderts lag unmittelbar nordöstlich der Kirche, noch heute, als Rund mit einem Graben versehen, erkennbar. Das ehemalige Turmhaus ist im Grundriss durch Buschwerk angedeutet.

Am Ortseingang liegt auf der linken Seite eine größere Gartenanlage mit Obstbäumen. Darin steht das **Haus Liebenhain** (An der Landstraße 23), ein sechseckiger, zweigeschossiger Pavillonbau, der als Gesellschaftsbau für Lesungen und Musik diente. Das auf 1819 datierte Haus besaß eine Dachterrasse und drei Loggien, die mit je zwei Holzsäulen abschlossen. Gegenüber blickt man auf den Wirtschaftsgiebel des großen Gulfhauses **Am Runden Graben 9**, in dem sich eine Grundschule befindet. Es ist ein gelungenes und für Ostfriesland einzigartiges Beispiel für die Umnutzung eines Bauernhauses. Falls möglich, wird auch wegen der besonderen Raumatmosphäre eine Innenbesichtigung empfohlen. Im weiteren Verlauf der Durchfahrtsstraße stößt man auf den ehemaligen **Dorfgasthof Zur Post** (An der Landstraße 8), der in den 1920er Jahren von der Familie Mennenga übernommen wurde. Das Haupthaus aus der 2. Hälfte des 18. Jahrhunderts erhielt um 1900 einen Saalanbau für die Tanzaktivitäten des Dorfes. Über viele Jahre stand das Gebäude leer und hat nun ein Liebhaberehepaar gefunden, das das Haus sorgsam instand setzt und als Wohnhaus nutzt. Im Ortskern sieht man erfreulicherweise mehrere liebevoll gepflegte Häuser, die zu einem lohnenden Rundgang durch Loquard einladen. Stellvertretend für alle seien hier die **alte Schule** mit Lehrerwohnung (Kirchringstraße 2) und die **alte Pastorei** (Victor-Freese-Straße 10) von 1756 genannt.

Die ****lutherische Kirche (Abb. 170)** (Kirchringstraße 1) ist ein langgestrecktes, einst gewölbtes frühgotischer Bauwerk aus der Zeit um 1260-70. Bis 1717 hatte sie einen nachträglich im 15. Jahrhundert ange-

170 Luth. Kirche

Landkreis Aurich

171 Kirchenschiff

bauten Westturm, der in der schrecklichen Weihnachtsflut wohl unterspült wurde und abgetragen werden musste. Statt eines Wiederaufbaus verlängerte man das Kirchenschiff bis an die stehen gebliebene westliche Mauer des Turms. So blieb auch das schöne spätgotische Portal mit dem Blendmaßwerk im Tympanon erhalten. Die ursprüngliche Wandgliederung ist am besten noch auf der Nordseite des gerade geschlossenen Saalbaus zu erkennen, da an der Südseite durch den Einbruch großer spitzbogiger Fenster im 16. Jahrhundert die alte Gliederung gestört ist. Ursprünglich waren beide Außenmauern durch flache, in halber Höhe auf einem Absatz aufsetzende Pilaster in vier Joche geteilt, dazwischen befand sich je ein schmales Fenster mit einem Rundbogen. Zentrales Motiv der Ostwand ist eine Dreifenstergruppe, die durch zwei seitliche Blendfelder vergrößert wird und die gesamte Breite der Chorwand einnimmt.

Dicht an der Südwand steht das **Glockenstuhl** des Parallelmauertyps, das etwa zeitgleich mit der Kirche erbaut worden ist. In der südlichen der vier Parallelmauern wurde in den 1960er Jahren eine Mauertreppe freigelegt. Ursprünglich besaß das Gerüst ein Satteldach, das um 1900 durch ein Walmdach ersetzt wurde.

Von den einst vier Gewölben des Kirchenschiffes blieb nur das östliche im gerade schließenden Chor erhalten **(Abb. 171)**. Auffallend ist die Anzahl von 21 Nischen an den nördlichen und östlichen Chorwänden. Der Altarblock zählt zu einem der schönsten in Ostfriesland. Seitlich ist eine kleine Piscina eingemauert, in der Front zieren drei weiß bemalte Spitzbogennischen den Block. Die ehemalige Abtrennung des Schiffs vom Chor mit einer Orgelempore im Osten war für eine lutherische Kirche ungewöhnlich, man versetzte um 1960 die Empore unter anderem deshalb an die Westwand. Gleichzeitig erneuerte man das Kirchengestühl, versetzte Altar, Taufe und Kanzel und veränderte dabei die Raumstruktur des 18. Jahrhunderts grundlegend.

172 Altar

Kostbarstes Ausstattungsstück ist der Mittelschrein eines spätgotischen ***Schnitzaltars (Abb. 172)** aus Eiche, um 1510-30, wohl eine Arbeit eines unbekannten Meisters aus Osnabrück. Noch 1880 waren die Seitenflügel des Schnitzaltars vorhanden, deren Verbleib ist unbekannt. Die Schnitzereien, die von herausragender künstlerischer Qualität zeugen, wurden aus drei Einzelblöcken geschnitten. Wie bei einer mittelalterlichen Simultanbühne sind mehrere Szenen der Passion, die zeitlich nacheinander erfolgten, in dem einen Mittelrelief zusammen dargestellt: Links oben die Verurteilung durch Pilatus, darunter die Kreuztragung mit dem Schweißtuch der Veronika, dann im Zentrum die Kreuzigung, rechts oben die Kreuzabnahme und schräg darunter die Grablegung. Von der ursprünglichen farbigen Fassung ist nichts erhalten, erkennbar sind noch Reste eines Kreidegrundes. Alle Figuren sind geprägt von einer lebendigen, verinnerlichten Darstellungsweise mit großem Bewegungsreichtum und ausdrucksstark herausgearbeiteten Gesichtern. Der Schnitzaltar ist einer der kostbarsten seiner Art in Ostfriesland, schon allein deswegen lohnt ein Besuch in Loquard. Die Predella ist eine neue Konstruktion, die fünf Tafeln mit Faltwerk, ebenfalls aus dem Beginn des 16. Jahrhunderts, aufnimmt.

173 Taufstein

Der **Taufstein (Abb. 173)** aus der Mitte des 13. Jahrhunderts gehört zum Bentheimer Typ, ursprünglich stammt die Taufe aus Westerholt, wo der Taufstein bis 1965 im Pfarrgarten stand. Auf vier stilisierten Löwen ruht im oberen Bereich ein stark beschädigtes und danach ergänztes zylindrisches Becken. Von den historischen Ausstattungselementen ist noch die schlichte Kanzel von 1732 zu erwähnen, weiterhin das Portraitgrabmal von Conrad von Vaerle, gestorben 1546. Im Jahre 1793 baute Hinrich Just Müller aus Wittmund für die Kirche eine neue **Orgel (Abb. 174),** von der nur noch der Prospekt vorhanden ist. Er lässt in den Vasen auf den drei Pfeifentürmen und den seitlich angesetzten Flügelbrettern den Übergang vom Spätbarock zum Frühklassizismus erkennen. Das Instrument dahinter baute die Orgelbaufirma Alfred Führer aus Wilhelmshaven in den Jahren 1966/67.

174 Orgel

Das südlichste Dorf der Gemeinde Krummhörn ist **Rysum**, das fast unmittelbar an Loquard anschließt und gleich zwei Besonderheiten zu bieten hat: Es ist das am besten erhaltene Runddorf Ostfrieslands und besitzt eine der ältesten Orgeln Deutschlands. Die regelmäßig ausgeprägte Rundform des Dorfes erkennt man am besten in einem Luftbild.

Die große und beachtlich hohe, kreisrunde Wurt von Rysum nimmt eine Fläche von 14 Hektar ein, der Durchmesser beträgt ungefähr 400 Meter. Bei Erstellung des Katasterplans 1872 gab es auf der Wurt 15 Bauernhöfe, von denen heute noch die meisten erhalten sind, sich aber nicht immer in einem guten Zustand befinden. Nur wenige der riesigen Dachflächen sind mit roten Pfannen gedeckt, bei den anderen Gulfhäusern mussten sich die Landwirte mit Wellblech oder Eternit behelfen, weil sie die hohen Kosten einer Naturziegeldeckung nicht erwirtschaften konnten. Die großen Gulfhäuser sind an der äußeren Ringstraße angeordnet worden, sodass der Wirtschaftsteil zu den Wiesen oder Feldern gerichtet ist. Die Ausrichtung des Wohnteils der Gulfhäuser zur Ortsmitte und damit zur höher gelegenen Wurt hin bedeutet für diesen einen stärkeren Schutz bei Hochwasser. Im bis heute unbebauten Sektor westlich der Kirche stand einst die spätgotische Häuptlingsburg, die noch 1720 erhalten war, aber in den nachfolgenden Jahrzehnten abgetragen wurde. Aufgrund der erhaltenden Siedlungsstruktur wird Rysum als flächendeckendes Kulturdenkmal eingestuft.

In kaum einem anderen Wurtendorf sind die Gulfhäuser noch so ortsbildprägend wie in Rysum. Bei einem Rundgang durchs Dorf kann man sich einige der gut erhaltenen Höfe ansehen: **Am Armtje 4** von 1900, **Denkmalstraße 1**, **Emsstraße 8, 30, 32** und **34**, **Mönkehörner Lohne 16**, 1. Hälfte 19. Jahrhundert mit originaler Haustür, **Mönkestraße 1**, Anfang 19. Jahrhundert und **Neuwegster Lohne 1**, ein kleineres, schön restauriertes Gulfhaus von 1780. Besondere Erwähnung verdient das **Landhaus Rysumer Plaats** (Am Judendobbe 4), eines der ältesten Gulfhäuser im Ort mit einem um 1730 errichteten Innengerüst. Kurz vor dem Niedergang wurde es aufwändig restauriert. Um den Nutzungsansprüchen als zukünftiges Restaurant zu genügen, wurde unter der historischen Dachhaut eine Glaskonstruktion eingezogen, die nun das Raumklima regelt und die Untersicht auf die alte Dachkonstruktion ermöglicht. Ein Besuch des Gulfhauses kann nicht nur wegen der besonderen Architektur empfohlen werden. An der Judendobbe liegt auch ein erhaltener Fething, ein Süßwasserteich, der insbesondere bei Überschwemmungen die Trinkwasserversorgung sicherte.

Im Gegensatz zu den großen Gulfhäusern der Marschenbauern stehen die kleinen **Landarbeiterhäuser**. Erhaltene Beispiele, die heute als Ferienhäuser genutzt und gern angenommen werden, befinden sich zum Beispiel in der Blumenstraße 8 und in der Emsstraße 2 und 7. Sie sind meist als Doppelhäuser errichtet worden, die man in Ostfriesland Bummert nennt.

Neben der Kirche mit Turm prägt die **Galerieholländermühle** (Mühlenlohne 1) von 1895 die Ortsilhouette des Wurtendorfes. Ursprünglich war sie zweistöckig, wurde dann nach einem Brand 1921 um ein Stockwerk erhöht und war bis 1964 im Betrieb. 1989 begann die Interessengemeinschaft Rysum die schon demontierte Mühle wieder aufzubauen und zu ihrem 100. Geburtstag konnte sie voll funktionsfähig wieder eingeweiht werden.

Die ***reformierte Kirche (Abb. 175)** (Im Dorfe) stammt aus dem 15. Jahrhundert und hatte einen romanischen Vorgängerbau aus Tuffstein, den man teilweise, gemischt mit neuen Backsteinen, für den Neubau wiederverwandt hat. An diesen Vorgängerbau hatte man um die Mitte des 13. Jahrhunderts, vermutlich anstelle einer halbrunden romanischen Apsis, einen neuen, höheren Rechteckchor gebaut, der nach Süden, Osten und Norden je drei hohe, schlanke Rundbogenfenster innerhalb noch höherer Blendfenster aufweist. Er wurde 1585 zu einem Ostturm aufgestockt, nachträglich also zu einem Chorturm umgewandelt.

Das Kirchenschiff hatte von Anfang an eine hölzerne Balkendecke, unter die man 1867/68 eine Spiegeldecke einzog. Da die ***Orgel (Abb. 176)** darüber hinaus ragte, wurde sie kurzerhand ihres oberen Aufbaues mit dem Eselsrücken und der Klappflügel beraubt, von denen man

175 Ref. Kirche

zum Glück Teile für die Abdeckung des Orgelgehäuses verwendete, sodass man bei der umfangreichen Restaurierung 1959-61 durch die Orgelwerkstatt Ahrend und Brunzema aus Loga einen sicheren Anhaltspunkt für die Rekonstruktion der nun wieder angebrachten Klappflügel besaß. Auch gelang es den Orgelbauern, den Originalbestand des Orgelwerkes mit den Prospektpfeifen aus Blei weitgehend wiederherzustellen, sodass das Instrument seitdem wieder in dem besonderen Klang einer gotischen Orgel zu hören ist.

Erst jetzt erkannte man den großen Wert der Orgel. Zunächst bezog man die polygonale Organistenkanzel mit ihrer Inschrift von 1513 mit Recht nicht nur auf die ganze Westempore, sondern auch auf die Orgel. Später datierte man die Orgel nach einem Bericht Eggerik Beningas in seiner Cronica der Fresen auf das Jahr 1457, was sich auf einen Antrag der Kirchengemeinde Rysum auf Erlaubnis für den Transport von fetten Rindern über die Ems nach Groningen bezieht, damit sie ihre Schulden in Groningen für die Orgel bezahlen konnten, die sie dort hatten bauen lassen. Neuer Forschungen haben ergeben, dass dieser Antrag 17 Jahre früher zu datieren ist, damit wäre das Baudatum der Rysumer Orgel bereits um 1440 (zwischen 1439 und 1441) anzusetzen. Es wird angenommen, dass ein Meister Hermannus aus Groningen der Schöpfer der Orgel sein könnte.

Bei den Restaurierungsarbeiten 2007/08 wurde der frühgotische **Chor (Abb. 177)** in seiner originalen Gestalt wiederhergestellt und damit nach den Verunstaltungen vergangener Jahrhunderte der kunstgeschichtlich wichtigste Bauteil zurückgewonnen. Bei den Arbeiten wurden mittelalterliche Wandmalereien aufgedeckt, darunter der Kampf eines Löwen, Sinnbild Christi, mit einem Drachen, Symbol des Teufels. Aus einer freigelegten Inschrift aus der Zeit nach der Reformation geht hervor, dass man den Chorraum damals noch als einen besonderen Raum ansah, in dem man das Abendmahl feierte. Die Außenmauern des einst von einem steinernen Domikalgewölbe überdeckten Raumes sind zweischalig aufgebaut, denn vor den Fenstern tragen freistehende Säulen eine zweite, innere Schale. Vergleichsbeispiele finden sich in den Kirchen von Bunde und Engerhafe, alle drei gehen auf den ab 1218 neu erbauten Chor des Domes von Osnabrück zurück.

176 Orgel

Nach der Kirchenbesichtigung in Rysum fährt man zurück nach Pewsum, um von dort die beiden letzten Wurtendörfer der Gemeinde Krummhörn aufzusuchen. Schon gleich hinter dem Gewerbegebiet am südlichen Ortsausgang des Hauptortes Pewsum befindet sich rechts der Straße das alte Wurtendorf **Canum**. Aufgrund von Keramikfunden kann von einer Besiedlung des Ortes bereits zum Beginn unserer Zeitenrechnung, etwa vom 1. Jahrhundert vor Christus bis zum 3. Jahrhundert nach Christus, ausgegangen werden.

177 Chor

Die **reformierte Kirche** (Canumer Kirchstraße) ist eine spätromanische Saalkirche aus dem 3. Viertel des 13. Jahrhunderts, deren Gewölbe über den drei Jochen erhalten sind. In jeder Jochachse ist ein rundbogiges Fenster angebracht. Wie kaum anders zu erwarten, sind auch hier die mittelalterlichen Portale im mittleren Joch vermauert, man betritt die Kirche durch ein kleines, neueres Portal am Westende der Nordseite. Die Ostwand der gerade abschließenden Kirche öffnet sich in drei gleich hohen Rundbogenfenstern, der Giebel ist mit Fischgrätenmustern verziert.

Landkreis Aurich

178 Kirchenschiff

Neben der Nordostecke der Kirche steht ein **Glockenturm** des geschlossenen Typs, der wohl zeitgleich oder kurz nach Fertigstellung der Kirche errichtet wurde. Ost- und Westgiebel sind im 18. Jahrhundert erneuert worden, auch der angeschrägte Sockel im Gründungsbereich stammt aus späterer Zeit.

Das Kirchenschiff besitzt im Inneren drei achtteilige Domikalgewölbe **(Abb. 178)**, deren schmale Bandrippen auf mehrfach abgestuften Wandvorlagen aufsetzen. Aus den sich verkröpfenden Bandrippen ist im mittleren Gewölbe ein Stern mit einem Schlussring gebildet, das Chorgewölbe weist einen doppelten Schlussring auf. Ursprünglich besaß das Kirchenschiff eine fast drei Meter hohe Abschlussmauer mit einem Durchgang zum Chor, auf die 1855 eine Orgel gestellt wurde. Später wurde die Mauer auf ein Meter Höhe reduziert und mit einem Holzgitter versehen, sodass es wie ein **Chorgitter** aussieht. In der Doppeltür sind Kassetten mit gotischem Faltwerk eingelassen, dadurch darf man für die Mauer und die Durchgangstür ein Baudatum am Anfang des 16. Jahrhunderts annehmen. Eine Bronzetaufe von 1506 hat die Gemeinde im 18. Jahrhundert verkauft. Außergewöhnlich ist der jüngst restaurierte ****Dreisitz** von 1584, der in nachreformatorischer Zeit kaum noch vorkommt und der sich mit seinem Beschlagwerk, den kannelierten Pfosten und dem Baldachin als ein Werk der Renaissance ausweist. Auch befindet sich in der Kirche ein im gleichen Jahr gefertigter Abendmahlstisch in Gestalt eines hölzernen Altarblocks. Für die Altarmensen wurden, wie in Canum, häufig Sargdeckel verwendet, hier sind auch noch die alten Inschriften erkennbar. Der Kanzelkorb wurde 1878 erneuert, der dazugehörige Schalldeckel trägt das Datum 1773. Im Jahre 2010 fertigte der Orgelbaumeister Bartelt Immer aus Norden eine neue **Orgel**, die eine Rekonstruktion einer Barockorgel nach Gerhard von Holy darstellt.

179 Ref. Kirche

Zwei Kilometer weiter liegt **Freepsum**, wiederum ein Kirchdorf auf einer Wurt. Unmittelbar südöstlich des Dorfes erstreckte sich das Freepsumer Meer, ein heute trockengelegter Binnensee. In der Senke liegt mit 2,50 Metern unter Normalnull einer der tiefsten Punkte der Bundesrepublik.

Die ***reformierte Kirche (Abb. 179)** (An der Dorflinde 8) ist als romanische Saalkirche in der 2. Hälfte des 13. Jahrhunderts erbaut worden. Die Längswände werden durch die in 3/5 Höhe ansetzenden Lisenen in Wandfelder gegliedert, in denen die später vermauerten Rundbogenfenster angeordnet sind. An der Südseite wurde im 16. Jahrhundert eine hübsche Uhr aus Sandstein angebracht **(Abb. 180)**, deren Zifferblatt sich zwischen zwei Säulen und einem oberen Giebeldreieck mit geflügeltem Engelskopf befindet. Das Ziffernblatt ist mit römischen Zahlen versehen, in der Mitte sieht man eine strahlende Sonne.

Im Osten steht das **Glockengerüst (Abb. 181)** aus der 1. Hälfte des 14. Jahrhunderts. Ursprünglich bestand es aus vier Parallelmauern, von denen die westliche Wand abgebrochen wurde. Heute trägt das Gerüst ein Pyramidaldach, vor dem Teilabbruch wird es ein Satteldach mit Ziergiebeln besessen haben.

Im Innern ist die ursprünglich flachgedeckte Kirche mit einer hölzernen Tonne, wohl aus dem 18. Jahrhundert, versehen. Die Innenausstattung der Kirche ist sehr schlicht gehalten. Zu nennen sind hier vor allem ein Abendmahlstisch mit Balusterfüßen aus dem Jahre 1625, mehrere Priechen sowie einige Grabplatten aus dem 16. und 17. Jahrhundert.

Die **Orgel** wurde 1836-39 von Wilhelm Caspar Joseph Höffgen aus Emden gebaut, in der auch Teile einer Orgel von 1791 verwendet wurden. Das Instrument ist nahezu vollständig und ist eines von zwei erhaltenen Werken des Orgelbaumeisters. Leider ist es fast nicht mehr bespielbar und benötigt eine grundlegende Überholung.

180 Uhr

Seit einigen Jahren gibt es dörfliche Aktivitäten, um das alte Dorfbild zu erhalten. Überörtlich bekannt ist der *Kultur-Gulfhof-Freepsum*, der auch Konzertreihen mit bekannten Künstlern in der Gulfscheune veranstaltet. Das Gulfhaus **Am Spielplatz 18** ist aus dem Jahre 1856, der ältere Teil des Gulfgerüstes stammt von 1622. Weitere sehenswerte Gulfhäuser sind die Höfe **Am Spielplatz 6** und **An der Dorflinde 2.** Gepflegte **Landarbeiterhäuser,** die als Ferienhäuser genutzt werden, sieht man unter anderen in der Dorfringstraße 2 und 15 **(Abb. 182)**.

Gemeinde Hinte
mit Groß Midlum, Westerhusen, Hinte, Cirkwehrum, Suurhusen, Loppersum und Canhusen

Hinte ist die kleinste Gemeinde im Landkreis Aurich. In ihr leben heute knapp 7.000 Einwohner. Die meisten davon sind Pendler, die in der nahe gelegenen Stadt Emden ihr Auskommen finden. Nennenswerte Industrie ist in der Gemeinde nicht vorhanden, traditionell wird Landwirtschaft betrieben, der Tourismus gewinnt aber zunehmend an Bedeutung. Der Hauptort Hinte war geschichtlich von Bedeutung, schon im 9. Jahrhundert liefen hier wichtige Land- und Wasserverbindungen zusammen. Die Kirche von Hinte war ursprünglich eine Eigenkirche der Bischöfe von Münster und die älteste Kirche im Emsgau. Von Hinte und Loppersum aus erfolgte die hochmittelalterliche Binnenkolonisierung des südlichen Brookmerlandes. Man fährt von der Gemeinde Krummhörn in die Gemeinde Hinte.

181 Glockenstuhl

Der erste Ort, den man kurz hinter Freepsum erreicht, ist das Kirchdorf **Groß Midlum**. Südlich der Kirche stand bis vor rund 200 Jahren eine aus einem Häuptlingssitz hervorgegangene Burg als Dreiflügelanlage. Erhalten blieb lediglich ein Rest der Burgmauer mit einem Torbogen.

Die **reformierte Kirche (Abb. 183)** (Am Löschteich 11) ist ein Apsissaal und wurde am Ende des 13. Jahrhunderts erbaut. Auf der Nordseite sind die Abschlussbögen der zugemauerten Fenster mit eingelegtem Rundstab noch erhalten. An der Südwand befindet sich eine Gliederung in Form von hoch sitzenden Blendnischen, dazwischen liegen die später vergrößerten spitzbogigen Fenster. Am Ostende der Süd- und Nordwand

182 Landarbeiterhaus

Landkreis Aurich

183 Ref. Kirche

184 Kirchenschiff

sind jeweils kleinere Fensteröffnungen erkennbar, die zur Belichtung von mittelalterlichen Seitenaltären dienten. Reste der Wandvorlagen und spitzbogigen Schildbögen belegen, dass der Innenraum einst in vier Jochen gewölbt war. Im Jahre 1839 wurden die Gewölbe restlos entfernt und durch eine Holzdecke ersetzt **(Abb. 184)**. Unter dem Chor befindet sich eine unzugängliche Gruft der örtlichen Herrschaft, die im 17. Jahrhundert angelegt wurde.

Vor der Ostwand, die Chor und Apsis vom Schiff trennt, liegt eine Empore mit der ***Orgel,** deren schöner Prospekt 1803/04 von Johann Friedrich Wenthin aus Emden geschaffen wurde. 1956 wurde hinter dem historischen Gehäuse durch die Orgelbaufirma Alfred Führer aus Wilhelmshaven ein neues Instrument geschaffen. Die **Kanzel** von 1690 ist eine Arbeit von Peter Gerkes Husmann aus Emden. Sie hat die in dieser Zeit üblichen gewundenen Ecksäulen und wird durch den Stumpf eines Gewölbepfeilers gestützt. Mehrere Totenschilde und Grabsteine des 17. und 18. Jahrhunderts sowie zwei Kronleuchter von 1843 bereichern das Kirchenschiff.

Von der alten Ortsbebauung ist das in der Nähe der Kirche stehende **alte Armenhaus** (Groß-Midlumer Ring 21) zu nennen, ein schlichter Backsteinbau mit Krüppelwalm. Rückwärtig ist das Dach weiter abgeschleppt, um dort Kleinvieh unterzubringen. Imposant wirkt dagegen der Wohnteil des 1839 erbauten Gulfhauses **Im Winkel 2** an der östlichen Ortseinfahrt. Die Blockrahmen-Schiebefenster besitzen Fensterläden, darüber befinden sich die feinversprossten Fenster der beiden Kornböden.

Kaum mehr als einen Kilometer weiter folgt **Westerhusen**. Der Ort war Sitz der im 14. Jahrhundert bedeutenden Häuptlingsfamilie Ewinga. Die nordöstlich der Kirche gelegene Burganlage kann in der Ausdehnung in den teilweise erhaltenen Graben- und Grünanlagen noch nachvollzogen werden. An der Stelle der im 17. Jahrhundert abgebrochenen Burg steht heute ein **Herrenhaus** (Landesstraße 4) mit Gartenanlage, Zingel und Pavillon aus dem 19. Jahrhundert.

Ein Gang durch den Ort lohnt schon wegen einiger interessanter Hausgiebel, darunter der mit einem Wappenstein und der Jahreszahl 1789 versehene Giebel des Gulfhauses **Alter Schulweg 11**. Unweit davon steht das um 2002 gut restaurierte **alte Armenhaus** (Alter Schulweg 3) mit der straßenseitigen Sandsteinplatte, auf der das Erbauungsdatum 1793 zu lesen ist. Östlich der Kirche befindet sich hinter einer neueren Gulfscheune ein noch nicht restauriertes **Steinhaus** (Burgweg 3) aus der Zeit um 1600, das als Schatthaus zur Burg gehörte.

Die ****reformierte Kirche** (Landesstraße 4) ist ein rechteckiger Saalbau, dessen Nordwand aufgrund der vermauerten romanischen Rundbogenfenster in die Mitte des 13. Jahrhunderts zu datieren ist, während die Südwand im 15. Jahrhundert völlig mit großen Spitzbogenfenstern erneuert wurde.

Vor der Südwand steht frei ein Glockenturm des geschlossenen Typs, der im Kern ebenfalls dem 13. Jahrhundert angehört. Zur Sicherung des gedrungenen Turms wurden im 19. Jahrhundert Stützmauern an den Ecken angefügt und im Inneren aussteifende Wände eingezogen.

Eine Balkendecke überspannt den Innenraum **(Abb. 185)** der Kirche. An der Nordwand wurden 1964 spätgotische **Wandmalereien (Abb. 186)** aus der 2. Hälfte des 15. Jahrhunderts freigelegt. Sie zeigen links den Gnadenstuhl mit Gottvater und seinem gekreuzigten Sohn, darunter Petrus mit dem Himmelsschlüssel und Michael als Seelenwäger. Daneben ist das Jüngste Gericht mit Christus als Weltenrichter zu erkennen, flankiert von Maria und Johannes als Fürbitter. Außerdem ist noch der Heilige Christopherus dargestellt, der das Christuskind auf der Schulter trägt.

185 Kirchenschiff

Das Faltwerk an den Wangen des Gemeindegestühls entstand im 16. Jahrhundert, die schlichte Kanzel trägt das Datum 1642. Im Chor steht ein kürzlich restauriertes Patronatsgestühl aus der Zeit um 1575. Neben dem Gestühl bewegen sich die Sandsteingewichte einer alten Turmuhr, die oben auf dem Kirchenboden aufgestellt ist. Das barocke Uhrwerk, das noch täglich von Hand aufgezogen wird, betätigt stündlich die Schlagglocke, die sich im Dachreiter des Gotteshauses befindet.

Mit Abstand bedeutendstes Kunstwerk ist die ***Orgel** auf der Ostempore. Die Balkendecke darüber ist durch ein höheres Muldengewölbe unterbrochen. In Werk und Prospekt weitgehend original erhalten, gehört sie als frühbarockes Instrument zu den wertvollsten in Ostfriesland. Sie ist eine Schöpfung des Orgelbauermeisters Jost Sieburg aus Göttingen von 1642/43 unter Verwendung älterer Teile aus dem 16. Jahrhundert.

186 Wandmalereien

Der Prospekt zeigt den typischen Aufbau der norddeutschen Schule mit dem polygonalen Bassturm in der Mitte, den beiden seitlichen Spitztürmen und den dazwischen angeordneten Flachfeldern für die hohen Tonlagen. Die Flügeltüren sind noch original. Die Orgel hat einen intensiven Klang mit einer durchdringenden Schärfe. Kurz vor ihrer Erbauung wurde in Ostfriesland um 1640 der Gemeindegesang mit Orgelbegleitung eingeführt. Bemerkenswert ist die klanglich sehr gut erhaltene Renaissancetrompete. Sie gilt als eines der ältesten erhaltenen Trompetenregister überhaupt. Bei der Restaurierung 1955 durch die Orgelbaufirma Ahrend und Brunzema aus Loga wurde die Orgel wieder in die alte terzenreine und mitteltönige Temperatur eingestimmt.

Das naheliegende Wurtendorf **Hinte** ist Sitz und Zentrum der gleichnamigen Gemeinde. Im Mittelalter war der Ort sowohl Propstei als auch Häuptlingssitz in der Hand einer Familie. Davon zeugt noch das eindrucksvolle Ensemble von spätgotischer Kirche und Burg in direkter Nachbarschaft. Es gibt im norddeutschen Raum kaum etwas Vergleichbares.

Landkreis Aurich

ARCHITEKTURFÜHRER OSTFRIESLAND

187 Ref. Kirche

Die ***reformierte Kirche (Abb. 187)** (Osterhuser Straße 14) ist nach der Ludgerikirche in Norden das bedeutendstes Bauwerk der Spätgotik in Ostfriesland. Der stattliche Saalbau **(Abb. 188)** mit polygonalem Chor besticht durch die Einheitlichkeit der äußeren und inneren Erscheinung und durch den ausgezeichneten Erhaltungszustand. Diese Kirche ist in mehreren Abschnitten von Osten nach Westen vom späten 15. Jahrhundert bis zum Anfang des 16. Jahrhunderts erbaut worden. Der turmlose, monumentale Baukörper wird durch die kräftigen Strebepfeiler stark untergliedert. Auch die sehr breiten Spitzbogenfenster mit dem reichen Sandsteinmaßwerk aus Spitzbögen und Fischblasen unterstützen den spätgotischen Charakter der Kirche.

Der **Glockenstuhl** des Parallelmauertyps stammt vom Vorgängerbau, einer spätromanischen Kreuzkirche aus der 2. Hälfte des 13. Jahrhunderts. Besonders reizvoll ist die Ausgestaltung der Giebelmauern mit rundbogigen Schallarkaden und Blendbögen aus dreiteiligen Kleeblattmotiven und Flechtwerkmustern. Um weitere Setzungsschäden zu vermeiden, wurden Teile des Glockenganges und der Arkaden zugesetzt, teilweise jedoch bei der Restaurierung 2002 wieder freigelegt.

Auf der Südseite des Kirchenschiffes war einst eine große Kapelle angebaut worden, deren Verbindungsbogen noch zu erkennen ist. Hier befand sich die Grablege der Mutter der späteren Gräfin Theda von Ostfriesland, Heba (+ 1449), deren Grabmal, versehen mit den beiden Aposteln Petrus und Paulus, zu Füßen der heutigen Kanzel nur schwer zu erkennen ist. Von den Fenstern der Nordseite sind einige nachträglich zugemauert worden, andere waren aber von Anfang an nur als Blendfenster ausgebildet, vielleicht, weil sich hier einst Wohnbauten der Propstei anschlossen. Die Folge ist eine einseitige Sonneneinstrahlung von Süden und Osten, die dem in seiner Weiträumigkeit für die Spätgotik charakteristischen Raum eine ganz besondere Stimmung verleiht. Im Unterschied zu den frühgotischen Bauten setzen die Gewölbe hoch an, sind flacher gespannt und geben dadurch dem Raum den Eindruck von Leichtigkeit und Weite. Die mit zahlreichen Zwischenrippen gebildete Form wird Netzgewölbe genannt. Bezeichnend für die Spätgotik ist auch, dass die kräftigen Runddienste des 13. Jahrhunderts aufgegeben und durch Grate und Hohlkehlen ersetzt wurden, wodurch die Architekturglieder dünner und eleganter wirken.

188 Kirchenschiff

Der polygonale **Chor** besitzt ein Sterngewölbe, in dessen Kappe über dem Mittelfenster Christus als Weltenrichter als Rest einer Gewölbemalerei aus der Zeit um 1500 zu sehen ist. Er wird durch eine barocke, sehr transparente hölzerne Schranke vom Kirchenraum abgetrennt und wurde seitdem als Grabkapelle für die Häuptlingsfamilien genutzt. Das umlaufende Gestühl in den Formen der niederländischen Renaissance ist 1616 für den Kirchenvorstand angeschafft worden.

Unter den ****Grabdenkmalen (Abb. 189, 190)** im Chor ragen durch ihre künstlerische Qualität zwei Werke des niederländischen Bildhauers Vincent Lukas hervor, dessen Autorschaft durch das Monogramm VL auf der Grabplatte für die 1547 verstorbene Jungfer Eiilke Ripperda gesichert ist. Eine Zuordnung der Grabplatte für den 1554 verstorbenen Junker Frederick Ripperda an Vincent Lukas liegt nahe, denn die Komposition ist bei beiden Werken sehr ähnlich. An der gegenüberliegenden Nordwand des Chores sind weitere Grabplatten aufgestellt. Von den fünf figürlichen ist die links unten Igo Frese (+ 1668), die mittlere Mauritz Vrese (+ 1589) und die rechte Nonna Beninga (+ 1595) gewidmet. In der Reihe darüber befindet sich zwischen zwei Wappensteinen die Grabplatte für Sophia Hane, geborene Friese (+ 1609). Die Verstorbenen werden in traditioneller Weise ganzfigurig liegend unter einem Rundbogen in Renaissanceformen wiedergegeben und lassen im Vergleich die besondere Qualität der Arbeiten von Vinzent Lukas deutlich werden.

189 Grabplatte 1547
190 Grabplatte 1554

Beeindruckend ist das fast bis zur Decke aufragende, sechs Meter hohe **Wandepitaph** des Omko II. Ripperda. Der Häuptling Unico Manniga hat das Grabdenkmal 1567 zum Andenken an Omko, den letzten seines Geschlechts an diesem Ort, errichten lassen. Der 1564 mit nur elf Jahren verstorbene Junker erlag den Verletzungen, die er sich bei einem Unfall mit einem Pferdewagen zuzog, bei dem er beide Beine verlor. Das Grabmal, das sich über drei Etagen nach oben verjüngt, symbolisiert den Übergang vom irdischen Dasein in die Unsterblichkeit. Deshalb erscheint der junge Omko darüber wieder mit beiden Beinen. Im Jahre 1981 musste das Denkmal aufgrund der gefährdeten Standsicherheit abgebaut und eingelagert werden, seit 1998 ist es an alter Stelle wieder errichtet worden.

Auf der Nordseite des Kirchenschiffes befindet sich die mit Fenstern ausgestattete Patronatsprieche aus dem Anfang des 18. Jahrhunderts und gegenüber an der Südseite ist die **Kanzel** mit dem mächtigen Schalldeckel angebracht. Sie entstand 1695 als ein Werk des Emder Schreiners A. Frerichs und besitzt die für ihn typischen gewundenen Säulen an den Ecken des Korbes. In den Zwischenfeldern sieht man Fruchtgehänge, am Kanzelboden befinden sich die für Frerichs typischen geflügelten Hermen. Das schöne, auf 1761 datierte **Kastengestühl** für die Gemeinde besteht aus Eiche und wird durch die typisch ostfriesischen Traillengitter auf den Banklehnen und Seitenwänden verziert. Von gleicher Qualität ist auch der eichene **Abendmahlstisch** aus dem 17. Jahrhundert. Im Gegensatz zu den schweren mittelalterlichen Taufsteinen besitzt der **Taufstein** von 1569 eine klare, elegante Gestaltung in Form eines Pokals.

In den Jahren 1776-81 erschuf Johann Friedrich Wenthin aus Emden die **Orgel** auf der Westempore, jedoch blieb nur der schöne fünfteilige Prospekt erhalten. Das Instrument ist ein neues Werk nach historischem Vorbild, 1958 von der Orgelbaufirma Ahrend und Brunzema aus Loga gefertigt.

Landkreis Aurich

191 Burg Hinta, Vorburg

192 Hauptburg

Südlich des Kirchhofes erblickt man die ***Burg Hinta (Abb. 191)** (Osterhuser Straße 18-20), seit 1567 im Besitz der Familie von Frese. Die Anlage betritt man über die aus zwei Gulfhäusern bestehende Vorburg mit dem markanten Taubenhaus dazwischen. Früher war der Besitz eines Taubenhauses das verbriefte Recht eines Großgrundbesitzers. Auf einer hölzernen Brücke, die von wappenhaltenden Löwen bewacht wird, gelangt man zur Hauptburg **(Abb. 192)**. Nach der Zerstörung der älteren Burganlage im Jahre 1435 durch die Hamburger, die die ostfriesischen Häuptlinge entmachten wollten, wurde Heba mit ihrem zweiten Ehemann gegen 1438 gestattet, hier wieder ein Steinhaus zu errichten, wovon am Westende des Südflügels noch deutliche Spuren zu erkennen sind. Der Westflügel, das sogenannte Hohe Haus, mit dem schönen gotischen Treppengiebel und den Wappenfeldern wurde danach im 3. Viertel des 15. Jahrhunderts neu erbaut. Wie dem Chronogramm am Eingangsportal zum Burghof zu entnehmen ist, wurde die Burg ab 1704 durch Seitenflügel und Barockportal zur Vierflügelanlage erweitert. Am Portal im Hof nennt eine weitere Sandsteintafel verschlüsselt die Jahreszahl 1714. Ein Großteil der Innenausstattung, darunter eine bedeutende Bildergalerie, ging bei der Auslagerung im Zweiten Weltkrieg verloren. Gleichwohl besitzt die Burg noch eine reizvolle Raumausstattung, darunter im Saal einen gotischen Sandsteinkamin und an den Wänden eine frühe ornamentreiche Papiertapete aus der Mitte des 19. Jahrhunderts.

Auf dem Weg nach Cirkwehrum liegt kurz nach dem Ortsausgang das **Gut Wichhusen** (Cirkwehrumer Straße 20). Gleich vorn an der Straße zu Beginn einer Lindenallee steht eine aufwändige Toranlage aus Sandsteinpfeilern und schmiedeeisernen Toren, angeblich eine Amsterdamer Arbeit aus dem Jahr 1780. Das zweigeschossige Herrenhaus mit Walmdach aus dem 18. Jahrhundert ist erhalten, weiterhin eine schöne barocke Blocksonnenuhr und mehrere Wirtschaftsgebäude aus dem 19. Jahrhundert. Weiter nördlich liegt das alte Wurtendorf **Cirkwehrum**. Die in der Ortsmitte stehende **reformierte Kirche** (Turmstraße 2) wurde anstelle einer mittelalterlichen Kirche als schlichte barocke Saalkirche im Jahre 1751 errichtet. Der westliche Glockenturm ist 1818 unter dem gleichen Dach an das Kirchenschiff angefügt worden. Bekrönt wird der Kirchenbau durch einen Dachreiter mit kleiner Glocke. Im Innenraum, der von einem hölzernen Tonnengewölbe abgeschlossen wird, steht eine Kanzel aus dem Erbauungsjahr der Kirche. Die in den Jahren 1877-79 erbaute neugotische **Orgel** stammt von dem Orgelbauer Arnold Rolfs und seinem Neffen aus Esens. Es war die letzte seiner gut zwanzig Orgeln, die er für Ostfriesland schuf. Sie wurde 2012/13 restauriert.

Das bemerkenswerteste Kunstwerk in der Kirche ist die Grabplatte für die Schwestern Nona und Argundt (+ 1612), die fast lebensgroß in der Tracht der Zeit dargestellt sind. Am Ringweg der Wurt befinden sich ein gut erhaltenes **Landarbeiterhaus** (Cirkwehrumer Ring 12) und die ältere Gulfhausanlage **Taubengang 2** mit Garten und Graft aus der Zeit um 1830.

Man fährt zurück über Hinte, Osterhusen und Loppersum nach **Suurhusen**, abgeleitet von Süderhusen, einer Ausbausiedlung wie Wester- und Osterhusen, die Hinte als Ausgangspunkt hatten. Überregional bekannt wurde der Ort durch den bedrohlich schief wirkenden Kirchturm der *reformierten Kirche (Abb. 193) (Am schiefen Turm 12). Der Westturm mit dem typisch friesischen Satteldach wurde in der 2. Hälfte des 15. Jahrhunderts nachträglich an das spätromanische Langhaus aus der Mitte des 13. Jahrhunderts angebaut, wozu man dessen Westteil verkürzt hat. In diesem Bereich war der Boden durch die Belastung mit der Kirche im Verlauf von inzwischen rund 200 Jahren verdichtet,

193 Ref. Kirche

im Gegensatz zu dem westlichen Teil der Turmfläche, der auf frischen, sehr viel weicheren Boden gesetzt wurde. Dadurch musste der Turm sich zwangsläufig nach Westen senken, wie dies auch in ähnlichen Fällen, z. B. in Hage, geschehen ist. Der Senkungsprozess scheint aber erst relativ spät so stark eingesetzt zu haben, denn die erste Feststellung ist von 1885 überliefert, die erste Messung erfolgte 1925 und ergab einen Überhang von 1,13 Metern. Von da an erfolgten regelmäßige Messungen, die Jahr für Jahr einen stärkeren Überhang ergaben, so 1970 einen von 2,16 Metern, nahezu das doppelte Maß von 1925. Man sah sich nun gezwungen, etwas zu unternehmen, doch waren die Kosten einer statischen Sicherung so hoch, dass man die Kirche absperrte und die Orgel verkaufte. Langfristig rechnete man nicht mehr mit dem Erhalt der romanischen Kirche, erst 1980 erwachte in der Kirchengemeinde das Interesse am kulturellen Erbe. 1982 begann die statische Sicherung des Turmes, indem man Betonpfähle unter die historischen Grundmauern einbrachte. Der berühmte Schiefe Turm von Pisa hat einen beachtlichen Überhang von 3,82 Metern, aber nur einen Neigungswinkel von 3,97 Grad. Der Suurhuser Kirchturm ist nicht so hoch, hat aber einen Neigungswinkel von 5,19 Grad bei inzwischen 2,47 Metern Überhang. Damit hätte nicht Pisa, sondern Suurhusen den schiefsten Turm der Welt und steht deshalb nunmehr im Guiness-Buch der Rekorde. 1985 konnte die Kirche erneut in Benutzung genommen werden. Zwischenzeitlich wurde sie fachgerecht restauriert und erhielt eine neue Dacheindeckung aus alten, handgefertigten Dachpfannen.

Die Apsis der spätromanischen Saalkirche wurde 1855 durch eine gerade Ostwand ersetzt, zugleich wurde die Nordwand erneuert, beides Maßnahmen, die auf erhebliche Bodenbewegungen schon zu dieser Zeit hinweisen. Nur die Südwand zeigt noch Spuren der alten, hoch angelegten Spitzbogenfenster. Im Gegensatz dazu ist der dreigeschossige Turm in

194 Kirchenschiff

seiner ursprünglichen Form mit zahlreichen Blendbögen erhalten. Im Norden des Turms befindet sich der Eingang mit Korbbogen in einem rechteckigen Blendfeld, darüber sind Sandsteintafeln mit Wappenschild und Liliensymbol des Stifters eingelassen. An der Nordwestecke des Turmes markiert ein eingemauerter Sandstein den Stand der Allerheiligenflut von 1570 auf einer Höhe von 4,40 Metern über Normalnull.

Der Innenraum (Abb. 194) besitzt eine weiß verputzte Decke mit einer umlaufenden Kehle. Das schlichte Kirchengestühl und die Orgelempore sind einheitlich in einer holzimitierenden Bierlasur gestrichen. Im Zentrum befindet sich die Kanzel mit gewundenen Ecksäulen und Blumendekor auf den Füllungen aus dem 18. Jahrhundert. Davor steht ein schlichter Abendmahlstisch und im Mittelgang ein Taufstein des Bentheimer Typs vom Anfang des 13. Jahrhunderts. Die Orgel wurde 1959 von Gustav Brönstrup für die Pädagogische Akademie in Oldenburg gebaut und gelangte 1989 in die Kirche. Im Turmraum stehen zwei trapezförmige romanische Grabplatten, ebenfalls aus dem frühen 13. Jahrhundert, beide mit Keulenkreuz und umlaufendem Rankenfries.

Im Ortskern befindet sich ein ehemaliges **Landarbeiterhaus** (Smal Joed 5), das recht anschaulich die Lebensbedingungen der lohnabhängigen Arbeiter zeigt. Etwa um 1770 ist das kleine Gebäude erbaut worden, diente lange als Armenhaus, bevor es dann von einem Verein seit 1990 als *Landarbeitermuseum Suurhusen* genutzt wird. In einem Raum wohnten und schliefen eine meist vielköpfige Familie, daneben gab es noch einen kleinen Stallteil und einen Garten für die Selbstversorgung.

Man folgt der B 70 Richtung Georgsheil und biegen nach zwei Kilometern in der Ort **Loppersum** ein. Der Ort war ein alter Häuptlingssitz der Allena. Die Reste der Burganlage wurden 1776 abgerissen und durch ein Herrenhaus ersetzt. Wie kaum ein anderer Ort in Ostfriesland ist Loppersum von der Zeit der Zugehörigkeit zum Königshaus Hannover (1815-66) geprägt worden. Der alte Ortskern befindet sich in einer Schleife des Knockster Tiefs und besteht im Wesentlichen aus der Schloß- und Kirchstraße.

195 Steinhaus

Schon am Eingang zur Schloßstraße liegt im Blickfeld ein restauriertes **Steinhaus (Abb. 195)** (Schloßstraße 4) aus dem Jahr 1554, an dem um 1835 eine große Gulfscheune angefügt wurde. Am Steinhaus sind einige der ursprünglichen Fenster noch nachvollziehbar, besonders gut erhalten ist der Giebel mit den horizontalen Sandsteinbändern und den Giebelaufsätzen.

Ein weiteres **Steinhaus** aus dem Jahr 1622, leider in der Straßenansicht um 1970 verklinkert, steht unweit an der Loppersumer Straße 17. In einer kleinen Parkanlage an der Schloßstraße befindet sich ein **Denkmal**, aufgestellt zur Erinnerung an den Aufenthalt des hannoverschen Königs Georg V. in Loppersum. Es steht auf einem Sockel, darauf ein Sandsteinaufsatz mit bekrönender Schale. Zwischen den Ecksäulen befinden sich spitzbogige Inschriftenfelder, die auf das

Ereignis hinweisen. Anlass war der Besuch des Königs bei seinem Flügeladjudanten und Generalmajor Friedrich von Frese, der das adlige Gut Loppersum besaß. Als Legat schenkte ihm der König die 1859 auf der alten Burgstelle errichtete **Villa Fresenhaus (Abb. 196)** (Schloßstraße 6), ein schlossartiges Gebäude im neugotischen Stil, entworfen von den hannoverschen Architekten Laves und Pellenz. Zum Gartenareal mit altem Baumbestand und Grabensystem gehört auch ein gusseisernes Taubenhaus aus der gleichen Zeit. Links daneben steht das **Wirtschaftsgebäude** des Gutbesitzes (Kirchstraße 2) mit einer fast 50 Meter langen, großen Gulfscheune.

Am Ende der Straße blickt man auf ein bauhistorisch interessantes Kirchenensemble. Links steht die **ehemalige Schule** (Kirchstraße 3) aus der Mitte des 19. Jahrhunderts, die heute als kirchliches Gemeindehaus genutzt wird. An der rechten Seite verläuft die Kirchhofmauer, die vor dem **Glockenstuhl (Abb. 197)** des Parallelmauertyps aus der 1. Hälfte des 14. Jahrhunderts endet. In den 1950er Jahren wurde das Südjoch zu einer Leichenkammer umgebaut, im Nordjoch ein Abstellraum geschaffen, sodass die Glockengänge in diesem Bereich geschlossen sind. An den Giebeln sind jeweils drei kleinere Schallöffnungen vorhanden, am Nordgiebel ist ein zugesetztes Rundbogenportal erkennbar. Die gotische Backsteinkirche aus dem 14. Jahrhundert wurde 1865 durch die heutige ****reformierte Kirche (**Kirchstraße 4) ersetzt. Sie ist ein Apsissaal und wird außen durch Strebepfeiler und große neugotische Fenster gegliedert. Ungewöhnlich ist die 2013 wiederhergestellte Feinversprossung der Fenster, die die Spitzbögen in der Gliederung aufnehmen. Der Westgiebel wird durch ein Glockentürmchen mit einem Hahn und kleinen Fahnen bekrönt. Der Kirchenbau in Loppersum ist mit der zeitgleichen Kirche in Esens ein gutes Beispiel der Hannoverschen Schule, die mit dem Rundbogenstil begann und sich unter Conrad Wilhelm Hase zunehmend der Neugotik zuwendete. Im Inneren der Kirche **(Abb. 198)** ist die geschlossene Inneneinrichtung erhalten und wurde bei der letzten Restaurierung auch wieder in die Ursprungsfarbigkeit zurückgeführt. Im Chorraum stehen ein paar ältere Grabplatten aus dem 16. und 17. Jahrhundert. Die **Orgel** aus dem Jahr 1868 stammt von den Gebrüdern Rohlfs aus Esens; sie wurde letztmalig durch den Orgelbauer Bartelt Immer aus Norden restauriert. 1872 wurde gegenüber der Kanzel eine Empore für die Familie von Frese errichtet, die mit sechs Wappen

196 Villa Fresenhaus

197 Ref. Kirche

198 Kirchenschiff

versehen ist. Im Ort ist noch ein schön restauriertes **Doppelhaus für Landarbeiter** (Kleiner Weg 3) zu finden, das im 18. Jahrhundert erbaut wurde und längs des Firstes in zwei Hälften geteilt ist.

Die letzte Station in der Gemeinde Hinte ist das Dorf **Canhusen,** das man durch eine Stichstraße auf dem Weg nach Wirdum erreichen kann. Mitten im Ort liegt die kleine **reformierte Kirche** (Im Dorfring 3), erbaut anstelle einer älteren Kirche im Jahre 1789. Sie ist ein schlichter Saalbau mit hübschen korbbogigen Fenstern und zierlichem Glockenturm als Dachreiter. Die Glocke dort ist 1508 gegossen worden und gehörte dem ehemaligen Kloster Sielmönken. Im Inneren steht statt eines Altars die Predigerkanzel aus dem späten 17. Jahrhundert. Zum Gottesdienst nimmt die Gemeinde ihre Plätze in einem Kastengestühl mit Traljenabschluss ein. 1998 wurde eine im 17. Jahrhundert angelegte Gruft der Familie Polmann aus der Vorgängerkirche wiederentdeckt. Neben der Kirche steht das ansehnliche **Pfarrhaus** (Im Dorfring 5) aus der Zeit um 1900.

Samtgemeinde Brookmerland
mit Wirdum, Upgant-Schott, Marienhafe, Osteel und Siegelsum

Von Canhusen aus fährt man in Richtung Norden in die Gemeinde Brookmerland, die auf dem nördlichen Teil der historischen Region Brokmerland liegt. Bis ins frühe Mittelalter war das Brokmerland weitgehend menschenleer. Kolonisten begannen ab etwa 1100 das vernässte und anmoorige Gebiet vom Geestrand aus urbar zu machen und das Land in Form von langen Hofreihen zu besiedeln und zu bewirtschaften. Der dadurch entstehende Wohlstand der Bauernschaften zeigt sich insbesondere in den großen Kirchenbauten des 13. Jahrhunderts. Heute wird die Gemeinde in der Fläche noch landwirtschaftlich genutzt, zunehmend versucht man aber hier auch mittelständige Betriebe anzusiedeln und den Tourismus auszubauen. Es leben in der Samtgemeinde rund 13.300 Einwohner.

Vor dem Ort **Wirdum**, dem ersten Aufenthaltsort, lag bis 1530 das Kloster Aland, dessen Ländereien nach der Auflösung durch landesherrliche Domänen bewirtschaftet wurden. Auch heute bestehen diese Höfe noch, so das **Gulfhaus Aland** (Aland 4) aus dem späten 18. Jahrhundert mit Landschaftspark und Graft, das **Gulfhaus Kloster Aland** (Kloster Aland 1), erbaut Mitte 19. Jahrhundert, mit einem kleinen Friedhof, und das **Gulfhaus Weel Aland** (Weel Aland 1), datiert auf das Jahr 1807.

199 Ref. Kirche

Die ***reformierte Kirche (Abb. 199)** (Südlohne 1) in Wirdum wurde als rechteckige Saalkirche in der Zeit um 1300 erbaut und war einst in drei Jochen gewölbt. Im 18. Jahrhundert erweiterte man das Kirchenschiff nach Westen, während die Ostfassade noch die ursprüngliche Gestalt mit drei Spitzbogenfenstern besitzt. Der **Glockenturm** war ursprünglich ein Glockenstuhl des Parallelmauertyps mit vier Mauern, kurz nach 1300 erbaut. Durch mehrere Umbauten, letztmalig 1988, ist er zu einem Turm mit Pyramidendach verändert worden. Den Innenraum der Kirche überdeckt eine hölzerne Flachdecke mit einer Deckenkehle aus dem Ende des 18. Jahrhunderts. Aufwändigstes Ausstattungsstück ist die prachtvolle *Kanzel (Abb. 200) von 1699, reich verziert mit gewundenen Säulchen an den Ecken des Korbes, Blumengehängen in den Feldern dazwischen und Rankenaufsätzen auf dem übergroßen Schalldeckel. Sie wurde von Hinrich Kröpelin aus Esens geschaffen.

Das Wirdumer *Steinhaus (Abb. 201) (Neulanderweg 2) war einst Wohnteil eines Bauernhofes, dessen Gulfscheune abbrannte und als Hof an dieser Stelle aufgegeben wurde. Drei Kehlbalken vom Dachstuhl des Steinhauses konnten durch die Dendrochronologie auf 1517 datiert werden, was gut zur Gestalt der südlichen Backsteinfassade passt. Mit dem gotischen Staffelgiebel, der Spitzbogenblende über dem Kreuzstockfenster und gemauerten Zierbändern zwischen den Staffeln weist das Bauwerk auf eine Entstehungszeit zu Beginn des 16. Jahrhunderts hin. Das Haus hat nach der gründlichen Restaurierung von 1994 auch noch die innere Raumaufteilung, die Anlage von Kaminen und den geräumigen Keller aufzuweisen. Es wird als Ferienhaus genutzt.

200 Kanzel

201 Steinhaus Wirdum

Auf den Weg nach Upgant-Schott blickt man auf den **Diekenshoff** (Diekenshof 1), vor dessen Gulfhaus von 1812 ein um 1900 erbautes, villenartiges Wohnhaus mit Turm gesetzt wurde. Der Hof ist seit sieben Generationen im Familienbesitz.

Bevor man auf die B 70 stößt, erreicht man **Upgant-Schott**. Von der Upganter Straße abgerückt, liegen auf dem Rücken eines Geeststreifens eindrucksvolle Gebäude, von denen einige adlig freie Landgüter waren. Die Besitzer hatten ihre Grablegen in der Kirche Marienhafe. Zwei dieser Landgüter sind bis heute erhalten. Östlich der B 70 liegt an der Osterupganter Straße 6 die *Ulferts Börg (Abb. 202), eine Kreuzelwerkanlage mit alter Gulfscheune und einem ursprünglich freistehenden Steinhaus, verbunden durch einen Mittelbau aus dem Anfang des 18. Jahrhunderts. Ältester Teil ist das zweigeschossige Steinhaus, das mit seinem gewölbten Keller noch aus Zeit um 1400 stammen könnte. Der niedrigere, zweigeschossige Verbindungsflügel mit schönem barocken Sandsteinportal, in dessen Tympanon zwei Familienwappen zu sehen sind, dürfte,

202 Ulferts Börg

wie auch der höhengleiche Anbau an das Steinhaus, um 1725 erbaut worden sein. In der gleichen Zeit wurde auch die Gulfscheune errichtet.

Landkreis Aurich

ARCHITEKTURFÜHRER OSTFRIESLAND

203 Galerieholländermühle

204 Luth. Marienkirche

Auf der höchsten Stelle des Geestrückens steht die **Haneburg** (Upganter Straße 61), eine größere Hofanlage, deren Zugang zum inneren Hof durch zwei wuchtige Torpfeiler gerahmt wird. Das weiß geputzte Wohnhaus rechts daneben ist ein einst zweigeschossiges Steinhaus von 1597. Es besaß einen Treppenturm, der Anfang des 18. Jahrhunderts mit dem Obergeschoss abgetragen wurde. Mit dem Abbruchmaterial errichtete man 1740 einen Seitenflügel. Zwei große Gulfscheunen zeigen die ehemalige wirtschaftliche Bedeutung des Gutes, sie sind jedoch durch Nutzungsaufgabe und schlechten Bauzustand in der Erhaltung bedroht.

Im Ort befindet sich ein gepflegtes **Mühlenensemble (Abb. 203)** (Mühlenloog 38-40), das durch einen Mühlenverein betreut und gewartet wird. Es besteht aus der dreistöckigen Galerieholländermühle von 1880, einem Gulfhaus des Müllers aus der gleichen Zeit, und einem gut restaurierten Arbeiterhaus (Schiffsleidingsweg 4), dem **Müllerknechtshaus** aus dem Jahr 1825.

Von Upgant geht es in nördlicher Richtung nahtlos in die Gemeinde **Marienhafe** über. Der Name des Ortes bezeichnet den eingefriedeten Bereich des Kirchhofs der Marienkirche, damit ist also nicht ein mittelalterlicher Hafen gemeint. Wahrscheinlich war die Gegend um Marienhafe schon um 800 besiedelt, eine wirtschaftliche und damit auch politische Bedeutung bekam das nördliche Brokmerland jedoch erst mit der Binnenkolonisation des Hochmoorrandes. Führend im Brokmerland waren die Häuptlinge des Geschlechts tom Brok, die die Macht über ganz Ostfriesland anstrebten, bis sie diese 1427 nach der verlorenen Schlacht auf den Wilden Äckern südlich von Marienhafe an Focko Ukena abgeben mussten. Durch die verheerenden Sturmfluten des 14. Jahrhunderts drang das Wasser bis dicht an Marienhafe heran, sodass hier nahe der Kirche ein Hafen angelegt werden konnte. Den Anlegeplatz stellten 1396 die Häuptlinge tom Brok den aus der Ostsee vertriebenen Seeräubern, auch Vitalienbrüder oder Liekedeler (Gleichteiler) genannt, samt Kirche und Marktplatz als Zuflucht zur Verfügung. In dieser Zeit wurde der Ortskern durch eine Ringmauer mit vier Eingangstoren befestigt.

Die heutige *****lutherische Marienkirche (Abb. 204)** (Am Markt 25) mit dem immer noch beeindruckenden, mächtigen Westturm ist der Torso eines weit größeren Kirchenbaus aus dem 13. Jahrhundert. Sie war bis zu ihrem Teilabbruch 1829-34 die größte und bedeutendste Kirche Ostfrieslands. Wie ein Stahlstich **(Abb. 205)** von der Kirche während des Abbruches 1829 von August von Harlem zeigt, bestand die Basilika aus einem dreijochigen Langhaus mit schmalen Seitenschiffen, einem sechsgeschossigen Westturm, einem dreijochigen Querschiff mit Seitenapsiden, einem Chorquadrat und einer Hauptapsis. Im ersten Turmgeschoss befand sich eine zum Kirchraum offene Loge, die wohl schon vor der Reformation zugemauert wurde. Das ganze Außenmauerwerk war durch hohe rundbogige Fenster, Blendnischen, Lisenen, Rund- und Dreipassbögen gegliedert. Außerdem war die Kirche mit Bauplastik geschmückt, die größtenteils in 48 Nischen an Querhaus und Chor standen. Direkt unter der Trauflinie der Dächer zogen sich in einem Fries figürliche Sandsteinreliefs mit 127 Bildwerken um das ganze Kirchgebäude. Themen dieser Steine waren Darstellungen menschlicher Tugenden und Laster, Jagd- und Ritterszenen, dämonische Schreckgestalten, Fabelwesen und Tierdarstellungen in menschlichen Tätigkeiten. Mit 72 Metern Gesamtlänge war die Kirche fast genauso groß wie der Dom in Osnabrück. Für die Pfarrkirche eines Dorfes mit kaum mehr als 500 Einwohnern sind die Größe und der Reichtum an bildhauerischem Schmuck unerklärlich und alle bisherigen Deutungsversuche reichen nicht aus, den wahren Grund für diesen überaus anspruchsvollen Bau und seine Auftraggeber zu ermitteln.

205 Stahlstich (um 1829)

Zu Beginn des 19. Jahrhunderts konnte die Gemeinde den Kirchbau nicht mehr angemessen unterhalten. 1819 stürzte ein Teil des Chores ein, im folgenden Jahr beschädigte nach einem Blitzeinschlag ein Brand die Spitze und das oberste Stockwerk des Turms. Die Kirche wurde ab 1829 in großen Teilen demontiert, der reiche Figurenschmuck größtenteils zerstört, verkauft, entwendet oder zweckentfremdet. Bis 1834 wurde der Turm auf vier Stockwerke verkürzt. Es war wohl die unterlassene regelmäßige Bauunterhaltung in der Armutszeit nach den napoleonischen Kriegen, die den Verfall und schließlich Teilabbruch auslöste. Es waren die undichten Kehlen der Dächer, die das Wasser in die Sparrenfüße des Dachstuhls und die Gewölbe ließen, ohne dass die für die Größe der Kirche zu kleine Gemeinde die Mittel zur Abhilfe hatte. Finanzielle Hilfe zu den veranschlagten Baukosten von 8.500 Reichstalern lehnte das Kabinetts-Ministerium in Hannover im Jahre 1822 ab. Der Abbruch des Domes in Goslar 1819 ist eine traurige Parallele. Der mit der Beaufsichtigung der Abbrucharbeiten beauftragte Emder Stadtbaumeister Martin Heinrich Martens fertigte Pläne und zahlreiche Einzelskizzen der Sandsteinreliefs an, die er zum Marienhafer Skizzenbuch zusammenstellte. Sie wurden 1845 erstmals vom Amtmann Suur in einem Buch veröffentlicht. 1932 richtete man mit den zusammengetragenen Sandsteinteilen und Vergrößerungen der Skizzen des Baumeisters Martens in einer Turmkammer ein Kirchenmuseum ein, das neben der Darstellung der Baugeschichte insbesondere zum Betrachten der geretteten reichen Bauplastik einlädt.

206 Kirchenschiff

Die Außenwände der baulich reduzierten Kirche sind 1956 vom hellen Putz befreit worden, sodass das Backsteinmauerwerk wieder sichtbar wurde. Bei der Restaurierung von 1981 hat man auch das Mauerwerk im Inneren freigelegt **(Abb. 206)**.

Zur erhaltenen Ausstattung gehört der **Taufstein (Abb. 207)** des Bentheimer Typs, der aufgrund seiner beiden stilisierten Rankenfriese zwischen Taustäben an den Anfang des 13. Jahrhunderts zu datieren

207 Tauftsein

208 Kruzifix

209 Marienfigur vom ehem. Querschiff

210 Orgel

ist. Er könnte also noch von einem Vorgängerbau stammen. Die an der Nordwand angebrachte, mit geschnitztem Rankenwerk und gewundene Säulen reich geschmückte **Kanzel** aus dem Jahr 1669 stammt aus der Werkstatt von Jacob Kröpelin aus Esens. Auf dem sechseckigen Schalldeckel steht auf der Erdkugel Christus als Weltenherrscher. Die Seiten des Kanzelkorbs zeigen die vier Evangelisten mit ihren Attributen. Beim Einsturz des Chorgewölbes 1819 wurde der um 1593 oder kurz danach entstandene Altar mit einem Schriftretabel, ähnlich dem Norder Altar, zerstört. Seit der Verkleinerung der Kirche 1831 behalf man sich mit einem einfachen Altar unter der Orgelempore im Westen. Die Renovierung von 1964 brachte den Altar wieder nach Osten. Über ihm hing eine qualitätvolle Darstellung des gekreuzigten Christus unter dem stilisierten Thron Gottes, die der Bildhauer Erich Brüggemann aus Winsen (Luhe) 1964 schuf. Seit 1981 ist nur noch die Kreuzesszene vorhanden und hängt in der Mauernische hinter dem Altar **(Abb. 208)**. Im Altarraum stehen an der Südseite zwei **Figuren** vom ehemaligen Querhaus, Maria **(Abb. 209)** und segnender Christus.

1437 wurde die älteste nachweisbare Orgel Ostfrieslands in der Marienhafer Kirche aufgestellt. Die nachfolgende *****Barockorgel (Abb. 210)**, ein Instrument von europäischer Bedeutung, wurde zwischen 1710 und 1713 von Gerhard Holy (1677-1736) in Esens gebaut. Bis auf zwei sind alle Pfeifenreihen original erhalten. 1952 unter Denkmalschutz gestellt, restaurierte die Firma Ahrend und Brunzema aus Loga die Orgel ab 1966. 1987/88 erhielt sie ihre historische Stimmung zurück.

Von der ehemals fast geschlossenen Bebauung um den Kirchhof sind das **Haus Dieker** (Am Markt 26) aus der Zeit um 1900 und das **Wohn- und Wirtschaftsgebäude Weerts** (Am Markt 27), erbaut in der 1. Hälfte des 19. Jahrhunderts, erhalten geblieben. Das **Hotel Zur Waage** (Rosenstraße 6) und das ehemalige **Hotel Zur Post** (Rosenstraße 8) aus der Mitte und 2. Hälfte des 19. Jahrhunderts prägen das Bild der südlichen Hauptstraße. Das erste ist ein sechsachsiger, zweigeschossiger Backsteinbau unter einem Halbwalmdach mit ausgeprägtem Ortgang- und Traufgesims und großen, regelmäßig angebrachten Blockrahmenfenstern. Das andere ist ein siebenachsiger, weiß verputzter Bau unter einem Satteldach. Der mittige Eingang hat eine Sandsteintreppe mit Gussgeländer. Zwei Windmühlen befinden sich im Ort: die dreistöckige **Galeriehollländermühle Scheweling** (Mühlenloog 5-7) von 1821, die zurzeit keine Flügel besitzt und die **Tjücher Mühle** (Burgstraße 38), eine zweistöckige Galeriehollländermühle mit Müllerhaus aus den Jahren 1895/96. Seit 1912 befindet sich die Tjücher Mühle im Besitz der Familie Janssen.

Keine zwei Kilometer weiter nördlich liegt das Kirchdorf **Osteel**. Die ****lutherische Warnfried-Kirche (Abb. 211)** (Fabriciusstraße 40) war früher wesentlich größer. Die Erbauungszeit lag vermutlich zwischen 1250 und 1270. Die Mauern des Hauptschiffs sind fast schmucklos gehalten. Dagegen ist der Turm durch Lisenen und Friesbögen gegliedert. Die Ähnlichkeit dieser Bauteile mit der Kirche in Marienhafe ist unübersehbar. Die Ostteile von Chorquadrat und Querschiff besaßen außen 47 Nischen, die wohl für Statuen gedacht waren. Sie sind allerdings nur ohne Figuren bekannt. Ein Jahr nach Marienhafe, nämlich 1830, verkürzte man auch die Kirche von Osteel um 20 Meter durch den Abbruch von Chor und Querschiff sowie der Obergeschosse des Turmes. An der südlichen Seite der Kirche befinden sich drei hässliche Stützpfeiler aus Beton, die man dort Anfang der 1970er Jahren anfügte, um eine weitere Neigung der Wand zu verhindern.

211 Luth. Warnfried-Kirche

Ursprünglich war die ganze Kirche eingewölbt, die Ansätze der Gewölbepfeiler sind noch zu sehen. Die Gewölbe wurden im 17. Jahrhunderts endgültig durch eine Holzdecke ersetzt. Die heute vorhandene Holzkassettendecke stammt aus dem Jahre 1891 **(Abb. 212)**.

Vor der Ostwand von 1830 steht der qualitätvolle neugotische **Altaraufsatz** von 1891 mit dem Gemälde des Gekreuzigten im Mittelfeld und den Figuren der Apostel Petrus und Paulus in den offenen Seitenfeldern, das Ganze bekrönt durch die bewegte Silhouette von Spitzbögen und Fialen.

Die **Kanzel** von 1699 ist ein Werk von Egbert Harmens Smit aus Norden. Am Korb, der auf der Figur von Moses mit den Gesetzestafeln steht, befinden sich zwischen gedrehten Ecksäulen in Rundbögen aus Rankenwerk die Figuren der Evangelisten. Der große Schalldeckel, wie er in Ostfriesland oftmals üblich ist, hat zudem einen ungewöhnlich hohen Aufbau von sieben Metern Höhe.

Die *****Orgel** ist nach der in Rysum die zweitälteste in Ostfriesland. Sie wurde 1619 von Edo Evers, der aus Groningen stammte und eine Werkstatt in Ostfriesland hatte, erbaut. 1995 wurde sie nach einigen vorherigen Veränderungen am Erscheinungsbild und im Werk von der Firma Ahrend, Loga, grundlegend restauriert und erhielt dadurch nicht nur ihr Aussehen als Renaissanceorgel zurück, auch das Werk mit dem alten Pfeifenbestand hat wieder den historischen Klang. Sie zählt zu den wertvollsten Orgeln in der orgelreichen Kulturlandschaft Ostfriesland.

212 Kirchenschiff

Berühmter Sohn der Gemeinde ist der 1617 verstorbene Astronom und Kartograph David Fabricius, der hier Pastor war. Er entdeckte 1596 den veränderlichen Stern Mira Ceti im Sternbild des Walfisches und beschrieb erstmals 1611 zusammen mit seinem Sohn Johann die Sonnenflecken. Eine Tafel an der Nordwand erinnert daran, dass er von einem sich

Landkreis Aurich
ARCHITEKTURFÜHRER OSTFRIESLAND

213 Pfarrhaus

beleidigt fühlenden Einwohner mit dem Spaten erschlagen wurde. Auf dem Friedhof steht östlich der Kirche das 1895 geschaffene Denkmal für David und Johann Fabricius. Es zeigt die Urania, in den Händen ein Fernrohr und eine Tafel mit der Sonnenscheibe nebst den Sonnenflecken.

Das **Pfarrhaus (Abb. 213)** (Fabriciusstraße 20) mit seinen prägenden Rundbogenfenstern, 1862 erbaut, dient heute als Gemeindehaus. In gleicher Bauart wurde ein Saalanbau angefügt, der gestalterisch einfühlsam die äußere Form einer Gulfscheune besitzt. Längs des Postweges, der die alte Wegeverbindung zwischen Marienhafe und Norden bildet, befinden sich noch zwei interessante Gulfhäuser. Die Wohngebäude dieser Gulfhäuser sind aus Klosterformatsteinen kurz nach 1830 errichtet worden, die man aus dem Abbruch der Kirche erworben hatte. Der Wohnteil des Gulfhauses **Alter Postweg 78** wirkt durch niedrigere Bauhöhe gegenüber der Gulfscheune und die Verwendung der großformatigen Backsteine wie ein altes Steinhaus. Bei dem gut restaurierten Gulfhaus **Alter Postweg 146** kann man im Giebel durch die unterschiedlichen Fensterhöhen gut die Lage der Upkamer über dem Keller ablesen. Als eines der wenigen Gulfhäuser besitzt die Scheune noch eine Reeteindeckung, die im 19. und frühen 20. Jahrhundert in den wirtschaftlich schwächeren Gebieten der Geest und in den Moorsiedlungen allgemein auf den Scheunen verwendet wurde.

214 Luth. Kirche

Man sollte die B 72 in südlicher Richtung in die Gemeinde Südbrookmerland fahren, um dann vor Engerhafe rechts nach **Siegelsum** abzubiegen, um noch einen Abstecher zur dortigen Kirche zu machen. Der kleine Ort entstand aus einer Reihensiedlung am Rand eines Geestrückens und dürfte schon im 13. Jahrhundert als Kirchort bestanden haben.

Die *****lutherische Kirche (Abb. 214)** (Karkpad 16) des 13. Jahrhunderts brach man 1820 ab und verwandte einen Teil ihrer Backsteine für einen schlichten Saalbau von 1822, der nur halb so groß wie der Vorgängerbau wurde.

Der alte Westturm aus dem 15. Jahrhundert blieb dabei weitgehend erhalten.

In Inneren ist die **Kanzel** aus dem Jahr 1613 das eindruckvollste Schmuckstück der Kirche. Sie zeigt die vier Evangelisten mit ihren Symbolen, Matthäus mit einem Engel, Markus mit einem Löwen, Lukas mit einem Stier und Johannes mit einem Adler. Sie sind zwischen den kannelierten Ecksäulen mit ionischen Kapitelen in den Feldern mit reichem Beschlag- und Rollwerk eingefügt. Der Name des Kanzelerbauers (Initialen HO) ist nicht sicher überliefert. Ferner schmücken drei Ölgemälde, signiert mit „H. v. Essen 1795", die das letzte Abendmahl Jesu im Kreise seiner Jünger, seine Kreuzigung und die Himmelfahrt zeigen, die Kirchenwände.

Der Bildhauer Ockels aus Leer schuf im Jahr 1887/88 den Altar, auf dem die Kreuzigungsszene dargestellt wird. Auf der Westempore steht eine kleine bemerkenswerte **Orgel**, die durch die Wiederherstellung der ursprünglichen Farbigkeit zu einem besonderen Schmuckstück geworden ist. Prospekt und Werk wurden 1842-45 von Arnold Rohlfs aus Esens geschaffen. Letztmalig restaurierte die Orgelbauwerkstatt Führer aus Wilhelmshaven in den Jahren 1977-80 das Instrument.

Vom Dorf aus fährt man zwei Kilometer weiter nach Engerhafe in die Gemeinde Südbrookmerland.

Gemeinde Südbrookmerland
mit Engerhafe, Fehnhusen, Victorbur, Münkeboe, Moordorf, Georgsheil, Wiegboldsbur, Bedekaspel und Forlitz-Blaukirchen

Das Gebiet der Gemeinde liegt auf einem Teil der historischen Region Brokmerland, das im Zuge der mittelalterlichen Binnenkolonisation besiedelt wurde. Dort sind die Ursprünge der ersten planmäßigen Moorkolonisation in Ostfriesland zu finden. Durch die landwirtschaftliche Nutzung der ehemaligen Niederungsmoorgebiete folgte im Mittelalter eine wirtschaftliche Blüte, die den Bau einiger außergewöhnlich großer Kirchen erlaubte. Das Gebiet liegt, gemessen an den ostfriesischen Randgebieten, tief und muss, damit das Wasser hier abfließen kann, über Kanäle und das Schöpfwerk an der Knock entwässert werden. Es ist demzufolge mit zahlreichen Fließgewässern durchzogen und besitzt zwei Binnenseen, das Große Meer und westlich davon das Loppersumer Meer, beides attraktive Bereiche für die Naherholung und den Wassersport. Es leben in der Gemeinde rund 13.000 Einwohner.

Auf der B 72 in Richtung Georgsheil fahrend, erblickt man auf der linken Seite die Kirche von **Engerhafe**, die exponiert auf der Kirchenwurt aus der ebenen Landschaft herausragt. Das Dorf liegt größtenteils auf der Westseite der Bundesstraße, die *****lutherische Kirche Johannes der Täufer (Abb. 215)** (Kirchwyk 8) erreicht man, wenn man nach Osten abbiegt. Die zum Ort abseitige Lage erklärt sich wohl daraus, dass sie mehr der Oldeborg zugeordnet war, deren Häuptlinge tom Brok vermutlich ihre Stifter waren. Trotz ihres Teilabbruches auf die Hälfte ihrer ursprünglichen Größe von ehemals 61 Metern beeindruckt die ehemalige Sendkirche durch ihre Bauhöhe. Offensichtlich besteht sie aus zwei Bauabschnitten. Der ältere östliche Teil mit ursprünglich zwei Jochen und Apsis entstand um 1240. Doch schon um 1270 wurde sie um mehr als das doppelte mit drei Westjochen erweitert. Nunmehr sind die Außenflächen mit reicher zweigeschossiger Wandgliederung durchgestaltet, die in der Erdgeschosszone in Form von Rundfenstern (Oculi) und Portalen und darüberliegend mit einer Reihe paarweise angeordneter Blendbögen gegliedert sind.

Fast noch beeindruckender ist die Schiefstellung des Kirchengebäudes

215 Luth. Kirche Johannes der Täufer

Landkreis Aurich

ARCHITEKTURFÜHRER OSTFRIESLAND

216 Glockenstuhl

217 Chor

nach Süden, während sich der mittelalterliche Glockenturm in die entgegengesetzte Richtung neigt. Wie man am Kirchengebäude nachvollziehen kann, haben solche schweren Setzungen noch am Beginn des 20. Jahrhunderts unweigerlich zum Abbruch geführt. Der Niedergang der Engerhafer Kirche begann im Jahre 1775 durch den Einsturz ihrer Gewölbe. Dieser muss sich rechtzeitig angekündigt haben, sonst hätte man nicht die gesamte Ausstattung bergen können. Die Apsis und das westlichste ihrer Joche verlor sie 1806, das östlichste 1910. Experten sehen den Grund für die Setzungen der mittelalterlichen Kirchen vor allem in dem gesunkenen Grundwasserstand, der Ende des 19. Jahrhundert durch die stark verbesserte Binnenlandentwässerung einsetzte.

Der Turm **(Abb. 216)** aus der Mitte des 14. Jahrhunderts ist ein Glockenstuhl des Parallelmauertyps mit vier Parallelmauern. Im Laufe der Jahrhunderte hat sich das Gebäude so weit nach Norden geneigt, dass die unteren Bögen zur Aussteifung zugemauert werden mussten. Das Walmdach stammt aus dem 18. Jahrhundert, ist aber in späterer Zeit erneuert worden.

Im Unterschied zu den beiden anderen Großkirchen des Brookmerlandes in Marienhafe und Osteel war die Kirche in Engerhafe trotz ihrer beachtlichen Größe und architektonischen Qualität ein einfacher Saalbau ohne Querschiff oder Turm **(Abb. 217)**. Gleichwohl war sie baugeschichtlich stark mit der Marienhafer Kirche verbunden. Die dort verloren gegangenen Ostteile beeinflussten in Engerhafe die Ostjoche, während das reichere Langhaus zum Vorbild für die Westjoche von Engerhafe wurde. Ostwand und Südwand des jetzigen Ostjoches in Engerhafe sind 1910 neu aufgebaut worden. Dabei entstand auch die neue Sakristei mit ihren mächtigen Seitenwänden in der Art und Funktion großer Strebepfeiler.

Mit den Westteilen der Engerhafer Kirche begann eine völlig neue Formensprache, die das Vordringen der Gotik nach Ostfriesland kennzeichnet. Das Schema der Wandgliederung gleicht dem am Obergaden in Marienhafe und Osnabrück: In jedem Joch werden die beiden paarig stehenden schlanken Spitzbogenfenster beiderseitig von zwei gleichgroßen Blenden flankiert **(Abb. 218)**, sodass die Fenster in eine Blendarkatur eingegliedert erscheinen. In Engerhafe wird das Motiv zur Architekturgliederung monumentalisiert. Es überzieht den ganzen oberen, mehr als die Hälfte der Höhe ausmachenden Teil der Wandfläche. Die einzelnen Fenster und Blenden sind schlanker und straffer geworden,

218 Wandgliederung

besonders auf der reicheren Nordseite wird die Wand im Sinne der Gotik zum Gliederungssystem aufgelöst, wie sonst an keinem anderen Bau des 13. Jahrhunderts in Ostfriesland. Nur in der Provinz Groningen gibt es vergleichbare Bauten, wie beispielsweise die Kirchen in Termunten, Winschoten und Zuidbroek. Auch die Innenseite der Wände ist ähnlich stark gegliedert wie die Blendbögen außen. Besonders sind dabei die begehbaren Laufgänge, die die zwei gekuppelten Rundbogenfenster miteinander verbinden und von dort den Blick in das Kirchenschiff ermöglichen. Diesen zweischaligen Wandaufbau hat Engerhafe mit Bunde gemeinsam, einst war er auch in Marienhafe und Osteel vorhanden. Die Vorbilder dafür sind in den westfälischen Kirchen, wie etwa in den Dombauten von Münster und Osnabrück, zu suchen.

219, 220, 221 Altar, Kanzel, Detail

Den **Altar (Abb. 219)** mit den hübschen Kniebänken schuf Hinrich Kröpelin aus Esens 1698. In der Predella sieht man die Geburt Christi, im Hauptfeld darüber das Abendmahl mit nur acht Jüngern, darüber die Kreuzigung, dann die Auferstehung und als oberste Bekrönung den triumphierenden Christus. Von sehr viel höherer bildhauerischer Qualität ist die auf 1636 datierte **Kanzel (Abb. 220)**, eine ungewöhnlich qualitätvolle und reich ausgestattete Arbeit eines bisher unbekannten Meisters. Neben den kannelierten Ecksäulen und Rollwerkornamenten befinden sich in den Feldern Gemälde von Christus und den vier Evangelisten **(Abb. 221)**. Der **Schalldeckel** ist eine gute bildhauerische Arbeit, hier besonders die Figuren der geflügelten Hermen und als Krönung die Christusfigur. Stilistisch ist das bedeutende Kunstwerk dem Manierismus zuzuordnen, jener Phase zwischen Spätrenaissance und Frühbarock.

Beachtung verdient auch das **Bronzetaufbecken (Abb. 222)** von 1646, laut Inschrift ein Werk der lothringischen Bronzegießer Claudius Voillo und Godtfridt Baulard. Die spätgotische Tradition der Bronzetaufbecken

222 Taufbecken

Landkreis Aurich

223 Orgel

224 Altes Pfarrhaus

225 Gulfhaus Kirchwyk 3

wurde hier wohl bewusst aufgenommen, da das Stück nach der Inschrift als Ersatz für ein 1623 von den Truppen des Grafen von Mansfeld fortgeschlepptes Taufbecken angeschafft wurde. Eine Kuriosität ist der 1665 von Meister Hinrich Julfs aus Wittmund gelieferte Deckel, denn der in vier Etagen gegliederte Aufbau wird von Meerjungfrauen mit Fischschwänzen und Brüsten, aber mit männlichen Gesichtern und Schnurrbärten getragen. Von der 1774-76 durch Hinrich Just Müller aus Wittmund geschaffenen spätbarocken **Orgel (Abb. 223)** auf der Westempore sind nur der Prospekt und einige Originalpfeifen erhalten geblieben. Besonders kostbar sind die ganz alten unter den Prospektpfeifen, die noch die spätgotische Form mit den Eselsrücken aufweisen. In den Jahren 1971-73 erfolgte durch den Orgelbauer Hermann Hildebrand aus Altwarmbüchen ein Neubau des Instruments, bei dem auch die alten Pfeifen wiederverwendet wurden.

Nördlich der Kirche steht das **alte Pfarrhaus (Abb. 224)** (Kirchwyk 5), ein zweigeschossiges Steinhaus des frühen 16. Jahrhunderts. Im Obergeschoss haben sich die ursprünglichen Fensterformen erhalten, die geschweiften Giebel sind 1771 neu aufgemauert worden. Es besitzt gewölbte Kellerräume, die auch noch älteren Ursprungs sein könnten.

Weiter nördlich an der Straße Dodentwenter befand sich ein 1942 eingerichtetes Arbeitslager, das ab 1944 zu einem Außenlager des Konzentrationslagers Neuengamme umgebaut wurde. Von den rund 2.000 Gefangenen starben aufgrund der unmenschlichen Lebensbedingungen 188 Häftlinge. Auf dem Friedhof wurde ein **Mahnmal** mit den Namen der Opfer des Lagers errichtet.

In zentraler Lage befindet sich das Mitte des 19. Jahrhunderts errichtete Gulfhaus **Kirchwyk 3 (Abb. 225)**, das als *Gulfhof Ihnen* seit 1993 als Kultur- und Begegnungsstätte genutzt wird und durch Konzerte mit Folkmusik bekannt wurde. Westlich der Bundesstraße liegt am Rande einer Geestinsel eine U-förmige Reihe von Gulfhäusern, genannt werden sollen hier der **Meedehof** (Uiterdyk 15), dessen Wohnteil noch aus dem 16. Jahrhundert stammt und 1794 umgebaut wurde. Auf dem baumbestandenen Grundstück **Uiterdyk 14** steht ein gut erhaltenes Gulfhaus, das auf das Jahr 1867 datiert ist. Auch der **Hipkenhof** (Engerhafer Loog 8) ist ein ansehnliches Gulfhaus aus dem Jahr 1913.

Von Engerhafe fährt man die B 72 einen Kilometer in nördliche Richtung, um dann rechts nach **Fehnhusen** abzubiegen. Hier hat sich das Bild einer Aufstrecksiedlung erhalten, wie es sonst kaum an anderer Stelle zu sehen ist. Der Weg führte bis vor kurzem über eine Klinkerpflasterstraße, die nun jedoch leider überteert wurde. Klinkerstraßen mit einem seitlichen Sandweg für die Pferde und einer alleeartigen Baumbepflanzung waren in der Nachkriegszeit häufig in Ostfriesland anzutreffen. Fehnhusen besteht aus einer Hofreihe längs der Straße, deren Grundstücksbreite von ungefähr 70 Metern noch der mittelalterlichen Flurteilung entspricht. Unter den insgesamt acht Höfen sind fünf Gulfhäuser, alle zwischen 1900 und 1915 errichtet, die von hohem Schau- und Zeugniswert und beispielhaft für den Typus des ostfriesischen Gulfhauses sind **(Fehnhusen 14, 16, 18, 24** und **28)**.

Über Oldeborg, das im 14. und 15. Jahrhundert Stammsitz der mächtigen Häuptlingsfamilie tom Brok war, von deren Burg jedoch oberirdisch nichts erhalten ist, gelangt man nach Victorbur.

Der Kirchort **Victorbur** entstand zwischen den alten Reihensiedlungen Fehnhusen und Utwerdum. Heute ist der Ort jedoch durch die Ausweisung neuer Baugebiete stark zersiedelt. Interessant ist die ****lutherische St. Victor Kirche (Abb. 226)** (Pestalozziallee), ein langgestreckter Saalbau, der in mehreren Bauabschnitten seine heutige Gestalt erhielt. Der Bau begann zwischen 1220 und 1240 mit dem etwa 30 Meter langen Mittelteil als einem romanischen Backsteinbau, dessen Wandgliederung mit der Kirche in Hage verwandt ist. Hage und Victorbur hatten im Gegensatz zu den später errichteten kleineren Kirchen dieser Baugruppe keine Gewölbe.

226 Luth. St. Victor Kirche

Um die Mitte des 13. Jahrhunderts entstand im Westen ein frei vor dem Schiff stehender Turm, der leider 1831 bis auf Reste seiner Ostwand abgetragen worden ist. In der Zeit um 1260-70 wurde die Kirche nach Westen um ein gewölbtes Joch erweitert, dabei blieben die Außenmauern ohne Wandgliederung. Etwas später verband man den Turm mit dem Schiff durch ein schmales Zwischenjoch mit einer Tonnenwölbung. Als letzten Teil fügte man in der Mitte des 15. Jahrhunderts im Osten einen sechsseitigen gotischen Chor hinzu.

Der südlich der Kirche stehende **Glockenstuhl** des Parallelmauertyps ist noch mittelalterlichen Ursprungs, wurde aber inzwischen stark verändert. Die Kirche Victorbur besaß demnach bis ins 19. Jahrhundert zwei Türme.

Der romanische Innenraum **(Abb. 227)** erhielt 1867/68 eine reich verzierte Flachdecke, während im jüngeren Westjoch ein sechsteiliges Rippengewölbe erhalten blieb. Filigran sind die Rippen des Gewölbes im Chorpolygon, die auf ebenso dünnen Wanddiensten aufsetzen. Im unteren Teil des Chorpolygons befinden sich in jedem Wandabschnitt segmentbogige Nischen.

Im nördlichen Pfeiler vor dem Chor ist ein **Sakramentshaus** von Sandstein aus dem 15. Jahrhundert eingelassen, an dem noch Beschläge für die einstige Gittertür vorhanden sind. Das Sakramentshaus wird von drei Backsteinsäulen gestützt. Auf dem Schrein befinden sich zwei Bogenfeldern aus Sandstein, vor denen auf kleinen Konsolen Figuren standen, darüber wird er von einem Sandsteinkreuz bekrönt.

227 **Kirchenschiff**

228 Altar

Das Chorpolygon wird weitgehend ausgefüllt von dem großen gemalten **Altarretabel (Abb. 228)**, das 1657 von den Holzschnitzern Jürgen Frese und Peter Jansen geschaffen wurde. In den Feldern der beiden breit gelagerten unteren Ebenen wurden 1686 neutestamentliche Szenen eingefügt, im bekrönenden Giebeldreieck sieht man die Auferstehung. Als die Malerei von 1686 nicht mehr den Geschmack des 19. Jahrhunderts traf, hat man 1869 die Mitte mit einem recht guten Gemälde des Gekreuzigten überdeckt. Es hängt jetzt an der Nordwand.

Die **Kanzel** und der Schalldeckel sind 1697 von Meister Hinrich Kröpelin aus Esens mit der für ihn typischen reichen Ausschmückung aus geschnitzten Evangelistenfiguren, gewundenen Ecksäulen und filigranem Rankenwerk verziert. Der Prediger betritt die Kanzel durch ein Portal und einen von Balustern gebildeten Aufgang. Im Jahre 1868 hat der Emder Steinmetz Niehaus den **Taufstein** des Bentheimer Typs aus der 1. Hälfte des 13. Jahrhunderts zu der heutigen Form umgearbeitet.

Wegen des westlichen Spitzbogens ist die **Orgel (Abb. 229)** auf der Westempore schwer einsehbar. Sie wurde von Johann Gottfried Rohlfs aus Esens 1818 gebaut und gleicht der ebenfalls von Rohlfs stammenden Orgel in Roggenstede. In den Jahren 1910 und 1969 erhielt die Orgel jeweils ein neues Werk, lediglich der Prospekt blieb erhalten.

229 Orgel

Die ehemaligen Moorgebiete in den Ortsteilen Münkeboe, Moorhusen und Moordorf, die östlich an Victorbur anschließen, wurden seit dem 18. Jahrhundert unter ärmlichen Bedingungen besiedelt. Erst gegen Ende des 19. Jahrhunderts begann man, die Moorflächen systematisch zu entwässern. Recht anschaulich wird die schwierige 200jährige Entwicklungsgeschichte der Moorkolonisierung im *Moormuseum Moordorf* (Victorburer Moor 7a) dargestellt. Dort kann man anhand der rekonstruierten Moorhütten die ärmlichen Lebensbedingungen der Siedler nachvollziehen.

Es dauerte 135 Jahre, bis die Moorkolonien Münkeboe und Moorhusen ihre erste Kirche, die **lutherische Kirche Zum Guten Hirten** (Upender Straße 65) in **Münkeboe**, erbaut 1899-1900, erhielten. Bis dahin wurden die neuen Kolonien von Engerhafe aus betreut. Die neugotische Backsteinkirche mit Westturm, polygonalem Chor und dreischiffigem Langhaus mit abgewalmten Querdächern erbaute F. Jacob aus Hannover. Das Mittelschiff ist saalartig breit, die Seitenschiffe sind gangartig schmal. Nur der Chor wurde gewölbt, eine geknickte Holzdecke überspannt das Schiff, das von dreiseitig umlaufenden Emporen eingefasst ist. Die einheitlich entworfene Ausstattung im neugotischen Stil entstammt der Erbauungszeit. Unweit der Kirche steht eine zweistöckige **Galerieholländermühle** (Upender Straße 58) von 1852. Sie wurde ab 1982 renoviert und wird von einem Mühlenverein betrieben. Dazu gehören das Müllerhaus aus der Mitte des 19. Jahrhunderts und ein Backhaus. Beim Mühlenensemble zeigt das *Dörpmuseum* das Leben und Arbeiten in vergangenen Zeiten.

In der gleichen Zeit wie die Kirche in Münkeboe wurde auch die **Martin-Luther-Kirche** (Auricher Straße 80) in **Moordorf** erbaut. 1893 wurde das Kirchenschiff errichtet, 1908 fügte man den Westturm hinzu. Auch hier ist die Raumausstattung aus der Erbauungszeit.

Von Moordorf fährt man die B 72 in Richtung Georgsheil. Der Kreuzungspunkt **Georgsheil** war ein wichtiger Ausspann für Reisende und Pferde und besaß zwei Gaststätten. Davon ist die ehemalige **Gaststätte Uphoff** (Norder Straße 1) erhalten, ein stattliches zweigeschossiges Wohnhaus, das quer vor einer Gulfscheune steht und in der 1. Hälfte des 19. Jahrhunderts gebaut wurde. Der Ortsname Georgsheil steht in Beziehung zum hannoverschen König Georg V. An diesem Ort soll der König, der auf dem Weg nach Norderney war, von der Geburt seines Sohnes erfahren haben.

Etwa einen Kilometer bevor man, von Aurich kommend, im Kreuzungsbereich Georgsheil ist, geht der Weg rund zwei Kilometer in südlicher Richtung nach Wiegboldsbur.

Der Ort **Wiegboldsbur** ist schon vor der Bildung der Aufstecksiedlung im 13. Jahrhundert vorhanden gewesen. Die ***lutherische Wibadi-Kirche (Abb. 230)** (Forlitzer Straße 158) wurde als romanische Sendkirche in der Mitte des 13. Jahrhunderts in Form eines Apsissaales errichtet. Wohl schon im 17. Jahrhundert wurde die halbrunde Apsis abgerissen und die Ostwand erneuert. Ebenso verfuhr man mit dem Westabschluss, der um 7,50 Meter eingekürzt und mit einer neuen Wand versehen wurde. So blieben nur noch die beiden Längswände, allerdings mit veränderten Fenstern, die noch zum mittelalterlichen Bestand gehören. Neben der Südwestecke der Kirche steht der niedrige **Glockenstuhl** des Parallelmauertyps, errichtet in der Mitte des 15. Jahrhunderts. Er wurde bereits im 19. Jahrhundert um 1,50 Meter erhöht und in der Dachform verändert; die beiden Rundbogenarkaden sind 1973 in den unteren Bereichen geschlossen worden.

230 Luth. Wibadi-Kirche

Spuren an den Innenwänden der Kirche weisen darauf hin, dass der Raum einst steinerne Gewölbe hatte, wohl schon seit dem 18. Jahrhundert überdeckt ihn eine Balkendecke. Um 1974 ist der Kirchraum neu gestaltet worden **(Abb. 231)**. Anstelle der alten Kirchenbänke wurde eine Einzelbestuhlung angeschafft. Die bis dahin auf dem Boden liegen-

Landkreis Aurich

231 Chor

232 Taufbecken

233 Galerieholländermühle

den Grabplatten stehen jetzt aufrecht an den Längswänden und prägen den Kirchenraum nachhaltig. Die beiden großen trapezförmigen **Grabplatten** sind in das 12. Jahrhundert zu datieren, die eine zeigt ein Keulenkreuz, die andere geometrische Kreuzmotive. Die übrigen Grabplatten stammen aus dem 17. Jahrhundert. An der Ostwand steht das gegen die Decke stoßende, auf 1653 datierte **Altarretabel**, das in drei Geschosse aufgeteilt ist. Unten im Hauptfeld sieht man zwischen schlanken Säulen das Gemälde des Abendmahls, darüber Christus als Ecce homo und seine Kreuzigung, ganz oben die Auferstehung. In die gleiche Zeit, etwa in der Mitte des 17. Jahrhunderts, dürfte aufgrund der Beschlagwerkornamente und gemalten Evangelisten zwischen kannelierten Pilastern die **Kanzel** zu datieren sein. Auch das Lesepult stammt aus der Barockzeit.

Von besonderem Interesse ist das relativ kleine **Bronzetaufbecken (Abb. 232)**, laut Inschrift 1496 von Peter Clockgether gegossen, womit die naheliegende Vermutung bestätigt wird, dass die Glockengießer auch die Schöpfer der Bronzetaufbecken waren. Vier bewaffnete Ritter tragen das Becken, an dessen Wandung unter Kielbögen die Kreuzigung und Heilige im Relief erscheinen.

Erst zu Beginn des 19. Jahrhunderts bekam die Kirche eine ***Orgel**. Sie wurde 1818/19 von Wilhelm Eilert Schmid aus Leer geschaffen. Der breite, hohe halbrunde Mittelturm wird begleitet von je einem zweigeschossigen Flachfeld, das mit herunterschwingenden Profilen zu den halbrunden Außentürmen überleitet. An diesen hängen die wie ausgesägt wirkenden Ohren aus verschlungenen Ranken, wie sie ähnlich auch die Schleierbretter aufweisen. Als einziges Zugeständnis an den in allen anderen Bereichen längst durchgesetzten Klassizismus sind die flachen Vasen auf den Pfeifentürmen anzusehen. Nachdem die Orgel lange Jahre nicht mehr bespielbar war, zeitweise sogar auswärts eingelagert werden musste, konnte ihr Werk 1984/85 durch die Firma Hillebrand aus Altwarmbüchen bei Hannover in den ursprünglichen Zustand zurückversetzt werden. Seit der gelungenen Restaurierung ist sie nicht nur äußerlich wieder ein Schmuckstück, sie hat auch ihr klanglich hohes Niveau zurückerhalten.

Sehenswert in Wiegboldsbur ist auch das landschaftsprägende Ensemble von Windmühle und Bauernhof. Die dreistöckige funktionsfähige **Galerieholländermühle (Abb. 233)** (Forlitzer Straße 125) aus dem Jahre 1812 dient heute als *Mühlenmuseum*. Dazu gehört ein Müllerhaus von 1846 mit Wohn- und Wirtschaftsgebäuden sowie Scheune, Packhaus und Pferdestall. In dem großen, teilreetgedeckten Gulfhaus **Forlitzer Straße 121** von 1858 hat der NABU Niedersachsen den *Woldenhof,* ein Zentrum für Umweltbildung und Naturschutzarbeit, eingerichtet. Das Angebot ist für junge Menschen gedacht. Neben der Schulung gibt es einen Bauerngarten, Obstwiesen und typische Tiere eines historischen Bauernhofes zu sehen.

Rund zweieinhalb Kilometer weiter südlich findet man den Ort **Bedekaspel.** Vom Turm der **reformierten Kirche (Abb. 234)** (Warfsweg 30) hat man einen wundervollen Blick über das Große Meer. Nach der zerstörenden Flut von 1717, die die mittelalterliche Kreuzkirche demolierte, konnte lediglich der gotische Westturm erhalten werden. 1728 erbaute man mit dem Steinmaterial eine neue schlichte Saalkirche. Von der Vorgängerkirche ist die auf das Jahr 1653 datierte **Kanzel** mit sechseckigem Schalldeckel übernommen worden. Ansonsten ist der Innenraum von schlichter Ausstattung. 1869 lieferte Arnold Rohlfs aus Esens eine neue **Orgel,** deren Akanthusranken und hübsche Putten wohl vom Vorgängerprospekt aus der Zeit um 1730 übernommen wurden.

234 Ref. Kirche und ehem. Küsterhaus

In der Nähe der Kirche steht eine Gruppe von Gulfhäusern, die den Ortskern bilden. In einem der Häuser **(Warfsweg 28)** waren die Küsterei und die Schule untergebracht. Südlich der Kirche liegt auf einem Parkgrundstück das **Pfarrhaus** (Warfsweg 32). Historischer Treffpunkt war nach Ausflügen am Großen Meer oder im Winter nach dem Schlittschuhlaufen auf den gefrorenen Wasserflächen die kleine ehemalige Gaststätte **Haus Meints** (Warfsweg 25). Das im Inneren original erhaltene kleine Gulfhaus aus dem frühen 19. Jahrhundert mit Kamin und Butzen dient heute als Gemeindehaus. Unweit des Großen Meeres steht die 1988 wieder errichtete **Wasserschöpfmühle Agnes** (Langer Weg)**,** ein Erdholländer mit Steert, Segelgatterflügeln und archimedischer Schraube.

Endpunkt der Reise durch den Landkreis Aurich ist der Ort **Forlitz-Blaukirchen (Abb. 235),** der aus zwei ehemals selbstständigen Kirchdörfern gebildet wird. Er liegt am Ostufer des Großen Meeres, das 450 Hektar groß und landschaftlich mit seinen zahlreichen Buchten, Rohrflächen und vielen Wasservögeln von großem Reiz ist.

Einst standen in den Aufstrecksiedlungen zwei mittelalterliche Kirchen, von denen eine wegen des dunkelblauen Daches Blaukirchen genannt wurde. Beide waren nach den Sturmfluten von 1717 und 1825 ruiniert. Zudem litten die Landwirte durch die dort zunehmend vernässten Landflächen. Die Kirchbauten wurden aufgrund der wirtschaftlichen Not aufgegeben und 1848 wurde mit dem alten Baumaterial eine gemeinschaftliche neue Kirche errichtet. Die **lutherische Kirche** (Forlitzer Straße 227) ist eine klassizistische Saalkirche mit Westturm. Von der Vorgängerkirche wurde der romanische **Taufstein** des Bentheimer Typs aus der 1. Hälfte des 13. Jahrhunderts mit den stützenden Löwenfiguren und den schönen Friesen wiederverwendet. Ein Fragment eines Steinsarkophags stammt möglicherweise aus dem 12. Jahrhundert. Zu den historischen Ausstattungsstücken zählen ferner die Kanzel von 1744 und ein Messingkronleuchter, datiert 1733. Hinzugekommen sind die dreiteilige neugotische Altarwand von 1869 und die **Orgel** aus dem gleichen Jahr von der Orgelwerkstatt Gebrüder Rohlfs aus Esens. 1979-82 erfolgte eine Restaurierung der Orgel, die noch fast vollständig erhalten ist, durch den Orgelbauer Martin Haspelmath aus Walsrode.

235 Luth. Kirche

Gleich neben der Kirche steht die **alte Schule** (Forlitzer Straße 229), die heute als Dorfgemeinschaftshaus genutzt wird.

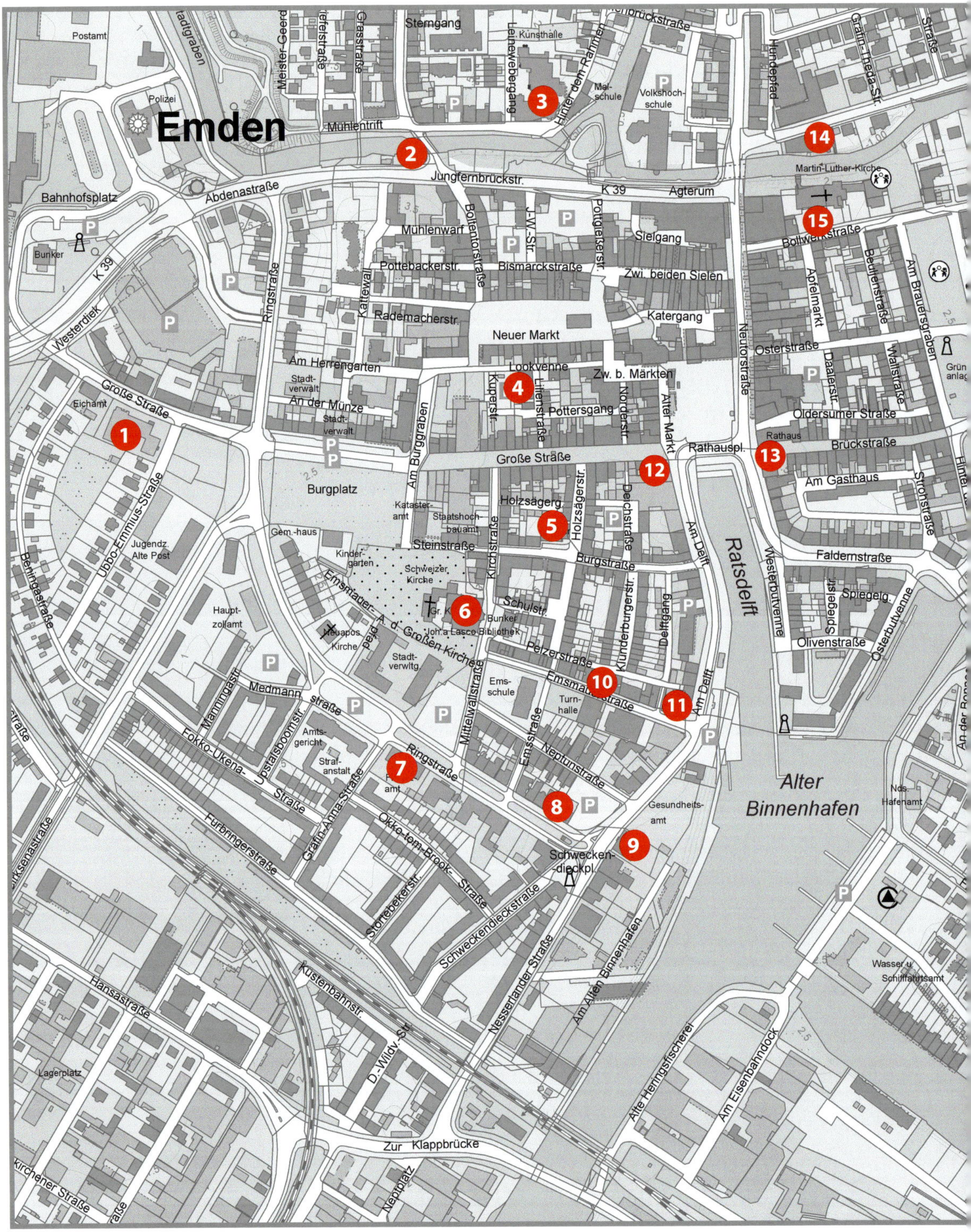

Stadt Emden

ARCHITEKTURFÜHRER OSTFRIESLAND

Quelle: Auszug aus den Geobasisdaten des Landesamtes für Geoinformation und Landesvermessung Niedersachsen, 2018

ARCHITEKTURFÜHRER OSTFRIESLAND

Stadt Emden

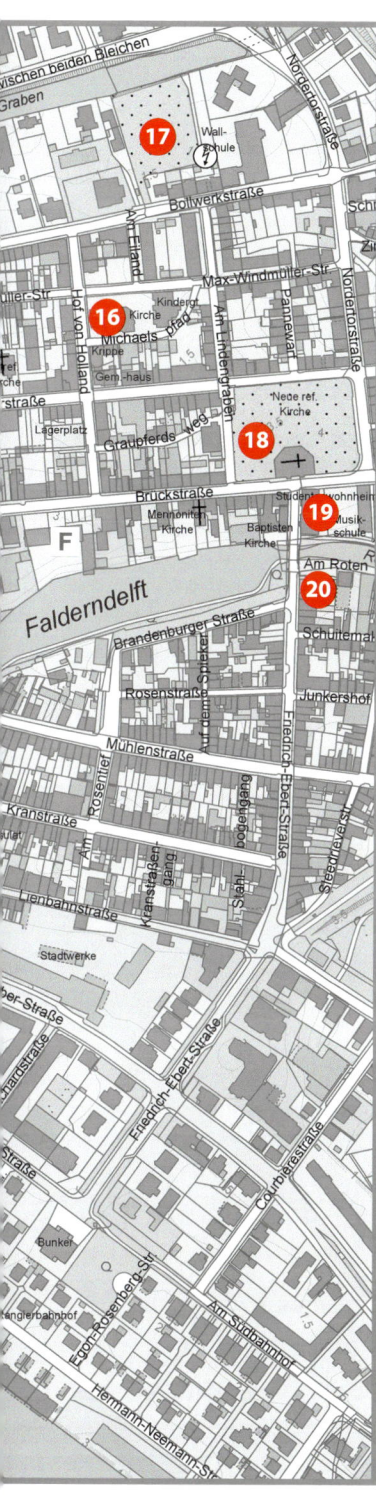

Stadtzentrum

1. Schule und Sparkasse, Große Straße 89-91
2. Kiosk, Boltentorstraße 11
3. Kunsthalle Emden, Hinter dem Rahmen 13–16
4. Wohnhaus, Lilienstraße 17
5. Bunkermuseum, Holzsägerstraße 6
6. Johannes a Lasco Bibliothek Große Kirche, Kirchstraße 22
7. Amtsgericht und Gefängnis, Ringstraße 6
8. Verwaltungsgebäude, Ringstraße 43
9. Ehemalige Reichsbank, Schweckendiekplatz 2
10. Renaissancehäuser, Pelzerstraße 11 u. 12
11. Hafentor, Am Delft
12. Otto-Huus, Große Straße 1
13. Alte Rathaus, Neutorstraße 9
14. Kino, Zwischen beiden Bleichen 2
15. Luth. Martin-Luther-Kirche, Bollwerkstraße 8
16. Kath. Pfarrkirche St. Michael, Hof von Holland 14
17. Jüdischer Friedhof, Bollwerksstraße 47
18. Ref. Neue Kirche, Brückstraße 103
19. Stadtpalais Gödenser Haus, Friedrich-Ebert-Straße 1/3
20. Kontor- und Lagerhaus, Friedrich-Ebert-Straße 5

Stadt Emden

Stadtgeschichte

Emden liegt zwar geographisch in Ostfriesland, zu dem es aber durch seine besondere geschichtliche Entwicklung so wenig gehört wie Frankfurt zu Hessen oder Lübeck zu Schleswig-Holstein. Während sich in den anderen Landesteilen Orte erst in der Neuzeit zu Städten entwickelten (Aurich 1539, Norden in der zweiten Hälfte des 16. Jahrhunderts, Leer 1823 und Wittmund vorübergehend 1567, endgültig 1929) hatte Emden bereits 1442 vier Bürgermeister und 1465 die ersten Stadtstatuten.

Die friesische Handelsniederlassung ist auf einer Langwurt im Zuge der fränkischen Ostexpansion gegen die Sachsen im 8. Jahrhundert angelegt worden. Bereits in der Mitte des 11. Jahrhunderts wurden hier Silberdenare geprägt, Münzen, die insbesondere für den Pelz- und Fellhandel im Ostseeraum erforderlich waren. 1224 wird erstmals ein Schiff aus Emden in London urkundlich erwähnt, danach ist lebhafter Schiffsverkehr nachzuweisen. In Verbindung mit zwei wichtigen Straßen nach Münster entwickelte sich der Handel so gut, dass Emden Zollstätte wurde. Im 13. Jahrhundert gelang es der Häuptlingsfamilie Abdena trotz der politischen und wirtschaftlichen Bindung an Münster, die Geschicke der Stadt bis in das 15. Jahrhundert zu leiten. Mitte des 15. Jahrhunderts wurde Emden unter Ulrich Cirksena, Graf in Ostfriesland, Haupt- und Residenzstadt Ostfrieslands. Kaiser Maximilian I. verlieh 1494 seinem Sohn Graf Edzard dem Großen das Stapelrecht in Emden und ein Jahr später das Stadtwappen Engelke up de muer **(Abb. 1)**.

Bereits 1519 setzte in Ostfriesland die Reformation ein: Durch den polnischen Reformator Johannes a Lasco wurde Emden zum ostfriesischen Zentrum des reformierten Glaubens. Niederländische Reformierte, von den Spaniern unter Herzog Alba aus ihrer Heimat vertrieben, bewirkten einen großen wirtschaftlichen und kulturellen Aufstieg Emdens. Da die niederländischen Küstenstädte durch den Kampf gegen die

Spanier gelähmt waren, übernahm Emden ihre Funktion und wurde zu einem der schiffsreichsten Seehäfen Europas. Die Zeit größter wirtschaftlicher und politischer Bedeutung symbolisierten bis zur Zerstörung im Zweiten Weltkrieg das 1574-76 erbaute Rathaus und eine Vielzahl prachtvoller, das Stadtbild prägender Bürgerhäuser der niederländischen Renaissance. Der allmähliche Niedergang wurde durch die Rückkehr der niederländischen Flüchtlinge in ihre befreite Heimat eingeleitet und durch die Verschlammung des Hafens als Folge der Emsverlagerung. Nachdem der lutherische Graf Edzard II. 1561 nach Auseinandersetzungen mit den reformierten Emdern seine Residenz nach Aurich verlegte, verlor Emden auch die Bedeutung als Residenzstadt.

Die zunehmenden Spannungen mit dem Grafenhaus führten schließlich 1595 zum Aufstand der Bürgerschaft, der mit Hilfe der Niederländer zur Unabhängigkeit führte. Von nun ab war die Stadt selbstständig und nahm diese Rolle bis zu Übernahme Ostfrieslands 1744 an die Preußen wahr.

Dank ihrer starken, zwischen 1606 und 1621 in weitem Bogen von Osten nach Norden und nach Westen um die Stadt herumgeführten Bastionen (Abb. 2) wurde Emden nicht vom Dreißigjährigen Krieg betroffen. Der Übergang an Preußen 1744 brachte Emden eine neue Bedeutung als einziger Seehafen des Königreichs an der Nordsee, zu dessen Verbesserung 1769-81 das neue Fahrwasser geschaffen wurde.

Die daraufhin verstärkt einsetzende Bautätigkeit fand vor allem am Hafen mit einer Reihe klassizistischer Bauten, wie der katholischen Kirche von 1806, der neuen Ratsdelftbrücke von 1775, der Stadtwaage von 1803 und einer Reihe kleinerer Bürgerhäuser, statt. Mit der napoleonischen Ära endete die für ganz Ostfriesland positive Entwicklung. Emden verlor alle Privilegien, die einst zu seiner wirtschaftlichen Blüte geführt hatten, nämlich das Zoll- und Stapelrecht, den Freihafen, die Emshoheit, das Besteuerungsrecht und die Wehrfreiheit. Auch unterbrach die Kontinentalsperre alle traditionellen Handelsbeziehungen.

1 Stadtwappen

Der Übergang an das Königreich Hannover 1815 brachte keinen besonderen Aufschwung, da jetzt die Elb- und Weserfahrt vor der Emsschifffahrt Vorrang erhielten. Immerhin bekam Emden Anschluss an das Eisenbahnnetz und 1851-54 am Herrentor den ersten Bahnhof. Für die Pflasterung der Straßen konnten jetzt Feldsteine aus der Geest preisgünstig herangeschafft werden. Die Wallanlagen wurden bereits 1819 geschleift und mit Bäumen bepflanzt. Der Abbruch der alten Emsmauer im Süden ermöglichte eine wesentliche Stadterweiterung.

Der größte Aufschwung erfolgte jedoch erst mit der Eingliederung Ostfrieslands 1866 in das Preußenreich, vor allem während der langen Amtszeit des Oberbürgermeisters Leo Fürbringer 1875-1913. Durch die Anlage des Ems-Jade-Kanals 1880-88 und des Dortmund-Ems-Kanals 1892-99 wurde für den Emder Hafen das rheinisch-westfälische Hinterland erschlossen. Als 1913 der neue Binnenhafen vollendet wurde, war er durch eine der damals größten Seeschleusen der Welt mit dem Außenhafen verbunden worden. Die Anlage eines speziellen Entwässerungskanals und eines Schöpfwerks ersetzte die bisherige Funktion der vielen kleinen innerstädtischen Wasserläufe, von denen einige zugeschüttet wurden und deren viele Brücken man abbrach, sodass das Bild Emdens als eines „Venedigs des Nordens" verloren ging. So wurde auch lder

Stadt Emden

2 Emden 1649, kolorierter Kupferstich von Joan Blaeu, Amsterdam

Nordteil des Ratsdelftes 1887 zugeschüttet und mit einem Stadtgarten überdeckt. In der Zeit verdoppelte sich die Einwohnerzahl von circa 12.000 auf rund 24.000. Den erforderlichen Mehrbedarf deckte man zum einen durch die Anlage von Stadtrandsiedlungen, zum anderen aber auch durch Neubauten in der Altstadt, denen leider auch einige wertvolle historische Bauten weichen mussten. Das Dritte Reich hat außer einer utopischen Planung von 1943 mit geradlinigen Achsen in großstädtischen Dimensionen vor allem die Luftschutzbunker hinterlassen, von denen im gesamten Stadtgebiet 31 gebaut worden waren. Einige gehören heute noch zum Stadtbild. Bei den ständigen Luftangriffen seit dem 7. Juni 1942 bis zu dem katastrophalsten am 6. September 1944 wurden 78 Prozent aller Wohnungen und nahezu alle öffentlichen Bauten vernichtet. Von rund 10.500 Wohnungen in Emden waren circa 8.000 zerstört worden. Die Beseitigung der 500.000 m^3 Trümmerschutt nahm noch viele Jahre in Anspruch, 1949 befanden sich immer noch 250.000 m^3 davon in der Stadt, die zum Großteil in die letzten Wasserläufe der Stadt verfüllt wurden.

Langsam aber stetig erholte sich Emden von der größten Katastrophe seiner Geschichte, die Werft begann schon 1950 wieder mit dem Großschiffbau, 1962 war es schon für 36 Seeschiffe Heimathafen, in dem 1974 fast 16 Millionen Tonnen, vor allem Eisenerz und Kohle, umgeschlagen wurden. Das wichtigste wirtschaftliche Ereignis war jedoch der Bau des Volkswagenwerkes 1964. Am Standort Emden waren im Jahr 2015 rund 9.600 Mitarbeiter tätig. Dort können bis zu 1.250 Fahrzeuge täglich produziert werden. Davon profitierte auch der Hafen, von dem aus im Jahre 2015 über 1,4 Millionen Autos verladen wurden. Die meisten Fahrzeuge treten ihre Reise nach Nordamerika an. Weitere Exportziele sind Japan, Spanien, Irland und Portugal.

Der Wiederaufbau Emdens vom Ende der 40er bis zum Beginn der 60er Jahre vollzog sich in einem zeittypischen Streit zwischen bewahrenden und innovativen Tendenzen sowohl im Städtebau als auch in der Gestaltung der Neubauten und in der Erhaltung einzelner Baudenkmale. Zunächst von extremen Planungen ohne Anknüpfung an den historischen Stadtgrundriss und ohne weitere Rücksicht auf noch erhaltene Bauten ausgehend, gelangte Emden schließlich zu einem Kompromiss, der in der Wiederherstellung der historischen Stadtgestalt mit zeitgenössischen Mitteln bestand: Man plante also keine Rekonstruktion verschwundener Bauelemente, sondern die Bewahrung der Erinnerung an das Verlorene mit freien Modifikationen. In dem Ansatz des nachempfindenden Aufbaus einer zerstörten historischen Stadtgestalt mit zeitgenössischen Mitteln gleicht Emden den Städten Münster oder Osnabrück, die alle auf ihre Weise ihre Identität bewahrt haben, im Unterschied zu Hannover, Braunschweig oder Frankfurt am Main.

Die von der Arbeitsgemeinschaft der Architekten Hans Stosberg und Jan Wilhelm Prendel sowie dem städtischen Bauamtmann Alfred Langeheine geplante Stadtstruktur nahm stärker als alle bisherigen Vorschläge Rücksicht auf den historischen Grundriss und die alte Baustruktur . Damit wurde ein wichtiger Grundstein für das heutige Antlitz Emdens geschaffen, mehr aber noch durch die 1953 verabschiedete Baupflegesatzung. Darin wurde festgelegt: „Im Innenstadtbereich sind die Außenwände der Vollgeschosse in hell verfugtem Ziegelbau oder aus Werkstein aufzuführen. Gemischte Verwendung kann besonders erwünscht sein zur Trennung des Erdgeschosses mit Schaufenstern von den darüberliegenden Geschossen mit den kleinen Wohnungsfenstern, aber auch in den Geschossen bei Umrahmungen der Türen und Fenster." Es sollten möglichst nicht gesinterte Klinker, sondern rotbraune Ziegelsteine verwendet werden, als Dachform wurde das Satteldach mit einem Neigungswinkel von 50 Grad vorgeschrieben. „Die Fenster sind möglichst in stehender Rechteckform ohne Kämpfer herzustellen und durch Sprossen aufzuteilen. Die Verwendung dreiteiliger Fenster soll regelmäßig vermieden werden." Letztere Bestimmung wurde von den ausführenden Architekten als zu weitgehend abgelehnt. Diese Baupflegesatzung könnte auch von einer weitgehend erhaltenen historischen Altstadt stammen, hat aber durch die Kreativität der ausführenden Architekten durchaus zu zeittypischen Eigenleistungen geführt, ähnlich wie dies beim Prinzipalmarkt in Münster der Fall ist, bei dem die meisten Besucher glauben, eine exakte Rekonstruktion der zerstörten Altbauten vor sich zu haben, während es sich doch im Detail um typische Schöpfungen der 50er Jahre handelt.

Hoffentlich wird die Satzung, die bislang nicht aufgehoben wurde, in Emden das inzwischen nach einem halben Jahrhundert historisch gewordene Stadtbild vor weiteren Entstellungen schützen. Der im Jahre 2008 erfolgte Abriss des Neptunhauses gegen den Willen weiter Bevölkerungskreise lässt jedoch nichts Gutes erahnen. Das Reederei-Gebäude war 1952/53 vom Emder Architektenbüro Janssen & Latta errichtet worden und wurde 1979 von der damals größten Reederei am Ort an die Stadt Emden verkauft. Es war mit seinen typischen 50er Jahre-Fassaden und der Wendeltreppe im Treppenhaus im Originalzustand überkommen. Der Protest gegen den Abriss dieses Hauses hat zumindest bewirkt, dass die Stadt Emden in Abstimmung mit der Landesdenkmalpflege eine Bestandsaufnahme der Nachkriegsbebauung finanziert und in Auftrag gegeben hat.

Wegen der Vielzahl interessanter baulicher Anlagen im Stadtgebiet Emdens werden nachfolgend mehrere Rundgänge beschrieben, die jeweils ein Schwerpunktthema haben. Alle Sehenswürdigkeiten sind vom Zentrum der Stadt, dem Rathaus mit dem Ratsdelft, gut zu Fuß zu erreichen. Die beschriebenen Objekte sind, soweit möglich, mit Straßenbezeichnungen und Hausnummern versehen, sodass sie mit Hilfe von Stadtplänen oder mit einer Navigationshilfe (GPS) auffindbar sind.

Stadt Emden

Stadt Emden
mit Emden, Larrelt, Twixlum, Logumer Vorwerk, Wybelsum, Borssum, Widdelswehr/Jarßum, Petkum, Wolthusen und Uphusen

1. Wallanlagen, Emder Wasserkunst und Kesselschleuse
2. Kirchen im Stadtgebiet
3. Gebäude bis 1850
4. Historismus und Expressionismus
5. Gebäude des Wiederaufbaus
6. Fahrt durch die zur Stadt Emden gehörenden Dörfer

1. Wallanlagen, Emder Wasserkunst und Kesselschleuse

Bis heute beeindruckend ist der die Stadt umgebende Stadtwall mit seinen ursprünglich 11 Zwingern aus der 1. Hälfte des 17. Jahrhunderts. Zur Sicherung der Stadt wurden bereits um 1570 die ersten Wälle im Osten und Norden der Stadt aufgeworfen. Ab 1606 wurden die Stadtwälle durch den Stadtbaumeister Gerryt Everts Piloot deutlich erweitert und unter dem niederländischen Festungsbaumeister Johan van Falkenburgh konnten die Arbeiten dann gegen 1621 abgeschlossen werden. Durch die vorgelagerten Zwinger in fünfeckiger Form und den doppelten Wassergraben konnte sich die Stadt Emden erfolgreich gegen mehrere Angriffe im Dreißigjährigen Krieg verteidigen. Als Schutz und Sicherung der Stadt wurde der Wall erst 1819 endgültig militärisch aufgegeben und die vier Stadttore wurden nach und nach abgebrochen. Schon kurze Zeit später (1824) gründeten die Emder eine Verschönerungskommission für die ***Wallanlagen** und legen auf einem Zwinger den ersten Stadtgarten an. In den nachfolgenden Jahrzehnten entstand ein parkähnlicher Wallcharakter, der 1927 mit der Anlage des Schwanenteiches vor dem Weizen-Mühlen-Zwinger einen vorläufigen Abschluss fand. Der heute als öffentliche Grünfläche ausgewiesene Wall verfügt über zahlreiche jüngere Freizeiteinrichtungen, die die historische Aussagekraft der bedeutenden Befestigungsanlage einschränken.

Man sollte den rund einstündigen Spaziergang auf dem gut zwei Kilometer langen Wall am westlichen Teil der Wallanlage am Meister-Geerds-Zwinger beginnen. Dieser liegt nördlich des Wasserturms an der Abdenastraße unweit des Bahnhofes. Der Meister-Geerds-Zwinger bildete die westlichste Bastion der Stadtbefestigung zum ehemaligen Emsufer und wird zur Stadt bis in die Gegenwart durch den Alten Graben begrenzt. Der den Zwinger umfließende Stadtgraben wird an seiner

3 Windmühle De Vrouw Johanna

Spitze vom Larrelter Tief gespeist. Der Rundgang endet am ehemaligen Herrentor, kurz hinter der Weizenmühle.

Auf den Stadtplänen des 17. Jahrhunderts (Geilskerck 1616, Merian 1647) steht auf jedem der Zwinger eine Bockwindmühle. Ob das einem Idealplan oder der damaligen Wirklichkeit entsprach, bleibt ungewiss, denn schon auf dem Stadtplan von van Osterloh aus dem Jahr 1850 sind die heute noch mehr oder weniger gut erhaltenen drei Windmühlen eingezeichnet. Auf dem Spaziergang über die Wallanlagen nach Osten sieht man am Marienwehrster Zwinger die ***Windmühle De Vrouw Johanna (Abb. 3)** (Am Marienwehrster Zwinger 11), eine dreistöckige Galerieholländermühle, erbaut im Jahre 1804. Nach der Stilllegung 1956 und drohendem Verfall wurde die Mühle 1996-2000 vom verdienstvollen Emder Mühlenverein (gegründet 1994) vorbildlich mit neuer Reetdeckung und Flügelkreuz restauriert. Sie könnte wieder Korn mahlen und ist nach Rücksprache mit dem Verein auch zu besichtigen. Danach folgte die Restaurierung des Wirtschaftsgebäudes und im Jahre 2009 war auch die Restaurierung des Müllerhauses geglückt. Im nachfolgenden Gelben Mühlenzwinger ist für 1574 eine Bockwindmühle belegt, heute ist der Platz leer. Es folgt der Rote Mühlenzwinger mit De rote Molen (Brückstraße 116), die seit ihrem Bau 1795 gleich mehrmals hintereinander abbrannte. Nach dem letzten Brand von 1916 wurde sie trotz mehrfacher Versuche nicht wieder ganz aufgebaut. Der Betrieb in der Mühle ist 1966 endgültig stillgelegt worden, seit 1972 befindet sich in den Gebäuden ein Kindergarten. Wenig Glück hatte auch die nachfolgende, im Privateigentum befindliche Weizenmühle auf dem Weißen Mühlenzwinger (Mühlenstraße 82). Sie stammt aus dem Jahre 1810. Für die desolate Mühle hätte es einer Um- und Neunutzung und kräftiger finanzieller Hilfen bedurft, um sie weiterhin lebensfähig zu halten. Gut zehn Jahre rangen Eigentümer, Mühlenverein und die Stadt Emden um Baukonzepte und um Förderungsmöglichkeiten. Leider vergeblich, und so wurden 2005 Kappe und Achtkant der Mühle demontiert. Von der ehemals stolzen Galerieholländermühle sind nur noch der circa 15 Meter hohe, dreigeschossige Mühlenstumpf sowie Reste der umlaufenden Galerie mit Brüstung erhalten.

Im Jahre 2016 feierten die Emder das 400jährige Bestehen der Emder Wallanlagen. Das hat ihr Bewusstsein für das überregional bedeutsame Festungswerk gestärkt. In Zukunft wird man mit der Zulassung störender Elemente, wie es mit den Vereinsplätzen des Tennisvereins und den Neubauten des Sparkassengebäudes und des Altenheims in den geschützten Freiraum der Wallanlagen passiert ist, hoffentlich restriktiver umgehen. Neben der Pflege der Gräben, der Brücken und der Durchlässe im Wall wäre der Wiederherstellung des Ensembles der drei Mühlen ein optischer Höhepunkt des Emder Festungsbauwerkes. Sie bekämen mit dieser Dreiergruppe auf den Wällen ein touristisches Alleinstellungsmerkmal, ähnlich wie heute bei den Zwillingsmühlen in Greetsiel. Beispiele aus der Festungsanlage Bourtange im nahe gelegenen Groningerland oder die Bockwindmühlen auf dem Festungswall in Brügge zeigen, wie wirtschaftlich erfolgreich solche Investitionen sein können.

Zwischen dem Weißen Zwinger und Roten Zwinger überquert man über eine Fußgängerbrücke den Ems-Jade-Kanal. Im Westen liegt das vor wenigen Jahren instand gesetzte **Rote Siel** mit einer neueren Klappbrücke, auf der gegenüberliegenden Seite sieht man ein Schleusenbauwerk. Diese Bauwerke sind Teile eines komplexen Wasserhaltungs-Systems, der sogenannten ***Emder Wasserkunst**.

Die Altstadt Emdens liegt in einem dichten Gewässernetz, das über Jahrhunderte das Binnenwasser in die Ems abführte. Noch um die Mitte des 19. Jahrhunderts wurde das Binnenwasser über vier Sielbauwerke abgeführt, das Gasthaussiel und das Faldernsiel, das Stadtsiel, dessen schönes Außenhaupt aus Sandstein mit Emder Wappen am Ort erhalten ist, und das Rote Siel. Zur Entschlammung der Stadtgräben schloss man die Stadtsiele bei Hochwasser, um sie dann bei Ebbe schwallartig zu öffnen, damit das Wasser nicht nur den Unrat der Stadt mitnahm, sondern auch den abgelagerten Schlamm in die Ems abtransportierte. Mit der Anlage eines neuen vorgelagerten Hafens gegen Ende des 19. Jahrhunderts und dem Bau der großen Seeschleuse 1913 wurde die Stadt Emden tideunabhängig. Der Wasserstand des neuen Hafens lag nun zwei Meter höher als der der innerstädtischen Flussläufe und des Stadtgrabens. Dazu kamen die von Schiffen befahrenen Wasserstraßen des Fehntjer Tiefs und des Ems-Jade-Kanals, die ebenfalls durch das Stadtgebiet führten. Um diese verschieden hoch liegenden und sich zum Teil kreuzenden Wasserstände regulieren zu können, waren zahlreiche Schleusenneubauten erforderlich. Mit der ****Emder Kesselschleuse** (Kesselschleuse 1) errichtete man im Jahr 1887 ein in Europa einzigartiges Bauwerk. Sie verbindet vier Kanäle miteinander und besteht aus einer runden Zentralkammer mit 33 Metern Durchmesser und vier angefügten Schleusenkammern. Dadurch ist aus jeder Richtung die Fortsetzung in drei andere Richtungen möglich.

4 Kesselschleuse

Insgesamt stehen also 12 verschiedene Fahrtrichtungen zur Verfügung. In den 1980er Jahren ist das Bauwerk grundsaniert worden, sodass auch heute noch circa 3.000 Schiffe jährlich die Schleuse durchfahren können. Zusätzlich hat das Schleusenbauwerk eine wichtige Funktion für die Entwässerung des Binnenlandes und die Wasserstandsregulierung im Emder Stadtgebiet.

Zum Schleusenensemble unterhalb der Wallanlagen gehört neben der Schleuse auch ein ursprüngliches Schleusenwärterhaus (Kesselschleuse 2). Zwei Knechte waren für den Betrieb und die Unterhaltung der Kesselschleuse zuständig, für die man 1914 ein weiteres Gebäude, das sogenannte Schleusenknechtehaus, errichtete. Längs des Roten Siels und des Falderndelfts geht es wieder in Richtung des Rathauses.

2. Kirchen im Stadtgebiet

Die besonderen politischen Verhältnisse in Ostfriesland und insbesondere in Emden begünstigten im 16. Jahrhundert die Herausbildung einiger reformatorischer Kräfte, ohne dass die Landesherrschaft hier ordnend eingreifen konnte. Diese Glaubensvielfalt schlug sich in mehreren Gotteshäusern nieder, von denen einige, wenn auch mit erheblichen Kriegsschäden, die Zeiten überdauert haben. So sind im Stadtgebiet folgende Bauten der Religionsgemeinschaften belegt: Reformierte Große Kirche (zerstört 1944, jetzt Schweizer Kirche von 1949), Französisch-Reformierte Kirche (bis 1897 auf dem Neuen Markt), Reformierte Gasthauskirche (durch Brand 1938 zerstört), Reformierte Neue Kirche (Große Brückstraße, erbaut 1648, wiederaufgebaut 1950), Lutherische Kirche (1775 erbaut, in der Bollwerkstraße 1958 neu errichtet), Katholische Kirche St. Michael (Erbauungsjahr 1806, wiederaufgebaut 1950), Synagoge (Bollwerkstraße, bis 1938), Mennonitenkirche (1944 zerstört, Neubau 1953 in der Große Brückstraße), Altreformierte Kirche (Große Osterstraße, 1950 Neubau an alter Stelle) und Baptistenkirche (Große Brückstraße, erbaut 1914).

Vom Rathaus aus geht man westlich in die Große Straße; von dort biegt man schon an der zweiten südlichen Querstraße in die Kirchstraße. An der *** **Johannes a Lasco Bibliothek Große Kirche Emden (Abb. 5)** (Kirchstraße 22) erreicht man den ältesten Stadtteil Emdens, dessen erste Handelssiedlung am Übergang vom 8. zum 9. Jahrhundert auf einer Langwurt im Bereich der heutigen Pelzerstraße entstanden war. Ausgrabungen im Gebiet der Großen Kirche fanden 1953, 1990/91 und 1993 statt. Vermutlich im 9. Jahrhundert stand hier schon eine Holzkirche. Der erste Kirchenbau kann nur aufgrund der sekundär für den zweiten Holzkirchenbau verwendeten dendrochronologisch datierten Bauhölzer zurückgerechnet werden. Diese in der Zweitverwendung verbauten Hölzer datieren nach 941. Der Bau der zweiten Holzkirche erfolgte 966. Dies ist das Fälldatum von drei mächtigen Eichenpfosten, die als Mittelstützen dienten. Um 1200 wurde diese Holzkirche durch eine Einraumkirche aus Backstein ersetzt. Im späten 13./14. Jahrhundert kam dann die Erweiterung zu einem kreuzförmigen Bau, an den man im 14. Jahrhundert zwei Seitenschiffe anfügte. Darauf erfolgten zahlreiche Umbauten, Erneuerungen von baufälligen Teilen und Erweiterungen: 1453 wurden die Längsseiten der Einraumkirche durch Rundsäulen ersetzt; der Westturm wurde am Beginn des 15. Jahrhunderts abgebrochen und ein neuer Turm nördlich der Kirche errichtet. 1455 ließ der Landeshäuptling und spätere Reichsgraf Ulrich I. Cirksena einen Chor anbauen, vor 1500 wurden dann eine Herrenkapelle und ein Trauchor angebaut. 1505 ersetzte der Abendmahlchor den Ulrichchor. Nach der Cosmas- und Damianflut 1509 mussten große Teile des Chorbereiches erneuert werden und der Bereich der Fürstengruft wurde angebaut. Noch im gleichen Jahrhundert, zwischen 1560 und 1570, wurde der Turm mit der Kirche verbunden und die beiden Westecken wurden angebaut. Schließlich ersetzte man 1861 den baufällig gewordenen Nordturm durch einen stattlichen Neubau. Dieser über Jahrhunderte gewachsene Kirchenbau folgte der wachsenden Bedeutung Emdens. In der Zeit der spanischen Besetzung der Niederlande und Verfolgung der Nichtkatholiken bis zum Ende des Dreißigjährigen Krieges wurde die Emder Kirche zur Moederkerk, der Mutterkirche der calvinistischen Gemeinden in Nordwesteuropa. Das Ostportal erinnert mit seiner Inschrift „Godts kerck, vervolgt, verdreven, heft Godt hyr trost gegeven" („Der Kirche Gottes, verfolgt, vertrieben, hat Gott hier Trost gegeben.") an die Zeit, als Emden Rückzugsort zahlreicher Religionsflüchtiger war. Viele der Familien kehrten nach

5 Ehem. Große Kirche

Stadt Emden

ARCHITEKTURFÜHRER OSTFRIESLAND

6 Johannes a Lasco Bibliothek

Jahrzehnten in ihre Heimatorte zurück und stifteten als Dank 1660 das mit frühbarocken Stilelementen gestaltete Portal. Der Bombenangriff am 11. Dezember 1943 vernichtete das Gebäude bis auf die Außenmauern und Teile der inneren Arkadenwände.

Nur der Turm wurde 1964/65 mit neuem Obergeschoss und dem stadtbildprägenden schlanken, spitzen Helm wiedererrichtet. Erst in den 1980er Jahren wurde das Kirchenschiff mit einer Notbedachung versehen. In den Folgejahren entwickelte ein kleiner Kreis von Enthusiasten ein Konzept für die Rückkehr der Bibliothek der Großen Kirche an ihren historischen Standort. Die seit 1578 gewachsene bedeutende Büchersammlung konnte vor der Vernichtung gerettet werden und war öffentlich kaum wahrnehmbar in einem neueren Verwaltungsgebäude untergebracht. Das Konzept sah den Bau eines Studienzentrums mit einer wissenschaftlich-theologischen Bibliothek für die Geschichte des reformierten Protestantismus vor. Die Pläne des Wiederaufbaus gingen von der Konservierung der Kirchenruine als bedeutendes Denkmal aus, an die behutsam und ablesbar Neubauteile angefügt werden. Verantwortlich für den Entwurf und die Ausführung war der Architekt Prof. Jochen Bunse aus Rastede, der überraschend mit 49 Jahren verstarb und die Fertigstellung seines anspruchsvollen Werkes im Jahre 1995 selbst nicht mehr erleben durfte.

Die neue Bibliothek (Abb. 6) trägt den Namen des in Emden ab 1519 wirkenden polnischen Reformators Johannes a Lasco. Er wurde 1499 in der polnischen Stadt Laski geboren, wo er 1560 auch starb. Als Schüler des Humanisten Erasmus von Rotterdam brachte er dessen berühmte Bibliothek nach Emden, als er von der Gräfin Anna mit der Kirchenleitung Ostfrieslands beauftragt wurde. Nachdem er wegen der Konflikte zwischen dem lutherischen Fürstenhaus und der reformierten Kirche Emdens nach London geflohen war, wurde seine Erasmus-Bibliothek über ganz Europa verstreut. Doch schon 1559 unternahm der Kirchenälteste Gerhard tom Camp einen Neuanfang, und bis in die Zeit um 1800 wuchs die Bibliothek bis zu einem Bestand von 18.000 Bänden aller klassischen Wissensgebiete an. Etwa 150.000 Titel umfasst die Sammlung heute, darunter befinden sich mehr als 6.000 alte Drucke aus der Zeit zwischen dem 16. und 18. Jahrhundert und 155 Handschriften. Neben der Nutzung als wissenschaftliche Bibliothek mit dem Schwerpunkt Spezialliteratur zum reformierten Protestantismus finden in den Räumlichkeiten

7 Detail

Konzerte, Vorträge, Ausstellungen und andere kulturelle Veranstaltungen statt.

Jeder Besucher ist von der Wirkung des Innenraumes der Johannes a Lasco Bibliothek beeindruckt. Dessen ästhetische Qualität beruht auf dem Kontrast der bewusst in der Oberfläche ruinös belassenen mittelalterlichen Reste zu den neuen Elementen aus Glas und Stahl (Abb. 7).

Von der wandfesten Innenausstattung vor dem Krieg blieb nur im südlichen Seitenschiff das **Grabmal des Grafen Enno II. von Ostfriesland** (Abb. 8) stehen, freilich in stark verwittertem Zustand. Auf dem Scheinsarkophag ruht halbsitzend die vollplastische Gestalt des Verstorbenen. Ein Bildhauer aus der Schule des berühmten niederländischen Meisters Cornelis Floris schuf es 1540-48, vom Kirchenschiff abgetrennt durch eine großartige, in Öffnungen durchbrochene Schauwand aus Sandstein, reich ausgeschmückt mit Statuen und kannelierten Säulen. Die sorgfältige Restaurierung der Anlage beließ die Spuren der Beschädigungen durch Sturmfluten und Bombenschäden. Erfreulich ist festzustellen, dass zahlreiche Kunstwerke aus altem Kirchenbesitz in den ehemaligen Kirchenraum zurückgekehrt sind: drei große Kronleuchter von Gottlieb Franke aus dem letzten Viertel des 18. Jahrhunderts, ein gotischer Leuchter aus Eisen, die reichhaltige Porträtgalerie mit den Abbildungen der Vorsitzenden der reformierten Kirche, Totenschilde, darunter der Ennos I. von Ostfriesland, Epitaphien des Albertus Hardenberg und des Abrahamus Scultetus und eine reich gravierte Messing-Grabplatte des 1507 verstorbenen Priesters Hermann Wessels. In der ehemaligen Konsistorienstube, wo seit 1557 die Bibliothek der Großen Kirche untergebracht war, befindet sich heute die Bibliothek des Stifters Johann Philipp Janssen mit rund 2.000 historischen Druckwerken.

Ganz in der Bilderwelt der Niederlande des 17. Jahrhunderts fühlt man sich beim Anblick der beiden großformatigen Regentenbilder des Emder Malers Alexander Sanders an der Nordwand des alten Kirchenschiffes. Zu sehen sind die Emder Gasthaus-Vorsteher von 1659 und Vorsteher der hussittenden Armen von 1665, einer Diakonie für die heimischen Armen. Die dargestellten Herren waren gleichzeitig Offiziere der Bürgerwehr und in der Regel auch Ratsherrn, man blieb gern unter sich. Davor steht ein prunkvoller Stuhl von 1664, auf dem der Vorsitzende des Coetus seinen Platz einnahm. Der Coetus, 1544 von a Lasco einberufen, ist die älteste Pastorenvereinigung der evangelischen Kirche in Deutschland. Gerahmt wird der Platz durch eine hochwertige Wandverkleidung des 17. Jahrhunderts aus Nussbaum, die jedoch nicht aus Emden stammt. Die Kassetten werden durch Pilaster mit korinthischen Kapitellen und mit einem horizontal durchlaufenden floralen Fries gegliedert.

8 Grabmal

9 Neue Kirche

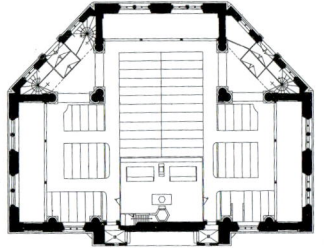

10 Grundriss

11 Kirchenschiff

Westlich der Großen Kirche war 1949 als Ersatz für das verlorene Gotteshaus die **reformierte Schweizer Kirche** (Kirchstraße 20), so genannt wegen der Spendengelder aus der Schweiz, nach modifizierten Plänen einer Typenkirche von Otto Bartning erbaut worden.

Eine weitere bedeutende reformierte Kirche im Stadtgebiet ist die **Neue Kirche** (Abb. 9) (Brückstraße 103). Sie liegt im Ostteil der Altstadt. Um dort hinzugelangen, geht man am günstigsten über die Große Straße, dann durch den Rathausbogen hindurch bis zum Abschluss der Brückstraße. Stadtbildprägend und weithin sichtbar ist die ungewöhnlich farbige, kugelförmige Bekrönung des zentralen Glockenturms: Es ist die Nachgestaltung der Kaiserkrone Rudolfs II. von Habsburg und soll den Status Emdens als reichsunmittelbare Stadt dokumentieren. Neben der Großen Kirche und der Gasthauskirche war Mitte des 17. Jahrhunderts ein drittes Gotteshaus notwendig geworden, da ab Mitte des 16. Jahrhunderts viele Glaubensflüchtlinge in die Stadt geströmt waren. Bauplatz war der neue Friedhof auf einem Faldern genannten Platz, auf dem im Mittelalter eine Häuptlingsburg gestanden haben soll. Schöpfer dieses bedeutendsten und ersten reformierten Kirchenbaues Ostfrieslands ist der Stadtbaumeister Martin Faber, Mitglied des Ratskollegs, Maler, Zeichner und Kartograph. Seine umfangreichen Kunst- und Baukenntnisse erwarb er in den Jahren 1611-14 auf Studienreisen nach Italien, Frankreich und Flandern. Der Grundriss (Abb. 10) mit niedrigen Winkelbauten an der Nordseite entstand von 1642-48 als roter Backsteinbau mit hellen Werksteingliederungen. Unverkennbar ist der Einfluss der niederländischen Baukunst im Stil des nordeuropäischen Frühbarocks. Als Vorbild gilt die von Hendrick de Keyser begonnene und nach dessen Tode von seinem Sohn Pieter de Keyser vollendete Noorderkerk in Amsterdam, jedoch mit einem entscheidenden Unterschied: In Amsterdam handelt es sich um einen regelmäßigen Zentralbau in Gestalt eines griechischen Kreuzes, das heißt mit vier gleichlangen Flügeln und einem quadratischen Mittelraum. Unweit von Emden gab es diese Grundrissdisposition bereits im späten 13. Jahrhundert in Stapelmoor. Da die reformierte Kirche keinen Altarraum als besonders heilige Stätte, als Sanktuarium, kennt, wurden bei der Umnutzung der zuvor katholischen Kirchen die Chorräume durch Wände, Ostemporen oder Schranken abgetrennt und profan als Abstellräume oder Grablegen genutzt. Deshalb ist es logisch, dass der Kirchenrat in seiner Sitzung vom 1. Februar 1642 entschied, den vierten Flügel des griechischen Kreuzes wegzulassen. Da für die Reformierten auch kein Zwang zur Ausrichtung nach Osten besteht und steinerne Altäre ohnehin abgelehnt werden, stellte man den Abendmahlstisch und die Kanzel vor die Mitte der südlichen Längswand und ordnete die Gestühlsblöcke und die Emporen U-förmig darum herum. In den Winkeln zwischen dem Nordflügel und der Längsachse liegen niedrige Annexräume mit den Eingängen und den Treppenaufgängen zu den Emporen.

Der Wiederaufbau (Abb. 11) 1946-50 erfolgte in vereinfachter Form: An die Stelle der sich durchkreuzenden hölzernen Tonnengewölbe traten Flachdecken, die den Lichteinfall stark veränderten, da die großen Rundfenster in den drei Giebeln jetzt auf den Dachboden ausgerichtet sind. Auf der neuen Nordempore steht die **Orgel**. Sie wurde 1958 von der Berliner Orgelbaufirma Karl Schuke fertiggestellt, den Prospekt wie auch die Kanzel gestaltete Oberregierungsrat Müller-Stüler aus Aurich. Neben einem Messingleuchter von 1648, den die Böttcherzunft der Neuen Kirche spendete, befindet sich im Kirchraum auch ein romanischer **Taufstein** des frühen 13. Jahrhunderts aus der Kirche in Jennelt. Um das Taufbecken schlingt sich eine wellenförmige Ranke mit Blattmustern. Leider sind die Köpfe der vier tragenden Löwen am Schaft abgeschlagen. Von den fast 500 Bestattungen im Kirchenraum waren vor der Kriegzerstörung noch 87 Grabplatten vorhanden. Sie wurden jedoch durch die Brand- und Schuttmassen zerschlagen. Das Wenige, das geborgen werden konnte, ist im Fußboden unter der Kanzel eingelassen worden. Zwei gut erhaltene Grabplatten von Martin Faber, dem Schöpfer der Neuen Kirche, und von Cornelius Budde stehen an einer repräsentativen Stelle im Kirchenraum. Eine Bürgerinitiative, der Bauverein Neue Kirche Emden, gab den Anstoß für eine neuerliche Restaurierung, die 2013 erfolgreich abgeschlossen werden konnte. Zwar konnte das Endziel, die Wiederherstellung des Innenraums mit den beiden sich durchdringenden Tonnengewölben, noch nicht erreicht werden, aber die Revitalisierung des Baus und die Neukonzeption als kultureller Veranstaltungsraum neben seiner kirchengemeindlichen Nutzung ist geglückt.

12 Kath. Pfarrkirche St. Michael

Geht man die Brückstraße zurück Richtung Rathaus und biegt in die Straße Hof von Holland ein, erreicht man die **katholische Pfarrkirche St. Michael** (Abb. 12, 13) (Hof von Holland 14), die bis zur Kriegszerstörung ein bedeutendes Bauwerk des Klassizismus aus dem Jahr 1806 war. Seine Außenmauern einschließlich des Dachreiters waren erhalten und hätten durchaus einen Wiederaufbau ermöglicht. Dies beantragte zunächst Pfarrer Thomes im April 1947. Nach langen Planüberlegungen zum Wiederaufbau wurde überraschend Dominikus Böhm eingeschaltet, der einen völligen Neubau unter Abriss nahezu aller alten Bauteile aufführte – im Vergleich zu den sonstigen Leistungen dieses berühmten Kirchenbauers ein eher bescheidener Ersatz für den klassizistischen Vorgängerbau.

13 Kirchenschiff

Um die zweite katholische Pfarrkirche aus der Nachkriegszeit zu erreichen, muss man einen relativ weiten Weg zurücklegen, was sich weniger wegen der Architektur als wegen des Barockaltars lohnt. Die **katholische Kirche St. Walburga** (Hermann-Löns-Straße 9) ist eine 1956/57 neu aus Backstein errichtete Kirche, die im Inneren den **Hochaltar** (Abb. 14) aus der 1746 von Johann Konrad Schlaun erbauten Kapelle in Wahn (bei Lathen, Kreis Emsland) birgt. Das Dorf Wahn mitsamt der Kapelle wurde zugunsten einer Schießanlage für die Firma Krupp 1941 abgerissen. Die über 1.000 Bewohner wurden umgesiedelt. Das ursprüngliche Mittelbild des wohl eigenhändig von Schlaun gestalteten prachtvollen Barockaltars wurde durch ein neues ersetzt. Das Original befindet sich in der Kirche des nahe Wahn gelegenen Dorfes Rupenest. In der Bekrönung des Altars erscheint das Wappen des Fürstbischofs

14 Altar

15 Jüdischer Friedhof

16 Martin Luther Kirche

und Kurfürsten Clemens August I. von Bayern zwischen Engeln und Putten, die wohl von Johann Christoph Manskirch stammen. Die beiden großen Figuren von Petrus und Paulus wurden im 1. Viertel des 19. Jahrhunderts vielleicht von Bernhard Wessel aus Bremen hinzugefügt.

Heute steht vor dem Platz in der Bollwerkstraße, an der bis 1938 die bedeutende **Emder Synagoge** stand, ein Gedenkstein. Man stößt auf die Bollwerkstraße, indem man von der Katholischen Kirche St. Michael aus nur wenige Minuten in nördliche Richtung läuft. Nach dem Krieg wurde der Synagogenplatz zwischen Sandpfad und Judenstraße eingeebnet und überbaut. Der Bau der Synagoge erfolgte 1836 anstelle eines Vorgängergebäudes; 1910 wurde sie nach Plänen des Regierungsbaumeisters Ernst Friedheim vergrößert. Seit der 1. Hälfte des 16. Jahrhunderts sind Juden in Emden beheimatet. Schon 1586 legten sie einen Friedhof außerhalb der Stadtmauern in Tholenswehr an. Emden mit der größten jüdischen Gemeinde in Ostfriesland wurde Sitz des Landesrabbiners, dessen Zuständigkeit auch den Osnabrücker Bereich mit umfasste.

An der Bollwerkstraße 47 liegt unweit der zerstörten Synagoge der *** **Jüdische Friedhof (Abb. 15)**, der seit dem Kauf des Grundstückes 1703 bis zum Pogrom kontinuierlich belegt wurde. Hinter dem Eingangstor längs des Hauptweges liegen frühe Grabplatten aus der Zeit vor 1703, die vom alten jüdischen Friedhof in Tholenswehr stammen. Mit der Belegung wurde an der östlichen Grundstücksgrenze begonnen, dort stehen die ältesten Grabstelen. Dann folgen rund 800 Grabdenkmale aus 300 Jahren mit bedeutendem Zeugniswert für die Kultur- und Sozialgeschichte der ostfriesischen Juden. 2004 wurde hier das letzte Mitglied der Emder Gemeinde beigesetzt. Unter Federführung des Landesverbandes der Jüdischen Gemeinden in Niedersachsen wurde der Friedhof in den Jahren 2000-08 denkmalgerecht instand gesetzt.

Am westlichen Ende der Bollwerkstraße (Nr. 8) liegt die ****Martin-Luther-Kirche (Abb. 16)**, erbaut in den Jahren 1956-58. Sie bietet 1.200 Besuchern Platz. Mit ihrem 50 Meter hohen, schlanken Glockenturm beherrscht sie neben dem wiederhergestellten Turm der Großen Kirche das Stadtbild und dokumentiert deutlich die Präsenz der Lutheraner in der über Jahrhunderte von Calvinisten dominierten Stadt.

Das Gebäude ist der Nachfolgebau der 1942 zerstörten ersten lutherischen Kirche von 1774/75. In der Zeit des Wiederaufbaus nach dem Krieg war es der größte Neubau der Evangelisch-lutherischen Landeskirche Hannovers, geplant von dem Bremer Architekten Prof. Witt. Die Außenwände des mächtigen Backsteinbaus werden lediglich durch hochrechteckige Fenstergruppen gegliedert. Mit Ausnahme des Traufgesimses und der Fensterrahmungen wird auf jegliche Art der Wandgestaltung verzichtet. Der schlichte, massige Westgiebel trägt über den Eingängen ein rundes, rund fünf Meter großes Buntglasfenster mit einer Darstellung des Phönix-Vogels, der aus der Asche, hier symbolisch für die zerstörte Stadt Emden, auffliegt. Entworfen hat dieses Motiv Prof. von Stockhausen, die Ausführung der Verglasung übernahm die Münchener Hofkunstwerkstatt Franz Mayer. Über dem Nebeneingang an der Südseite hängt eine Sandsteinarbeit mit dem Titel Gruppe der Lauschenden des Künstlers Kurt Lettow aus Bremen, der auch die Altarrückwand schuf. 1959 kam eine **Orgel** von Alfred Führer aus Wilhelmshaven hinzu, die 1995 durch ein hochwertiges Werk von Rudolf von Beckerath ersetzt wurde. Das Innere der Kirche ist mit einem Altar aus Dolomitstein, einer Kanzel und einer Sandsteintaufe betont schlicht gehalten.

Durch die Neutorstraße geht es in wenigen Minuten zurück zum Ausgangspunkt vor dem Rathaus am Delft.

3. Gebäude bis 1850

Wieder beginnt der Rundgang am Ratsdelft. Nach der Vernichtung der historischen Altstadt im Zweiten Weltkrieg ist von der Bausubstanz aus dem Goldenen Jahrhundert der Stadt Emden wenig erhalten. Obwohl schon in der 2. Hälfte des 19. Jahrhunderts zahlreiche Gebäude der Renaissance und des Frühbarocks durch den gründerzeitlichen Bauboom abgerissen und ersetzt worden waren, bot die Altstadt bis in die 1940er Jahre noch ganz das Bild einer niederländischen Stadt. Grob geschätzt rund 300 historische Gebäude, ohne die Stadtbereiche Groß- und Kleinfaldern und das Gebiet nördlich des Alten Grabens, hatten in der Grundsubstanz die Jahrhunderte überdauert. Wer die Bücher von Karl Mählmann, Das Wohnhaus Alt-Emdens von 15. bis 19. Jahrhundert von 1913 oder Heinrich Siebern, Die Kunstdenkmäler der Provinz Hannover, Stadt Emden von 1927 zur Hand nimmt, kann sich kaum der gestalterischen Kraft und Vielfalt dieser Gebäude entziehen.

Gegenüber dem Rathaus auf der Westseite des Ratsdelfs steht das *****Hafentor (Abb. 17)** von 1635 mit seinen kräftigen frühbarocken Formen. Es ist als einziges Tor der ehemaligen Stadtbefestigung erhalten geblieben und wurde 1963 am ursprünglichen Standort wiederaufgebaut. 1902 war das Hafentor von der „Kunst", das ist die verdienstvolle Gesellschaft für bildende Kunst und vaterländische Altertümer zu Emden von 1820, die sich heute 1820 die KUNST nennt, angekauft und in den Museumsgarten transloziert worden. Nachdem auch das Museum Opfer des Weltkrieges wurde, bot 1953 die Gesellschaft der Stadt das Tor an, um mit seiner Wiedererrichtung am Ratsdelft ein Zeichen für den Wiederaufbauwillen der Stadt zu setzen. Der Bau des Hafentors wurde nach Plänen von Martin Faber, dem Stadtbaumeister, ausgeführt. Die Pilaster und der Rundbogen zeigen Bossenquader im Wechsel mit je drei einfachen Backsteinschichten. Den oberen Abschluss bilden Kugelaufsätze, ein gebrochener Dreiecksgiebel und ein mittlerer Obelisk. Der einst angrenzenden Mauern beraubt, wirkt es mehr wie ein Triumphbogen als ein Tor, gewährt aber einen reizvollen Durchblick zu Feuerschiff und Rathaus. Die seewärts gerichtete Seite des Portals zeigt im Fries die Inschrift ET PONS EST EMBDANAE ET PORTUS ET AURA DEUS (Gott ist für Emden Brücke, Hafen und Segelwind).

17 Hafentor

Stadt Emden

ARCHITEKTURFÜHRER OSTFRIESLAND

18 Pelzerhäuser

Gleich rechts um die Ecke geht es in die Emsmauerstraße, an der bezeichnender Weise bis Mitte des 19. Jahrhunderts die Stadtmauer zur Ems verlief. Parallel zur Emsmauerstraße verläuft die Pelzerstraße, die man am besten über die Emstreppe ersteigt. Dort geht es circa zwei Meter empor und bezeichnet damit deutlich den Rand der Wurt, auf der das mittelalterliche Emden errichtet wurde. Die Emstreppe existiert an dieser Stelle bereits seit dem 15. Jahrhundert und bildete den Zugang zur **Pelzerstraße**. Die hier ansässigen Pelzer nutzten den Abgang, um ihre Felle in der Ems zu reinigen. Rechts und links der Treppe stehen schlichte Gebäude, die den Feuersturm der Bombennächte weitgehend unbeschadet überstanden haben. In manchen von ihnen steckt alte Bausubstanz des 16. und 17. Jahrhunderts, so z. B. in der Gebäudegruppe rechts der Treppe (Pelzerstraße 21, 23 und 25). Auch im Gebäude Pelzerstraße 16 dürfte sich hinter den neueren Fassaden ältere Bausubstanz befinden. Die ****Pelzerhäuser 11** und **12 (Abb. 18)**, die in ihrer Kubatur und einigen Bauteilen aus der Erbauungszeit erhalten sind, stehen heute für die einst zahlreichen Giebelhäuser der Renaissance in Emden. Da sie öffentlich zugänglich sind, kann man sich auch mit der ablesbaren Baugeschichte im Inneren befassen.

Das ältere der beiden Gebäude ist der dreigeschossige Backsteinbau **Pelzerstraße 11**. Das Kaufmannshaus mit Speichergeschossen wurde zwischen 1570 und 1580 errichtet und 1909 grundlegend zum Wohngebäude umgebaut. Dabei wurden beide Giebel neu aufgemauert, jedoch die Renaissancebauteile in der alten Gestaltung weiterverwandt. Die neuen Fensteröffnungen erhielten wieder Entlastungsbögen, die mit Diamantquadern geschmückt sind. Auch das Giebeldreieck zur Pelzerstraße mit den Pilastern und den geschweiften und volutenförmigen Aufsätzen, das mit einem Muschelnornament und einem dreieckigen Giebelstein abschließt, beließ man in alter Form. Die Traufwände, die man bei der Restaurierung um 1990 innen freilegte und in ihren ablesbaren Bauspuren belassen hat, stammen aus dem 16. Jahrhundert. Bei dem Umbau 1909 zu Wohnzwecken hat man die beiden niedrigen Speichergeschosse in den Obergeschossen in der Raumhöhe verändert, indem man die Balken der Decken mit Hilfe von Mauerschlitzen tiefer legte. Dadurch erhielt auch die ursprüngliche hohe Kaufmannsdiele im Erdgeschoss eine normale Wohnraumhöhe. Diese Veränderung hat man bei der letzten Restaurierung wieder weitgehend zurückgenommen, sodass der Eingangsbereich den alten Dielencharakter zurückerhalten hat. Während dieser Bauarbeiten sind im Kellergeschoss alte Wasserzisternen freigelegt worden. Auch die für Emden typische vertiefte Küche im hinteren Teil des Hauses, die sogenannte Kellerköken, ist wieder in den alten Abmessungen vorhanden.

Das Renaissancegebäude **Pelzerstraße 12**, erbaut um 1585, ist weitgehend unzerstört über den Krieg gekommen. Auch hier ist der Giebel zur Pelzerstraße durch Sandsteinbänder reich gegliedert und das Dreieck durch Voluten und konkave Bögen aus Sandstein geschmückt. Der

Giebelaufsatz schließt in Form einer Pilgermuschel ab. Die erhaltene Fassade im Erdgeschoss ist 1754 umgebaut worden, davon zeugt auch ein Schlussstein in dem Sturz eines Kellerfensters. Als nach langen Jahren der Verwahrlosung des Hauses 1982 endlich die Restaurierung begann, überließ man die Arbeiten Baufachleuten, die den Vorstellungen von Denkmalpflege fernstanden. Sie rissen das Originalgebäude hinter der vermeintlich schützenswerten Fassade komplett ab und fügten einen Neubau an, der mit einigen Holzbalken und dem geknickten Dachstuhl des Renaissancegebäudes ausgestattet wurde. Beide Gebäude dienten dem Ostfriesischen Landesmuseum bis Ende 2016 für Sonderausstellungen und Kulturveranstaltungen. Hier befindet sich das Kulturcafé im Pelzerhaus.

Nach der Stärkung im Café geht es weiter durch die Holzsägerstraße, vorbei am *Bunkermuseum* **(Abb 19)** (Holzsägerstraße 6), das die Zeit des Zweiten Weltkrieges in Emden sehr anschaulich dokumentiert, zur Fußgängerzone in die Große Straße. Von dort biegt man in die kleine, aber für Emden geschichtlich bedeutende **Lilienstraße** ab. Sie liegt im seit Mitte des 16. Jahrhunderts neu erbauten Stadtgebiet rund um den Neuen Markt nördlich der Großen Straße. Zu dieser Zeit saßen hier einige der bedeutenden Buchdrucker des reformierten Protestantismus, die von Emden aus die Glaubensbrüder in den von Spanien besetzten Niederlanden illegal mit religiösen Schriften, meist in niederländischer Sprache, versorgten. Neben den Druckereien von Ctematius und Gailliart wohnte in der Lilienstraße auch der Theologe und Glaubensflüchtling Dyrkinus aus Gent, der lateinische und griechische Bibeltexte und Werke von Johannes Calvin erstmals ins Niederländische übersetzte, die dann in Emden gedruckt werden konnten. Die Buchproduktion war mit über 200.000 Exemplaren und circa 250 Titeln in dieser Zeit enorm, angesichts der Tatsache, dass in der größeren Stadt Oldenburg das erste Buch 1599 gedruckt wurde. Das weiß gestrichene Wohnhaus ****Lilienstraße 17 (Abb. 20)** ist das letzte historische Gebäude in dieser Straße und zugleich das am besten erhaltene Renaissancegebäude der Stadt Emden. Der Bauantrag für das Haus aus dem Jahre 1641 ist im Stadtarchiv erhalten. Trotz eines Umbaus in der zweiten Blütezeit Emdens Ende des 18. Jahrhunderts, der mit dem Baudatum 1800 zeitlich gesichert ist, und einigen Reparaturarbeiten am rückwärtigen Giebel ist das Gebäude noch ursprünglich erhalten. Angeblich hat der Eigentümer in den Brandnächten des Zweiten Weltkrieges unter Lebensgefahr Brandbomben eigenhändig aus dem Gebäude getragen und es somit vor der Vernichtung bewahrt. Das Haus besitzt eine abgesenkte Kellerküche mit einer darüberliegenden Upkamer und eine eineinhalb Geschosse hohe Diele. Auch die ehemaligen Kaminstellen an den Traufwänden sind noch nachvollziehbar. Zum Zeitpunkt dieser Beschreibung befindet sich das wertvolle Haus im Privatbesitz. Aufgrund des hohen Zeugniswertes dieses Gebäudes wäre eine behutsame und wissenschaftlich begleitete Restaurierung in naher Zukunft sicher wünschenswert.

Gleich in der Nähe, rund 100 Meter weiter westlich, stößt man auf die Straße Am Burggraben. Dahinter befand sich bis 1765 die Emder Burg, einer der Hauptsitze des ostfriesischen Grafenhauses. Das Wohnhaus

19 Bunkermuseum

20 Lilienstraße 17

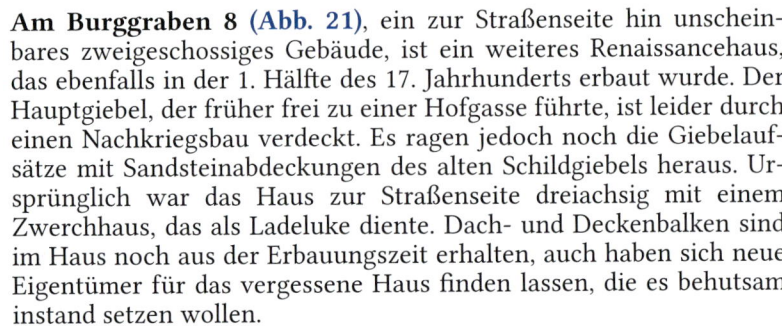

Stadt Emden — ARCHITEKTURFÜHRER OSTFRIESLAND

21 Burggraben 8

22 Osterstraße 74

23 Gödenser Haus

Am Burggraben 8 (Abb. 21), ein zur Straßenseite hin unscheinbares zweigeschossiges Gebäude, ist ein weiteres Renaissancehaus, das ebenfalls in der 1. Hälfte des 17. Jahrhunderts erbaut wurde. Der Hauptgiebel, der früher frei zu einer Hofgasse führte, ist leider durch einen Nachkriegsbau verdeckt. Es ragen jedoch noch die Giebelaufsätze mit Sandsteinabdeckungen des alten Schildgiebels heraus. Ursprünglich war das Haus zur Straßenseite dreiachsig mit einem Zwerchhaus, das als Ladeluke diente. Dach- und Deckenbalken sind im Haus noch aus der Erbauungszeit erhalten, auch haben sich neue Eigentümer für das vergessene Haus finden lassen, die es behutsam instand setzen wollen.

Der Weg führt zurück zum Rathaus, von dem ja die Sockelzone mit den erhaltenen Sandsteinen des Renaissancebaus errichtet wurde, zudem sind im Durchgang zur Brückstraße auch Sandsteinfragmente anderer Baulichkeiten, wie der Emsmauer und der Rathausbrücke, eingelassen worden. Östlich des Rathauses schließt sich der Altstadtteil Groß-Faldern an, der genau wie das Zentrum weitgehend kriegszerstört war. Was hier verloren gegangen ist, zeigen die beiden letzten erhaltenen Häuser Osterstraße 72 und Osterstraße 74 in Groß-Faldern an der Straßenecke gegenüber dem Friedhof der Neuen Kirche. Bei dem um 1800 in der jetzigen Form errichteten traufständigen Bürgerhaus Nr. 72 mit sieben Fensterachsen lassen die unregelmäßigen Mauerabstände zwischen den Fenstern vermuten, dass hier zwei ehemals schmale giebelständige Häuser, vermutlich aus dem 16. Jahrhundert, zusammengefasst worden sind. Weitere Bausubstanz aus der Erstbebauung dieses Viertels in der Mitte des 16. Jahrhunderts hat die Zeit überdauert, als Beispiel sei hier das vor einigen Jahren restaurierte Wohnhaus ***Osterstraße 74** (Abb 22). genannt. Bei dem traufenständig zur Osterstraße gelegenen Gebäude ergaben dendrochronologische Untersuchungen der Deckenbalken die Erbauungszeit um 1560. Aus dieser Zeit stammt auch die rückwärtige Traufwand, die als Fachwerkkonstruktion ausgebildet ist, die sonst in der Backsteinregion Ostfriesland nicht mehr vorkommt. Einzigartig für Emden ist die wohl im 17. Jahrhundert bemalte Holzbalkendecke, deren blaue Fassung das Himmelszelt mit Sternen-, Sonnen- und Vogelmotiven darstellt.

Nur wenige Minuten entfernt, südlich der Neuen Kirche, liegt das ***Gödenser Haus** (Abb. 23) (Friedrich-Ebert-Straße 1/3), das letzte erhaltene von mehreren Stadthäusern des ostfriesischen Adels in Emden. Der stattliche langgestreckte, zweigeschossige Backsteinbau von 1551 zeigt im Wechsel von rotem Backsteinlagen mit hellem Sandsteinschichten die typischen sogenannten Specklagen der niederländischen Baukunst. Die beiden hohen Rechteckportale sind eine Zutat von 1824, wie das Wappen Königs Georg IV. von Hannover ausweist. Auf der Hofseite führt eine zweiläufige Sandsteintreppe mit eisernem Geländer zu dem mit Beschlagwerkornamenten reich verzierten Sandsteinportal von 1619, bekrönt von einem Obelisken. Vielfältig war die wechselhafte

Nutzung: bis 1778 Stadthaus der von Frydags und von Wedel, dann Gefängnis, von 1850-1912 Amtsgericht, danach Eichamt und seit 1987 Studentenwohnheim.

Der Weg führt weiter Richtung Süden nach **Klein-Faldern**, das von Bombentreffern relativ unzerstört geblieben ist. Es war das Viertel der Arbeiter und Handwerker, die auf schmalen Grundstücken ihre giebelständigen Häuser längs der parallel verlaufenden Straßen aufreihten. Viele Häuser besitzen noch einen Kern aus dem 16./17. Jahrhundert, davon sind die meisten im letzten Viertel des 18. Jahrhunderts in der Zeit der zweiten Blüte Emdens im Stil des niederländischen Barock-Klassizismus überformt wurden. Mit dem neuen Hafen trat vor dem Ersten Weltkrieg ein wirtschaftlicher Aufschwung ein, der sich in reger Bautätigkeit niederschlug; jedes fünfte Haus im Viertel wurde erneuert oder umgebaut. Empfohlen wird ein Gang von der Friedrich-Ebert-Straße durch die Mühlenstraße. In der Mitte der Straße geht es durch die Straße Am Rosentief in die Kranstraße, von dort zurück über die Brücke Am Helling zum Rathausplatz.

Vor dem Eckgebäude **Friedrich-Ebert Straße 40 (Abb. 24)** wirft man einen Blick auf den Ladeneinbau des Hauses. Hier bestand seit dem Umbau des Hauses kurz nach 1870 eine Schlachterei. Geschlachtet wurde im Hinterhof. Die alte Farbigkeit des Schlachterladens wurde um 2010 wieder freigelegt. Insgesamt ist das Gebäude aber deutlich älter. Es bestand ursprünglich aus zwei Gebäuden, die im 17. Jahrhundert mit einem gemeinsamen Dach versehen wurden. Unter den gleichförmigen alten Häusern fällt das Wohnhaus **Mühlenstraße 45** auf, da es als eines der letzten Häuser noch eine Wanderung besitzt. Diese terrassenartigen Vorbauten, in Ostfriesland Loopjes genannt, hatte bis ins 19. Jahrhundert in den ostfriesischen Städten fast jedes Haus. Das Wohngebäude ist seit seinem Umbau im Jahre 1811 kaum noch verändert worden. Der Kern des Hauses stammt aus dem späten 16. Jahrhundert. Ein typisches Wohnhaus in Klein-Faldern ist das Gebäude **Mühlenstraße 37** mit einem etwas aufwändigen Putzdekor aus der Zeit um 1910. Dahinter steckt wiederum ein Gebäude des 17. Jahrhunderts.

24 Friedrich-Ebert Straße 40

In der Kranstraße gleich an der Straßenecke Am Rosentief steht eine schöne Gruppe von Häusern, ***Kranstraße 34-40**, die alle dem 16.-18. Jahrhundert entstammen und bei denen die Verwandtschaft mit den städtischen Wohnhäusern in den Niederlanden recht deutlich wird. Das gleiche Beispiel ist das Gebäude **Kranstraße 20** mit einem Glockengiebel und der Datierung 1798. Nahezu unverändert ist das im niederländischen Barock-Klassismus errichtete Gebäude ***Kranstraße 12**, erbaut gegen Ende des 18. Jahrhunderts, mit seiner großzügigen Durchfensterung mit fein versprossten Schiebefenstern und dem aufwändig gestalteten Traufgesims aus Holz, das von vier Konsolen mit Girlandengehängen getragen wird. Über dem Gesims liegt in der Mittelachse des Walmdachs ein Dacherker, der ursprünglich seitliche Zierbretter trug. Im Obergeschoss des Hauses befindet sich ein sogenanntes Landschaftszimmer, datiert 1799. Über einen Sockel aus Kassetten ist hier an den Wänden eine vielgestaltige Landschaft gemalt worden, die durch Wasserflächen,

Baumgruppen und Gebäude gegliedert und von figürlichen Staffagen belebt wird. Ein allegorisches Bild mit Putten schmückt den Kamin. Das Nachbargebäude Nr.14 hatte die gleiche Architektur, ist jedoch durch eine Vormauerung verdorben worden. In dem Gebäude **Kranstraße 10** war lange Zeit das niederländische Konsulat untergebracht. Es ist das einzige ältere Gebäude im Viertel, das traufenständig steht. Ursprünglich war der Eingang des um 1806 erbauten fünfachsigen Hauses in der Mitte und war über eine aus Sandstein gefertigte Freitreppe zu erreichen.

4. Historismus und Expressionismus

Noch am Ende des 19. Jahrhundert waren die nördlichen Gebiete innerhalb des Stadtwalls nur locker bebaut. Außerhalb der Stadtbefestigung lag, abgesehen von den Hafenanlagen, freies Land. Dies änderte sich unter dem Oberbürgermeister Leo Fürbringer, der den Emder Magistrat in den Jahren 1875-1913 leitete und wesentlich zur wirtschaftlichen Stärkung der Stadt beitrug. Nach dem Hafenausbau und dem Bau des Dortmund-Ems-Kanals wurden umfangreiche Wohnungsbauprojekte in Angriff genommen, so der Bau der Arbeitersiedlungen Transvaal und Port Arthur auf dem Kaiser-Wilhelm-Polder und die Siedlung Friesland mit 72 Wohnungen für die Arbeiter der Nordseewerke. An den Planungen der Kolonie Friesland beteiligte sich auch Hermann Muthesius, der Mitbegründer der deutschen Landhausbewegung nach 1900. Es entstanden auch bürgerliche Wohnviertel mit Gebäuden des **Historismus** von durchschnittlicher Qualität, wie in den Bereichen östlich der Auricher Landstraße oder auf innerstädtischen Gartenflächen, wie Bentinksweg, Rudolf-Breitscheid-Straße und Philosophenweg.

Bedeutender ist die Bausubstanz, die in Emden trotz aller wirtschaftlicher Schwierigkeiten in der 2. Hälfte der 1920er Jahre entstand. Befördert hat die Architektur des norddeutschen **Expressionismus** in dieser Zeit der Stadtbaurat und Senator Reinhold Haasis (1879-1954), der auch selber als Architekt die Herrentorschule plante.

Die bedeutenden Gebäude dieser Zeit kann man sich auf einem Rundgang erschließen. Vom Rathaus am Delft geht es durch die Neutorstraße in nördliche Richtung bis zur Straße Zwischen beide Bleichen. Hier steht ein städtebauliches Ensemble aus der Zeit um 1930. Das zwei- bzw. dreigeschossige *Verwaltungsgebäude (Zwischen beiden Bleichen 1) der Allgemeinen Ortskrankenkasse plante der Emder Architekt Walter Heim (1888-1947), der auch andere qualitätvolle Bauten des Expressionismus und der neuen Sachlichkeit entworfen hat. Gegenüber liegt das *Apollo-Kino (Zwischen beiden Bleichen 2), das ursprünglich nach Entwürfen der Architekten Luckau (Stadtarchitekt Emden) und J. M. Schnedermann (Bremen) als Theater vorgesehen war, stattdessen unter Leitung der Hildesheimer Architekten Beilicke und Gehrkens 1931 als Kino fertiggestellt wurde. Im September 1944 erlitt das Gebäude einige Bombentreffer, ist aber unter Erhalt der wesentlichen Bauteile wiederaufgebaut worden. Am Ende der Straße erreicht man die Wallanlagen. Dort steht der sehenswerte **Kiosk Am Wall** (Nordertorstraße 49), ein kleiner gestalteter Klinkerbau in der Nähe des Marienwehrster Zwingers. Über die Wallanlagen nach Süden kommt man zur **Herrentorschule** (Am Herrentor 20), dem wichtigsten Bau jener Jahre in Emden. Dieser große und gut gestaltete Klinkerbau braucht den Vergleich mit den wegweisenden Schulen Fritz Högers und Fritz Schuhmachers in Hamburg nicht zu scheuen. An dem viergeschossigen Schulgebäude ist seitlich ein Treppenturm mit dem prägnanten Uhrentürmchen, der das gesamte Gebäude überragt, angeordnet. Im rechten Winkel dazu liegt die Turnhalle, die über einen Außengang mit dem Schulgebäude verbunden ist. Der mit 28 Fensterachsen gegliederte Hauptbau ist streng symmetrisch und schließt mit einem breiten Gesimsband aus kunstvoll gemauerten Klinkerreliefs zum Flachdach ab. Markant sind auch die beiden straßenseitig angeordneten Haupteingänge mit dreieckigen Oberlichtern. Der Entwurf stammt von Stadtbaurat Reinhold Haasis, sein Mitarbeiter Walter Luckau war für die künstlerische Ausgestaltung verantwortlich.

Der Weg führt zurück zum Roten Siel, dort biegt man in die Friedrich-Ebert-Straße ein. Gleich zu Beginn der Straße liegt in der Ecklage zum Roten Siel das ***Kontor- und Lagerhaus (Abb. 25)** von 1885 der Weinimportfirma Visser (Friedrich-Ebert-Straße 5). An dem langgestreckten Backsteinbau ist der durch Lisenen gegliederte Stufengiebel mit den gekoppelten Rundbogenfenstern und eingestellten Sandsteinsäulen besonders augenfällig. Weiter südlich säumen zum Teil stattliche Villen die Friedrich-Ebert-Straße, die einst zum neuen Süd-Bahnhof der 1856 eröffneten Westbahn führte. Heute steht am Abschluss der Straße einer der über 30 Bunker der Stadt. Bei der Querung der Petkumer Straße kann man einen Blick auf die langgestreckte Reihenhauszeile **Petkumer Straße 24-79** werfen, die auf einem Altdeich liegt. Sie erinnert an die Siedlungsbauten in den Industriezentren Englands und ist in den Jahren 1919-21 im Rahmen des genossenschaftlichen Wohnungsbaus entstanden. Das Ensemble der ***Bürgervillen** (Friedrich-Ebert-Straße 72, 76, 78, 80, 81, 83, 84, 85 und 86) stammt aus der Zeit zwischen 1870 und dem Ersten Weltkrieg. Herausragend ist die mit Statuen geschmückte Villa des Senators Carl Dantziger (Nr. 83), die seitlich durch einen zweigeschossigen Eckturm betont wird. Gegenüber steht das in einem Ocker-Farbton gestrichene Wohnhaus (Nr. 86) für den Oberbürgermeister Fürbringer aus der Zeit um 1885.

25 Kontor- und Lagerhaus

Für Emden war die Neuanlage der Ringstraße von 1896-1901, die den Halbkreis des Stadtwalls über das Neuland des alten Emsverlaufes bis zum Schweckendieckplatz am alten Binnenhafen fortsetzt, eine wichtige städtebauliche Planung. Hier entstanden eine Reihe von Großbauten, deren Bauherren in der exponierten Lage am Alten Binnenhafen vornehmlich repräsentative Handelskontore und Reedereisitze errichten ließen, während im Verlauf der als Allee gestalteten Ringstraße auch öffentliche Verwaltungs- und Dienstleistungsgebäude einen Standort erhielten. Am **Schweckendieckplatz 1 (Abb. 26)** erhebt sich auf annähernd quadratischem Grundriss ein viergeschossiger Ziegelbau, der in 1. und 2. Obergeschoss durch gemauerte Halbsäulen gegliedert wird. Fritz Höger hat diesen Bau 1913/14 entworfen, ein frühes Beispiel seiner erfolgreichen Klinkerarchitektur der späteren Jahre. Der benachbarte monumentale Ziegelbau **Schweckendieckplatz 2** beherbergte in seiner Ursprungszeit die Reichsbank

26 Schweckendieckplatz 2

Stadt Emden

ARCHITEKTURFÜHRER OSTFRIESLAND

27 Haus der Schifffahrt

und später die Landeszentralbank Emden. Das dreigeschossige Verwaltungsgebäude entstand um 1905, wurde aber im Zweiten Weltkrieg schwer beschädigt und unter Verwendung älterer Bausubstanz in der Nachkriegszeit wiederaufgebaut. Das *Haus der Schifffahrt (Abb. 27) (Schweckendieckplatz 6) gehört zu den prägenden Gebäuden am Schweckendieckplatz, es wurde 1904 im Stil der Neurenaissance als Bürohaus der Westfälischen Transport-A.G. (WTAG) mit reichem Sandsteindekor errichtet. Ein schönes Beispiel des norddeutschen Ziegel-Expressionismus in der Stadt ist das *Finanzamt (Ringstraße 5), erbaut um 1927. Ausdrucksstark sind besonders die mit Klinkern plastisch gestalteten Stufengiebel, die betonte Eingangssituation und die überhöhten Dachgauben.

Der Bau des **Gerichtsgebäudes (Abb. 28) mit dem Gefängniskomplex (Ringstraße 6) im Stil der niederländischen Neurenaissance wurde in den Jahren 1909-11 durch den Regierungsbaurat Markers durchgeführt. Das Land Niedersachsen hat das Amtsgerichtsgebäude vorbildlich sanieren lassen, unter anderem wurde der Gerichtssaal mit den alten Wandfassungen freigelegt und restauriert. Gegenüber liegt die ehemalige **Schule Augusta Victoria (Abb. 29)** (Ringstraße 38), erbaut um 1905, die seit 1965 die Stadtverwaltung beherbergt. Aus der Übergangsphase des Historismus zum Expressionismus stammt das ursprünglich von der Münsterschen Schiffahrts- und Lagerhaus AG erbaute Gebäude *Ringstraße 43. Es wurde um 1924 nach einem Entwurf des Emder Architekten Walter Heim als Wohn- und Bürohaus errichtet und um 1937 von der 1879 in Emden gegründeten Reederei Fisser & von Doornum übernommen, deren Namen das Haus noch heute trägt. Der Rundgang führt noch zum Backsteinbau **Große Straße 89-91**, der in einer Querstraße zur Ringstraße liegt. In den Jahren 1927/28 plante und realisierte der Emder Architekt Walter Heim in Übereckstellung den Neubau einer Landwirtschaftsschule und einer Sparkasse im Hauptgebäude, während der kleinere Bau die Wohnungen des Schulleiters und des Sparkassenleiters aufnahm. Diese Bauten sind

28 Gerichtsgebäude

noch nicht wie seine späteren Bauten expressiv gestaltet, sondern der damaligen Reformarchitektur zuzurechnen. Der zweigeschossige Hauptbau mit hohem Satteldach wird mit zwei Staffelgiebeln abgeschlossen. An der Hauptfassade reihen sich im gleichmäßigen Maß Fenster und Türen, die mit expressiven, in einer Spitze auslaufenden Verdachungen abgeschlossen werden. Bei den Umbauten des Gebäudes durch den Architekten Riemann aus Lübeck in den Jahren 1995-2001 wurden im Inneren reiche Befunde von leuchtenden Farben in expressiven Formen gefunden, die mit Umsicht freigelegt und restauriert worden sind. So kann man heute das Haus wieder als räumliches Gesamtkunstwerk erleben.

Der Rundgang endet beim *Chinesentempel (Boltentorstraße 11), einem auffälligen, gut gestalteten Backsteinrundbau mit einem auskragenden

Kegeldach, der von spiralförmigen Backsteinsäulen getragen wird. Dieser Kioskbau ist um 1928 entstanden. Schräg gegenüber des Chinesentempels steht auf der gegenüberliegenden Seite der Brücke eine Straßenlaterne auf einem gemauerten Pfeiler, der ebenfalls den Bauwillen der 1920er Jahre zum Ausdruck bringt.

Gleich in der Nähe befindet sich der umfangreiche Neubaukomplex der *Kunsthalle Emden (Hinter dem Rahmen 13-16) mit der berühmten von Henri Nannen 1986 gestifteten Sammlung der Klassischen Moderne. Der Straßenname passt hervorragend, er lautete bereits vor dem Bau der Kunsthalle so. Nach dem Tod des Gründers übernahm seine Ehefrau Eske Nannen bis vor kurzem allein die Leitung des Hauses. In ihrer Zeit kam es zur Schenkung von Kunstwerken des Münchener Galeristen Otto van de Loo, die die Sammlung mit Werken nach 1945 kongenial ergänzt. Seit 1986 ist daraus in vier Bauabschnitten ein international beachtetes, erfolgreiches Ausstellungshaus entstanden, das zu den etablierten Kunsthäusern in Deutschland zählt. Dies ist bei der Randlage Emdens und der schwachen Wirtschaftskraft der Region eine außerordentliche Leistung.

29 Ehem. Schule „Augusta Victoria"

5. Gebäude des Wiederaufbaus

Der Mittelpunkt der Stadt liegt wie vor der Kriegszerstörung am Rathausplatz und am Delft. Im Ratsdelft haben die Museumsschiffe Rettungskreuzer Georg Breusing, Feuerschiff Amrumbank und Heringslogger AE 7 Stadt Emden endgültig festgemacht, eine schöne, aber nur schwache Erinnerung an den einst so belebten historischen Hafen. Hier ist der ehemalige wirtschaftliche Mittelpunkt der Stadt, heute getrübt durch den starken Autoverkehr unmittelbar vor dem ***alten Rathaus (Abb. 30)** (Neutorstraße 6-7). Es beherbergt nach seinem frei dem alten Gebäude nachempfundenen Wiederaufbau das *Ostfriesische Landesmuseum Emden*. Das untergegangene historische Rathaus war der bedeutendste Profanbau in Emden. Der Antwerpener Baumeister Laurens Steenwinkel hatte es gemeinsam mit seinen beiden Söhnen Hans und Willem in den Jahren 1574-76 erbaut, den hölzernen Turm entwarf der Zimmermeister Marten Ariens aus Delft. Eine entfernte Verwandtschaft besaß es zum 1561-65 von Cornelis Floris erbauten Rathaus von Antwerpen, das jedoch anstelle des Emder Turmes ein mittleres Zwerchhaus mit aufwändigem Giebel besitzt und sich auch in der Gliederung der Fassa-

30 Altes Rathaus mit Museumsschiffen

den deutlich unterscheidet. Fotografien nach den Bombentreffern vom 6. September 1944 zeigen, dass die Außenmauern beider Hauptgeschosse zum Hafen hin noch ganz, zur Brückstraße noch teilweise standen, bis man sie im Oktober 1944 bis auf das Erdgeschoss beseitigte. Auch letzteres überließ man in der Nachkriegszeit dem weiteren Verfall, vor allem auch die empfindlichen Bauteile aus Sandstein.

Mit den Gebäuden war den Emdern wohl auch das Bewusstsein für ihr reiches baukulturelles Erbe verloren gegangen. So ignorierten die meisten Aufbaupläne die Reste des Rathauses, verzichteten ganz auf einen Nachfolgebau oder verlegten ihn auf einen anderen Bauplatz. Im April 1953 zeichnete ein Preisgericht im Wettbewerb Stadthausviertel den Entwurf des Bremer Architekten Bernhard Wessel mit dem zweiten Preis aus und die Stadt bestimmte diesen zur Ausführung. Dabei kam es zu einer Überarbeitung, indem Wessel eine straffere Rastergliederung mit enger stehenden Stützen wählte und einen Dachreiter hinzufügte, für die Erinnerung an das untergegangene alte Rathaus ein sehr wichtiges Element. Da man den alten Fundamenten trotz der nachträglichen Pfahlgründung von 1939 nicht traute, wurde das stehen gebliebene Erdgeschoss 1959 Stein für Stein abgetragen und über den neuen Fundamenten als Sockelgeschoss für die beiden neuen Stockwerke wiederverwendet. Am 6. September 1962, exakt 18 Jahre nach der Zerstörung des historischen Rathauses, konnte der Neubau feierlich als Museum eingeweiht werden. Mit ihm gelang dem Architekten Bernhard Wessel ein Meisterwerk. Er schuf ein zeittypisches Bauwerk, das durch seine Maßstäblichkeit, die Übernahme des historischen Sockels, die Gestaltung der Fassadengliederung, der Dachform und des Dachreiters die Erinnerung an das untergegangene historische Rathaus vermittelt. Damit gehört es zu den wenigen Spitzenleistungen der Wiederaufbauzeit, wie sie unter anderem in der Martinskirche von Kassel, dem Prinzipalmarkt in Münster oder der Alten Pinakothek in München gelungen sind. Nach langen Jahren der Nutzung als Kulturhaus der Stadt und Museumsgebäude wurde 2001 ein europaweiter Realisierungswettbewerb ausgeschrieben, der die bauliche und inhaltliche Neugestaltung für das *Ostfriesisches Landesmuseum Emden* vorsah. Mit den Architekten Ahrens und Grabenhorst, Hannover, gelang der denkmalgerechte Umbau. Seit 2005 präsentieren sich die Ausstellungsstücke aus den geborgenen Sammlungen der Emder Gesellschaft für bildende Kunst und vaterländische Altertümer, jetzt 1820 die KUNST, sowie der früheren Rüstkammer völlig neu und sehr eindrucksvoll, ergänzt durch die besonderen archäologischen Funde, die Produkte der Emder Silberschmieden und die bedeutende Gemäldesammlung der niederländischen Schule. Der Besuch ist deshalb dringend zu empfehlen, will man einen Einblick in die Kunst- und Kulturgeschichte nicht nur Emdens, sondern auch ganz Ostfrieslands erhalten.

Die **Große Straße**, die in westlicher Richtung vom Rathaus aus verläuft, wurde bei der Neuplanung 1948 aus Verkehrsgründen verbreitert und in der 2. Hälfte der 1980er Jahre im Abschnitt vom Burggraben bis zum Rathausplatz zur Fußgängerstraße gewandelt. Da nun der Straßenraum optisch zu breit erschien, wurden am Verlauf des früheren Bordsteins Baumreihen gepflanzt. Die einheitlich entstandene Bebauung der Haupteinkaufsstraße mit dreigeschossigen Backsteinbauten wirkt geschlossen, aber nicht gleichförmig, da die Schaufenster mit ihren Markisen und die in der Höhe wechselnden Traufen und Dachaufbauten zur Belebung beitragen.

Am Neuen Markt hätte man die Außenwände der klassizistischen Alten Waage von 1801 noch retten können, wäre in den 50er Jahren das Interesse der Stadt am Denkmalschutz nicht so gering gewesen. So kam ein Plan zur Wiederherstellung als Geschäftshaus nach Plänen des Emder Architekturbüros Janssen & Latta von 1950 nicht zur Ausführung, weil sich dafür kein Bauherr fand. Nach dem Abriss der Ruine 1952 wurde dann der heutige Neubau nach Plänen von Janssen & Latta als dreigeschossiger Backsteinbau mit Walmdach errichtet, der nur im Umriss in etwa dem historischen Vorbild folgt, städtebaulich immerhin dessen Funktion als Blickfang des Neuen Marktes übernommen hat. Die Klunderburg-, Pelzer-, Ems- und Burgstraße umfassen mit den dazwischenliegenden schmaleren Gassen Schulstraße und Klunderburggang den ältesten, auf der Stadtwurt gelegenen Stadtteil. Sie hatten bis zur Kriegszerstörung die kleinteiligste Parzellenstruktur mit überwiegend giebelständigen Häusern und waren am dichtesten besiedelt. Hier lebten bis 1944 vorwiegend Handwerker, Arbeiter und Kaufleute. Der planmäßige Wiederaufbau 1952-56 gab die bisherige Parzellenstruktur auf, schuf neue Blockrandbebauungen mit breiteren Straßen, die jedoch ihren Verlauf beibehielten. Nur wenige Vorkriegsbauten, z. B. in der Pelzerstraße und Lilienstraße, konnten stehen bleiben, die zusammen mit den aus roten Backsteinen mit hellen Fenstergewänden und Walm- oder Satteldächern errichteten Neubauten sowie den mit Granitsteinen oder Klinkern gepflasterten Straßen vielleicht auf längere Sicht die Atmosphäre einer Altstadt vermitteln können.

Von diesen Bauten aus blickt man stadteinwärts auf die **Schreyers Hoek** genannte Landzunge zwischen Ratsdelft und Falderndelft, die seit 1957/58 von einem achtgeschossigen Wohnhochhaus mit einem Staffelgeschoss und Flachdach beherrscht wird, umgeben von einer dreigeschossigen Wohnbebauung. Dem Geist der Zeit folgend, bekam auch Emden sein Hochhaus, das jedoch keine Belastung der Stadtsilhouette darstellt. Emden hatte in den 50er und 60er Jahren gute Architekten, für die es sich lohnte, wegen der günstigen Auftragslage in einer in relativ kurzer Zeit neuentstehenden Stadt qualifizierte Mitarbeiter zu gewinnen. Desgleichen wurden Kollegen aus Bremen wie Bernhard Wessel für die interessanten Aufgaben in Emden angelockt. Dadurch, dass nicht ein Architekt für eine Wohnungsbaugesellschaft, sondern mehrere für unterschiedliche Bauherren die Altstadt neugestalteten, ist bei aller durch die Baupflegesatzung von 1953 erzwungenen Disziplin dennoch keine Uniformität entstanden, wozu sonst die Massenbauweise der 50er Jahre beim Fehlen architektonischer Details häufig neigte.

Am Ratsdelft und in der näheren Umgebung befinden sich die bedeutendsten Gebäude des Wiederaufbaus, durchgehend aus roten Backsteinen im Kontrast zu weißen Gliederungen aus Beton oder Kunststein errichtet. So das Wohn- und Geschäftshaus **Neutorstraße 8** direkt neben dem Rathaus, das mit seinem Walm zur Oldersumer Straße hin und dann mit dem giebelbekrönten Erker städtebaulich geschickt zur traufenständigen Bauweise überleitet. Es wurde 1953 von den Emder Architekten Janssen & Latta geplant, deren Bauten die Wiederaufbauarchitektur Emdens in erheblichem Maße prägen.

31 Stadtsparkasse

Auf der gegenüberliegenden, westlichen Seite des Ratsdelfts fällt jedem Betrachter sofort das Gebäude der **Stadtsparkasse (Abb. 31)** (Am Delft 2-3) aus dem Jahr 1954 auf. Auch dieses Bauwerk hat das Büro Janssen & Latta entworfen. Es besticht durch seine elegante Rasterfassade mit dem seitlich angeordneten Erker und den vergoldeten Symbolen in den Brüstungsfeldern. Die Jahreszahlen 1833 und 1954 verweisen auf die Gründung der Emder Stadtsparkasse und auf die Fertigstellung des Gebäudes. Die anderen Motive symbolisieren die Hauptwirtschaftszweige der Stadt, wie Fischfang, Seefahrt, Schiffsbau und Handel. Unter dem Fenster im Giebeldreieck befindet sich das stilisierte Motiv des Sonnenaufgangs, das symbolhaft auf den Aufbruch in eine neue Zeit deutet. Nach einem bescheideneren traufenständigen Zwischenbau folgt an der Ecke zur Großen Straße das heutige Otto-Huus (Große Straße 1), geplant und errichtet 1950 durch die Architekten Janssen & Latta. Das Otto Huus wurde in der 2. Hälfte des Jahres 1950 auf den Umfassungsmauern des Kellergeschosses des im Krieg zerstörten Vorgängerbaus errichtet. Die kleine Parzelle (50,80 m^2) zwang zur vollen Überbauung des Grundstücks, was keineswegs unumstritten war. Der über die gesamte Gebäudebreite verlaufende, überhängende Erker schließt überraschend historisierend mit einem Volutengiebel ab. Seit 1987 wird das Gebäude von Otto Waalkes als Ausstellungsgebäude genutzt, davor war im Erdgeschoss ein Laden untergebracht und die beiden Obergeschosse besaßen je eine Dreizimmerwohnung.

Für das **Hotel Delfthalle** (Große Straße 2) wählte der Emder Architekt Herbert Schrom 1956/57 ebenfalls einen schlanken, giebelständigen Bau, gegliedert durch den Raster des asymmetrisch angeordneten Restaurantfensters und den flachen Erker der Obergeschosse. Mit einem Kunstgriff setzte er die gewünschte Giebelständigkeit zum Alten Markt um, indem er die hohe Firstlinie zur Großen Straße auf ein angemessenes Maß für einen schmalen Schildgiebel zum Delft hin reduzierte.

Als Ergebnis der städtebaulichen Diskussion über die Neugestaltung eines Platzes vor dem Delft wurden 1954/55 am Rande des ehemaligen Stadtgartens das langgestreckte **Riekehaus** (Am Stadtgarten, Neutorstraße 15-19), wiederum durch die Architekten Jansen & Latta, gebaut. Die platzbestimmende Traufseite mit einem breiten, übergiebelten Mittelrisalit, der mit einer stilisierten Weltkugel geschmückt ist, orientiert sich zentral auf den Ratsdelft.

Das **ehemalige Kaufhaus de Wall** in der Neutorstraße 34 wurde in der Sichtachse der Fußgängerstraße Zwischen beiden Sielen errichtet und folgt mit seiner Schauseite dem in Emden weit verbreiteten traditionsgebundenen Architekturanspruch beim Wiederaufbau der Stadt. Das dreigeschossige Wohn- und Geschäftshaus besticht durch die großen, gut proportionierten Sprossenfenster und das mittlere Zwerchhaus mit einem Zieranker im Treppengiebel, einem historischen Motiv in neuem Gewand, das an die vormals giebelständige Renaissancebebauung der Neutorstraße erinnert.

An der Stelle des traditionsreichen, kriegszerstörten **Hotels Großer Kurfürst** (Neutorstraße 41) wurde 1955 von dem Emder Architekten Herbert Schrom an der stadträumlich bedeutenden Ecksituation am Alten Graben und der Neutorstraße ein Neubau geplant und ausgeführt. Im Laufe der Jahrzehnte wurde das Gebäude mehrfach umgebaut und bot einer Bankfiliale und einer Drogerie Platz, bis es seit einiger Zeit wieder seinem ursprünglichen Zweck entsprechend als Hotel und Restaurant genutzt wird.

Als repräsentativen Eckbau am Alten Graben mit einer offenen Laube unter der giebelständigen Fassade gestaltete der Architekt Störmer die **Emder Volksbank** (Neutorstraße 47). 1952 reichte Störmer, der vor allem in Bremen als Architekt tätig war und dem Planungsstab der dortigen Aufbaugemeinschaft angehörte, den Entwurf für das Bankgebäude bei der Stadt ein. Das dreigeschossige Hauptgebäude in Ziegelbauweise zeichnet sich vor allem durch eine großzügige Planung der Fensteröffnungen aus. In eigenständiger Weise wurden beim Bau der Volksbank traditionelle Gestaltungselemente der alten Emder Bürgerhäuser übernommen und in einer flächig wirkenden modernen Formgebung neu interpretiert.

Gebäude des Wiederaufbaus in der Neutorstraße sind die Neubauten für den Elektrogroßhandel Wienholtz & Becker **Neutorstraße 75 und 77** aus dem Jahr 1955, entworfen von Herbert Schrom aus Emden. 1958/59 wurde in einem zweiten Bauabschnitt das Nachbargrundstück überbaut, wobei Herbert Schrom die straßenseitige Fassade in den Obergeschossen als Spiegelbild des bestehenden Baukörpers realisierte.

Man kann auf dem Rückweg einen Schlenker in das Stadtquartier Zwischen beiden Märkten, Neuer Markt und Zwischen beiden Sielen machen und auch hier einige interessante Gebäude der 50er Jahre entdecken. Genannt werden sollen die **Löwenapotheke** (Zwischen beiden Sielen 36), 1948/49 unter der Leitung des Architekturbüros Janssen & Latta errichtet, das Gebäude **Zwischen beiden Sielen 22** (erbaut 1948 ebenfalls von Jansen & Latta) und das Gebäude der **Oldenburgischen Landesbank** (Bismarckstraße 20), das gegenüber der Löwenapotheke liegt und 1951 vom Architekten Anton Hollander aus Emden geplant worden ist.

Um wieder zum Zentrum der Altstadt am Ratsdelft zu gelangen, geht man zur Brückstraße **(Abb. 32)** zurück. Über der Zone der Schaufenster des Erdgeschosses sind die durchweg traufenständigen Backsteinbauten in beiden Obergeschossen einheitlich gemäß der Baupflegesatzung mit Fenstern als stehende Rechtecke und entsprechend gestalteten Gauben gehalten. Beispiele dafür sind die Gebäude **Brückstraße 23-27**.

32 Brückstraße

Besonders gut und im Detail erhalten sind die Gebäude **Brückstraße 2** (1954 von Architekt Schrom) und **Brückstraße 4**, erbaut 1953 durch den Architekten Löschen. Am Ende der Brückstraße öffnet der große Torbogen des Rathauses den Blick zum Rathausplatz, dem Ausgangspunkt für die Stadtbesichtigungen.

5. Fahrt durch die zur Stadt Emden gehörenden Dörfer

Wegen der schlechten öffentlichen Verkehrsverbindungen sollte diese Fahrt mit dem eigenen Fahrzeug oder Fahrrad unternommen werden. Bei den Dörfern um die Stadt Emden handelt es sich durchweg um alte Wurtendörfer, die in der Regel auch alte Kirchbauten aufzuweisen haben, aber auch noch einige interessante andere Bauwerke besitzen. Durch die Nähe der Stadt sind in fast allen Dörfern städtische, zum Teil sehr ungestaltete Baustrukturen entstanden, die die alten Dorfansichten zerstören.

Die Fahrt beginnt westlich der Stadt Emden in **Larrelt**. Dort liegt an der **Hauptstraße 54** eine repräsentative Villa, die sich der Oberdeichrichter van Hove im Jahre 1907 bauen ließ. Hier interessiert mehr der dazugehörige Garten, ein in seiner Grundstruktur erhaltener Reformgarten im Sinne der Architekten Schulze-Naumburg, Muthesius und anderer. Heute wird das Anwesen durch den Evangelisch-lutherischen Kirchenkreis Emden genutzt.

Am Ende der Straße Möhlenhörn steht die zweistöckige **Galerieholländermühle Kost Winning**, unmittelbar am Larrelter Tief gelegen. Dank der Larrelter Bürger konnte der Abbruch der Stadt Emden gehörenden Mühle, die bis 1974 in Betrieb war, verhindert werden. Durch das bürgerliche Engagement wird die 1732 erbaute Mühle seit den 1990er Jahren restauriert und gepflegt.

Die ****reformierte Kirche (Abb. 33)** (Larrelter Kirchweg 8) liegt in der Ortsmitte auf der kaum spürbar erhöhten Kirchhofswurt. Sie war im Mittelalter Johannes dem Täufer geweiht und ist ein stattlicher spätgotischer Saalbau mit einem polygonalen Ostabschluss, erbaut vermutlich im letzten Drittel des 15. Jahrhunderts aus Tuffstein, was zu dieser Zeit bei den örtlich zur Verfügung stehenden Backsteinen erstaunt. Sie dürften aus dem Vorgängerbau des späten 12. Jahrhunderts stammen und wurden für den Neubau bearbeitet. Aus früherer Zeit (um 1300) blieb im Westen der gedrungene, wuchtige Glockenturm aus Backstein erhalten. Der mit drei böhmischen Kappen gewölbte, in einem Rundbogen zum Schiff geöffnete Raum im Obergeschoss diente als Loge einer Häuptlingsfamilie.

Das dreibahnige, reich mit Fischblasen und Kleeblattbögen verzierte Maßwerk der großen Spitzbogenfenster wurde aus Sandstein gearbeitet. Das gesamte Kirchenschiff **(Abb. 34)** hatte einst steinerne Gewölbe, die nach dem Einsturz 1780 durch eine korbbogige Brettertonne ersetzt worden ist. Nur der Chor besitzt noch seine originalen steinernen Sterngewölbe. Eine Empore von 1709 trennt ihn – wie so häufig bei den Reformierten – vom Schiff ab. Auf ihr steht die **Orgel (Abb. 35)**, deren Prospekt mit seinen naturalistischen Rankenornamenten erst um 1850 von Gerd Sieben Janssen aus Aurich

33 Ref. Kirche

gebaut wurde. Das Gehäuse enthält noch das Pfeifenwerk der Renaissance und des Barocks. Die Prospektpfeifen erneuerte der Orgelbauer Jürgen Ahrend aus Loga 1988 bei der Restaurierung aus Zinn. Zu beiden Seiten befindet sich ein schlichter Patronatssitz, ein weiterer am südlichen Fuß der Empore zeigt das von Löwen gehaltene Wappen der Familie von Falk und durchbrochene Ornamentfriese, die auf eine Entstehung in der 1. Hälfte des 18. Jahrhunderts hinweisen, eventuell in die gleiche Zeit wie die 1720 von Albert Frerichs aus Emden geschaffene **Kanzel** mit ihrem für Ostfriesland typischen großen Schalldeckel. Über den von einem Hängezapfen ausgehenden Voluten am Konsolboden des polygonalen Kanzelkorbs entdeckt man merkwürdige geflügelte Putten, deren Unterleib von einer Volute gebildet wird. Über diesen sogenannten Puttenhermen stehen an den Ecken frei gewundene Säulen, dazwischen liegen in den Feldern fein geschnitzte Blütengehänge. Der pokalförmige, achteckige Taufstein von 1420 trägt eine Inschrift in altfranzösischer Sprache.

34 Kirchenschiff

Wie häufig in reformierten Kirchen, z. B. in Hinte, wird auch hier der abgetrennte Chor als Lapidarium für bedeutende, nicht mehr am ursprünglichen Ort befindliche Kunstwerke genutzt. In seine Nordwand hat man das **Tympanon (Abb. 36)** aus rotem Sandstein des Vorgängerbaus aus der Zeit um 1200 eingelassen. Es stellt eines der ältesten Selbstzeugnisse eines mittelalterlichen Baumeisters in Deutschland dar. In der Mitte des Reliefs steht laut Inschrift der Priester Ippo als Stifter, daneben im Profil der Baumeister der Larrelter Kirche Ludbrud. Die Inschrift nennt außerdem Menulfus als den Bildhauer des Tympanons. Außer einigen barocken Grabplatten des 17. und 18. Jahrhunderts, die einst gemauerte Grüfte abdeckten, erregt besonders ein romanischer Steinsarg Aufmerksamkeit. Nach der Zahl der noch erhaltenen Deckplatten zu urteilen, muss es einst sehr viele gegeben haben. Wenn sie nur selten erhalten sind, dann wegen des Missbrauchs als Viehtränken, was in dieser natursteinarmen Gegend verständlich ist.

35 Orgel

Drei romanische **Grabplatten** aus der 2. Hälfte des 12. Jahrhunderts sind im Chor der Larrelter Kirche noch zu sehen. Auf der einen ist in einem vertieften Feld der Verstorbene als Flachrelief in ganzer Größe dargestellt, die Arme vor der Brust angewinkelt mit geöffneten Händen, was als Adorantengestus (anbetende Haltung) zu deuten ist. Die zweite Grabplatte wird in den unteren zwei Dritteln durch zwei Reihen gegeneinander gestellter halbrunder Bögen gegliedert, im oberen Drittel lassen vier kreisförmige Vertiefungen ein Keulenkreuz entstehen, wie es auch auf der dritten erscheint.

36 Tympanon

Kaum eineinhalb Kilometer in nördöstlicher Richtung führt eine Stichstraße zum Wurtendorf **Twixlum**. Der Ort wurde im Zweiten Welt-

37 Ref. Kirche

38 Chor

krieg bei den Bombenabwürfen über Emden ebenfalls schwer getroffen. Etliche Bauernhöfe wurden zerstört, auch waren Menschenopfer zu beklagen. So findet man heute mit Ausnahme der ***reformierte Kirche (Abb. 37)** (Twixlumer Straße 84) wenig Altbausubstanz im Ortskern. Ähnlich wie in Larrelt ist auch hier ein älterer Westturm aus dem 14. Jahrhundert unmittelbar mit dem Kirchenschiff verbunden. Die ehemals gewölbte Saalkirche und der gleich breite polygonale Chor wurden einheitlich am Ende des 15. Jahrhunderts als spätgotischer Backsteinbau errichtet. Die Strebepfeiler umschlossen ursprünglich das gesamte Langhaus, nach dem Einsturz der Gewölbe wurden sie niedriger erneuert. Das einfache, zweibahnige Blendmaßwerk aus Sandstein nimmt nur noch die Spitzbögen der Fenster ein. Augenfällig ist das Eingangsportal an der Südmauer: In einem Blendbogen mit gegliederter Rahmung liegt eine schlichte Eingangstür, die mit einem Korbbogen abschließt, darüber befindet sich ein Spitzbogenfenster.

Im Innenraum **(Abb. 38)** kann man die einstige Wölbung in fünf Jochen und im Chorpolygon noch an den Schildbögen um die Fenster herum ablesen, eine Balkendecke schließt stattdessen den Raum ab. Zur sparsamen Ausstattung gehören der Abendmahlstisch mit Balusterbeinen aus dem späten 17. Jahrhundert und die schlichte spätbarocke Kanzel von 1788. Im Chor sind zwei Grabplatten aufgestellt. Die aus belgischem Syenit gearbeitete **Grabplatte** für Jeje Folkarsheim (+ 1570) und Rixt Garmes (+ 1569) ist herausragend gearbeitet. Hermenkaryatiden tragen einen Rundbogen und rahmen die sechs Wappen zum Nachweis der adligen Herkunft mit Helmzier in fleischigen Akanthusranken. In den oberen Bogenzwickeln stehen trauernde Genien. Die aufwändigen Grabplatten sind vermutlich von einem niederländischen Bildhauer hergestellt worden.

Die Fahrt geht zurück nach Larrelt, um von dort den kleinen Ort **Logumer Vorwerk** aufzusuchen. Diese Siedlung ist statt eines bei Sturmfluten ausgedeichten Ort namens Logum neu aufgebaut worden. Im Zentrum der Dorfwurt liegt die jetzige **reformierte Kirche** (Osterreideweg 3), ein neuromanischer Backsteinbau aus dem Jahre 1884. Im Osten der Kirche befinden sich Mauerreste eines Kirchenbaus von 1591. Von den Vorgängerkirchen sind noch die Kanzel und eine über 500 Jahre alte Glocke erhalten. Davor liegt der alte Friedhof, an dessen Südseite sich das Wohnhaus des Küsters **Osterreiderweg 1** befindet. Der schmale Ziegelbau aus der ersten Hälfte des 19. Jahrhunderts birgt die baulichen Reste eines Vorgängerbaus, der vermutlich um 1600 errichtet wurde.

Von Interesse sind in Logumer Vorwerk zwei Gulfhäuser, wie sie in dieser Größe nur in den Marschen entstehen konnten. Am **Tide-Winnenga-Weg 9** steht ein Wohn- und Wirtschaftsgebäude mit altem Baumbestand und einer Toranlage. Das eingeschossige, zur Scheune quergestellte Wohnhaus von 1880 ist über ein zweigeschossiges Zwischengebäude mit der Gulfscheune verbunden. Diese Hofform nennt man in Ostfriesland eine Kreuzelwerkanlage, wobei die Gebäudeteile aus unterschiedlichen Bauzeiten stammen können. Östlich davon, am **Tide-Winnenga-Weg 10**, befindet sich ein gut renoviertes Gulfhaus aus dem Jahr 1843. Seine streng axiale Gliederung der Schiebefenster verweist wieder auf den niederländischen Barock-Klassizismus, der über zweihundert Jahre die Architektur Ostfrieslands bestimmt hat. Die großzügigen Wohnräume zeigen den Wohlstand der Marschenbauern, sie sind mit Butzen, Öfen und reichlichem Kellerraum ausgestattet. Im Flurbereich sind Blausteinplatten ausgelegt, die Wände sind mit Schablonenmalereien ausgestattet, deren Dekore gleichzeitig in den Stadtzentren Mode waren. Die umfassend instand gesetzte Hofanlage besitzt mit dem umgebenen Garten und der Toranlage sowohl im Ortsbild als auch in ihrer landschaftsprägenden Lage einen außergewöhnlichen historischen Zeugniswert. Eine bauliche Besonderheit bildet die östlich des Wohnhauses aufgestellte Sonnenuhr, die auf einem steinernen Postament ruht und mit figürlichem Schmuck ausgestattet ist.

Um nach **Wybelsum** zu gelangen, fährt man zurück zur Hauptstraße und biegt dann links ab. In der Ortsmitte kann man die **reformierte Kirche (Abb. 39)** (Brüggweg 10) aufsuchen, eine kleine barocke Saalkirche aus Backstein aus den Jahren 1710-13 mit Dachreiter und Glockenstuhl. Die Innenausstattung ist von der 1699 abgebrochenen Kirche des wegen schwerer Sturmfluten ausgedeichten Ortes Geerdswehr übernommen worden. Daraus stammen die Kanzel und das typisch ostfriesische Kastengestühl mit Traljengittern. Den romanischen Taufstein hat man in das Ostfriesische Landesmuseum Emden gebracht.

39 Ref. Kirche

Einige sehenswerte Gulfhäuser liegen im Ortskern. So der auf das Jahr 1819 datierte Hof **Bettewehrstraße 1**, der von einem großen Gartengrundstück umgeben ist und zur Straße mit einer Mauer abgeschlossen wird. Das Gulfhaus zeigt in den Mauerankern im Giebel das Baujahr und die Initialen der Erbauer. Darunter befindet sich der betonte Eingang, flankiert mit Säulen und einer giebelförmigen Überdachung. Einen weiteren imposanten Hof findet man am **Kattegang 4**, ein Gulfhaus aus der Mitte des 19. Jahrhunderts, dessen zweigeschossiger Wohnteil um 1900 quer vor die Scheune gesetzt wurde. Dazu gehören eine Beischeune und ein parkartiger Garten.

Es lohnt auf jeden Fall, zur **Knock** hinauszufahren. An dem mächtigen Schöpf- und Sielbauwerk, eine Hauptleistung der ostfriesischen Entwässerungsverbände, befinden sich ein moderner Radarturm, ein Campingplatz und ein für den Wassersport genutzter Mahlbusen. Über das Siel- und Schöpfwerk werden rund 50.000 Hektar landwirtschaftliche Fläche entwässert, davon liegt gut ein Viertel unter dem Meeresspiegel. Auf dem Weg zur Knock fährt man längs eines Deiches, an dem sich mehrere alte Sielbauwerke befinden. Zum Ensemble der Siele an der Knock gehören das unter einem Hügel liegende **Alte Knockster Siel** (um 1720), das **Alte Knockster Verbandssiel**, von dem das Binnenhaupt erhalten ist (1881), sowie das heutige Siel- und Schöpfwerk, das zwischen 1964 und 1968 errichtet wurde. Ein weiteres Sielbauwerk, das sogenannte **Neue Siel**, um 1912 erbaut, befindet sich an der Straße Am Neuen Seedeich und wurde zur Entwässerung des Wybelsumer Polders angelegt.

Die Fahrt geht zurück durch die Stadt Emden, um die südöstlich der Stadt gelegenen alten Wurtendörfer anzusehen, die längs der Ems liegen und zum heutigen Stadtgebiet gehören.

Borssum ist als eigenständiger Ort heute nicht mehr wahrnehmbar, zu sehr ist es mit dem Stadt- und Hafengebiet Emdens verwachsen. Borssum war in früheren Jahrhunderten in die Wurtendörfer Klein-Borssum und Groß-Borssum unterteilt und war eine Herrlichkeit, zu der auch die Dörfer Jarßum und Widdelswehr gehörten. 1631 wurde die Herrlichkeit Borssum von der Stadt Emden den Häuptlingen von Frese abgekauft. Im Ort existieren zwei reformierte Kirchen sowie eine lutherische Kirche aus der Nachkriegszeit. Über viele Jahrzehnte war die **alte reformierte Kirche** an der Schöpfwerkstraße, einem einst St. Nikolaus geweihten Bau aus dem 13. Jahrhundert, ohne Nutzung und im Inneren unzugänglich. Seit 2004 finden dort nach einer vorherigen Renovierung wieder kirchliche Feierlichkeiten statt. Dicht an der Nordmauer steht ein Glockenstuhl des Parallelmauertyps aus dem 13. Jahrhundert, der heute noch drei der ehemals vier Parallelmauern zeigt. Die Grabgewölbe der Häuptlinge von Borssum befinden sich unter dem Altarraum des Chores, der heute durch eine Wand abgetrennt ist und von der Ostseite betreten werden kann. Dort werden auch mehrere Grabplatten aufbewahrt, unter denen zwei besondere Beachtung verdienen: Das Doppelgrabmal für Ailt Frese zu Uttum (+ 1593) und seine Frau. Die beiden Verstorbenen sind in zeitgenössischer Tracht dargestellt, als Rahmung dienen die Wappen des Ahnennachweises sowie Engel mit Vanitassymbolen und Todesgenien, ferner die Grabplatte für Gerit Beninga zu Grimersum und Groothusen (+ 1576), der in Rüstung, in perspektivischer Sicht auf dem Sarkophag liegend, wiedergegeben ist.

Im ehemaligen Ort Klein-Borssum liegt auf der mittelalterlichen Friedhofswurt die 1912/13 errichtete ziegelsichtige **reformierte Kirche** (Petkumer Straße 243) nach den Entwürfen des Berliner Architekten Otto March (1845-1913). An der Stelle des jetzigen Kirchenbaus in der Formensprache des Jugendstils stand bis 1912 ein gotischer Vorgängerbau. Die 1896/97 gebaute reformierte Kirche auf Borkum wurde ebenfalls von March entworfen und gilt als Schwesterkirche. Auf dem Kirchhof mit einer Einfriedung haben sich zahlreiche ältere Grabsteine erhalten. Der markante Westturm erhebt sich über der Mitte eines Querbaus. Im fast quadratischen Inneren der Kirche teilen die Seitenemporen den Raum in drei Schiffe. Das Langhaus besitzt drei Joche, die von übereinanderliegenden Dreierfenstergruppen mit Blendarkaden belichtet werden. Der polygonale Anbau im Osten dient im Inneren als Platz für die Orgel sowie für die darunter angeordnete Kanzel. Neben der Ausstattung mit Tonnengewölbe und Emporen hat sich in der Kirche auch die bauzeitliche Ausmalung erhalten. Am **Westerburger Weg 8/10** steht noch ein Sandsteinportal von 1707, das ehemals zur Westerburg der Herrlichkeit Borssum gehörte.

Auf den Weg nach Petkum fährt man durch **Widdelswehr/Jarßum**. Am Kirchpfad liegt auf der Wurt eine schlichte **reformierte Kirche** als Saalbau, in den Mauerankern auf das Jahr 1797 datiert. Das Mauerwerk erscheint älter, da es aus den Steinen des abgebrochenen mittelalterlichen Vorgängerbaues errichtet wurde. Im Kirchbau ist auch das Geläut mit zwei alten Glocken von 1300 und 1646 untergebracht. Auf dem Friedhof findet man recht schöne Grabsteine des 18. und 19. Jahrhunderts.

Petkum war einst ein selbstständiges Dorf. Es besaß eine Häuptlingsburg aus dem 15. Jahrhundert, deren Reste 1817 abgebrochen worden sind. Heute steht an der Stelle der Burg der 1881 errichtete **Dammeyer´sche Hof** (Fischerhörn 9) von bedeutender Größe. Nördlich des Gulfhauses liegt der dazugehörige Park, der sich bis in die Gegenwart mit einem beachtenswerten Baumbestand erhalten hat. Im Süden des Ortes fließt in einem Abstand von einem Kilometer die Ems, das Petkumer Sieltief wird durch den Deich in 500 Metern Entfernung durch das ****Siel** an der Fährstraße in den Fluss geführt. Das gut erhaltene, in Ziegelmauerwerk errichtete Gewölbesiel wurde 1857 erbaut und ist eines der größten Durchfahrtssiele in Ostfriesland. Das historische Bauwerk konnte die Anforderungen der schnellen Entwässerung des Hinterlandes nicht mehr erfüllen und sollte abgebrochen werden. Letztlich entschieden sich die traditionsbewussten Wasserbauer in den 1980er Jahren dann doch für den Erhalt des Kulturgutes ihrer Vorgänger und legten seitlich zur Entlastung ein weiteres gedecktes Sielbauwerk an. Auch setzten sie das historische Sielbauwerk vorbildlich instand. Von Petkum kann man mit der Fähre über die Ems nach Ditzum ins Rheiderland übersetzen.

Die ****lutherische St. Antonius-Kirche** an der Kaakstraat liegt südlich abseits der Leeraner Straße inmitten des Kirchhofs. Vor ihrer Nordwestecke steht der Glockenturm des geschlossenen Typs von 1809 mit einem barock anmutenden Turmhelm. Die Silhouette **(Abb. 40)** der Kirche ist durch das langgestreckte Schiff mit den einfachen, relativ großen Spitzbogenfenstern und dem deutlich höheren Chor unverwechselbar. Einige Partien mittelalterlicher Klostersteine deuten darauf hin, dass das

40 Luth. St. Antonius Kirche

Stadt Emden

41 Kirchenschiff

42 Sandsteinrelief

Kirchenschiff im Kern noch aus dem 13. Jahrhundert stammen kann. Es wurde jedoch 1750 weitgehend erneuert. Das hoch aufragende **Chorpolygon** mit seinem fein gearbeiteten Fischblasenmaßwerk wurde um 1470-80 hinzugefügt. Das Innere **(Abb. 41)** des Schiffes wird durch ein hölzernes Tonnengewölbe über den frei liegenden Ankerbalken abgeschlossen. Der eingezogene Chor hat ein sehr schönes **Netzgewölbe** mit einem hängenden Schlussstein, die spätgotische Rankenmalerei um die Rippenkreuzungen wurde 1960-62 freigelegt. In den unteren Gewölbekappen erscheint in der Mitte der Salvator, zu den Seiten sind je zwei Kirchenväter zu sehen, deren Halbfiguren aus Blütenkelchen herauswachsen.

An die Nordwand des Schiffes hat man ein sehr bemerkenswertes **Sandsteinrelief (Abb. 42)** aus der Erbauungszeit des Chores angebracht, das sich bis 1985 am zugemauerten Mittelfenster des Chores und damit über dem Altar befand. Den oberen Teil des rundbogigen Rahmens nimmt eine Kreuzigung Christi mit Maria und Johannes ein, seitlich in den Bogenzwickeln sind Maria und der Engel einer Verkündigung dargestellt, ferner in der Archivolte des Bogens sechs Statuetten von Heiligen und im unteren Feld eine Strahlenkranzmadonna, gerahmt von den Aposteln Thomas und Bartholomäus, zu deren Füßen das Stifterpaar kniet. Die qualitätvolle Steinmetzarbeit wurde 1985 von späteren Farbschichten sowie von der Salzbelastung befreit und lässt danach westfälischen Einfluss vielleicht zum Meister des Bentlager Sippenreliefs erkennen. Der spätromanische **Taufstein** des Bentheimer Typs aus dem 13. Jahrhundert ruht auf vier stilisierten Löwen, die Wandung des zylindrischen Beckens zieren zwei stilisierte Weinranken, getrennt von einem Fischgrätenband. Die **Orgel** auf der Westempore wurde zwischen 1694 und 1699 vom Orgelbauer Valentin Ulrich Grotian aus Aurich geschaffen. Sie wurde bisher noch nicht grundlegend restauriert. Beachtung verdient auch eine trapezförmige romanische Grabplatte, die trotz der Beschädigungen noch ein Keulenkreuz zwischen zwei Krummstäben zeigt, ein Motiv, das sich auch in Buttforde und Nortmoor findet.

Um alle bauhistorisch bedeutsamen Objekte der Stadt Emden gesehen zu haben, muss man zum Stadtkern Emden zurückfahren, damit man die beiden Orte Wolthusen und Uphusen aufsuchen kann.

Wolthusen liegt in dem Gebiet östlich des Emder Stadtkerns. In vorgeschichtlicher Zeit war das Gebiet hier Sumpf- und Wiesenland. Der Namensteil Wolt leitet sich daher ab. Der Ort bildete zusammen mit Uphusen eine Herrlichkeit, die in der 2. Hälfte des 15. Jahrhunderts in den Besitz der Häuptlingsfamilie Houwerda überging und im Jahre 1596 der Stadt Emden verkauft wurde. Ortsmittelpunkt ist ein Platz an der Marktstraße, der durch die umgebenden Gebäude eine baugeschichtliche Entwicklung des Ortes über vier Jahrhunderte veranschaulicht. Dazu gehören drei Gulfhäuser, das zum Marktplatz orientierte Hooge Huus und ein zugehöriges Landarbeiterhaus (Marktstraße 9).

Das zum Platz hin traufenständige **Hooge Huus** (Marktstraße 5/7) birgt im Kern ein zweigeschossiges Steinhaus mit einem Treppenturm aus der 2. Hälfte des 16 Jahrhunderts. Das turmartige Gebäude mit seinem Anbau aus dem 19. Jahrhundert und die umgebenden Gartenflächen mit schönen Kopflinden war über Jahrhunderte Gasthof mit Gartenlokal, Krämerladen und damit öffentlicher Treffpunkt des Dorfes. Den Platz bestimmend ist weiterhin der mächtige **Ohling´sche Hof** (Marktstraße 6), ein Gulfhaus, erbaut 1853 mit spätklassizistischen und historistischen Stilelementen. Der Hof liegt auf einem weitläufigen Gartengrundstück und gehörte zum unmittelbaren ehemaligen Burgbezirk.

Die **reformierte Kirche** (Wolthuser Dorfstraße 4a) entstand 1784 als Ersatz für eine baufällig gewordene ältere Kirche und erhielt 1912 einen an die Südseite angefügten Querflügel. Das schlichte Innere prägen Emporen und die Holzdecke. Älteste Ausstattungsstücke sind der Abendmahlstisch von 1612 und die Kanzel von 1645, an deren Korb zwischen Ecksäulen Rundbogenfelder liegen. Die **Orgel** schuf Johann Friedrich Wenthin aus Emden 1790-93. Im Prospekt schwingen vom mittleren Pedalturm die Deckprofile der Zwischenfelder zu den seitlichen Pfeifentürmen herab. Schleierbretter und Ohren sind noch ganz in spätbarocker Ornamentik gehalten, nur die bekrönenden Vasen gehören schon dem Frühklassizismus des Louis XIV. an. Die Prospektpfeifen mussten im Ersten Weltkrieg zur Einschmelzung gegeben werden. 1984/85 wurde das Instrument von der Firma A. Führer aus Wilhelmshaven restauriert, dabei erneuerte man die Prospektpfeifen.

43 Ref. Kirche

Uphusen, das man als letztes Wurtendorf der Stadt Emden aufsuchen kann, war schon im 14. Jahrhundert Sitz eines Häuptlings. Die Stelle der alten Burganlage ist in der Nähe der Kirche noch zu erkennen.

Die *****reformierte Kirche (Abb. 43)** (Kirchhörn 13) wurde im letzten Viertel des 13. Jahrhunderts als eine mittelgroße, rechteckige Saalkirche aus Backstein erbaut. Die Längswände gliedern flache Lisenen, dazwischen befinden sich hoch sitzende Spitzbogenfenster. Die Ostfassade weist drei breite Spitzbogenblenden auf, die mittlere einst in einem Fenster geöffnet. Seitlich darüber sind je zwei Rundbogenblenden angeordnet, in denen nochmals schwer deutbare Vertiefungen zu sehen sind. Das Giebeldreieck ist in fünf zur Mitte hin ansteigende Blendfelder geteilt, die äußeren schließen dreieckig, die inneren in zwei Rundbögen und darunter sitzenden gekuppelten Spitzbogenarkaden ab, das mittlere in breitem Spitzbogen zwischen zwei schmalen Rundbögen. Vom Typ der rechteckig geschlossenen Saalkirche mit Pilastergliederung

44 Orgel

und reich gegliederter Ostfassade gleicht die Kirche der in Campen oder Dornum, die um 1300 entstanden sind. Dort allerdings bereits mit Gewölben, wofür es hier keinen Anhaltspunkt gibt, sodass noch eine Flachdecke und damit eine frühere Entstehungszeit in das letzte Viertel des 13. Jahrhunderts angenommen werden kann. Die Nordseite erhielt in der Zeit um 1650 ein frühbarockes Sandsteinportal. Nördlich der Kirche erhebt sich ein ungewöhnlich mächtiger dreijochiger Glockenstuhl des Parallelmauertyps, erbaut Ende des 13. Jahrhunderts. In jedem Glockengang hängt eine historische Glocke: die nördlichste von 1660, die beiden weiteren Glocken entstanden 1797.

Der von einer flachen, segmentbogigen Brettertonne abgeschlossene Innenraum wird vom schwungvoll gestalteten Prospekt der *Orgel (Abb. 44) auf der Ostempore beherrscht. Sie wurde 1825-31 vom Orgelbauer Wilhelm Caspar Joseph Höffgen aus Emden geschaffen und ist ein für Ostfriesland typisches Beispiel für die Verwendung barocker Formen des 18. Jahrhunderts bis weit in das 19. Jahrhundert hinein. Als Brüstungsorgel direkt auf der Empore aufsitzend, ist ihr Prospekt in einen breiten, polygonalen Mittelturm mit den Bassflöten, zwei äußere polygonale Seitentürme und die dazwischen angeordneten zweigeschossigen Flachfelder gegliedert. Besonders reizvoll sind die in Rankenwerk durchbrochenen seitlichen Ohren und die drei die Türme bekrönenden Figuren: In der Mitte der bis an die Decke stoßende Chronos, zu seinen Seiten je ein Engel. Zwei Register des ungewöhnlich gut erhaltenen Instruments wurden 1996/97 vom Orgelbauer Bartelt Immer aus Norden restauriert. Die restlichen zehn Register sowie die Windladen, drei Keilbälge und die Klaviaturen sind noch original. Die Unterseite der Orgelempore ist mit einem durchbrochenen Fries aus Weinlaubranken und einer Girlande aus Tüchern ausgeschmückt. Die qualitätvoll bemalten Flügeltüren der Vorgängerorgel von 1531 wurden in die Johannes a Lasco Bibliothek Große Kirche Emden überführt und sind dort im nördlichen Kirchenschiff angebracht. In der Kirche hängen zwei große Messingkronleuchter aus dem Ende des 18. Jahrhunderts. Der **Taufstein (Abb. 45)** (13. Jahrhundert) wurde

45 Taufstein

aus Bentheim importiert. Die Wandung des von vier Löwen getragenen zylindrischen Beckens ist mit einem Palmetten- und einem Rankenfries verziert, getrennt durch doppelte Taustäbe. Von den **Grabplatten** des 16.-18. Jahrhunderts verdienen die eines 1533 verstorbenen Ritters und die für Freifrau Jaetke von Inhusen und Wolthusen (+ 1576) besondere Beachtung. Bei letzterer erscheint unter einem Vanitassymbol in reicher Rollwerkrahmung die Verstorbene zwischen weiblichen Gestalten.

Für die Liebhaber alter ostfriesischer Wohnhäuser lohnt noch ein Gang durch das Dorf Uphusen. Das **ehemalige Armenhaus** (Kirchhörn 4) wird heute als Wohnhaus genutzt. Armenhäuser waren soziale Einrichtungen der Kirchen oder der Kommune, deren Existenz vom Spätmittelalter bis in die Neuzeit auch in den kleineren Kirchdörfern nachweisbar ist. Ihre einfache Bauweise und eine mangelnde Bauunterhaltung führten oftmals zu einem schnellen Verfall, sodass nur noch wenige dieser schlichten Bauten in Ostfriesland erhalten geblieben sind. Am südlichen Rand der Wurt liegt ein kleines Gebäudeensemble, das ein Bild der früheren Bebauung eines ostfriesischen Wurtendorfes vermittelt. Am **Brückhörn 17** befindet sich ein repräsentatives Gulfhaus von 1731, das vor einiger Zeit instand gesetzt worden ist. Davor steht das sehr typische, ehemalige **Landarbeiterhaus** (Brückhörn 19) aus dem Jahre 1875. Es besteht nur aus einem Wohnraum mit einem dahinterliegenden, kleinen Stallteil. In solchen Gebäuden waren oft Familien untergebracht, die aus sechs bis acht Personen bestanden. Vergleicht man es mit den Marschenhöfen der Umgebung, wird der materielle Gegensatz zwischen den grundbesitzenden Bauern und den lohnabhängigen Landarbeitern deutlich, was verständlicherweise zu sozialen Spannungen führte.

Landkreis Leer

ARCHITEKTURFÜHRER OSTFRIESLAND

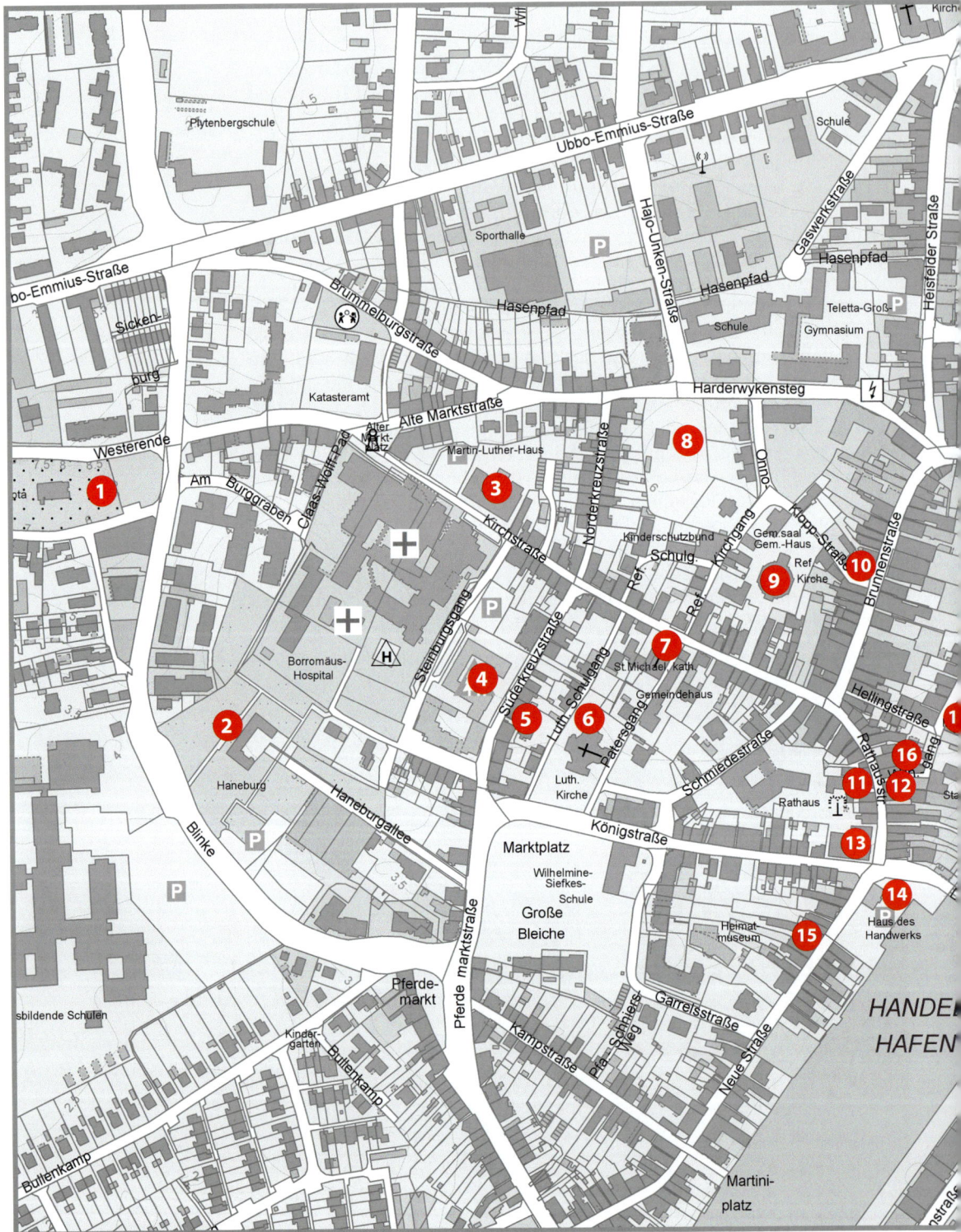

Quelle: Auszug aus den Geobasisdaten des Landesamtes für Geoinformation und Landesvermessung Niedersachsen, 2018

ARCHITEKTURFÜHRER OSTFRIESLAND

Landkreis Leer

Stadtzenrum

1. ehem. ref. Kirche, Kypta, Westerende
2. Haneburg, Hahneburgalle 8
3. ehem. ref. Gasthaus, Kirchstraße 54
4. ehem. luth. Gasthaus, Süderkreuzstraße 7
5. Wohnhaus, Süderkreuzstraße 6
6. Evangelische Kirche, Patergang 1
7. Katholische Kirche, Kirchstraße 27
8. Harderwykenburg, Harderwykensteg 21
9. Reformierte Große Kirche, Kirchstraße 14
10. Wohn- u. Geschäftshaus, Brunnenstraße 19
11. Wohn- u. Geschäftshaus, Rathausstraße 9
12. Haus Samson, Rathausstraße 18
13. Rathaus, Rathausstraße 1
14. Waage, Neue Straße 1
15. Heimatmuseum, Neue Straße 12
16. Wilhelminengang
17. Mennonitenkirche, Norderstraße 6
18. Amtsgericht, Wörde 5
19. Wohnhaus, Mühlenstraße 33
20. Wohn- u. Geschäftshaus, Mühlenstraße 57

Landkreis Leer

ARCHITEKTURFÜHRER OSTFRIESLAND

Stadtgeschichte

Für die Gründung und wirtschaftliche Entwicklung der Stadt Leer war ihre Lage auf einer bis zu vier Meter über NN hohen Geestzunge an den Flüssen Ems und Leda eine hervorragende Voraussetzung, die schon von Siedlern in der jüngeren Steinzeit genutzt wurde. Später wurde der günstige Flussübergang an der Straße von Emden nach Münster zum Vorteil für den Handel. Der heilige Liudger hielt sich zwischen 787 und 793 in Leer als Apostel der Friesen auf und soll östlich des Plytenberges die erste Kirche in Ostfriesland gegründet haben, dort, wo heute noch die Krypta der ihm geweihten Kirche erhalten ist. Das Werdener Urbar führt Leer um 900 als klösterlichen Besitz auf. Um das Jahr 1250 wurde Leer zu einer Propstei erhoben.

In der Zeit um 1420 baute Fokko Ukena hier eine Burg mit dem Ziel, sich zum Landeshäuptling von Ostfriesland aufzuschwingen, was von den freiheitsliebenden Ostfriesen durch die Belagerung und restlose Zerstörung der Burg 1431 beendet wurde. Erst den Cirksena gelang es 1453, die Landesherrschaft über weite Teile Ostfrieslands zu erringen, die sie danach als Grafen und Fürsten bis zum Aussterben des Hauses 1744 innehatten. Wirtschaftlichen Aufschwung brachte die Verleihung des Marktrechtes 1508 durch Graf Edzard den Großen. Es bildete sich der Gallimarkt, hauptsächlich für den Flachshandel, aber auch für Lebensmittel und Vieh. Im Zuge der Reformation entschied sich Leer 1525 für die reformierte Konfession. Der streitbare Häuptling Balthasar Omken aus Esens eroberte die Stadt 1533 und brannte sie nieder. Während der niederländischen Aufstände gegen die spanische Herrschaft flohen viele Protestanten nach Leer, darunter 1569 viele Leineweber, wodurch die Stadt sich zum Zentrum der Leineweberei entwickelte.

Unter den bedeutenden Persönlichkeiten der Stadt ragt der Humanist Ubbo Emmius aus Greetsiel hervor, der von 1587-93 Rektor der Lateinschule war und danach erster Rektor der Groninger Universität. Wie viele deutsche Städte wurde auch Leer im Dreißigjährigen Krieg Opfer marodierender Truppen, besonders schrecklich hausten 1622/23 die Mansfelder, denen 1637 die

Hessen folgten. Der Wiederaufbau der fast völlig entvölkerten Stadt konnte erst 1643 beginnen. Der zunächst durch das Emder Stapelrecht behinderte Handel konnte nach der Aufhebung 1749 aufblühen, zumal durch Preußen 1765 für die Leeraner Gesellschaften der Zwang abgeschafft wurde, in Emden Niederlassungen zu unterhalten. Mehr und mehr wurde Leer zur Kaufmannsstadt, in der 70 Schiffe ihren Heimathafen hatten.

Durch die Kontinentalsperre Napoleons mit der Blockade der Ems gab es einen gravierenden Rückschlag, der in einen erneuten Aufschwung durch die Aufhebung des Emder Zollrechts 1808 mündete. Für Ostfriesland typisch ist die späte Verleihung des Stadtrechts erst 1823. 1840 übertraf Leer kurzzeitig Emden im Handelsaufkommen, hatte 1850 vier Schiffswerften und erhielt 1854 Anschluss an die Eisenbahn. Trotz des Ausbaus des Docks im Hafen 1858/59 und der Dockschleuse 1860/61 sank die Bedeutung des Hafens, weil die Überseeschiffe immer größer wurden und dafür die Wassertiefe der Ems zu niedrig war. So beendete vorübergehend auch das Aufkommen der Dampfschiffe die Funktion von Leer als Hafenstadt und für den Schiffbau. Erst zu Beginn des 20. Jahrhunderts brachte der Ausbau zum tidefreien Hafen durch die Anlage der Schleuse eine wesentliche Verbesserung und im weiteren Verlauf die Erschließung von Industriegebieten. Ende 2017 hatte Leer 34.187 Einwohner auf einem Stadtgebiet von 70,30 km² inklusive der Stadtteile Bingum, Heisfelde, Hohegaste, Leerort, Loga, Logabirum, Nettelburg und Nüttermoor.

Stadt Leer
mit Leer, Loga, Logabirum, Leerort, Bingum und Nüttermoor

Der Stadtrundgang durch Leer beginnt an der Großen Bleiche, auf der auch der jährliche Gallimarkt stattfindet. Hier gibt es meist gute Parkmöglichkeiten und sie liegt dicht an der Altstadt. Mit der Besichtigung beginnt man am besten bei den am Stadtrand liegenden Kulturdenkmalen – der Krypta und der Haneburg –, um sich dann der Altstadt zuzuwenden. Die **Krypta (Abb. 1),** an der Straße Westerende gelegen, befindet sich auf dem reformierten Friedhof und ist der erhaltene Rest der einst über ihr aufragenden Kirche St. Liudger. Deren Anfänge reichen bis in die Zeit des Missionsbischofs zurück. Spuren der ersten ostfriesischen Kirche auf der bereits vorgeschichtlichen Wurt aus der Zeit um 600 konnten bislang jedoch nicht gefunden werden. Der letzte Kirchenbau wurde 1785 abgebrochen. Über einen modernen Vorbau führt eine Treppe in zwei von massiven Pfeilern geteilte Schiffe der Unterkirche, die jeweils mit einer halbrunden Apsis abschließen. Die Anlage mit Doppelapsiden ist in Ostfriesland einzigartig. Im südlichen, älteren Schiff ist ein Tonnengewölbe mit Stichkappen eingezogen, das in die Zeit um 1200 datiert wird. Dagegen lässt sich das nördliche Schiff durch seine Kreuzgewölbe mit breiten Bandrippen gut in die Mitte des 13. Jahrhunderts datieren. Der meist geöffnete Raum dient seit 1957 als Gedenkstätte für die Gefallenen des Zweiten Weltkriegs, an die namentlich, jeweils an ihrem Geburtstag, in einem Gedenkbuch erinnert wird.

1 Krypta

Landkreis Leer

ARCHITEKTURFÜHRER OSTFRIESLAND

2 Grabplatten

Außen an der Ostwand wurden mehrere Grabplatten aufgestellt (Abb. 2): Die mittlere der drei linken ist für Arend Frese (+ 1582) mit guter ganzfiguriger Darstellung des Verstorbenen, die linke ein Wappenstein, die rechte eine trapezförmige **romanische Grabplatte** in zweiter Verwendung. Im rechts anschließenden Feld steht die Grabplatte für Ortgise van Versabe (+ 1617), noch weiter nach rechts zwischen zwei Wappensteinen die für Claes Frese (+ 1589). Die drei ganzfigurigen Wiedergaben der Verstorbenen sind mit hoher bildhauerischer Qualität aus belgischem Syenit gearbeitet, die Bildhauer stammten aus den Niederlanden.

Beim Verlassen des Friedhofs fällt gegenüber der eingeschossige Barockbau des ehemaligen **Pfarrhauses** (Westerende 40) mit seiner schönen Haustür auf. In den Grundmauern dürfte ein Steinhaus des 16. Jahrhunderts stecken.

3 Haneburg

Die *****Haneburg** (Abb. 3) (Haneburgallee 8) ist von der Großen Bleiche (Parkplatz) und die von ihr in westlicher Richtung verlaufende Allee zu erreichen. Vor dem Burghof liegt das Eingangstor, flankiert durch kräftige Kreuzpfeiler, die mit wappentragenden Löwen und Vasen aus Sandstein mit dem Datum 1741 bekrönt sind. Das von Claes Frese, Häuptling zu Hinte, 1570 durch Landkauf geschaffene Gut bestand aus dem sogenannten Alten Fresenhaus, das im Kern des jetzigen Mittelbaus erhalten ist. Der gräfliche Drost Jost Hane fügte 1621 den südlichen Seitenflügel mit dem schwungvollen Renaissancegiebel und dem Treppenturm hinzu. Im Winkel zwischen den beiden Flügeln stand wohl schon ein Torhaus (1616?) mit dem schönen Tudorbögen, das bei dem Umbau des Fresenhauses zum Barockbau durch den Sohn Didrich Arend Hane im Jahre 1671 teilweise abgebrochen wurde. Mit dieser Baumaßnahme erhielt der Mitteltrakt seine zur Allee hin ausgerichtete, zentrale Eingangssituation mit der zweiläufigen Treppe. Ende des 19. Jahrhunderts erwarb die Stadt Leer die Haneburg aus Privatbesitz. 1935 wurde für die Nutzung als SA-Bauernhochschule ein zweiter Flügel angebaut, dessen Giebel mit Sandsteinen vom Südflügel ausgestattet ist. Heute beherbergt die Haneburg nach gründlicher Renovierung in den Jahren 1973-76 die Volkshochschule für die Stadt und den Landkreis Leer. Historische Innenräume sind nicht erhalten.

4 Mühlenstraße 36/38

Die *****Altstadt** von Leer gehört mit dem Kernbereich der Stadt Norden zu den wertvollsten in Ostfriesland, nahezu ungestört durch maßstabslose Neubauten – mit einer Vielfalt an historischen Fassaden überwiegend aus dem 19. Jahrhundert in allen Varianten des Historismus. Man erschließt sie sich am besten von der **Mühlenstraße** aus, der Hauptgeschäftsstraße und Fußgängerzone, deren interessante Bürgerhäuser, wie in den meisten deutschen Städten, im Erdgeschoss häufig durch Ladeneinbrüche und Werbung beeinträchtigt sind.

Als Beispiel sei hier das ehemalige Wohnhaus **Mühlenstraße 57** von 1803 angeführt, das über dem zwischenzeitlich besser gestalteten Ladeneinbau die Qualität des klassizistischen Hauses mit profiliertem Abschlussgesims und geschnitzten Konsolen, darüber ein Zwerchhaus mit reichlich verzierten Wangen, noch erkennen lässt. Ähnlich problematisch ist der Ladeneinbau bei dem breit gelagerten Wohn- und Geschäftshaus **Mühlenstraße 53** aus der Zeit um 1870, das eine zinnenartige Bekrönung hat und mit Rundbogenfenstern und feinprofilierten Verdachungen gestaltet wurde.

Der Eckbau zum Ernst-Reuter-Platz, **Mühlenstraße 36/38 (Abb. 4)**, vertritt den romantischen Historismus der Zeit um 1860-70, in dem man Rundbogenfenster bevorzugte. Mit der Anordnung eines Treppenturms zwischen dem Hauptgebäude an der Mühlenstraße und dem rückwärtigen Wohnhaus tritt eine malerische Vielfalt an die Stelle der strengen Symmetrie des Klassizismus. Ein für den Klassizismus typisch schlichter Backsteinbau ist auch das Gebäude **Mühlenstraße 48,** bei dem auch die späteren Ladeneinbauten angemessen zurückgebaut worden sind.

5 Klasen'sche Haus

Zu den schönsten Bürgerhäusern in Leer zählt das ****Klasen'sche Haus (Abb. 5)** (Mühlenstraße 31), erbaut 1806 in den vornehm ruhigen Formen des Klassizismus. Die unveränderten Räumlichkeiten des Hauses geben einen guten Einblick in die Wohnkultur Ostfrieslands. Als besonderer Schatz enthält der linke Eckraum an der Straße eine vorzüglich in Öl auf Leinwand gemalte Tapete mit **niederländischen Landschaftsszenen (Abb. 6)**. Sie wurde 1810 vom damaligen Hauseigentümer David Vissering für 350 Gulden in Hoorn, Provinz Noordholland, in Auftrag gegeben. Den erhaltenen Auftragsbüchern dieser Manufaktur kann man entnehmen, dass zwischen 1798 und 1820 über 40 solcher gemalter Landschaftszimmer nach Ostfriesland geliefert worden sind.

6 Tapete mit Landschaftszene

Von ebenso feiner Architektur wie das Klasen´sche Haus ist das Haus **Mühlenstraße 33** aus der Zeit um 1800. Der straßenseitige Giebel ist um ein Scheingeschoss höher gezogen, um mit dem breiten, durch Konsolen gegliederten Abschlussgesims noch imposanter zu erscheinen. Störend ist der großzügige Ladeneinbau im Erdgeschoss. Zu der älteren Bebauung dieser Straße zählt auch das eingeschossige Haus **Mühlenstraße 29,** das einen schönen, über die Dachfläche erhöhten Giebel mit profilierter Bekrönung und Eckvoluten besitzt. Das gegenüberliegende Haus **Mühlenstraße 28 (Abb. 7)** aus der Zeit um 1870 vertritt auf eine sehr feine, zurückhaltende Art die vielleicht von englischen Vorbildern beeinflusste Neugotik. Das daneben etwa gleichzeitig erbaute Eckhaus **Mühlenstraße 26** wird seiner Funktion als Überleitung in die Seitenstraße durch die Anordnung eines Eckerkers gerecht. Der Jugendstil schlug um 1910 mit dem Haus **Mühlenstraße 18** einen anderen, vom wirtschaftlichen Erfolg des Fin de siècle getragenen Maßstab an, wie das Verhältnis zum kleineren anschließenden Giebelhaus **Mühlenstraße 16** aus der Zeit um 1870 demonstriert.

7 Mühlenstraße 28

Landkreis Leer   ARCHITEKTURFÜHRER OSTFRIESLAND

8 Amtsgericht

9 Mennonitenkirche

10 Brunnenstraße 37, 35 und 33

Um den repräsentativen Barockbau des *Amtsgerichts (Abb. 8) (Wörde 5) zu besichtigen, muss man ein kleines Stück bis zum Klasen´schen Haus zurücklaufen, um dann in die gegenüberliegende Straße einzubiegen. Der zweigeschossige Backsteinbau mit der vertikalen Gliederung durch Kolossalpilaster entstand um 1720 als Palais von Rheden. Die Monumentalität des einst freistehenden Baukörpers mindert der linke spätere Anbau. Eine besondere Zierde ist die barocke Einfriedigung aus Sandsteinpfeilern und schmiedeeisernen Gittern.

Weitere frühe Gebäude sind die Wohnhäuser **Wörde 7** von 1711 mit einer klassizistischen Fassade aus der Zeit um 1800 und **Wörde 31** aus dem Anfang des 17. Jahrhunderts, die straßenseitige Fassade noch mit Elementen der Renaissance, hübsch die Engelsköpfe in den Schlusssteinen der Entlastungsbögen. Typisch für die kleineren Wohnhäuser in Leer ist das traufenständige Backsteingebäude **Wörde 42** von 1831. Es wird durch das Zwerchhaus mit dem geschweiften Volutengiebel und die Blockrahmen-Schiebefenster geprägt, die bis weit in das 19. Jahrhundert vorherrschend waren.

Von der Mühlenstraße geht es durch die parallel zur Wörde verlaufende Norderstraße. Auch hier zeigt sich die kleinteilige Mischung von Wohnhäusern als Ziegel- bzw. Putzbauten des 19. Jahrhunderts. Es interessiert hier die **Mennonitenkirche (Abb. 9)** (Norderstraße 35), ein 1825 im Stil des Klassizismus erbauter schlichter Kubus mit Lünettenfenstern, starkem Dachgesims und flachgeneigtem Walmdach, der in seiner schmucklosen Strenge sowohl dem Klassizismus als auch den Intentionen der Mennoniten entspricht. 2006 wurde die Kirche umfassend restauriert und in der Innengestaltung in den Zustand von 1825 gebracht.

Mit dem Gebäude **Norderstraße 32** begegnet einem wieder ein traufenständiges Wohnhaus mit Zwerchgiebel aus der 1. Hälfte des 19. Jahrhunderts. Die Straße endet mit den kleinbürgerlichen Wohnhäusern **Norderstraße 24, 11, 9** und 7.

Zurück in der **Mühlenstraße** beim Eckgebäude **Nr. 14** von 1886 mit dem turmartigen Aufbau blickt man noch auf die fast großstädtische Ansprüche erhebende neubarocke **Volksbank** (Mühlenstraße 6) von 1905 und biegt dann in die Brunnenstraße ein. Dort sieht man zuerst das recht bunt bemalte Kaufhaus **Brunnenstraße 39** und hofft, dass es keine Nachahmer in der Altstadt findet. Architektonisch ausgewogener sind dann die drei folgenden, etwa gleichzeitig entstandenen zweigeschossigen Giebelhäuser **Brunnenstraße 37, 35 und 33 (Abb. 10)**, von denen das rechte Gebäude mit der Nr. 37 das Stammhaus des 1806 gegründeten Teehauses Bünting ist und das linke heute als *Teemuseum* dient. Während diese drei Häuser einen eher noch kleinstädtischen Bautyp vertreten, bekommt die Brunnenstraße in ihrem weiteren Verlauf den Charakter einer mittelgroßen Stadt. Es sind Fassaden unterschiedlicher Gestalt im Wechsel von traufenständigen mit giebelständigen Häusern zu sehen, insgesamt eine interessante „Menükarte" des Historismus im letzten Viertel des 19. Jahrhunderts. Das Haus **Brunnenstraße 31 (Abb. 11)** von 1897 ist für die Giebelständigkeit ungewöhnlich breit. Man hat die Giebelspitze wie bei einem Krüppelwalm durch ein horizontales Gesims und eine darüberliegende Balustrade mit mittlerem Aufsatz gekappt. Eine verwandte Gestalt hat das gegenüberliegende Haus **Brunnenstraße 30**, erbaut um 1880. Bei beiden Häusern fällt die disziplinierte Werbung und Schaufenstergestaltung auf, wodurch die historische Fassade ihre Wirkung unbeeinträchtigt entfalten kann. Das im Jahr 1907 entstandene Gebäude **Brunnenstraße 28** hat die Höhe seiner Jugendstilfassade gegenüber dem Nachbarn noch einmal gesteigert. Die Reihe **Brunnenstraße 15, 13, 11** und **9** vertritt wieder den älteren, kleinstädtischen Haustyp eingeschossiger Wohn- und Geschäftshäuser. Das Haus **Brunnenstraße 19 (Abb. 12),** erbaut um 1870, verdient Beachtung, denn es nimmt durch seine freie Ecklage eine Sonderstellung ein, wodurch es den Charakter einer neugotischen Villa hat, die große Ähnlichkeit zu den Villen Norderstraße 19 und Neue Straße 16 in Weener besitzt. Hier diente sicherlich der Bau der neugotischen Evenburg durch die Grafen von Wedel in Loga als Vorbild. Einen älteren Kern hat das Wohn- und Geschäftshaus **Brunnenstraße 6**, das im heutigen Erscheinungsbild mit den Blockrahmenfenstern und der Haustür mit schönem Oberlicht aus der Zeit um 1800 stammt.

Am Ende der Brunnenstraße biegt man nach rechts in die **Rathausstraße (Abb. 13),** in der eine Reihe ansehnlicher Giebelhäuser stehen. Die Bausubstanz dieser Häuser reicht zum Teil bis in das 16. Jahrhundert zurück. Zu den älteren Häusern gehören die Bauten **Rathausstraße 34** (18. Jahrhundert), **Rathausstraße 20** (Ende 18. Jahrhundert), **Rathausstraße 14** (datiert 1587), **Rathausstraße 12** (wohl 1620), **Rathaus-**

11 Brunnenstraße 31

12 Brunnenstraße 19

13 Rathausstraße

Landkreis Leer   ARCHITEKTURFÜHRER OSTFRIESLAND

14 Haus Samson

15 Rathaus

straße 11 (Giebel Anfang 19. Jahrhundert), **Rathausstraße 10** (Ende 16. Jahrhundert), **Rathausstraße 9** (im Kern 1572, Umbauten 1786 und Anfang 19. Jahrhundert), **Rathausstraße 7** (im Kern 16. Jahrhundert, Straßengiebel datiert 1801), **Rathausstraße 4** (erbaut 1826) und **Rathausstraße 3** (Barockbau von 1761). Besonders hervorzuheben ist **Haus Samson (Abb. 14)** (Rathausstraße 18), auch „Wolff'sches Haus" genannt, erbaut 1560, Umbau 1643 im Stil des niederländischen Frühbarocks als zweigeschossiger Backsteinbau mit hellen Werksteingliederungen. Im Winkel zwischen dem hochgezogenen Mittelteil leiten bogenförmige Akanthusranken zu den Seiten über und bilden eine Perückengiebel genannte Übergangsform zu den späteren Schweifgiebeln. Das Haus dient seit 1800 als Kontor der Weinhandlung Wolff und birgt im Inneren eine kulturhistorisch wertvolle Sammlung an Möbeln, Porzellan, Kacheln und anderem Kunstgewerbe. Links neben dem Haus Samson geht es in den ****Wilhelminengang**, eine kleine, aber wohl die baugeschichtlich authentischste Straße in Ostfriesland. Man fühlt sich zwischen den historischen Gebäuden und dem alten Straßenpflaster, auf dem man noch die Rillen erkennen kann, die die eisenbeschlagenen Wagenräder hinterlassen haben, ins 18. Jahrhundert zurückversetzt. Rechts steht das hintere Gebäude des Hauses Samson aus der 1. Hälfte des 17. Jahrhunderts. Im Obergeschoss ist noch ein Fenster mit Bleiverglasung zu sehen, hinter dem sich museale Räume befinden. In der Biegung des Wilhelminenganges hat man den Blick auf drei historische Speicher, die daran erinnern, dass man sich schon in der Nähe des alten Hafens an der Waage befindet. Der zweigeschossige **Speicher** (Wilhelminengang 1) stammt aus dem späten 18. Jahrhundert. Die alte Konstruktion des Windenaufzuges, mit dem die Lasten auf die Lagerböden gezogen wurden, ist noch erkennbar. Ähnlich ist es bei dem **Packhaus** (Wilhelminengang 2), heute Stadtbibliothek; bei dem dreigeschossigen Speicher von 1778 sind alle Giebel mit Sandsteinen bekrönt. Zum Ensemble gehört noch das giebelständige Wohnhaus **Wilhelminengang 5**, das im Jahr 1828 erbaut wurde.

Zurück in der Rathausstraße sieht man an der Ecke zur Königsstraße den großen Baukomplex des ****Rathauses (Abb. 15)** (Rathausstraße 1),

16 Festsaal

260

17 Eingangsbereich und Treppengewölbe

zumal er in der Tradition flandrischer Rathäuser von einem hohen Turm, Belfrid genannt, überragt wird. Entworfen wurde das Gebäude 1894 vom Aachener Baumeister Karl Henrici aus Backstein mit hellen Werksteingliederungen im historisierten Stil der flämischen Renaissance, wovon auch die offene Säulengalerie im zweiten Obergeschoss an der Königsstraße kündet. Im Inneren sind die Korridore im **Eingangsbereich und die Treppengewölbe** (Abb. 17) reich mit Malereien im Stil von Renaissance-Grotesken mit zierlichem Rankenwerk, Blattrosetten und Figuren ausgeschmückt. Sie waren bis vor wenigen Jahren nur in den Gewölben sichtbar. Die Wände, auch die im **Festsaal (Abb. 16),** waren übermalt und sind bei der letzten Restaurierung freigelegt worden. Möglich wurde der großzügige Neubau eines Rathauses, der schlichte Vorgängerbau war durch Hochwasser 1883 beschädigt worden, durch das Vermächtnis von Bernhard August Schelten, der es in Amerika zu einem Vermögen gebracht hatte und im Alter in seine Heimatstadt zurückkehrte.

18 Alte Waage

Vom Rathaus sind es nur wenige Schritte zur direkt am Handelshafen gelegenen ****Alten Waage** (Abb. 18) (Neue Straße 1)**,** erbaut 1714 im niederländischen Barockstil. Diese gemäßigte Barockauffassung findet man in den nordeuropäischen, meist protestantischen Ländern, die die Architekturentwürfe Palladios (1508-80) aufnahmen und weiterentwickelten. Barockgebäude in Ostfriesland tragen deshalb in der strengen Fassadengliederung durch Kolossalpilaster und die großen Blockrahmen-Schiebefenster klassizistische Züge. Nur sparsam werden Barockelemente, wie das hohe Walmdach, der zierliche Dachreiter mit offener Laterne, die Sonnenuhr und die Inschriftentafel, eingesetzt. Mit der Verleihung des Marktrechts 1508 wurde die erste Waage im

Landkreis Leer

ARCHITEKTURFÜHRER OSTFRIESLAND

19 Kontorhaus mit Detail

Turm der alten Kirche am Westerende errichtet. Um 1570 wurde sie an das Ufer der Leda verlegt, die Einkünfte blieben jedoch bei der reformierten Kirchengemeinde, die daraus ihre Lateinschule unterhielt. Bis 1856 gab es einen Waagezwang für alle von den Schiffen zu den Lagerhäusern zu transportierenden Güter wie Flachs, Käse und Butter. Seit 1921 befindet sich die Waage im Eigentum des Heimatvereins Leer und dient als Restaurant. Das Gebäude wurde vor wenigen Jahren vorbildlich restauriert und erhielt wieder die zeittypische Dacheindeckung aus glasierten Pfannen.

An der Waage beginnt die **Neue Straße**, die in ihrem Verlauf zahlreiche historische Gebäude aufweist, die zum Teil bis in die Zeit um 1600 zurückzuverfolgen sind, aber auch schöne Beispiele aus dem späten 18. Jahrhundert besitzt, als Ostfriesland unter den Preußen eine wirtschaftliche Blütezeit erlebte. Zu den ältesten Häusern dieser Straße zählt das langgestreckte Gebäude Neue Straße 57, ein **Kontorhaus (Abb 19)** von 1550 mit den an der Seitenfront teils erhaltenen sogenannten halbachsigen Fenstern mit Entlastungsbögen und Sandsteinstürzen, die für die niederländische Renaissance charakteristisch sind. Der Giebel mit den Blockrahmen-Schiebefenstern und den Sandsteinabdeckungen stammt aus dem späten 18. Jahrhundert. Reizvoll sind die Fabeltiere am Ansatz der Giebelschrägen. Weitere Wohnhäuser, die noch in die Zeit um 1600 zurückzudatieren sind, sind das Gebäude **Neue Straße 51** und das Haus **Neue Straße 46** (mit Kartusche von 1610). Ganz am Ende der Straße steht ein zweigeschossiger Backsteinbau, das sogenannte **Baumann´sche Haus** (Norderstraße 63), mit einem Traufgesims aus Formsteinen, die Abschlüsse tragen Tiermasken aus Sandstein. Im Giebel verweist eine Sandsteinkartusche auf das Baujahr 1757.

20 Neue Straße 14, 12, 10

Von den Häusern des späten 18. Jahrhunderts ist vorrangig das Wohnhaus **Neue Straße 14 (Abb. 20)** sehenswert, ein schöner dreigeschossiger Backsteinbau, der durch die Blockrahmen-Schiebefenster und Eckquaderungen aus Sandstein klar gegliedert wird. Das als *Heimatmuseum* genutzte Gebäude ist auf das Jahr 1791 datiert, der rückwärtige Teil ist älter. Weiter südwärts steht das stattliche klassizistische Haus **Neue Straße 44 (Abb. 21)** mit dem großen, prägenden Dreiecksgiebel, datiert auf 1811. Etwa aus der gleichen Zeit stammt das giebelständige Wohnhaus **Neue Straße 48** mit dem Volutengiebel und dem Giebelaufsatz, auch das Wohnhaus **Neue Straße 54** mit dem durch Halbsäulen flankierten Eingang gehört in diese Baugruppe.

In dem sonst geschlossenen Straßenraum kann sich die Villa **Neue Straße 26**, erbaut etwa 1900-10, in ihrem Garten frei entfalten. Mit ihrem Fachwerkgiebel gibt sie sich als Abkömmling des britischen Cottage-Stils zu erkennen. Das **Haus des Handwerks (Abb. 22)** (Neue Straße 8) ist ein Klinkerbau in Formen des

21 Neue Straße 44

22 Haus des Handwerks

23 Holzdecke

Späthistorismus aus der Zeit um 1890, in der man gelbe Steine für die Flächen und rote für die Gliederungen bevorzugte. Im Inneren des Hauses findet man noch reich verzierte Holzdecken (Abb. 23) im Stil der Neurenaissance.

Man kehrt nun zurück zum Rathaus, um dort nach links in die Königstraße einzuschwenken. Hier stehen neben den hübschen Wohnhäusern **Königstraße 1, 4, 6** und **8** am Anfang der Straße, die um 1800 errichtet wurden, vier größere Packhäuser. Das älteste Speichergebäude **Königstraße 10** ist auf das Jahr 1802 datiert, ist aber wohl aus dem 18. Jahrhundert. Die dreigeschossigen Packhäuser **Königstraße 14, 16** und **17** aus dem Anfang des 19. Jahrhunderts kann man gut an den kleinen Fenstern in den Obergeschossen und an den erhaltenen Ladeluken erkennen. Am Ende der Straße biegt man rechts in die Süderkreuzstraße ein, an der das Haus **Süderkreuzstraße 6** steht, ein schönes Bürgerhaus aus dem Jahre 1734 mit einem mit Sandstein verzierten Mittelrisaliten. Gegenüber (Süderkreuzstraße 7) liegt das ehemalige **Armenhaus der lutherischen Kirche** (Abb. 24), eine Dreiflügelanlage; sie wurde im Jahre 1788 erbaut und im 19. Jahrhundert durch zwei Querbauten geschickt erweitert. Die Gebäude, die bei der letzten Sanierung stark erneuert wurden, werden heute als Jugendherberge genutzt.

Parallel zur Süderkreuzstraße verlaufen der Lutherische Schulgang und der Patersgang, zwischen beiden liegt die ** **Lutherkirche** (Abb. 25) (Patersgang 1), von weitem sichtbar durch ihren schönen stadtbildprägenden Turm. Von dem quadratischen Unterbau leitet ein Oktogon zur achteckigen offenen Laterne mit abschließendem Zwiebelhelm über.

24 Ehem. Armenhaus der luth. Kirche

25 Lutherkirche

Landkreis Leer

26 Lutherkirche, Südflügel

27 Kirchenschiff

28 Orgel

Die Kirche ist im Verlauf von zweihundert Jahren zu ihrer heutigen Gestalt und Größe angewachsen. Erst spät erlaubten die bis dahin Leer allein beherrschenden Reformierten den Bau einer lutherischen Kirche. Verwendet wurde Abbruchmaterial aus dem ehemaligen Benediktinerkloster Thedinga. In der Bekämpfung des mittelalterlichen Katholizismus waren dann wieder beide protestantischen Konfessionen einig.

Das Langhaus ist der älteste Teil der Kirche. Eine Inschrift am Chor nennt als Datum des Baubeginns das Jahr 1675. In den Jahren 1706-10 erfolgte ein Erweiterungsbau im Westen, auf den 1766 der Glockenturm gesetzt wurde. 1738 wurde durch einen Nordanbau der Kirchenbau T-förmig erweitert. Schon 1793 wurde der Ostteil vergrößert und ein hölzernes Gewölbe eingezogen, um mehr Raum für eine neue Orgel zu bieten. 1882 vervollständigte man durch einen **Südflügel (Abb. 26)** den Ausbau zu einem Zentralbau in Form eines griechischen Kreuzes, bei dem Diagonalbauten in die Ecken des nördlichen Kreuzarms gestellt sind. Hierin wird der große Einfluss der reformierten Kirchen von Emden, Weener und Leer deutlich.

Im **Inneren (Abb. 27)** dominiert dank der breit gespannten hölzernen Segmentbogentonne und ihrer farbstarken neubarocken Bemalung von 1910 der Längszug des Raumes. Der Zentralbau kommt dadurch im Unterschied zur Neuen Kirche in Emden und der reformierten Kirche in Weener nicht zur Wirkung. Die seitlichen Kreuzarme wirken durch die je drei Bögen auf Freipfeilern und ihre Flachdecken abgehängt. Die Identifizierung als lutherische Kirche ist nur durch die Existenz des steinernen Altarblocks möglich, zumal bei einem barocken Neubau keine mittelalterlichen Ausstattungsstücke mit Bildnissen übernommen wurden. Nur der stark restaurierte Kanzelkorb dürfte wegen des Faltwerks in den Füllungen und der Wappen noch aus der 1. Hälfte des 16. Jahrhunderts stammen. Er ist ein Geschenk der lutherischen Kirchengemeinde Esens, wie das Wappen mit dem Bären zu erkennen gibt. Der Fürstenstuhl hat einen unteren älteren Teil aus dem Ende des 17. Jahrhunderts und einen hundert Jahre später angefertigten oberen Aufsatz mit den Fenstern. Hauptblickfang der Kirche ist die ****Orgel (Abb. 28)** auf der Ostempore, mit der zugleich der Chor vom Schiff abgetrennt wird, ganz in der Tradition der Reformierten. Mit dem Instrument hatte die lutherische Gemeinde Pech, denn allzu oft musste ein neues Instrument angeschafft werden. Das erste kam 1714 aus der Werkstatt von Arp Schnitger, musste aber schon 1795 einem Neubau von Hinrich Just Müller aus Wittmund weichen. Doch auch davon blieb nur der Prospekt erhalten, denn aus Gründen des Zeitgeschmacks gab man 1911 bei Furtwängler & Hammer ein neues pneumatisches Werk in Auftrag, das ganze 53 Jahre bestand und 1964-66 durch einen Neubau von Alfred Führer aus Wilhelmshaven ersetzt wurde, der nach Meinung der Sachverständigen trotz der 40 Register in drei Manualen nicht alle Hoffnungen an einen besseren Klang erfüllt hat. Daraufhin beschloss 1998 der Kirchenvorstand, den Orgelbaumeister Jürgen Ahrend aus Loga mit dem Neubau des Instruments zu beauftragen, das 2002 eingeweiht werden konnte.

Der originale Prospekt von Hinrich Just Müller aus dem Jahr 1795 beeindruckt durch den reichen, vertikal in neun Achsen gegliederten Aufbau, bei dem der etwas erhöhte Mittelturm des Hauptwerks in der Breite von den Seitentürmen des Pedalwerks aufgenommen wird. Er wird getrennt durch zweizonige Flachfelder und schmale Zwischentürme, flankiert von je einem doppelgeschossigen Flachfeld, an denen das üppige Rankenwerk der seitlichen Ohren hängt – wie die Schleierbretter und die kraftvoll geschwungene Emporenbrüstung noch ganz im Geist des ausgehenden Barock. Den nahenden Klassizismus deuten nur die bekrönenden Vasen an.

An der Kreuzung zwischen Lutherischem Schulgang und Kirchstraße liegt die kleine *****katholische St. Michaelkirche (Abb. 29)** (Kirchstraße 27), als rechteckiger spätbarocker Saalbau 1775 aus Backstein erbaut. Aus der durch Pilaster gegliederten Fassade entwickelt sich der schlanke, dachreiterartige Turm. Über dem Eingangsportal erscheint im Relief der heilige Michael, die Inschrift in der Kartusche kann man als Chronogramm für das Erbauungsdatum 1775 lesen. Ein Chronogramm ist eine Inschrift, bei der alle darin vorkommenden erhöhten Buchstaben zugleich als römische Zahlen zu lesen sind und in der Summe eine Jahreszahl ergeben. Das Anwachsen der Gemeinde durch katholische Flüchtlinge erforderte 1951 eine Erweiterung durch den Anbau in Form eines Seitenschiffes. In den Jahren 2014/15 ist die Kirche umfassend renoviert worden. Der Innenraum wurde neu gestaltet, dabei hat man unter anderem das Seitenschiff durch Glaswände vom Kirchenraum getrennt.

29 Kath. St. Michaelkirche

Bevor man sich der reformierten Kirche in der Kirchstraße zuwendet, lohnt noch ein Blick auf das Wohnhaus **Kirchstraße 21** aus der Mitte des 18. Jahrhunderts. Es ziert ein schönes Zwerchhaus mit Eckpilastern, Schweifgiebel und Giebelohren. Im Inneren befindet sich eine barocke Treppe mit geschnitzten Geländerfüllungen. In der Kirchstraße 54 steht weiterhin das ehemalige **Armenhaus der reformierten Kirchengemeinde**, das 1790 als Dreiflügelanlage in sehr ähnlicher Gestalt wie das lutherische Armenhaus erbaut wurde.

Zwischen den Häusern der Kirchstraße zweigt nach Norden ein Kirchgang ab, über den man zur ***reformierten Großen Kirche (Abb. 30)** (Kirchstraße 14) gelangen kann. Sie ist 1785-87 einheitlich und konsequent als reformierter Zentralbau über dem Grundriss eines griechischen Kreuzes aus Backstein errichtet worden. Der schlanke, hohe Glockenturm wurde erst 1805 angebaut. Sein quadratischer Unterbau geht in zwei achteckige Obergeschosse über, auf denen die offene Laterne mit der Barockhaube ruht.

Im Inneren **(Abb. 31)** wurde das Konzept eines reformierten Predigtraums ebenfalls überzeugend realisiert. Zwischen den Kreuzarmen sind Annexräume angeordnet, die sich mit Bogenstellungen auf Pfeilern und Wandsäulen zum Hauptraum öffnen und es erlauben, die Emporen ohne

30 Ref. Große Kirche

31 Kreuzarme mit Annexräumen

32 Orgel

Unterbrechung um den gesamten Raum herumzuführen. Den Raumabschluss bilden flach gewölbte Brettertonnen. Der Innenraum ist in Jahren 2010-12 von den Architekten Tonndorf, Oldenburg, vorzüglich restauriert worden. Konsequent ist dabei auf den Erhalt der überkommenen Raumausstattung und auf die Wiederherstellung der originalen Farbigkeit geachtet worden. Sie hat damit ihr Vorbild, die reformierte Neue Kirche in Emden, in der heutigen Raumwirkung übertroffen. Dort hat es bei der letzten großen Restaurierung an Mut und Geld gefehlt, das im Krieg verloren gegangene, sich kreuzende Tonnengewölbe der Decke wiederherzustellen.

Den Kanzelkorb von 1609 schuf Andreas Kistenmaker in Formen der Spätrenaissance mit den dafür typischen Rollwerksornamenten. Die Treppe und der übergroße Schalldeckel sind Ergänzungen von 1785-87. Vier Messingkronen und der kleine Abendmahlstisch mit Rokoko-Ornamenten kamen ebenfalls beim Neubau der Kirche hinzu.

Die ***Orgel (Abb. 32) der Kirche mit ihrem prächtigen Prospekt ist mit einer über 400jährigen Geschichte eines der ältesten Instrumente Ostfrieslands. Die Veränderungen und Erweiterungen, die vom Beginn im Jahre 1609 an vorgenommen worden sind, ließen aus einem kleinen Instrument eine repräsentative, große Stadtorgel entstehen. Dabei sind einige Pfeifen noch älter, da der Orgelbauer Marten de Mare im Jahre 1606 auch Pfeifen aus dem Bestand einer Orgel des frühen 16. Jahrhunderts aus dem Kloster Thedinga, das nördlich der Stadt Leer lag, wiederverwendet hat. Jede der zahlreichen Veränderungen der Orgel ist einem bekannten Meister zuzuordnen, so insbesondere der Orgelneubau 1763-66 durch Albert Anthony Hinsz aus Groningen, der aus der Schule Arp Schnitgers stammte. Auch die Orgelbauer Johann Friedrich Wenthin und Wilhelm Höffgen aus Emden haben hier ihre Spuren hinterlassen. Der barocke Originalbestand beschränkt sich also nicht nur auf den breitgelagerten Prospekt, sondern steckt auch in den Bauteilen der Orgel. Schon in den Jahren 1963-71 hat die bekannte Orgelwerkstatt Jürgen Ahrend und Gerhard Brunzema aus Loga das Pfeifenwerk mit den historischen Pfeifen aufgearbeitet. Mit einer Gesamtrestaurierung dieses wertvollen und vielschichtigen Instruments durch die Orgelbaufirma Ahrend ist 2015 in einem ersten Bauabschnitt begonnen worden; weitere sollen in den nächsten Jahren folgen.

In der 1955 erbauten **katholischen St. Marienkirche** (Bavinkstraße 38) befindet sich seit 2016 eine weitere **Orgel** von Jürgen Ahrend und Gerhard Brunzema aus dem Jahr 1959. Sie zählt zu den einflussreichsten Orgelwerken in der zweiten Hälfte des 20. Jahrhunderts und stand ursprünglich in einer Kirche im niederländischen Scheveningen.

Zum letzten Objekt des Stadtrundgangs gelangt man, wenn man von der Großen Kirche in nördlicher Richtung die Onno-Klopp-Straße entlang läuft. An der Mündung in die Alte Marktstraße/Harderwykensteg wendet man sich nach links, wo man nach wenigen Schritten auf einer relativ hohen Wurt die **Harderwykenburg (Abb. 33)** (Harderwykensteg 21) erblickt. Sie wurde wohl bereits in der 1. Hälfte des 15. Jahrhunderts durch den Häuptling Haro Haren erbaut, 1573 zur Zeit des Häuptlings Hayo Unken des Älteren zur Wasserburg erweitert und nach dem Drosten Harderwyk benannt. Seit 1788 ist das Haus im Besitz der Familie zu Innhausen und Knyphausen.

Die Gräfte sind längst zugeschüttet und das Grundstück wurde parkartig gestaltet. Bei der Häuptlingsburg handelt es sich um den in Ostfriesland Steenhus genannten Typ einer steil proportionierten Turmburg, wie sie ähnlich im Steinhaus von Bunderhee erhalten ist. Damit besitzt Ostfriesland zwei, wenn man den etwas späten Turm in Wolthusen noch dazurechnet, was die Bauforscher entscheiden müssen, drei mittelalterliche Steinhäuser. Das ist ein beachtlicher Bestand angesichts der Tatsache, dass von den rund fünfhundert Häuptlingssitzen der friesischen Provinzen Westfriesland und Groningen nur noch einer dieser Türme in Veenwouden, Gemeinde Dantumadeel, erhalten geblieben ist. Die großen Rechteckfenster der Harderwykenburg sowie auch die Anbauten an der Rückseite sind nachträgliche Zutaten, original ist dagegen der geschweifte Staffelgiebel. Das Baudenkmal bedarf der Restaurierung und ist angesichts seiner großen Bedeutung in einem nicht angemessenen Zustand.

33 Harderwykenburg

Gegenüber der Altstadt in südöstlicher Richtung liegt die **Nesse**, eine Halbinsel, die durch eine Schleife des Flusses Leda gebildet wurde. Viele Jahrzehnte wurde sie als Industrie- und Gewerbefläche genutzt. In den letzten Jahren entstand hier ein Neubauquartier, das Bootsanlagen, Gewerbe- und Büroeinheiten, Galerien und hochwertiges Wohnen mit Ausblick auf das Rathaus und den historischen Handelshafen beinhaltet. Beiderseits wurde eine Uferpromenade für Fußgänger angelegt. Eine elegante Fußgängerbrücke verbindet das Neubaugebiet mit dem historischen Hafen und der Altstadt. Die Promenade führt entlang einiger Gastronomieterrassen sowie vorbei an Ruderclub und Yachthafen. Unweit der Nessebrücke am Fritz-Reuter-Platz liegt das historische *Dampfschiff Prinz Heinrich (Abb. 34), ein restaurierter Post- und Passagierdampfer, der 1909 für die Borkumer Kleinbahn & Dampfschiffahrts-AG auf der Papenburger Meyer-Werft gebaut wurde und bis 1969 zwischen Borkum und Emden im Liniendienst war. Die Prinz Heinrich ist eines der ältesten in Deutschland erhaltenen Passagierschiffe diesen Typs. Es wurde 2003 von einem engagierten Verein im desolaten Zustand erworben und als ausgewiesenes Baudenkmal fachgerecht, auch mit Förderung durch Mittel der Deutschen Stiftung Denkmalschutz, restauriert.

34 Dampfschiff Prinz Heinrich

35 Bahnhofsgebäude

Am östlichen Rand der Altstadt steht das Empfangsgebäude des Leeraner **Bahnhofs** (Abb. 35) (Bahnhofsring 8), das als breit angelegtes, symmetrisches Gebäude im Jahre 1855 erbaut wurde. Für den Entwurf war vermutlich der hannoversche Architekt Conrad Wilhelm Hase verantwortlich. Typisch für den historischen Bau der Hannoverschen Schule sind die Rundbogenfenster. Der langgestreckte Baukörper wird durch überhöhte Seiten- und Mittelpavillons betont. Diese werden durch hervortretende Ecklisenen aus Sandstein und breite Sandsteinbänder geprägt sowie durch flache Walmdächer abgeschlossen. Die niedrigeren Zwischenbauten sind zur Straßenseite eingeschossig. Deren Fassaden werden durch Pilaster in Felder gegliedert, in denen jeweils zwei Rundbogenfenster eingefügt wurden. Während die Bahnsteige und die Gleisüberdachungen in den letzten Jahren modernisiert wurden, wartet das historische Bahnhofsgebäude noch auf eine angemessene Restaurierung.

Vom alten Handelshafen ist noch das südlich des Bahnhofsgebäudes liegende alte *****Zollgebäude** (Bahnhofsring 4) erhalten. Das Gebäude diente als Lager, z. B. für Gewürze, Tee, Baustoffe und andere aus Übersee gelieferte Waren. Unmittelbar am Zollhaus befand sich ein nunmehr zugeschüttetes Dock des Leeraner Hafens, an dem die Frachtschiffe anlegen konnten. Auf der gegenüberliegenden Langseite verliefen Gleise für die Verladung auf Güterwagen. Über einen massiven Keller erheben sich vier Lagergeschosse, die von mächtigen Holzbalken überspannt und durch gusseiserne Säulen gestützt werden. Das über 70 Meter lange Gebäude schließt mit Querhäusern ab, deren Giebel mit Gesimsen, Lisenen und turmartigen Aufsätzen aus Backstein reich ornamentiert sind. 1994 begann der Zollhausverein mit der Sanierung des ungenutzten Gebäudes, um es dann als offenes Kulturhaus für die Stadt Leer zu nutzen.

Die Stadt Leer verfügt neben den beiden Burgen in der Altstadt noch über zwei Schlösser in der zur Stadt gehörigen ehemaligen Herrlichkeit Loga. Die für Ostfriesland bedeutenden Häuser Evenburg und die nur wenige hundert Meter entfernt liegende Philippsburg sind eng mit der Grafenfamilie von Wedel verbunden.

Graf Ulrich II. von Ostfriesland belehnte zur Tilgung seiner Schulden 1642 Oberst von Ehrentreuter, Kommandant der niederländischen Garnison in Emden, mit den Dörfern **Loga** und Logabirum. Der 1653 in den Stand eines Freiherrn erhobene Ehrentreuter ließ sich ein Schloss erbauen, das er nach seiner Frau Eva von Ungnad ******Evenburg** (Am Schloßpark 23-25a) nannte. Teile der damals entstandenen Vorburg stammen aus dieser Zeit, wie die Jahreszahl 1650 im östlichen Teil des Hauptflügels verrät. Seine älteste Tochter Maria heiratete den dänischen Freiherrn von Wedel, der dadurch auch mit der Herrlichkeit Loga belehnt wurde und die **Vorburg** (Abb. 36) erweitern ließ. Dies erfolgte nach Aussage der Jahreszahl im Giebel des Hauptportals an der Hofseite 1703. Sie stellt sich heute nach der Sanierung mit teilweisem Abbruch und rekonstruierendem Wiederaufbau als eingeschossiger, langgestreckter Backsteinbau mit einem west-

36 Evenburg, Vorburg

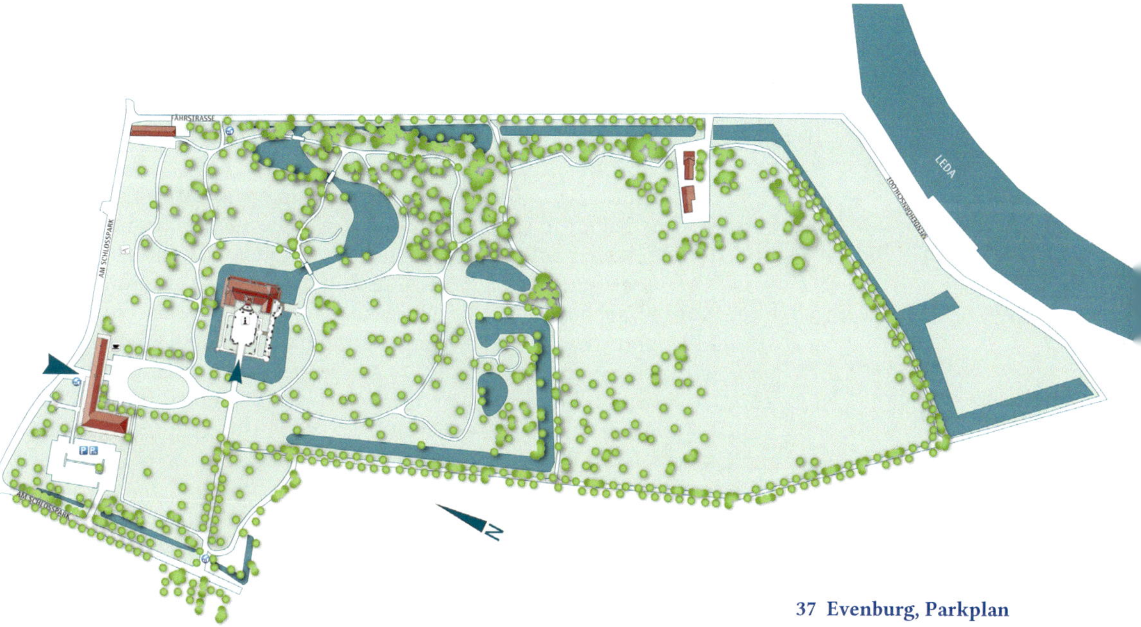

37 Evenburg, Parkplan

lichen Querflügel dar. Ein barocker Dachreiter mit offener Laterne betont die rundbogige Durchfahrt, die auf beiden Seiten von Pilastern, einem Dreiecksgiebel mit einem Wappen zwischen Akanthusranken und bekrönenden Vasen ausgeschmückt ist. Heute befinden sich in der Vorburg die Kreismusikschule und ein Café.

Von der Vorburg erstreckt sich der weit nach Süden reichende **Park (Abb 37)**, ursprünglich wohl eine kleinere Barockanlage, die im Laufe des 19. Jahrhunderts zu einem englischen Landschaftspark umgestaltet und erweitert worden ist. Direkt auf den Haupteingang des Schlosses ausgerichtet verläuft in westlicher Richtung die **Große Allee**, die 1,30 Kilometer lang ist und aus vier Baumreihen besteht.

Die Evenburg kam 1713 in den Besitz von Erhard Freiherr von Wedel, dessen Familie sehr an Bedeutung zunahm, als sie 1746 durch Heirat auch die Herrlichkeit Gödens gewinnen konnte. 1776 in den Grafenstand erhoben, baute man das 1642 errichtete **Schloss (Abb. 38)** 1861 nach den Plänen des Architekten Stüwe im neugotischen Stil um – dabei zeichnet sich noch der barocke Cour d'honneur mit dem Hauptflügel und seinen kurzen Seiten-

38 Evenburg, Eingangsseite

flügeln ab. Der Niedergang der in eleganten Formen englischer Neugotik umgestalteten Evenburg setzte in den 1930er Jahren ein, als das Haus nicht mehr kontinuierlich bewohnt wurde. Im Zweiten Weltkrieg wurde das Schloss schwer beschädigt und geplündert, danach vereinfacht wiederaufgebaut. Nachdem der Landkreis Leer 1975 die Schlossanlage erwarb, begann erst langsam, dann aber nach erfolgreicher Revitalisierung des Schlossparks ab 2005 forciert die Wiederherstellung des Schlossgebäudes. Das neugotische Schloss ist jüngst vom Landkreis vorbildlich und detailgetreu nach den historischen Plänen rekonstruiert worden, was eine sehr beachtliche denkmalpflegerische Leistung ist. So ist das alte äußere Erscheinungsbild wiederhergestellt worden. Durch die Restaurierung der wichtigsten Innenräume mit dem beeindruckenden Foyer, dem Treppenhaus, dem oberen Saal und dem Hindenburgzimmer kann das Schloss wieder als im neugotischen Stil gestaltete Einheit von den Besuchern erlebt werden. Genutzt wird das Schloss als Zentrum für Gartenkultur und für Ausstellungen sowie Konzerte.

Zum Denkmalensemble gehört auch der **Meierhof** (Am Schloßpark 25), ein mächtiges Gulfhaus von 1865, das nach längerem Leerstand sich heute in einem guten Zustand befindet und im Privatbesitz ist. Nördlich der Vorburg schloss sich ehemals der Küchengarten an, dessen nördliche Mauer noch vorhanden ist. Auch das **Gärtnerhaus** (Am Schloßpark 22), datiert 1794 und 1832, ist restauriert und wird von der Kreismusikschule genutzt.

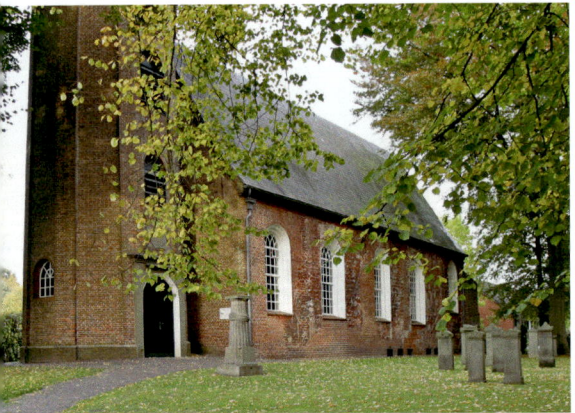

39 Ref. Kirche

Gegenüber der Vorburg auf der anderen Seite der Straße erhebt sich im baumbestandenen Friedhof die *reformierte Kirche **(Abb 39)** (Am Schloßpark 20) als ein im Kern noch aus dem 13. Jahrhundert stammender romanischer Saalbau aus Backstein, wie das vermauerte Rundbogenportal und zugesetzte Fenster auf der Nordseite verraten. Auf einem Backstein des nachträglich im Osten angebauten Chores liest man dessen Entstehungszeit 1427. Die großen Rundbogenfenster wurden auf beiden Langseiten nachträglich eingebrochen. Der hohe, schlanke Westturm ist das Werk der Baumeister H. T. und G. D. Hinrichs von 1842/43. Er gleicht mit seiner sich nach oben verjüngenden Form wie der Kirchturm von Ditzum einem Leuchtturm. Der Innenraum des Langhauses wird von einer Balkendecke abgeschlossen, der Chor mit seinem 5/8-Schluss hat Kreuzgewölbe mit dünnen Bandrippen. Von der Ausstattung sind der Taufstein des Bentheimer Typs, wohl aus der Mitte des 13. Jahrhunderts, die Kanzel Joachim Kaspar Hessemeiers aus Loga und der Kronleuchter von 1690 erwähnenswert, den laut Inschrift Mitglieder der Gemeinde stifteten, ferner die Grabplatte von Oberst Erhard von Ehrentreuter (1595-1664), der die erste Evenburg erbaute. Unterhalb des Chors ließ Ehrentreuter eine Gruft errichten, in der Särge des 17. und 18. Jahrhunderts stehen. Die Orgel baute die Logaer Werkstatt Ahrend und Brunzema 1969. Auf dem Friedhof südlich der Kirche befinden sich mehrere Grabstelen des frühen 19. Jahrhunderts. Zur Kirche gehört noch das ansehnliche **Pfarrhaus** (Am Schloßplatz 18) aus dem Anfang des 19. Jahrhunderts.

Der Bau einer eigenen lutherischen Kirche war bis zum Ende des 19. Jahrhunderts mit einem vierjährigen Kampf um die Genehmigung verbunden, bis sie 1891 eingeweiht werden konnte. Die *****lutherische Friedenskirche (Abb. 40)** (Hindenburgstraße 6), ein stattlicher neugotischer Backsteinbau, entwarf Ferdinand Schorbach aus Hannover. Der vielgliedrige Bau setzt sich aus einem hohen Westturm mit schlankem Pyramidenhelm, zwei an ihn anschließenden, querschiffartigen Annexbauten, dem dreischiffigen Langhaus und einem polygonalen Chor zusammen und wird durch die Quergiebel über den fünf Seitenschiffjochen sowie den östlichen, über dem Chordach aufragenden Staffelgiebel stark belebt. Das breite Mittelschiff schließt innen mit einer Holzdecke ab, die Seitenschiffjoche haben steinerne Gewölbe. Die einheitliche Ausstattung stammt aus der Erbauungszeit der Kirche.

Zum zweiten Schloss in Loga, der ****Philippsburg (Abb. 41)** (Hohe Loga 3), muss man von der Hauptstraße am östlichen Ortsausgang in die Straße Hohe Loga einbiegen. Der ursprünglich eingeschossige Barockbau bildet mit zwei freistehenden Seitenflügeln einen Ehrenhof. Freiherr Philipp von Wedel erbaute die Philippsburg um 1730. Der Hauptflügel wurde 1906 einfühlsam um ein Geschoss erhöht und erhielt ein neues Mansarddach mit einem geschweiften Giebel am mittleren Ausbau. Das prunkvolle Eingangsportal mit Freitreppe wird von zwei wappenhaltenden Löwen flankiert. Das Haus befindet sich im Privatbesitz. Der dazugehörige Park aus dem 19. Jahrhundert ist teils privat, teils städtisch. Er reicht bis zum Logaer Weg und schließt dort einen kleinen jüdischen Friedhof mit 13 Grabsteinen mit ein.

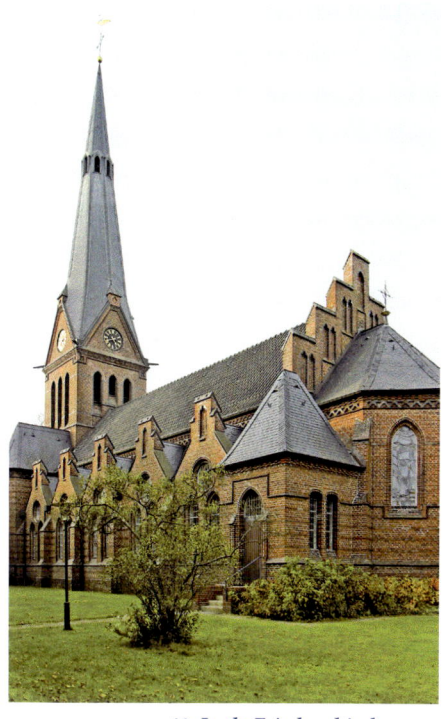

40 Luth. Friedenskirche

41 Philippsburg

Die Straße Hohe Loga mündet in die Logabirumer Straße, an der am Ortseingang des Stadtteils **Logabirum** die **lutherische Kirche** (Logabirumer Straße 55) liegt, deren untere Mauern noch zu einer um das Jahr 1300 erbauten Saalkirche aus Backstein gehören, die 1812 stark erhöht und mit neuen großen Rundbogenfenstern versehen wurde. Der hohe Westturm wurde 1879 hinzugefügt, der zwischen 1960 und 1976 stark erneuert wurde. Das Ostjoch des Innenraums war ursprünglich gewölbt, heute überdeckt eine gewölbte Brettertonne den ganzen Kirchenraum. Die Kanzel von 1639 ist am Korb mit den Figuren der vier Evangelisten in Bogenfeldern und kannelierten Ecksäulen gestaltet. Ihre Farbgebung wurde nach Befund 1976 rekonstruiert. Die später erweiterte Westempore trägt das Wappen der Grafen von Loga. Die Orgel baute 1994-98 Jürgen Ahrend aus Loga. Ihr Prospekt ist dem der in Cleverns noch erhaltenen ersten Logabirumer Orgel nachgebildet, die vermutlich von 1740 stammt. Neben der Kirche liegt das **Pfarrhaus** (Logabirumer Straße 58)**,** ein ostfriesisches Gulfhaus aus dem Anfang des 19. Jahrhunderts. Es zeigt, dass die Pastoren neben ihrer kirchlichen Seelsorge auch noch etwas Landwirtschaft betreiben mussten, um ihr Auskommen zu haben. Sehenswert ist auch die zweistöckige ***Galerieholländermühle*** (Logabirumer Straße 55) von 1895 im Besitz der Familie Eicklenborg. Die Mühle ist voll funktionsfähig und wird für die Ausbildung zum Freiwilligen Müller genutzt, eine ehrenamtliche und lobenswerte Ausbildung, die dafür sorgt, dass die Mühlen der Region fachgerecht betrieben werden.

Bis Mitte des 18. Jahrhunderts bestand auf der strategisch wichtigen Landspitze zwischen Ems und Leda die **Festung Leerort**, die für die Geschichte Ostfrieslands eine herausragende Bedeutung hatte. Sie entstand 1447-53 und wurde nach wechselhafter Geschichte 1749 abgebrochen. Heute sind nur noch Reste erhalten, so die Erdwälle des Weißen Zwingers und der Neuen Contrescarpe sowie ein **Gewölbekeller** (Burgweg 6). Die Wallanlagen im Deichvorland sind frei begehbar. Dort befinden sich eine Schautafel mit einem Plan der Festung und eine Kanone.

42 Luth. Matthäikirche

Zur Stadt Leer gehört auch der Ort **Bingum** auf der gegenüberliegenden Seite der Ems, gut erreichbar über die Jann-Berghaus-Brücke, wenn sie nicht gerade für den Schiffsverkehr geöffnet ist. Sie ist eine der größten Klappbrücken in Westeuropa. Im Ortskern von Bingum, der sich längs eines alten Emsdeiches entwickelt hat, steht die ***lutherische Matthäikirche*** **(Abb. 42)** (An der Matthäikirche 2). Sie wurde am Anfang des 13. Jahrhunderts als flachgedeckter Apsissaal erbaut und hat ihren romanischen Charakter noch relativ gut bewahrt. Auf der Nordseite sind die originalen Rundbogenfenster noch erhalten, die an der Südseite mussten neuen, großen Fenstern weichen. Auf jeder Langseite sieht man ein vermauertes romanisches Rundbogenportal. Die Westwand und ihr Vorraum wurden 1793 erneuert. Nördlich daneben steht der Glockenturm des geschlossenen Typs von 1766.

Interessant ist im Inneren **(Abb. 43)** der Kontrast zwischen der jetzt sehr niedrigen Decke mit ihren wuchtigen Holzbalken und der sich in einem weiten Bogen mit eingelegtem Rundstab öffnenden Apsis. Sie ist mit einer Halbkuppel gedeckt und hat noch ihre ursprünglichen Fenster, die 1968 eine neue farbige Verglasung bekamen. Der arg beschädigte **Taufstein** aus gelbem Bentheimer Sandstein stammt aus spätem 14. bis Anfang 15. Jahrhundert. Er ist achteckig und zeigt den Sündenfall, die Taufe Christi, Jesus und die Samariterin sowie die Symbole der Evangelisten Matt-

43 Kirchenschiff

häus und Johannes. Die Symbole für Markus und Lukas fehlen jedoch, vermutlich waren sie für die leeren Felder vorgesehen. Der ursprüngliche Fuß des Taufsteins ist verloren gegangen. Die Mensa des Altars aus rotem Sandstein ist vermutlich aus vorreformatorischer Zeit. Aus dem Jahr 1691 stammt die Kanzel von Frerick Alberts. Zwischen den gewundenen Säulen am Korb liegen rundbogige Wandfelder, in denen die Figuren der Evangelisten stehen. Der Schalldeckel wurde jüngst erneuert. Auf der Westempore ist eine neue *Orgel untergebracht. Sie hatte mindestens vier Vorgängerinstrumente und wurde 1969 in schlichter, funktionaler Form in drei getrennten Gehäusen aus edlem Eichenholz von Jürgen Ahrend und Gerhard Brunzema aus Loga gebaut. In ihrer spieltechnischen und klanglichen Qualität gehört diese Orgel zu den Spitzeninstrumenten der Region.

Am Rande des Ortes stehen größere Bauernhöfe, einige davon zeigen durch die villenartigen Wohnteile den Reichtum der Marschenbauern im späten 19. Jahrhundert. So der Hof **Jemgumer Weg 3,** bestehend aus einer Villa von 1875 und einer angefügten Gulfscheune aus dem Jahre 1895, dazu noch ein landschaftlich gestalteter Garten mit schönem Baumbestand und einer Graft. Noch aufwändiger ist die Villa **Bernhard-Duhm-Straße 8** gestaltet, die als Ersatz für den Wohnteil eines Gulfhauses um 1900 mit Schweifgiebeln, Balkon, Veranda und Runderker errichtet wurde.

Vom Zentrum der Stadt Leer gelangt man nach **Nüttermoor** über die Heisfelder Straße. In Bollinghausen (am großen Einkaufszentrum) muss man nach links in die Nüttermoorer Straße abbiegen. Die Ortschaft wurde auf einer Geestinsel angelegt und hat ihre Gestalt als einst selbstständiges Dorf bewahrt.

Beim Schiff der **reformierten Kirche** (Karkhörn 2) ist jeweils ein vermauertes Rundbogenportal auf den Langseiten zu erkennen, das anzeigt, dass der Bau im Kern romanisch ist und in der 1. Hälfte des 13. Jahrhunderts erbaut wurde. Später hat man den Bau nach Westen verlängert, die Mauerkronen erhöht und die Fenster verändert. In der Zeit um 1300 wurde ein Westturm errichtet. Im schlichten Innenraum ist als einziges die **Orgel** bemerkenswert, die Johann Gottfried Rohlfs aus Esens 1815/16 erbaute. In den Jahren 1994/95 erfolgte eine Restaurierung des Instruments durch Bartelt Immer, Norden.

In Nüttermoor stand einst das **Kloster Thedinga** (Kloster Thedinga Straße 2), ein Doppelkloster der Benediktiner. Aufgrund guter Beziehungen zum ostfriesischen Grafenhaus hatte das Kloster großen Grundbesitz, es bestand bis Anfang des 17. Jahrhunderts. Die Gebäude wurden geschleift und auch die Ausstattung ist verschwunden. Lediglich die Orgel der Orgelbaufamilie de Mare aus Groningen blieb erhalten. Das Orgelwerk wurde 1609 an die Reformierte Kirchengemeinde in Leer abgegeben. Ein Teil der Pfeifen bildete den Grundstock für die Orgel der Großen Kirche. Das prächtige Renaissancegehäuse der Orgel aus der Klosterkirche Thedinga wurde 1610 in der Gutskapelle Stellichte bei Walsrode wiederverwendet und ist noch erhalten. Am Standort des Klosters stehen heute landwirtschaftliche Gebäude. Rechts und links der Eingangstür eines Gulfhauses von 1787 sind zwei Grabplatten des Klosterabtes und der Priorin aus dem 16. Jahrhundert eingelassen.

Gemeinde Moormerland
mit Boekzetelerfehn, Jheringsfehn, Warsingsfehn, Hatshausen, Ayenwolde, Veenhusen, Neermoor, Rorichum, Tergast und Oldersum

Moormerland ist heute eine Einheitsgemeinde mit über 23.000 Einwohnern und liegt im nördlichen Teil des Landkreises Leer. Sie wurde mit Verwaltungssitz in Warsingsfehn aus ursprünglich zehn eigenständigen Dörfern gebildet.

Der mittelalterliche Gau Moormerland, der früher größer war als die jetzige Gemeinde, ist neben dem Overledingerland, dem Lengenerland und dem Rheiderland eine der vier historischen Landschaften im Landkreis Leer. Hier war das Geschlecht der ostfriesischen Häuptlinge Ukena beheimatet, das zu Beginn des 15. Jahrhunderts beim Kampf um die Vorherrschaft in Ostfriesland eine wichtige Rolle einnahm.

Das Gemeindegebiet ist von den Flussmarschen der Ems und ausgedehnten Moorgebieten im östlichen Teil der Gemeindefläche geprägt. Während das Fehntjer Tief in seinem Oberlauf natürlichen Ursprungs ist, ist der Sauteler Kanal ein künstlich geschaffenes Gewässer, das Ende der 1960er und Anfang der 1970er Jahre zur Verbesserung der Entwässerung angelegt wurde. Der Sauteler Kanal durchkreuzt die alten Fehnkanäle der Ortschaften Warsingsfehn, Jheringsfehn und Boekzetelerfehn und zerstörte das alte Entwässerungssystem. Viele der ehemals schiffbaren Fehnkanäle wurden zugeschmissen oder dienen nur noch als kleinere Entwässerungsgräben.

Der Ortsteil Oldersum war früher ein bedeutender Handelsort an der Ems, hat aber in der Nachkriegszeit seine wertvolle Bausubstanz, wie die verbliebenen Burggebäude, die Mühle und zahlreiche Wohngebäude, verloren. Bedeutung hatte Oldersum vor allem als Ort des Oldersumer Religionsgesprächs im Jahre 1526, das einen wichtigen Anstoß zur Reformation in Ostfriesland gab.

Vom Johanniterkloster Boekzetel in **Boekzetelerfehn** ist, wie bei den anderen über 28 Klöstern in Ostfriesland, nichts mehr vorhanden. Ein **alter Friedhof** (Am Kloster 6) zeugt noch von der Besiedlung dieses Geestbereiches durch Mönche, die bis 1190 zurück zu datieren ist. Nach dem Niedergang durch die Reformation begann in der 1. Hälfte des 17. Jahrhunderts der Oberpächter Paul Harsebroek mit der Anlage eines Fehns zur Kultivierung der umgebenden Moore nach niederländischem Vorbild.

Mit dem Ort **Jheringsfehn** bildet Boekzetelerfehn eine Kirchengemeinde, zu der die **lutherische Johanneskirche** (Pappelstraße 43) gehört. Der Weg zu den Kirchen nach Hatshausen und Timmel war den Fehnkolonisten mit gut zwei Stunden Marschweg zu beschwerlich geworden. Nach längerem Bemühen konnten sie dann 1863 die heutige Kirche errichten, einen schlichten Ziegelbau mit Apsis und Westturm. Im Dezember 1865 erhielt sie eine Orgel des Auricher Orgelbauers Gerd Sieben Janßen.

Auch wenn in **Warsingsfehn** der Hauptfehnkanal als wichtige Lebensader eines Fehns heute bis zur Unkenntlichkeit verkleinert worden ist, gibt es bei der **Windmühle Bohlen** (Hauptwieke 20) noch eine Traditionsinsel.

Die zweistöckige Galerieholländermühle von 1886 wurde in den 1990er Jahren instand gesetzt und erhielt 2003 ihre Flügel wieder. Die Müllerfamilie Bohlen, die an dieser Stelle seit 1811 eine Mühle besitzt, betreibt hier einen Futterhandel und einen Naturkostladen. Ganz in der Nähe liegt der aufgegebene **Friedhof** (1. Norderwieke), auf dem zahlreiche Grabsteine von Schiffern aus dem 19. Jahrhundert stehen. Von den Nebenkanälen, den sogenannten Wieken, hat sich die 2. Norderwieke in ihrer Grundstruktur am besten erhalten. Hier kann man die Reihung von gleichförmigen Gulfhäusern **2. Norderwieke 7, 11, 15, 19, 30** und **37** abfahren, die ab der Mitte des 19. Jahrhunderts dort errichtet wurden. In den Fehnhäusern Nr. 30 und 37 sind auch noch die Kaminstellen und die Butzen erhalten.

Hatshausen und **Ayenwolde** sind alte Moorrandsiedlungen, die im Mittelalter jeweils eine eigenständige Kirche besaßen. 1783 erstellten sie dann auf der Gemeindegrenze gemeinsam die neue **lutherische Maria-Magdalena-Kirche** (Ayenwolder Straße 6), einen langgestreckten Saalbau mit einem Glockenturm an der südlichen Traufseite, der gleichzeitig als Eingangshalle dient. Die schlichte, aber würdevolle Ausstattung aus der Erbauungszeit ist erhalten. Daneben befindet sich das Pfarrhaus in Form eines Gulfhauses, ebenfalls von 1783, das heute als Gemeindehaus dient. In Ayenwolde steht eine Gruppe landwirtschaftlicher Gebäude, die wegen ihrer ursprünglichen Erhaltung und der landschaftlichen Eingebundenheit zu den schönsten Ensembles dieser Art in Ostfriesland zählt. Am alten **Friedhof** (Ayenwolder Straße) biegt man in die Küsterstraße ein, dort steht links das reetgedeckte Gulfhaus *****Küsterstraße 35**, das im Wirtschaftsgiebel mit Mauerankern auf das Jahr 1863, im Wohngiebel mit der Jahreszahl 1820 datiert ist. Der Grundriss des Wohnteils ist mit Upkamer und Butzen erhalten, ebenso der alte Anbindestall und die Lehmdiele in der Gulfscheune. Zum Gulfhaus, das durch die feinversprossten Fenster besonders reizvoll wirkt, gehören noch eine Nebenscheune und ein kleines Backhaus. Zur Gruppe zählt auch das gegenüberliegende, gut erhaltene Gulfhaus **Küsterstraße 16**, das früher das Haus des Küsters war und heute im Stallteil ein kleines Landcafé beherbergt.

Über **Veenhusen,** dort steht eine die **Saalkirche** (Zur alten Kirche) der reformierten Gemeinde aus der Zeit um 1290 mit einer von Johann Gottfried Rohlfs aus Esens gebauten Orgel von 1802, führt der Reiseweg nach **Neermoor**. Im Mittelalter stand auf dem dortigen Geeststreifen in einer Siedlungsreihe längs des Moorrandes der Stammsitz der Häuptlingsfamilie Ukena, der nicht mehr vorhanden ist. Im Jahre 1422 wurde abseits der Siedlung auf einem Hügel am **alten Friedhof** (Kirchstraße) eine kleine Kirche errichtet, die durch den Bau der **reformierten Kirche** (Kirchstraße 2) von 1797 abgelöst und abgerissen wurde. Leider hat die klassizistische Kirche ihre Ausstattung mit den Emporen in der Nachkriegszeit verloren, lediglich der Kanzelkorb und die Orgel des Orgelbauers Hinrich Just Müller aus Wittmund aus dem Jahr 1798 sowie der Taufständer blieben erhalten. 2013 wurde die Kirche renoviert. In Neermoor ist in den letzten Jahren die lange stillgelegte dreigeschossige **Galerieholländermühle (Abb. 44)** (Kirchstraße 17)

44 Galerieholländermühle

aus dem Jahr 1884 durch einen Mühlenverein wiederaufgebaut worden und steht zur Freude der Bevölkerung im alten Glanz da. Mühle und Packhaus sollen als Begegnungszentrum und für kulturelle Veranstaltungen genutzt werden.

Rund sechs Kilometer weiter nördlich liegt das kleine Wurtendorf **Rorichum**. Auf dem höchsten Punkt der Wurt liegt eine beachtliche Baugruppe aus mittelalterlicher Kirche, Glockenturm, Pfarrhaus und Schule. Wer sich über den Friedhof der ***reformierten Kirche** (Abb. 45) (Lange Reihe 3/5) von Süden nähert, erblickt an der Südfassade zahlreiche Fensteröffnungen und Putzblenden. Die obere Reihe der kleinen Blendbögen entstammt einer Mauerwerkserhöhung um 1545, während der Saalbau ohne Apsis aus der 2. Hälfte des 13. Jahrhunderts stammt. Eine Holzaltersbestimmung des Dachstuhls im Jahre 2011 ergab das Baujahr 1276. Die drei niedrigen Seitenfenster an der Südseite,

45 Ref. Kirche

von denen zwei vermauert sind, dienten zur Belichtung von Seitenaltären. Die Fenster waren notwendige Lichtquellen, um in vorreformatorischer Zeit an den Altären liturgische Handlungen vornehmen zu können. Das vor wenigen Jahren freigelegte Südportal zeigt in den Formsteinen des Rundbogens Stempelabdrücke in Form von Rankenwerk, wie wir sie von den romanischen Taufsteinen kennen. Auf den ersten Blick erkennt man nicht, dass der stattliche Glockenturm ursprünglich ein mittelalterlicher Glockenstuhl des Parallelmauertyps war, weil die Öffnungen wohl im 18. Jahrhundert vermauert und der Turm um ein Geschoss erhöht wurde. Zwei alte Glocken von 1497 und 1627 hängen im Glockenstuhl. Die **Orgel** könnte neuen Erkenntnissen nach ein Werk des Esenser Orgelbauers Arnold Rohlfs und 1800-20 entstanden sein. Sie ist weitgehend im Original erhalten. Das andere Kircheninventar ist neueren Datums.

In der Mitte der Wurt steht, von einer Mauer umgeben, das **alte Pfarrhaus** (Abb. 46) (Lange Reihe 10), das heute als Gemeindehaus dient. Das restaurierte Gebäude ist ein Gulfhaus aus dem Jahr 1791. Im Gebälk der Gulfscheune befindet sich eine Inschrift mit dem Datum 1827. Nördlich vom Pfarrhaus befindet sich an der Klunderburgstraße 12 die **alte Schule** von 1880. Es sind die letzten Zeugen eines weitgehend autonomen Dorflebens, heute dient der Ort nur noch zu Wohnzwecken.

46 Altes Pfarrhaus

Etwas abseits des Weges nach Oldersum liegt rechts auf einer Geestkuppe der Ort **Tergast**. Dort befindet sich ein Wasserwerk, dessen ältere Gebäude, wie auch das Maschinenhaus und das Pumpwerk aus den Jahren 1897 und 1911/13, bereits geschichtlichen Wert besitzen. Neben ein paar alten Gulfhäusern interessiert uns hier besonders die *reformierte Kirche** (Südergaster Weg 2) aus dem 13. Jahrhundert. Ursprünglich war sie wohl ein Apsissaal, Ansatzspuren sind in der Ostmauer noch erkennbar, mit einem vor die Westwand gestellten Glockenturm, datiert 1842. Im Inneren erwartet uns eine besonders reich gestaltete Lettnermauer aus dem 15. Jahrhundert mit zwei gekuppelten Durchgangsarkaden, je einer seitlichen Nische für die Seitenaltäre und einer oberen friesartigen Reihung von kleineren Blendbögen. Dort waren vermutlich Abbildungen von den Aposteln dargestellt, meist mit einer Jesusdarstellung in der Mitte. Aus diesem Grunde wurden die Lettner, ebenso wie auch auf diese Weise geschmückte Emporen, in Ostfriesland auch als Apostelböhn bezeichnet. Im abgetrennten Chorbereich befindet sich an der Südwand eine Piscina, gegenüber an der Nordwand eine Sakramentsnische. Die drei Grabplatten, die in Chor lagen, stehen heute im Kirchenschiff; der Chorbereich dient jetzt leider als Abstellraum. Die kleine klassizistische Orgel von 1815 stammt aus der ehemaligen reformierten Kirche Neustadtgödens.

Der geschichtsträchtige Ort **Oldersum** wurde als Langwurt gegründet. Bei Langwurten liegt auf der einen Langseite die Kirche, auf der entgegengesetzten Seite eine Burg. Dazwischen verläuft auf dem Scheitel der Wurt eine Straße mit Häusern von Handwerkern und Kaufleuten. Der Ort,1381 erstmalig urkundlich erwähnt, wurde in der nachfolgenden Häuptlingszeit eine Herrlichkeit, die bis 1631 bestand und dann hoch verschuldet an die Stadt Emden verkauft wurde. Oldersum war über Jahrhunderte ein größerer Marktort.

Viele bedeutende Gebäude sind in den letzten Jahrzehnten im alten Ortskern abgebrochen worden. Lediglich an der Straße An der Rotbuche steht noch eine Reihe gutbürgerlicher Wohnbauten aus der Wilhelminischen Zeit (**An der Rotbuche 3, 9, 11, 12, 13** und **14**).

Nachdem 1916 die reformationsgeschichtlich bedeutende mittelalterliche Kirche bis auf die Grundmauern niedergebrannt war, errichtete die Gemeinde 1922 nach Plänen des hannoverschen Architekten A. Sasse die heutige **reformierte Kirche** (Am großem Tief 32). Der äußerlich modern wirkende Kirchenbau ist im Inneren mit zentraler Predigerkanzel und einer gegenüberliegenden großen Empore noch ganz im Stil des späten 19. Jahrhundert gestaltet. In den Jahren 2008-12 schuf die Orgelbauwerkstatt Ahrend aus Loga für die Kirche eine neue Orgel im Stil des norddeutschen Barocks.

Es ist dem rührigen Heimatverein zu verdanken, dass die alte **Seilerei Diepen** (Abb. 47) (Hinter der Bleiche 2/3) mit der langgestreckten Reeperbahn und der gesamten umfangreichen technischen Ausstattung erhalten und instand gesetzt worden ist. Seit 2011 ist die Seilerei für Besucher geöffnet. Auch die **alte Waage** (Abb. 48) (Emder Straße 3), eines der ältesten Gebäude im Ortskern, ist durch Initiative des Heimatsvereins vor dem Verfall gerettet worden und dient seit 2013 als Gästehaus. Bei dem schlichten Barockbau mit Vollwalm ist die mittige Eingangssituation mit einer auf das Jahr 1745 datierten Wappentafel hervorgehoben; die Symmetrie wird durch die darüberstehende Ladeluke und durch zwei seitlich hoch aufragende Schornsteine nochmals betont.

47 Seilerei Diepen

48 Alte Waage

Ganz im Norden des Landkreises Leer liegt noch das kleine Wurtendorf **Gandersum.** Überregional bekannt wurde der Ort durch das 2002 fertiggestellte, bei Umweltschützern umstrittene Emssperrwerk, das als Hochwasserschutzanlage und gleichzeitig als Stauwehr für die Kreuzfahrtschiffe der Meyer Werft in Papenburg gebaut wurde. Von der um 1400 errichteten **reformierten Kirche** (Zollhausstraße 15) ist wenig geblieben. Durch Kriegseinwirkungen stürzte 1945 das Dach der Kirche ein, sie wurde 1962 in vereinfachter Form wiederaufgebaut. Da die traditionellen Bauernhöfe in Ostfriesland kaum noch in alter Form zu finden sind, sei hier auf das gepflegte Gulfhaus **Zollhausstraße 2** hingewiesen. Der 1872/73 errichtete Hof besitzt noch die originalen Fenster und einen hübschen Eingangsbereich mit Holzrahmung und Sandsteinstufen.

Samtgemeinde Hesel
mit Hesel, Stikelkamperfehn und Holtland

Das Gebiet um Hesel gehörte im Mittelalter zur friesischen Landesgemeinde Moormerland. Es liegt relativ hoch auf dem Geestrücken und war von Moorflächen umgeben. Obwohl der Bereich schon in vorgeschichtlicher Zeit besiedelt war, zahlreiche Grabhügel und Siedlungsspuren zeugen davon, waren die Sandböden nicht sonderlich ertragreich. Zwei Klöster, das Prämonstratenserkloster Barthe und die Kommende Hasselt, versuchten im Mittelalter, hier größere Flächen landwirtschaftlich zu erschließen. Zur Samtgemeinde gehören neben der Ortschaft Hesel Brinkum, Firrel, Holtland, Neukamperfehn und Schwerinsdorf.

49 Wüstung Kloster Barthe

Östlich vom Ortskern **Hesel** liegt der Heseler Wald, das mit circa 600 Hektar wohl größte Waldgebiet Ostfrieslands. Darin befindet sich nördlich der Straße nach Remels die Wüstung des **Klosters Barthe (Abb. 49)**, das um 1180 als Nonnenkloster gegründet wurde. Nach einer intensiven archäologischen Grabung in den 1990er Jahren auf einem etwa zwei Hektar großen Waldgelände konnte man die Lage der Klostergebäude im Gelände ermitteln. Die ehemaligen Bauten werden heute in Form von Grünpflanzen im Grundriss nachgebildet, Tafeln informieren über die Funktion der Gebäude. Das Waldgebiet ist Staatsforst, das vom **Forsthaus Barthe** (Zum Forsthaus 11), einem stattlichen Gulfhaus von 1846, aus geleitet wird. In der **Villa Popken (Abb. 50)** (Leeraner Straße 1) in Hesel werden die Ergebnisse der großflächigen Klostergrabungen ausgestellt. Auch die Villa selbst, ein Mansarddachhaus mit Verandenanbau aus der Zeit 1915-20, ist sehenswert. In der gegenüberliegenden Gaststätte **Alte Posthalterei** (Leeraner Straße 4) aus dem Jahre 1853 findet man noch altes Mobiliar in den historischen Galerieräumen.

Schon im Mittelalter gab es in Hesel eine Kirche. Die war jedoch so baufällig geworden, dass man sie im 18. Jahrhundert abreißen musste. An der gleichen Stelle errichtete man 1742 die **lutherische Ludgerikirche (Abb. 51)** (Am Ehrenmal 4). Hierzu verwendete man im unteren Teil die alten Steine im Klosterformat. Der Turm mit seiner schlanken Spitze wurde 1909 an der Kirche angebaut. Im Innneren überwölbt eine hölzerne Segmentbogendecke den Kirchenraum. Kanzel und Altar stammen noch aus der Vorgängerkirche. Die Kanzel mit Ecksäulen und Evangelistenreliefs unter Rundbögen wurde 1633 von dem Tischler, Bildschnitzer und Tafelmaler Tönnies Mahler aus Leer gebaut, von dem in

50 Villa Popkern

ARCHITEKTURFÜHRER OSTFRIESLAND

Landkreis Leer

Ostfriesland und im Ammerland noch acht Altäre und elf Kanzeln aus der Zeit zwischen 1641 und 1660 vorhanden sind. Die Treppe und der Schalldeckel wurden im 18. Jahrhundert hinzugefügt. Auch der Heseler Altar wurde von Tönnies Mahler geschaffen (1662). Das Retabel enthält in der Mitte zwischen Säulen das Gemälde des Abendmahls, an den Seiten stehen die Statuetten von Petrus und Paulus. 1961 schuf die Orgelbauerfirma Führer aus Wilhelmshaven die jetzige Orgel. Das neue Instrument wurde in einen vorhandenen Orgelprospekt eingebaut, der im Kern von dem Orgelbaumeister Johann Friedrich Wenthin, Emden, aus den Jahren 1790-94 stammt. Von den drei Messingkronleuchtern ist der eine auf 1706, der zweite mit Bezeichnung von Gottlieb Franck, Emden, auf 1747 datiert und der dritte auf 1868.

51 Luth. Ludgerikirche

Circa vier Kilometer weiter in nordöstlicher Richtung ist **Stikelkamperfehn**. Dort liegt vor dem Ort in einem Waldstück das ****Gut Stikelkamp** (Gutsweg 1), in einem **Landschaftsgarten** aus der Zeit um 1800 gelegen, mit altem Baumbestand und einem älteren Grabensystem umgeben. Ursprünglich war Stikelkamp ein Klostergut, es kam nach der Reformation in Besitz der Grafen von Ostfriesland, danach wurden führende Familien Ostfrieslands Besitzer, zuletzt die Familie Lantzius-Beninga. Sie legte um 1828 den kleinen, sehenswerten Waldfriedhof als Ruhestätte der Gutsbesitzer an. Die **Gutsgebäude** bestehen heute aus einem Steinhaus aus der Zeit um 1600, einem großen Gulfhaus von 1793 und einem auf das Jahr 1833 datierten Backhaus mit Backofen. Im Inneren der Wohngebäude befindet sich altes Mobiliar und eine Portraitsammlung der Häuptlingsfamilie Beninga von den Burgen in Grimersum und Dornum.

In **Holtland,** einem Dorf in reizvoller Wallheckenlandschaft, sieht man schon bei der Anfahrt über die B 436 das Wahrzeichen des Ortes, die dreigeschossige, reetgedeckte ***Galerieholländermühle (Abb. 52)** (Mühlenstraße 17) aus dem Jahre 1863. Sie gehört der Gemeinde Holtland und wird gepflegt und regelmäßig instand gesetzt. Der Weg zum Ortskern führt längs der erhaltenen Gulfhäuser **Süderstraße 37, 45, 46** und **50**. Am Kriegerdenkmal aus Feldsteinen biegen wir in die Schulstraße, um dort die ***lutherische Marienkirche** (Schulstraße 11) aufzusuchen.

52 Galerieholländermühle

Vom einschiffigen, spätromanischen Backsteinbau der Kirche aus der zweiten Hälfte des 13. Jahrhunderts zeugt nur noch ein kleines vermauertes Fenster auf der Nordseite. Die Kirche erhielt im 15. Jahrhundert einen gleich breiten, einst gewölbten polygonalen Chor. 1787 wurden die Fenster vergrößert und im Inneren eine Bretterdecke mit Voute (ein verbreitertes Auflager) eingebaut. Im Nordwesten ist der dreijochige Glockenstuhl **(Abb. 53)** des Parallelmauertyps aus der zweiten Hälfte des 13. Jahrhundert erhalten geblieben.

53 Luth. Marienkirche, Glockenstuhl

Zur Ausstattung des Innenraumes gehören ein schlichtes Altarbild des 17. Jahrhunderts und der romanische Taufstein des Bentheimer Typs aus dem Ende des 12. Jahrhunderts. Er ist der älteste Taufstein dieses Typs in Ostfriesland. Seine Kuppa wird von vier Löwen getragen und ist mit einem Hufeisenbogenfries verziert, der nach oben hin durch einen doppelten Gürtel aus Tauornamenten abgeschlossen wird. Die hübsche Kanzel von 1710 mit gedrehten Säulen an den Ecken und pflanzlichen Ornamenten in den Feldern dazwischen, könnte aufgrund der Ähnlichkeit wohl vom selben Meister wie die in Backemoor stammen.

Die **Orgel** auf der Ostempore beherrscht den ganzen Raum. Ihr Erbauer war Johann Gottfried Rohlfs aus Esens, der hier 1810-13 beim Prospekt immer noch, wie häufig in Ostfriesland, barocke Formen im siebenachsigen Aufbau mit breiten Seitentürmen, doppelgeschossigem Mittelturm und anschließenden Flachfeldern sowie schwingenden Profilen einsetzte. Nur verzichtete er auf Rankenwerk an den Schleierbrettern und seitlichen Ohren, die aus Attrappen von Pfeifen bestehen. Die einzigen klassizistischen Elemente sind die Vasen auf den Pfeifentürmen. Das Instrument wurde 1855 und 1912 schonend repariert, leider aber 1952 entstellend verändert. Erst 1981/82 schaffte es die Orgelbauerwerkstatt Führer aus Wilhelmshaven, den ursprünglichen Zustand mit dem für Rohlfs typischen Wohlklang wiederherzustellen. Von den insgesamt 14 Registern sind noch neun original.

Gemeinde Uplengen
mit Remels, Bühren, Hollen und Nordgeorgsfehn

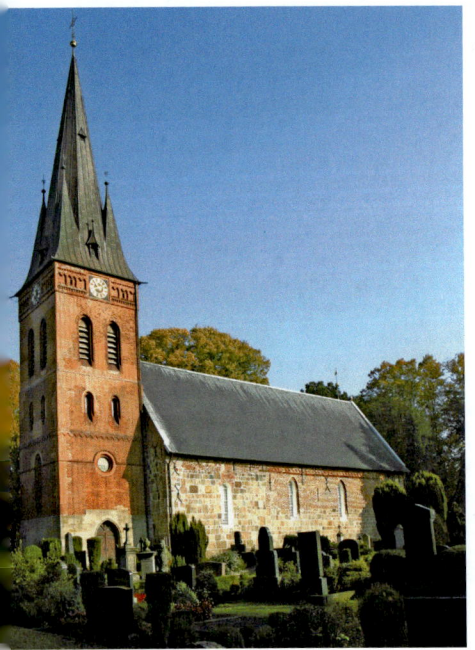

54 Luth. St. Marienkirche

Die Fahrt nach Remels über Hesel führt in ein früher eigenständiges kleines Territorium, das mittelalterliche Land Lengen. Der Name wurde in der heutigen Großgemeinde Uplengen wieder eingeführt. Weitgehend unbekannt ist heute die Lengener Burg als Grenzfeste in Großsander, die bis zu ihrer Schleifung 1535 ständig zwischen Ostfriesland und Oldenburg umkämpft war und von der noch Reste des Burgwalls erhalten sind. Die vielfältige Landschaft zeigt sich mit den Dünen des Hollsandes bei Firrel und dem Lengener Meer in einer Moorlandschaft.

Kirchlicher Mittelpunkt war von jeher **Remels**, wovon dort die ****lutherische St.-Martinkirche (Abb. 54)** (Ostertorstraße 61) noch in eindrucksvoller Weise zeugt. Der langgestreckte mittelgroße Saalbau entstand in drei Bauabschnitten, von denen der älteste eine kleine Granitquaderkirche war, die sich im Westteil des heutigen Langhauses noch deutlich mit einer Baunaht abzeichnet. Das einzige Fenster wurde später vergrößert, die eine Hälfte eines Rundbogenportals ist noch vorhanden. Dieser erste, im 12. Jahrhundert errichtete Kirchenbau hatte im Osten eine halbrunde Apsis, deren Ansatz im Inneren noch zu erkennen ist. Um die Mitte des 13. Jahrhunderts verlängerte man die Kirche um drei Joche nach Osten mit einem geraden Chorabschluss, im unteren Mauerteil noch aus Granitquadern, im oberen aus Backsteinen. In einem dritten Bauabschnitt entstand 1897/98 der hohe neugotische Westturm mit seiner von vier kleinen Seitenhelmen begleiteten Pyramidenspitze.

Im Mittelalter war die St. Martinskirche nicht nur Gotteshaus, sondern auch Wehrkirche, die mit einer Mauer umgeben war. Sie bot den Bewohnern Schutz bei aufziehender Gefahr, die über Jahrhunderte hindurch von den kriegerischen Auseinandersetzungen mit den Oldenburgern ausging. Von der wehrhaften Kirche zeugt heute noch ein niedriger Torturm **(Abb. 55)** aus dem 14. Jahrhundert im Osten des von alten Bäumen umstandenen Friedhofs.

55 Torturm

Dass Remels auch Ort der Rechtssprechung war, zeigt sich an dem Pranger an der Nordwand des Kirchenschiffes. Dort sieht man noch die Kette, das Halseisen und ein Podest. Was für uns heute nur noch eine im übertragenen Sinne gebräuchliche Redensart ist, war für die Menschen damals peinsame Realität. Hier ergoss sich Hohn und Verachtung der vermeintlich Rechtschaffenen über die Verurteilten.

Im Inneren der Kirche **(Abb. 56)** lässt der Wechsel in den Profilen der Gurtbögen erkennen, dass zwar die Wölbung in vier Jochen im zweiten Bauabschnitt um die Mitte des 13. Jahr-

56 Kirchenschiff

hunderts bereits geplant war, aber erst um 1300 ausgeführt wurde. Es sind tief herabreichende, ringförmig gemauerte Domikalgewölbe mit Bandrippen oder relativ dünnen Wulstrippen. Im ersten und zweiten vierteiligen Joch von Osten werden die Rippen von gotischem Rankenwerk begleitet, im dritten sechsteiligen Joch von Osten gibt es einen äußeren und einen inneren Schlussring **(Abb. 57)**, das vierte sechsteilige Joch von Osten ist schmucklos. Der sehr starke Wandpfeiler zwischen dem dritten und dem vierten Joch von Osten **(Abb. 58)** enthält noch den Ansatz der Apsisrundung der ersten Granitquaderkirche. Aus der zweiten Bauphase in der Mitte des 13. Jahrhunderts rühren noch die Friese aus fleischigen Akanthusranken im Chorjoch **(Abb. 59)** her, während die Rankenfriese um die Schlusssteine und die im Chorjoch über den gemalten Ziegelmustern **(Abb. 60)** in der Zeit um 1300 entstanden sind.

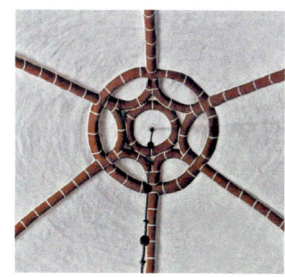

57 Gewölbejoch

58 Wandpfeiler

59 Akanthusfries

60 Chorjoch

61 Altar

Der gemalte protestantische Flügelaltar (Abb. 61) entstand 1667. Er gleicht dem von Strackholt von 1654 und Collinghorst von 1659. Diese beiden Altäre schuf der Tischler, Bildschnitzer und Tafelmaler Tönnies Mahler aus Leer. Da der Altar hier in Remels jedoch erst einige Jahre nach dem Tod des Meisters um 1663 entstand, könnte er, ebenso wie der Altar in Völlen (um 1674) aus seiner Werkstatt stammen, die von einem Gesellen fortgeführt wurde.

Der *Taufstein (Abb. 62) gleicht in der Grundform den Bentheimer Importsteinen, jedoch wird das zylindrische Becken nicht wie bei den älteren von vier Löwen, sondern vier nackten Menschengestalten getragen. An der Wandung des Beckens liegt ein kräftiger, breiter Akanthusfries zwischen zwei Taustäben, oben umwunden von einer Perlschnur, unten von einem gürtelartigen Band. Seine Form spricht für eine Datierung in die 2. Hälfte des 13. Jahrhunderts.

Die Kanzel gehört einem am Ende des 17. Jahrhunderts im Süden Ostfrieslands weit verbreiteten Typ mit gewundenen Ecksäulen und geschnitzten Evangelistenfiguren in den Rundbogenfeldern dazwischen an.

Meister Hinrich Just Müller aus Wittmund schuf 1782 die einzige *Orgel in Ostfriesland, die im späten 18. Jahrhundert ein Rückpositiv besaß. Der Aufbau des Prospekts gleicht dem des Hauptwerkes mit einem breiten polygonalen Mittelturm, schmalen vertikalen Pfeifenbündeln daneben, doppelgeschossigen Flachfeldern und dreieckigen Pfeifentürmen außen, das Ganze reich dekoriert mit kräftigen Akanthusranken und zwei die Posaune blasenden Engeln. 1978/79 wurde die Orgel restauriert, wobei nicht mehr vorhandene Teile rekonstruiert wurden. Nun kann sich der edle Klang, auch wegen der hervorragenden Akustik in der Kirche, wieder gut entfalten.

Zum Kirchenensemble gehört noch die alte Schule (Abb. 63) (Lindenallee 4), ein kleiner Backsteinbau mit rundbogigen Fenstern aus dem Jahr 1862.

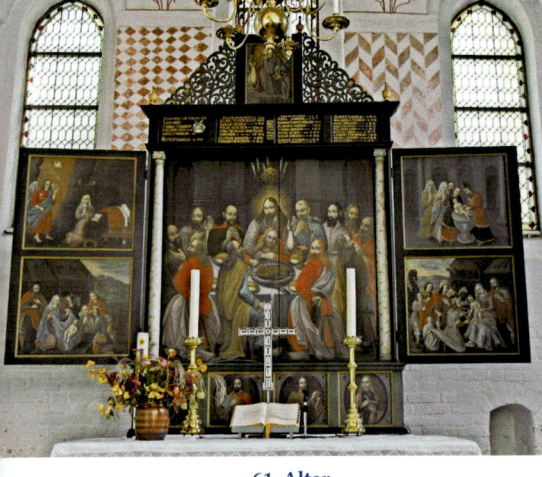

62 Taufstein

Am alten Postweg, der ursprünglichen Durchfahrtsstraße des Ortes, prägt noch die reetgedeckte zweigeschossige **Galerieholländermühle** (Alter Postweg 111) die ehemals ländliche Struktur des Kirchdorfes. Auch das westlich gelegene kleine Gulfhaus **Alter Postweg 103** aus dem Jahre 1845 mit einem Backhaus von 1877 erinnert an diese Zeit.

Zwei weitere intakte Windmühlen stehen in der Gemeinde Uplengen. Zum einen die zweigeschossige **Galerieholländermühle** (Oldendorfer Straße) in Großoldendorf aus dem Jahre 1887 und die kleinere **Galerieholländermühle** in Südgeorgsfehn an der Südgeorgsfehner Straße 65, erbaut um 1907.

63 Alte Schule

Während Remels sich als Gemeindezentrum rasch baulich entwickelt und sein dörfliches Gesicht abgelegt hat, kann der historisch interessierte Besucher im gut zwei Kilometer östlich entfernten Ort **Bühren** noch ein ostfriesisches Bauerndorf aufsuchen. Längs der ziegelgepflasterten Dorfstraße reihen sich in regelmäßigen Abständen Gulfhäuser aus dem letzten Jahrhundert, bis in den 1960er Jahren der Bau der Gulfhäuser mit einer vierhundertjährigen Baugeschichte ein jähes Ende fand. Prägend und typisch sind die Gulfhäuser **Bührener Straße 21** (mit Bauerngarten), **23, 25, 36, 38** und **42**, die meist in den 1950ger Jahren errichtet wurden.

Lohnend ist auch ein Besuch des Dorfes *****Hollen**, circa acht Kilometer südlich von Remels gelegen, das eine gepflegte und intakte Dorfstruktur aufweist. Der Ort wurde im Rahmen der durchgeführten Dorferneuerung mehrfach ausgezeichnet. Auch hier stehen noch einige gut erhaltene dorftypische Häuser an der Dorfstraße, so die Gebäude **Hollener Landstraße 4, 13, 14** und **18**. Die mittelalterliche Dorfkirche, eine Saalkirche des 13. Jahrhunderts mit freistehendem Glockenturm, wurde kurz vor 1900 durch die heutige **lutherische Christuskirche (Abb. 64)** (An der Kirche 14) von dem hannoverschen Architekten Conrad Wilhelm Hase im neugotischen Stil ersetzt. Von der alten Ausstattung ist die Kanzel von 1655 des Leeraner Tischlers, Bildschnitzers und Malers Tönnies Mahler übernommen worden. Am Langhaus des Neubaus mit paarweise zusammengefassten Fenstern ist ein Querhaus mit doppelten Giebeln angefügt. Zeittypisch ist der Chor mit Strebepfeilern und Maßwerkfenstern und im Inneren mit einem Kreuzrippengewölbe ausgestattet, während das Kirchenschiff mit einer Holzdecke mit Schnitzwerk und Malereien abschließt. Die Orgel wurde 1989 von Alfred Führer aus Wilhelmshaven gebaut, der sich bei der Gestaltung des Prospekts nach neugotischen Prospektentwürfen von Conrad Wilhelm Hase richtete.

64 Luth. Christuskirche

Hollen wird im Norden von **Nordgeorgsfehn** begrenzt, einer im Jahre 1829 gegründete Fehnkolonie, die ihren Namen nach König Georg IV. von Hannover erhielt. Im Zuge des Kanals sind zwei Schleusenkammern erhalten, die **Schleusenanlage Untenende Ost** von 1837, erneuert im Jahre 1920 und die **Schleuse Obenende Nord** aus dem Jahr 1921.

Samtgemeinde Jümme
mit Detern, Velde, Stickhausen, Filsum und Nortmoor

Im Hochmittelalter gehörte der Bereich Jümme zur friesischen Landesgemeinde Moormerland. Heute besteht die gleichnamige Samtgemeinde aus den drei Gemeinden Detern, Filsum und Nortmoor mit dem Hauptort Filsum. Liebevoll wird der wenig besiedelte Naturraum zwischen Leda und Jümme ostfriesisches Mesopotamien genannt, das Zweistromland. An den Flüssen befinden sich die Pünte in Wiltshausen, eine seit dem 16. Jahrhundert im Betrieb befindliche handgezogene Fähre, sowie eine abenteuerlich schmale Autobrücke im Ortsteil Amdorf.

Das erste Ziel ist der Ort **Detern**, nördlich der Leda gelegen. Eine Geestinsel im Niederungsgebiet der Jümme bot beste Voraussetzungen für die

Anlage des Ortes, der an der Handels- und Heerstraße von Bremen nach Holland eine beachtliche Bedeutung erhielt, was in der Anlage der Slötelborg (Schlüsselburg) als Grenzfeste, aber auch in blutigen Schlachten Ausdruck fand. So 1399, als aufständige Saterländer Widzeld tom Brok mit seinen Mannen bezwangen und in der Kirche, wo er sich verschanzt hatte, erschlugen. Bei Detern kam es 1426 zu der berühmten Schlacht, in der Focko Ukena der spektakuläre Sieg über ein weit überlegenes Ritterheer unter Führung des Erzbischofs von Bremen und dem Grafen von Oldenburg, die Ocko II. tom Brok zur Hilfe kamen, gelang. Daraufhin unternahmen die Oldenburger einen Rachefeldzug und brannten Detern nieder. Nach dem Verlust Deterns als Grenzfestung und Marktort verschwand auch die Häuptlingsburg, an deren Stelle später die Molkerei entstand.

Die *lutherische St. Stephani und Bartholomäi Kirche (Kirchstraße 24) hatte bereits zwei Vorgängerbauten, die etwa 150 Meter südöstlich der heutigen Kirche standen, der erste wurde bei der erwähnten Fehde zerstört. Von ihm stammt noch der westlich gelegene Glockenstuhl des Parallelmauertyps aus dem 13. Jahrhundert, an dessen teilweiser Erneuerung das Datum 1482 im Nordgiebel erinnert. Er wurde 1399 offensichtlich nicht zerstört, denn es hängt in ihm noch eine im 13. Jahrhundert gegossene romanische Glocke, eine weitere schuf Bartold Klinghe 1482. An der heutigen Stelle entstand 1806 ein rechteckiger klassizistischer Saalbau aus Backstein mit großen Rundbogenfenstern und einem Mansarddach. Unpassend sind die Kunststofffenster, die in dem historischen Bauwerk weder handwerklich noch gestalterisch angemessen sind.

Der Innenraum mit seiner Voutendecke birgt Ausstattungstücke aus den Vorgängerbauten, wie den frühgotischen **Taufstein** aus dem 14. Jahrhundert, den **Taufschalenständer** des frühen 18. Jahrhunderts in der originellen Form aus drei mit Akanthusranken verzierten Voluten mit wappenhaltenden Putti und zwei Messingkronleuchter, datiert auf 1711 und 1712. Für den Neubau von 1806 wurden die schlichte Kanzel und die **Orgel** angeschafft, letztere erbaute Wilhelm Eilert Schmid aus Leer 1819 in ähnlichen Formen des Prospekts wie zur gleichen Zeit sein Werk in Wiegboldsbur von 1818/19. Zwischen dem hohen mittleren und den seitlichen polygonalen Pfeifentürmen liegen die doppelgeschossigen Flachfelder, weitere sind außen wie Ohren als Attrappen aus Holz angebracht. Von den zwölf Registern sind neun noch original, dazu auch die Prospektpfeifen mit ihren für Ostfriesland typischen vergoldeten Labien.

Die Kirchstraße ist nach Aufhebung als Durchfahrtsstraße gestalterisch aufgewertet worden. Eine schöne Umnutzung als Kindertagesstätte und Kulturstätte hat dabei das lange leerstehende Wohn- und Geschäftshaus **Kirchstraße 21** erfahren. Bei der Instandsetzung und Rekonstruktion erhielt das in der späten Gründerzeit entstandene Gebäude sein ursprüngliches Erscheinungsbild zurück. Eine ähnlich glückliche Fügung sollte auch die in der Nähe der Kirche stehende **alte Schule** (Alter Schulweg 1) vor dem Verfall bewahren, die im Zustand des 19. Jahrhunderts erhalten geblieben ist und wenig vorteilhaft als Werkstatt genutzt wird.

Auf dem Weg zu dem gut zwei Kilometer weiter westlich liegenden Ort **Stickhausen** kann man auf der halben Strecke noch einen Blick auf das **Bahnhofsgebäude** (Bahnhofstraße 11) in **Velde** werfen. Der langgestreckte Ziegelbau mit einem mittigen Quertrakt ist ein Typenbahnhof aus dem Jahre 1869 der Großherzogtum-Oldenburger Eisenbahn und wird heute privat genutzt und gepflegt. Die ***Burg Stickhausen** (Abb. 65) (Burgstraße 3) wurde um 1450 von Ulrich I. Cirksena erbaut und löste die Slötelburg zu Detern als Grenzfeste ab. Sie blieb bis zu ihrer Schleifung auf Befehl Friedrichs des Großen häufig umkämpft und wurde entsprechend zur Festung ausgebaut, wovon Reste der hohen Wälle im Gelände noch zeugen. Am **Amthaus**, das 1822 aus den baulichen Resten des Torgebäudes entstanden ist, sind Wappensteine von 1578 und 1712 angebracht. Vom Übrigen ist nur noch der eindrucksvolle dicke, runde **Turm** mit der Datierung 1498 erhalten. Die über Jahrhunderte bestandene Bedeutung der Burg Stickhausen als Grenzort, Sitz eines Amtmanns und eines Amtsgerichts erlosch 1885. Heute ist die Burg im Privatbesitz. Das Gelände mit Turm ist in den Sommermonaten nachmittags zu besichtigen.

Der Sitz der Gemeindeverwaltung und damit das politische Zentrum der Samtgemeinde befindet sich in **Filsum**. Man erreicht den Ort von Stickhausen über eine direkte Straßenverbindung, wenn man am Ortsende von der B 72 nach links abbiegt.

65 Burg Stickhausen

An der **lutherischen St. Paulus-Kirche** (Abb. 66) (Osterende 37) deuten die Spuren von vermauerten rundbogigen Portalen und Fenstern sowie den Resten eines Deutschen Bandes in den Längswänden darauf hin, dass das Langhaus in der Mitte des 13. Jahrhunderts aus Backstein erbaut wurde. Anstelle seiner ursprünglich halbrunden romanischen Apsis errichtete man – wohl, um Platz für einen gotischen Altar zu gewinnen – am Ende des 15. Jahrhunderts einen polygonalen Chor mit Strebepfeilern. Der Glockenstuhl des Parallelmauertyps neben der südwestlichen Ecke gehört in die Zeit des Kirchenbaus.

Den durch später eingebrochene große Rundbogenfenster gut belichteten Innenraum (Abb. 67) schließt nach oben eine segmentbogig flach gewölbte Holzdecke ab. Das spätgotische Chorpolygon ist durch einen Triumphbogen vom Kirchenraum abgetrennt. Dort steht der spätgotische **Flügelaltar**, ein Triptychon aus Eichenholz, der ursprünglich der Marienverehrung diente und nach der Reformation verändert wurde. In den Seitenflügeln sind noch die originalen, spätgotischen geschnitzten Reliefs aus der Zeit 1500-10 erhalten, deren Stil auf niederländische Vorbilder hinweist. Links erblickt man die Geburt Christi, rechts die Anbetung der Könige. Das Mittelbild, vermutlich mit einer Darstellung der Marienkrönung oder Mariä Himmelfahrt, wurde im 17. Jahrhundert durch ein regionales Gemälde des Abendmahls ersetzt. Darüber liest man ein Zitat aus dem Johannes-Evangelium und oben im Kielbogen erscheint der segnende Gottvater in einem Wolkenkranz. Die Predella, die zum Originalbestand gehört, wurde mit den Gestalten der vier Evangelisten übermalt.

66 Luth. St. Paulus-Kirche

67 Kirchenschiff

ARCHITEKTURFÜHRER OSTFRIESLAND

Landkreis Leer

68 Kanzel

69 Gulfhaus, Westerende 4

70 Luth. St.-Georgs-Kirche

Die **Kanzel** (Abb. 68) ist die qualitätvolle Arbeit eines Meisters, dessen Monogramm AW zusammen mit dem Datum 1660 zu lesen, jedoch nicht aufzulösen ist. Auf den Ecksäulchen stehen Statuetten der Apostel, in den Rundbogenfeldern dazwischen die der vier Evangelisten, ferner gibt es als Schmuckformen Rollwerks- und Beschlagwerksornamente sowie Festons und geflügelte Engelsköpfe. Vor der Kanzel steht der Taufständer in der Form eines Pokals aus der Zeit um 1700, verziert mit Tuchgehängen. Das typisch ostfriesische Kastengestühl mit Traljengittern und Knäufen ist datiert auf 1687, auf der Westempore aus der Zeit um 1800 befindet sich eine Orgel von Alfred Führer, Wilhelmshaven, aus dem Jahr 1961.

Am **Westerende 3, 4, 8, 12, 14, 15, 16, 17** und **18** steht eine in dieser Form selten erhaltene Reihe von Gulfhäusern (Abb. 69) des 19. und frühen 20. Jahrhunderts.

Von Filsum führt die Straße nach **Nortmoor** durch eine reizvolle, baumbestandene Landschaft am Rand der Geest und der Flussmarsch der Jümme. Das langgestreckte Bauerndorf hat eine Geschichte, die bereits um 900 begann. Es war später der Sitz eines Häuptlings; 1411 wird Ewo Ewinga genannt. Von den zwei Burgen wurde das Münkeborg genannte Steinhaus 1826 abgerissen. Von der zweiten im Jahre 1439 erstmals als „Bawinghesburgh" bezeichneten Burg ist heute noch das Viereck der alten Graften erhalten, in dessen Mitte sich ein zweigeschossiges Herrenhaus, *****Uppingaburg** (Dorfstraße 49) genannt, von 1780 erhebt. Der hohe Bau wird durch Lisenen und Gesimse gegliedert; er besitzt auch noch die zum Teil erhaltenen Blockrahmen-Schiebefenster aus der Erbauungszeit. Besonders aufwändig ist die mittige Eingangstür gestaltet, zu der eine geschwungene Sandsteintreppe hinaufführt. Südlich schließt eine wohl gleich alte Gulfscheune an, deren Ständerwerk als Hochrähmkonstruktion mit Ankerbalken ausgebildet ist. Neben einer monströsen Käsepresse ist auch ein altes Göpelwerk im Karnhaus der Scheune erhalten geblieben.

Der rechteckige Saalbau der ****lutherischen St.-Georgs-Kirche** (Abb. 70) (Dorfstraße 56) wurde 1751 aus den Backsteinen des Vorgängerbaus mit vier großen Rundbogenfenstern auf jeder Langseite neu aufgeführt. Grabungen haben ergeben, dass es einen möglicherweise kreuzförmigen Vorgängerbau des 13. Jahrhunderts gegeben hat. Aus dieser Zeit blieb der abseits der Südostecke freistehende, gut erhaltene Glockenstuhl (Abb. 71) des Parallelmauertyps erhalten, der 1752 mit der Erbauung der neuen Kirche ebenfalls ein neues Dach erhielt. Drei Glocken befinden sich im Turm, zwei davon sind historisch bedeutsam. Die nördliche, kleine Glocke stammt wohl aus dem 13. Jahrhundert, während die mittlere Glocke von Bartold Klinghe im Jahre 1507 gegossen wurde und eine Kreuzigungsdarstellung am Mantel besitzt.

Den Innenraum (Abb. 72) überdeckt eine Balkendecke mit aufgemaltem Sternenhimmel. Vor der Ostwand steht die Orgelempore, davor ein gemalter Flügelaltar, von einem einfachen Künstler unter dem Einfluss der flämischen Meister 1662 geschaffen. Er stellt im Mittelfeld das Abendmahl, im linken Flügel die

Verkündigung und im rechten die Anbetung der Könige dar. Die Kanzel aus dem Jahr 1652 vom Tischler, Bildschnitzer und Maler Tönnies Mahler aus Leer ist am Korb mit Ecksäulen versehen, dazwischen stehen in Rundbögen geschnitzte Evangelistenfiguren. Ganz schlicht ist der Taufstein gehalten, seine achteckige Kuppa mit schmucklosen Wandungen steht auf einer rechteckigen Platte. Ähnliche Taufsteine findet man in den Kirchen Oldendorp, Resterhafe, Völlen und Wiesens; sie dürften um 1500 entstanden sein. Von den drei Messingkronen ist eine datiert auf 1665.

Beachtenswert sind Teile eines *Chorgestühls (Abb. 73), die um 1500 zu datieren sind und vermutlich aus dem Prämonstratenserkloster Barthe bei Hesel stammen. Es handelt sich um zwei Bänke, von denen einer zweisitzig ist, der andere über vier Sitze verfügt. Augenfällig sind die schönen geschnitzten Knäufe, die mit Blattwerk, Zapfen und Weinranken versehen sind. Chorgestühle waren mit Klappsitzen versehen, die sich hoben, wenn ihre Benutzer aufstanden. Als Stütze für lange Stehzeiten waren an der Unterseite der Sitze sogenannte Misericordien angebracht, die wie bei der viersitzigen Bank in Nortmoor mit figürlichen Schnitzereien ausgestattet waren. Der Bewahrung des klösterlichen Chorgestühls zeigt einmal mehr, dass die Lutheraner mittelalterliches Kunstgut nicht durchweg wie die Reformierten vernichteten, sondern in vielen Fällen in ihren Kirchen weiterverwendeten.

Sehenswert ist auch der trapezförmige romanische Sargdeckel mit einem Keulenkreuz des späten 12. Jahrhunderts, der aufrecht stehend an der Südwand angebracht worden ist. Die seitlich angeordneten Vortragekreuze wurden oft auch als Abtskrümmen, in anderen Fällen als stilisierte Lebensbäume gedeutet. Der geschlossene Raumeindruck des Kircheninnenraums wird insbesondere durch das erhaltene Gemeindegestühl von 1751 geprägt, das mit Traljengittern und Knäufen noch ganz den Barockformen des 17. Jahrhunderts verhaftet ist.

Die **Orgel (Abb. 74) auf der Ostempore ist das Werk des bedeutenden Orgelbauers Hinrich Just Müller aus Wittmund aus den Jahren 1773-75. Die Gestaltung des neunachsigen Prospekts gleicht der in Holtrop, jedoch handelt es sich hier wegen der geringen Raumhöhe um ein Brüstungsinstrument. Die großen Pedalpfeifen sind im mächtigen, polygonalen Mittelturm untergebracht, dem sich die schlanken Seitentürme anschließen. Der gesamte Prospekt ist mit geschnitztem Laubwerk von „Ypernholz nach der neuen Manier" verziert. Bei der Kirchenrenovierung hat man nach Befund die originale Farbfassung in milden Blautönen wiederhergestellt. Das Instrument wurde nach einigen Veränderungen 1980 durch die Firma Führer aus Wilhelmshaven in den alten Zustand zurückversetzt.

Um südlich in das Overledingerland zu gelangen, fährt man entweder über Filsum und Stickhausen auf die B 72 oder zur Stadt Leer, um im Zuge der B 70 die Brücke über

71 Glockenstuhl

72 Kirchenschiff

73 Chorgestühl

74 Orgel

Landkreis Leer

den dort schon recht breiten Fluss Leda zu überqueren. Overledingen, was das Land jenseits der Leda bezeichnet, gehörte im frühen Mittelalter zum Emsgau, wurde aber bereits im 13. Jahrhundert eine freie friesische Landesgemeinde. Während der Zeit dieser friesischen Freiheit war das Kirchdorf Backemoor Hauptort der Landesgemeinde. In der Häuptlingszeit fiel das Gebiet in den Machtbereich der führenden Familien Ostfrieslands. Seit der kaiserlichen Erhebung der Cirksena in den Grafenstand im Jahre 1464 war Overledingen Teil der Grafschaft Ostfriesland. Die Verwaltung des östlichen Teiles erfolgte von Stickhausen bei Detern aus, des westlichen von Leer. Heute gliedert sich das Overledingerland in die Gemeinden Rhauderfehn, Ostrhauderfehn und Westoverledingen. Die Besiedlung erfolgte zuerst an den Ufern von Ems und Leda auf der hohen Geest in einzelnen kleinen Haufendörfern. Nach dem Dreißigjährigen Krieg begann man, die großflächigen Moore nach niederländischem Vorbild planmäßig zu kultivieren. Zusätzlich erleichtert wurde die Neugründung von Fehndörfern und Moorkolonien durch den Erlass des Urbarmachungsediktes Friedrichs des Großen im Jahre 1765.

Gemeinden Rhauderfehn und Ostrhauderfehn
mit Backemoor, Collinghorst, Rhaude, Westrhauderfehn, Langholt, Ostrhauderfehn und Potshausen

75 Luth. St. Vincenz u. St. Laurentius

76 Kirchturm

Der Name der Gemeinden Rhauderfehn und Ostrhauderfehn rührt von der 1769 gegründeten Fehnsiedlung gleichen Namens her, die wiederum nach dem alten Geestdorf Rhaude im Nordwesten des Gemeindegebietes benannt ist.

Die Reise beginnt im Norden der Gemeinde Rhauderfehn. Rund um die bedeutende Kirche im Geestdorf **Backemoor** haben sich Gulfhäuser gruppiert, die mit der umliegenden Wallheckenlandschaft ein reizvolles Dorfensemble bilden. Die ****lutherische St. Vincenz und St. Laurentius Kirche** (Abb. 75) (Groot Karkweg 10) besteht aus einem Apsissaal. Die Grundsubstanz der romanischen Backsteinkirche geht auf die 1. Hälfte des 13. Jahrhunderts zurück. Anstelle eines westlichen Joches errichtete man im 15. Jahrhundert einen zweigeschossigen Westturm, der auch zum Schutz und zur Verteidigung diente, und umgab die Kirche mit Wall und Graben. Dieser für die friesische Küste typische Turm mit Satteldach galt lange Zeit als das Wahrzeichen des Overledingerlandes. Detailreich sind die Giebeldreiecke gestaltet (Abb. 76): Auffallend unterschiedliche Ziegel-Muster zieren die Felder unterhalb des Spitzbogenfrieses, das sich abwechselnd auf Konsolen und Lisenen abstützt. Interessant ist auch der Abschluss der Mauerkronen, die mit den kleinen Pfeilern und den herausstehenden Backsteinen wie gotische Fialen und Krabben wirken, jedoch eben friesisch vereinfacht wurden.

Im Innenraum der Kirche sind noch die Weihekreuze an den Seitenwänden und eine ornamentale und figürliche Malerei im Apsisbogen aus der Erbauungszeit der Kirche zu sehen, auch die gemauerte Bank und die Nischen in der Apsis stammen noch aus dieser Zeit. Zur Ausstattung gehören der einfache Flügelaltar mit Szenen aus dem Neuen Testament von 1701, die Kanzel aus dem Jahre 1702 und drei Kronleuchter aus den Jahren 1701, 1790 und der Mitte des 19. Jahrhunderts.

Auf der Empore befindet sich eine ***Brüstungsorgel** von 1783, gefertigt vom Orgelbauer Johann Friedrich Wenthin aus Emden. Die Aufteilung des Prospektes in einen hohen Mittelturm, eingefügte Flachfelder und niedrige Seitentürme ist noch ganz im Stil des norddeutschen Barock, die Aufbauten sind jedoch flacher gerundet und breiter. Von spielerischer Eleganz ist das im Rokoko-Stil gehaltene Schnitzwerk, das auf das ausgehende 18. Jahrhundert verweist. Ungewöhnlich ist die Farbfassung des Prospekts und der Empore mit einer hellen, aufgemalten Marmorierung. Die Restaurierung der Orgel, die zu den wertvollsten Instrumenten in der an sich schon reichen ostfriesischen Orgellandschaft zählt, zog sich viele Jahre hin und konnte schließlich durch die Orgelbauwerkstatt Alfred Führer aus Wilhelmshaven 1982 zum Abschluss gebracht werden. Das Instrument besitzt das einzige originale Gambenregister des 18. Jahrhunderts in Ostfriesland.

1975 brannte das Wahrzeichen des Ortes, die **Galerieholländermühle** an der Backemoorer Straße, nach erfolgter Restaurierung bis auf den Unterbau ab. Es ist der Neuaufbau geplant, Ende 2016 erhielt der Mühlenstumpf wieder einen Achtkant. Hoffentlich werden sich an der Mühle bald wieder die Flügel drehen. Das erhaltene Dorfbild wird maßgeblich durch die meist gut gepflegten Gulfhäuser geprägt. So auch durch die **alte Küsterei (Abb. 77)** (Feldhörnstraße 48) oder das benachbarte Gulfhaus **Feldhörnstraße 50**. Dorfprägend ist auch das **Pfarrhaus (Abb. 78)** (Groot Karkweg 10) von 1806, das durch einen Quergiebel betont wird. Weitere Gulfhäuser der Geest stehen am **Postweg 2, Spurweg 4** und an der **Backemoorer Straße 80** und **109**, die alle gegen Ende des 19. Jahrhunderts errichtet wurden.

77 Alte Küsterei

78 Pfarrhaus

Weiter südlich schließt sich das Kirchdorf **Collinghorst** an, das ebenfalls in einer baum- und buschreichen Umgebung gelegen ist. Es besaß ein Steinhaus als Häuptlingssitz, das nach der Zerstörung des Dorfes durch Focko Ukena und Keno tom Brok 1409 wiederaufgebaut worden war, jedoch zusammen mit der alten Mühle am Ende des Zweiten Weltkriegs durch Beschuss zerstört wurde. An der **Backemoorer Straße 27** begegnet man noch einem Gulfhaus des älteren Typs mit breitgelagertem Wohnteil, erbaut um 1800. Die drei Wohnräume werden durch einen langen Querflur von der Gulfscheune separiert, die Scheune birgt ein altes Hausgerüst mit Ankerbalkenzimmerung.

Weitgehend verschont blieb die ***lutherische Dreifaltigkeitskirche (Abb. 79)** (Wispelins Boom 6), ein Saalbau aus Backstein aus der Mitte des 13. Jahrhunderts, der am Ende des 15. Jahrhunderts einen polygonalen Chor mit Vorjoch und 5/8-Schluss sowie einen Westturm erhielt. Letzterer war wohl 1945 beschädigt worden und wurde im oberen Teil neu aufgebaut. An der Südwand

79 Luth. Dreifaltigkeitskirche

des Kirchenschiffs erkennt man sehr gut die vermauerten romanischen Portale und Fenster. Der Westturm hat im Erdgeschoss ein Bandrippengewölbe, im Obergeschoss gibt er sich durch die Schießscharten und die Reste eines Kamins als Wehrturm zu erkennen. Den Innenraum des Langhauses überdeckt eine flache Brettertonne, der Chor öffnet sich in einem sehr breiten, niedrig ansetzenden Rundbogen. Er besitzt steinerne Rippengewölbe. In deren östlicher Kappe sieht man eine sehr gute **spätgotische Malerei** mit der Darstellung des Gnadenstuhls: Gottvater auf dem Himmelthron mit seinem gekreuzigten Sohn auf dem Schoß, daneben jeweils ein Engel mit den Leidenswerkzeugen der Kreuzigung. Um die Laibungen der nachträglich zugemauerten breiten spätgotischen Fenster im Chorpolygon sind zarte Blattfriese gemalt. Der gemalte **Flügelaltar** von 1659 gleicht sehr stark dem von Rhaude, der um 1663 entstand, ebenso denen in Remels (um 1667) und Strackholt von 1654. Alle vier wurden von Tönnies Mahler aus Leer geschaffen. Die Predella zeigt die vier Evangelisten, das Mittelfeld das Abendmahl, auf den Flügeln sind die Verkündigung an Maria, Christi Geburt, die Anbetung der Könige und die Beschneidung zu sehen. Im Aufsatz erscheint Christus als Weltenherrscher mit der Erdkugel. Die **Kanzel** des Meisters Joachim C. Hessemeier von 1816 demonstriert, wie lange sich barocke Formen, ähnlich wie bei den Orgelprospekten, noch in der Ära des Klassizismus gehalten haben. Aus dem Jahr 1838 stammt die **Orgel** von Orgelbaumeister Johann Gottfried Rohlfs aus Esens, noch ganz im traditionellen Formenkanon gestaltet, jedoch schon in der Intonation der Romantik zugewandt. Sie ist die letzte von Rohlfs erbaute Orgel. Mit der jüngsten Restaurierung im Jahre 2007 stellte der Orgelbaumeister Bartelt Immer aus Norden auch die ursprüngliche Klangfülle wieder her.

Rhaude erreicht man über kleine Nebenstraßen von Collinghorst aus durch eine reizvolle Landschaft mit Wallhecken. Der Name deutet auf die Rodung von Wald hin. Einst war der heute kleine, stille Ort der Mittelpunkt eines großen Kirchspiels, die Muttergemeinde der angrenzenden Moorsiedlungen wie Westrhauderfehn und Ostrhauderfehn, die mit steigendem Wachstum selbstständig wurden. Im Dreißigjährigen Krieg wurde Rhaude zweimal Kampfstätte, einmal 1622 durch Graf Ernst von Mansfeld gegen Münster, das zweite Mal 1637 durch Landgraf Wilhelm von Hessen, wobei die zuvor angelegte Rhauder Schanze durch den in hessischen Diensten stehenden französischen General Rantfou erstürmt werden konnte.

In Rhaude wurde 1759 als Pfarrerssohn Johann Christian Reil geboren, der in den Freiheitskriegen das Lazarettwesen der preußischen Truppen und ihrer Verbündeten organisierte. Er war ein Freund Goethes, der ihm seine in Faust II verarbeiteten Kenntnisse über Deichbau und Landgewinnung verdankte. Ihm zu Ehren ist eine Gedenktafel angefertigt worden, die an seinem Geburtshaus, dem **alten Pfarrhaus** an der Dorfstraße 40, angebracht wurde.

Unmittelbar südlich schließt sich der Kirchhof an, der überhöht liegt und durch eine Stützmauer eingefasst wird. Den Kirchbereich betritt man durch den Torbogen des **Glockenturms (Abb. 80)** (Dorfstraße 46), der aus dem 15. Jahrhundert stammt. Überspannt wird der Durchgangs-

80 Glockenturm der luth. Kirche

bereich mit einem kuppelförmigen Bandrippengewölbe.

Bei der **lutherischen Kirche (Abb. 81)** (Dorfstraße 48) handelt es sich um einen Saalbau des frühen 14. Jahrhunderts mit einem deutlich kleineren polygonalen Chor aus dem 15. Jahrhundert. Die Fenster wurden alle beim Umbau 1652-54 rundbogig verkleinert, die ursprüngliche Spitzbogenform besitzt nur noch das östlichste in der Südwand. Auch die Westwand, die dem Wetter am stärksten ausgesetzt ist, wurde im 20. Jahrhundert erneuert und erhielt einen Vorbau. Noch bis in diese Zeit waren Teile des Kirchendaches mit einer Mönch- und Nonnenziegel-Eindeckung versehen.

Das Innere des Schiffes (Abb. 82) hat ein hölzernes Tonnengewölbe mit freiliegenden Ankerbalken als Raumabschluss, das Chorpolygon ein steinernes Gewölbe mit Bandrippen. Eine große *Chorschranke trennt seit dem späten 15. Jahrhundert beide Raumteile. Sie hat in der Mitte eine Rundbogenöffnung, die den Blick auf den im Chorpolygon stehenden Altar erlaubt und seitlich je eine rundbogige Wandnische, die wohl wie Seitenapsiden für die Aufstellung von Seitenaltären gedacht waren. In der oberen Wandzone befinden sich neun spitzbogige Nischen, die im späten 15. Jahrhundert mit ganzfigurigen Darstellungen der Zwölf Apostel ausgemalt worden waren (Abb. 83). In der mittleren Nische ist Christus als Salvator Mundi dargestellt. Leider wird der Blick darauf jedoch durch die Ostempore und die Orgel verdeckt, sodass die vier weiteren aufgemalten Apostel unterhalb der Nischen nicht zu erkennen sind. Bei der Quermauer handelt es sich um eine Chorschranke und nicht um einen Lettner, denn dieser müsste, wie in Buttforde oder Nesse, aus zwei Wänden mit Bogenöffnungen und einem dazwischenliegenden Gewölbe bestehen und eine betretbare Bühne bilden. Bei der quadratischen Sakramentsnische an der Nordostwand im Chorpolygon konnte die spätgotische Umrahmung freigelegt werden.

Im Chor steht auf der mittelalterlichen Mensa ein protestantischer gemalter **Flügelaltar**, der, wie die Altäre von Collinghorst (1659), Remels (um 1667) und Strackholt (1654), von Tönnies Mahler geschaffen worden ist. Die schöne Kanzel von 1796 schuf Joachim Caspar Hessemeier aus Loga, aus dessen Hand auch die dortige stammt. Der Taufstein mit vergoldeten Akanthusblättern am Schaft wurde 1700 gefertigt. Von der alten Orgel, die 1756 beschafft wurde, stammt nur noch der Prospekt, 1986 wurde ein neues Instrument eingesetzt. Im Mittelgang hängen zwei prachtvolle Messingkronleuchter (Abb. 82), der westliche trägt das Datum 1793. Das rundbogige Westportal besitzt ein großes historisches Türblatt mit Text und Datum 1712 in Form von Ziernägeln.

81 Luth. Kirche

82 Kirchenschiff

83 Wandmalereien

Von Rhaude aus fährt man über die B 438 nach **Westrhauderfehn** bis zum Untenende, dem Zentrum des Ortes. Dort steht weithin sichtbar der mächtige **Kirchturm** von 1886, dessen oktogonaler Aufsatz an einen Leuchtturm erinnert. Mit rund 54 Metern Höhe gilt der Westturm, der nach Plänen des Leeraner Ingenieurs Könecke in Zusammenarbeit mit dem Konsistorialbaumeister Conrad Wilhelm Hase aus Hannover errichtet wurde, als der höchste Kirchturm Ostfrieslands. Angefügt ist der größere Saalbau der **lutherischen Hoffnungskirche** (Untenende 5) von 1848. Der Kirchenraum wird durch Rundbogenfenster belichtet und durch einen mittigen, verputzten Eingangsrisalit erschlossen. Die Kirche ist, wie die etwa zeitgleiche Kirche in Esens, vom hannoverschen Architekten Friedrich Hellner entworfen worden und zeigt stilistisch den beginnenden Historismus an. Beim ehemaligen **Kaiserliche Postamt** (Untenende 9), ein aufwändiger Bau des Historismus aus dem Jahre 1905, kann man deutlich erkennen, dass Westrhauderfehn im 19. Jahrhundert über die Moorsiedlung hinausgewachsen ist und durch Handel und Schifffahrt kleinstädtische Baustrukturen entwickelt hat. Das zeigt sich auch an der **Villa Graepel** (Rajen 5) von 1902, die nach dem Zusammenschluss der führenden Kaufmannsfamilien Hagius und Graepel durch Heirat finanziert und gebaut werden konnte. Der reich gegliederte Bau mit farblich abgesetzten Gesimsen, Brüstungen und Schwebgiebeln wird besonders durch einen Eckturm mit Zierfachwerk betont. Zur Villa gehören eine Gulfscheune, eine translozierte Schmiede und eine Holzscheune. Heute beherbergen die Gebäude das *Fehn- und Schifffahrtsmuseum Westrhauderfehn*. Träger ist der Heimatverein Overledingerland, der seit 1948 die Sammlung zusammengetragen hat.

Ein Abstecher bis in das ganz im Süden Ostfrieslands gelegene Dorf Langholt lohnt sich, da man auf dem Weg durch die Fehnsiedlungen Westrhauderfehn und Ostrhauderfehn fährt. Die Fahrt auf den Straßen beiderseits der Kanäle ist beeindruckend und gibt Einblick in das große Werk der Moorkolonisation des 18. und 19. Jahrhunderts.

Empfohlen wird die Fahrt durch die 1. Süderwieke in Westrhauderfehn, hier sieht man neben drei Ehrenmalen, davon eins für die Gefallenen der Marine, die ehemalige **Schifferschule** (1. Süderwieke 7), die die Grundausbildung zahlreicher Kapitäne auf Großer Fahrt sicherstellte. An der 1. Südwieke 207 steht die gepflegte zweigeschossige **Galerieholländermühle Hahnentange,** die in Mühle und Müllerhaus Platz für Kulturveranstaltungen bietet und nach der Restaurierung 1991 wieder voll funktionsfähig ist.

Am Ende der Wieke biegt man links in die Langholter Straße ein, die nach **Langholt** führt. Von dem einst bedeutenden Johanniterkloster Langholt gibt es keine sichtbaren Reste mehr, lediglich ein Türsturz mit dem Datum 1533 wird im örtlichen Museum verwahrt. Die im Ortskern liegende **katholische Kirche St. Bonifatius** (Kirchstraße 11) wurde 1852/53 vom Baumeister Balle aus Aurich aus Backstein als Saalkirche mit Westturm errichtet. Das Langhaus hat ein Querschiff und ein 1906 angefügtes, niedriges Chorpolygon mit der originalen, zum Teil figürlichen Verglasung. Die Skulpturen einer um 1480 entstandenen Pietà, eines heiligen Antonius aus der 1. Hälfte des 18. Jahrhunderts sowie einer Heiligen Familie von circa 1760 sollen aus dem aufgehobenen Franziskanerkloster in Aschendorf hierher gelangt sein.

ARCHITEKTURFÜHRER OSTFRIESLAND
Landkreis Leer

Die Rückfahrt über **Ostrhauderfehn** bietet für den bauhistorisch Interessierten wenig. Zu nennen wäre hier die **lutherische Kirche** (Kirchstraße 2), ein stattlicher neugotischer Backsteinbau mit Apsis und Westturm aus dem Jahre 1894 nach Plänen von Conrad Hase, Hannover, und die zweistöckige **Galerieholländermühle** (Idafehn-Süd 2a) von 1891. Sie lief während eines Orkans im Jahre 1972, nachdem die Bremsen die Flügel nicht mehr stoppen konnten, heiß und brannte mit Kappe und Achtkant ab. Um 2001 wurde die Mühle komplett wiederaufgebaut und wird zum Heiraten und als Versammlungsraum genutzt.

Im nördlichen Gemeindegebiet Ostrhauderfehn (Abb. 84) liegt der Ort **Potshausen**, der längs der Potshauser Straße eine Reihung von stattlichen Gulfhäusern aufweist. Herausragend ist das klassizistische Gulfhaus in Ostrhauderfehn von etwa 1800 am östlichen Ende der Siedlungsreihe. Der Ort wurde 1409 erstmalig urkundlich erwähnt und ist damit der älteste Ort der relativ jungen Gemeinde Ostrhauderfehn.

Die **lutherische St. Martin Kirche** (Potshauser Straße 16) ist eine neuromanische Saalkirche mit einem zierlichen Westturm und stammt aus dem Jahre 1865. Im Inneren birgt sie einige Sehenswürdigkeiten, wie z. B. das aus der 1860 abgebrochenen Vorgängerkirche stammende Altarbild von 1647 sowie die Reste einer mittelalterlichen Triumphkreuzgruppe aus der 2. Hälfte des 15. Jahrhunderts. Die Jesusfigur wurde nach dem Zweiten Weltkrieg auf dem Dachboden der jetzigen Kirche aufgefunden und durch neue Kreuzbalken vervollständigt. Ergänzt wird die Figur durch eine Pietà um 1500, bei der das Gesicht Marias fehlt, und eine schöne Anna Selbdritt, wohl aus dem Beginn des 16. Jahrhunderts, leider fehlen auch hier Teile des Jesuskindes.

84 Gulfhaus in Ostrhauderfehn

Gemeinde Westoverledingen
mit Esklum, Kloster Muhde, Driever, Grotegaste, Hilkenborg, Mitling-Mark, Völlen, Steenfelde, Großwolde, Ihrhove, Folmhusen und Breinermoor

Die Gemeinde Westoverledingen mit rund 20.000 Einwohnern war, wie schon die Gemeindebezeichnung deutlich macht, Teilgebiet der mittelalterlichen Landesgemeinde Overledingerland. Sie grenzt unmittelbar im Westen an die Ems mit einer Uferlänge von gut 18 Kilometern. Zum kulturellen Erbe der Gemeinde zählen neben den mittelalterlichen Kirchen zwei sehr gepflegte Mühlen und eine stattliche Zahl historischer Häuser, vor allem Gulfhäuser. Um die Gemeinde zu bereisen, beginnt man am Besten im Nordteil, wo die Gemeinde durch die Leda begrenzt wird. Von Leer fährt man auf der B 70 über die Leda hinweg und biegt nach wenigen hundert Metern nach rechts ab der Beschilderung folgend, um immer an der Leda lang nach Esklum zu gelangen. Hier reiht sich nachfolgend eine Reihe sehenswerter Wurtendörfer längs des Ems auf, die bezüglich ihrer landschaftlichen Einbettung und ihrer alten Siedlungsstruktur zu den schönsten Kulturlandschaften Ostfrieslands zählen.

Landkreis Leer

ARCHITEKTURFÜHRER OSTFRIESLAND

85 Ref. Kirche

Das Dorf **Esklum** wurde wegen der günstigen Lage an der Einmündung der Leda in die Ems schon früh besiedelt. So ist der rechteckige Saalbau aus Backstein der **reformierten Kirche (Abb. 85)** (Esklumer Straße 16) in den Außenmauern auch noch romanisch, wie zwei schmale Fensternischen in der südlichen Längswand beweisen. Die Nordwand dagegen enthält mehrere paarig angeordnete Spitzbogenfenster, was zumindest auf die Absicht einer Wölbung hindeutet, von der sich aber im Inneren keine Spuren finden lassen. Der gedrungene Westturm war wehrhaft ausgebildet, denn er enthält im Obergeschoss Schießscharten und einen Kamin. Das Datum 1771 an der zum Turm führenden Tür könnte auch für die Erneuerung der gewölbten hölzernen Decke gelten, ebenso für die Kanzel, wofür auch deren Rocaille-Ornamente sprechen. Angeblich soll sie aus der 1754-60 abgebrochenen Garnisonkirche von Leerort stammen. Auf der schlichten, wohl ebenfalls 1771 entstandenen Ostempore steht die kleine, von Gerd Sieben Janssen aus Aurich 1854 gebaute Orgel, die nach baulichen Veränderungen im Jahre 1935 nunmehr durch den Orgelbaumeister Bertold Immer aus Norden ab 2008 wieder in ihre ursprüngliche frühromantische Intonation zurückversetzt wurde. Im Ort befindet sich auch ein altes **Sielbauwerk** von 1868 mit Abschnitten der alten Deiche, die, wie auch die nachfolgenden Sielbauwerke an der Ems, nach der Sturmflut vom Februar 1962 aus der Funktion genommen worden sind und mit vorgelagerten neuen Deichen versehen wurden.

86 Gulfhaus Deichweg 3

Der weitere Weg führt am östlichen Ufer der Ems entlang durch **Kloster Muhde**, das bereits um 1000 urkundlich erwähnt wird und einst ein Doppelkloster besaß, welches 1556 abgebrochen wurde. Hier stehen auch die ersten sehenswerten Gulfhäuser **Kloster Muhde 3, 5** und **7**, die aus dm 19. Jahrhundert stammen.

Auch das nächstgelegene Bauerndorf **Driever** liegt auf einer Wurt. Es lohnt sich, einen Gang durch den kleinen Ort zu machen, um sich insbesondere den Gulfhäusern zuzuwenden, die hier dicht nebeneinander stehen. Viele sind in den letzten Jahrzehnten instand gesetzt worden und geben einen guten Überblick über das ursprüngliche Erscheinungsbild des ostfriesischen Bauernhauses. So das Gulfhaus **Deichweg 3 (Abb. 86)**, dessen Wohnteil auf das Jahr 1769 datiert ist und die Scheune das Baujahr 1804 ausweist. Diesem Bauschema: Wohnteil 18. Jahrhundert, Gulfscheunen aus dem 19. Jahrhundert, folgen auch die Gulfhäuser **Klosterstraße 13, 11** und **3** und **Lütje Weg 6.** Ein gepflegtes Gulfhaus von 1837 befindet sich am **Müllerweg 2**. Die **reformierte Kirche (Abb. 87)** (Klosterstraße 7) entstand 1874/75 als schlichter rechteckiger Saalbau aus Backstein anstelle eines Vorgängerbaus, von dem noch der gedrungene Westturm von 1696 übrig geblieben ist.

87 Ref. Kirche in Driever

Auf dem weiteren Weg Richtung Süden überfährt man das **Weekeborger Siel**, ein aus Ziegeln gemauertes, tonnengewölbtes Brückensiel aus dem Jahre 1875. Längs der Straße in

Deichnähe stehen wieder einige sehenswerte Bauernhäuser, so die Höfe **Dorenburg 4a, 5, 6** und **Grotegaster Straße 1 (Abb. 88)**, dessen repräsentativer Backsteinbau von einem Parkgrundstück umgeben wird. Der Besuch von **Grotegaste** lohnt sich besonders für Freunde der Glockenkunde, denn in dem im Jahr 1800 erbauten Turm der **reformierten Kirche** (Grotegaster Straße 11) hängt die laut Inschrift von Meister Hermanus 1352 gegossene Glocke, deren Mantel mit Reliefs verziert ist. Das Kirchenschiff wurde nach dem Abbruch eines wohl mittelalterlichen Vorgängerbaus 1819 im Stil des Klassizismus neu aufgeführt mit den damals üblichen großen Rundbogenfenstern in den von Pilastern gebildeten vier Wandfeldern der Langseiten. Das Innere überdeckt eine korbbogige Brettertonne auf verzierten Konsolen. In das Gehäuse der Orgel von 1854, gebaut von Gerd Sieben Janssen aus Aurich, wurde 1919 ein neues Werk eingebaut. Die einfache Kanzel aus dem 18. Jahrhundert wurde aus dem Vorgängerbau übernommen. Auf dem Friedhof auf der Kirchwurt befinden sich einige interessante Grabplatten und Gruftkeller ab dem 18. Jahrhundert. An der Bescheidenheit der bisher genannten Dorfkirchen im Unterschied zu den erstaunlich aufwändigen an den Küsten wird deutlich, dass die Ortschaften trotz der Lage am Fluss doch zu weit vom Meer entfernt waren, um am Fernhandel teilnehmen zu können und deshalb reine Bauerndörfer mit wesentlich geringerem Wohlstand blieben.

88 Gulhhaus
Grotegaster Straße 1

Vom Abzweig Grotegaste auf die vorherige Straße nach Papenburg zurückgekehrt, erreicht man in **Hilkenborg** eine größere **Eisenbahnbrücke** über die Ems, die für den Bahnverkehr zwischen Oldenburg und Groningen in den Jahren 1924/26 als Ersatz einer älteren Konstruktion errichtet wurde. Im Dezember 2015 rammte ein Frachtschiff die sogenannte Friesenbrücke. Da die Eisenbahnbrücke schwer beschädigt wurde, ist der Schienenverkehr für längere Zeit nicht mehr möglich.

89 Ref. Kirche

Nach circa zwei Kilometern folgt **Mitling-Mark,** ein Ort mit zwei Siedlungsbereichen, für dessen Gründung sich ein in die Flussmarsch ragender Geestausläufer anbot. Dennoch legte man in Mitling eine relativ hohe Wurt für die ***reformierte Kirche (Abb. 89)** (Mitlinger Kirchweg 12) an. Die rechteckige Saalkirche aus Backstein hat mit dem abgewalmten Chordach und dem originellen Glockenstuhl aus einer Parallelmauer vor der Westfassade eine unverwechselbare Silhouette. Ein vermauertes Rundbogenportal in der Nordwand deutet auf die Entstehung des Backsteinbaus im 13. Jahrhundert hin, ein zugemauertes Spitzbogenportal in der Südwand sowie die großen Rundbogenfenster auf Veränderungen späterer Jahrhunderte. Unter dem Glockenstuhl findet man zwei Grabplatten: die eine für den 1592 verstorbenen Hisco Circks ist mit Festons und Rollwerk verziert, die andere, für Hero Uniken und auf 1623 datierte, mit Beschlagwerkornamenten. Weitere historische Grabplatten liegen auf dem Kirchhof. Das Innere birgt einen Taufstein **(Abb. 90)** des Bentheimer Typs aus der Zeit um 1200, dessen zylindrisches Becken doppelte Rankenfriese zieren. Die auf 1723 datierte Kanzel hat an den Ecken des Korbes schlanke, gedrehte Säulchen und pflanzliche Ornamentfüllungen in den Feldern dazwischen. Mit einem Blick auf die hübsche Orgel

90 Taufstein

ARCHITEKTURFÜHRER OSTFRIESLAND

Landkreis Leer

91 Galerieholländermühle

92 Gulfhaus Große Stiege 3, Inschriftentafel

93 Luth. Peter- und Paul Kirche

94 Chorjoch und -polygon

von B. de Grave Winter, erbaut 1860, verlassen wir die Kirche und begeben uns nach Mark, wo sich ein Rundgang lohnt. Dort begrüßt uns eine intakte einstöckige **Galerieholländermühle (Abb. 91)** (Marker Mühlenweg 2/4) aus dem Jahre 1843, die anstelle einer Windrose einen Steert hat, mit dem der Müller sie in den Wind drehen muss. Im Müllerhaus erinnert eine Sammlung *Aus Omas Küche* an vergangene Zeiten.
Interessant ist eine Inschriftentafel am Wirtschaftsgiebel des Gulfhauses **Große Stiege 5.** Eine Kanonenkugel der Franzosen traf am 8. April 1795 vom gegenüberliegenden Emsufer den Hof und versetzte die Einwohner in Angst und Schrecken. Der Hausherr Wiert Folkerts ließ daraufhin die Kugel samt einem erläuternden Text in seinem Giebel einmauern **(Abb. 92)**. Die Gulfscheune des Hauses ist auf das Jahr 1776 datiert, ihr Gerüst birgt Reste eines Vorgängerbaues von 1582. Am Fährpad 5 steht ein **Landarbeiterhaus** von 1875 mit einem gulfhausartigen Stallteil. Weitere historische Bauernhöfe stehen an der **Große Stiege 1** (Wohnteil 1. Hälfte 19. Jahrhundert (Gulfscheune datiert 1901) und in der **Marker Straße 3** (Wohnteil von 1776/1851 / Wirtschaftteil von 1892).

Rund zwei Kilometer weiter südlich ist man in **Völlen.** Das Dorf grenzt direkt an die emsländische Stadt Papenburg und ist damit einer der südlich gelegensten Orte Ostfrieslands. Die ****lutherische Peter- und Paulkirche (Abb. 93)** (Völlener Dorfstraße 63) wurde als einheitlicher spätgotischer Bau am Beginn des 15. Jahrhunderts in Backstein errichtet. Sie hat einen polygonalen Ostchor in gleicher Breite wie das Schiff und einen 1559 nachträglich angefügten wuchtigen Westturm mit einem Satteldach in West-Ostrichtung. Die im Turm hängende Marienglocke ist von 1330 und gehört zu den ältesten Glocken in Ostfriesland. Das Innere von Chorjoch und Chorpolygon **(Abb. 94)** schließen flachgespannte busige Bandrippengewölbe ab, das Schiff hat eine flache, segmentbogige Brettertonne.

Interessantestes Ausstattungsstück ist der **Altar (Abb. 95)** auf der mittelalterlichen Mensa im Chor. Der Altarblock besitzt an drei Seiten schmale Nischen. Oberhalb der mittleren Nische an der Vorderseite befindet sich eine quadratische Aussparung, möglicherweise war hier eine Reliquie (Sepulcrum) untergebracht. Der Altar besteht aus der Predella, der Rückwand und dem Baldachin eines spätgotischen Altars aus der Zeit um 1480-1500, ein Typ, wie er unter anderem in Hage komplett erhalten ist. Am Baldachin sind seitlich stilisierte Blattwerkfriese zur Verzierung angebracht, oben wird er durch eine doppelte Kronleiste abgeschlossen. Darauf sind Weinrankenmotive zu erkennen, dazwischen befinden sich verschiedene Tiere wie Löwen und Hunde. Den mittelalterlichen Schrein mit den geschnitzten Darstellungen hat man laut Rück-

seiteninschrift 1676 durch einen gemalten evangelischen Flügelaltar ersetzt. Der Altar stellt im Mittelbild das Abendmahl dar, auf den Flügeln Szenen aus der Kindheit Jesu, auf der Predella die vier Evangelisten. Auf den Baldachin malte der Künstler damals den gen Himmel fahrenden Christus, im barocken Aufsatz den Auferstandenen als Weltenherrscher mit der Erdkugel. Die Schmuckformen der Kanzel in Gestalt toskanischer Ecksäulen, Evangelistenfiguren in Bogenfeldern und Rankenbrettern deuten auf eine Entstehung in der Zeit um 1600. Vor der Kanzel steht der schmucklose, pokalförmige und achteckige Taufstein aus der Reformationszeit, also um 1530. Vor der nördlichen Westwand wurde eine trapezförmige romanische Grabplatte aufgestellt. Der schöne Messingkronleuchter aus Groningen trägt das Datum 1800. Das Gemeindegestühl und auch

95 Altar

die Emporen fügte man wohl zur selben Zeit hinzu wie die 1822/23 von Wilhelm Eilert Schmid aus Loga geschaffene Orgel.

Von Völlen fährt man auf Papenburg zu und biegt vor der Stadtgrenze nach links in die nach Leer führende B 70 ein. Nach sechs Kilometern erreicht man den Abzweig nach Steenfelde, sollte hier aussteigen und den weiten Blick über das nach allen Seiten abfallende, in der Ferne durch alte Bäume begrenzte Gelände genießen. Im 12. und 13. Jahrhundert begann der Meeresspiegel abermals zu steigen. Bodensenkungen im Bereich der heutigen Gemeinde führten dazu, dass die ursprünglich weiter westlich gelegenen Siedlungen zum Teil aufgegeben oder weiter östlich auf die hohe Geest verlagert werden mussten.

Das Kirchdorf **Steenfelde** hat seinen Namen von den vielen, hier von den Moränen hinterlassenen Findlingen erhalten. Die **lutherische St. Maria und Nikolaus Kirche (Abb. 96)** (Südende 28) steht sehr malerisch am westlichen Ortsrand auf einem kreisförmigen, flachen Hügel, der von einem bis zu drei Meter hohen Erdwall, Linden und Eichen umschlossen ist. Der westliche Teil des langgestreckten, rechteckigen Saal-

96 Luth. St. Maria und Nkolaus Kirche

baus aus Backstein stammt noch aus dem 13. Jahrhundert, nach einem Teileinsturz 1429 erfolgte die Erweiterung der Kirche nach Osten. Die westliche Erweiterung stammt aus dem 20. Jahrhundert. Die relativ großen Rundbogenfenster wurden 1860 eingebrochen. Der **Glockenstuhl (Abb. 97)** des Parallelmauertyps wurde nördlich der Kirche am Ende des 13. Jahrhunderts errichtet.

Den Innenraum überdeckt eine flache, blau gestrichene Brettertonne mit frei sichtbaren Ankerbalken darunter. Wohl um 1860/70 ist der neugotische Altaraufbau gefertigt worden. Der Taufstein in der Form eines Kelches stammt aus dem 15. Jahrhundert, die schlichte Kanzel aus dem 17. Jahrhundert. Beachtenswert ist das für Ostfriesland so typische **Kastengestühl** mit Traljengittern aus der Mitte des 18. Jahrhunderts. Den einen der beiden Messingkronleuchter fertigte Gottlieb Franck aus Emden, der andere entstand 1802. Die Orgel schuf derselbe Meister wie die in Esklum, nämlich 1858-60 Gerd Sieben Janssen aus Aurich.

97 Glockenstuhl

Der Name des Bauerndorfes **Großwolde,** das weiter nördlich Richtung Leer liegt, leitet sich aus Wold (niedriges, sumpfiges Wiesenland) ab, in dem Alt-Großwolde einst im Niederungsmoor lag. Um 1200 wurde es wegen des zunehmenden Grundwasserstandes in Folge des steigenden Meeresspiegels an den heutigen Standort auf der Geest verlegt. Bald danach errichtete man die heutige **reformierte Kirche** (Kirchstraße 2) als spätromanischen Saalbau aus Backstein mit gedrungenem Westturm. Die Hölzer des Dachwerks der Kirche wurden bei einer Holzaltersbestimmung auf 1298 datiert, eine spätere Erneuerung auf das Jahr um 1503. Bei Renovierungsarbeiten 1969/70 hat man an der Südwand des Chores eine rechteckige Piscina freigelegt. An der Südwand des Langhauses in der Nähe des Chors befindet sich eine Kredenznische. Sie steht in Verbindung mit ehemaligen Seitenaltären, die ehemals durch die heute vermauerten Seitenfenster belichtet wurden. Die jetzigen Fensteröffnungen sind alle aus jüngerer Zeit.

Der Innenraum wird von einer flachen Brettertonne abgeschlossen. Unter der sonst schlichten Ausstattung ragt der *****Taufstein** aus dem späten 13. Jahrhundert hervor. Am zylindrischen Becken befindet sich ein plastisch ausgearbeiteter Fries aus Ranken und einem Fabelwesen. Die kräftige und reiche Verzierung weist auf eine späte Arbeit des Bentheimer Typs hin. Auf der Sockelplatte befinden sich vier Löwen als Trägerfiguren. Weiterhin gibt es in der Kirche ein achteckiges Becken, das wie eine gotische Taufe aussieht. Dabei dürfte es sich um ein Weihwasserbecken aus dem 15. Jahrhundert handeln, welches frei im Eingang der Kirche platziert war.

Von Großwolde aus Richtung Norden biegt man nach zweieinhalb Kilometern nach links ab und gelangt so nach **Ihrhove,** das wegen seiner hochwassersicheren Lage auf dem hohen Geestrand schon sehr früh besiedelt wurde. Die hier gelegene, Esseborg genannte Häuptlingsburg wurde von Focko Ukena und Keno tom Brok 1409 belagert und zerstört. Münstersche Truppen fielen 1493 in das Dorf ein und brannten viele Häuser nieder.

Der Zugang zum Kirchhof erfolgt durch die gewölbte Durchfahrt des **Glockenturms**, dessen Ankerziffern das Jahr 1482 nennen, wohl aber ursprünglich als 1842 zu lesen waren. Er wird im 13. Jahrhundert errichtet worden sein. Das ursprünglich vorhandene Rippengewölbe wurde im 17. Jahrhundert durch ein steinernes Tonnengewölbe ersetzt. Links vom Glockenturm befindet sich die **alte Schule** (Denkmalstraße 6) aus der Zeit um 1880.

Der kurze, aber breite rechteckige Saalbau der **reformierten Kirche** (Denkmalstraße 4) lässt in seinem Backsteinmauerwerk noch die Spuren von Lisenen sowie rundbogigen Portalen und Fenstern erkennen und erlaubt dadurch eine Datierung in die Mitte des 13. Jahrhunderts. Die einst vorhandene Ostapsis brach man 1472 ab und ersetzte sie durch einen schlichten Giebel mit zwei schlanken Spitzbogenfenstern. Weitere entscheidende Veränderungen nahm das 18. Jahrhundert vor, als man die heutigen breiten Rundbogenfenster einbrach und zugleich die Mauern aufstockte, um im Innenraum Platz für die flachgewölbte Holztonne zu gewinnen. Von der Ausstattung verdient außer dem Messingkronleuchter von 1687 nur der Taufstein des Bentheimer Typs aus dem Beginn des 13. Jahrhunderts mit den üblichen vier Löwen am Fuß Aufmerksamkeit. Die Wandung des zylindrischen Beckens schmückt ein flacher Rankenfries zwischen zwei stilisierten Taustäben.

Wer noch etwas Zeit hat, kann auf dem Rückweg nach Leer in **Folmhusen** Station machen und sich dort das volkskundlich interessante *Schulmuseum* in der **alten Schule** (Leeraner Straße 9) ansehen. Sie liegt unmittelbar an der Bundesstraße und ist als langgestreckter Bau von etwa 1880 mit einem mittigen Turm nicht zu übersehen.

Kurz vor der Ledabrücke kann man rechts abbiegen und nach **Breinermoor** gelangen. Der bäuerlich geprägte Ort hat noch einige intakte Gulfhäuser, so in der **Achterstadt** 7 und in der **Breinermoorer Straße 9** und **25**.

Die heutige **lutherische St. Sebastian- und St. Vincenzkirche** (Abb. 98) (Idehörner Straße 3) wurde als Ersatz für eine Kapelle errichtet, die auf dem 400 Meter entfernten Friedhof stand. Der Saalbau mit geradem Ostabschluss ist 1784 errichtet und mit einem schmalen Westturm versehen worden. Vom Vorgängerbau wurden die Kanzel, datiert 1686, und ein Kronleuchter von 1751 übernommen. Im Inneren trägt ein hölzernes Tonnengewölbe die Decke. Gerd Sieben Janssen, von dem 16 Orgelneubauten, wie in den Kirchen Völlen und Großwolde, nachgewiesen worden sind, hat 1874 die Orgel gebaut. Er war zu dem Zeitpunkt bereits 72 Jahre alt und stand noch ganz in der Kontinuität des barocken Orgelbaus des 18. Jahrhunderts.

98 Luth. St. Sebastian- und St. Vincenzkirche

Landkreis Leer

ARCHITEKTURFÜHRER OSTFRIESLAND

Rheiderland

Die Fahrt geht über die Stadt Leer ins Rheiderland, dazu kann man zügig über die A 28/31 durch den Emstunnel Richtung Groningen bzw. Oberhausen fahren und dort gleich am Ende des Tunnels den Abzweiger Richtung Jemgum nehmen. Wer es beschaulicher haben möchte, fährt die B 75 Richtung Weener und quert die Ems über die 1991 fertiggestellte Jann-Berghaus-Brücke. Auch hier muss man unmittelbar auf der Rheiderländer Seite nach Bingum abbiegen und Richtung Jemgum fahren. Das Rheiderland wird im Westen durch den Dollart und die Grenze zu den Niederlanden, im Süden durch das Emsland und im Norden und Osten durch die Ems begrenzt. Es besteht überwiegend aus Marschen und überschlickten Randmooren, in südlichen Bereichen auch aus Hochmoor. Wie bei der Krummhörn hat auch hier das Meer teils positiv durch die Überschlickung infolge der Überflutungen im Zeitalter des ansteigenden Meeresspiegels aufgrund der Erderwärmung, teils katastrophal durch Sturmfluten mit dem Verlust von Menschenleben, Vieh und Häusern gewirkt. Die Dörfer liegen deshalb auch hier auf Wurten.

Vom 13. Jahrhundert an legte man die Deiche am Dollart und an der Ems an, wegen ihrer Höhe ahnt man Nordsee und Ems mehr, als man sie direkt erleben kann. Das ist nur möglich, wenn man die Deichkronen besteigt, dann aber durch stimmungsvolle Ausblicke belohnt wird. Fast immer ist man allein mit sich und der Weite, nur wenn eines der Kreuzfahrtschiffe der Meyer Werft aus Papenburg über die künstlich aufgestaute Ems nach Emden geschleppt wird, strömen Tausende herbei, um das riesige Schiff durch die Landschaft gleiten zu sehen. Diese Ozeanriesen ernähren das nördliche Emsland und südliche Ostfriesland, denn die Meyer Werft hat sich auf dem Weltmarkt einen vorzüglichen Ruf erarbeitet und kann mit asiatischen Billiganbietern konkurrieren. Zwar ist der Kostenaufwand, abgesehen von den vermuteten Umweltschäden, die Fahrrinne für derart große Schiffe ständig auszubaggern und durch Anstauen das notwendige Wasser unter den Kiel zu bekommen, so hoch, dass die Werft besser in Emden läge, was aber jetzt wohl kaum noch zu ändern ist.

Das Rheiderland gehörte im 12./13. Jahrhundert zu den freien friesischen Landesgemeinden, während der Häuptlingszeit kam es in der 1. Hälfte des 15. Jahrhunderts nacheinander unter die Herrschaft der ostfriesischen Häuptlinge tom Brok, Focko Ukena und Cirksena. 1464 wurde es unter Ulrich Cirksena Teil der Reichsgrafschaft Ostfriesland und teilte fortan deren Schicksal. Seit 1814 gehörte das Rheiderland zum Königreich Hannover, bis 1866 Hannover von Preußen annektiert wurde. Als das Königreich Preußen 1885 Ostfriesland in Landkreise gliederte, gab es einen Kreis Weener, der jedoch bei der Gebietsreform 1932 im Kreis Leer aufging.

Gemeinde Jemgum
mit Holtgaste, Jemgum, Jemgumgaste, Marienchor, Midlum, Critzum, Hatzum, Nendorp, Oldendorp, Ditzum, Pogum und Böhmerwold

Wer den Abstecher nach **Holtgaste** nicht scheut, muss auf der Straße in Richtung Jemgum nach der Überquerung der Autobahn nach wenigen hundert Metern links abbiegen und findet dort die **lutherische Liudgeri-Kirche** (Holtgaste 7). Es ist ein schlichter rechteckiger Backsteinbau aus dem 16. Jahrhundert, dessen schmalerer, quadratischer Chor noch aus dem 13. Jahrhundert stammt. Das Schiff hat man 1644 im Westen verkürzt, gleichzeitig durch Herausrücken der Südwand in die Flucht des Chores verschmälert. Der vor der Südseite stehende Glockenturm des geschlossenen Typs entstand 1711. Im Inneren sind das Schiff und der 1853 seiner Wölbung beraubte Chor durch einen schmalen Spitzbogen getrennt. Die Gewölbedienste mit Knospenkapitellen und einige Kopfkonsolen sind noch zu sehen, desgleichen die Mensa des mittelalterlichen Altars. Der bedeutende Mittelschrein des spätgotischen Flügelretabels aus der Zeit 1520-25, wohl von dem anonymen Meister von Osnabrück geschaffen, ist der Kirche entnommen worden und befindet sich heute im *Heimatmuseum Rheiderland* in Weener. Die schöne Kanzel von 1644 betont sehr Formen der Renaissance, ebenso der zeitgleiche polygonale Taufstein aus dem Jahr 1640. Die Orgel baute Arnold Rohlfs aus Esens 1865. Im Kirchdorf befindet sich noch die **alte Pastorei** (Holtgaste 13) von 1803 mit den zeittypischen Blockrahmen-Schiebefenstern und die um 1875 erbaute **alte Dorfschule** (Holtgaste 9).

Auf Weg nach **Jemgum** fahren wir durch ein neues Industriegebiet. Es entstehen dort riesige unterirdische Erdgasspeicher in 33 Kavernen, die durch Ausspülen der großen Salzstöcke gebildet werden. Dazwischen liegen auf der Westseite der Straße noch einige sehenswerte Gulfhäuser, die mit ihren aufwändig gestalteten Wohngiebeln den Reichtum der Marschenbauern in der zweiten Hälfte des 19. Jahrhunderts anzeigen. Herausragend ist das Gulfhaus **Jemgumkloster** 2, dessen Giebel mit Gesimsen, Ecklisenen und profilierten Fenstergewänden besonders reich gestaltet wurde. Der Hof von 1908 wird von einer Graft umgeben, die man über eine kleine Brücke überqueren kann.

Jemgum war Sitz einer im letzten Viertel des 13. Jahrhunderts gegründeten Johanniterkommende, von der es keine oberirdischen Baureste mehr gibt. In der Schlacht bei Jemgum 1568, einer der ersten Kämpfe um

99 Gulfhaus Hofstraße 5

100 Albahaus

101 Ref. Kirche

die Unabhängigkeit der Niederlande, besiegte der spanische Herzog Alba die niederländischen Freiheitskämpfer. Der Ort zeigt von Süden eine schöne Ortssilhouette mit Mühle und Kirchturm und lädt uns zu einem Rundgang ein. Schon an der Hofstraße zeigen sich einige interessante Gebäude, wie die beiden Villen **Hofstraße 4 und 6**. Wohl eines der prächtigsten Gulfhäuser Ostfrieslands ist das Gulfhaus **Hofstraße 5 (Abb. 99)**, das sich ein Ziegeleibesitzer 1877 erbauen ließ, einschließlich der Graft und einem Park. Der Wohngiebel ist mit zahlreichen Formsteinen im neugotischen Stil errichtet worden, den Vorbau des Einganges bekrönen zwei weibliche Statuen, die dem Haus den Namen Puppenhaus einbrachten. An der Hofstraße 37 trifft man auf das **alte Pfarrhaus**. Es handelt sich um ein Kreuzelwerk, dessen quergestellter Wohnteil ein Steinhaus aus dem 17. Jahrhundert ist. Das Mittelhaus und die Scheune sind aus dem frühen 19. Jahrhundert.

Von der Hofstraße biegt man in die Lange Straße, um dort vor dem sogenannten **Albahaus (Abb. 100)** (Lange Straße 17) stehen zu bleiben. In dem 1567 errichteten Steinhaus soll Herzog Alba nach gewonnener Schlacht gewohnt haben. Der Giebel ist mit Sandsteinbändern, sogenannten Specklagen, gegliedert, in einem ist ein Spruch über die Vergänglichkeit alles Irdischen eingemeißelt. Gleich hinter dem Albahaus biegt man in die Kreuzstraße ein und der Blick fällt auf die zweigeschossige **Galerieholländermühle** (Kreuzstraße 2) von 1756 und auf das Müllerhaus, das um 1880 erbaut wurde. Zurück in der Langen Straße läuft man an zahlreichen Wohnhausgiebeln des 19. Jahrhunderts vorbei bis zur Kirche. Die ****reformierte Kirche (Abb. 101)** (Lange Straße 49) nimmt die Stelle der mittelalterlichen Johanniterkirche ein. Diese Kirche aus dem 13. Jahrhundert wurde nach der Reformation 1556 gänzlich erneuert. 1661 erhielt sie einen südlichen und 1769 einen nördlichen Anbau. Nach dem Neubau eines Turmes 1846 wurde durch Marten Bruns Schmidt aus Ditzum nun auch die kreuzförmige Kirche neu aufgebaut. Ein Feuer am 31. Januar 1930 zerstörte die Kirche bis auf die Außenmauern. Der Kirchenraum erhielt daraufhin eine neue, einheitliche Innenausstattung in den Formen der klassischen Moderne aus dunklem Naturholz mit Messingstäben. Als bei Renovierungsarbeiten 2004 die Kirche erneut ausbrannte, hatte man zuvor zum Glück die hölzerne Ausstattung von 1930 geborgen und so blieb das ebenso seltene wie qualitätvolle Beispiel für kirchliche Kunst in den 30er Jahren erhalten. Sie ist nach einer vorbildlichen Restaurierung des Kirchraums dort wieder eingebaut worden. Die Orgel von 1972 war dem Brand zum Opfer gefallen. Sie wurde durch eine historische Orgel von 1844 des englischen Orgelbauers Walker ersetzt.

Am Ende der Langen Straße biegt man in die Marktstraße ein, gleich links steht die **alte Waage** (Marktstraße 9), die 1589 erbaut und 1859 erneuert wurde. Am Ende der Straße befand sich der alte Hafen, zu dem das sehenswerte **Gasthaus Sielhus (Abb. 102)** (Marktstraße 27) gehört. An der Giebelmauer kann man noch die Verstärkung gegen das Hochwasser sehen. Im Inneren des Anfang des 19. Jahrhunderts errichteten Hauses ist eine historische Gaststätte mit einer alten Poststelle erhalten, die vom örtlichen Heimatverein betrieben und auch gern gezeigt wird. Zurück durch die Oberflethmerstraße werfen wir einen Blick auf das **alte Amtshaus (Abb. 103)** (Oberflethmerstraße 39), wohl aus dem Jahre 1830, das mit dem mächtigen Holzgesims an der Giebeltraufe die niederländische Architektur der Zeit widerspiegelt. Auch diese Straße zeigt in der engen Reihung der Gebäude Architekturbeispiele des 19. Jahrhunderts. Prägend in der Straße ist das massive Wohn- und Geschäftshaus **Oberflethmerstraße 7**, datiert auf das Jahr 1741 und mit Aufsätzen in Zapfenform auf den Giebelohren. Am Ende der Oberflethmerstraße an der Ecke zur Hofstraße liegt auf einem großen Gartengrundstück die **Villa Koopmann** (Hofstraße 26). Sie wurde 1899 durch den Ziegeleibesitzer Reins errichtet. Er besaß die Ziegelei Fährpatt am Jemgumer Hafen, die als letzte von 26 Ziegeleien im Niederrheiderland bis zum Jahre 2009 Ziegel produzierte.

102 Gasthaus Sielhus

Man verlässt Jemgum und fährt auf dem Dukelweg in westlicher Richtung nach **Jemgumgaste**. Hier liegt einsam in der freien Landschaft ein kleiner **jüdischer Friedhof** mit 13 Grabsteinen aus der Mitte des 19. Jahrhunderts bis in die 1930er Jahre des 20. Jahrhunderts. Der leicht erhöhte Friedhof mit etwas Baumbestand ist über eine Brücke zu erreichen. Auf der kleinen Sandhöhe in Jemgumgaste interessiert uns das Gulfhaus **Jemgumgaste 4 (Abb. 104)**, eine Kreuzelwerkanlage mit einem quergestellten Wohnteil aus dem Beginn des 17. Jahrhunderts, das 1797 umgebaut wurde, und einer großen Gulfscheune, wohl um 1900 errichtet. Der Gebäudekomplex ist teilrestauriert und wird vom Monumentendienst genutzt, einem Wartungs- und Inspektionsdienst für historische Gebäude. Diese segensreiche Einrichtung betreut über 1.600 Baudenkmale im Weser-Ems-Bereich (Stand 2017). In der Gulfscheune ist eines der Materiallager mit historischen Baumaterialien untergebracht.

103 Alte Amtshaus

Die Aufstrecksiedlung **Marienchor**, rund drei Kilometer weiter westlich, ist vermutlich hochmittelalterlichen oder spätmittelalterlichen Ursprungs. Im Jahr 1668 wurde die heutige *****reformierte Kirche** (Marienchor 23) errichtet. Sie ist eine rechteckige Saalkirche mit je vier Rundbogenfenstern zwischen Pilastern an den Längsseiten und zwei östlichen Rundbogenfenstern. Wie zahlreiche andere Gebäude in diesem Gebiet auch, versackte das Gebäude im Laufe der Zeit. Diese Verwerfungen kann man auch in dem Innenraum nacherleben, damit hat diese kleine bäuerliche Kirche mit der geschlossenen Ausstattung mit Kanzel und Gestühl aus dem 17. Jahrhundert ihr ganz eigenes Gepräge. Zum Ensemble gehören der gedrungene Westturm von 1775 und das unmittelbar danebenliegende **Pfarrhaus** von 1849.

104 Gulfhaus, Jemgumgaste 4

Landkreis Leer

ARCHITEKTURFÜHRER OSTFRIESLAND

105 Ref. Kirche

106 Glockenturm

107 Ref. Kirche

Zurück über Jemgum fährt man parallel zum hohen Deich der Ems nach **Midlum**. Die dortige *****reformierte Kirche (Abb. 105)** (Denkmalstraße) ist als romanischer Apsissaal in der 1. Hälfte des 13. Jahrhunderts aus Backstein erbaut worden. Die originalen kleinen Rundbogenfenster sind zum Teil noch im vermauerten Zustand zu erkennen, neue große wurden wohl im Barock eingebrochen. Der im Verhältnis zur Kirche übergroße, wuchtige, schiefstehende Glockenstuhl **(Abb 106)** des geschlossenen Typs hat große rundbogige Schallarkaden in zwei Geschossen und ist mit der Kirche zusammen errichtet worden. Im 18. Jahrhundert wurde der untere Bereich zugemauert, diese Veränderung machte man bei der Restaurierung in den Jahren 1999-2002 wieder rückgängig. In der Südwand der Kirche erkennt man Reste eines Rundbogenfrieses und ein vermauertes Kleeblattbogenportal. Im Innenraum ruht das hölzerne Tonnengewölbe auf ähnlich mächtigen Konsolen, wie dies in Weener und Bunde der Fall ist. Kirchenschiff und Apsis wurden mit einer Bretterwand voneinander getrennt. Die **Orgel** auf der Ostempore wurde 1766 von Hinrich Just Müller erbaut, wie auf dem Spruchband in niederländischer Sprache an dem Rückpositiv zu lesen ist. Sie ist weitgehend original erhalten und wurde 1988 durch die Krummhörner Orgelwerkstatt restauriert. Die beiden unter der Empore angeordneten Patronatsstühle tragen ebenfalls das Datum 1766 und sind mit Rocaille-Ornamenten verziert.

Der nächste Ort ist **Critzum**, ein kreisrundes Wurtendorf mit einer Kirche im Zentrum des Dorfes, einstmals komplett von einem Graben umgeben, der auf der Ostseite noch vorhanden ist. Die **reformierte Kirche (Abb. 107)** (Critzumer Straße 6) erscheint auf den ersten Blick wegen der Fensterformen wie ein barocker Kirchenbau. Und doch stecken in diesem rechteckigen Gebäude noch Teile eines romanischen Backsteinbaus aus dem 13. Jahrhundert, wie aus dem vermauerten kleinen Fenster und dem Rundbogenportal zu schließen ist. Den schlichten Innenraum überdeckt eine Flachdecke. Von der Ausstattung verdient nur die Kanzel aus der zweiten Hälfte des 17. Jahrhunderts Interesse. Am Kanzelkorb sind die Darstellungen von eher unchristlichen Sphinxen oder Sirenen zu sehen.

Eine bedeutende Rolle hatte im Mittelalter wohl **Hatzum**, das auf einer Wurt unmittelbar an der Ems liegt. Es war früher vor allem von Landarbeitern, Emsfischern, Ziegeleiarbeitern, Handwerkern und acht Landwirten bewohnt. Von den Hofstellen sind heute nur noch zwei landwirtschaftlich tätig. Den Mittelpunkt des Ortes bildet die vom Bautyp her interessante ******reformierte Kirche** (Karkgang 1). Sie wurde als Probsteikirche um 1260-70 als ein kreuzförmiger frühgotischer Gewölbebau aus Backstein errichtet. Die beiden Querschiffarme sind abgebrochen worden, die Gewölbe eingestürzt, und doch kann man an der Restkirche noch deren einstige Größe und Bedeutung nachempfinden. Auf der Nordseite ist noch der Ansatz der Querschiffmauern vorhanden **(Abb. 108)**, auch die kleinen, schmalen frühgotischen Fenster, das westliche rund, das östliche leicht spitzbogig. Die Südseite **(Abb. 109)** lässt ebenfalls den Ansatz des Kreuzarms erkennen, am Schiff wurden die Fenster nachträglich stark vergrößert, zwischen ihnen blieben aber die originalen Blendfelder mit Ziegelmustern erhalten, wie sie ähnlich in Wiesens zu finden sind. In Bunde gibt es sie spitzbogig, auch erhielt die Kirche zur selben Zeit die Form eines lateinischen Kreuzes, sodass sie wahrscheinlich das Vorbild für Hatzum war. Den Glockenturm des geschlossenen Typs erbaute 1850 der offensichtlich auf Türme spezialisierte Baumeister Marten Bruns Schmidt aus Ditzum.

Im Innenraum **(Abb. 110)** kann man die einstige Teilung in zwei Langhausjoche, drei Querschiffsjoche und das Chorquadrat an den spitzbogigen Schildbögen und einigen kräftigen, mehrfach abgetreppten Wanddiensten noch ablesen. Die Westwand mit ihrem zweischaligen Aufbau mit einer vorderen Reihe in der Mitte geöffneter Spitzbögen wurde 1962 nach dem originalen Befund erneuert. Das Chorjoch wurde wohl schon bald nach der Reformation durch eine Mauer vom Querschiff abgetrennt, davor steht die Ostempore mit der Orgel aus der Werkstatt Ahrend und Brunzema, Loga, von 1964. Darunter entdeckt man an zwei Spitzbögen Reste der einstigen ornamentalen Ausmalung aus der Erbauungszeit. Eine Balkendecke schließt seit dem Verlust der Wölbung den weiten Innenraum ab.

Der **Taufstein (Abb. 111)** hat im Unterschied zu den meisten Taufen des Bentheimer Typs besonders lebhaft gestaltete Löwen, die nach oben gerichtete Köpfe haben und das Becken mit den Vorderpfoten tragen. Am zylindrischen Becken sind zwei Bogenfriese eingemeißelt, deren oberer mit durchgestecktem Band und unterer mit Lilien in den Bogenfeldern von den sonst üblichen romanischen Schmuckformen durch ihren frühgotischen Stil abweichen. Es dürfte sich somit um den jüngsten der Taufsteine dieses Bentheimer Typs handeln, er wurde erst zur Bauzeit der Kirche um 1260-70 beschafft. Bei der schönen, in Naturholz gehaltenen **Kanzel** kann man wegen der gewundenen Säulen an den Ecken des Korbes und den Ornamenten in den Bogenfeldern vermuten, dass Meister Albert Frerichs aus Emden sie am Ende des 17. Jahrhunderts geschaffen hat. Dieser baute auch die Kanzeln in Bunde und Larrelt. An einer Tür des Kastengestühls des 18. Jahrhunderts mit Traljengittern ist das Wappen einer Häuptlingsfamilie mit einem Ritter im Schild und aufwändiger Helmzier zu sehen. Vielleicht hat das offensichtlich in zweiter Verwendung eingefügte Relief einst

108 Ref. Kirche, Nordseite

109 Südseite

110 Kirchenschiff

111 Taufstein

Landkreis Leer

ARCHITEKTURFÜHRER OSTFRIESLAND

eine Patronatsloge der Häuptlinge von Hatzum geziert. Deren Burg lag südlich der Kirche jenseits einer Graft auf dem Gelände, auf dem heute der Wohnteil des Gulfhauses **Achter d´Toorn 5** steht. Dessen Scheunenteil ist 1992 abgebrannt. Im Wohnhausgiebel ist eine Wappentafel mit dem Datum 1824 angebracht, das durchaus das Datum des Abbruchs der Burg sein könnte.

112 Ref. Kirche

Die kleine **reformierte Kirche (Abb. 112)** (Nendorper Straße) des Wurtendorfes **Nendorp** liegt direkt an der Durchfahrtsstraße, malerisch von den Linden des Friedhofs gerahmt. Ihr ältester Teil ist der von einer Vorgängerkirche noch erhaltene gedrungene Westturm von 1754 mit einer aufgesetzten Laterne. Ein Blick in den Innenraum des 1820 direkt angebauten klassizistischen Saals mit hölzernem Tonnengewölbe und einer Kanzel von 1611 lohnt sich nur, wenn der Zugang einfach möglich ist. Leider sind die Kirchenfenster bei einer Erneuerung durch Kunststofffenster ersetzt worden, dadurch wird das historische Erscheinungsbild der Kirche erheblich beeinträchtigt.

Das Dorf **Oldendorp** trägt seinen Namen zu Recht. Er beweist, dass das Südufer der Ems schon früh besiedelt und christianisiert wurde. Die **reformierte Kirche** (Turmweg 2) ist ein rechteckiger Saalbau aus Backstein, der aufgrund der vier schlanken, nachträglich vermauerten Spitzbogenfenster in der Ostwand in die Zeit um 1260-70 zu datieren ist. Dafür spricht auch das Rundbogenportal in der Nordwand mit zweifach abgetreppter Laibung und wulstigem Kämpfer. Die Mauern der Kirche wurden in der Neuzeit teilweise abgetragen, dabei wurde ein neues Krüppelwalmdach aufgebracht. Der gleichzeitig mit der Kirche erbaute Glockenturm des geschlossenen Typs lehnt sich direkt an die Nordwestecke der Kirche an. Deren Innenraum schließt ein hölzernes Tonnengewölbe ab. Eine Nische im Chor lässt sich zweifelsfrei als mittelalterliche Piscina deuten. Dort liegen auch zwei Grabplatten von Oldendorper Pastoren. Der schlichte, acht-

Hafen und Fischrestaurants

eckige Taufstein mit quadratischem Fuß ist eine Arbeit des 16. Jahrhunderts, die Kanzel stammt von 1645. Meister Arnold Rohlfs aus Esens schuf 1870 die Orgel, die auf der Ostempore über der Kanzel steht und von Priechen umgeben ist.

Ditzum ist wie Greetsiel ein intakter Sielort mit einem Hafen **(Abb. 113)**, in dem Krabbenkutter liegen. Es ist der Standort der unter Fachleuten geschätzten Bültjer-Werft, die auch heute noch größere Holzschiffe baut und Traditionsschiffe repariert. Der Sielhafen ist nach langen Auseinandersetzungen so bewahrt geblieben, wie er ursprünglich war. Durch die Instandsetzung des Siels im Jahre 1985 ist der Hafen voll funktionsfähig und auch das historische Erscheinungsbild des Ortes ist durch maßvolle Baumaßnahmen erhalten worden. Dringend empfohlen wird ein Rundgang vom Hafen durch die Pfefferstraße und Hofstraße, dann über die Loegsbrücke, auch Hühnerbrücke genannt, des Sieltiefs, um durch die Sielstraße zum Hafen zurückzukehren. In unmittelbarer Hafennähe liegen einige gastronomische Betriebe, in denen vorrangig Fisch auf der Speisekarte steht. Bei dem nicht gerade üppigen Restaurantangebot im Rheiderland sollte man dieses Angebot für eine Rast nutzen.

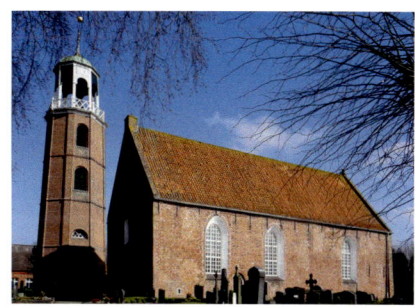

114 Ref. Kirche

Inmitten des Dorfes liegt die *****reformierte Kirche (Abb. 114)** (Ditzumer Hofstraße 11a), einst aus Backstein als romanischer Apsissaal erbaut. Statt der Apsis hat sie nun einen geraden Ostabschluss. Die originalen kleinen und hoch sitzenden Rundbogenfenster sind auf der Nordseite noch vorhanden, ebenso zwei vermauerte romanische Rundbogenportale. Die Fenster auf der Südseite wurden im 16. Jahrhundert stark in Spitzbogenform vergrößert. Der Verzicht auf jede Wandgliederung deutet darauf hin, dass der Bau noch vor 1200 errichtet wurde. Vor seiner Nordwestecke errichtete der Ditzumer Baumeister Marten Bruns Schmidt 1846 den freistehenden, schlanken Achteckturm mit offener Laterne und flacher geschweifter Kuppel, der einem Leuchtturm sehr ähnlich ist und wohl zugleich als Seezeichen gedacht war. Es ist dies die beste Leistung von Schmidt, der auch die Türme in Jemgum und Bunde schuf.

115 Kirchenschiff

Die Kirche hat unter Beschuss im Zweiten Weltkrieg arg gelitten und Erneuerungen waren notwendig, die sich auch im Innenraum **(Abb. 115)** zeigen. Trotzdem hat er noch die charakteristische Schlichtheit romanischer Dorfkirchen bewahrt, nur die hölzerne Segmentbogentonne mit ihren Ankerbalken hat das Bild verändert. Bis zur Anschaffung einer neuen Orgel 1965 von Karl Schuke aus Berlin stand die Kanzel an der Ostwand inmitten des Bogens der früheren Apsis. Sie wurde 1684 vom Kistemaker Frerick Albers aus Eichenholz mit Intarsien aus Ebenholz und Esche gearbeitet und weist den für diese Zeit üblichen Aufbau mit gewundenen Säulen an den Ecken und Ornamenten in den Rundbogenfeldern des Kanzelkorbes auf. Man findet zwar in vielen reformierten Kirchen einen älteren Abendmahlstisch, doch keiner ist so kunstvoll wie der 1660 von Hinderk Fooken, Kistemaker in Jemgum, aus Eichenholz mit Intarsien aus Ebenholz und Palisander geschaffene **(Abb. 116)**. In der Kirche werden einige, meist bruchstückhaft

116 Abendmahlstisch

erhaltene, romanische Grabplatten aus dem 12. Jahrhundert aufbewahrt, die mit Rautenmustern, Rundbögen oder Kreuzen verziert sind.

Am Südrand des Kirchhofs steht das zweigeschossige historische **Pfarrhaus** (Ditzumer Hofstraße 11) aus dem frühen 16. Jahrhundert mit großem Rundbogenportal. Das Steinhaus besaß eine angefügte Gulfscheune, die um 1979 abgebrochen und durch einen unpassenden Neubau ersetzt wurde.

117 Galerieholländermühle

In der Pfefferstraße befinden sich hübsche Ziegelbauten, einige mit einem Zwerchhaus versehen, aus der Zeit um 1900. Älter ist das Wohnhaus **Pfefferstraße 13**, das sich ein Schiffer zu Beginn des 19. Jahrhunderts bauen ließ. Das Haus ist liebevoll restauriert worden, dabei blieb auch der alte Grundriss mit den Upkamern und den Butzen erhalten.

Für die Wiederherstellung des historischen Dorfbildes war die Restaurierung der im Krieg geschädigten zweistöckigen **Galerieholländermühle (Abb. 117)** (Kreuzstraße 3) in den Jahren 1992-94 von großer Bedeutung.

In der Sielstraße 10 liegt der **Hof Homfeld** mit einem wohlproportionierten, aufwändig gestalteten Wohngiebel. Über einem hohen Keller erhebt sich ein symmetrischer, eineinhalbgeschossiger Giebel mit Dreiecksmauerung, Bekrönung und Traufsteinen aus Sandstein. Durch zwei Hauslinden wird der über eine Freitreppe erreichbare Eingang gerahmt. Die Erbauungszeit des Gulfhauses dürfte zwischen 1860-70 liegen, als gute Geschäfte in der Landwirtschaft einen Bauboom an neuen Hofgebäuden auslösten. Wurden die Höfe bis zu dieser Zeit durch einen Querflur zwischen Wohnteil und Gulfscheune erschlossen, so erhielten die neuen Wohnteile einen Mittellängsflur. Dadurch konnten im Wohnteil mehrere Räume hintereinander vom Flur aus erreicht werden. Auch entfielen in den größeren Höfen die traditionellen Butzen, nunmehr stand dafür ein Schlafraum zur Verfügung.

118 Ehem. Sielwärterhaus

Dicht am 1891 erbauten **Brückensiel**, das 1985 seeseitig verstärkt und restauriert wurde, steht das um 1840 erbaute **ehemalige Sielwärterhaus (Abb. 118)** (Sielstraße 40), das nach der Instandsetzung und Modernisierung als Ferienhaus genutzt wird.

Der nächster Ort ist **Pogum,** der an der äußersten nordwestlichen Landspitze des Rheiderlandes liegt, von wo aus man einen großartigen Blick auf den Dollart und die Hafenanlagen von Emden am gegenüberliegenden Ufer hat. Die Ostfriesen nennen diesen Ort liebevoll das Endje van de Wereld (hochdeutsch: Ende der Welt). Der Dollart ist alljährlich Schlafplatz für unzählige Schwärme von Zugvögeln. Den spektakulärsten Anblick dabei bietet der Einflug der arktischen Wildgänse, die im umliegenden Grasland rasten und Nahrung suchen.

Nur durch den spätgotischen **Torturm** (Kirchring 2) konnte man den Friedhof betreten, der einst durch eine hohe Mauer wehrhaft war. Die 1776 auf den Fundamenten einer mittelalterlichen Vorgängerkirche erbaute *****lutherische Kirche** ist eine schlichte, aber gut proportionierte barocke Saalkirche, deren Südwand durch Pilaster und Rundbogenfenster gegliedert ist.

Der Innenraum **(Abb. 119)** mit Balkendecke hat durch die einseitige Belichtung von Süden und Osten wegen der fensterlosen Nordwand eine ganz eigene Stimmung. Von der Ausstattung könnte man die Kirche auch für eine reformierte halten, da anstelle eines steinernen Altars der hölzerne Altartisch von 1776 vor die Ostempore gesetzt wurde. Vor deren Brüstung erhebt sich auf zwei Holzstützen die 1758/59 von Johann Adam Berner aus Jever gebaute ****Orgel**, die ungeachtet ihrer bescheidenen Größe als ein Kunstwerk von besonderem Rang gilt. Das in die Emporenbrüstung eingebaute und aus ihr herausragende Orgelwerk hat seinen Spieltisch an der rechten Seite und enthält sechs Register (Pfeifenreihen), von denen nur noch drei von Johann Adam Berner stammen. Zu ihnen gehören die Prospektpfeifen, die der Ablieferung für Rüstungszwecke 1917 glücklicherweise entgangen waren. Durch die behutsamen Restaurierungen 1996 und 1999 ist

119 Luth. Kirche, Ostwand

die Pogumer Orgel wieder in die Reihe der schönsten und wertvollsten historischen Orgeln Ostfrieslands aufgerückt. Beiderseits der Orgel befindet sich je eine barocke Patronatsprieche. Die hübsche Kanzel von 1681 wurde aus dem Vorgängerbau übernommen und hat die für diese Zeit typische Gestalt mit gewundenen Säulen an den Ecken des Kanzelkorbes und den vier Evangelisten in Bogenfeldern dazwischen. Der Messingkronleuchter ist auf 1769 datiert, wurde also auch aus der Vorgängerkirche übernommen, desgleichen zwei romanische Grabplatten **(Abb. 120)** des 12. Jahrhunderts mit Andreaskreuzen und Sechsecken.

Als letzten Ort der Gemeinde Jemgum kann man das Dorf **Böhmerwold** aufzusuchen. An seiner Stelle lag einst das Dorf Bedum, das bei den großen Flutkatastrophen des 14. Jahrhunderts zusammen mit anderen Dörfern in den Fluten des Dollart unterging, bis man vom 16. Jahrhundert an Stück für Stück durch den Bau neuer Deiche dem Meer das alte Land wieder abgerungen hat. Es kam zur Neugründung des Dorfes, dessen alter Name Bedumerwold in Böhmerwold wiederaufgenommen wurde.

Sehenswert von den bescheidenen Abmessungen her, aber kunstgeschichtlich beachtlich ist die **reformierten Kirche** (Böhmerwold 22a). Sie wurde 1703 als Ersatz der wohl abgängigen Holzkirche errichtet. Am Außenbau ist das Südportal des Turmes mit seinen Puttenköpfen am Korbbogen und der Inschriftkartusche mit fleischigen Akanthusranken besonders sehenswert.

120 Grabplatte

Die schlichte Ausstattung der Kirche, wie die Kanzel, die zentral im Chor steht, und das Kastengestühl, das sich in malerischer Schieflage befindet, stammt aus dem Jahr 1705. Im Westen steht die kleine, 1828 von Johann Gottfried Rohlfs aus Esens für diesen Platz geschaffene *Orgel, die angeblich aus der Schlosskapelle in Aurich stammen soll, jedoch lediglich mit der dortigen zur selben Zeit entstand. Der farbenfrohe Prospekt hat einen sehr flächigen Aufbau mit drei Feldern, die durch abschwingende Profile vom hohen Mittelfeld zu den beiden Seitenfeldern verbunden werden. Dieser fortschrittlichen, vereinfachenden Gestaltung im Sinne des Klassizismus stehen die schwingenden Abschlussprofile und die spätbarocken Ranken in der Bekrönung gegenüber. 1989 erfolgte durch die Krummhörner Orgelwerkstatt eine Renovierung.

Gemeinde Bunde
mit Ditzumerverlaat, Landschaftspolder, Heinitzpolder, Bunderhammrich, Bunderhee, Bunde und Wymeer

Will man den durch Eindeichung und Entwässerung dem Dollart abgerungenen westlichen Teil des Rheiderlandes wegen der interessanten Landschaft erleben, fährt man von Pogum nach **Ditzumerverlaat** und macht einen Abstecher nach **Heinitzpolder**, eingedeicht 1796, und dem **Landschaftspolder,** der 1752 eingedeicht und 1754 besiedelt wurde. Hier liegen mächtige Gulfhäuser in Einzellagen, so beispielsweise der Hof **Heinitzpolder 7** von 1810 mit Graft und Allee oder der Hof **Heinitzpolder 17** aus dem Jahre 1870 mit einer Scheuenlänge von über 50 Metern. Auch dieses Plaatsgebäude ist von Gräften umgeben und mit einem Hausgarten versehen. Im Landschaftspolder sind es die Gulfhäuser **Landschaftspolder 6, 9, 15** und **21**, die den Bautypus eines Polderhofes gut repräsentieren. Beim Hof **Landschaftspolder 9** ist der zweigeschossige, quergestellte Wohnteil von 1802 besonders repräsentativ und zeigt die gehobene soziale Stellung der Polderbauern, die schon vor der Einführung des Kunstdüngers sehr gute Erträge aus dem kalkreichen Marschenboden erzielten.

Vergleichsweise bescheiden ist die **reformierte Kirche** (Landschaftspolder 5). Sie wurde als kleine Saalkirche 1768 aus Backstein errichtet, 1829 fügte Baumeister Marten Bruns Schmidt aus Ditzum den Westturm hinzu. Der Innenraum hat eine Brettertonne und eine schlichte Ausstattung aus der Erbauungszeit. Nach Ditzumerverlaat zurückgekehrt, ist ein Blick auf die landschaftlich reizvolle Lage der **Wasserschöpfmühle** (Wynhamster-Kolk 3) lohnend, auch liegt die **reformierte Kirche** (Wynham Nord 2) auf dem Weg. Sie wurde 1896 als neugotischer Ziegelbau mit einem vorgezogenen, polygonalen Eingangsbauwerk errichtet und wird durch Lisenen und Strebepfeiler gegliedert. Ein hoher, spitzer Dachreiter betont das im Inneren schlichte Kirchengebäude.

Über **Bunderhammrich** fährt man, begleitet durch den Wechsel von kleineren Wohnhäusern der Landarbeiter und den großen Marschenhöfen, Richtung Bunde. Auf dieser Straße, die auf einem Altdeich von 1705 verläuft, kommt man an zwei sehenswerten Gulfhäusern vorbei. Der Hof **Bunderhammrich 82** aus dem Jahr 1784 steht auf einem prägnanten Hofplatz mit Baumreihen, Garten, Gräften und kleinen Stegen. Imposant ist auch die **Domäne Fürstenjagdhaus** (Bunderhammrich 88), ein Gulfhaus aus dem Jahre 1869 mit einem Rokoko-Portal. Die Gulfscheune mit einer Ankerbalkenzimmerung stammt aus dem 18. Jahrhundert.

Am Eingangsbereich von **Bunderhee,** wo man links in die Straße Achterumshörn einbiegen kann, liegen hinter einer Linkskurve zwei schöne Gulfhäuser, **Achterumshörn 19** und **21**, aus der Zeit um 1800. Zum Hof Nr. 19 gehört noch eine Beischeune, die ein älteres Hausgerüst hat. Der

Wohnteil des Gulfhauses wurde 1896 erneuert. Das Gulfhausgerüst von Hof Nr. 21 besteht aus einer Ankerbalkenzimmerung, es ist auf das Jahr 1719 datiert und wurde hier im Jahr 1800 neu aufgerichtet.

Die Straße von Bunderhee nach Bunde wird weitaus überwiegend auf der Ostseite von einer großartigen Reihe von Gulfhäusern gesäumt, wie man sie in dieser Vielzahl und Größe selten findet. Sie zeugen vom Wohlstand der Marschbauern durch die Fruchtbarkeit der neu gewonnenen Böden. Rund ein Dutzend dieser Höfe haben aufgrund ihrer baugeschichtlichen und künstlerischen Bedeutung einen Denkmalstatus.

Links am Beginn der Steinhausstraße liegt das Gulfhaus **Steinhausstraße 156**, das gut 200 Jahre alt ist, gut zu erkennen an dem breit gelagerten, asymmetrischen Wohngiebel. 500 Meter weiter folgt das Gulfhaus **Steinhausstraße 130**, das mit dem Wohnteil von 1913 noch recht jung erscheint, jedoch eine alte Gulfscheune besitzt, die auf das Jahr 1709 datiert wurde. Ein hohes Alter weist auch das Gulfhaus **Steinhausstraße 128** auf, das im Straßengiebel in Form von Mauerankern das Baudatum 1719 trägt, selbst aber im Dachwerk noch Hölzer aus der Zeit um 1512 besitzt. Gleichalt ist die Gulfscheune, die dendrochronologisch auf das Jahr 1718 datiert wurde.

Es folgt das Gulfhaus **Steinhausstraße 114**, dort hat man den Wohnteil im historistischen Stil um 1910 neu erbaut und vor die alte Gulfscheune aus dem frühen 18. Jahrhundert gesetzt. Wie weit sich die Marschenbauern im späten 19. Jahrhundert vom traditionellen ostfriesischen Gulfhaus entfernt haben, zeigt das Gulfhaus **Steinhausstraße 112**. Geblieben ist der Typus einer Gulfscheune, jedoch wurde wohl gleichzeitig statt eines Wohnteiles hier 1887 eine zweigeschossige Villa mit einem Eingang unter säulentragendem Vordach errichtet, die nur durch einen kleinen Zwischenbau mit dem Wirtschaftsteil verbunden wird. Die Wohnteile der beiden Gulfhäuser **Steinhausstraße 97** und **82** tragen die Schmuckformen des Historismus vor und um das Jahr 1900, die Scheune Nr. 82 birgt ältere Bauteile, so sind Gerüstteile mit dem Datum 1660 versehen.

Kurz vor dem Steinhaus liegt das langgestrecktes Gulfhaus **Steinhausstraße 72**, erbaut von der Familie Hesse im Jahre 1899. Die parkähnliche Gartenanlage, entworfen vom niederländischen Gartenplaner Jan Vroom, mit Teich, Hügel und Brücke schließt unmittelbar an die Grünanlage des südlich gelegenen Steinhauses an. Leider ist das Gulfhaus ohne Nutzung und verfällt, auch ist der einstmals schöne Garten verwildert.

Das *****Steinhaus Bunderhee** (Abb. 121) (Steinhausstraße 64) ist eines der bedeutendsten Baudenkmale Ostfrieslands, da hier das friesische Häuptlingswesen des Spätmittelalters und der frühen Neuzeit anschaulich dargestellt werden kann. Während die wenigen erhaltenen Steinhäuser heute hinter Um- und Anbauten versteckt und alle übrigen nur noch archäologisch nachweisbar sind, ist der mittelalterliche Wehrturm von Bunderhee weitgehend unverfälscht erhalten. Viele Details im Äußeren und Inneren des Bauwerks erzählen von den einzelnen Phasen seiner Geschichte. Am Anfang stand der Wehrturm des 14. Jahrhunderts, von dem noch die kleinen Fenster bzw. Schießscharten zeugen. Damals reichte der

121 Steinhaus Bunderhee

Landkreis Leer

ARCHITEKTURFÜHRER OSTFRIESLAND

122 Anbau

Dollart noch bis in die unmittelbare Nähe des Steinhauses. Über ein Tief konnten Schiffe bis an die Burg heranfahren und dort anlegen. Durch die Einpolderungen zwischen 1509 und 1877 ist der Dollart heute weit abgerückt. In der 2. Hälfte des 16. Jahrhundert wurde der Turm mit größeren Fenstern und Kaminen zur dauerhaften Wohnung umgestaltet. Im darauf folgenden Jahrhundert entstand ein erster Anbau an der Westwand des Turmes **(Abb. 122),** der zwischen 1712 und 1735 noch einmal erweitert wurde. Wappen und Inschrift an der Westwand erinnern an den damaligen Besitzer und letzten Bauherrn Johannes van Heteren. 1976 kaufte die Ostfriesische Landschaft das Steinhaus aus Privatbesitz, sie hat es instand setzen lassen und überließ der Norddeutschen Orgelakademie die Räumlichkeiten zur Nutzung, die inzwischen nach Weener umgezogen ist. Nutzerwechsel und Bauschäden machten eine gründliche Restaurierung erforderlich, die im Frühjahr 2011 zum großen Gewinn für den Häuptlingssitz abgeschlossen werden konnte. Eine fachkundige Führung durch das Kulturdenkmal wird angeboten und ist sehr zu empfehlen. Die Räume des Steinhauses nutzt die Ostfriesische Landschaft jetzt für kulturelle Veranstaltungen.

Auf dem Weg nach Bunde folgen noch die Gulfhäuser **Steinhausstraße 54, 36** und **23** (nur Wohnteil erhalten) aus der 1. Hälfte des 19. Jahrhunderts.

Am Ortsschild **Bunde** heißt die Straße der alten Upstrecksiedlung nun Mühlenstraße. Sehenswerte Höfe sind hier die Gulfhäuser **Mühlenstraße 62, 50, 42** und **38**. Wie vielschichtig die Baugeschichte der Höfe ist, sei am Beispiel des Gulfhauses **Mühlenstraße 38** erläutert: Das Gulfhaus ist inschriftlich auf das Jahr 1801 datiert, wobei der Wohnteil 1895 erneuert wurde. Das Gerüst der Gulfscheune wird dendrochronologisch auf die Zeit um 1700 datiert, einige Hölzer sind zeitlich sogar zwischen 1524 und 1547 zu bestimmen.

123 Ref. Kirche

Zwischenzeitlich hat man den Ortskern von Bunde erreicht. Der Ort lag in der Zeit der Karolinger an einer wichtigen Straße, die als West-Ost-Verbindung aus dem Groningerland kommend über Leer zum Zwischenahner Meer und weiter nach Oldenburg führte. Der Ort war auf einer Geestinsel inmitten von Hochmooren angelegt worden, blieb deshalb von den Flutkatastrophen des 14. Jahrhunderts verschont, grenzte jedoch für etwa 200 Jahre an den Dollart, an dem es in der historischen Karte von Carel Allard aus dem Jahr 1670 noch unweit des Wassers eingetragen ist. Bereits auf der Ostfrieslandkarte von Ubbo Emmius aus dem Jahr 1595 liegt Bunde durch einen neuen, nach Westen vorgerückten Deich im Binnenland.

Die Position an der wichtigen Fernstraße vom Groningerland nach Oldenburg und die zeitweise Wasserverbindung zur Nordsee sowie die hochwassersichere Lage auf einer Geestinsel machten Bunde zu einem bedeutenden Handelsort und Mittelpunkt des Rheiderlandes. Daraus erklärt sich die ungewöhnliche Größe und anspruchsvolle Gestalt der ***reformierten Kirche** (Kirchring 2), die zu den bedeutendsten mittelalterlichen Sakralbauten Ostfrieslands gehört, und dies vor allem wegen der aufwändigen Ostteile. Die Geschichte des Bauwerks begann mit dem einschiffigen, flachgedeckten romanischen Langhaus, dessen Datierung in die Zeit um 1200 sich aus der Wandgliederung mit Lisenen und dem zarten Rundbogenfries auf der Nordseite ableiten lässt (Abb. 123). Später wurden die Mauern erhöht, die Rundbogenportale vermauert und die einst kleinen romanischen Rundbogenfenster durch große Spitzbogenöffnungen ersetzt. Das deutlich höhere Querschiff mit anschließendem Chorquadrat und – um 1500 abgebrochenen – Chorflankentürmen wurde in der Zeit um 1250-70 hinzugefügt und macht die eigentliche Bedeutung der Kirche aus. Als letzten Bauteil errichtete Baumeister Marten Bruns Schmidt aus Ditzum 1840 den Westturm (Abb. 124). Der Kirchenbau besitzt eichene Dachstühle, die aus mehreren Bauphasen stammen. Die ältesten Bauhölzer stammen aus der Bauzeit des Chores, etwa um die Jahre 1271-74, weitere Bauphasen lassen sich aufgrund der Altersbestimmung der Hölzer in die Jahre 1509 und 1669 bestimmen.

124 Westturm

Die Existenz der Chorflankentürme lässt sich noch klar an den Spuren in den Winkeln zwischen Querschiff und Chor ablesen (Abb. 125). Schon aus dem plötzlichen Ende der Blendgliederungen in der unteren und oberen Wandzone auf der Nord- und Südseite des Chores und der völligen Schmucklosigkeit der Querschiff-Ostwände ist auf einst existierende Türme in den Winkeln zu schließen. Auch kann man anhand des hohen, vermauerten Rundbögen an der Ostwand des südlichen Kreuzarms sehen, dass sich hier einst eine Seitenapsis innerhalb des Turmes befand. Man hätte es dann mit einer Variante des Chorturms in Eilsum zu tun, nur dass hier zwei Türme existierten und im Untergeschoss nicht die Hauptapsis, sondern Seitenapsiden lagen. Man darf annehmen, dass Vorbilder für diese Chorlösung im Rheinland (z. B. St. Gereon in Köln, geweiht 1256; Dom in Limburg, um 1200-35) und in Westfalen (St Maria zur Höhe in Soest, 1220-30; Stiftskirche Freckenhorst, 1116-29) zu finden sind. Für die Chorflankentürme gab es in Ostfriesland ein weiteres Beispiel in der Andreaskirche von Norden, deren letzte Reste 1756 beseitigt wurden, jedoch noch durch zeitgenössische Darstellungen dokumentiert worden sind. Da auch hier eine Entstehungszeit um 1250-70 anzusetzen ist, gehen beide wohl auf gemeinsame Vorbilder zurück.

125 Spuren der Chorflankentürme

Zu den architektonischen Besonderheiten gehört bei der Kirche in Bunde die Gruppe der drei schlanken Spitzbogenfenster in der Ostfassa-

Landkreis Leer

126 Ostfassade

127 Nördlicher Kreuzarm

128 Chor

129 Kirchenschff

de des Chores, (Abb. 126) die von zwei Blendfenstern mit Ziegelmustern flankiert werden. Auffallend ist auch das Rautenmuster im Giebel des nördlichen Kreuzarms, das man auch am Querschiff von Pilsum vorfindet (Abb. 127). Damit zählt die Kirche zu einer Gruppe von acht Kreuzkirchen in Ostfriesland und auch einigen im Groningerland, so die 1280-90 erbaute Kirche von Zuidbroek.

In Bunde wurde das Giebeldreieck der Chorfassade 1696 eingestürzt und neu aufgemauert, der südliche Querschiffgiebel ist laut Inschrift und Ankerziffern von 1705. Das ist wohl auch der Zeitraum, in dem die Gewölbe eingestürzt und durch hölzerne Tonnengewölbe ersetzt wurden, die auch an die Stelle der einstigen Balkendecke im Langhaus traten. Dies sollte, nach den Verzahnungen außen am Querschiff zu urteilen, erhöht und nachträglich mit Steingewölben versehen werden, was aber unterblieb. Die Wanddienste für die Gewölbe sind im Chor noch vorhanden und besitzen zum Teil noch ihre originale Bemalung in wechselnd roten und schwarzen Ziegelmustern mit weißen Fugen. Wie in Engerhafe und Rysum sind die Mauern in Querschiff und Chor zum Teil zweischalig mit einem dazwischen liegenden Laufgang aufgebaut.

Eigentümlich ist die breite Rundbogennische an der Ostwand des südlichen Querschiffes, die erst nach Abbruch der Chorflankentürme angelegt worden sein kann und wohl zur Überwölbung eines Seitenaltars diente. Darüber befinden sich zwei Rundbogennischen, in denen vermutlich Skulpturen standen.

Der Chor ist durch eine hölzerne Schranke vom Kirchenschiff getrennt (Abb. 128). Am südwestlichen Vierungspfeiler steht die **Kanzel** mit ihrem übergroßen Schalldeckel. Sie ist 1720 entstanden und ist aufgrund der Ähnlichkeit mit den Kanzeln in Hinte, Manslagt, Larrelt und Visquard wohl eine Arbeit des Meisters Albert Frerichs aus Emden. Der kleine achteckige Taufstein mit Messingdeckel stammt von 1651.

Die ***Orgel** (Abb. 129) auf der Westempore gehörte einst zusammen mit der in der Lutherkirche von Leer zu den größten spätbarocken Instrumenten in Ostfriesland, geschaffen 1790-93 von Hinrich Just Müller aus Wittmund. Leider wurde es 1926 durch ein neues, pneumatisches ersetzt, das so mangelhaft war, dass es 1963 wiederum einem Neubau von Karl Schuke aus Berlin weichen musste. Erhalten blieb der großartige Prospekt mit der zweistöckigen Anordnung von Haupt- und Oberwerk im Mittelteil, der neunachsigen Gliederung in Flachfelder und Seitentürme wie in den geschwungenen Abschlussprofilen und bekrönenden Vasen.

Das sehenswerte **Gemeindegestühl** von 1791 hat Traljengitter, reich verzierte Türen und steigt am östlichen und westlichen Ende zur besseren Sicht stufenförmig an. Sie gehören zum Schönsten, was Ostfriesland an Kirchenbänken zu bieten hat. Im Mittelgang hängen zwei prachtvolle Messingkronleuchter von 1791.

Da die Kirchhöfe aufgrund der sich ändernden Grabkultur kaum mehr mit traditionellen Grabstellen belegt werden, lohnt ein Blick auf den alten Friedhof der Bunder Kirche mit den vielfältigen Grabsteinen. Besonders vor der Südseite der Kirche stehen einige qualitätvolle Grabmonumente des frühen 19. Jahrhunderts.

Wie in anderen Orten auch, hat Bunde einige seiner wertvollsten Bauten zum Abriss freigegeben, so das barocke Pfarrhaus (Kirchring 61) von 1714 mit einem prächtige, sandsteinverzierten Zwerchgiebel zugunsten eines Bankgebäudes Anfang der 1970er Jahre. In gleicher Zeit wurde auch das westlich der Kirche stehende Gasthaus (Armenhaus) von 1798 abgerissen, das etwa baugleich mit den Gasthäusern in Leer und Weener in Hufeisenform angelegt worden war.

Erhalten blieb neben einigen Wohn- und Geschäftshäusern des ausgehenden 19. Jahrhunderts die ortsbildprägende **Galerieholländermühle** (Weenerstraße 36). Sie ist die drittgrößte Windmühle in Ostfriesland nach denen in Hage und Aurich. Ursprünglich als zweigeschossiger Galerieholländer im Jahre 1869 errichtet, wurde sie nach einem Brand 1911 um zwei Stockwerke erhöht wiederaufgebaut. Die Bunder Mühle wurde vom Verkehrs- und Verschönerungsverein Bunde nach abgeschlossener Restaurierung 1998 wieder in Betrieb genommen. Positiv vermerkt werden muss auch, dass einige private Bauherrn sich um den Erhalt der alten Bausubstanz im Ort bemühen. Erwähnt werden muss hier das gepflegte Wohnhaus mit Lagergebäude **Neuschanzerstraße 2** von 1857, die vom Gutsbesitzer Sinninga 1910 erbaute Villa **Neuschanzer Straße 8**, das kurz vor dem Verfall gerettete und umgenutzte **Bahnhofsgebäude** (Am Bahnhof 1) aus der Zeit um 1870 und das jüngst modernisierte **Hotel zur Blinke** (Blinke 2).

Weitere sehenswerte Gulfhäuser sind die Höfe **Bunderneuland 5** (von 1830) und 7 **(Abb. 130)** (datiert 1780), weiterhin die beiden prachtvollen Hofanlagen **Neuschanzer Straße 44** mit Hausgarten und einem villenähnlichen Wohnteil mit Ecktürmchen aus der Zeit um 1880 und das sehr niederländisch anmutende Gulfhaus **Neuschanzer Straße 46** von 1868 mit der prächtigen Eingangstür im Wohngiebel. Wer eine solche Hofanlage von innen besichtigen möchte, sollte den **Wiemannshof** (Rheiderlandstraße 3) aufsuchen. Das Gulfhaus, im Kern von 1708, wurde 1995-97 zum Restaurant umgebaut und beherbergt in der Gulfscheune ein kleines Museum zur Geschichte des Dollarts.

130 Gulfhaus Bunderneuland 7

Südlich des Ortes Bunde kann man sehr anschaulich über Boen und Wymeer eine hochmittelalterliche Reihensiedlung durchfahren. Durch die Wassereinbrüche des Dollarts wurde die ursprüngliche Siedlungsreihe zu Beginn der Neuzeit weiter nach Süden auf festeren Boden verlegt. Längs der Wymeerster Hauptstraße liegen zahlreiche Gulfhäuser, von denen aus die langen schmalen Flurstücke bewirtschaftet werden.

Landkreis Leer

In **Wymeer** liegt die kleine **reformierte Kirche** (Wymeerster Hauptstraße 33), ein neugotischer Backsteinsaal, erbaut 1866 von H. Vespermann aus Weener. Die einheitliche Innenausstattung entstammt der Erbauungszeit, älter dagegen ist der im Norden 1788 errichtete Glockenturm des geschlossenen Typs mit Ecklisenen. Auf dem Friedhof steht eine Reihe guter barocker Grabsteine.

Stadt Weener
mit Weener, Stapelmoor, Vellage, Gut Halte, St. Georgiwold, Weenermoor, Möhlenwarf und Kirchborgum

Stadtplan auf Seite 347

Die auf einem Geestausläufer direkt an der Ems gelegene Stadt **Weener** ist der Hauptort des Rheiderlandes und zugleich von hohem Alter. In den Werdener Urbanen wird berichtet, dass ein Vornehmer namens Reginhard im Jahr 950 dem Kloster St. Liudger in Werden den Herrenhof in Wenre schenkte. Aus derselben schriftlichen Quelle geht auch hervor, dass um 1000 schon eine Kirche in Weener bestanden hat. Wie das ganze Rheiderland geriet Weener während der Häuptlingszeit im 15. Jahrhundert unter die Herrschaft der tom Brok, des Focko Ukena und der Cirksena. Im Jahr 1492 wurde der Ort im Machtkampf zwischen dem ostfriesischen Grafen Edzard dem Großen und Bischof Heinrich von Münster von dessen Truppen niedergebrannt. Graf Edzard der Große verlieh Weener die Marktgerechtigkeit, die Stadtrechte erhielt es aber erst 1929 – typisch für Ostfriesland, wo die Stadtwerdung der Orte sehr viel später als im übrigen Deutschland erfolgte, weil es hier ausgeprägte Landesgemeinden gab. Im Dreißigjährigen und dem Siebenjährigen Krieg hatte Weener schwer unter fremden Truppen zu leiden. Die Funktion als Kreishauptstadt verlor es 1932.

Im Stadtgebiet Weener leben rund 15.000 Einwohner, im Ortskern sind es 6.700, nicht wenige davon Niederländer. Der Ort mit seinem Hafen lag an der linksemsischen Handelsroute, die bis ins Münsterland führte, war vor allem durch seine Vieh- und Pferdemärkte bekannt und exportierte landwirtschaftliche Handelsgüter. Mittlerweile spielen der Hafen als Warenumschlagsort und der Viehhandel keine Rolle mehr. Wirtschaftlich ist Weener vom regionalen Einzelhandel, wenigen Industriebetrieben und zunehmend vom Tourismus geprägt. Heute gehört es zu den wenigen ostfriesischen Städten mit einem sehenswerten historischen Stadtbild, das in den Gebäuden noch den Reichtum der Stadt im 18. und 19. Jahrhundert widerspiegelt. Städtebaulich bedeutend sind der Kirchbereich, die Bebauung am Hafenbecken und die historischen Bürgerhäuser in

131 Hafen

der Norderstraße und der Neuen Straße.

Ein günstiger Startpunkt für einen Rundgang durch Weener ist der **Hafen (Abb. 131)**. Auch stehen dort ausreichend Parkplatzflächen zu Verfügung. Mit Hilfe der Städtebauförderung konnte das alte, teilweise zugeschüttete Hafenbecken bis fast auf seine ursprüngliche Größe wiederhergestellt werden. Die Umbauung des malerischen, zunehmend durch Tradtionsschiffe belebten Hafens vertritt alle Stilphasen des 19. Jahrhunderts. Seinen Kopf bilden die Wohnhäuser **Norderstraße 81 (Abb. 132)**, dessen Kern von 1736 straßenseitig mit einer neugotischen Putzfassade einschließlich der Zinnen und Türmchen versehen wurde, und **Norderstraße 83**, ein schmaler, dreigeschossiger Ziegelbau aus der Mitte des 19. Jahrhunderts. Hinter den beiden Gebäuden liegt eines der zahlreichen **Packhäuser** des Hafens aus dem Jahr 1767. Weitere alte Packhäuser stehen **Am Hafen 3** und **8** (zwei aneinandergebaute Speichergebäude), **Am Hafen 31** (um 1800) und **55**. Beim letzteren gibt es Pläne zur Restaurierung und Umnutzung als Hafenkneipe. Gut restauriert ist das aus der Mitte des 19. Jahrhunderts stammende Wohnhaus **Am Hafen 24**, das neben der alten Haustür und den Blockrahmen-Schiebefenstern auch die alte Wanderung (plattdeutsch: Loopje), ein eingegrenzter Platz vor dem Hause, wiederbekommen hat.

132 Norderstraße 81

Biegt man in die Norderstraße Richtung Süden ein, trifft man hier auf eine besondere Vielfalt an Bürgerhäusern. Ihre Struktur ist jedoch einheitlich: hinter mehr oder weniger opulenten Wohnhäusern befinden sich auf langen, schmalen Hausgrundstücken große Wirtschaftsgebäude, die zur Lagerhaltung und der Landwirtschaft dienten. Da diese Nutzungen heute weitgehend entfallen sind, ist der Unterhalt dieser großen Gebäude zunehmend schwierig. Schon zeigen sich Baulücken in den denkmalwürdigen Häuserzeilen, die mit Hilfe neuer Förderprogramme eingedämmt werden sollen. An dieser Stelle können nur die wichtigen Gebäude dieser Straße beschrieben werden. Vom ehemaligen Reichtum der Bürger nach 1800 zeugt noch das auf einem Sandsteinsockel errichtete, große kubische Wohnhaus **Norderstraße 67** von 1821, das jetzt jedoch durch Verkehrsflächen vollkommen freigestellt ist. Weiter südlich steht die palaisartige freistehende Villa **Norderstraße 63 (Abb. 133)** mit einem hübschen Kutschhaus, erbaut 1813. Die Villa hat eine durch flache Pilaster gegliederte Werksteinfassade, die in Ostfriesland einzigartig ist. Eine Freitreppe führt durch den stilgerecht angelegten Vorgarten zum zentralen Eingang. Im Flurbereich des Hauses sind niederländische, dekorativ bedruckte Wandbespannungen angebracht, die gemalte Landschaftstapete eines Wohnzimmers wurde der Stadt Weener übereignet und hängt heute im Trauzimmer der Stadtverwaltung. Gegenüber steht das 2014 restaurierte Barockgebäude **Norderstraße 56 (Abb. 134),** erbaut 1719 und 1805 erneuert. Sein eleganter Glockengiebel wird mit Aufsätzen, Blumengirlanden und Voluten aus Sandstein verziert. Einige Häuser weiter steht wieder ein auffällig großes Bürgerhaus, **Norder-**

133 Norderstraße 63

134 Norderstraße 56

135 Norderstraße 62

136 Neue Straße 12

137 Ehem. Armenhaus

138 Kath. Kirche St. Joseph

straße 62 (Abb. 135), erbaut 1850. Dieses Baudatum erscheint spät, denn der Architektur nach zu urteilen, könnte das Haus auch um 1800 errichtet worden sein. Im August 1849 kam es zu einem Großbrand in Weener, bei dem in diesem Straßenbereich neun Bürgerhäuser vernichtet wurden. Während bei den Nachbarhäusern schon der Baustil der Hannoverschen Schule Anwendung fand, hat der Eigentümer des Hauses Norderstraße 42, der schon einundsiebzigjährige Jan Hesse, sich für einen konservativen Wiederaufbau entschieden. Ursprünglich besaß der Straßengiebel neben seinem erhaltenen Abschlussgesims und der Eckquaderung eine schöne zweiläufige Eingangstreppe mit Ziergeländer, die 1938 dem zunehmenden Verkehr weichen musste. Hinter dem Wohngebäude mit Mittelhaus und Gulfscheune folgt ein langes Gartengrundstück bis an das Sieltief.

Biegt man in die Neue Straße ein, blickt man auf die beeindruckende, im Stil der englischen Neugotik erbaute Villa **Neue Straße 12 (Abb. 136)**. Sie wurde 1861 zeitgleich mit der Evenburg in Leer (1860-1862) und dem hannoverschen Schloss Marienburg (1858-1869) errichtet und befand sich damit auf der Höhe der damaligen Architekturauffassung. Es besteht eine Verwandtschaft zur Villa Norderstraße 18, das Haus beeindruckt jedoch noch stärker durch die formenreichere, sehr elegante Fassadengestaltung. Auf der Stichstraße zum Krankenhaus liegt die **ehemalige Leichenhalle** (Norderstraße 22a), ein kleiner quadratischer Ziegelbau unter einem Pyramidendach mit Laterne aus dem Jahr 1915. Die eingefügte Aussegnungskapelle besitzt einen offenen Vorraum mit sechs Holzsäulen und ist im Inneren dekorativ ausgemalt. Das Gebäude ist vor kurzem restauriert worden und dient seitdem als Rettungswache. Weiter westlich liegt das **ehemalige Armenhaus (Abb. 137)** (Neue Straße 26). Die eingeschossige, zur Straße geöffnete Dreiflügelanlage aus Backstein wurde laut Inschrifttafel im Schweifgiebel des Mittelrisalits 1791 erbaut. Hier ist seit 1946 das *Rheiderlandmuseum* mit seiner umfangreichen Sammlung beheimatet, unter vielem anderen wird hier das spätgotische Altarretabel aus Holtgaste aufbewahrt.

ARCHITEKTURFÜHRER OSTFRIESLAND

Landkreis Leer

An das Armenhaus schließt die **Katholische Kirche St. Joseph (Abb. 138)** (Neue Straße 32) an, die einzige katholische Kirche im ansonsten weitgehend reformierten Rheiderland. Die von Friedrich dem Großem bereits 1746 genehmigte freie Ausübung des katholischen Glaubens führte jedoch aufgrund von örtlichen Widerständen erst 100 Jahre später (1843) zum Bau der Kirche. Der kleine Saalbau aus Backstein vertritt den Rundbogenstil des Romantischen Historismus der Hannoverschen Schule und hat einen in die Fassade integrierten Dachreiter. Der schlichte Innenraum verfügt über eine neugotische Orgel von 1879. Am Ende der Neuen Straße steht noch das gut restaurierte Wohnhaus **Neue Straße 46 (Abb. 139)**. Der Putzbau mit den feinversprossten Eingangtüren und den profilierten Gesimsen, Lisenen und Fensterrahmungen ist ein schönes Beispiel eines Bürgerhauses um 1880.

139 Neue Straße 46

Wenn man in die Marktstraße einbiegt, kann man kurz auf das links liegende **Pfarrhaus** (Kirchplatz 1) blicken, das Ende des 19. Jahrhunderts in der jetzigen Form erbaut wurde. Es besitzt aber im Sockelgeschoss und im Keller noch Bausubstanz eines Steinhauses aus der Zeit um 1660. Vorbei an der reformierten Kirche, die man später aufsuchen kann, erreicht man einen Straßenbereich, in dem wirtschaftlich bedeutende Märkte stattfanden. Im Norden wird der Straßenplatz von der **alten Waage** (Westerstraße 2) geprägt, ein wuchtiger Ziegelbau von 1881. Hier waren die Gaststätte Zur Waage, eine Bank und die Post untergebracht. Heute ist es ein Altenwohnheim. Im Süden gegenüber liegt der Gasthof **Memmingaburg** (Westerstraße 9), ein eher unscheinbarer Putzbau des 19. Jahrhunderts, in dem jedoch noch baulichen Reste der mittelalterlichen Memmingaburg erhalten sein sollen. Die angefügte große Gulfscheune, in der an Markttagen der Ausspann für die zahlreichen Pferde untergebracht war, ist leider vor Jahren abgebrochen worden. In der Westerstraße steht traufenständig ein älterer Typ des ostfriesischen Wohnhauses, **Westerstraße 8**, mit einem auf das Jahr 1730 datierten Giebel und der alten Fenstergliederung.

Die Kreuzung, von der die Norder-, Süder-, Wester- und Osterstraße abgehen, ist der städtebauliche Mittelpunkt der Stadt Weener. In Richtung der Süderstraße befindet sich das **ehemalige Kreisgebäude** (Süderstraße 2a), nach Ausweis des Portals mit dem bekrönenden Adler im Jahre 1929 erbaut, zeittypisch im Heimatschutzstil mit Treppengiebel in dunklen Klinkern gestaltet. Im **alten Amtshaus** (Osterstraße 1) von 1861 auf der gegenüberliegenden Seite ist heute das Rathaus untergebracht. An der Kreuzung ist auch der Eingangsbereich zum **Kirchhof**, der durch eine schöne Kirchhofspforte **(Abb. 140)** von 1754 markiert wird. Die korbbogige Durchfahrt ist von einem geschweiften Giebel überkrönt, dessen Giebelohren mit Sandsteinvoluten verziert sind. Links davon befindet sich das maßstäblich angepasste Wohnhaus **Norderstraße 3**, das im Kern noch aus dem 18. Jahrhundert stammt.

140 Ref. Kirche, Kirchhofspforte

Landkreis Leer

ARCHITEKTURFÜHRER OSTFRIESLAND

141 Chor

142 Nordflügel

143 Kirchenschiff

Auf dem Kirchhof mit alten Grabplatten des 17. und 18. Jahrhunderts steht die **reformierte Kirche (Abb. 141)** (Kirchplatz 3), die vom 13. Jahrhundert bis zur Reformation Propsteikirche war. Von dem Apsissaal des 13. Jahrhunderts aus Backstein sind beim Wiederaufbau nach der Zerstörung 1492 nur noch Mauerteile vorhanden. Dagegen hat der Chor seine ursprüngliche Gestalt im Äußeren mit seinen dreibahnigen Maßwerkfenstern gut bewahrt. Er ersetzte 1462 den alten romanischen Chor als eine Stiftung vom Landeshäuptling und späteren Reichsgrafen Ulrich I. Cirksena. Entscheidende Veränderungen wurden 1893 durch den Anbau eines Nordflügels **(Abb. 142)** vorgenommen. Mit ihrem jetzt T-förmigen Grundriss vertritt sie nach der Kriegszerstörung der beiden großen Kirchen von Emden am besten die Intentionen des Kirchenbaus der Reformierten. In den Winkeln zwischen Anbau und mittelalterlichem Langhaus und Chor befinden sich innen durch Bogenstellungen mit dem Hauptraum verbundene Annexbauten von 1893, wie der Nordflügel in neugotischen Formen.

Der Innenraum **(Abb. 143)** wurde nun nach Süden auf die Kanzel, die Gestühlsblöcke entsprechend auf diese ausgerichtet. Im Jahr 1772 erhielt der Innenraum ein korbbogiges, hölzernes Tonnengewölbe auf kräftigen Konsolen. Seine Unterseite ist durch die originale Bemalung in Felder aufgeteilt. Der Nordflügel von 1893 übernahm die barocke Form des Raumabschlusses.

1709 bestellte die Kirchengemeinde beim Orgelbauer Franz Caspar Schnitger aus Neuenfelde, Sohn des berühmten Arp Schnitger, die großartige ***Orgel (Abb. 144)** mit Rückpositiv und stellte sie auf den Lettner, der vermutlich 1462 mit dem Chor dort errichtet wurde. Der Lettner wurde um 1780 abgebrochen und durch eine neue Orgelempore weiter nach Osten ersetzt. Gleichzeitig wurde die Orgel durch den Emder Meister Johann Friedrich Wenthin um die beiden Pedaltürme erweitert. Von Schnitger stammen im Prospekt nur das Hauptwerk über dem Spieltisch und das Rückpositiv, beide mit dem schon für seinen Vater typischen Aufbau in einen breiten, hohen Mittelturm, anschließende zweigeschossige Flachfelder und je einen dreieckigen äußeren Pfeifenturm. Wenthin fügte die großen Pedalpfeifen und anschließenden zweigeschossigen Flachfelder seitlich direkt in die Brüstung der von ihm hochbarock veränderten Ostempore ein und verband sie durch schwungvolle Deckprofile mit dem Prospekt Schnitgers. Auf ihn geht auch die Farbgebung in Rot und Gold zurück, die 1972 rekonstruiert wurde. Schnitgers Instrument hatte zwölf Register im Hauptwerk und zehn im Rückpositiv, Wenthin fügte ein Pedal und ein Brustpositiv hinzu.

Nach weiteren Umbauten und Restaurierungen verfügt die Orgel heute über 29 Register, zwei Manuale und Pedal. 1972-78 führte die Firma Hendrik Jan Vierdag, Enschede, verschiedene Rekonstruktions- und

Restaurierungsarbeiten an der Orgel durch. Aber erst durch den Orgelbauer Jürgen Ahrend aus Loga gelang in den Jahren danach die technisch und klanglich überzeugende Fertigstellung. Die Restaurierung konnte 1983 zufriedenstellend abgeschlossen werden.

Der Abendmahlstisch mit Balusterfüßen wie auch die dahinter vor der Südwand stehende vorzügliche Kanzel mit Beschlagwerkornamenten sind Arbeiten aus der 1. Hälfte des 17. Jahrhunderts. Der Kanzelkorb hat an den Ecken schlanke ionische Säulen über Löwenköpfen, in den Feldern dazwischen reich profilierte Kissenfüllungen. Die prachtvollen Messingkronleuchter wurden 1633 gestiftet, ein Datum, das auch auf Kanzel und Abendmahlstisch zutreffen könnte. Das Kastengestühl mit Türen könnte in der Mitte des 18. Jahrhunderts entstanden sein.

144 Orgel

Ungewöhnlich ist, dass der zur Kirche gehörende **Glockenturm** (Norderstraße 6a) auf der gegenüberliegenden Seite der Norderstraße liegt. Er wurde 1738 auf dem Friedhof als hoher Turm aus Backstein mit Lisenengliederung, schiefergedecktem Pyramidenhelm und hölzerner Laterne erbaut. An seinem Fuß stehen einige ornamentierte Grabplatten aus dem 18. Jahrhundert. Ein Gang über den mit zahlreichen historischen Grabsteinen und -platten belegten Friedhof ist lohnend.

Der Weg führt zurück bis vor den Chor der reformierten Kirche in die Norderstraße. Längs der Straße, die wieder zum Hafen führt, reihen sich in besonderer Vielfalt Bürgerhäuser aus dem 17. bis 19. Jahrhundert. So das Wohnhaus **Norderstraße 9,** ein typisches giebelständiges Handwerkerhaus mit Seitenflur. Die Straßenfassade mit dem Rundbogenfenster stammt aus dem Ende des 19. Jahrhunderts, im Kern wird das Haus in der Mitte des 18. Jahrhunderts errichtet worden sein. Das vergleichbare Wohnhaus **Norderstraße 13** ist wohl auch noch im 18. Jahrhundert erbaut worden. Zu den ältesten Wohnhäusern der Stadt zählt das noch zum Typus des Steinhauses zählende Wohnhaus **Norderstraße 19 (Abb. 145)**. Der eingeschossige Backsteinbau ist inschriftlich auf das Jahr 1660 datiert. Die Straßenfront wurde 1965 abgetragen und anschließend rekonstruiert. Im Zuge der Baumaßnahmen wurde das Haus eingekürzt; die Kreuzstockfenster wurden wiederhergestellt. Ein weiteres Steinhaus aus der Zeit um 1600 stand an der Norderstraße 36; leider musste es um 1960 einem Neubau weichen. Auch in der **Hirsch-Apotheke** (Norderstraße 20), einem Umbau von 1870, steckt ein Steinhaus, dessen eicherner Dachstuhl mit den typischen gekrümmten Ständerpaaren erhalten geblieben ist.

145 Norderstraße 19

Landkreis Leer

146 Organeum

147 Norderstraße 29

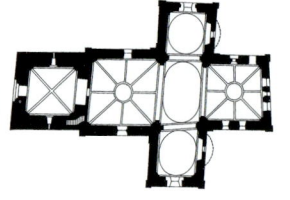

148 Grundriss

Auffallend und stattlich ist die Villa Norderstraße 18, erbaut 1872. An ihrer Rückseite liegt ein kleiner, parkartiger Garten mit altem Baumbestand. Seit 1997 ist die Villa Sitz des **Organeums (Abb. 146)**, dem zentralen Büro für die Orgelkultur in der Ems-Dollart-Region. Die Fassade des qualitätvollen, in neugotischen Formen erbauten Wohnhauses ist asymmetrisch mit einem vorspringenden polygonalen Risalit und einem dreiachsigen Flügel mit dem Hauseingang gestaltet. Die reiche Innenausstattung mit gusseisernen Treppengeländern, Oberlicht mit farbigem Glas und sehr luxuriös geformten Stuckdecken wurde durch die Stadt Weener liebevoll in der Originalfarbigkeit wiederhergestellt.

Beim zweigeschossigen Wohnhaus **Norderstraße 29 (Abb. 147),** das mit einem hohen Walmdach errichtet wurde, hat man am Ende des 19. Jahrhunderts die Straßenfassade neubarock überarbeitet. Sie besitzt aber noch das originale, sehr aufwändig gearbeitete Rokokoportal aus Sandstein mit einem Oberlicht in Rocailleformen aus geschnitzten Hölzern, entstanden um 1760. Das Türblatt stammt jedoch aus der Umbauphase vor 1900. Im Inneren ist eine schöne Treppe aus dem 18. Jahrhundert. Mit dem stattlichen Putzbau **Norderstraße 28,** der mit den Rundbogenfenstern aus der Zeit um 1870 den Stil der Hannoverschen Schule aufnimmt, beendet man den Gang durch die Norderstraße und biegt links über einen Parkplatz in die Burgstraße ein, um wieder zu Hafen zu gelangen. Am Ende der Burgstraße sieht man zwei alte **Packhäuser** (Burgstraße 1 und 3) aus dem 18. Jahrhundert, die schon die Nähe des Hafens ankündigen.

Man fährt von Weener aus durch die Süderstraße circa vier Kilometer zur Ortschaft **Stapelmoor**. Dieser heute weitgehend unbekannte Ort birgt einige bedeutende Baudenkmale, unter den Liebhabern historischer Bausubstanz ist dieses Dorf ein Geheimtipp. Der Ort lag früher an der Handelsroute von Münster nach Emden. Als Grenzort verfügte er schon im Mittelalter über einige befestigte Häuser, die schon Ubbo Emmius (1547-1625) als „fanum vetustum" (historische Bauwerke) bezeichnete.

Die im Zentrum des Ortes stehende *****reformierte Kirche (Abb. 149)** (Hauptstraße 65a) gehört zu den herausragenden Sakralbauten Ostfrieslands, unter denen sie wegen des Zentralbaucharakters eines griechischen Kreuzes eine Sonderstellung einnimmt **(Abb. 148)**. Aus dem querrechteckigen Grundriss der Vierung ergeben sich ein großes quadratisches Westjoch, ein mittelbreites Chorjoch und je ein kleineres Querschiffjoch. Der Außenbau der gegen Ende des 13. Jahrhunderts errichteten Kirche ist ungewöhnlich schlicht. Nur flache Lisenen und ein Dachgesims mit Konsolfries tragen neben den schlanken Spitzbogenfenstern zur Belebung bei. Die sonst so beliebten Blendarkaden fehlen hier völlig. Im Westen wurde wenig später ein Turm angefügt, der kurz nach 1800 in der Höhe reduziert worden ist. Trotz der Unregelmäßigkeiten mit der nur im Grundriss wahrzunehmenden Schrägstellung des Querschiffs ist die Zentralbautendenz der Kirche unverkennbar.

Ungewöhnlich wie der Grundriss ist auch die Einwölbung der Kirche von Stapelmoor, zum Glück zusammen mit großen Teilen der originalen Raumausmalung erhalten. Chor und Westjoch sind von je einem achtteiligen Domikalgewölbe überdeckt **(Abb. 150)**, die Wulstrippen enden in einem Schlussring von etwa zwei Metern Durchmesser. In der Vierung **(Abb. 151)** und in den Kreuzarmen befinden sich rippenlose Kuppeln **(Abb. 152, 153)**. Die dekorative Ausmalung der Gewölbe wurde 1967 freigelegt. In den drei Querschiffgewölben ersetzt die Malerei die fehlenden plastischen Rippen aus Formsteinen, sie sind teils mit Hilfe von Lebensbäumen oder Ziegelmustern und die gemalten Schlussringe mit Blattornamenten oder Rautenmustern gefüllt. Im Chorgewölbe zeigt sich als die einzige figürliche Darstellung ein rätselhaftes Wesen mit Löwenkörper, Flügeln und menschlichem Kopf. Die Inschrift am nordöstlichen Vierungspfeiler von 1443 erinnert an den einst hier nachträglich eingebauten Lettner, von dem Reste noch im Heimatmuseum Weener erhalten sind.

Der **Taufstein** des Bentheimer Typs aus der Mitte des 13. Jahrhunderts ruht auf vier stilisierten Löwen und hat an der Wandung des zylindrischen Beckens einen Rankenfries mit stilisierten Weintrauben zwischen Taustäben. Das Beschlagwerk am Korb der Kanzel weist auf eine Entstehung in der Zeit um 1600 hin. Von der ****Orgel** auf der Westempore blieb nur der von Eike Schulte aus Papenburg 1848 geschaffene Prospekt erhalten. Sein fünfachsiger Aufbau mit geradem oberen Abschluss und den bekrönenden Vasen entspricht der Stilhaltung des Klassizismus, nur die fleischigen Ranken der

149 Rcf. Kiche

150 Westjoch mit Orgel

151 Vierungskuppel

152, 153 Kreuzarmkuppel

154 Pfarrhaus

Seitenohren sind noch barocke Nachklänge. Das Werk ist ein Neubau von 1994-97. Es wurde im klassisch-französischen Stil des 18. Jahrhunderts in Zusammenarbeit der Orgelbaumeister Bartelt Immer (Norden), Reinalt Klein (Leipzig), Claude Jaccard (Fahy-les-Autrey) gebaut und intoniert.

Bedeutend ist auch das zweigeschossige ***Pfarrhaus (Abb. 154)** (Große Stiege 1), das mit einer Giebelinschrift auf das Jahr 1429 datiert ist. Es dürfte das älteste noch als Pfarrhaus genutzte Gebäude dieser Art in Niedersachsen sein. In den Blendbögen des Nordgiebels ist in Reliefbuchstaben aus Formziegeln zu lesen:

ano dm MCCCCXXIX costructa e h dom
tpe dm thyabradi curati loci isti

Die abgekürzte lateinische Inschrift heißt übersetzt: Im Jahre des Herrn 1429 ist dieses Haus erbaut worden zur Zeit des Herrn Thyabrand, des Pfarrers dieses Ortes. Vom Ursprungsbau des Steinhauses sind Kreuzstockfenster erhalten. Über dem tonnengewölbten Keller liegt eine Upkamer.

Von dem Gut Stapelmoor - das Herrenhaus wurde 1974 abgerissen – und von der Spenningaburg, beide an der Hauptstraße gelegen, sind zwei Gartenanlagen erhalten. Der landschaftlich gestaltete **Gutsgarten** aus der Mitte des 19. Jahrhunderts besitzt einen artenreichen Baumbestand, ein Wassersystem und eine Wegestruktur mit Brücken. Von der Spenningaburg (Hauptstraße 56) blieben ein Mitte des 19. Jahrhunderts errichtetes Wohnhaus und der streng mit geschnittenen Linden eingefasste **Nutzgarten**.

Unweit des Pfarrhauses liegt, umgeben von einer Graft, das **Haus Drakemond** (Kleine Stiege 9), bestehend aus einer Gulfscheune des 19. Jahrhunderts und einem Steinhaus als Wohnteil. Das ehemals zweigeschossige Steinhaus soll angeblich 1442 erbaut worden sein. Es ist in seiner Bauhöhe reduziert worden, auch sind die Geschossebenen verändert. Die kleinen, zugemauerten Spitzbogenfenster gehören zum Ursprungsbau.

Am Möhlenweg 27 steht eine durch einen regen Mühlenverein gepflegte dreigeschossige **Galerieholländermühle** aus dem Jahre 1909. Mit rund 5.000 Besuchern im Jahr zählt sie zu den gut besuchten Mühlenbauwerken.

155 Ref. Kirche

Über die Ortschaft Diele, wo nach der Zerstörung 1672 im Feld die Reste einer großen Festungsanlage liegen, kommen wir nach **Vellage**.

Die dortige kleine *****reformierte Kirche (Abb. 155)** (Vellager Straße 35) ist eine im Kern noch romanische Saalkirche des 13. Jahrhunderts. Darauf deuten die im Inneren an der Nordwand sichtbaren, vermauerten kleinen Rundbogenfenster hin. Der Turm wurde im 14. Jahrhundert nachträglich angebaut und hat sich nach West-Südwest geneigt. Etwa zur Zeit des Turmbaus könnte auch die Ostwand erneuert worden sein, denn die vermauerten beiden Spitzbogenfenster und die spitzbogigen Blenden im Giebel können nicht vor dem 14. Jahrhundert entstanden sein. An der Innenseite der Turmfenster sind größere Partien einer roten Schlämme mit weißen Fugen erhalten geblieben, wohl der Rest einer ursprünglichen Farbfassung.

Der Innenraum des Schiffes hatte einst eine Balkendecke, an deren Stelle um die Mitte des 19. Jahrhunderts eine segmentbogige Brettertonne trat, die 1960 erneuert werden musste. An der Nordwand wurde 1930 ein spätgotisches Wandgemälde der Kreuztragung Christi aus der 2. Hälfte des 15. Jahrhunderts freigelegt. Die **Orgel** mit neugotischem Prospekt wurde 1885-88 auf einer Empore im Westen von den Gebrüdern Rohlfing aus Osnabrück erbaut. Sie ist noch weitgehend erhalten.

Ganz im Süden der Gemeinde liegt das **Gut Halte (Abb. 156, 157, 158)** (Halter Straße 4/6). Es war ursprünglich ein Vorwerk des Johanniterordens. Nach dem Übergang in Privatbesitz galt Gut Halte als adeliges Gut mit entsprechenden Rechten. Das Herrenhaus, ein eingeschossiges Gebäude mit Zwerchhaus und Freitreppe in der Mittelachse, ist um 1800 erbaut worden. Heute wird dort ein attraktives Hotel mit Restauration betrieben.

Auch im Norden der Stadt Weener liegen einige erwähnenswerte Kirchdörfer. **St. Georgiwold** ist der nördlichste Ortsteil im Stadtgebiet. Die **reformierte Kirche** (St. Georgiwold 27) ist ein kleiner Saalbau von 1689 mit einem chorähnlichen Ostabschluss und einem Westturm von 1712, der unter dem gleichen Dach wie das Kirchenschiff aufgeführt worden ist. Wegen schwerer Setzungen ist die Kirche 1960 stark erneuert worden.

Im Zuge der fortschreitenden Kultivierung der Niederungsmoore wanderte der Ort **Weenermoor** von Ost nach West und die Kirche zog mit. Die heutige kleine **reformierte Kirche** (Weenermoorer Straße 110) wurde 1824 als dritte Kirche erbaut. Von der zweiten, 1660 erbauten, ist am Middelweg noch der Friedhof erhalten. An dem klassizistischen Saalbaues nach Plänen des Bauinspektors Reinhold wurde 1867 ein Glockenturm mit einem Pyramidenhelm angebaut. Von der schlichten Einrichtung der Kirche ist die **Orgel** der Gebrüder Rohlfing aus Osnabrück auf zweierlei Weise bemerkenswert: Zum einen hat sie ihr pneumatisches Werk bis heute bewahrt, was bei dieser reparaturaufwändigen Technik relativ selten ist, zum anderen verwendet der Prospekt von 1906 noch – oder schon wieder – klassizistische Formen im Aufbau aus drei flachen Türmen mit dazwischenliegenden Flachfeldern, rahmenden Bögen auf kannelierten Pilastern und geraden Abschlussgesimsen.

156 Gut Halte
157 Innenraum
158 Park

Ein sehr altes Gulfhaus mit wiederhergestelltem Bauerngarten steht an der **Weenermoorer Straße 119**. Es besteht aus einem Steinhaus und einer Gulfscheune, die nach der Gerüstkonstruktion wohl schon im 17. Jahrhundert errichtet wurde. Die dendrochronologische Untersuchung der Kellerbalken und des eichenen Dachstuhls des Steinhauses erbrachten das Fälldatum 1657/58. Das heutige Aussehen erhielt das Steinhaus durch Umbauten in den Jahren 1832 und 1864. Nach der Restaurierung von Wohnhaus und Scheune wird auf dem Hof eine Schafzucht betrieben.

In **Möhlenwarf,** das noch zum Ortsteil Weenermoor gehört, biegt man links Richtung Leer ab. Zuvor fährt man an der **Haseborg´schen Mühle** (zur Mühle 25), einer dreigeschossigen Galerieholländermühle, vorbei. Sie entstand 1899 und gehörte lange Jahre dem Künstler Karl Dall. An der Kreuzung zur B 75 sieht man auf der gegenüberliegenden Straßenseite die **reformierte Kirche** (Weener Straße 23), eine schlichte, zeittypische neugotische Kirche mit Strebepfeilern und Spitzbogenfenstern. Sie ist 1909 zusammen mit dem Pfarrhaus errichtet worden.

Die Fahrt führt auf der B 75 circa sechs Kilometer an der Stadt Weener vorbei nach **Kirchborgum**. Parallel zur Bundesstraße begleitet einen der Emsdeich. Kurz nach dem Ortsschild Weener blickt man auf die **Hofanlage Buschfeld** (Buschfeld 10), deren Wohnhaus eine stattliche zweigeschossige Villa mit Seitenrisalit und halbrunden Altan aus der Zeit um 1920 ist. Zum Hof gehört ein formaler Garten mit Gräben, Wegesystem und Allee. Die letzte Station im Rheiderland ist die **reformierte Kirche** (Kirchborgum 34), eine kleine klassizistische Saalkirche aus Backstein, 1827 vom Baumeister J. B. Kröger mit Lisenen und Rundbogenfenstern erbaut. Der niedrige Glockenturm von 1766 vor der Westwand wurde von einer der beiden Vorgängerkirchen übernommen. Den Innenraum überdeckt eine korbbogige Brettertonne. Die mit Ranken verzierte Kanzel aus dem Biedermeier stammt ebenfalls aus einer Vorgängerkirche. Die **Orgel** schufen die Gebrüder Rohlfs aus Esens 1876. Sie wurde 1998 zum wiederholten Male restauriert.

ARCHITEKTURFÜHRER OSTFRIESLAND

Landkreis Leer

Die Ostfriesischen Inseln

Der geographische Begriff der sieben Ostfriesischen Inseln umfasst auch die früher zum Land Oldenburg gehörende Insel Wangerooge. Im Folgenden werden die historischen Bauten der sechs bewohnten Inseln Ostfrieslands beschrieben: Spiekeroog, Langeoog, Baltrum, Norderney, Juist und Borkum.

Die Ostfriesischen Inseln sind nicht, wie man annehmen könnte, Reste eines ehemaligen Festlandes, die durch den steigenden Meeresspiegel von der Küste abgetrennt worden sind. Sie sind aus dem Meer heraus entstanden, indem der Tidestrom Sand aus dem Ärmelkanal und aus der südlichen Nordsee zu Sandbänken aufgeworfen hat. Die erste Vegetation auf den trocken gefallenen Sandbänken fing weiteren Sand, sodass die Sandbänke zu Düneninseln aufwuchsen.

Die Größe und Lage der Inseln veränderte sich im Laufe der Jahrhunderte erheblich. Einige Inseln verschwanden wieder im Meer, wie die Inseln Bant und Buise, andere, wie die Inseln Juist und Norderney, hatten auf der Ostseite erhebliches Wachstum. Insgesamt wanderten die Inseln durch die vorherrschenden Westwinde in östliche Richtung. Noch am Anfang des 19. Jahrhunderts verlegte die Inselbevölkerung ihre Siedlungen mit den Inselwanderungen. Die mit dem aufkommenden Badebetrieb entstandene wertvolle Bausubstanz, insbesondere die dicht am Westrand stehenden Hotels und Kurhäuser, mussten jedoch geschützt werden. Deshalb versuchte man mit massiven Bauwerken, das sind Buhnen und Deckwerke, die Westküsten der Inseln zu sichern. Heute wird ein aktiver Küstenschutz betrieben, indem man die Sandverluste durch künstliche Sandzufuhr ersetzt.

ARCHITEKTURFÜHRER OSTFRIESLAND

Ostfriesische Inseln

Spiekeroog

Auf Spiekeroog (Abb. 1) ist die touristische Entwicklung weniger stürmisch als auf Norderney und Borkum verlaufen, deshalb hat die Insel ihren inseltypischen Charakter länger bewahren können. Das macht sie heute für Romantiker und Liebhaber alter Gebäude zu der schönsten ostfriesischen Insel. Wie auf den anderen Inseln auch, musste das Dorf auf Spiekeroog wegen Überflutungen oder Verlagerung der Insel mehrfach an anderer Stelle wiederaufgebaut werden. Letztmalig wurde die Siedlung nach der Sturmflut von 1570 aufgegeben und an die heutige Stelle verlegt.

Die Spiekerooger lebten von der Seefahrt. Mit rund 50 benannten Schiffen besaßen sie unter den Ostfriesischen Inseln im 19. Jahrhundert die größte Anzahl von Handels- und Fischereischiffen. Seit 1828 gab es zumindest einmal in der Woche einen geregelten Fährverkehr zum Festland. Als Spiekeroog 1846 als Seebad erwähnt wurde, war die Zahl der Kurgäste mit einigen Dutzend noch sehr gering. Das verbesserte sich mit dem Bau der Küstenbahn 1883 und der Errichtung des ersten Schiffsanlegers, der aus dem Holz eines finnischen Frachtschiffes gebaut wurde, das vor Spiekeroog gestrandet war. Seit 1885 brachte eine Pferdebahn die Gäste ins Dorf, die erst 1949 durch einen Diesellok-Betrieb ersetzt wurde. Seit dem Bau des neuen Hafens 1981 in unmittelbarer Ortsnähe besteht dieser Zubringerdienst nicht mehr. Eine kurze Strecke der Pferdebahn wird heute als Museumsbahn genutzt.

Auf Spiekeroog steht die älteste Kirche der Ostfriesischen Inseln, die 1696 erbaute **lutherische alte Inselkirche (Abb. 2)** (Süderloog 9). Sie

Spiekeroog

Langeoog

Baltrum

Norderney

Juist

Borkum

1 Logierhaus Süderloog 25

Ostfriesische Inseln

ARCHITEKTURFÜHRER OSTFRIESLAND

2 Luth. alte Inselkirche

3 Kirchenraum

ist ein schlichter einschiffiger Backsteinbau mit Fachwerkresten und verbretterten Giebeln. Im Jahre 1865 wurde der Dachreiter mit Glocke auf das Kirchengebäude gesetzt, auch wurde in der Zeit der westliche Vorbau angebaut. Der Innenraum **(Abb. 3)** wurde 1901 neu ausgemalt und ist in dieser Farbfassung 1980 restauriert beziehungsweise rekonstruiert worden. Das geschlossene Kastengestühl weist die Jahreszahl 1772 auf, älter sind der Opferstock (1676), eine Schrifttafel von 1707 und die Kanzel mit dem daneben hängenden Wandbild, das Jesus mit den Jüngern zeigt (17. Jahrhundert). Die kleine Pietà an der Südwand soll der mündlichen Überlieferung nach von einem 1588 gestrandeten Schiff der spanischen Armada stammen. Im Kirchenraum hängen zwei Votivschiffe, eins davon aus dem Jahre 1842. Das Altarretabel ist neugotisch. Auf dem 1911 aufgegebenen Friedhof stehen informative Grabsteine, so die Grabstelle des Rettungsboot-Vormanns Remmer Oltmanns Janssen von 1895. Badegäste stifteten ihm, der 56 Schiffbrüchige rettete, einen Gedenkstein.

Die **lutherische Neue Kirche (Abb. 4)** (Norderloog 26), 1960 vom Emder Architekten H. Eschebach entworfen, dient als Sommerkirche. Ebenfalls als Sommerkirche wurde die 1970 erbaute **katholische St. Peter Kirche** (Up de Höcht 7) konzipiert. Der Entwurf stammt von W. Bunsmann und P. Scharf, beide Architekten aus Hamburg: eine unregelmäßige Zeltform aus Holzleimbinder mit Kupferbedachung, davor ein Hof mit einem Windschutz.

Fast zwanzig Wohnhäuser der Insel stammen zumindest im Kern aus der Zeit vor der Reichsgründung 1871 und zeugen noch von der Inselarchitektur vor dem Bauboom als Ba-

4 Luth. Neue Kirche

deort. Die interessantesten sind die sogenannten Drifthäuser, auch Schwimmdachhäuser genannt. Es handelt sich dabei um Zweiständerbauten, die bis in das 18. Jahrhundert errichtet wurden. An den Längsrähmen sind in jedem Gefache zwei Zwischenbalken abgehängt, deren Enden mit einem Abschlussprofil versehen sind. In zahlreichen Schilderungen und Publikationen wird berichtet, dass Dank dieser Konstruktion das Dach bei Sturmfluten vom Gebäude getrennt werden und als Floß auf dem Wasser schwimmen konnte. Wie dem auch sei: Daraus entstanden spannende Geschichten, die seit Generationen weitergetragen wurden und schon allein deshalb kulturhistorisch interessant sind. Am Anschaulichsten kann man das Drifthaus am *Alten Inselhaus (Abb. 5) (Süderloog 4) laut Jahreszahl von 1701 erkunden, das seine Ursprünglichkeit auch im Inneren weitgehend bewahrt hat. Weitere Drifthäuser sind das sogenannte **Haus Puppenstuv** (Noorderloog 14), das im Kern aus dem 18. Jahrhundert stammt und dessen Außenwände erneuert wurden, und das **Drifthuus** (Süderloog 13) mit einem Innengerüst von 1708.

Mit einem Gang durch den *Süderloog bis zur Straße An d´nee Kark und zurück über den *Noorderloog hat man nicht nur jede Menge Gelegenheit, in einer der Teestuben einzukehren, sondern bekommt auch einen guten Überblick über die alte Inselarchitektur. Im Süderloog beginnt die sehenswerte Häuserreihe mit dem **Restaurant Teetied** (Süderloog 1), und den schon erwähnten Gebäuden Altes Inselhaus, Alte Inselkirche sowie dem Drifthuus. Dann folgt das **Logierhaus Süderloog 21**, das im Kern aus dem 18. Jahrhundert stammt und noch eine Fliesenwand mit Kamin aus dem Jahre 1763 besitzt. Die **Insulanerhäuser** Süderloog 23 (Abb. 6), gerade vorbildlich saniert, 25 (Abb. 7) mit großem Hotelanbau und **Tante Emmas Haus** (Nr. 31) (Abb. 8) stammen aus der Mitte des 19. Jahrhunderts.

Im östlichen Noorderloog steht die **alte Schule** mit Lehrerwohnhaus (Noorderloog 29), jetzt Kindergarten Lütt Insulaners. Es folgen ein **Kapitänhaus** mit schöner Ziegelsetzung und Veranda von 1912 (Nr. 24) und ein Insulanerhaus von 1848 (Nr. 21) mit Verandenvorbau. Nach Haus Puppenstuv schließt das Logierhaus **Noorderloog 11** mit Veranden an Trauf- und Giebel-

5 Altes Inselhaus

6 Insulanerhaus Süderloog 23

7 Insulanerhaus Süderloog 25

Ostfriesische Inseln

ARCHITEKTURFÜHRER OSTFRIESLAND

8 Tante Emmas Haus

9 Hotel zur Linde

10 Inselmuseum

11 Rettungsbootschuppen

seiten an. Recht imposant ist der alte Lindenbaum vor einem Hotel, der sich tief über die Eingangstüre neigt. Spiekeroog, die „Grüne Insel" der Nordseegruppe, gilt als vegetationsreich mit vielen alten Solitärbäumen. Das **Hotel zur Linde (Abb. 9)** stammt aus dem Jahre 1856 und wurde mehrfach umgebaut. Vorbei an den **Häusern Nr. 4** und **3**, beide noch aus dem 19. Jahrhundert, erreicht man das 1715 erbaute *Inselmuseum* **(Abb. 10)** (Noorderloog 1).

An die Gefahren der See erinnert der Friedhof der Namenlosen, der **Drinkeldodenkarkhof** am Tranpad. Er wurde angelegt, nachdem vor der Küste Spiekeroogs das Auswanderungsschiff Johanne im November 1854 mit 216 Passagieren strandete und dabei 77 Passagiere ums Leben kamen. Über hundert Jahre, bis nach dem Zweiten Weltkrieg, wurden alle unbekannten ertrunkenen Menschen, die die See freigegeben und an den Strand gespült hatte, hier beigesetzt. Zur Geschichte der Seenot gehören auch zwei historische **Rettungsbootsschuppen (Abb. 11)**: der ältere am Westend 7 von 1862 und ein Nachfolgebau von 1909 am Palisadendiek 5, der auf einer hohen Sandkuppe liegt.

Langeoog

Erst 1892 wurde eine Landungsbrücke auf Langeoog errichtet, davor wurden Badegäste seit den Anfängen des Badebetriebes 1830 mit Pferdewagen von den Schiffen abgeholt und dorfwärts transportiert. Die Gäste wurden ab 1901 mit der Langeooger Pferdebahn vom Fähranleger zum Bahnhof gefahren, dann erfolgte 1936 die Umstellung auf eine Inselbahn. Aus der Zeit vor dem Inseltourismus sind zwei Gebäude erhalten. Das älteste Insulanerhaus **Otto-Leuß-Weg 3* stammt mit dem Zweiständer-Hochrähmgerüst und dem tiefen Walm auf der Stallseite noch aus dem 18. Jahrhundert. Am Caspar-Döring-Pad befindet sich das ***Seemannshus (Abb. 12)**, ein altes Insulanerhaus aus dem Jahr 1844, das als kleines *Museum* genutzt wird. Beide Insulanerhäuser besitzen Holzveranden, die um 1900 für die Sommergäste angefügt worden sind.

In der Ortsmitte liegt die **lutherische Inselkirche** (Kirchstraße 3), ein 1890 errichteter neugotischer Kirchenbau mit Südwestturm. Gegliedert wird der Backsteinbau durch weiße Blendfelder am Turm und an den Giebeldreiecken des Kirchenschiffes. Ungewöhnlich ist das **Altarbild** des ostfriesischen Künstlers Hermann Buß, der auch für andere Kirchen Altarbilder gemalt hat. Es wurde anlässlich der Restaurierung der Inselkirche in den Jahren 1988/89 in das neugotische Altarretabel eingefügt und bildet mit der Darstellung einer Menschengruppe vor einem gestrandeten Schiff einen spannungsvollen Kontrast.

13 Wasserturm

Markant ist die **katholische St. Nikolaus-Kirche** (Strandjepad 3), die die Form eines Schiffes mit Steven, der als Kirchturm in den Langeooger Himmel ragt, besitzt. Der Kirchenbau, der 1973 und 2002 baulich verändert wurde, stammt von der Göttinger Architektin Lucy Hildebrand und wurde 1964 eingeweiht.

Der 1909 erbaute *__Wasserturm__ (Abb. 13) (Am Wasserturm) ist das Wahrzeichen der Insel und kann während der Sommersaison bestiegen werden. Zu seinem 100-jährigen Bestehen im Jahre 2009 wurde er denkmalgerecht instand gesetzt. Dazu gehört das Wasserwerk an der Mittelstraße 37 aus dem gleichen Jahr, dessen technische Einrichtung erhalten geblieben ist.

12 Seemannshus

Gleich nördlich vom Bahnhof liegen zwei eingeschossige Wohnhäuser (**Fährhusweg 5** und **7**), mit den inseltypischen Verandenvorbauten für die Gästehausnutzung. Diese kurz vor 1900 errichteten Pensionshäuser belegen die wachsende Bedeutung des Fremdenverkehrs für die Insel. Typisch für die Zeit ist auch das **Gästehaus Sommerfeld** an der Mittelstraße 17, ein Ziegelbau mit einem Mittelrisalit und einer hübschen Eckveranda, erbaut im Jahre 1901.

Im Zweiten Weltkrieg wurde Langeoog zum Luftwaffenstützpunkt ausgebaut. Von den Bauwerken sind neben der Landebahn die **Siedlungen Am Blumenthal** und **Herrenhusstraße** von 1936 erhalten. Die meist als Doppelhäuser errichteten Backsteinbauten sind heute Architekturzeugnisse dieser Epoche.

Baltrum

Die Insel liegt in der Mitte der Kette der Ostfriesischen Inseln und ist sowohl der Fläche als auch Einwohnerzahl nach das kleinste der Eilande. In der Regierungszeit der Grafen und Fürsten von Ostfriesland stand die Insel unter der Verwaltung des Amtes Berum, das seinen Sitz in der Burg Berum hatte.

Wie bei allen Inseln in Ostfriesland treibt der beständige Westwind den Flugsand nach Osten, sodass die Inseln ihre Lage und Form in den vergangenen Jahrhunderten stark verändert haben. Die Orkanflut von 1825 zerriss Baltrum in zwei Teile. Diese Spaltung der Insel ist noch heute durch die getrennten Orte Westdorf und Ostdorf dokumentiert. Erst um 1900 bestand zwischen dem Festland, von Neßmersiel aus, und der Insel Baltrum ein regelmäßiger Fährverkehr. Entsprechend spät setzte der Fremdenverkehr ein. Nach dem Ersten Weltkrieg nahm die Zahl der Sommergäste all-

Strandimpression

14 Café Kluntje

15 Innenraum

mählich zu. Noch bis in die 1930er Jahre überwog die Anzahl der kleinen Insulanerhäuser mit dem tief abgeschleppten Wirtschaftsteil, in dem meist Schafe gehalten wurden. Ab dieser Zeit dominierten dann aber die größeren Pensionshäuser und Hotels das Inselbild, während die älteren Gebäude durch Um- und Anbauten stark erweitert oder ganz abgerissen wurden. Dennoch besitzt die Insel eine kleinere Anzahl von alten Insulanerhäusern, die auf den anderen ostfriesischen Inseln fast ganz verschwunden sind.

Ältestes Gebäude ist die 1826 nach der letzten schweren Sturmflut neu erbaute **Alte Inselkirche** (Westdorf 8), ein schlichter kleiner Saalbau mit Krüppelwalm und Segmentbogenfenstern. Sie war bereits die vierte Inselkirche – alle anderen waren untergegangen oder aufgegeben - und wurde durch Spenden der ostfriesischen Gemeinden finanziert. Unweit davon steht der hölzerne Glockenstuhl, heute Wahrzeichen der Inselgemeinde. Die Glocke stammt von einem auf Baltrum gestrandeten niederländischen Schiff und trägt die Inschrift: Johann Kruse und Sohn, 1786, Amsterdam. In den Jahren 1929/30 wurde die **lutherische Inselkirche** (Westdorf 40) errichtete, zunächst noch ohne Seitenschiffe, die 1959 angebaut wurden. In den Jahren 1964/65 wurde der Turm erhöht.

Obwohl nur wenige Insulaner katholisch sind, baute die kleine Kirchengemeinde vor allem für die Urlauber, die die Insel in den Sommermonaten besuchen, 1957 nach Plänen von Heinrich Feldwisch-Dentrup die **katholische St. Nikolaus Kirche** (Westdorf 34), die als Sommer- und Winterkirche konzipiert ist. Die Winterkirche ist ein kleiner Rundbau mit Spitzdach, während die Sommerkirche ein offenes dreieckiges Atrium bildet. Unter den älteren Insulanerhäusern nimmt das ehemalige **Zollhaus** (Westdorf 18) eine Sonderstellung ein. Es besteht aus einem doppelten Wohngebäude mit jeweils einem Stallteil, die man in Ostfriesland Bummert nennt. Das mit den Wohngiebeln aneinander gebaute Gebäude wurde um 1830 errichtet. Im Westdorf stehen weitere Insulanerhäuser, so die Häuser **Westdorf 13** und **21**, beide gegen Ende des 19. Jahrhunderts errichtet. Auch westlich der alten Inselkirche findet man unter der Adresse **Westdorf 5** und **6** Insulanerhäuser des 19. Jahrhunderts. Sehr alt ist das Insulanerhaus **Westdorf 25**, ein weiß geschlemmter Backsteinbau mit tief abgewalmtem Wirtschaftsgiebel, der noch im späten 18. Jahrhundert gebaut worden sein könnte. Ganz im Osten der Ortsbebauung liegt vor dem Klärwerk auf der Dünenreihe eine Reihe älterer Insulanerhäuser, die das alte Ostdorf bilden. Sie stammen ebenfalls aus dem 19. Jahrhundert und besitzen noch die rückwärtigen Wirtschaftsräume. Gleich am Anfang liegt das gemütliche **Café Kluntje (Abb. 14, 15)** (Ostdorf 29), das mit den

Holzbalkendecken und dem alten Mobiliar einen Eindruck der Wohnkultur der Insulaner vermittelt. Weitere Insulanerhäuser folgen mit den Gebäuden **Ostdorf 31, Ostdorf 37** und **Ostdorf 39 (Abb. 16).** Das letztere ist ein weiß geschlämmter Backsteinbau, der 1997 restauriert worden ist.

Norderney

Norderney ist die zweitgrößten der Ostfriesischen Inseln. Sie hat durch den früh einsetzenden Kur- und Badebetrieb ein städtisches Gepräge erhalten, heute leben dort rund 6.000 Einwohner.

Die erste Nennung von Norderney erfolgte 1398 noch unter dem Namen Oesterende, denn es war dies der östliche Teil der sehr viel größeren Insel Buise, die von den Sturmfluten auseinandergerissen wurde. Seit dem 16. Jahrhundert bestehen für die verbliebene Insel die Bezeichnungen Norder Nie Oech und Nordernie, was so viel wie die neue Insel vor der Stadt Norden bedeutet. Nach den Vorbildern in England und Frankreich entstand auf Veranlassung der Ostfriesischen Landstände 1794 auf Norderney eine Seebadeanstalt, die erste Einrichtung dieser Art an der deutschen Nordseeküste. Nachdem auch der preußische König seine Genehmigung erteilt hatte, entstanden die ersten Kureinrichtungen. Dann wurde diese hoffnungsvolle Entwicklung durch die napoleonischen Kriege 1806-13 wieder unterbrochen. Mit der anschließenden Zugehörigkeit zum Königreich Hannover verbesserte sich die Entwicklung der Insel zusehends. Insbesondere als König Georg V. von Hannover sich ab 1851 regelmäßig auf Norderney aufhielt und die Insel zu seiner Sommerresidenz machte, erhielt die Insel einen mondänen Ruf, den sie bis in die 1930er Jahre erhalten konnte. Die Reste des alten Fischerdorfes verschwanden durch eine immer städtischer anmutende Architektur. In dieser Zeit wurden auch die heute noch prägenden Kuranlagen mit den Parkbereichen geschaffen. Viele bedeutende Persönlichkeiten aus Politik, Wirtschaft und Kultur kann Norderney bis in die jüngste Zeit zu seinen Gästen rechnen. Nach 1945 wurde Norderney Niedersächsisches Staatsbad und als Heilbad anerkannt, 1948 erhielt es die Stadtrechte. Der nach dem Krieg einsetzende Massentourismus hat einen fast hemmungslosen Bauboom auf der Insel ausgelöst. Erst in den letzten Jahren besinnt man sich wieder mehr auf Qualität. Bei der Instandsetzung der zahlreichen Baudenkmale der Inselgemeinde gibt es dank des Engagements einiger privater Investoren positive Beispiele, auch ist ein deutlicher Trend zu gehobenen Kauf- und Freizeitangeboten zu verzeichnen.

16 Insulanerhaus Ostdorf 39

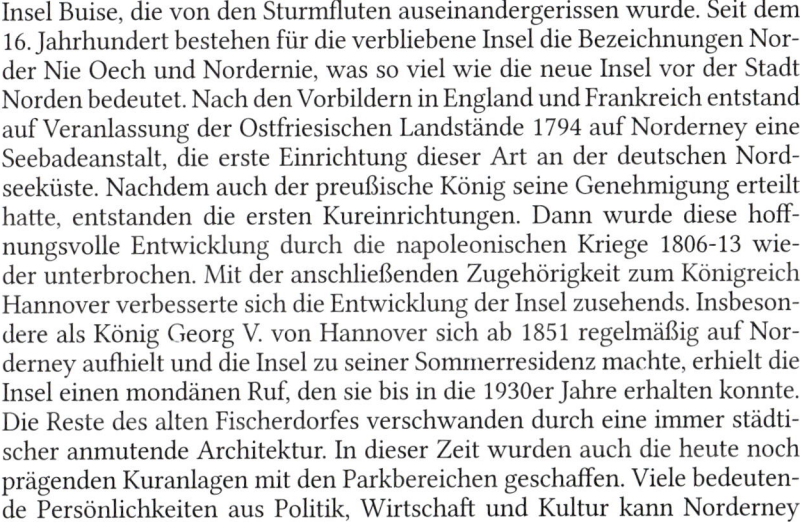

17 Ehem. Großes Logierhaus

Einen Besichtigungsgang durch die Stadt beginnt man am besten am ältesten Bauwerk, dem ehemaligen ****Großen Logierhaus (Abb. 17)** und königliche Residenz aus den Jahren 1837/38, heute Michels Thalasso Hotel (Weststraße 4). Der stattliche Putzbau des Klassizismus besteht aus einem schmalen, durch einen Dreiecksgiebel betonten Mitteltrakt zwischen zwei Querflügeln. Es folgt weiter östlich das dreigeschossige *Kurhaus (Abb. 18) (Bülowallee 6), das heute ebenfalls ein Hotel beherbergt und an das Erweiterungs- und Verbindungsbauten angefügt wurden. Der Ende des 19. Jahrhunderts entstandene Komplex besteht aus erhöhten und leicht vortretenden Seitenflügeln, die durch einen Mittelbau mit reizvoller Pergola aus zierlichen Eisengusssäulchen miteinander verbunden worden sind.

Geht man die Weststrandstraße weiter, hat man an der Einmündung in die Bülowallee den *alten Bahnhof (Abb. 19) (Bülowallee 2) der Reederei Norden-Frisia vor sich. Heute heißt er Haus Schifffahrt und entstand 1896 in den Formen der damals üblichen Bäderarchitektur mit breiter Bogenhalle und weitem Dachüberstand. Bei der Erbauung durch die Königlich-Preußische Bahndirektion war es Deutschlands einziger Bahnhof ohne Schienen. Von den Grünanlagen an der Bülowallee aus blickt man auf die Rückfront des **Conversationshauses (Am Kurplatz 2), das um 1850 den hölzernen Vorgängerbau ersetzte. Die Südfassade des langgestreckten Baus wird gleichmäßig durch Fenster gegliedert und durch einen mit einem flachen Giebeldreieck versehenen Mittelrisaliten betont. Die Schaufassade zum Kurplatz zeigt ebenfalls eine Reihung schlanker Rundbogenfenster. Im mittleren Teil des breitgelagerten Putzbaus befindet sich eine offene Vorhalle mit einer Arkade aus neun Rundbögen, die von schlichten Rundsäulen getragen werden. Darüber wird das Gebäude durch einen schlanken geschlossenen Turmaufbau, der beflaggt ist, akzentuiert. Die äußeren Eckpavillons sind nachträglich angefügt worden, dabei wurde der östliche zweistöckig ausgeführt. Das Conversationshaus dient heute als Begegnungsstätte und Touristeninformation. Dem alten Glanz des 19. Jahrhunderts kann man im großen Saal nachspüren, der die Veränderungen der letzten Jahrzehnte weitgehend unbeschadet überstanden hat.

Durch die Grünanlagen gelangt man nach Nordosten zum *Kurtheater (Abb. 20) (Am Kurtheater 1). Der hannoversche Architekt Johannes Holekamp erbaute es 1893 im Stil eines neuklassizistischen Hoftheaters. Leider wird es durch den direkt vor den Haupteingang gesetzten modernen Pavillon in seiner Wirkung beeinträchtigt. War dieser sicher für die heutigen Anforderungen unentbehrlich, so hätte sich doch gewiss eine elegantere Lösung in leichteren Formen finden lassen.

18 Kurhaus

19 Alter Bahnhof

20 Kurtheater

Vor dem Kurtheater steht das **Heinrich-Heine-Denkmal (Abb. 21)**. Drei Sommerurlaube hatte der Dichter Heinrich Heine in den 1820er Jahren auf der Insel verbracht und hier Teile seines Nordseezyklus verfasst. Da der Entwurf vom Bildhauer Arno Breker stammte, der die Kunst im Nationalsozialismus maßgeblich mitprägte, kam es bei der Aufstellung 1983 zu heftigen, auch überregionalen Protesten.

Der Weg geht nach Westen in Richtung des **Inselhotels König (Abb. 22)** (Bülowallee 8), das in der Südfassade aus zwei Giebelbauten besteht und durch einen Mittelbau zusammengeführt wird. Das Ganze wird durch den mittigen, viergeschossigen Turm betont. Beim Durchwandern stellt sich die Altstadt als eine Mischung von Bauten unterschiedlicher Stilart und Größe dar. Willkürliche Maßstabssprünge, wie bei der **Kurapotheke** (Kirchstraße 12), sind kein Einzelfall, der hohe Kopfbau mit niedrigen Seitenflügeln ist für sich gesehen mit den weißen Gliederungen der roten Backsteinwände durchaus ansehnlich. Die *****lutherische Inselkirche (Abb. 23, 24)** (Kirchstraße 12a) entstand 1878/79 nach dem Entwurf des Architekten Schumacher aus Leer als eine neugotische Saalkirche mit Westturm und polygonalem Chor. Der lichte, weite Innenraum wird durch den offenen Dachstuhl abgeschlossen und an drei Seiten von hölzernen Emporen eingefasst. Kanzel, Taufstein, Orgel und Gemeindegestühl wurden einheitlich mit der Kirche geschaffen. Das im 17. Jahrhundert gemalte Bild des Abendmahls auf dem Altar ist wohl aus der Vorgängerkirche übernommen worden, desgleichen das Flachrelief mit der Verkündigung an Joachim aus der Zeit um 1700. Vor der Südwand der Kirche erhebt sich auf hohem Sockel das **Standbild von Martin Luther**, laut Inschrift gewidmet von der lutherischen Gemeinde Norderney am 10. November 1883, geschaffen von Bernhard Högl aus Oldenburg.

21 Heinrich-Heine-Denkmal

22 Inselhotel König

23 Luth. Inselkirche
24 Kirchenschiff

Ostfriesische Inseln

ARCHITEKTURFÜHRER OSTFRIESLAND

25 Ehem. Kaiserliches Post- und Telegrafenamt

26 Kath. Kirche St. Ludgerus

27 Café Marienhöhe

In der Poststraße 1 trifft man auf das ***Kaiserliche Post- und Telegrafenamt** (Abb. 25) von 1891, das für die damalige Zahl von Einwohnern und Kurgästen übergroß erscheint, aber für die Vertreter der Reichsregierung, die hier in der Sommerfrische verweilten, auf den modernsten technischen Stand sein musste. Der mit flächigen Backsteinornamenten reich verzierte Bau orientiert sich an flandrischen Rathausbauten der Renaissance. Heute wird das Gebäude von mehreren Einzelhandelsgeschäften genutzt.

Zu den bemerkenswerten, nicht verdorbenen Baudenkmalen des Historismus zählt noch das unweit gelegene **Zeitungs- und Druckereigebäude** (Lange Straße 6), 1910 im Jugendstil an der Ecke Fischer-/Langestraße als Soltauische Buchdruckerei erbaut. In der Nähe befindet sich das ***Inselhotel Bruns** (Fischerstraße 7) im Stil des Neuklassizismus der 1870er Jahre. Der Wintergarten wurde hier gestalterisch vorbildlich in das Gesamtbild des Hauses integriert.

Die Architektur des Bäderstils des 19. Jahrhunderts ist in keiner Straße unverdorben erhalten geblieben, überall haben sich mehr oder weniger maßstabslose Neubauten dazwischengeschoben. Am besten erhalten haben sich einige Häusergruppen in den Straßen Damenpfad (Nr. 1, 7, 15, 29, 30 und 38) und Friedrichstraße (Nr. 3, 13, 21, 35 und 36), die zwischen 1860 und 1910 als **Logierhäuser** errichtet wurden.

Die **katholische Kirche St. Ludgerus** (Abb. 26) (Friedrichstraße 22) wurde 1883/84 als neugotischer Saalbau mit polygonaler Apsis errichtet. Der schlichte Innenraum mit dem teilweise offenen Dachstuhl hat sehr durch die 2008 von der Schweizer Malerin Barbara Belin geschaffenen elf Glasfenster mit den Lebensstationen des Propheten Elias gewonnen, die dem neukonzipierten Innenraum ein spirituelles Licht geben. Sehenswert ist ebenfalls die ***katholische Kirche Stella Maris** (Goebenstraße 1a), 1931 als weißer kubischer Baukörper im Stil der Neuen Sachlichkeit gebaut von Dominikus Böhm, der mit diesem Gebäude Maßstäbe für den Kirchenbau der damaligen Zeit setzte. Sie ist mit 700 Sitzplätzen die größte katholische Kirche in Ostfriesland.

Auf der platzartigen Straßenkreuzung Friedrichstraße/Herrenpfad steht in der Mitte das ***Kaiser-Wilhelm-Denkmal**, 1898/99 zur Erinnerung an die Reichsgründung 1871 als Pyramide aus den Steinen von 75 deutschen Städten mit ihren Namen zusammengefügt, darunter Steine der Kölner Stadtmauer und vom Römer in Frankfurt am Main. Die Idee hatte Paul Wallot, Erbauer des Reichstags in Berlin, die Ausführung lag bei Georg Küsthardt aus Hannover. Das **Café Marienhöhe (Abb. 27)** (Damenpfad 42a), benannt nach Königin Marie von Hannover, wurde Mitte des 19. Jahrhunderts für das Königspaar und dessen Gäste auf einer Anhöhe errichtet und bietet einen schönen Blick aufs Meer und auf den westlichen Strand.

Weitere historische Baulichkeiten findet man östlich des Stadtkerns, so der umfangreiche, aus pavillonartigen Bauten bestehende Komplex des Kinderkrankenhauses **Seehospiz Kaiserin Friedrich** (Benekestraße 27) von 1886

ARCHITEKTURFÜHRER OSTFRIESLAND   Ostfriesische Inseln

oder eine Windmühle, die einzige auf den ostfriesischen Inseln. Die einstöckige **Galerieholländermühle** (Marienstraße 24) stammt aus dem Jahre 1862 und war bis 1962 im Betrieb. Sie wird heute als Restaurant und Teestube genutzt. Nordwestlich davon liegen an der Mühlenstraße die Reste der **Franzosenschanze,** die diese 1811 zur Sicherung der Kontinentalsperre angelegten. Sie war als Batterie mit vier Kanonen bestückt und sollte auch den Schmuggel aus England unterbinden, an dem sich mutige Ostfriesen beteiligten. Die Wälle dienen nun als Parkanlage, zudem wird hier an Sonntagen ein Waldgottesdienst abgehalten. Wer mit dem Fahrrad unterwegs oder motorisiert ist, kann auch den etwa fünf Kilometer östlich der Stadt gelegenen *Leuchtturm (Abb. 28) (Am Leuchtturm 1), aufsuchen. Er wurde 1874 durch den Bauinspektor A. Tolle errichtet und ist als Seefeuer noch heute aktiv. Der Backsteinturm ist mit seinem Unterbau und dem oktogonalen Turmschaft rund 54 Meter hoch und wurde 2008 letztmalig grundsaniert. Der einst auf Norderney lebende Kunstmaler Ole West hat den Leuchtturm durch zahlreiche Bilder populär gemacht, sodass der Turm jedes Jahr von zahlreichen Besuchern aufgesucht wird und auch bestiegen werden kann. Für die Tagesreisenden wird es Zeit, sich zum Busbahnhof zu begeben, um rechtzeitig zur Abfahrt der Fährschiffe am Hafen zu sein.

28 Leuchtturm

Juist

Die Insel hat eine Länge von 17 Kilometern und ist damit die längste der Ostfriesischen Inseln. Das Alter der Insel ist nicht näher bekannt. Sie entstand durch die Teilung der Insel Bant, die heute ganz verschwunden ist. 1530 wurde vermeldet, dass auf der Insel Juist 23 Häuser vorhanden waren. Danach verschlechterten sich die Lebensverhältnisse allmählich. Schwere Orkanfluten führten dazu, dass die Insel in zwei gleich große Teile zerfiel, die jeweils mit Häusern besetzt waren. Die Weihnachtsflut 1717 wiederum zerstörte die Siedlungen und deren Kirchen. Im Jahre 1779 wurde im neuen Ostdorf, nachdem die Vorgängerkirchen Opfer der Fluten geworden waren, die inzwischen fünfte Kirche auf der Insel eingeweiht. Erst in den 1930er Jahren konnte mit einem nördlichen Deich die Insel wieder fest zusammengeführt werden. Frühe Versuche der Gründung eines Seebades erfolgten 1840, aber erst der zweite Anlauf 1866 führte zum erwünschten Erfolg. Um 1900 entstand durch regelmäßige Verbindungen zum Festland ein stetig wachsender Fremdenverkehr und Kurbetrieb.

Die heutige **lutherische Inselkirche** (Wilhelmstraße 42) aus dem Jahre 1964 ist inzwischen der sechste Kirchenbau auf der Insel. Dafür riss man vorher die alte Kirche aus dem 18. Jahrhundert mitsamt ihrer vielschichtigen Geschichte ab. Lediglich einige Einrichtungsgegenstände aus den Vorgängerkirchen fanden im Neubau wieder Verwendung: Kanzel und Kanzelaltar (1732), Abendmahlsbild (1749) und der Taufstein (1893).

Einprägsam ist der rund 22 Meter hohe Glockenturm in Form einer Bleistiftspitze. Mit dem einsetzenden Tourismus stieg auch die Zahl der Katholiken auf der Insel. Ein Bauverein finanzierte 1911 die im neuromanischen Stil erbaute **katholischen Kirche** (Herrenstrandstraße 1). Es ist ein Apsissaal mit einem in der südlichen Traufwand integrierten Turm.

Die Kirche erhielt seit 1961 mehrere Anbauten nach Westen, letztmalig wurde sie im Inneren 2015/16 grundlegend modernisiert.

1898 wurde das dreigeschossige, langgestreckte **Kurhaus** (Strandpromenade 1) auf Juist nach einem Entwurf des aus Münster stammenden Architekten Prof. Johann Hermann Schatteburg auf einem Dünenzug des Nordstrandes oberhalb des Inseldorfes erbaut. Der Luxusbau war mit reichem Stuckdekor ausgestattet, das Flachdach mit Vasenaufsätzen verziert. Nach dem Zweiten Weltkrieg wurde das Haus modernisiert, konnte aber den Nutzungsansprüchen nicht genügen und stand in den 1980er Jahren verschlossen und leer da. Erst 1995 erfolgte eine Revitalisierung des historischen Kurhotels: Das erhaltene Äußere wurde restauriert, die Obergeschosse wurden zu Hotelsuiten ausgebaut, im Erdgeschoss im historischen Ambiente Restaurants und Empfangsräume untergebracht. Über dem offenen Treppenhaus der Eingangshalle des Hotels spannt sich heute eine runde Glaskuppel, die einen eindrucksvollen Ausblick über die Insel und die Nordsee bietet.

29 Altes Warmbad

Zu den größeren Altbauten auf der Insel zählt das **Alte Warmbad (Abb. 29)** (Friesenstraße 18), ein zweigeschossiger, turmartiger Backsteinbau, an dem zu beiden Seiten Flügelbauten angefügt wurden. Heute beherbergen die Gebäude die Kurverwaltung. An der Strandpromenade steht ein runder **Wasserturm**, dessen zylindrische Außenfassade durch Lisenen in acht Felder geteilt wird. Er wurde 1930 errichtet.

Aus der Zeit vor der Bäderkultur und des Inseltourismus stammen noch zwei Insulanerhäuser in der Dünenstraße. Das westlich stehende sogenannte **Miele-Haus** (Dünenstraße 2) stammt aus dem Jahre 1802. Es wurde durch ein seitliches Pultdach erweitert und beherbergt eine nette Teestube. Rechts daneben steht das zweite Insulanerhaus, in dem die **Inselweberei** (Dünenstraße 3) untergebracht ist. Es wurde nach einem Brand 1977 schwer beschädigt und danach rekonstruktiv wiederaufgebaut. Weiter westlich in der Friesenstraße findet man weitere ältere Inselgebäude. So das **Haus Siebje** (Friesenstraße 19) aus dem Jahr 1811. Gleich gegenüber liegt das nicht datierte, alte **Haus Heiken** (Friesenstraße 21). Das **Insulanerhaus Bredden** (Friesenstraße 29) wurde 1799 als Doppelwohnhaus errichtet. Nach einer grundlegenden Restaurierung dient es, wie viele dieser Häuser, als Ferienwohnung.

In der Wilhelmstraße kann man einige gute Wohn- und Geschäftshäuser aus der Zeit um 1900 sehen, die vielfach mit Verandenvorbauten versehen sind und als Pensionshäuser dienten. Die Wilhelminische Zeit zeigt hier ihre Formenvielfalt durch unterschiedliche Baustile, so bei dem Gebäude **Wilhelmstraße 9,** einem Putzbau mit verschiefertem Mansarddach aus der Zeit um 1900. Das ausladende Dach wird von profilierten Konsolen getragen. Etwas älter ist das Gebäude **Wilhelmstraße 13**, ein traufenständiger Backsteinbau mit korbbogigen Fenstern und einem markanten Treppengiebel. Aus der gleichen Zeit stammt das Eckgebäude **Wilhelmstraße 48**. Den zweigeschossigen Putzbau hat man mit einem Eckturm, der mit einem hohen Pyramidendach abschließt, besonders betont. Beim Gebäude **Wilhelmstraße 58**, erbaut um 1880, sind die inseltypischen Veranden besonders gut erhalten und betonen die Schaufassade. Zwei Dachhäuschen gliedern die Dachfläche. Der mächtige dreigeschossige Backsteinbau daneben, **Wilhelmstraße 60,** besitzt ebenfalls einen Verandenvorbau mit rundbogigen, mehrfach versprossten Fenstern.

Die Insel besitzt zwei ansprechende Gebäude in der expressionistischen Formensprache der 20er/30er Jahre. Das Wohnhaus **Friesenstraße 7** wurde als zweigeschossiger Klinkerbau mit einem loggienartigen Eingangsvorbau errichtet und ist mit seinen originalen Türen und Fenstern erhalten. Das **Haus van Lessen** (Wilhelmstraße 47) ist ein weiteres Zeugnis dieser norddeutschen Klinkerarchitektur.

Borkum

Mit 31 m² Fläche ist Borkum die größte der Ostfriesischen Inseln. Sie ist Teil einer ursprünglich weit größeren Insel namens Bant, die der römische Schriftsteller Plinius Secundus (23-79 n. Chr.) in seiner Naturalis Historia als Burchana erstmals beschrieben hat. Bei der Julianenflut 1164 und der Allerheiligenflut 1170 wurde die Insel in Teilstücke zerrissen, noch Mitte des 19. Jahrhunderts bestand Borkum aus zwei, durch ein Priel getrennte Inseln, dem Westland und dem Ostland. Im 13. und 14. Jahrhundert wurden diese Insel Borkna oder Borkyn genannt. An der Insel führen die Schifffahrtswege der Oster- und Westerems vorbei, so erstaunt es nicht weiter, dass für die Insulaner die

30 Borkumer Kleinbahn

Schifffahrt von großer Bedeutung war. Insbesondere im 18. Jahrhundert heuerten sie auf Emder, Hamburger und vor allem auf niederländischen Walfangschiffen an und kamen als erfolgreiche Kommandeure und Harpuniere zu einem ansehnlichen Vermögen. Durch den beträchtlichen Abstand zum Festland herrscht auf Borkum schon Hochseeklima. Das führte ab etwa 1830 zu einem zunächst langsam einsetzenden Kurbetrieb, der mit der Verbesserung der Verkehrsanbindungen gegen Ende des 19. Jahrhunderts zu einem Bauboom an Pensionshäusern und Hotels führte. Der Ortskern hat seitdem den Charakter einer Stadt, zu der Borkum 1954 erhoben wurde. Heute hat Borkum rund 5.300 Einwohner.

Schon bei der Ankunft am Hafen erwartet den Besucher das **Feuerschiff Borkum** (Am Neuen Hafen), das bis 1988 als schwimmender Leuchtturm in der Emsmündung lag und seitdem als *Museums- und Nationalparkschiff* dient. Mit der **Borkumer Kleinbahn (Abb. 30)**, die auf einer historischen Trassenführung zwischen Reede und Bahnhof fährt und einen beachtlichen historischen Wagenbestand besitzt, geht es dann gemächlich zum Ortskern. Neben zwei Lokomotiven aus den Jahren 1935 und 1940 sind rund zwanzig alte Personenwagen aus der Vorkriegszeit im Betrieb, darunter der Kaiserwagen für majestätische Besuche, erbaut 1905 von der Firma Weyer & Co. Am Stadtrand fährt die Bahn auf der linken Seite an einer langen Mauer vorbei, die seit 1886 ein großes Gartengelände umfasst. Bauherr war der Mediziner Freiherr von Exterde, der dort zahlreiche unterschiedliche Nadelhölzer anpflanzte und ein Wohnhaus mit Veranda errichtete. Im Jahre 1909 wurde das Anwesen verkauft und von seinen neuen Besitzern als **Landsitz Achilleion** (Süderstraße 53) bezeichnet. Wir erreichen die Endstation beim **Empfangsgebäude** (Georg-Schütte-Platz 6), einem mit Ziegelgesimsen gegliederten Bau von 1892, dem man am Südgiebel einen Neubau angehängt hat. An diesem zentralen Platz der Stadt stehen wichtige Hotel- und Pensionshäuser des späten 19. Jahrhunderts, angefangen beim viergeschossigen, um 1890 er-

Ostfriesische Inseln ARCHITEKTURFÜHRER OSTFRIESLAND

31 Alter Leuchtturm

32 Walknochenzaun

33 Detail

bauten **Hotel Rummeni** (Georg-Schütte-Platz 2), das mit seinen mehrgeschossigen Erkern und zahlreichen Stuckierungen besonders imposant wirkt, über das ehemalige **Bahnhofshotel** (Georg-Schütte-Platz 4) von 1888, bis zu den Pensionshäusern **Villa Ems** (Georg-Schütte-Platz 9) und **Pensionshaus Varus** (Georg-Schütte-Platz 13), das heute Hotel Weisse Düne heißt. Beide Pensionshäuser, um 1900 erbaut, sind gute Beispiele der Bäderarchitektur der Insel. Sie besitzen an den dreigeschossigen Straßenfassaden aufwändige Stuckelemente und sind über die gesamte Hausbreite mit Veranden ausgestattet, die mit gesprossten Oberlichtern versehen sind. Bei der Villa Ems reicht die Veranda über zwei Geschosse.

Man begibt sich nördlich bis zum rechten Abzweig der Kirchstraße und wirft schon mal einen Blick auf den überragenden **Neuen Leuchtturm** (Zum Neuen Leuchtturm) auf dem grünen Rundplatz. Der 63 Meter hohe Ziegelbau wurde 1879 als Ersatz für den alten Leuchtturm errichtet, der unser Ziel am Ende der Kirchstraße sein soll.

Der **Alte Leuchtturm (Abb. 31)** (Kirchstraße) ist das älteste Gebäude der Insel und wurde 1576 von der Stadt Emden als Seezeichen erbaut. Seine drei Geschosse sind durch Blendbögen gegliedert. Von 1817-79 diente er als Leuchtturm. Von seiner Plattform in 40 Metern Höhe hat man einen herrlichen Ausblick auf die Insel und das Meer. Leider ist der Turm zurzeit gesperrt, da die Rettungswege nicht ausreichend vorhanden sind. Um eine Lösung des Problems sind die Verantwortlichen bemüht.

Der Turm gehörte zu der alten reformierten Inselkirche, die 1904 abgerissen wurde. Geblieben ist der alte Friedhof, der mit einigen interessanten Grabsteinen aus der Walfängerzeit ausgestattet ist. Jüngst ist der Friedhof instand gesetzt worden, dabei wurden die historischen Grabstelen beschildert, was bei der deutschen Gründlichkeit etwas zu üppig ausgefallen ist.

In der Nähe des Alten Leuchtturms befindet sich auf dem ehemaligen Grundstück des Walfangkommandeurs Roelof Gerritz Meyer ein **Walknochenzaun (Abb. 32, 33)** (Blumenstraße 1). Die rund 250 Jahre alten Walkieferknochen sind der größte Bestand an Walknochen an der deutschen Nordseeküste. Dieser seltene und historisch bedeutende Zaun ist in seiner Bedeutung bislang eher unterbewertet worden. Glücklicherweise hat man den Verfall der Knochen dadurch verlangsamt, indem man kleine Schutzdächer über dem Zaun aufgestellt hat. Da man nun schon unmittelbar mit der Walfanggeschichte der Insel konfrontiert ist, lohnt sich der Besuch des etwas weiter östlich gelegenen *Heimatmuseums Dykhus* (Roelof-Gerritz-Meyer-Straße 8), das uns über diese bedeutende Zeit Borkums weitere Dokumente und Informationen liefert.

Die unweit gelegene neue *reformierte Kirche (Abb. 34)* (Rektor-Meyer-Pfad 8) erbaute der Architekt Otto March aus Berlin im Jahre 1896 als einen Backsteinbau des Historismus mit einer malerischen Westansicht aus dem von runden Treppentürmen flankierten Turm mit seinen seitlichen Staffelgiebeln und dem hohen spitzen Dachreiter. Das Blendmaßwerk stellt mit seiner Verschmelzung von gotischen Formen mit solchen des Jugendstils etwas Ungewöhnliches dar. Das Innere **(Abb. 35)**, ein typischer reformierter Predigtraum, ist mit einer an drei

Seiten umlaufenden Empore und einer sichtbaren Holzbalkendecke ausgestattet. Ebenfalls von Otto March stammt die **lutherische Christuskirche** (Goethestraße 12) von 1899, sie ist jedoch ein bescheidener Saalbau, der mehr an eine Werkhalle erinnert. 1958 erhielt die Kirche ein Westwerk im Heimatstil.

Mit dem Bädertourismus wuchs auch zumindest zeitweise die Anzahl der Katholiken auf der Insel, für die man bereits 1881 die **katholische Kirche St. Maria Meeresstern** (Kirchstraße 17) errichtete. Es ist ein neugotischer Apsissaal mit kleinem Querschiff und Dachtürmchen, an den man 1987 im Rahmen einer Modernisierung der Kirche nach Westen einen Erweiterungsbau und einen schlanken, minarettartigen Glockenturm anfügte.

34 Ref. Kirche
35 Kirchenraum
36 Rathaus

Das Borkumer *****Rathaus (Abb. 36)** (Neue Straße 1), ein mächtiger dreigeschossiger Backsteinbau, wirkt wie die Post für die Insel überdimensioniert, ist aber wohl auch den Repräsentationsansprüchen eines Ortes, in dem Adlige und Vertreter der Reichsregierung Urlaub machten, geschuldet. Es wurde 1909/10 in den Formen der Neurenaissance mit hohem Walmdach und Natursteinsockel errichtet. Betont wird der Bau durch sandsteinbekrönte Zwerchgiebel und einen zentralen Turm mit offener Laterne. Im Norden der Stadt steht ein im Jahre 1900 errichteter mächtiger *****Wasserturm** (Geert-Bakker-Straße), der damals die zahlreichen Brunnen und Zisternen auf der Insel zur Wasserversorgung ablöste. Der Verein Watertoorn Börkum hat sich zur Aufgabe gemacht, den aufgegebenen Backsteinturm zu restaurieren

Ostfriesische Inseln

37 Strandhotel Hohenzollern

38 Seehotel Upstalsboom

39 Insulanerhaus Wiesenweg 1

und als Informationstätte über die Süßwasserversorgung der Inseln in der salzigen Nordsee herzurichten.

Beim Gang durch die Stadt kann man einige gut erhaltene Logierhäuser des ausgehenden 19. Jahrhunderts entdecken, dazu auch recht hübsche Architekturdetails. Wie kaum auf einer anderen ostfriesischen Insel sind in diesen Pensionshäusern etliche Dekorationsmalereien in den Treppenhäusern und repräsentativen Räumen erhalten geblieben. Als Beispiel ist das **Haus Pinkenburg** (Deichstraße 21) zu nennen, das an der Fassade eine dekorative Putzmalerei aus dem Jahre 1892 aufzuweisen hat. Näher beschrieben werden sollten zumindest einige der großen städtebaulich prägenden Häuser. Unmittelbar am Weststrand steht das alte **Nordseehotel** (Bubertstraße 9), heute Hotel Borkum, ein repräsentativer Putzbau von 1897 mit Fassadengliederungen durch Gesimse, Lisenen und Fensterverdachungen. Rechts daneben befindet sich der **Ostfriesenhof** (Jann-Berghaus-Straße 23), ein viergeschossiger Massivbau unter einem flachen Satteldach, erbaut 1892 und erweitert 1903. Auch hier ist die Fassade durch Stuckierungen gegliedert. Weiter nördlich sieht man dann das **Strandhotel Hohenzollern (Abb. 37)** (Jann-Berghaus-Straße 63), ein viergeschossiger, langgezogener Baukomplex mit der typischen Fassade der Bäderarchitektur aus dem Jahr 1899. Am Platz des Neuen Leuchtturms befindet sich neben der breiten Fassade des **Hauses Rote Erde** (Strandstraße 30) das viergeschossige **Seehotel Upstalsboom (Abb. 38)** (Viktoriastraße 2). Der turmartige Vorbau mit kräftigem Abschlussgesims betont die Ecklage des Hotels. Geschickt werden beide Seitenflügel des Bauwerkes von 1905 durch Seitenrisalite begrenzt. Als Abschluss dieser Baureihe sollte noch das gut restaurierte **Pensionshaus Neptun** (Hindenburgstraße 14) von 1898 genannt werden. Die dreigeschossige Fassade besitzt zwei Eckrisalite, die durch Pilaster berahmt werden. Neben dem Hauseingang schließt sich eine inseltypische Veranda an, deren rote Fenster, wie auch die sonstigen Fenster des Hauses, sich wohltuend von der hellen Fassadenfarbe abheben.

Von den typischen Insulanerhäusern aus der Zeit vor dem Bädertourismus ist nur wenig erhalten geblieben. Wohl das im Kern älteste Wohngebäude der Insel ist das Insulanerhaus **Wiesenweg 1 (Abb. 39)**, seine Anfänge sollen bis in die Zeit um 1660 zurückzuverfolgen sein. Lange Jahre sträubte sich der Eigentümer gegen eine Restaurierung des Hauses, erst mit einem Besitzerwechsel glückte eine gelungene Revitalisierung des historischen Gebäudes. Auch am Gebäude des *Heimatmuseums* **(Abb. 40)** (Roelof-Gerritz-Meyer-Straße 8) kann man den Typus des Insulanerhauses mit Wohn- und Wirtschaftsteil noch erkennen. Es besitzt einen Giebelkamin sowie Schiebefenster und dürfte Anfang des 19. Jahrhunderts erbaut worden sein.

Mit einem Blick auf die beiden Walkieferknochen, die wie ein Portal neben dem Museumsgebäude aufgestellt sind, nimmt man Abschied von der alten Walfängerinsel Borkum.

40 Heimatmuseum

Anhang ARCHITEKTURFÜHRER OSTFRIESLAND

Stadtplan Esens   Samtgemeinde Esens, Seite 71

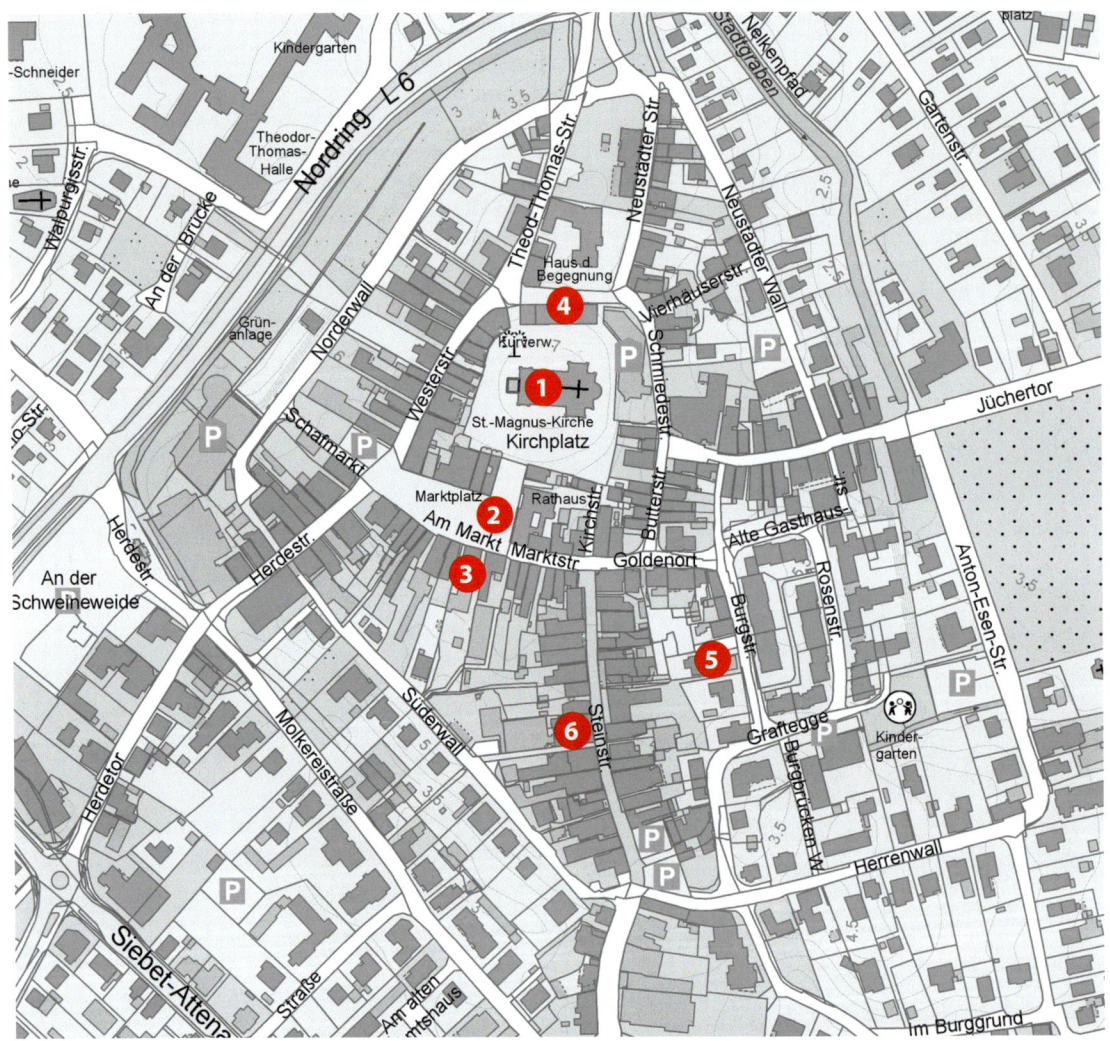

Quelle: Auszug aus den Geobasisdaten des Landesamtes für Geoinformation und Landesvermessung Niedersachsen, 2018

1. Luth. Kirche Esens, Kirchplatz 1
2. Rathaus Esens (Wangelin-Stift), Am Markt 2
3. Stadthaus, Am Markt 1
4. Alte Schule, Kirchplatz 5/7
5. Jüdisches Gemeindehaus, Burgstraße 8
6. Kaufmannshaus, Steinstraße 20

ARCHITEKTURFÜHRER OSTFRIESLAND

Anhang

Stadt Weener, Seite 316 **Stadtplan Weener**

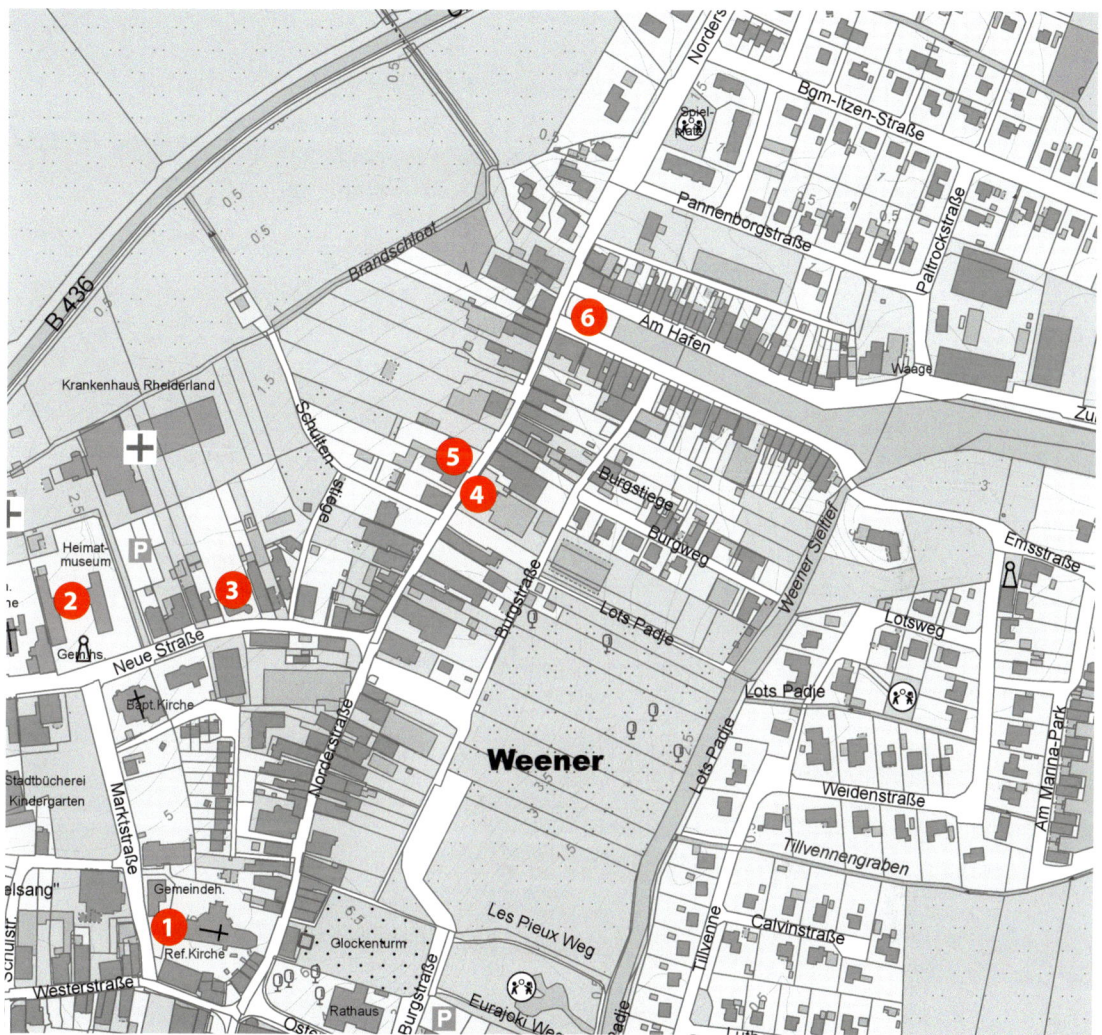

Quelle: Auszug aus den Geobasisdaten des Landesamtes für Geoinformation und Landesvermessung Niedersachsen, 2018

1. Ref. Kirche, Kirchplatz 3
2. Armenhaus/Museum, Neue Straße 26
3. Neugotische Villa, Neue Straße 12
4. Wohngebäude, Norderstraße 56
5. Wohngebäude, Norderstraße 63
6. Alter Hafen, Historische Bebauung

Anhang

Ortsregister

Ort	Gemeinde	Stadt/Landkreis	Seite
A			
Ardorf	Wittmund	Wittmund	61
Arle	Großheide	Aurich	135
Asel	Wittmund	Wittmund	48
Aurich	Aurich	Aurich	86/87
Aurich-Oldendorf	Großefehn	Aurich	109
Ayenwolde	Moormerland	Leer	275
B			
Backemoor	Rhauderfehn	Leer	288
Bagband	Großefehn	Aurich	107
Baltrum	Baltrum	Aurich	333
Bangstede	Ihlow	Aurich	116
Bargebur	Hage	Aurich	142
Barstede	Ihlow	Aurich	118
Bedekaspel	Südbrookmerland	Aurich	213
Berdum	Wittmund	Wittmund	50
Berum	Hage	Aurich	137
Bingum	Leer	Leer	272
Blersum	Wittmund	Wittmund	57
Boekzetelerfehn	Moormerland	Leer	274
Böhmerwold	Jemgum	Leer	209
Borkum	Borkum	Leer	341
Borssum	Emden	Emden	246
Breinermoor	Westoverledingen	Leer	299
Bühren	Uplengen	Leer	282
Bunde	Bunde	Leer	312
Bunderhammrich	Bunde	Leer	310
Bunderhee	Bunde	Leer	310
Burhafe	Wittmund	Wittmund	54
Buttforde	Wittmund	Wittmund	54
C			
Campen	Krummhörn	Aurich	180
Canhusen	Hinte	Aurich	198
Canum	Krummhörn	Aurich	187
Carolinensiel	Wittmund	Wittmund	58
Cirkwehrum	Hinte	Aurich	194
Collinghorst	Rhauderfehn	Leer	289
Critzum	Jemgum	Leer	304
D			
Detern	Jümme	Leer	283
Ditzum	Jemgum	Leer	307
Ditzumerverlaat	Bunde	Leer	310
Dornum	Dornum	Aurich	122
Dornumersiel	Dornum	Aurich	132
Driever	Westoverledingen	Leer	294
Dunum	Esens	Wittmund	81
Dykhausen	Sande	Friesland	70

Ortsregister

Ort	Gemeinde	Stadt/Landkreis	Seite
E			
Eggelingen	Wittmund	Wittmund	49
Eilsum	Krummhörn	Aurich	157
Emden	Emden	Emden	214/215
Engerhafe	Südbrookmerland	Aurich	205
Esens	Esens	Wittmund	71 und 346
Esklum	Westoverledingen	Leer	294
Etzel	Friedeburg	Wittmund	64
F			
Fehnhusen	Südbrookmerland	Aurich	208
Felde	Großefehn	Aurich	110
Filsum	Jümme	Leer	285
Folmhusen	Westoverledingen	Leer	299
Forlitz-Blaukirchen	Südbrookmerland	Aurich	213
Freepsum	Krummhörn	Aurich	188
Friedeburg	Friedeburg	Wittmund	62
Fulkum	Esens	Wittmund	82
Funnix	Wittmund	Wittmund	50
G			
Gandersum	Moormerland	Leer	277
Georgsheil	Südbrookmerland	Aurich	211
Gödens	Sande	Friesland	68
Greetsiel	Krummhörn	Aurich	164
Grimersum	Krummhörn	Aurich	156
Groothusen	Krummhörn	Aurich	172
Groß Midlum	Hinte	Aurich	189
Großwolde	Westoverledingen	Leer	298
Grotegaste	Westoverledingen	Leer	295
Gut Halte	Weener	Leer	325
H			
Hage	Hage	Aurich	138
Hamswehrum	Krummhörn	Aurich	179
Hatshausen	Moormerland	Leer	275
Hatzum	Jemgum	Leer	304
Haxtum	Aurich	Aurich	101
Heinitzpolder	Bunde	Leer	310
Hesel	Hesel	Leer	278
Hilkenborg	Westoverledingen	Leer	295
Hinte	Hinte	Aurich	191
Hollen	Uplengen	Leer	283
Holtgaste	Jemgum	Leer	301
Holtland	Hesel	Leer	279
Holtrop	Großefehn	Aurich	110
Horsten	Friedeburg	Wittmund	66
I			
Ihlowerfehn	Ihlow	Aurich	113
Ihrhove	Westoverledingen	Leer	298

Ortsregister

Ort	Gemeinde	Stadt/Landkreis	Seite
J			
Jemgum	Jemgum	Leer	301
Jemgumgaste	Jemgum	Leer	303
Jennelt	Krummhörn	Aurich	159
Jheringsfehn	Moormerland	Leer	274
Juist	Juist	Aurich	339
K			
Kirchborgum	Weener	Leer	326
Kloster Muhde	Westoverledingen	Leer	294
L			
Landschaftspolder	Bunde	Leer	310
Langeoog	Langeoog	Wittmund	332
Langholt	Rhauderfehn	Leer	292
Larrelt	Emden	Emden	242
Leer	Leer	Leer	252/253
Leerhafe	Wittmund	Wittmund	60
Leerort	Leer	Leer	272
Loga	Leer	Leer	268
Logabirum	Leer	Leer	271
Logumer Vorwerk	Emden	Emden	244
Loppersum	Hinte	Aurich	196
Loquard	Krummhörn	Aurich	183
Lütetsburg	Hage	Aurich	140
M			
Manslagt	Krummhörn	Aurich	170
Marcardsmoor	Wiesmoor	Aurich	104
Marienchor	Jemgum	Leer	303
Marienhafe	Brookmerland	Aurich	200
Marx	Friedeburg	Wittmund	67
Middels	Aurich	Aurich	99
Midlum	Jemgum	Leer	304
Mittegroßefehn	Großefehn	Aurich	105
Mitling-Mark	Westoverledingen	Leer	295
Möhlenwarf	Weener	Leer	326
Moordorf	Südbrookmerland	Aurich	211
Münkeboe	Südbrookmerland	Aurich	210
N			
Neermoor	Moormerland	Leer	275
Nendorp	Jemgum	Leer	306
Nenndorf	Holtriem	Wittmund	85
Nesse	Dornum	Aurich	128
Nessmersiel	Dornum	Aurich	131
Neuharlingersiel	Esens	Wittmund	75
Neustadtgödens	Sande	Friesland	69
Norden	Norden	Aurich	143
Norderney	Ostfriesischen Inseln	Aurich	335

… **ARCHITEKTURFÜHRER OSTFRIESLAND** … **Anhang**

Ortsregister

Ort	Gemeinde	Stadt/Landkreis	Seite
Nordgeorgsfehn	Uplengen	Leer	283
Nortmoor	Jümme	Leer	286
Nüttermoor	Leer	Leer	273

O

Ort	Gemeinde	Stadt/Landkreis	Seite
Ochtelbur	Ihlow	Aurich	116
Ochtersum	Holtriem	Wittmund	83
Oldendorp	Jemgum	Leer	306
Oldersum	Moormerland	Leer	277
Osteel	Brookmerland	Aurich	203
Ostgroßefehn	Großefehn	Aurich	105
Ostrhauderfehn	Rhauderfehn und Ostrhauderfehn	Leer	293

P

Ort	Gemeinde	Stadt/Landkreis	Seite
Petkum	Emden	Emden	247
Pewsum	Krummhörn	Aurich	176
Pilsum	Krummhörn	Aurich	167
Pogum	Jemgum	Leer	308
Potshausen	Rhauderfehn und Ostrhauderfehn	Leer	293

R

Ort	Gemeinde	Stadt/Landkreis	Seite
Rahe	Aurich	Aurich	101
Reepsholt	Friedeburg	Wittmund	62
Remels	Uplengen	Leer	280
Resterhafe	Dornum	Aurich	121
Rhaude	Rhauderfehn	Leer	290
Riepe	Ihlow	Aurich	114
Roggenstede	Dornum	Aurich	133
Rorichum	Moormerland	Leer	276
Rysum	Krummhörn	Aurich	185

S

Ort	Gemeinde	Stadt/Landkreis	Seite
Sandhorst	Aurich	Aurich	98
Schweindorf	Holtriem	Wittmund	84
Siegelsum	Brookmerland	Aurich	204
Simonswolde	Ihlow	Aurich	113
Spetzerfehn	Großefehn	Aurich	105
Spiekeroog	Spiekeroog	Wittmund	329
St. Georgiwold	Weener	Leer	325
Stapelmoor	Weener	Leer	322
Stedesdorf	Esens	Wittmund	79
Steenfelde	Westoverledingen	Leer	297
Stickhausen	Jümme	Leer	284
Stikelkamperfehn	Hesel	Leer	279
Strackholt	Großefehn	Aurich	106
Suurhusen	Hinte	Aurich	195

T

Ort	Gemeinde	Stadt/Landkreis	Seite
Tannenhausen	Aurich	Aurich	101
Tergast	Moormerland	Leer	276
Thunum	Esens	Wittmund	78

Ortsregister

Ort	Gemeinde	Stadt/Landkreis	Seite
Timmel	Großefehn	Aurich	108
Twixlum	Emden	Emden	243
U			
Upgant-Schott	Brookmerland	Aurich	199
Uphusen	Emden	Emden	249
Upleward	Krummhörn	Aurich	180
Uttum	Krummhörn	Aurich	160
V			
Veenhusen	Moormerland	Leer	275
Velde	Jümme	Leer	285
Vellage	Weener	Leer	224
Victorbur	Südbrookmerland	Aurich	209
Visquard	Krummhörn	Aurich	163
Völlen	Westoverledingen	Leer	296
W			
Warsingsfehn	Moormerland	Leer	274
Weene	Ihlow	Aurich	120
Weener	Weener	Leer	316 und 347
Weenermoor	Weener	Leer	325
Werdum	Esens	Wittmund	76
Westeraccum	Dornum	Aurich	131
Westeraccumersiel	Dornum	Aurich	132
Westerbur	Dornum	Aurich	132
Westerende-Kirchloog	Ihlow	Aurich	117
Westerholt	Holtriem	Wittmund	84
Westgroßefehn	Großefehn	Aurich	104
Westerhusen	Hinte	Aurich	190
Westrhauderfehn	Rhauderfehn	Leer	292
Widdelswehr/Jarßum	Emden	Emden	247
Wiegboldsbur	Südbrookmerland	Aurich	211
Wiesens	Aurich	Aurich	102
Wiesmoor	Wiesmoor	Aurich	103
Wirdum	Brookmerland	Aurich	198
Wittmund	Wittmund	Wittmund	45
Wolthusen	Emden	Emden	248
Woltzeten	Krummhörn	Aurich	179
Woquard	Krummhörn	Aurich	176
Wrisse	Großefehn	Aurich	110
Wybelsum	Emden	Emden	245
Wymeer	Bunde	Leer	316

Hinweise zu Literatur und Netzadressen

Aeils, Johann; Smidt, Jan (Text); Stromann, Martin (Fotografie): Steinerne Zeugen in Marsch und Geest. Gulfhöfe und Arbeiterhäuser in Ostfriesland. 3. neu überarb. Aufl., Norden 2007.

Behre, Karl-Ernst: Ostfriesland. Die Geschichte seiner Landschaft und ihrer Besiedlung. Wilhelmshaven 2014.

Behre, Karl-Ernst; Lengen, Hajo van (Hrsg.): Ostfriesland. Geschichte und Gestalt einer Kulturlandschaft. Aurich 1995.

Bremen, Niedersachsen. Bearb. von Gerd Weiß unter Mitarb. von Karl Eichwalder u.a. Neubearb., stark erw. Aufl., München 1992. (Dehio, Georg: Handbuch der deutschen Kunstdenkmäler).

Bünstorf, Jürgen: Die ostfriesische Fehnsiedlung als regionaler Siedlungsform-Typus und Träger sozial-funktionaler Berufstradition. Aurich 1966. (Abhandlungen und Vorträge zur Geschichte Ostfrieslands; Bd. 45).

Diederichs-Gottschalk, Dietrich: Die protestantischen Schriftaltäre des 16. und 17. Jahrhunderts in Nordwestdeutschland. Regensburg 2005.

Flessner, Bernd; Stromann, Martin (Fotographie): Raritäten im Wind. Mühlenlandschaft Ostfriesland. Norden 2011.

Gläntzer, Volker (Text), Rüther, Wolfgang (Verzeichnis): Gulfhäuser in Ost-Friesland. Norden 2000.

Haiduck, Hermann: Die Architektur der mittelalterlichen Kirchen im ostfriesischen Küstenraum. 2., überarb. u. erw. Aufl., Aurich 2009. (Abhandlungen und Vorträge zur Geschichte Ostfrieslands; Bd. 63).

Hertwig, Niklas; Elynck, Andreas: Bauernhöfe in Nordwestdeutschland. Eine kulturhistorische Kulturreise durch die Region Weser-Ems. Münster 2011.

Kiesow, Gottfried: Ostfriesische Kunst von der Romanik bis zur Neugotik. Nachdr. der 1. Aufl. 1969. Leer, 2002. (Ostfriesland im Schutze des Deiches; Bd. 4).

Kroesen, Justin; Steensma, Regnerus: Kirchen in Ostfriesland und ihre mittelalterliche Ausstattung. Petersberg 2011.

Lengen, Hajo van: Geschichte des Emsigerlandes vom frühen 13. bis zum späten 15. Jahrhundert. Bd. 1.2. Aurich 1973 u. 1976. (Abhandlungen und Vorträge zur Geschichte Ostfrieslands; Bd. 53, 1.2.).

Lengen, Monika van; Nahmer, Uda von der: Kulturkarte Ostfriesland. Kultur entdecken, Landschaft erfahren. Aurich 2006.

Lengen, Monika van: Rheiderlands Kirchen. Eine Entdeckungsreise zu Gotteshäusern aus acht Jahrhunderten im Westen Ostfrieslands. 2. Aufl., Leer 2010.

Mählmann, Karl: Das Wohnhaus Alt-Emdens vom 15. bis 19. Jahrhundert. Bromberg 1913.

Marwede, Herbert R.: Vorreformatorische Altäre in Ost-Friesland. Bd. 1.2. Univ. Diss., Hamburg 2006.

Nahmer, Uda von der: Windgesang. Orgeln, Wind und Verwandte. Aurich 2008.

Nöldeke, Ingeborg: Verborgene Schätze in ostfriesischen Dorfkirchen. Hagioskope, Lettner und Sarkophagdeckel. Unbeachtete Details aus dem Mittelalter. Oldenburg 2014.

Nöldeke, Ingeborg: Der Stoff, aus dem die Kirchen sind. Granit, Tuff, Sandstein und Backstein als Baumaterial der mittelalterlichen Kirchen auf der ostfriesischen Halbinsel. 2. Aufl.,Schortens 2009.

Noah, Robert: Die mittelalterlichen Kirchen im Harlingerland. Aurich 1969. (Abhandlungen und Vorträge zur Geschichte Ostfrieslands; Bd. 51).

Ostfriesland. Mit Beiträgen von Rolf Bärenfänger u.a. Stuttgart 1999. (Führer zu archäologischen Denkmälern; Bd. 25).

Ostfriesland. Berlin 2018. (Niedersachsen. Zeitschrift für Kultur, Geschichte, Heimat und Natur seit 1895. Spezial 2).

Meinz, Manfred: Der mittelalterliche Sakralbau in Ostfriesland. Aurich 1966. (Abhandlungen und Vorträge zur Geschichte Ostfrieslands; Bd. 46).

Petersen, Friedrich: Romanische Taufsteine in Ostfriesland. Anhang: Bronzetaufen in Ostfriesland. Leer 1997.

Pühl, Eberhard: Alte Backsteinbauten in Ostfriesland und im Jeverland. Oldenburg 2007.

Robra, Günther: Mittelalterliche Holzplastik in Ostfriesland. Leer 1959. (Schriften des Vereins für Heimatschutz und Heimatgeschichte Leer (Ostfriesland); Nr. 22).

Rüther, Wolfgang: Hausbau zwischen Landes- und Wirtschaftsgeschichte. Die Bauernhäuser der Krummhörn vom 16. bis zum 20. Jahrhundert. Univ. Diss., Münster 2006.

Schmidt, Heinrich: Politische Geschichte Ostfrieslands. Leer 1975. (Ostfriesland im Schutze des Deiches; Bd. 5)

Schomerus, Johann Gerhard: Die Marienkirche von Marienhafe. Der „Dom" im Brookmerland. 2., erw. Aufl., Norden 1986.

Schultze, Arnold: Die Sielhafenorte und das Problem des regionalen Typus im Bauplan der Kulturlandschaft. Göttingen 1962. (Göttinger geographische Abhandlungen; 27).

Siebern, Heinrich: Stadt Emden. Unveränd. Nachdruck der Ausg. Hannover 1927. Leer 1975. (Die Kunstdenkmäler der Provinz Hannover; 6: Regierungsbezirk Aurich; 1.2.).

Stracke, Johannes C.: Die Bildnisgrabmale Ostfrieslands vom 15. bis 17. Jahrhundert. Aurich 1976. (Quellen zur Geschichte Ostfrieslands; Bd. 11).

Vogel, Harald; Ruge, Reinhard; Noah, Robert; Stromann, Martin (Fotographie): Orgellandschaft Ostfriesland. Norden 1995.

Wassermann, Ekkard: Aufstrecksiedlungen in Ostfriesland. Ein Beitrag zur Erforschung der mittelalterlichen Moorkolonisation. Aurich 1985. (Abhandlungen und Vorträge zur Geschichte Ostfrieslands; Bd. 61).

www.anno-ostfriesland.de
www.denkmal-alarm.de
www.igbauernhaus.de
www.nomine.net
www.monumentendienst.de
www.niedersaechsischer-heimatbund.de
www.ostfriesischelandschaft.de
www.ostfriesland.de/service/tourist-informationen.html

Anhang

ARCHITEKTURFÜHRER OSTFRIESLAND

Bildnachweis

Alle Bilder von Gottfried Kiesow und Hermann Schiefer außer:

Vorspann: (S. 11, K. Ortgies/ZGO)

Geschichte Ostfrieslands: Abb. (1, 2, 3: art-studio Manitzke, Rhauderfehn) (5: Matthias Süßen), (7: http://www.flickr.com/people/93333720@N00 Gerriet from Dassel; Germany (Flickr2; photos/93333720@N00/42655106)4), (S. 17 M.-L Preiss)
Kunstgeschichtliche Einführung: Abb. (8, 9, 13: H.-J. Budeit), (14: https://commons.wikimedia.org/wiki/File:Emden_Chinesentempel.jpg)
Elemente der ostfriesischen Kulturlandschaft: Abb. (16: Martina Nolte, Nordsee Luftbilder, Wikimedia Commons), (17: Frisia Orientalis, https://commons.wikimedia.org/wiki/File:Fehnbr%C3%BCcken.JPG)
Landschaftprägende Gebäude: Abb. (18: H.-J. Budeit), (22: M.-L Preiss)

Landkreis WITTMUND: (S. 44; Abb. 14-16, 18-25, 33-36, 44-47, 42-45, 48, 49, 55, 59, 60 : M.-L. Preiss), Abb. (26-32, 46, 47, 58: H.-J. Budeit), (37, 38: Wolfgang Redlich)

Landkreis AURICH: (S. 88; Abb. 7, 18-25, 29, 30, 34, 36-39, 42-45, 81, 89, 90, 92-94, 124, 137, 143, 144, 169, 178, 191, 194, 199, 200, 212, 226: M.-L. Preiss), Abb. (1, 2, 8, 13, 14-17, 46, 50, 86-88, 99, 101, 105, 107-111, 123, 168, 177, 184, 189,190, 207-211, 216-217, 219-222: Marianne Anemüller), (31, 33, 53, 56, 60, 75, 78, 197: Roland Rossner), (32: Jens Buttger), (51, 139, 150, 167: Matthias Süßen), (70: Margot Jansen), (106: Thomas Schreiber), (112: Christoph Wagener), (113: https://de.wikipedia.org/wiki/Datei:WindlooperGr%C3%BCndeich.jpg), (114-116: Wolfgang Redlich), (119: H.-J. Budeit), (120: Tobias Trapp), (125: https://de.wikipedia.org/wiki/Jennelter_Kirche#/media/File:ChurchJenneltRef.jpg), (149: Udo Willems), (137: Frisia Orientalis, https://fy.wikipedia.org/wiki/Ofbyld:GroothusenOsterburg.jpg), (175, 176: Christoph Schönbeck), (183: Garlink (Wikipedia omon; Groothusen Kirche.jpg)3), (193: Wolfgang Fritz), (201: Ina Garrels), (205: Wikipedia Lithographie von D. Bendixen)

Stadt EMDEN: (S. 216, 251; Abb. 3, 15, 30: Roland Rossner), (4: Matthias Süßen), (5-8: Thomas Riehle), (10: Dehio Niedersachsen, 1992), (12: Olaf Mahlstedt), (12: Wolfgang Redlich), (13, 14, 20, 25, 33-38, 43-45: M.-L. Preiss), (16: Gunnar Staack; Wikipedia, Creative Commons Attribution 3.0), (21, 24, 26, 27: Ingeborg Nöldeke), (22: Jovo Kosic), (23: http://www.flickr.com/people/93333720@N00 Gerriet from Dassel), (32: Alfred Eitel), (39: Dennis Wubs)

Landkreis LEER: (S. 254, 300, 326/327; Abb. 9, 25, 27-29, 31, 32, 89, 90, 122: M.-L. Preiss), (17: Anette Liebeskind), (34: Roland Rossner), (37: Schloss Evenburg), (130: Hebo Groenwald), (148: Dehio Niedersachsen, 1992), (150: Christoph Schönbeck), (156-158: Enno Garen),

OSTFRIESISCHE INSELN: (S. 328, Abb. 2, 3, 31, 34-36: M.-L. Preiss), (S. 329 (Landkarte): art studio Manitzke, Rhauderfehn), Abb. (1, 4-11: Kai Nilson), (12, 13: Deff Westerkamp), (S. 333 u., Abb. 32, 33: Roland Rossner), Abb. (14, 15: B. Nannen), (16: Anke Freisenhausen), (17-22, 27, 28: Ingo Jahn), (29: Dietmar Rabich), (30: Martin Bockhacker), (37-39: Matthias Süßen), (40: Gregor Ulsamer)

Impressum

Wir bauen auf Kultur.

© 2018 Deutsche Stiftung Denkmalschutz (Hg.)
3. überarbeitete Auflage
Monumente Publikationen
Verlag der Deutschen Stiftung Denkmalschutz
Schlegelstraße 1
53113 Bonn
Tel. 0228 9091-300
www.denkmalschutz.de
www.monumente-shop.de
E-Mail: shop@monumente.de

Das Werk einschließlich aller seiner Teile ist urheberrechtlich geschützt. Jede Verwertung außerhalb der engen Grenzen des Urheberrechtgesetzes ist ohne Zustimmung des Verlages unzulässig und strafbar. Das gilt insbesondere für Vervielfältigungen, Übersetzungen, Mikroverfilmungen und die Einspeicherung und Verarbeitung in elektronischen Systemen.

Die Deutsche Nationalbibliothek verzeichnet diese Publikation in der Deutschen Nationalbibliografie; detaillierte bibliografische Daten sind im Internet über http://dnb.dnb.de abrufbar.

ISBN 978-3-86795-107-4

© Text und Fotografie
Hermann Schiefer, Rastede / Prof. Gottfried Kiesow

Lektorat
Monika van Lengen, Aurich

Redaktion
Dorothea Herz, Bonn

Herstellung
Gerlinde Thalheim, Bonn

Gestaltung und Satz
Roland Rossner, Bonn

Druck
Grafisches Centrum Cuno GmbH & Co. KG, Calbe

Schirmherr
Bundespräsident
Frank-Walter Steinmeier

Stiftungsratsvorsitzender
Prof. Dr. Jörg Haspel

Vorstand
Lutz Heitmüller
Dr. Steffen Skudelny

Sitz der Stiftung
Schlegelstraße 1
53113 Bonn
Tel. 0228 9091-0
Fax 0228 9091-109

Die Deutsche Stiftung Denkmalschutz ist die größte private Initiative für Denkmalpflege in Deutschland. Sie setzt sich seit 1985 kreativ, fachlich fundiert und unabhängig für den Erhalt bedrohter Baudenkmale ein. Ihr ganzheitlicher Ansatz ist einzigartig und reicht von der Notfall-Rettung gefährdeter Denkmale, pädagogischen Schul- und Jugendprogrammen bis hin zur bundesweiten Aktion »Tag des offenen Denkmals®«. Rund 400 Projekte fördert die Stiftung jährlich, vor allem dank der aktiven Mithilfe und Spenden von über 200.000 Förderern. Insgesamt konnte die Deutsche Stiftung Denkmalschutz bereits über 5.000 Denkmale mit mehr als einer halben Milliarde Euro in ganz Deutschland unterstützen. Doch immer noch sind zahlreiche einzigartige Baudenkmale in Deutschland akut bedroht.
Wir bauen auf Kultur – machen Sie mit!

Mehr Information auf
www.denkmalschutz.de
Spendenkonto
IBAN: DE71 500 400 500 400 500 400
BIC: COBA DEFF XXX

Ihre Notizen

Anhang | ARCHITEKTURFÜHRER OSTFRIESLAND

VIELE HOHE TIERE,
VON UNS GERETTET.

Wasserspeier am Kirchturm von Ulm, dem höchsten Kirchturm der Welt (161,5 Meter). Mehr über die Geschichte dieses Denkmals: www.dieganzegeschichte.de

Eines von vielen tausend geförderten Denkmalen.

Wir erhalten Einzigartiges.
Mit Ihrer Hilfe.

Spendenkonto
IBAN: DE71 500 400 500 400 500 400
BIC: COBA DE FF XXX, Commerzbank AG

www.denkmalschutz.de

DEUTSCHE STIFTUNG DENKMALSCHUTZ

Wir bauen auf Kultur.

Ihre Notizen